보안 위협 모델링
threat modeling

threat
modeling

보안 위협 모델링 | 위협 식별과 대응을 위한
소프트웨어 설계

아담 쇼스탁 지음 | 양해용 · 권기훈 · 김영민 · 서성혁 옮김
삼성SDS 정보보안연구회 감수

i!i
에이콘

좀 더 안전한 시스템을 제공하기 위해 노력하는 모든 사람을 위해

지은이 소개

아담 쇼스탁 Adam Shostack

현재 마이크로소프트의 프로그램 관리자다. 마이크로소프트에서 보안 담당으로 보안 개발 프로세스, 사용 가능한 보안, 공격 모델링을 담당했다. 그가 작업한 공격 모델링은 수억 대의 컴퓨터에 전달돼 자동 실행으로 보안 업데이트됐다. 또한 SDL 위협 모델링 도구와 권한 상승Elevation of Privilege 위협 모델링 게임을 제공했으며, 보안 개발 프로세스 작업을 수행하면서 마이크로소프트, 파트너 사, 고객들에게 위협 모델링을 강의하기도 했다.

마이크로소프트 이전에는 여러 성공적인 정보 보안 및 개인정보 보호 벤처 기업에서 이사직을 수행했다. CVE 보안 취약점 발견 및 개인정보 보호 강화 기술 심포지엄과 국제 금융 암호화 협회에 도움을 줬다. 은행, 병원, 벤처 기업에서 컨설턴트로 일해왔고 소프트웨어 회사들을 설립했다. 처음 몇 년 동안은 의료 연구 실험실의 시스템 관리자였다. 그는 수많은 책의 저자며, 블로거이고, 연설가다. 앤드류 스튜어트와 함께 『정보 보안의 신파(The New School of Information Security)』(애디슨웨슬리, 2008)를 공동 저술했다.

기술 감수자 소개

크리스 위소팔 Chris Wysopal

베라코드^{Veracode}의 CTO이자 공동 설립자다. 회사의 소프트웨어 보안 분석 기능을 담당하고 있다. 2008년, 인포월드에서 상위 CTO 25명 중 한 명으로 선정됐고, eWeek에서는 IT에서 가장 영향력 있는 인물 100인 중 한 명으로 선정됐다. 독창적인 취약점 연구자 중 한 명이고, L0pht 헤비 인더스트리즈의 멤버이기도 하며, 정부의 컴퓨터 보안과 소프트웨어에서 취약점이 발견되는 방식에 대한 주제로 미국 의회에서 증언했다. 또한 L0phtCrack과 윈도우용 netcat을 만들었다. 『소프트웨어 보안 테스팅의 예술(The Art of Software Security Testing)』(애디슨-웨슬리, 2006)의 주 저자이기도 하다.

감사의 말

무엇보다도 각자의 위협 모델링 경험에 대해 나에게 피드백을 준 마이크로소프트와 엔지니어들에게 감사드린다. 마이크로소프트에서의 첫 날, 나에게 잠시 그 문제에 빠져보라고 말해준 에릭 비드스트룹과 스티브 리프너의 지원이 없었다면 그렇게 많은 개방적이고 직접적인 대화를 가질 기회가 없었을 것이다. 그 '잠시'라는 것이 이렇게 꽤 긴 시간이 될 것이라 예상하지는 못했다. 거의 8년이 지난 지금, 이 책은 수많은 산출물을 통해 내가 질문 받았던 "어떻게 더 나은 위협 모델을 얻을 수 있는가?"에 대한 가장 완전한 답변이다.

엘렌 크램 코발치크는 마이크로소프트의 맥락에서 책을 실현시키도록 도와줬고, 놓치고 있었던 세부 사항이나 측면에 대해 훌륭한 피드백을 해줬다. 또한 SDL을 형성함으로써 첫 번째 보안에 대한 분투로부터 시작한 위협 모델링의 수많은 이력을 제공해 줬다. 그녀는 훌륭한 관리자이자 멘토였다. 또한 엘렌과 스티브 리프너는 마이크로소프트 문서를 사용할 권한을 얻는 데 귀중한 도움을 줬다.

이 책에 있는 권한 상승Elevation of Privilege 게임은 재클린 보셔에게 많은 빚을 지고 있다. 그는 '위협 스페이드'라고 불리는 보기 싫은 프로토타입에서 가능성을 보고, 이를 멋지게 만들고 널리 사용할 수 있도록 투자했다.

SDL 위협 모델링 도구는 크리스 피터슨이 윈도우 팀에서 사용할 위협 모델링 도구를 만들 기회를 주지 않았다면 존재하지 않을 수도 있다. 이반 메드베데프, 패트릭 맥컬러, 멍 리, 래리 오스터먼은 그 도구의 첫 번째 버전을 만들었다. 윈도우와 마이크로소프트 전체의 많은 엔지니어에게 감사드린다. 그들은 베타 기간 동안 개선을 위해 버그 보고서와 의견을 제공해줬다. 우리에게 위협 모델링을 바르게 이해하는 것의 중요성을 상기시켜주면서 우리를 비난하기만 했던 모든 사람에게 감사를 표한다. 그 도구가 아니었다면 위협 모델링에 대한 내 경험과 폭넓음은 훨씬 형편없었을 것이다.

래리 오스터먼, 더글러스 맥키버, 에릭 더글라스, 마이클 하워드, 밥 프루스는 마이크로소프트의 위협 모델링을 이해하는 데 자신들의 시간과 경험을 제공해줬다. 내가 마이크로소프트의 작업을 시작했을 시기의 윈도우 스나이더의 관점은 수년간 매우 유용했다. 마이크로소프트의 작업을 완료할 즈음에 이 책도 거의 완성됐다.

롭 리더는 사용 가능한 보안 분야에 대한 훌륭한 가이드였다. 우리의 공동 작업 시기가 없었더라면 15장은 매우 달라졌을 것이다. '사용 가능한 개인정보 보호와 보안에 대한 심포지엄Symposium on Usable Privacy and Security'에서 기조연설을 할 수 있는 기회와 그 주제에 도움을 준 로리 크래너에 대한 고마움 없이는 사용 가능한 보안을 논의할 수 없다. 그 연설은 나에게 사용 가능한 엔지니어링 조언과 이 책에 퍼져있는 관점에 대해 생각할 계기를 줬다.

앤디 스틴그루벌, 돈 앤크니, 러스 맥리 모두 나에게 운영상 위협 모델링과 상황이 변하면 상충관계가 어떻게 바뀌는지와 관련된 중요한 교훈을 줬다. 그들에게 감사를 표한다. 그들이 준 교훈들은 이 책 여러 곳에 스며들어 있다. 알렉 야시낙, 해롤드 파듀, 제프 랜드리는 공격 트리에 대한 그들의 경험을 나누는 데 기꺼이 시간을 내줬다. 4장과 17장은 그들과의 의논을 통해 더 나아졌다. 또한 조셉 로렌조 홀은 공격 트리에 도움을 준 보석 같은 존재였다. 웬디 네이서는 자산과 공격자는 위협을 실제로 만들어서 그들을 바로잡는 데 대한 저항을 극복하게 해주는 훌륭한 방법이라고 강력히 주장했다. 롭 사마는 CPA의 관점에서 애크미Acme 사의 재무 예제를 확인해줬고 많은 오류를 수정해줬다. 데이브 아크스미스는 부록에 자신의 위협 페르소나를 포함하는 것을 기꺼이 허락해줬다. 제이슨 넬보스는 이 책 초반에 내가 받았던 피드백 중 최고의 피드백을 줬다.

또한 나는 초안과 아이디어에 유용한 피드백을 준 제이콥 아펠바움, 크리스핀 코완, (책과 도구에 수년간 도움을 준) 다나 엡, 제레미 고스니, 요시 코노, 데이빗 르블랑, 마시 레이, 닉 매튜슨, 타마라 맥브라이드, 러스 맥리, 탈하 미르, 데이빗 모트만, 알렉 머페트, 벤 로스키, 앤드류 스튜어트, 브라이언 설리반에게 감사를 표하고 싶다. 그들의 피드백은 다양한 방법으로 책에 반영됐다.

물론 이 절에서 감사를 표하지 않은 사람들에게 남아있는 오류에 대한 책임이 있는 것은 아니다.

'혼자' 이 책을 쓰면서(내가 감사를 표하는 모두를 고려해 볼 때 이것은 이상한 문구일 것이다) 나는 『정보 보안의 신파(The New School of Information Security)』의 공동 저자인 앤드류 스튜어트와의 작업을 그리워했다. 특히 사람들이 가끔 그 책을 내 덕분에 쓴 것이라 생각하기 때문에 내가 이 프로젝트에서 그와의 공동 작업을 얼마나 그리워했는지 알려주고 싶다.

이 책을 캐롤 롱에게 소개하기 위한 브루스 슈나이어의 의지와 그 책을 집어 들려는 캐롤의 의지가 없었더라면 이 책이 지금과 같은 형태를 갖지 않았을 것이다. 이 프로젝

8

트의 훌륭한 편집자인 빅토리아 스와이더가 제시한 변경 사항과 피드백을 읽는 일은 항상 쉬운 것은 아니지만, 이를 통해 더욱 개선됐다. 톰 딘스는 프로젝트가 끝날 무렵에 들어왔지만, 매우 많은 작업을 능수능란하게 통제함으로써 빡빡한 일정 속에서도 해결책을 제시해줬다.

마지막으로, 무엇보다도 테리에게, 당신의 모든 도움, 지원, 사랑, 매우 오랫동안 "거의 끝났다"라고만 말한 나를 참아준 데 대해 고맙다고 이야기하고 싶다.

– 아담 쇼스탁

옮긴이 소개

양해용 (baikryong@naver.com)

정보보안연구회의 총무다. 개발 부서의 보안 담당자를 시작으로 보안 컨설팅, 침해 사고 대응, 보안 진단 등 다양한 방면의 정보보안 업무를 수행 중이다. 공격자 관점의 보안을 생각하고, 더 재미있고 보람된 보안을 지향하는 몽상가이기도 하다. 에이콘출판사에서 출간한 『소프트웨어 보안 평가 The Art of Software Security Assessment』 (2013)와 『웹 해킹을 위한 칼리 리눅스』(2014), 『실전 리눅스 악성코드 포렌식』(2015)을 공역했다.

권기훈 (noohik@gmail.com)

카이스트 산업공학과를 졸업하고 동 대학원에서 이동통신과 보안 분야를 연구해 박사학위를 취득했다. 삼성SDS에서 공공기관 및 기업체를 대상으로 보안 컨설팅, 모의해킹, 보안 점검 등의 다양한 업무를 수행했으며, 현재 새로운 IT 환경에서의 취약점 분석 및 보안 점검 업무를 수행 중이다. 에이콘출판사에서 출간한 『실전 리눅스 악성코드 포렌식』(2015)을 공역했다.

김영민 (wrkholic84@gmail.com)

홍익대학교 컴퓨터공학과를 졸업하고 삼성SDS에서 보안 업무를 담당하고 있다. 다양한 소프트웨어 설계와 구현 경험을 바탕으로 취약점 진단 업무를 수행 중이다. 에이콘출판사에서 출간한 『웹 해킹을 위한 칼리 리눅스』(2014)를 공역했다.

서성혁 (pulgrims@naver.com)

동국대학교 컴퓨터공학과를 졸업하고 삼성SDS에 입사해 현재 보안 솔루션 개발 업무를 하고 있다. 개발 이외에 모의해킹이나 각종 취약점 분석 등을 해왔으며, CTF 문제 풀이에 관심이 있다.

감수자 소개

삼성SDS 정보보안연구회

2001년 해킹바이러스연구회로 시작한 삼성SDS 정보보안연구회는 해킹 기술을 공격자 입장에서 생각하고, 이를 토대로 안전한 시스템 운영 방안을 찾기 위해 보안성 검토 기술, 점검 기술, 신기술 트렌드 등을 연구하는 사내 연구회다. 보안에 대해 이야기하며 이를 통한 발전을 지향한다. 에이콘출판사에서 출간한 『소프트웨어 보안 평가 The Art of Software Security Assessment』(2013)를 번역했다.

옮긴이의 말

시작하기 전에 보안 위협 모델링이라는 개념 자체가 생소한 사람들이 많을 것으로 생각된다. 보안 사고를 사전에 예방하고 징후를 미리 탐지하는 보안 관제, 모의해킹 등의 일을 수행할 때 좀 더 체계적이고 전문적인 밑그림을 그리고 시작하는 경우가 드물기 때문이다.

이 책은 학문적이면서도 비즈니스에 적용할 수 있는 보안 위협의 구체적이고 실질적인 내용을 제공한다. 위협 모델링은 제품, 소프트웨어, 네트워크, 환경에 대한 보안 위험과 공격 수행 방식을 확인하는 데 도움이 된다. 이는 완화해야 하는 위협과 해당 위협을 확인하는 데 목적을 두고 있다.

위협 모델링 전략을 수립하려면 소프트웨어 모델링을 통해 소프트웨어 정보를 수집해야 한다. 정보를 수집할 때 고려해야 할 사항은 대상의 환경, 범위, 구성 요소, 종속성, 사용 사례에 따른 시나리오 등이 있다.

모델링은 소프트웨어를 구성하고 있는 구성 요소의 전체적인 모습을 이해해 전체적인 보안성에 영향을 미치는지 확인하는 과정이다.

이 책에서는 STRIDE라는 위협의 유형을 소개한다.

STRIDE는 위장Spoofing, 변조Tampering, 부인Repudiation, 정보 노출Information Disclosure, 서비스 거부Denial of Service, 권한 상승Elevation of Privilege 등 대표적인 위협의 앞 글자를 합쳐 만든 단어다. stride는 실제로 다른 뜻을 가진 단어지만, 여기서 말하는 STRIDE는 위협 모델링을 위한 진전을 의미하려고 했던 것이 아닐까 생각한다.

이 책에서는 공격 트리라는 새로운 모델링 방법을 소개한다.

먼저 수행한 모델링 작업과 시스템이 외부 엔티티에 대해 얼마나 취약할 수 있는지 판단하기 위한 작업을 수행하고, 여러 가지 공격 유형별로 위협 수준을 평가해 보안 대응책을 제시함으로써 효율적인 위험 관리 정책을 수립하게 된다. 위협을 구분하고 식별하는 것은 이를 완화시킬 수 있을 때 비로소 가치가 있다고 할 수 있다. 위협을 완화시킬 수 있는 정책, 프로세스, 관리, 방어 기재 등 여러 요소를 살펴본다. 물론 위협에 대응하기 위해 전혀 비용이 들지 않을 수는 없다. 비용을 최소화하고 위협에 대한 검증을 최대한 이끌어낼 수 있는 노력이 필요하다.

이 책에서는 활용할 수 있는 위협 모델링을 위한 도구를 소개한다.

웹, 클라우드, 계정 식별, 인적 요인, 암호화에 대한 위협을 상세히 소개하고, 기업에 위협 모델링을 적용시키는 과정을 소개하고, 성공적인 컨설팅을 위한 문서화, 구현 및 테스트 과정은 소프트웨어 아키텍처를 구상할 때 도움이 될 뿐만 아니라 비즈니스에 위협 모델링을 적용하는 데 도움이 된다.

매년 수많은 보안 사고가 일어나고 그중 대단히 위중한 사고는 모두에게 커다란 손실을 가져오기도 한다. 이를 사전에 대비하기 위해 많은 비용과 시간을 들이고 있다. 하지만 이를 소홀히 하거나 부족한 이해로 인한 사고를 지켜보는 것은 안타까운 일이 아닐 수 없다. 모든 보안 사고를 막을 수 없다고 하더라도 위협 모델링을 통해 보안 사고를 최소화시킬 수 있지 않을까? 많은 고민과 연구를 통해 시스템의 보안을 평가하고 위협을 완화하는 데 도움이 되길 바란다.

역자 일동

차례

2부 위협 발견   107

3 STRIDE   109

4 공격 트리   135

5 공격 라이브러리   151

10 위협 대응 검증 241

13 웹과 클라우드 위협 299

18 실험적 접근 451

들어가며

모든 모델이 잘못됐지만 일부는 유용하다. - 조지 박스

이 책은 잠재적 위협을 해결하거나 완화하기 위해 이용할 수 있는 유용한 모델을 설명한다. 소프트웨어, 시스템, 또는 소프트웨어를 만드는 사람은 자신의 시스템이 직면하는 예측 가능한 많은 위협을 해결해야 한다.

위협 모델링은 우리 모두가 본능적으로 이미 수행하고 있는 무언가의 멋진 이름이다. 당신의 집을 위협 모델링한다면 그 안에 있는 가족, 가보, 사진, 사인이 돼 있는 영화 포스터들과 같이 소중한 것을 생각하며 위협 모델링을 시작할 수 있다. 잠기지 않은 문이나 열려 있는 창을 이용해 누군가 침입할 수 있는 방법을 생각하는 것으로 시작할 수도 있다. 그리고 동네 아이들, 강도, 마약 중독자, 스토커, 피카소 원본을 훔치려는 사람과 같이 침입하려는 사람의 유형도 생각할 수 있다.

이런 예시들이 소프트웨어 세계에서는 고전적인 것처럼 보일 것이다. 중요한 점은 각 위협의 방지법이 아니라 이렇게 생각하는 방법을 이해하는 것이다. 친구의 집을 진단해 달라고 부탁받았다면 도움이 될 수는 있겠지만, 당신의 분석이 얼마나 완벽한지는 확신할 수 없다. 사무실 단지를 보호하도록 요청받았다면 여전히 애를 먹을 것이고, 군사 기지나 감옥을 보호하는 것은 더 어렵게 느껴질 것이다. 이러한 경우 당신의 능력만으로 부족하므로 이런 요청을 해결하기 위한 도구가 필요하다. 이 책은 체계적이고 효과적으로 위협 모델링에 대해 생각할 수 있는 도구를 제공한다.

'들어가며'에서는 위협 모델링이 무엇이고, 개인, 팀, 조직이 위협 모델링을 하는 이유를 알아본다. 초기에 보안 이슈를 발견하고, 보안 요구 사항에 대한 이해를 높이고, 더 나은 제품을 제작해 제공하는 것 등이 그 이유가 될 수 있다. 또한 책이 무엇을 설명하는지, 위협 모델링의 정의와 중요한 이유, 누가 이 책을 읽어야 하는지, 위협 모델링의 사용 방법, 다양한 분야에서 기대할 수 있는 것, 위협 모델링의 새로운 학습 내용 등을 비롯한 다섯 가지 주요 사항을 알아본다.

위협 모델링은 무엇인가?

모두가 위협 모델링을 한다. 많은 사람이 공항에 대기하면서 불만을 토로하며, 모델링을 하고 몰래 집을 나가거나 술집으로 들어가서도 위협 모델링을 한다. 그럴 의도가 없는 경우에도 공항에서 보안을 몰래 통과할 수 있는 방법을 고려할 수 있다. 어떤 장소에 몰래 들어가거나 나오는 경우 누군가에게 잡히지 않을까 걱정을 한다. 광고판이나 육교 뒤에 숨어있다고 생각되는 경찰을 고려해 고속도로에서 속도를 줄이는 행위도 위협 모델링을 활용한 경우다. 또한 도로 장애물, 사슴, 비와 같은 경우도 위협 모델에 포함시킬 수 있다.

위협 모델링을 할 때 일반적으로 두 가지 유형의 모델을 사용한다. 하나는 구축에 대한 모델이고, 다른 하나는 오류에 대한 모델이다. 구축하려는 소프트웨어는 웹사이트와 다운로드 가능한 프로그램이나 앱일 수 있다. 아니면 하드웨어 패키지에서 제공되는 소프트웨어일 수 있다. 분산 시스템이나 '사물 인터넷'의 일부가 되는 '사물'의 한 부분일 수도 있다. 모델링은 나무가 아니라 숲을 볼 수 있어야 한다. 좋은 모델은 공격들을 분류하거나 그룹화해 더 안전한 제품을 제공하는 데 도움을 준다.

위협은 많은 의미를 갖고 있다. "오사마 빈 라덴은 미국의 위협이었다."와 같이 개인을 설명하거나, '내부자 위협'과 같이 여러 사람이 주는 위협을 설명할 때 사용되거나 "이번 주말에 허리케인이 지나갈 위협이 있다."와 같이 사건을 설명할 때 사용될 수도 있다. 그리고 "기밀성에 대비해 무엇을 하고 있는가?"와 같이 공격의 약점이나 가능성을 설명할 수도 있다. "위협은 확산을 위해 서로 다른 세 가지 방법을 포함하고 있다."와 같이 바이러스나 악성코드를 설명할 수도 있다. 또한 "변조에 오류가 있다."와 같이 행동을 설명할 수도 있다.

이와 유사하게 위협 모델링threat modeling이라는 용어는 많은 의미를 가진다. 위협 모델이라는 용어는 다음과 같이 분명한 방식으로 사용된다.

- "위협 모델링을 했는가?", 즉 구축하는 것에서 문제가 발생할 수 있다는 것을 파악하기 위한 분석 프로세스를 거쳤는지 물어보는 예와 같이 동사로 사용한다.
- 무엇이 위협 모델로 사용되고 있는지 물어보기 위한 명사로 사용한다. 예를 들어 "우리의 위협 모델은 그 장비를 소유하고 있는 누군가다." 또는 "우리의 위협 모델은 숙련되고 단단히 결심한 원격 공격자이다."
- 이상적인 공격자들의 집합 구축을 의미한다.
- 위협들을 변조와 같은 것으로 분류하는 것을 의미한다.

다른 정의도 있다. 이러한 정의는 다양한 시나리오에서 유용하고 적절하다. 물론 조금 덜 유익한 방식도 있다. 정의에 대한 논의는 비정상적인 게임과 같다. 이길 수 있는 유일한 방법은 그 게임을 하지 않는 것이다. 이 책은 위협 모델링에 대해 폭 넓은 접근 방식으로 설계하고 안전하게 구축하기 위해, 초기에 적용할 수 있는 광범위한 기술을 포함한다. 또한 일부 다른 기술보다 더 효과적인 기술은 특정 기술이나 경험이 있는 사람들이 사용할 수 있다는 현실을 살펴본다.

위협 모델링은 방어의 핵심이다. 위협 모델이 없다면 두더지 잡기 게임은 절대 끝나지 않을 것이다.

위협 모델링은 위험을 생각하는 데 도움을 주는 추상화된 개념들을 사용한다.

위협 모델링을 하는 이유

오늘날의 급변하는 세계에서는 개발 작업을 간소화하려는 경향이 있는데, 여기에 위협 모델링을 하는 중요한 이유가 있다. 초기에 보안 취약점을 찾아내고 보안 요구 사항을 이해해 더 나은 제품을 만들고 제공하는 방법 등이 포함되기 때문이다.

초기에 보안 취약점을 찾아준다

집을 지을 때 초기 결정은 보안에 중대한 영향을 미치게 된다. 나무 벽과 1층의 많은 창문은 벽돌 건축물과 적은 수의 창문들에 비해 더 많은 위험에 노출된다. 지으려는 곳의 위치와 기타 요인에 따라 양쪽 다 합리적인 선택이 될 수 있다. 선택을 하면 변경이 어렵다. 물론 창문에 빗장을 설치할 수도 있지만, 처음부터 적절한 설계를 하는 편이 좋지 않을까? 같은 유형의 상호보완 관계를 기술에도 적용할 수 있다. 위협 모델링은 한 줄의 코드라도 작성되기 전에 설계 문제를 찾는 데 도움이 된다. 그리고 문제를 빠르게 찾을 수 있다.

보안 요구 사항을 이해한다

좋은 위협 모델은 "꼭 필요한 요구 사항인가?"라는 질문을 던지게 한다. 예를 들어 장치를 소유한 사람이 시스템으로부터 안전해야 하는가? 애플은 전통적인 PC와는 다르게 아이폰에 대해서는 그렇다고 말했다. 위협을 찾고 그것을 갖고 무엇을 할 것인지 선별하는 작업을 하면서 요구 사항은 명확해진다. 더 명확한 요구 사항을 통해 일관적인 보안 기능과 속성에 집중할 수 있다.

요구 사항, 위협, 완화 사이에는 중요한 상호작용이 있다. 위협 모델링을 하면서 일부 위협은 비즈니스 요구 사항과 일치하지 않다는 것을 발견할 수 있지만, 그 위협이 해결할 가치가 없을 수도 있다. 또는 요구 사항이 완전하지 않을 수도 있다. 기타 위협을 해결하는 방법은 너무 복잡해 비용이 많이 들 수도 있다. 이 경우 현재 버전에서 위협을 부분적으로 해결하거나 해결할 수 없다는 사실을 수용해야 할 것이다.

더 나은 제품을 만들어 제공한다

프로세스 초기의 요구 사항과 설계를 고려해 재설계하거나 리팩토링해 보안 취약점이 존재하는 확률을 낮출 수 있다. 이를 통해 예측 가능한 일정에 더 나은 제품을 제공한다. 또한 모든 노력은 제품을 더 빠르고 저렴하고 안전하게 만들 수 있다. 고객이 원하는 어떤 특성에든 초점을 맞출 수 있다.

다른 기술에서 찾지 못하는 문제를 해결한다

위협 모델링을 하는 마지막 이유는 다른 도구에서 찾지 못하는 문제를 해결해준다는 것이다. 이런 문제 중 일부는 연결 인증 실패와 같은 오류가 될 수 있다. 이는 코드 분석 도구에서 찾을 수 없다. 여타 문제는 설계에 따라 다르다. 새로운 방법으로 구축하는 우수한 개발자들과 프로젝트를 수행한다면 위협의 새로운 상황에 대한 아이디어를 얻을 수도 있다. 세부 사항을 추상화해 무엇이 잘못됐는지를 모델링함으로써 다른 시스템에서 발견된 문제와의 유사성을 확인하게 해줄 것이다.

위협 모델링은 안전과 보안 엔지니어링에서 쉽게 찾을 수 있는 문제(초기에 발견해 재설계를 피하게 해주는 것은 제외)에 집중해서는 안 된다. 예를 들어 데이터베이스를 가진 제품을 구축한다면 위협 모델링은 SQL 주입 공격과 주입될 수 있는 다양한 신뢰 경계를 빠르게 다뤄야 하며, SQL 주입 공격이 발생한다는 사실은 알고 있다고 생각해야 한다. 위협 모델링은 다른 기술들이 찾지 못하는 문제에 집중해야 한다.

이 책의 대상 독자

이 책은 복잡한 개발을 하거나 운영하는 사람들을 위해 쓰여졌다. 주로 소프트웨어 개발자와 시스템 관리자가 대상이지만, 다양한 역할을 가진 사람들과 분석가, 설계자들도 포함된다. 또한 책에는 보안 전문가들을 위한 유용한 정보가 많다. 따라서 이 책은 앞에 기술한 일을 하는 사람들에게 유용하다. 책은 파트별로 각기 다른 사람들을 위해 쓰여졌다. 초기에는 일반 개발자가 대상이지만, 이 책의 끝에서는 보안 전문가에게 더 많은 정보를 제공한다.

책의 내용을 습득하는 데는 해커나 보안 전문가가 아니어도 괜찮다. 관심이 있거나 열정만 있으면 된다. 그들은 돈을 뜯어내려 할지도 모르고, 아니면 남의 피해를 자기 자랑으로 삼거나 다른 사람들을 공격하기 위해 컴퓨터를 사용하는 것과 같은 각자 다른 목표를 갖고 있을지도 모른다.

이 책은 프로그램을 개발하거나 설계하는 모든 사람을 위해 쉽게 쓰여지만, 약간의 전문 용어가 있어 이를 알고 있다면 책을 좀 더 명확하게 이해하는 데 도움이 된다. 책의 마지막에는 용어집이 포함돼 있다.

이 책을 통해 얻을 수 있는 것

이 책을 처음부터 끝까지 읽고 나면 위협 모델링의 풍부한 지식을 얻게 되고, 프로젝트에 이러한 기술들을 적용할 수 있다. 그러면 처음부터 더 안전한 소프트웨어를 개발해 더 안전하게 배포할 수 있다. 보안 관점의 안전성이 측정되고 검증된 모델링을 배울 수 있다. 또한 점검 도구를 언제 사용하는지 배울 수 있다. 그리고 재미있는 점을 발견하게 된다. 이러한 활동은 멋지고 괜찮은 아이디어로 보이지만, 그 내부는 그렇지 않다. 그리고 위협 모델링을 방해하는 원인과 이를 방지하는 방법을 배운다.

또한 위협 모델링의 결과로 얻은 조치 가능한 산출물에 집중하는 방법을 배운다. 보통 그것은 '취약점'이라고 불린다. 코드 문제를 취약점이라고 생각하고 설계 문제를 결함이라고 생각하는 데 도움이 될 수 있는 논의가 있다. 이 책은 그러한 논의들을 하나의 활동으로 다룬다. 위협 모델이 이슈를 찾는 데는 도움이 되지만, 이를 식별하고 문제를 해결하는 부분까지는 도움을 주지 않는다.

독자 수준에 따른 학습 내용

편의상 이 책은 개발과 운영 사이에 분명한 경계선이 있다고 가정한다. 그 구분을 통해 누가 어떤 능력, 선택권, 책임을 갖고 있는지 이해하게 된다. 예를 들어 개발자에게 있어서 로그인 방법을 바꾸거나 다른 인증 시스템을 구현하는 것은 '쉬운' 일이다. 그러나 운영 단계에서는 이 두 작업이 어려울 수 있다. 마찬가지로 운영에서는 로그를 남기는 것을 보장하거나 컴퓨터가 잠긴 케이스 안에 있다는 것을 보장하는 것은 '쉬운' 일이다. 또한 이 책에 쓰여진 것처럼 현재 떠오르고 있는 '데브옵스devops' 같은 중요한 모델도 있다. 개발자와 운영에 대한 학습 내용은 약간의 수정과 함께 적용될 가능성이 있다. 이 책은 또한 보안 전문 지식은 개발이나 운영 전문 지식과는 별개라는 것을 가정하고 있는데, 다시 말하지만 편의상 그렇게 한 것이다.

물론 이는 이 책의 동일한 부분이 사람들의 수준에 따라 서로 다른 교훈을 가져다준다는 것을 의미한다. 다음과 같이 각 대상 독자의 수준에 따라 집중된 가치를 제안한다.

소프트웨어 개발자와 테스터

소프트웨어를 만드는 개발자들은 소프트웨어 엔지니어, 품질 보증, 다양한 프로그램, 또는 프로젝트 관리자를 포함한다. 개발자들이 프로젝트 그룹에 속해 있다면 초기 소프트웨어 프로세스에서 설계 문제를 확인하고 해결할 수 있는 방법을 배울 수 있다. 이 책을 통해 고객의 요구 사항과 기대를 더욱 충족시키는 더 안전한 소프트웨어를 배포할 수 있으며, 소프트웨어를 모델링하거나 위협을 찾는 다른 방법 외에도 위협 모델링에 대한 간단하고 효과적이며 재미있는 접근 방법을 배울 수 있다. 또한 개발 프로세스에 맞게 취약점과 위협을 추적하는 방법을 알아본다. 그리고 요구 사항을 더 분명하게 만드는 데 도움을 주기 위해서 위협을 사용하는 방법을 배운다. 인증, 암호화, 유용성과 같이 오랜 역사를 가진 완화와 공격의 상호작용이 일어나는 위치에 대해서도 배운다. 이를 통해 추천되는 접근 방법들이 어떻게 현재 상태까지 발전해왔는지 이해할 수 있다. 이 밖에도 개발 프로세스에서 위협 모델링을 이끌어내는 방법 등 더 많은 것을 배울 수 있다.

시스템 설계, 운영, 관리

소프트웨어 구성 요소를 통합하고, 이를 통해 값을 전달하는 시스템을 만드는 사람들은 시스템을 설계하고 구성 요소를 선택할 때나 배포를 준비할 때 위협을 찾아내 발견하는 방법을 배울 수 있다. 이 책은 비즈니스, 고객, 규정 준수 요구 사항을 더욱 충족하는 더 안전한 시스템을 제공할 수 있다. 시스템을 구축하거나 구축한 시스템을 모델링하는 방법 외에도 위협 모델링에 대한 간단하고 효과적이며 재미있는 접근 방법을 배울 수 있다. 또한 시스템에 대한 보안이나 개인정보 보호 위협을 발견하는 방법을 배운다. 그리고 운영 중에 위협을 해결할 수 있는 방법을 알아보고, 직면한 위협의 보완 방법과 그러한 위협을 해결하는 방법도 배운다. 그리고 웹과 클라우드 시스템 같은 기술의 범주에 있는 특정 위협과 계정에 대한 위협을 알아본다. 두 가지 모두 운영자에게 매우 중요하다. 이 책은 유용성의 문제를 다루며 조직 내에 있는 사람들과 고객들의 보안 활동에 영향을 주는 방법에 대한 관점을 바꾸게 해준다. 이 밖에도 시스템을 보호하는 데 사용할 수 있는 암호화 구성 요소 등 더 많은 것을 배운다.

보안 전문가

보안 업무를 하고 있다면 이 책에서 두 가지 중요한 방법을 배운다. 첫째, 생산성을 향상시켜주는 위협 모델링에 대한 구조화된 접근 방법을 배울 수 있고, 그렇게 함으로써 위협 모델링의 '명백한' 부분들이 생각처럼 명백하지 않거나 옳지 않았음을 알게 된다. 둘째, 조직에서 사용 중인 개발, 운영, 배포 프로세스에 보안을 포함하는 방법을 배운다.

보안 전문가에게 이 책은 더 나은 위협 모델링을 하도록 도움을 줄 수 있다. 내 경험으로 하는 말이다. 나는 부록에서 사례 연구를 작성하면서 부록 B의 트리와 요구 사항 관련 장들의 내용을 참조하고 있고, 단지 소프트웨어 모델에서 갑자기 생각난 것이 아닌 위협을 찾고 있음을 발견했다.

정보 보안 종사자들에게

솔직히 말해 이 책은 완벽한 소프트웨어를 설계하는 방법을 추상적으로 기술하지 않았다. 대부분의 소프트웨어가 일부 비즈니스나 조직의 현실이 내재돼 있음을 인정하는, 실제적인 현실에 기반을 뒀다. 정통 소프트웨어 개발자에게는 실망스럽겠지만, 요즘 소프트웨어들은 서로 충돌한다. 나는 소프트웨어의 상충관계를 개선해 더 안전한 소프트웨어를 만들고 싶다. 그러기 위한 수많은 요소가 있는데, 그중 두 가지는 다른 전문 분야에서 일하는 사람들에게 보안에 대한 일관성, 접근성을 더 높여주는 것이다.

이 관점은 내가 보안 기술을 배포하고 사람들이 직면한 문제를 관찰했던 시스템 관리자 시절과 비즈니스 목표를 제공하는 시스템의 속성으로서 보안을 보는 것을 배우던 임원 초기 시절에 근거를 두고 있다. 또한 그것은 마이크로소프트의 보안 개발 생명주기의 일환으로서 위협 모델링에 대한 나의 책임감을 기초로 한다. 나는 마지막 역할로 위협 모델링 접근 방법에 대해 마이크로소프트의 수천 명 사람들과 파트너, 고객들과 이야기를 나눴다. 그들은 신입 개발자부터 수십 년의 보안 경험을 가진 사람들, 보안 임원, 마이크로소프트의 신뢰 컴퓨팅 학술 자문 위원회까지 다양했다. 거기서 현재 작업과 관련해 많은 견해가 있었지만, 반대 견해는 훨씬 적다는 사실을 알았다.

이 책은 실용주의를 기반으로 소프트웨어를 더욱 안전하게 제공할 수 있다는 사실을 동료 보안 전문가들에게 납득하게 하는 데 목적이 있다. 이 관점은 일부 보안 전문가들에게 도전이 될 수 있다. 이러한 내용에 따라 2, 4, 5부에서 최선이 선의의 적이 될 수 있는지를 고려해본다.

이 책의 활용 방법

처음부터 시작해야 한다. 위협 모델링을 하는 방법을 이미 알고 있다면 좋은 출발점이 된다. 이는 책의 나머지 부분을 이해하는 데 도움이 되기 때문이다.

4단계 체계

이 책은 하나의 활동이 아니라 하위 목표를 달성하는 단계들의 구성으로서 위협 모델링을 봐야 한다는 의견을 제시한다. 그 하위 목표를 달성하기 위한 필수 질문들은 다음과 같다.

1. 구축하고 있는 것이 무엇인가?
2. 구축이 되고 나서 잘못될 수 있는 점은 무엇인가?
3. 잘못될 수 있는 점에 대해 무엇을 해야 하는가?
4. 분석을 제대로 했는가?

　각 단계에서 사용하는 방법들은 레고 블록처럼 생각할 수 있다. 레고는 다른 레고 블록에 끼울 수 있다. 1장에서는 데이터 흐름도를 이용해서 구축하려는 부분을 모델링하며, 잘못될 수 있는 부분과 그에 대해 어떤 조치를 취할지 생각하기 위한 STRIDE(위협 모델) 모델, 제대로 된 분석을 했는지 확인하기 위한 체크리스트를 사용한다. 2장에서는 다이어그램이 구축 시 어떻게 유용한 방법이 될 수 있는지를 알아본다. 서로 다른 다이어그램 유형은 구축하는 부분을 모델링하는 데 도움을 주는 서로 다른 구성 요소와 같다. 3장에서는 STRIDE에 대해 자세히 알아본다. 4장에서는 STRIDE 대신 공격 트리를 사용하는 방법을 배운다. STRIDE와 공격 트리는 새로운 기술을 개발한 후 잘못된 점을 찾기 위한 서로 다른 구성 요소다.

　모든 접근 방식을 다른 접근 방식에 끼워 넣을 수는 없다. 이들은 이렉터 세트^{Erector} set(과학상자)와 링컨 로그^{Lincoln logs}(통나무 형태의 조립장난감)를 억지로 붙일 수 있는 강력접착제 같은 것을 사용한다. 위협 모델링 접근 방식들을 함께 붙이기 위한 시도는 일부 혼란스럽게 연결돼 있다. 예를 들어 테러리스트가 어떻게 자산을 공격하는지에 대한 가정은 실제 조치 가능한 문제들로 많이 연결되지 않는다. 심지어 구성 요소들을 함께 끼워 맞춰 넣음으로써 적절한 것을 만들어낼 수도 있고, 혼란스럽거나 기괴한 것을 만들어낼 수도 있다.

그러면 이러한 체계를 생각하기 위해 무엇이 구성 요소가 돼야 할까? 그림 I-1에서는 4단계 체계를 그래프로 보여준다.

각 단계는 다음과 같다.

1. 구축, 배포 혹은 변경하는 시스템을 모델링한다.
2. 2부의 모델과 접근 방법을 사용해 위협을 찾는다.
3. 3부의 접근 방법을 사용해 위협을 해결한다.
4. 완전성과 효율성을 위해 작업의 유효성을 검사한다(3부 참고).

그림 I-1 4단계 체계

이 체계는 소프트웨어 개발과 운영 배포에 적합하게 설계됐다. 이것은 위협 모델링을 구성하는 방법으로 자리매김해 왔다. 또한 전체 체계를 바꾸지 않고도 더욱 쉽게 실험하게 해준다. 여기서부터 5부까지 접하는 대부분은 엄선된 내용이다. 4단계 체계에 연결되기 때문이다.

이 책은 대략 다음과 같이 구성돼 있다.

1부, 시작하기는 시작에 관한 것으로, 책의 처음 부분(특히 1장)은 보안 전문 지식이 부족한 사람들을 위해 쓰여졌다. 책의 후반부는 이 책에서 얻을 수 있는, 또는 자신의 경험과 결합된 보안 지식을 기반으로 한다. 위협 모델링의 이해와 그 분야에 새로운 사람들을 위한 권장 방법을 얻을 수 있다. 또한 공격자나 자산 같은 다른 옵션들보다 소프트웨어 모델링이 시작하기에 더 좋은 이유와 함께 모델링 방법들을 배운다.

2부, 위협 발견은 위협을 찾는 방법으로, 위협을 찾는 데 사용하는 기술과 도구를 제공한다. 이를 통해 사람들이 에너지를 쏟고 있는 다양한 기술들의 장단점을 검토하고, 정보 기술 위협 모델링에 접근하는 다양한 방법들을 조사하고 분석한다. 그 방법은 처음부터 끝까지 읽거나 도움이 필요한 특정 지점으로 건너뛰는 방식으로 분류돼 있다.

3부, 위협 관리와 해결에는 위협을 해결하는 방법, 위협을 해결하는 데 사용할 수 있는 전술과 기술, 위험의 장단점을 만드는 방법 등이 포함돼 있다. 또한 해결된 위협을 검토하고 위협 모델링하는 데 도움이 되는 도구를 다룬다.

4부, 기술적이고 다루기 힘든 분야의 위협 모델링에서는 수많은 위협 모델링과 분석을 마친 특정 기술, 어려운 영역에서의 위협 모델링을 살펴본다. 웹과 클라우드, 계정과 정체성, 암호화, 자신만의 보안 요구 사항 분석을 시작할 수 있는 요구 사항 문서 Cookbook 등을 포함한다.

5부, 한 단계 더 나아가기는 위협 모델링의 다음 단계로의 전진이다. 특정 조직에 대한 위협 모델링 프로세스를 만들고, 사용자 정의에 대한 방법을 고려하고 있는 경험 있는 위협 모델러, 보안 전문가, 프로세스 설계자 등을 대상으로 한다.

부록은 이제까지 배웠던 기술을 적용하는 데 도움을 주는 정보를 제공한다. "위협 모델은 무엇인가", "자산은 무엇인가"와 같은 질문에 대한 일반적인 답변들을 포함하고 있다. 또한 위협을 찾는 데 도움을 줄 수 있는 위협 트리, 공격자와 공격자 페르소나 리스트, 1장에서 사용할 권한 상승 Elevation of Privilege 게임에 대한 세부 사항, 마지막으로 상세한 위협 모델 예제들을 포함하고 있다. 그 다음으로 용어집, 참고 문헌, 찾아보기 등이 이어진다.

웹사이트(www.threatmodelingbook.com)에서 이 책에 있는 일부 다이어그램과 그림이 포함된 PDF 파일을 다운로드할 수 있고, 필연적으로 생길 수 있는 이 책의 오류를 완화하기 위한 정오표를 참고할 수 있다.

이 책이 다른 점

해킹을 가르쳐주는 많은 보안 서적이 있다. 그런 책들의 의도는 방어할 공격의 종류가 무엇인지 알려주는 데 있다. 그런 책의 아이디어는 공격 기법을 경험하면 방어를 할 수 있다는 점이다. 이 책은 해킹 기술에 대한 책은 아니며, 그러한 해킹 서적 수백만 권이 팔렸지만 취약한 시스템은 아직도 구축 및 배포되고 있다. 이외에도 많은 종류의 공격 기술을 신중하게 검토한 방어 기법이 있다. 공격이 유용하지만 각 공격이 동작하는 위치와 효과적으로 공격을 방어하는 방법을 아는 게 더 중요하다. 이 책은 방어 기술을 알려준다.

이 책은 특정 기술, 플랫폼, 또는 API에 초점을 맞추지 않았다. 플랫폼과 API는 당신이 사용하는 보안 위협을 완화해 안전한 특징을 갖는 데 영향을 준다. 위협의 완화는 플랫폼과 관련이 있다. 이 책은 특정 기술을 전달하는 것을 넘어 독자의 책장에 놓여있는 유용한 참고 서적이 되는 것을 목표로 한다.

이 책은 위협 모델링의 마스터로 만들어주는 마법 약이 아니다. 알고 싶은 정보를 이해하는 데 도움을 주는 자원이다. 실습은 더 많은 정보를 얻는 데 도움이 될 것이다. 그리고 피드백과 어려운 문제들을 통한 심도 있는 실습은 당신을 전문가로 만들어 준다.

위협 모델링에 대한 새로운 교훈

대부분의 숙련된 보안 전문가는 위협 모델링에 대한 접근 방법을 개발해 왔다. 몇 년간 위협 모델링을 해 왔다면 이 책은 적용 가능한 다른 접근 방법을 제공한다. 또한 이 책은 일련의 방법들과 어떻게 그들이 밀접한 연관을 갖는지에 대한 구조적인 이해를 제공한다. 마지막으로 관심을 가질 만한 몇 가지 더 깊은 교훈을 직접 찾아낼 필요 없이 제공한다.

위협 모델링에는 한 가지 이상의 방법이 있다

프로그래머에게 "새로운 프로젝트에 적합한 프로그래밍 언어는 무엇인가?"라고 물어 보려면 많은 질문을 예상할 수 있다. 이상적인 프로그래밍 언어는 없다. 언어는 작업의 유형에 따라 더 좋을 수도 나쁠 수도 있다. 예를 들어 어셈블러보다 펄이 텍스트를 변조하는 코드를 작성하기 쉽다. 파이썬은 어셈블러보다 읽기가 편하고 유지 보수가 쉽다. 하지만 장치 드라이버를 변조하는 빠른 코드가 필요할 때 어셈블러가 더 좋은 선택이 될 수 있다. 마찬가지로 위협 모델링을 하는 더 최상의 방법은 참여 인력과 그들이 갖고 있는 기술 등과 같은 상황에 크게 의존한다.

그러므로 위협 모델링은 프로그래밍처럼 생각할 수 있다. 프로그래밍 범위 내에서는 언어, 패러다임(폭포수 또는 애자일), 예제(짝 프로그래밍이나 잦은 배포) 등이 있을 수 있다. 같은 방법이 위협 모델링에도 적용된다. 과거 대부분의 위협 모델링 관련 글에서는 '유일한' 방법만을 제시했다. 이 책은 "접근 방법이 한 가지 이상 있다"라는 것이 펄 언어의 모토일 뿐만 아니라 위협 모델링에도 적용됨을 이해시켜준다.

올바른 방법은 적절한 위협을 찾는 방법이다

위협을 찾는 올바른 방법은 사용 가능한 자원들과 함께 이용될 수 있는 다른 기술보다는 시스템에 대한 더 적절한 위협을 찾기 위해 프로젝트 팀에 많은 힘을 실어주는 방식이다('적절한 위협'은 해야 할 일을 분명하게 해주는 위협이다). 그것은 하나의 프로젝트 팀뿐 아니라 수천 개의 프로젝트 팀에 적용된다. 또한 시간, 전문 지식, 도구 같은 모든 수준의 자원에 걸쳐 적용된다. 올바른 기술은 위협을 찾고 해결하기 위해 (그리고 그것을 해냈다는 자신감을 얻기 위해) 팀에 많은 힘을 실어준다.

많은 사람은 자신들이 하나의 최적화된 방법을 알고 있다고 이야기한다(그것은 위협 모델링과 동떨어진 분야에서나 맞는 이야기다). 한 가지만 맞다는 종교 전쟁 같은 생각은 피하고 자신에게 적합한 방법을 찾아야 한다.

위협 모델링은 버전 관리다

가끔 위협 모델링은 소수의 사람들만 잘 다룰 수 있는 전문 기술로 보인다. 이런 관점은 전체 진행을 지체시킨다. 위협 모델링은 전문 기술보다는 버전 관리와 더 유사하다. 이는 위협 모델링을 폄하하거나 축소하자는 것이 아니다. 전문 개발자는 버전 관리 시스템 없이 복잡한 소프트웨어 구축은 생각하지 않는다. 위협 모델링은 그러한 기본적인 부분을 지향한다.

전문 소프트웨어 개발자는 한두 개 정도의 버전 관리 시스템의 기본을 알고 있고, 마찬가지로 많은 시스템 관리자가 구성 파일을 관리하기 위해 버전 관리 시스템을 사용한다. 많은 조직이 간단한 버전 관리의 방법으로 유지되므로 전문가는 필요치 않다. 큰 조직에서 일한다면 정규 업무로 빌드 트리를 관리할 수도 있다. 위협 모델링도 이와 유사하다. 이 책을 통해 위협 모델링의 기본 경험이 있는 소프트웨어 및 운영 전문가를 기대하는 것이 합리적이다.

위협 모델링은 바이올린 연주와 같다

바이올린을 배울 때 가장 아름다운 바이올린 곡으로 시작하지 않는다. 쉬운 작품의 연주를 배우고 점점 더 어려운 곡을 진행한다.

마찬가지로 위협 모델링을 시작할 때는 기술을 배우기 위해 연습이 필요하고, 배우면서 도전이나 좌절을 겪게 된다. 일련의 기술로 위협 모델링을 이해할 필요가 있다. 이는 다양한 방법으로 적용할 수 있고 시간이 흐르면서 발전한다. 연습할수록 나아진다. 밤새워 전문가와 경쟁을 기대한다면 실망할 수 있다. 이와 유사하게 몇 년마다 한 번씩 위협 모델링을 한다면 실력이 녹슬어 버린다. 필요한 능력을 다시 키우기 위해서는 시간이 걸릴 것이다.

기술 대 레퍼토리

비유를 계속하자면 가장 재능 있는 바이올리니스트는 하나의 작품만 연주하지 않고 자신의 분야와 관련된 지식들과 레퍼토리를 개발한다.

위협 모델링을 시작하면서 새로운 시스템이 어떻게 공격 당할 수 있는지 생각하면서 만들 수 있는 위협 예제들 같은 레퍼토리와 기술 둘 다 개발할 필요가 있다. 공격 목록이나 라이브러리는 전문가가 알고 있는 알려진 위협의 정신적 레퍼토리를 부분적으로 대체할 수 있다. 또한 유사 제품의 보안 문제를 확인하는 것은 위협 레퍼토리를 개발하는 데 도움이 된다. 시간이 지나 이러한 행동은 새롭고 다양한 위협을 생각하는 방법에 반영될 수 있다. 위협에 대해 생각을 배우는 행위는 연습용 보조 바퀴를 다는 것보다 더 쉽다.

공격자처럼 생각하는 것은 좋지 않다

위협 모델링에 관한 많은 저서가 사람들에게 "공격자처럼 생각하라"고 권고한다. 대부분 사람에게 이 관점은 전문 요리사처럼 생각하는 것만큼 쉽지 않다. 아무리 훌륭한 요리사라도 식당을 운영하는 요리사가 되면 일반 요리사가 겪지 않는 문제들과 씨름해야 한다. 예를 들어 저녁에 각각 두 번씩 순환되는 78석 규모 식당의 요구를 충족하기 위해 닭을 몇 마리나 구매해야 할까? 하지만 공격자처럼 생각하라는 조언은 위협 모델링을 하는 대부분의 사람들에게 도움이 되지 않는다. 또한 더 좋지 않은 점은 공격자가 어떻게 생각하고 무엇을 하려고 선택할지에 대해 암시적이거나 잘못된 가정으로 끝나게 될 수도 있다는 점이다. 그러한 공격자 사고방식 모델은 잘못된 위협에 집중하게 만들 수 있다. 하지만 위협을 찾기 위해 공격자에 집중할 필요는 없지만, 이러한 공격자 사고방식 모델은 문제 해결을 위한 자원을 찾는 데 도움이 될 수도 있다.

공격, 완화, 요구 사항의 상호작용

위협 모델링은 더 안전한 소프트웨어를 만드는 방법이다. 잠재적 문제를 찾기 위해서 소프트웨어 모델과 위협을 사용할 때 일부는 해결이 어렵거나 불가능하다는 것을 발견할 것이고, 이를 일치시키기 위해 요구 사항을 조정하게 된다. 이러한 상호작용은 위협 모델링에서는 거의 논의되지 않는다.

가끔 이 부분은 관리자를 보호하거나 어떤 때에는 고객이 감내해야 한다. 9.11 테러 이후 미국 정부는 비행기에 노트북을 금지시키는 것을 심각하게 고려했다고 한다. 전하는 바에 의하면 배터리와 폭발물은 엑스레이 기계에서 같은 모습으로 보인다고 한다. 고객은 마지막으로 표를 비싸게 구입하고 폭동을 일으켜 항공기를 착륙하지 못하게 할 수 있다. 그래서 정부는 다른 방안을 시행했다. 그 효과는 이 책에 있는 일부 도구를 통해 판단할 수 있다.

이러한 상호작용은 효과적으로 완화할 수 없는 위협이 있다는 결론을 이끌어낸다. 이것은 많은 보안 전문가에게 고통스러운 생각이다(하지만 영화 <<프린세스 브라이드>>(1987) 에서 주인공 웨스틀리는 "인생은 고통입니다. 전하. 다른 말을 하는 자는 뭔가 팔고 싶은 게 있는 것입니다." 라고 말했다). 요구 사항을 위반하고 완화가 불가능한 위협을 발견하면 일반적으로 요구 사항을 조정하는 것이 맞다. 가끔은 운영 중에 위협을 완화하거나 시스템을 사용하는 사람의 결정을 연기하는 것도 가능하다.

이제는 위협 모델링을 시작해보자!

1부
시작하기

1부는 위협 모델링을 처음 접하는 사람을 위한 부분으로, 위협 모델링이나 보안에 대한
사전 지식이 없는 경우를 가정한다. 위협 모델링에 필요한 핵심 기술과 위협 모델링
초보자를 위해 개발된 방법론을 설명한다.

1부는 또한 장난감에 비유해 다양한 위협 모델링 접근 방식을 소개한다. 다양한 아
동용 모형 장난감이 있는 것처럼 위협 모델링에도 많은 방법이 있다. 정교한 부품으로
구성된 비행기나 배를 만드는 조립 모형도 있다. 이 장난감은 실제와 매우 유사하지만
융통성은 떨어진다. 통나무 블록, 과학상자, 레고 블록 같은 다양한 블록 장난감도 있
다. 이 장난감은 융통성을 뛰어나지만, 내가 만들고 싶은 비행기에 딱 맞는 프로펠러를
찾기는 어려울 것이다.

통나무 블록, 과학상자, 레고 블록 등 다양한 장난감이 있는 것처럼 위협 모델링에도
공격자 중심, 자산 중심, 소프트웨어 중심 기법이 있다. 각각의 기법 모두가 강력하고
유연하고, 장점과 단점이 있으며, 서로 결합해 좋은 결과를 얻는 것은 어렵다.

1부는 1장과 2장으로 구성된다.

- **1장, 시작하기와 위협 모델**에서는 다음과 같은 4가지 질문에 집중함으로써 위협 모델 링을 시작하는 데 필요한 모든 내용을 설명한다.

  - 무엇을 개발하고 있는가?

  - 무엇이 잘못될 수 있는가?

  - 잘못될 수 있는 것에 대해 어떤 조치를 취해야 하는가?

  - 분석을 잘 수행했는가?

  위의 질문은 시작할 때만 필요한 것이 아니라 이 책의 핵심인 4단계 프레임워크의 중심을 이룬다.

- **2장, 위협 모델링 전략**에서는 위협 모델링을 위한 다양한 접근 방식을 설명한다. 상당 수 방식은 공격자나 보호하려는 자산에 대해 생각하는 '당연한' 접근 방식이다. 각 방식을 설명하고 기대만큼 잘 작동하지 않는 이유를 설명한다. 이 방식들은 소프트 웨어에 집중하는 방식과 대비된다. 소프트웨어 전문가가 가장 잘 이해할 것이라고 예상되는 것이 소프트웨어이기 때문에 소프트웨어 모델이 2장에서 가장 중요한 부분이다. 소프트웨어 모델은 위협 모델링을 할 때 집중해야 하는 2가지 모델 중 하나다.

1

시작하기와 위협 모델

누구나 위협 모델^{threat model}을 배워야 한다. 위협 모델링은 보안 문제를 발견하기 위해 모델을 이용하는 것을 말한다. 모델을 이용한다는 의미는 코드 자체를 다루는 방식이 아니라 큰 그림을 보기 위해 상당한 세부 사항을 추상화하는 방식을 의미한다. 아직 소프트웨어를 개발하지 않은 상태에서 이슈를 발견해 개발 전에 미리 문제를 알아차릴 수 있기 때문에 모델링을 활용한다. 또한 영향을 미칠 가능성이 있는 위협을 예측하는 수단으로도 위협 모델을 활용한다.

위협 모델링은 무엇보다도 실용적인 규칙으로, 1장은 그 실용적인 측면을 반영해 구성된다. 이 책에서 다양한 정의, 이론, 철학, 효과적 접근 방식, 검증된 테크닉을 설명하겠지만, 독자는 경험에 바탕을 둔 내용을 원할 수도 있다. 그러므로 1장에서는 이론에 초점을 맞추지 않고 순간의 차이는 무시하는 대신, 경험을 통해 배울 수 있는 기회를 제공한다.

악기 연주의 시작에 비유하자면 여러분은 악기 연습을 통해 근육과 인식 능력을 키워야 한다. 처음에는 소리가 좋지 않고 때로는 좌절감도 느끼겠지만 계속 연습을 하다 보면 점점 더 쉬워진다. 음정과 박자에 맞춰 소리내기로 연습을 시작할 것이다. 이와 비슷하게 1~3부에서 설명하는 위협 모델링의 간단한 4단계 세부 명세를 활용한다면 근력 훈련을 시작하는 셈이다. "내가 어떻게 카네기 홀에서 연주할 수 있을까?"라고 물으면서 뉴욕의 거리 악사 생활을 그만둔 사람에 대한 농담을 들어봤을 수도 있겠다.

정답은 물론 "연습하라, 연습하라, 또 연습하라"다. 따라 하고 연습하고 관련된 단계를 더 잘 이해해야 한다. 그렇게 함으로써 위협 모델링에 필요한 다양한 작업과 테크닉을 이해할 수 있다.

1장에서는 설계상에 존재할 수 있는 보안 취약점을 발견해 조치하는 방법을 설명한다. 이를 위해 간단한 웹 애플리케이션과 데이터베이스로 구성된 시스템을 점검한다. 무엇이 잘못될 수 있는지, 그에 대응하는 방법과 그 작업 내용을 확인하는 방법을 배운다. 또한 위협 모델링을 시작하는 데 도움이 되는 권한 상승^{Elevation of Privilege} 게임을 설명한다. 마지막으로 자신만의 위협 모델을 작성하는 실습을 하고 위협 모델링을 시작하는 데 도움이 되는 체크리스트로 1장을 마친다.

위협 모델링 학습

위협 모델링은 다음과 같은 4가지 질문에 집중하는 것부터 시작한다.

1. 무엇을 개발하고 있는가?
2. 무엇이 잘못될 수 있는가?
3. 잘못될 수 있는 것에 대해 어떤 조치를 취해야 하는가?
4. 분석을 잘 수행했는가?

이 질문에 대한 대답은 모든 기술자가 친숙한 작업으로 시작하고 마무리한다. 그것은 화이트보드에 그림을 그리고 버그를 관리하는 작업이다. 작업 중간에 위협에 대해 고민하는 데 활용할 수 있는 다양하고 새로운 테크닉을 1장에서 소개한다. 머릿속이 혼란스러워질 경우 이 4개의 질문을 다시 생각하라.

1장의 모든 내용은 여러분이 이 질문들에 대답하는 것을 도와줄 목적으로 작성됐다. 우선 이 질문들을 예제로 제공한 3 티어 웹 애플리케이션을 통해 해결해본 후 여러분 자신의 시스템을 대상으로 이 과정을 적용해볼 것이다. 이 시스템은 여러분이 작성하거나 배포하는 소프트웨어일 수도 있고, 구입을 검토하는 소프트웨어일 수도 있다. 어떤 시스템을 대상으로 할지 불확실하다면 1장의 샘플 시스템이나 부록 E에 나오는 사례를 활용할 수 있다.

1장을 진행하면서 권한 상승 위협 모델링 게임이 필요할 것이다. 게임은 http://www.microsoft.com/security/sdl/adopt/eop.aspx에서 무료로 다운로드할 수 있다. 게임을 하기 위해서는 함께 할 2~4명의 동료나 친구가 필요하다.

위협 모델링의 4개 주요 액티비티 중 첫 번째는 다이어그램 작성이다. 다른 3개는 위협의 발견, 위협에 대응, 작업 내용 체크다.

무엇을 개발하고 있는가?

다이어그램은 여러분이 개발 중인 시스템을 설명하는 좋은 도구다. 소프트웨어를 다이어그램으로 표현하는 많은 방법 중 시스템에서 데이터가 어떻게 흘러가는지 표시하는 화이트보드 다이어그램으로 시작할 수 있다. 다음 예제에서 웹 브라우저, 웹 서버, 비즈니스 로직, 데이터베이스로 구성된 간단한 웹 애플리케이션을 확인할 수 있다(그림 1-1).

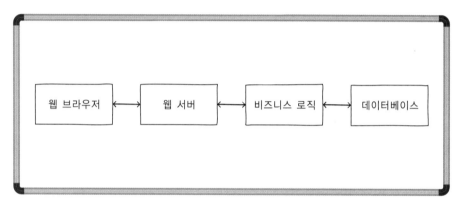

그림 1-1 화이트보드 다이어그램

어떤 사람은 이 단계에서 바로 무엇이 잘못될 수 있는지 생각할 수 있다. 예를 들어 웹 브라우저를 사용하는 사람의 신원을 어떻게 알 수 있을까? 누가 데이터베이스의 데이터를 수정한다면 어떻게 될까? 암호화를 하지 않은 정보를 다음 단계로 이동시켜도 괜찮을까? 이 질문들이 "허용해야 하는가?"라는 의문을 불러일으키기 때문에, 이 단계에서 잘못될 수 있는 사항에 대해 생각할 시간이 필요할 수도 있다. "누가 무엇을 컨트롤하는가"에 대해 약간만 생각한다면 여러분이 개발 중인 시스템을 훨씬 더 잘 모델링할 수 있다. 이 웹사이트가 인터넷에 공개되는 사이트인가? 아니면 인트라넷 사이트인가? 데이터베이스는 현장에서 직접 운영하는가? 아니면 웹 서비스 제공자가 위탁 운영하는가?

이 사례에서 인터넷 사이트를 개발 중이고 가상의 Acme 스토리지 시스템을 사용한다고 가정하자(특정 제품을 언급했으나 잘못된 점에 대한 세부적인 내용은 약간 생략할 것이다. 여러분은 물론 아니겠지만, 어떤 사람들은 Acme라는 것에 빠진 나머지 위협 모델링에 대한 내용은 놓칠 수도 있다 그러므로 그냥 Acme라고 부르고 내가 말하는 대로 동작한다고 가정하자. 이해했으리라 믿는다. 감사하다).

누가 무엇을 컨트롤하는지 표시하기 위해 경계를 추가함으로써 다이어그램을 간단히 개선할 수 있다. 이 경계를 통과하는 위협이 중요하고 위협을 확인하는 좋은 시작점이 된다는 사실을 쉽게 알 수 있다. 이 경계를 신뢰 경계$^{trust\ boundary}$라고 부르는데, 다른 사람이 다른 사물을 컨트롤하는 모든 곳에 경계를 표시해야 한다. 여기에는 다음 사례가 포함된다.

- 계정(유닉스 시스템의 UID나 윈도우 시스템의 SIDS)
- 네트워크 인터페이스
- 물리적으로 다른 컴퓨터
- 가상머신
- 조직 경계
- 서로 다른 권한을 갖는 거의 모든 곳

신뢰 경계와 공격 표면

신뢰 경계와 매우 밀접한 관계가 있는 공격 표면이라는 개념을 접하게 될 것이다. 예를 들어 배의 선체가 어뢰의 공격 표면이다. 배의 옆면은 뱃머리에 비해 더 넓은 공격 표면이다. 배에는 내부적인 '신뢰' 경계가 있을 수도 있는데, 방수 격벽이나 선장의 금고 등이 여기에 해당된다. 많은 인터페이스에 노출된 시스템은 API나 외부 인터페이스가 적은 시스템에 비해 공격 표면이 넓다. 네트워크 방화벽은 외부의 공격자로부터의 공격 표면을 줄여주는 유용한 경계다. 그러나 선장의 금고처럼 방화벽 안쪽에도 신뢰 경계가 존재한다. 신뢰 경계와 공격 표면은 동일한 사물에 관한 매우 유사한 관점이다. 공격 표면은 신뢰 경계이고, 공격자가 공격을 개시할 수 있는 위치다. 많은 사람이 두 용어를 혼용하고 있다. 이 책에서는 '신뢰 경계'라는 개념을 사용하겠다.

신뢰 경계를 사각형(그림 1-2 참조)으로 다이어그램에 표시하고, 경계 내부에 존재하는 것을 사각형의 가장자리에 레이블('회사 데이터 센터' 등)로 표시하라.

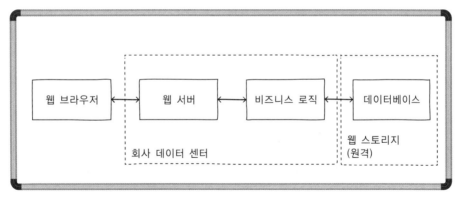

그림 1-2 화이트보드 다이어그램에 신뢰 경계를 추가

다이어그램이 커지고 복잡해지면 일부 내용을 빠트리거나 데이터 흐름의 주요 내용을 혼동할 수도 있다. 그러므로 그림 1-3과 같이 다이어그램에 표시된 각각의 프로세스, 데이터 흐름, 저장된 데이터에 번호를 매기는 것이 아주 유용하다(각 신뢰 경계는 해당 경계 내부의 신뢰를 나타내는 고유한 이름을 가져야 하고, 제한된 값으로 번호를 매길 수 있다).

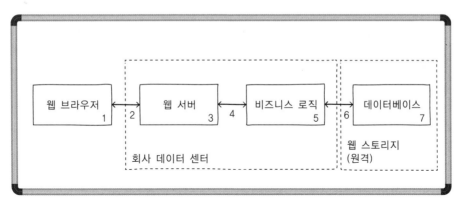

그림 1-3 화이트보드 다이어그램에 번호와 신뢰 경계를 추가

다이어그램의 형태는 크게 상관없다. 화이트보드에 그린 다이어그램이거나 휴대폰 카메라로 찍은 사진이어도 좋다. 비지오^{Visio}나 옴니그래플^{OmniGraffle} 등의 드로잉 프로그램을 사용해도 좋다. 위협 모델 다이어그램을 개발 프로세스의 일부라고 생각하고 다른 것들과 함께 소스 관리 절차를 따르자.

다이어그램을 그렸다면 자연스레 이 다이어그램이 적절한지 궁금할 것이다. 지금은 적절하다고 가정하자. 1장 뒷부분에서 팁과 체크리스트, 그리고 다이어그램 업데이트에 관한 내용을 다룬다. 그러나 현 단계에서 위협 확인을 시작하기에 충분히 훌륭한 다이어그램이 있으며, 그게 당신이 이 책을 산 이유이다. 확인해보자.

무엇이 잘못될 수 있는가?

다이어그램을 그린 후에 정말로 보안과 관련해서 무엇이 잘못될 수 있는지 찾아볼 수 있다. 매우 재미있는 작업이기 때문에 이것을 권한 상승이라고 불리는 게임으로 만들었다. 각 카드에 대한 더 자세한 설명은 부록 D에서 있으며, 11장에서 게임의 역사와 철학을 설명한다. 그러나 몇 가지 간단한 규칙만 알면 게임을 시작할 수 있다. 아직 게임을 해보지 않았다면 http://www.microsoft.com/security/ sdl/adopt/eop.aspx에서 게임을 다운로드할 수 있다. 페이지를 컬러로 인쇄하고 각각의 카드를 잘라낸 후 잘 섞어서 게임을 함께할 친구들에게 나눠주라.

> **노트** 어떤 사람들은 회사에서 게임하는 데 익숙하지 않다. 또 어떤 사람들은 새로운 게임에 대해 두려움을 갖고 있는데, 특히 게임 규칙이 길고 복잡할 경우에 그렇다. 권한 상승 게임은 몇 줄로 설명할 수 있는 간단한 게임이다. 한번 시도해보라.

권한 상승 게임 플레이 방법

권한 상승은 위협 모델링을 도와줄 목적으로 만들어진 기능성 게임이다. 카드의 샘플이 그림 1-4에 있다. 트럼프 카드와 비슷하게 숫자와 모양이 왼쪽 윗부분에 표시돼 있고, 위협의 예가 카드에 적혀 있다. 다음의 지시에 따라 간단히 게임을 진행할 수 있다.

1. 카드를 돌린다(셔플링은 선택 사항).
2. 변조^{Tampering} 3 카드를 가진 사람이 첫 라운드를 시작한다(이와 비슷한 카드 게임에서 라운드를 '트릭'이나 '핸드'라고 부르기도 한다).
3. 각 라운드는 다음과 같이 진행된다.
   A. 라운드를 시작하는 플레이어부터 시계 방향으로 1장의 카드를 낸다.
   B. 카드를 낼 때 카드의 내용을 소리 내어 읽고 다이어그램으로 그린 시스템에 영향을 미치는지 확인한다. 카드가 시스템에 영향을 미친다면 내용을 받아 적고, 점수를 획득한다. 다음 플레이어로 진행한다.
   C. 각 라운드에서 가장 높은 카드를 낸 사람이 승리하고, 다음 라운드를 시작한다.

4. 남아 있는 카드가 없어지면 게임이 끝나고 가장 많은 점수를 얻은 사람이 승리한다.

5. 작성 중인 시스템에 대해 위협 모델링을 한 경우 발견한 버그를 제출한다.

그림 1-4 권한 상승 게임 카드

어떤 사람들은 잠잘 때도 위협 모델링 게임을 생각할 만큼 재미있어 하거나, 게임하는 데 계속해서 어려움을 겪기도 한다. 위협 모델링은 로켓 과학이 아니고 소프트웨어 개발에 참여하는 사람 모두가 배울 수 있는 것이다. 모두가 잠자는 시간까지 게임을 배우는 데 사용하려고 하지는 않을 것이다.

위협을 확인하는 것은 많은 사람에게 무섭다고 느껴진다. 여러분이 그중 한 명이라 하더라도 걱정할 필요는 없다. 이 절은 위협 확인을 조심스럽게 설명할 의도로 작성됐고, 심지어 재미있다는 점을 명심하라. 한 검토자는 "권한 상승 게임은 재미있어야 한다. 이것을 간과하면 안 된다. 우리는 매주 금요일 게임을 하는데, 즐겁고 편안하고 또한 업무적인 가치도 있다."라고 말했다.

게임 이야기는 이제 그만하자. 위협 모델링의 다음 단계는 잘못될 가능성이 있는 사항에 대해서 생각하는 것으로 시작한다. 예를 들어 허용되지 않은 사람이 웹 브라우저를 사용한다는 사실을 어떻게 알 수 있을까? 누군가가 데이터베이스의 데이터를 수정하면 어떻게 될까? 암호화를 하지 않은 정보를 다음 단계로 이동해도 괜찮을까? 다이어그램을 그리게 된다면 이 질문을 떠올리면서 고민할 필요는 없다(나는 그러지 않았다). 여러분은 이와 같은 위협을 다음 절에서 설명할 STRIDE라는 간단한 약자를 사용해서 발견할 수 있다.

위협 발견을 위한 연상 기호 STRIDE 사용

STRIDE는 보안에서 잘못될 수 있는 사항에 대한 약자들이다. STRIDE는 위장^{Spoofing}, 변조^{Tampering}, 부인^{Repudiation}, 정보 노출$^{Information\ Disclosure}$, 서비스 거부$^{Denial\ of\ Service}$, 권한 상승$^{Elevation\ of\ Privilege}$의 앞 글자를 딴 것이다.

- **위장**^{Spoofing}은 어떤 사물이나 사람이 아닌 척 가장하는 행위다.
- **변조**^{Tampering}는 수정할 수 없는 내용을 수정하는 행위다. 통신 구간의 패킷(유무선), 디스크와 메모리상의 비트에 대한 수정이 여기에 포함된다.
- **부인**^{Repudiation}은 어떤 행위를 하지 않았다고 주장하는 행위다(실제 행위 여부에 관계 없이).
- **정보 노출**$^{Information\ Disclosure}$은 정보를 열람할 권한이 없는 사람에게 해당 정보를 노출하는 행위다.
- **서비스 거부**$^{Denial\ of\ Service}$는 시스템이 서비스를 제공하는 것을 방해할 목적의 공격이다. 시스템을 중단시키거나 사용할 수 없을 정도로 느리게 만들거나 저장 공간을 모두 사용하는 행위가 여기에 포함된다.
- **권한 상승**$^{Elevation\ of\ Privilege}$은 프로그램이나 사용자가 수행할 수 없는 행위를 권한을 상승시켜 하는 상황이다.

> **노트** 권한 상승 게임의 이름이 여기에서 나왔다. 혼동을 방지하기 위해 게임을 의미할 때는 이탤릭 체로 표시하거나 EoP라는 약자를 사용하겠다.

앞 절에서 언급한 3가지 위협의 사례로 돌아가 보자.

- 예상하지 못한 사람의 웹 브라우저 사용은 어떻게 알 수 있을까?

- 누군가가 데이터베이스의 데이터를 수정하면 어떻게 될까?
- 암호화를 하지 않은 정보를 다음 단계로 이동시켜도 괜찮을까?

이 질문은 위장, 변조, 정보 노출의 사례다. STRIDE를 활용하면 다이어그램을 살펴보고 위협 사례를 선택하는 데 도움이 된다. 보안에 대한 약간의 지식과 적절한 테크닉을 결합하면 중요한 위협을 더 빠르고 안정적으로 발견할 수 있다. 위협 모델 작성을 확실히 해야 하는 상황이라면 문서화를 해서 소프트웨어의 신뢰성을 높일 수 있다.

STRIDE라는 도구를 연상기호로 이용해 다이어그램을 다시 살펴보고 더 많은 위협을 발견하라. 위협과 그 위협으로 인해 영향을 받는 다이어그램의 구성 요소를 목록으로 작성하라(일반적으로 신뢰 경계보다는 소프트웨어나 데이터 흐름, 저장 장소가 영향을 받는다). 다음 목록은 각 위협의 사례를 보여준다.

- **위장** 어떤 사람이 다른 고객인 것처럼 위장할 수 있기 때문에 사용자를 인증할 수 있는 수단이 필요하다. 또한 누군가가 여러분의 웹사이트로 위장할 수 있기 때문에 SSL 인증서를 보유하고 모든 페이지에 대해 하나의 도메인을 사용해야 한다. (URL을 보고 원하는 곳에 있는지 확인하는 고객을 돕기 위해서) 누군가가 logout.html이나 placeorder.aspx 같은 페이지로 직접 링크를 걸 수도 있기 때문에 서버에서 동작을 실행하기 전에 Referrer 필드를 확인해야 한다. CSRF^{Cross Site Request Forgery}라고 불리는 공격에 대한 완전한 해결책은 아니지만, 이 조치가 시작점이다.
- **변조** 누군가가 Acme에 위치한 백엔드^{back-end} 데이터를 수정할 수 있다. 또한 누군가가 그들과 데이터 센터 사이에서 전송되는 데이터를 변조할 수도 있다. 프로그래머가 웹 프론트엔드^{front end}의 코드를 스테이징 서버^{staging server}로 업로드한다고 착각해 테스트를 하지 않고 바꿔버릴 수도 있다. 화난 프로그래머가 'PayBobMore'라는 쿠폰 코드를 추가해 판매하는 모든 제품의 가격을 20% 할인할 수도 있다.
- **부인** 과거의 행동에 대해서 무엇이 일어났는지 파헤칠 필요가 있다. 시스템 로그가 있는가? 적절한 정보가 효과적으로 로깅됐는가? 로그가 변조될 위험은 없는가?
- **정보 노출** Acme가 여러분의 데이터베이스의 정보를 읽으면 어떻게 될까? 누군가가 데이터베이스에 접속해 정보를 읽거나 쓸 수 있는가?
- **서비스 거부** 수천 명의 사용자가 한꺼번에 웹사이트에 방문하면 어떻게 될까? Acme가 다운되면 어떻게 될까?

■ **권한 상승** 사용자는 웹 전단에만 접속해야 하겠지만, 어떻게 이를 강제할 수 있을까? 비즈니스 로직 서버로 직접 접속하거나 새로운 코드를 업로드하는 행위를 무엇으로 차단할 수 있을까? 방화벽이 있다면 올바르게 설정됐는가? 어떻게 Acme에 있는 데이터베이스 접근을 통제하는가? Acme 직원이 실수를 하거나 여러분의 파일을 수정하기 원할 경우에는 어떻게 되는가?

앞에서 설명한 위협 사례는 모델에서 나타날 수 있는 각 위협의 전체 목록을 보여줄 의도로 작성되지는 않았다. 3장에 더 상세한 내용을 다룬다. 위의 짧은 목록은 초보자를 위한 버전이고, 그림 1-2의 아주 간단한 다이어그램을 기반으로 무엇을 조사해야 될지에 초점을 맞춘 것이다. 악기 연습에 비유한 것을 떠올려 보자. 피아노 연습을 가장 복잡한 피아노 곡 중 하나인 라벨Ravel의 가스파르Gaspard로 시작한다면 여러분은 좌절감을 느낄 것이다.

위협 확인을 위한 팁

권한 상승 게임이나 STRIDE, 혹은 둘 모두를 활용해 위협을 확인하든지 간에 올바른 방향으로 잘못될 가능성이 있는 점을 찾아내는 과정을 진행할 수 있도록 도와주는 몇 가지 명심해야 할 팁이 있다.

■ **외부 엔티티에서 시작하라** 어디에서부터 시작해야 될지 잘 모르겠다면 동작을 수행하는 외부 엔티티나 이벤트에서 시작하라. 다른 접근 방식도 많이 있다. 여러분은 웹 브라우저에 대해 위장, 변조 등을 찾는 것으로 시작할 수도 있고, 비즈니스 로직에 대해 해당 구성 요소의 선임 개발자가 내부에 있는지를 확인하는 것으로 시작할 수도 있다. 어디에서 시작을 하더라도 어느 정도의 체계성이 있어야 한다. 다이어그램 전체에 걸쳐서 'STRIDE 순서'에 따라 진행을 할 수도 있다. 체계성이 없다면 언제 완료했는지 확인하기 어렵겠지만 체계적인 면을 너무 강조해 창의성을 저해하지 말아야 한다.

■ **지금 찾고 있는 위협이 아니라는 이유로 위협을 무시하지 말라** 어떤 유형의 위협을 찾는 도중에 다른 위협을 우연히 발견할 수 있다. 기록한 후 조사를 다시 진행하라. 예를 들어 위장 위협을 찾는 중에 "누군가가 우리의 데이터베이스에 접속할 수 있을까"라는 생각이 들 수도 있다. 이 위협은 정보 노출에 해당된다. 그렇다면 그건 대단한 일이다! 잘 했다! 발견 결과가 중복된다면 지루할 수도 있겠지만 내용을 빠뜨리지는 않을 것이다. "인가되지 않은 사람이 데이터베이스에 접근해 정보를 읽는다"는 위협

을 위장으로 볼지 정보 노출로 볼지 궁금할 수도 있다. 그 대답은 전혀 중요하지 않다. 그 이슈를 기록하고 다음으로 넘어가라. STRIDE는 위협 찾기를 도와주는 도구이고, 발견한 위협을 분류할 필요는 없다. 사실 분류 체계가 훌륭하지도 않다(즉, 다른 카테고리에 속한다고 논쟁을 불러일으킬 수 있는 많은 보안 이슈가 있다. 훌륭한 분류 체계 중 하나인 생물학 분류 기준과 비교해보자. 등뼈를 갖고 있는가? 그렇다면 그 동물은 척추동물이다).

- **발생 가능한 위협에 초점을 맞춰라** "칩 공장에서 누군가가 백도어를 심어 놓았을 수 있다"나 "누가 우리 회사의 청소부를 매수해 하드웨어 키로거를 설치해 모든 패스워드를 빼내갈 수 있다" 같은 위협이 생각날 수도 있다. 이 위협도 가능성이 없지는 않지만 패치되지 않은 취약점을 이용해 공격을 하거나 사용자를 속여 소프트웨어를 설치하게 하는 방식과 비교하면 그 가능성은 떨어진다. 그리고 이 위협에 대응하기 위해 무엇을 할 수 있느냐에 대한 의문을 불러일으킨다. 다음 절로 넘어가자.

각각의 위협 대응

이제 어느 정도의 위협 목록을 작성했다. 위협 모델링 프로세스의 다음 단계는 목록에 있는 위협에 대응하는 단계다. 위협에 대응하기 위해 취할 수 있는 4가지의 행동이 있는데, 위협 완화threat mitigate, 위협 제거threat eliminate, 위협 전가threat transfer, 위험 수용risk accept이다. 위협에 대응하기 위한 방식에 대해 간단히 살펴보고 다음 절인 '무엇이 잘 못될 수 있는가'에서 STRIDE로 확인한 각각의 위협에 어떻게 대응하는지 알아본다. 위협에 대응하기 위한 전략과 테크닉에 대한 상세한 내용은 8장과 9장에서 설명한다.

- **위협 완화**는 공격자가 위협을 통해서 이익을 보기 어렵게 만드는 작업이다. 로그인할 수 있는 사용자를 통제하기 위해 패스워드를 입력하게 하는 것은 위장 위협을 완화한다. 패스워드에 복잡성 요건을 추가하고 만료 기간을 설정하면 해커가 패스워드를 추측하거나 도용된 패스워드가 사용될 가능성을 숨여준다.

- **위협 제거**는 거의 모든 경우에 기능을 제거하는 방식으로 이뤄진다. 누군가가 /admin/URL에 방문해 웹사이트의 관리자 기능에 접근할 수 있는 위협이 있다고 가정하자. 패스워드나 다른 인증 수단을 적용해 위협을 완화할 수 있다. 그러나 위협은 여전히 존재한다. /j8e8vg21euwq/ 같은 URL을 사용해 페이지가 발견될 확률을 줄일 수 있지만, 위협은 여전히 남아있다. 웹 인터페이스를 제거하고 관리 작업을 커맨드라인으로 수행함으로써 위협을 제거할 수 있다(커맨드라인에 로그인할 수 있는 방법과 관련된 위협은 여전히 존재한다. HTTP를 사용하지 않는 방식은 공격 표면을 통제해 위협을 완화하기

쉽게 해준다. 두 가지 위협 모두 전체 위협 모델에서 찾을 수 있다). 여러분이 마피아 보스이거나 경찰총장이라면 위협을 제거할 수 있는 다른 방법이 있을지도 모르겠지만, 그 방법의 사용을 권하지는 않겠다.

- **위협 전가**는 다른 사람이나 사물이 위협을 처리하게 한다는 의미다. 예를 들어 인증과 관련된 위협을 운영체제로 넘기거나 방화벽 제품이 신뢰 경계 역할을 하게 할 수 있다. 고객에게 위험을 넘길 수도 있는데, 예를 들면 고객이 이해하기 어려운 많은 대화창을 클릭하게 한 후에 작업을 할 수 있게 해주는 방식이다. 분명히 이 방식이 좋은 해결책은 아니지만, 때로는 사람들은 자신이 보안적인 균형을 맞추는 데 관여한다는 사실을 알고 있다. 예를 들어 누군가는 방금 카페의 무선 네트워크에 연결됐다는 사실을 알 수 있다. 그 사람이 필수적인 지식을 갖고 있다고 믿는다면 그가 보안에 관련된 결정을 내리는 것을 도와줘야 한다. 15장에서 더 자세히 설명한다.

- **위험 수용**은 위협에 대응하는 마지막 접근 방식이다. 대부분 기관에서 건물에 출입하는 모든 사람을 검색한다는 것은 비용 측면뿐만 아니라 임직원 존중과 직무 만족도 측면에서도 바람직하지 않다(그러나 다이아몬드 광산이나 일부 정부기관의 경우는 다를 수 있다). 이와 유사하게 누군가가 메인보드에 백도어를 심는 행위를 막기 위해서는 많은 비용이 소요된다. 이런 경우에는 위험을 수용하는 전략을 선택할 수 있다. 위험을 수용하기로 결정을 했다면 더 이상 걱정하면 안 된다. 때때로 걱정한다는 사실이 위험을 완전히 수용하지 않았거나 위험을 수용하는 방식이 적절하지 않았다는 점을 보여주는 징후다.

다음 표의 전략은 위협에 대응하기 위한 방법을 설명하는 사례다. 가장 먼저 생각나는 방식은 아마 위험 완화 전략일 것이다. 완화 전략은 가장 쉽고 고객 입장에서도 최선의 전략이다(위험 수용이 더 쉬워 보일 수도 있지만, 장기적으로 보면 완화 전략이 더 쉽다). 위협을 완화하는 것은 어려울 수 있고 여기에 나열된 사례가 전부라고 생각해서는 안 된다. 이 위협에 대응할 수 있는 다른 전략이 있을 수 있으며, 위협에 대응하는 과정에서 트레이드오프가 있어야 될 경우도 있다.

위장 대응

표 1-1과 이어지는 목록은 위장 위협의 대상, 위장에 대응하기 위한 완화 전략과 완화를 적용하기 위한 테크닉을 보여준다.

표 1-1 위장 위협 대응

위협 대상	완화 전략	완화 테크닉
사람을 위장	식별과 인증(사용자 이름과 사용자가 알고 있는 것, 갖고 있는 것, 사용자 고유의 것)	사용자 이름, 실명 또는 다른 식별자 • 패스워드 • 토큰 • 생체 정보 등록/유지/만료
디스크의 '파일' 위장	운영체제 기능 활용	• 전체 경로 • ACL 확인 • 파이프가 적절히 생성됐는지 확인
	암호학적 인증 부호	디지털 서명 또는 인증 부호
네트워크 주소 위장	암호화	• DNSSEC • HTTPS/SSL • IPsec
메모리 내의 프로그램 위장	운영체제의 기능 활용	많은 최신 운영체제가 애플리케이션 식별자를 갖고 있으며, 운영체제가 그 식별자를 관리한다.

- 타인으로 위장하는 경우가 걱정된다면 각자에게 유일한 사용자 이름을 부여하고 인증 과정을 거치게 해야 한다. 전통적으로 사용하는 방식은 패스워드인데, 복제가 어렵다는 점에서 장점과 단점을 동시에 갖고 있다. 14장에서 상세히 설명한다.

- 디스크에 저장된 파일에 접근할 때 open(파일명) 방식을 사용해서는 안 된다. open(/경로이름/파일명)을 사용하라. 민감한 파일일 경우 파일을 개봉한 후 파일 기술자descriptor의 다양한 보안 요소를 체크해야 한다. 여기에는 파일의 전체 이름, 권한, 소유자 등이 포함된다. 경쟁 조건race condition의 발생을 막기 위해 파일 기술자를 확인하는 경우도 있다. 이 경우 파일 오픈 여부를 확인하기 어렵지만, 실행 파일의 경우 한 번 더 체크할 필요가 있다. 실행 파일의 권한은 공격자에 의해 바뀌지 않았음을 확인하는 데 도움이 된다. 즉, 실행 파일의 권한을 이용하면 공격자가 파일을 바꿨는지 확인할 수 있다. 어떤 경우든 ./file을 인자로 해 exec()를 호출하지는 않을 것이다.

- 시스템이나 컴퓨터가 네트워크에 연결할 때 위장되는 경우를 우려한다면 DNSSEC, SSL, IPSec이나 이들을 결합해 여러분이 원하는 곳으로 연결되도록 보장할 수 있다.

변조 대응

표 1-2와 이어지는 목록은 변조 위협의 대상, 변조에 대응하기 위한 완화 전략과 완화를 적용하기 위한 테크닉을 보여준다.

표 1-2 변조 위협 대응

위협 대상	완화 전략	완화 테크닉
파일 변조	운영체제	ACL
	암호화	• 전자 서명 • 키를 이용한 메시지 인증 코드(MAC)
파일 생성에 대한 레이싱(파일 시스템 변조)	임의의 사용자가 수정할 수 없는 디렉토리 사용	ACL 비밀스러운 디렉토리 구조 사용(파일명을 무작위로 지정하는 조치만으로도 공격을 방해할 수 있다)
네트워크 패킷 변조	암호화	• HTTPS/SSL • IPsec
	안티패턴	네트워크 분리(네트워크 분리 안티패턴의 참조를 참고하라)

- **파일 변조** 공격자가 동일한 시스템에 계정을 갖고 있거나 서버로부터 파일을 전송받을 때 네트워크상에서 변조하는 방식으로 손쉽게 파일 변조가 가능하다.
- **메모리 변조** 낮은 권한을 가졌거나 신뢰할 수 없는 프로세스가 메모리를 변경할 수 있는 경우가 여러분이 걱정하는 위협일 것이다. 예를 들어 공유 메모리 세그먼트에서 데이터를 읽어올 때 ACL이 적용돼서 특정 프로세스만 그 내용을 읽을 수 있는가? AJAX를 통해 데이터를 전달받는 웹 애플리케이션의 경우 적절한 양의 데이터를 가져온 후에 원하는 데이터가 전송됐는지 검증해야 한다.
- **네트워크 데이터 변조** 네트워크 데이터 변조를 막기 위해서는 위장과 변조를 모두 대응해야 한다. 그렇지 않을 경우 변조를 하려는 사람이 단순히 통신 상대방인 것처럼 위장해 소위 말하는 중간자 공격^{man-in-the-middle attack}을 통해 다른 사람인 것처럼 가장할 수 있다. 여기에 대응하는 일반적인 해결책은 SSL이나 다른 대안으로 등장한 IPsec^{IP Security}을 사용하는 방법이다. SSL과 IPsec은 모두 기밀성을 제공하고 변조에 대응할 수 있으며, 위장 위협 대응에도 도움이 된다.
- **네트워크 변조에 대한 안티패턴(anti-pattern)** 네트워크를 외부로부터 분리해 변조 위협을 해결할 수 있다고 믿는 사람들이 있다. 그러나 네트워크를 외부와 단절시킨

채로 유지하기는 매우 어렵다. 이 방식은 기대만큼 잘 동작하지 않는다. 예를 들면 외부 네트워크와 분리된 미국 SIPRNet이 악성코드에 감염됐는데 악성코드를 모두 제거하는 데 14개월이 필요했다(Shachtman, 2010년).

> **노트** 프로그램은 로딩된 후에 자신의 변조 여부를 확인할 수 없다. '신뢰할 수 있는 부트 로더(bootloader)'에 기반을 둔 어떤 요소가 서명(signature)의 연속성을 제공할 수도 있으나 보안 적인 판단은 프로그램 외부에서 결정된다(기술적인 내용에 익숙하지 않더라도 걱정할 필요는 없다. 중요한 사실은 프로그램이 자신의 변조 여부를 확인할 수 없다는 점이다).

부인 방지

일반적으로 부인 방지는 시스템이 로그를 남기게 설계됐고 이 로그를 잘 보존하고 있는지에 달려있다. 어떤 경우에는 신뢰할 수 있는 방식으로 로그를 전송하는 간단한 조치를 통해 문제를 해결할 수 있다. 이런 면에서 볼 때 UDP를 사용하는 syslog는 보안 측면에서 좋지 않은 방식이다. 현재는 TCP/SSL를 이용하는 syslog를 사용할 수 있으며, 이 방식이 훨씬 좋은 방식이다.

표 1-3과 이어지는 목록은 부인 위협의 대상, 부인에 대응하기 위한 완화 전략과 완화를 적용하기 위한 테크닉을 보여준다.

표 1-3 부인 위협 대응

위협 대상	완화 전략	완화 테크닉
로그가 없으면 어떤 사실도 증명할 수 없음	로그	모든 보안 관련 정보를 반드시 로깅해야 한다.
로그가 공격 받음	로그를 보호하라.	• 네트워크를 통해 전송하라. • ACL
로그를 공격 통로로 활용	로그의 형식을 명확히 지정	개발 과정 초기에 로그 설계를 문서화

■ **로그가 없으면 어떤 사실도 증명할 수 없음** 설명할 필요도 없는 내용이다. 예를 들어 고객이 주문을 하지 않았다고 불만을 제기한 경우 어떻게 해결할 수 있을까? 누군가 가 어떤 행위를 부인하려고 할 경우 무슨 일이 벌어졌는지 조사할 수 있도록 로그를 관리해야 한다.

- **로그가 공격 받음** 여러분이 로그를 활용하지 못하게 공격자가 어떤 행위를 시도할 수도 있다. 공격을 발견하기 어렵게 하거나 로그 보관 용량을 넘겨 삭제되게 하기 위해 로그를 대량으로 발생시킬 수 있다. 또한 많은 문제가 발생한 가운데서 실제 공격을 찾기 어렵게 할 목적으로 다수의 경고 메시지를 발생시키게 할 수도 있다. 네트워크를 통해 로그를 전송하는 행위도 또 다른 위협을 초래한다.

- **로그를 공격 통로로 활용** 설계에 따라서는 컨트롤이 불가능한 외부 소스에서 데이터를 수집해 보안 권한을 보유한 사용자나 시스템으로 전송해야 할 경우가 있다. 예를 들어 "</html> haha@example.com"으로 메일을 보내게 하는 공격은 인라인 HTML 입력을 적절히 처리하지 못하는 웹 기반 도구에서 문제를 야기할 수 있다.

로그에 수용될 수 없는 내용을 명확하게 이야기함으로써 로그를 보호하기 위한 안전한 코딩을 더 쉽게 할 수 있다. 여기에는 "로그는 모두 평문^{plaintext}이고, 공격자가 모든 내용을 삽입할 수 있다." 또는 "소프트웨어가 로그의 1-5번째 필드를 철저히 관리하고, 6-9번째 필드는 데이터를 삽입하기 용이하다. 1번째 필드는 GMT 시간이고 2, 3번째 필드는 IP 주소(v4와 V6)이다." 등이 포함된다. 매우 철저하게 통제하지 않는다면 로그에 포함될 수 있는 정보를 문서화하는 방식을 사용할 경우에는 누락이 발생할 수 있다(예를 들어 로그에 유니코드 더블 와이드 문자가 포함될 수 있을까?).

정보 노출 대응

표 1-4와 이어지는 목록은 정보 노출 위협의 대상, 정보 노출에 대응하기 위한 완화 전략과 완화를 적용하기 위한 테크닉을 보여준다.

표 1-4 정보 노출 위협 대응

위협 대상	완화 전략	완화 테크닉
네트워크 모니터링	암호화	• HTTPS/SSL • IPsec
디렉토리 또는 파일명(예를 들어 layoff-letters/adamshostack.docx)	운영체제 기능 활용	• ACL
파일 내용	운영체제 기능 활용	ACL

(이어짐)

위협 대상	완화 전략	완화 테크닉
	암호화	PGP, 디스크 암호화 등 파일 암호화 (FileVault, BitLocker)
API 정보 노출	설계	신중한 설계 통제 참조에 의한 전달 또는 값에 의한 전달을 고려

- **네트워크 모니터링** 대부분의 경우 네트워크 구조를 이용해 트래픽을 모니터링한다 (특히 현재 대부분의 네트워크는 패킷을 브로드캐스팅하고 각 수신자가 자신과 관련된 패킷인지 판단한다). 네트워크 구조가 이와 다를 경우에 트래픽을 당겨 오거나 모니터링 장비를 경유하게 하는 다양한 기술이 있다.

  위장과 변조에 대응하지 않았다면 공격자가 네트워크 가운데에서 송신자와 수신자인 것처럼 위장할 수 있다. 네트워크 정보 노출을 완화하기 위해서는 위장 위협과 변조 위협을 모두 다룰 수 있어야 한다. 변조에 대응하지 않았다면 정보가 노출될 수 있는 다양한 방법이 있다. 여기서도 다시 SSL과 IPsec이 가장 간단한 대응 방법이다.

- **정보를 노출시키는 이름** 디렉토리나 파일명이 정보를 노출시키는 경우 최선의 방법은 정보 노출 위험이 없는 이름의 상위 디렉토리를 생성하거나 운영체제의 ACL이나 권한을 이용하는 것이다.

- **중요 정보를 보관한 파일** 파일 내용을 보호할 필요가 있을 경우 ACL이나 암호화를 활용하라. 시스템이 비인가자의 손에 넘어갈 경우에도 모든 데이터를 보호하기를 원할 경우 암호화를 적용해야 한다. 사용자가 직접 암호화 키나 암호문을 입력해야 하는 암호화 방식은 보안성이 더 높지만 편의성이 떨어진다. 파일 암호화, 파일 시스템 암호화, 데이터베이스 암호화 중에서 보호해야 할 대상에 따라 방식을 선택해야 한다.

- **정보를 노출하는 API** API나 신뢰 경계 간의 정보 전달을 설계할 때 어떤 정보를 공개할지 신중히 결정해야 한다. 제공한 정보는 타인에게도 전달될 수 있다는 가정 하에서 어떤 정보를 제공할지 까다롭게 선택해야 한다. 예를 들면 사용자명과 데이터베이스 패스워드를 노출하는 웹사이트 에러가 이 오류의 대표적인 사례다. 관련 내용은 3장에서 더 자세히 다룬다.

서비스 거부 대응

표 1-5와 이어지는 목록은 서비스 거부 위협의 대상, 서비스 거부에 대응하기 위한 완화 전략과 완화를 적용하기 위한 테크닉을 보여준다.

표 1-5 서비스 거부 위협 대응

위협 대상	완화 전략	완화 테크닉
네트워크 플러딩(flooding)	고갈될 수 있는 자원 발견	• 탄력적인 자원 • 공격자의 자원 소모가 시스템의 소모 이상으로 커지게 작업
		네트워크 ACL
프로그램 리소스	신중한 설계	탄력적인 자원 관리, 작업 증명(proof of work)
	멀티플라이어 제거	공격자가 별다른 노력을 들이지 않고 시스템의 CPU 소모를 배가할 수 있는 부분이 있는지 검사하라. 공격자에게 작업을 부과하거나 공격자를 식별할 수 있는 조치를 취하라. 여기에는 클라이언트가 암호화를 수행하게 하거나 복잡한 작업을 수행하기 전에 로그인을 하게 하는 방법이 포함된다(로그인을 암호화하지 않은 채로 수행하라는 뜻은 아니다).
시스템 리소스	운영체제 기능 활용	운영체제 설정 활용

- **네트워크 플러딩(flooding)** 최대 네트워크 연결 수가 고정돼 있는 구조일 경우 최대 연결 수에 도달하면 어떻게 될까? 마찬가지로 위장됐을 가능성이 있는 주소에서 작은 양의 데이터를 보내서 많은 데이터를 수신 받는 경우를 통제가 가능한 수준까지 차단해야 한다. 마지막으로 방화벽은 어디서 오는 트래픽을 수신(또는 전송) 허용할지 제어하는 네트워크 ACL 기능을 제공하기 때문에 네트워크 서비스 거부 공격을 완화하는 유용한 수단이 될 수 있다.

- **고갈될 수 있는 자원 발견** 고갈될 수 있는 자원의 첫 번째 유형은 네트워크와 관련된 자원이고, 두 번째는 프로그램이 관리하는 자원이고, 세 번째는 운영체제가 관리하는 자원이다. 각각의 경우 모두 탄력적인 자원 운영이 유용한 방법이다. 예를 들어 1990년대 일부 TCP 스택은 5개의 반오픈half-open된 연결만 지원하게 하드코딩돼 있었다(반오픈 연결은 연결 과정의 한 단계다. 반오픈의 수를 제한한다는 것이 말이 되는지 걱정할 필요는 없으며, 대신 5개로 제한한 이유가 무엇인지 자신에게 한번 물어보라). 요즘에는 클라우드 서비스

제공자들이 다양한 유형의 탄력적 자원 제공 방식을 지원한다.

- **시스템 리소스** 운영체제는 사용자 레벨 프로그램이 소모하는 리소스를 통제하기 위해 제한이나 할당량을 두는 경향이 있다. 메모리나 디스크 사용량 같이 운영체제가 관리하는 리소스가 여기에 포함된다. 프로그램이 해당 프로그램만 구동되는 전용 서버에서 운영된다면 시스템의 모든 자원을 사용할 수 있도록 프로그램을 작성하는 것이 합리적일 수 있다. 프로그램이 자원 사용을 통제하지 않을 경우 이를 확실하게 문서화해야 한다.

- **프로그램 리소스** 프로그램이 자체적으로 리소스를 관리해서 공격자가 들이는 노력에 비해 시스템이 더 많은 작업을 하게 할 수 있는 상황을 고려하라. 예를 들어 공격자가 랜덤 데이터로 구성된 패킷을 전송해서 시스템이 복잡한 암호화 작업을 하도록 유도할 수 있다면 공격자가 암호화를 하게 하는 경우에 비해 서비스 거부 취약점이 더 크다. 물론, 봇넷[botnet]의 시대에서 이 접근 방식에 분명히 한계가 있다. 벤 로리[Ben Laurie]와 리처드 클레이턴[Richard Clayton]이 발표한 「Proof of work proves not to work」라는 논문에 이 내용이 잘 설명돼 있다.

권한 상승 대응

표 1-6과 이어지는 목록은 권한 상승 위협의 대상, 권한 상승에 대응하기 위한 완화 전략과 완화를 적용하기 위한 테크닉을 보여준다.

표 1-6 권한 상승 위협 대응

위협 대상	완화 전략	완화 테크닉
데이터와 코드를 혼동	데이터와 코드를 분리하는 도구와 구조를 활용하라.	• SQL에서 Prepared statement와 stored statement 활용 • 정규 형식을 이용한 명확한 구분자(separator) • 데이터가 다음 함수가 원하는 것인지 후 검증
제어 흐름과 메모리 오염 공격	자료형 오류에서 안전한 (type-safe) 언어를 사용하라.	자료형 오류가 없는 언어로 프로그램을 작성해 모든 유형의 공격 방어
	운영체제의 메모리 보호 기능을 활용하라.	대부분의 최신 운영체제에 메모리 보호 기능이 존재한다.

(이어짐)

위협 대상	완화 전략	완화 테크닉
	샌드박스를 사용하라.	• 최신 운영체제는 다양한 방식의 샌드박스를 지원한다(리눅스의 AppArmor, 윈도우의 AppContainer 및 MOICE 패턴, Mac OS의 Sandboxlib). • 계정으로 프로그램을 실행하지 말고 각 애플리케이션에 대해 새로운 계정을 생성하라. Postfix와 Qmail이 함수별로 계정을 사용하는 좋은 사례다.
명령어 삽입 공격	조심하라.	• 입력 값의 크기와 형태가 예상하는 것과 일치하는지 검증 • 이상한 값이 입력됐을 경우 수정하려 하지 말고 로깅한 후 버려라.

- **데이터와 코드를 혼동** 데이터가 코드로 처리되는 문제는 흔히 발생한다. 정보가 여러 계층을 이동하면서 어떤 데이터가 오염됐고 어떤 데이터가 순수한지 찾기 어려울 수 있다. XSS 같은 공격은 HTML에서 코드와 데이터가 자유롭게 혼재돼 있다는 점을 악용한다(즉, 하나의 .html 파일에 자바스크립트 등의 코드와 텍스트 등의 데이터가 포함돼 해당 문자열의 서식을 지정해 보여주는 경우가 있다). 이 문제를 해결하는 몇 가지 방법이 있는데, 첫 번째는 코드와 데이터를 분리할 수 있는 프레임워크를 찾는 방법이다. 예를 들어 SQL의 준비된 문장prepared statement은 데이터베이스에게 어떤 명령어가 전달될 것이고 데이터는 어디에 존재하는지 알려준다.

  데이터를 전달하기 직전에 데이터를 검사하는 방법도 있다. 이를 통해 어떤 검증을 수행한 후에 함수를 호출해야 하는지 알 수 있다. 예를 들어 데이터를 웹 페이지로 전송한다면 <, >, #, & '등' 문자를 포함하지 않게 해야 한다.

  사실 여기서 '등'이라는 말의 의미는 '여러분'과 웹 페이지의 내용 사이에 무엇이 존재하고 어떤 보안 검증을 수행하는지에 달려있다. '여러분'이 웹 서버를 의미한다면 여러분의 산출물에 '<'와 '>' 특수문자가 일부 포함되는 것이 매우 중요하다. '여러분'이 PHP 같이 데이터베이스에서 데이터를 가져와서 전송하는 구성 요소라면 이야기는 달라진다. 다이어그램을 통해 '여러분'의 특성과 추가 조치를 명확히 표현하는 것이 이상적이다.

- **제어 흐름과 메모리 오염 공격** 이 유형의 공격은 C와 유사한 언어의 약한 정형weak typing과 정적인 구조를 이용해 공격자가 입력한 코드로 점프해 해당 코드가 실행되게

한다. Java나 C# 등의 자료형 오류에서 안전한 언어를 사용한다면 이 공격은 성공하기 어렵다.

최신 운영체제에는 ASLR^{Address Space Layout Randomization} 같은 메모리 보호와 랜덤화 기능이 포함되는 경향이 있다. 어떤 경우에는 이 기능이 선택적으로 동작하고 컴파일러나 링커의 옵션을 설정할 필요가 있다. 대부분의 경우 이 기능을 무료로 사용할 수 있기 때문에 운영체제가 제공하는 관련 기능을 사용해볼 필요가 있다(노력이 전혀 들지 않는 것은 아니다. 컴파일을 다시하고 테스트하는 등의 추가적인 노력이 일부 필요하다).

메모리 오염에 대응하는 마지막 통제 수단은 샌드박스다. 샌드박스는 운영체제나 사용자 권한으로 실행되는 프로그램을 오염된 다른 프로그램으로부터 보호하기 위해 만들어진 운영체제의 기능이다.

> **노트** 각 기능의 세부 내용은 이 책의 범위를 벗어난다. 그러나 자료형 보호, ASLR, 샌드박스 등의 용어를 검색해보면 방대한 상세 정보를 얻을 수 있다.

- **명령어 삽입 공격** 이 공격은 공격자가 공격 문자와 명령어를 서버로 전달해 발생하는 코드/데이터 혼동 공격의 일종이다. 예를 들어 SQL 삽입 공격에서 작은따옴표는 동적인 SQL 구문을 닫는 목적으로 사용되며, 유닉스 셸 스크립트에서 세미콜론은 입력이 끝났다는 것으로 해석되며, 뒤에 오는 내용을 다른 명령어로 간주한다.

STRIDE 위협에 대응하는 방법 외에도 위협에 대응할 때 반복적으로 발생하는 다른 주제가 있다. 이 내용은 다음 두 개의 절에서 다룬다.

검증하라. 수정하지 마라

어떤 데이터를 얼마나 입력 받을지 알고 있는 상태에서 입력 받은 내용을 검증하라. 예상과 다른 내용을 입력 받았을 경우 이를 버리고 에러 메시지를 반환하라. 코드가 완벽하지 않다면 입력된 값을 수정할 때 발생하는 오류는 큰 피해를 유발하는데, 입력 값 수정 함수를 작성한 후에 그 함수에만 의지하기 때문이다. 공격자가 수정 함수를 악용해 입력한 값을 실행 가능한 형태의 코드로 변경시키는 흥미로운 공격 방식이 있다.

운영체제를 신뢰하라

앞의 표에서 반복적으로 등장한 말이 "운영체제를 신뢰하라"는 내용이다. 물론 내가 다수의 뛰어난 운영체제 소프트웨어를 공급하고 있는 마이크로소프트 사에서 일하고 있다는 점에서 편향성이 있을 수 있기 때문에 이 사실을 평가절하하려는 사람도 있을 것이다. 합당한 지적이고 비판적인 자세를 유지할 필요도 있다. 여러분은 벌써 위협을 모델링하고 있다!

진지하게 설명하면 운영체제를 신뢰한다는 점은 다음과 같은 몇 가지 이유에서 좋은 아이디어다.

- 운영체제가 보안 기능을 제공하기 때문에 여러분은 독창적인 가치 창출에 집중할 수 있다.
- 운영체제는 여러분이나 공격자가 가질 수 없는 상위 권한으로 실행된다.
- 공격자가 운영체제를 통제할 경우 여러분의 코드가 무엇을 시도하든 간에 큰 피해를 입을 것이다.

"운영체제를 신뢰하라"는 조언을 듣고 이 책이 도대체 왜 필요한지 궁금할 수도 있다. 운영체제에만 의지하면 되지 않을까?

앞서 설명한 내용들을 적용하는 것은 사용자 재량에 달려 있다. 잘 사용할 수도 있고 잘못 사용할 수도 있다. 파일의 권한을 777로 설정하지 않고 guest 계정에 쓰기 권한을 허용하지 않도록 ACL을 설정하는 것은 여러분에게 달려있다. 일반 사용자와 샌드박스 사용자에게 잘 작동하게 프로그램을 작성하는 것도 여러분에게 달려 있으며, 초기의 클라이언트/서버, 웹, 분산 시스템, 웹 2.0, 클라우드, 그 외의 새로 나올 시스템을 대상으로 최신 시스템에서는 아직 지원하지 않는 보안 메커니즘을 적절히 수립하는 것도 여러분에게 달려 있다.

버그 정리

지금까지 위협과 위협을 완화할 수 있는 방법을 살펴봤는데, 이 부분은 상당히 복잡하고 보안 중심적인 과정이다. 몇 가지 할 일이 남아있는데, 우선 앞서 설명한 표의 행을 버그라고 간주하는 것이다. 이 방식이 좋은 이유는, 여러분이 소프트웨어를 출시한다면 어떤 방식으로든 버그를 다루는 방법을 이미 알고 있을 것이기 때문이다. 버그를 추적하고, 우선순위를 결정하고, 적절한 수준의 일관성으로 버그를 마무리하는 방법을 알고 있을 것이다. 세 명이 시작한 스타트업 회사와 의료장비 제조업체에서 버그를 관리하는 방법은 매우 다를 수 있겠지만, 두 회사 모두 각자의 방법이 있을 것이다. 위협 모델링이 단지 문서 작업에만 그치지 않게 하기 위해서 이 절차를 따라야 한다.

조직이 수행하는 업무에 따라 버그는 다양한 방식으로 기록될 수 있다. 다음은 버그를 기록한 사례들이다.

- 누군가가 /admin/interface를 적절한 인증 없이 사용할 수 있다.
- 관리자 인터페이스에 인증이 부족하다.
- /admin/interface에 대한 자동화된 보안 검증이 없다.

어떤 방식을 사용하든지 간에 모든 위협을 버그에 포함시켜야 하고, 사용 중인 버그 추적 도구에 기능이 있다면 보안 버그라고 따로 표시하라(슈퍼 애자일 스크럼 방식으로 개발 중이라면 보안 버그를 독특한 색의 포스트잇으로 표시하라).

버그의 우선순위도 결정해야 한다. 권한 상승 버그는 거의 대부분 최고의 우선순위에 해당하는데, 공격이 성공할 경우 아주 큰 피해를 유발하기 때문이다. 서비스 거부 버그가 가장 낮은 우선순위에 들어갈 때도 있다. 각 버그의 우선순위를 어떻게 결정할지 고민해야 한다.

작업 내용 확인

위협 모델링에서 가장 마지막으로 수행할 부분은 위협 모델을 검증하는 것이다. 몇 가지 작업을 해야 하는데, 앞에서 설명한 내용과 동일한 순서로 진행하는 것이 좋다. 그러므로 검증 작업에는 모델을 확인하고, 발견한 각 위협을 확인하고, 테스트를 검증하는 작업이 포함된다. 제품을 출시하거나 적용할 시점에 가까워지면 2차로 모델 검증을 수행할 수 있다.

모델 검증

최종 모델이 작성하는 소프트웨어와 일치하는지 확인해야 한다. 그렇지 않을 경우 적절하고 관련 있는 위협을 발견했다고 확신할 수 있을까? 이를 위해서 모든 사람이 모여 다음의 질문에 대한 답을 구할 수 있는 회의를 소집하라.

- 이 모델이 완전한가?
- 이 모델이 정확한가?
- 우리의 보안 의사결정 사항이 모두 포함됐는가?

- 이 다이어그램을 수정하지 않고 차기 버전을 시작할 수 있는가?

모든 참석자가 예라고 대답했다면 다이어그램이 다음 단계에서 활용할 수 있는 최신 버전이라고 볼 수 있다. 그렇지 않다면 다이어그램을 업데이트해야 한다.

다이어그램 업데이트

다이어그램을 검토하면서 주요 데이터가 누락된 사실을 발견할 경우가 있다. 실제 시스템이라면 그림으로 표시되지 않은 인터페이스가 추가로 있거나, 다른 데이터베이스가 있을 수도 있다. 화이트보드에 추가로 표시해야 할 세부 사항이 있다면 다이어그램을 업데이트해야 한다. 다이어그램을 만들거나 업데이트할 때 유용한 몇 가지 기본 원칙은 다음과 같다.

- 제어 흐름이 아니라 데이터의 흐름에 초점을 맞춰라.
- 다이어그램 내용에 '때로는'이나 '또한'이라는 문구를 추가해야 할 필요가 있을 때 다양한 경우를 나타낼 수 있도록 상세 내용을 추가해야 한다. 예를 들어 "때로는 웹 서비스에 SSL을 통해 접속하고 때로는 HTTP를 사용한다"라고 한다면 두 가지 데이터 흐름을 모두 표시해야 한다(공격자가 HTTP 사용을 유도할 수 있는지 검토해야 한다).
- 보안 관련 동작을 설명하기 위한 상세 내용이 더 필요하다면 언제든지 그 내용을 표시하라.
- 시스템의 설계 및 구축에 관해 논쟁이 있을 경우 모두가 합의한 내용을 표시하라. 모든 사람이 같은 내용을 이해한 상태로 논의를 끝냈다는 점을 보장할 수 있는 유용한 방법이다. 팀이 크고 모든 사람이 위협 모델 검토 회의에 참석하지 못한 경우에 특히 유용하다. 사람들이 생각하는 내용과 다이어그램이 일치하지 않을 경우 다이어그램의 내용을 받아들이거나 그 내용에 이의를 제기할 수 있다. 그러나 두 경우 모두 명확하게 잘 작성된 다이어그램은 모두가 같은 내용을 이해할 수 있게 도와준다.
- 데이터를 쏟아 붓지 마라. 데이터를 표시할 때는 이유가 있어야 한다. 누가 그 데이터를 사용하는지 표시하라
- 데이터는 스스로 한 저장소에서 다른 곳으로 이동할 수 없다. 데이터를 이동시키는 프로세스를 표시하라.
- 다이어그램은 스토리를 보여줘야 하며, 여러분이 다이어그램을 가리키면서 스토리를 이야기할 때 도움이 돼야 한다.

■ 시력 검사표 같은 다이어그램(너무 많은 세부 내용이 포함돼 있어서 눈을 가늘게 떠야지 겨우 작은 글씨를 읽을 수 있는 다이어그램)을 그리지 마라.

다이어그램 세부 사항

"시력 검사표 같은 다이어그램을 그리지 마라"라는 마지막 원칙과 실제 소프트웨어 프로젝트에서 수반되는 세부 내용을 어떻게 조율할지 잘 모르겠다면 특정 영역을 상세하게 표시하는 서브다이어그램을 활용하는 것이 한 가지 방법이다. 해당 프로젝트에 적합한 방식으로 다이어그램을 나눠야 한다. 예를 들어 하나의 아주 복합적인 프로세스가 있다면 해당 프로세스 내부가 하나의 다이어그램으로 표시되고, 프로세스 외부를 다른 다이어그램으로 표시해야 한다. 실행 배정기^{dispatcher}나 대기^{queueing} 시스템이 있을 경우 이 부분을 나눠 따로 표시하는 것이 좋다. 데이터베이스나 장애 대비^{fail-over} 시스템도 나눠 표시하기 좋은 부분이다. 더 자세하게 표현해야 할 요소들이 더 있을 수 있다. 이들이 모두 나눠서 표시하기 좋은 대상이다.

유의해야 할 사항은 다이어그램은 시스템을 이해하고 시스템에 대해 논의하는 데 도움이 될 목적으로 작성돼야 한다는 점이다. 이 책 서두의 "모든 모델은 틀렸다. 일부 모델은 유용하다."라는 말을 떠올려 보자. 그러므로 다이어그램을 추가할 때 "이렇게 하는 것이 맞을까?"라는 질문은 하지 말자. 대신 "이게 무엇이 잘못될 수 있는지를 찾는 데 도움이 될까?"라고 물어보자.

각각의 위협 확인

두 가지 유형의 검증 작업을 수행해야 한다. 첫 번째는 발견한 위협에 적절하게 대응했는지 검증하는 것이다. 두 번째는 발견해야 할 모든 위협을 찾았는가에 대한 검증이다.

발견한 위협에 대해 적절한 조치를 했는지 확인하는 측면에서 가장 우선적인 질문은 "발견한 각각의 위협에 대해 무엇인가를 했는가?"라는 것이다. 바닥에 물건을 떨어뜨리고 싶지는 않을 것이다. 이 일은 손으로 기계를 돌리는 것처럼 재미없고 힘든 작업이다. 간과했던 사실을 발견해내기 전까지는 화려하거나 흥미로운 작업이 아니다. 회의록을 작성하고, 버그의 번호를 차례대로 매기고 버그를 분류할 때 대응 조치를 했는지 확인함으로써 작업에 소요되는 시간을 상당히 단축할 수 있다.

그 다음 질문은 "각 위협에 대해서 적절한 대응을 했는가?"이다. 버그를 보안 태그를 붙여 정리했다면 모든 보안 버그를 조회해서 철저히 검증해야 한다. 이 작업은 각 버그를 읽어 보고 "대응이 적절했는가?"라고 스스로에게 물어보는 것처럼 간단한 작업일 수도 있다. 1장의 마지막 '착수와 위협 모델링을 위한 체크리스트' 절에서 다루는 '위협 검증' 사례의 간략한 체크리스트를 이용할 수도 있나.

테스트 검증

대응 조치를 한 위협의 문제를 탐지하기 위한 적절한 테스트 방법을 찾아라. 수작업 테스트일 수도 있고 자동화된 테스트일 수도 있다. 테스트가 쉬울 수도 있고 아주 까다로울 수도 있다. 예를 들어 beta 쿠키가 없는 경우에 /beta 디렉토리 아래의 모든 정적 웹 페이지에 접근을 차단했는지 확인해야 한다면 소스 저장소에서 추출한 모든 페이지를 URL 형식으로 만들어 접속해보는 간단한 스크립트를 작성해서 테스트할 수 있다. 이 스크립트를 확장해 각 페이지를 요청할 때 쿠키를 전송하고, 그 후에 다시 admin 쿠키를 이용해서 페이지를 요청하게 할 수도 있다. 기존에 출시된 웹 테스트 프레임워크를 이용해 이 작업을 쉽게 수행할 수도 있다. 동적 페이지의 경우에는 약간 더 복잡해진다. SQL 삽입이나 사용자 입력 값을 안전하게 파싱하는지 테스트할 경우에는 훨씬 더 복잡하다. 이 주제를 다루는 책이 여러 권 있으며, 테스트에 대해 다루는 책도 있다. 여러분이 해야 할 핵심 질문은 "보안 테스트가 다른 소프트웨어 테스트 및 오류 발생 시 노출될 위험들과 맥을 함께하고 있는가?"라는 것이다.

스스로 위협 모델링하기

지금까지 첫 번째 위협 모델을 살펴봤다. 축하한다! 그러나 연습하고, 연습하고, 또 연습하지 않는다면 카네기 홀에 입성할 수 없다는 사실을 명심하라. 즉, 이제 혼자서 한 번 더 해볼 때다. 한 번 더 해보는 것이 더 잘할 수 있는 최선의 방법이다. 작업 중인 시스템을 하나 골라 위협 모델링을 해보자. 다음과 같이 간략히 적혀 있는 5단계 과정을 따르면 된다.

1. 다이어그램을 그린다.
2. EoP 게임을 통해 위협을 발견한다.
3. 각 위협에 대응한다.
4. 1장 마지막에 있는 체크리스트로 작업 내용을 확인한다.
5. 작업 내용을 공유한다.

위협 모델링에 익숙해지는 가장 좋은 방법은 자주 해보는 것이다. 본인과 관련 있는 소프트웨어와 시스템을 대상으로 위협 모델링을 해보라. 몇 차례 하다 보면 도구와 테크닉에 점차 익숙해질 것이다. 지금은 연습을 해야 할 시점이다. 위협 모델링을 할 수 있는 근육을 키워라.

이제 어떤 시스템을 대상으로 위협 모델링을 해야 할까?

지금 작업 중인 시스템이 위협 모델링을 할 다음 시스템의 최우선 후보다. 어떤 종류의 신뢰 경계가 있는 시스템이라면 좋은 후보가 된다. 너무 간단해서 신뢰 경계가 없다면 위협 모델링이 만족스럽게 되지 않을 수 있다. 너무 많은 신뢰 경계가 있는 시스템의 경우 한 번에 수행하기 너무 큰 프로젝트가 될 수도 있다. 믿을 수 있는 동료들과 함께 시스템을 개발하고 있다면 EoP 게임을 함께 할 좋은 기회다. 큰 개발 팀에 속하거나 다른 조직과 함께 일하는 경우, 혹은 상황이 아주 긴박하게 돌아가는 경우에는 위협 모델링을 함께 시작하기가 적절치는 않다. 명확한 이유가 없다면 현재 작업 중인 시스템을 대상으로 위협 모델링을 시작하라.

착수와 위협 모델링을 위한 체크리스트

1장에서 많은 내용을 설명했다. 스스로 위협 모델링을 했다면 수행한 결과를 평가하는 것이 까다로울 수 있다. 다음은 흔히 발생하는 문제를 피할 수 있게 설계된 체크리스트다. 각 질문을 소리 내서 읽고 참석한 모든 사람이 동의하는 대답을 도출하라. 각 질문을 크게 읽은 후 참석자 모두에게 질문과 설명을 독려하라.

다이어그램 그리기

1. 다이어그램을 고치지 않고 스토리를 이야기할 수 있는가?
2. '때로는', '또한' 등의 단어를 사용하지 않고 스토리를 이야기할 수 있는가?
3. 다이어그램을 보고 정확히 어디에서 소프트웨어가 보안에 관한 의사결정을 하는지 찾을 수 있는가?
4. 다이어그램에 서로 다른 계정 간의 상호작용과 같은 모든 신뢰 경계가 표시됐는가? UID, 애플리케이션 역할, 네트워크 인터페이스가 모두 표시됐는가?
5. 다이어그램이 현재 또는 계획된 소프트웨어의 실체를 반영하고 있는가?
6. 데이터가 어디로 흘러가고 누가 데이터를 사용하는지 확인할 수 있는가?
7. 데이터 저장소에서 다른 곳으로 데이터를 이동하는 프로세스를 확인할 수 있는가?

위협

1. STRIDE 위협을 모두 찾아 봤는가?
2. 다이어그램의 모든 구성 요소를 살펴봤는가?
3. 다이어그램의 모든 데이터 흐름을 살펴봤는가?

> **노트** 데이터 흐름도 일종의 구성 요소이지만, 초보자들이 종종 간과하는 부분이다. 세 번째 질문은 중복성을 부여하기 위한 '벨트와 멜빵' 유형의 질문이다(벨트와 멜빵은 바지가 확실히 흘러 내리지 않게 해준다).

위협 검증

1. 각 위협에 대한 버그를 기록해 정리했는가?
2. 각 위협에 대응하기 위한 방법이 제안/계획/적용됐는가?
3. 위협에 대한 테스트 사례를 만들었는가?
4. 소프트웨어가 테스트를 통과했는가?

요약

기술 전문가라면 누구든 위협 모델링을 배울 수 있다. 위협 모델링은 두 개 모델의 결합이다. 무엇이 잘못될 수 있는지(위협)에 대한 모델과 다이어그램에 표시된 현재 개발 중인 소프트웨어의 모델이다. 위협 모델 중 하나는 STRIDE인데, 위장, 변조, 부인, 정보 노출, 서비스 거부, 권한 상승의 약자다. 이 위협 모델은 모델의 구조와 힌트를 제공하는 권한 상승 게임을 통해 도출할 수 있다.

화이트보드 다이어그램과 권한 상승 카드 게임을 이용하면 개발자는 작성 중인 소프트웨어의 위협을 모델링할 수 있으며, 시스템 관리자는 적용하거나 구축 중인 시스템의 위협을 모델링할 수 있다. 보안 전문가는 보안 외 분야의 전문가에게 위협 모델링을 설명하는 데 활용할 수 있다.

위협 대응이 중요하며, STRIDE 위협은 우리가 원하는 속성과는 반대되는 내용이다. 개발자와 시스템 관리자가 위협을 완화시킬 수 있는 전략과 테크닉이 있다.

위협 모델을 작성했다면 소프트웨어의 최신 내용을 다이어그램에 반영해 적절하게 모델링했는지, 발견된 모든 위협을 체크했는지 확인하기 위해 작업 내용을 검증해야 한다.

2

위협 모델링 전략

조기에 문제를 발견할수록 문제를 더 쉽게 해결할 수 있다. 위협 모델링은 문제를 찾는 과정이기 때문에 개발이나 설계 단계 초기 또는 운영체제의 확산을 준비하는 과정에서 실시해야 한다. 여러 가지 방법으로 위협을 모델링 할 수 있다. 어떤 방식은 F-14 전투기 모형만을 모델링할 때 사용해야 될 정도로 매우 구체적이다. 다른 방식은 다양한 물건을 만들 수 있는 레고 블록처럼 다용도로 사용될 수 있다. 서로 다른 위협 모델을 결합하기 어려운데, 과학상자의 부품과 레고 블록을 결합하기 어려운 것과 같은 이치다. 2장에서는 위협 모델과 관련한 다양한 전략과 방법을 설명하고, 각 방법을 깊이 있게 설명한다. 또한 효과적으로 위협을 발견하기 위한 기초도 다룬다.

"위협 모델이란 무엇인가?"라는 질문을 던지고 위협에 대해 브레인스토밍을 하는 간단한 방식으로 위협 모델링을 시작할 수 있다. 이 방법은 보안 전문가에게 적합한데, 여러분에게도 적합할 수 있다. 이제 3가지 위협 모델링 전략을 배울 것이다. 이 전략은 '자산에 초점 맞추기', '공격자에 초점 맞추기', '소프트웨어에 초점 맞추기'다. 이 전략들은 좀 더 구조적이며, 보안 이외의 다양한 기술을 가진 사람들에게도 적합하다. 소프트웨어에 초점을 맞추는 것이 가장 적절한 전략이다. 자산이나 공격자에 초점을 맞추려 하는 것도 자연스러운 것이고, 위협 모델링에 있어서 불가피하고 필수적인 측면이라고 할 수 있다. 각 전략에 관한 이슈를 논하기 전에 장점만을 설명하는 것은 잘못일 수도 있다. 시스템이나 소프트웨어를 모델링할 때 활용할 수 있는 다양한 유형의 다이어그램을 배울 것이다.

> **노트** 2장에서 위협을 발견하는 구체적인 구성 요소에 대해서 설명하지 않는다. 그 내용은 뒤에서 다룬다.

위협 모델이란 무엇인가?

"위협 모델이란 무엇인가?"는 매우 짧기만, 여러분이 걱정하는 것을 알아내기 위한 많은 난제를 꿰뚫는 아주 훌륭한 질문이다. 이 질문에 대한 답은 '노트북을 이용하는 공격자'나 '내부자', '응?' 같은 형태일 수 있다. '응?'이라는 대답은 방어를 위한 일관적이고 구조적인 접근 방식을 찾기 위해 많은 노력이 필요함을 보여준다는 점에서 유용하다. 일관성과 구조성은 공격자를 방해하는 방어 수단에 투자하는 것을 도와주기 때문에 중요하다. 부록 A에서 "당신의 위협 모델은 무엇인가?"에 대한 일반적인 대답의 요약 내용을 찾을 수 있다. 다음은 몇 가지 예다.

- 돈을 훔쳐갈 수 있는 도둑
- 중요한 문서에 접근할 수 있지만 신뢰할 수 없는 회사 관계자(임직원, 컨설턴트, 주주 등)
- 신뢰할 수 없는 네트워크
- 쿠키(웹 또는 기타)를 훔쳐갈 수 있는 공격자

> **노트** 이 책의 여러 곳에서 각 접근 방식에 대해 예제를 접하게 된다. 주요 적용 대상은 가상의 Acme 사의 상용 데이터베이스 서버인 'Acme/SQL'과 Acme가 운영하는 네트워크다. Acme 사 예제를 통해 각 접근 방식이 동일한 시스템에서 어떻게 적용되는지 확인할 수 있다.

"당신의 위협 모델은 무엇인가?"라는 질문을 Acme 사의 예에 적용하면 다음과 같은 대답이 나올 것이다.

- Acme SQL 데이터베이스에 대해서 데이터베이스에 저장된 데이터를 읽거나 수정하려는 공격자가 위협 모델일 수 있다. 더 상세한 모델이라면 로그를 남기지 않고 데이터를 읽으려는 사람이 포함될 수 있다.

- Acme의 재무 시스템에서 받지 않아야 되는 수표를 받은 사람, 지불해야 되는 대금을 지급하지 않는 고객, 공시되기 전에 재무 실적을 읽거나 수정하려는 사람 등이 포함될 수 있다.

"당신의 위협 모델은 무엇인가?"라는 질문에 확실한 대답을 할 수 없다면 일관성을 잃고 무의미한 노력을 할 것이다. 예를 들어 Zero-Knowledge Systems라는 새로 시작한 작은 회사가 이 질문에 명확하게 답하지 못했다고 가정하자. 확실한 답이 없기 때문에 이 회사는 어떤 보안 기능을 만들어야 하는지에 대한 일관성을 가질 수 없다. 아주 복잡한 공격을 방어하기 위해 엄청난 에너지를 투입하고, 공격자를 막기 위한 이 대응이 전체 시스템 성능에 영향을 미칠 수도 있다. 정부가 고객을 도청할 수 없게 막는 조치는 기술적으로 흥미롭고 감성적으로 공감할 수 있는 목적이지만, 두 가지 측면 모두 사업을 성공으로 이끄는 기술적 결정을 어렵게 만든다. 결국 "당신의 위협 모델은 무엇인가?"라는 질문에 더 명확하게 대답함으로써 Zero-Knowledge Systems는 발생 가능한 위협을 모두 해결할 수 있는 완화 방안에 투자할 수 있다.

그렇다면 어떻게 이 질문에 확실히 대답했는지 알 수 있을까? 보안에 대해 늘 고민하는 사람에게도 이 질문의 대답이 뻔하지 않을 수 있다. 질문 자체도 너무 짜임새가 없어 답을 찾기 어렵다. 가끔 추천하는 한 가지 방법은 브레인스토밍이다. 다음 절에서 다양한 브레인스토밍 방법을 배우고, 각 방법과 관련된 장단점을 살펴본다.

위협을 브레인스토밍하기

브레인스토밍은 위협을 열거하기 위해 사용되는 전통적인 방법이다. 숙련된 전문가를 한 방에 모아 메모를 할 수 있는 도구(화이트보드, 냅킨 등이 전통적이다)를 제공하라. 브레인스토밍의 수준은 참석하는 사람의 경험과 그들이 브레인스토밍에 사용한 시간에 달려 있다.

브레인스토밍은 아이디어를 생성하는 단계에 속한다. 그 후에 아이디어를 분석하고 선택해야 한다. 위협 모델링을 위한 브레인스토밍은 모든 유형의 발생 가능한 공격을 찾는 작업이다. 아이디어 생성 단계에서 비판은 금물이다. 가능한 위협을 살펴보는 과정에서 비판하는 분위기는 아이디어 생성을 저해할 것이다. 중재자가 비판 없이 브레인스토밍이 잘 진행되게 해야 한다.

브레인스토밍에 기술 전문가를 참석시키는 것이 중요하다. 그렇지 않으면 시스템에 대한 잘못된 가정을 하기 쉽다. 그러나 자신의 기술을 자랑스러워하는 전문가가 참가할 경우 '자랑스러워하는 부모'가 그들의 자식 소프트웨어기 못 생겼다는 말을 들어 불쾌해 하지 않게 주의해야 한다. 이를 위해 유용한 규칙은 소프트웨어를 공격하되 소프트웨어 설계자는 공격하지 않는 것이다. 항상 충분하지는 않겠지만, 이게 시작이다. 브레인스토밍에 광범위한 경험을 가진 다양한 전문가 집단을 함께 참여하게 하는 것도 좋다.

브레인스토밍을 하다가 범위를 벗어나는 공격으로 넘어갈 수도 있다. 예를 들어 채팅 프로그램을 설계하고 있을 때 CPU의 메모리 관리 유닛에 대한 공격은 범위를 벗어난 것이지만, 메인보드를 설계하는 중이라면 이 공격이 위협 모델링의 핵심 내용일 것이다. 이 이슈를 해결하는 방법은 "공격자가 스택을 공격해 임의의 코드를 실행한다." 등의 공격과 마찬가지로 범위를 벗어난 공격의 리스트를 만드는 것이다. 여기에는 "관리자가 악의적이다." 또는 "공격자가 다른 시스템의 하드 드라이브를 변경한다." 등이 포함된다. 이렇게 함으로써 문제를 일관성 있게 확인하고 대응할 수 있다. 브레인스토밍을 변형한 방법으로 "공격자처럼 생각하라"를 권고하는 방식이 있다. 이 방식은 18장에서 상세히 설명한다.

Acme 사의 재무제표에 대한 위협을 브레인스토밍할 때 "인터넷을 통해 침입하거나 CFO를 술 취하게 한다, 경비원을 매수한다, 재무제표가 업로드될 URL을 예측하는" 등의 공격이 도출될 수 있다. 언급한 공격은 여러 가지 공격 가운데 일부이며, 다음 절에서 좀 더 집중적으로 접근 방식을 설명한다.

브레인스토밍 변형

앞 절에서 설명한 자유로운 형태 또는 '보통' 브레인스토밍을 위협 모델링 방법으로 활용할 수 있지만 브레인스토밍의 집중력을 높여주는 좀 더 구체적인 방법론이 있다. 다음 절에서 전통적인 브레인스토밍의 변형인 시나리오 분석, 사전 부검, 영화 줄거리 기법을 알아본다.

시나리오 분석

시나리오를 이용하면 브레인스토밍을 더 집중적으로 할 수 있다. 문서화된 시나리오를 개발에 활용하고 있다면 거기서부터 시작해 무엇이 잘못될 수 있는지 물어볼 수 있다. 아니면 일종의 챈들러(미국의 범죄 소설가)의 법칙("의심스럽다면 손에 총을 든 사람이 문으로 들어

오게 하라.")을 따르라. 물론 여러분을 총을 든 사람으로 제한할 필요는 없다. 부록 C에
기재된 모든 공격자를 사용할 수 있다.

시나리오 중심 브레인스토밍의 사례로, 여러분의 전화기를 바에서 만난 매력적인
사람에게 건네준 상황에 대한 위협 모델링을 해보자. 전화기를 받은 사람이 문자 메시
지로 적십자에 기부를 하거나, 중요한 사람에게 "더 이상 귀찮게 하지 마세요."라는
문자를 보내거나, 페이스북에 "난 잘 모르겠어"나 "나는 구려"라는 포스팅을 남길 수도
있다. 전화기를 갖고 도망가거나 전화기를 맥주잔에 빠트릴 수도 있다.

진지한 내용으로 돌아오면 제품 시나리오나 현재 개발 중인 시스템의 유스케이스use
case에 기반을 두고 샘플 시나리오를 만들 수 있다. 샘플 시나리오는 시스템의 장애
극복, 복제, 적절하게 인증 및 권한 부여가 되지 않은 경우 일어날 수 있는 문제를 포함
해야 한다.

사전 부검

의사결정 분야의 전문가 게리 클라인Gary Klein은 사전 부검pre-mortem이라는 브레인스토
밍 기법을 제안했다(Klein, 1999). 이 기법은 의사결정에 관련된 사람들을 모아서 프로젝
트 데드라인 또는 중요 일정이 지난 직후에 프로젝트가 완전히 잘못됐다고 가정하도록
요청한다. 참석자는 '실패에 대한 가정'을 한 상태로, 왜 문제가 발생할 것이라고 믿는
지 그 이유를 생각한다. 프로젝트에 관한 자연스러운 낙관론이 사라지고 프로젝트가
실패할 것이라고 명확하게 가정함으로써 참석자는 의심스러운 부분을 표현할 기회를
가진다. 위협 모델링 과정에서 제품이 성공적으로 공격받을 것이라는 가정하에서 의문
과 우려를 표현해도 좋다.

영화 줄거리

브레인스토밍의 변종으로 영화 줄거리 기법이 있다. '일반 브레인스토밍'과의 가장 큰
차이점은 자유로운 의식의 흐름을 불러일으키기 위해 충격적이고 도발적인 공격 아이
디어를 지향한다는 점이다. 이 공격에 대한 방어는 인간의 존엄, 자유, 프라이버시를
침해하지만, 실제로는 누구도 보호할 수 없는 SF 장비를 사용할 가능성이 있다. 영화
줄거리 기법의 사례로 좋은 영화는 <오션스 일레븐>, <이탈리안 잡>, 나쁘지 않은
<007> 영화 등이 포함된다. 영화 줄거리 기법을 좀 더 체계적으로 수행하길 원한다면
리스트 3개를 만들어라. '결점이 있는 주인공', '영특한 상대방', '최첨단 무기류'의 목
록을 만들어라. 그 후 적절한 요소를 결합할 수 있다.

예를 들어 외국 스파이가 4번째 접속 시도를 한 사람이 관리자 권한으로 접속할 수 있게 프로그래밍하거나, CFO가 회사의 자산을 훔치게 계략을 꾸몄을 수도 있다. 혹은 바닥에 설치된 압력 센서에 탐지되지 않기 위해 천정에서 밧줄을 타고 내려와서 콘솔을 조작해 데이터베이스를 해킹할 수도 있다. 이 영화 줄거리들은 모두 Acme와 그 고객에게 적용될 수 있다.

영화 줄거리 기법이라는 용어는 보안 전문가 브루스 슈나이어[Bruce Schneier]가 만들었다. 그는 영화 줄거리 방식의 위협 시나리오 대회를 개최하면서 "이 대회의 목적은 재미에 있지만, 의미가 있었으면 좋겠다. 테러리즘은 실존하는 위협이지만 테러리스트가 앞으로 어떤 짓을 할지 예측할 필요가 있는 보안 대책을 통해서 우리는 안전하지 않다."고 말했다(Schneier, 2006). 테러에만 해당하는 이야기가 아니다. 매우 복잡하지만 생생하게 묘사된 위협을 위협 모델링을 할 때 채택할 수 있다.

문헌 연구

브레인스토밍(또는 다른 위협을 발견하는 접근 방식)의 전 단계로, 검토 중인 시스템과 유사한 시스템에 대한 위협을 조사하는 것이 위협 모델링을 시작할 수 있다. 검색 엔진이나 학술 자료 및 그 참고 문헌을 조사에 활용할 수 있다. 경쟁 제품이나 관련 제품에 대해 검색하는 것도 좋은 방법이다. 경쟁 제품을 검색할 때 '보안', '보안 취약점', '모의해킹', '해킹', '블랙햇' 등의 키워드나 직접 고안한 창의적인 키워드를 사용하라. 또는 3부에서 설명하는 일반적인 위협에 대해 검토해도 된다. 로스 앤더슨[Ross Anderson]이 쓴 『Security Engineering』도 실제 공격 및 시사점을 잘 설명해준다. 여러분이 책에 설명된 것과 유사한 시스템을 개발 중이라면 특히 유용할 것이다(Wiley, 2008).

데이터베이스의 위협에 관한 문헌을 찾다 보면 SQL 삽입 공격, 백업 실패, 내부자 공격, 로그 저장의 필요성에 대해 알 수 있을 것이다. 문헌 연구는 특히 위협 모델링을 배우는 사람들에게 유용하다. 문헌 연구를 통해 발견할 수 있는 대부분의 위협은 매우 구체적이다. 이 위협을 일반적인 경우에 대한 사례로 활용해 브레인스토밍을 하면서 이와 비슷한 위협이나 관련된 문제를 발견하라.

브레인스토밍 관점

브레인스토밍과 변형된 방법에는 다양한 문제점이 있다. 때로는 대응하기 어렵거나 불가능한 위협이 도출된다. 브레인스토밍을 할 때 의도적으로 생각의 범위나 경계를 제거해야 하기 때문에 위협은 참석자 또는 어떻게 세션이 진행되는지에 따라 매우 달라진다. 전문가들이 참석할 경우 종종 체계적이지 않은 논의가 일어난다. 전문가들은 재미있다고 생각하며 흥미로운 결과를 도출하기도 하지만, 때로는 참여할 전문가를 찾기 어렵다. 어떤 때에는 개발자들이 "2명의 전문가에게 물었더니 3가지 답을 얻었다."는 식의 일관성 없는 결과에 실망한다.

다른 이슈는 종료 조건에 대한 문제다. 언제 브레인스토밍이 완료됐는지 알기 어렵다. 좋은 결과를 얻었기 때문에 끝내는 것인지 아니면 단지 참석자 모두가 피곤하기 때문에 끝내는 것인지도 알기 어렵다. 관리부서에서는 일정표에 기입할 수 있는 예측 시간을 필요로 하는데, 이를 예상하기 어렵다. 이 문제를 피하기 위한 최적의 방법은 진행 시간이 정해진 회의를 실시하는 것이지만, 이 경우 모든 위협을 발견했다고 확신하기 어렵다는 문제가 있다.

브레인스토밍 기법으로 발견한 위협을 대응하기 어렵다는 점과 언제 브레인스토밍을 마쳐야 되는지 불명확하다는 사실로 인해 규범적이고 형식적이며, 반복 가능하고 참석자의 능력과 지식에 의존하지 않는 위협 모델링 방식을 고려해야 한다. 2장의 나머지 부분과 2부에서 다른 모델링 방식을 설명한다.

위협 모델링을 위한 체계적인 접근 방식

"당신의 위협 모델이 무엇인가?"라는 질문에 대답하기 어려울 때 사람들은 종종 자산 모델, 공격자 모델, 소프트웨어 모델 중심의 접근 방식을 사용한다. 혼란을 피하기 위해 각각의 요소에 집중하는 방식이 각 방식을 결합하는 것보다 더 좋다.

자산은 소유하고 있는 가치 있는 사물을 말한다. 공격자는 당신의 자산을 노리는데, 흔히 개발 중이거나 도입 중인 소프트웨어를 통해 공격을 수행한다.

3가지 요소를 이용해 위협에 대해 생각해볼 수 있으며, 각 방식마다 장점과 단점이 있다. 하나의 방식이 확실히 좋다거나 어떤 방식은 잘못됐다고 주장하는 사람도 있지만, "좋다"나 "잘못됐다"는 것은 생각하지 말고 "유용하다"는 점에만 집중하라. 다시 말해 그 접근 방식이 문제를 발견하는 데 도움이 되는가? 도움이 되지 않는다면 누군가가 그 방식의 장점을 강하게 주장하더라도 당신에게는 잘못된 방식이다.

3가지 방식은 각각 통나무 블록, 과학상자, 레고 블록에 비유할 수 있다. 각 블록의 여러 조각들을 이용해 다양한 물건을 만들 수 있지만, 원하는 방식으로 서로 결합하기는 어렵다. 즉, 레고 블록을 과학상자 부품에 딱 맞게 연결할 수 없다. 비슷하게 공격자

를 소프트웨어 모델과 연결하기 어려울 수 있고 전체적인 일관성을 갖는 방안을 찾기
도 어려울 수도 있다.

3가지 방식을 이해하기 위해 구체적인 시스템에 적용해보겠다. 그림 2-1은 Acme/
SQL 시스템의 데이터 흐름 다이어그램이다.

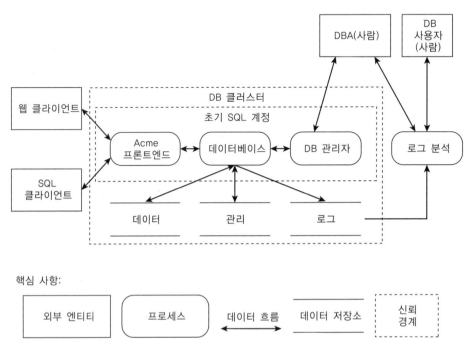

그림 2-1 Acme/SQL 데이터베이스의 데이터 흐름 다이어그램

그림을 보면 2가지 유형의 클라이언트가 프론트엔드에 접속해 트랜잭션, 접근 관리,
원자성atomicity 등을 관리하는 코어 데이터베이스에 접속한다. Acme/SQL 시스템이 웹
서버와 통합 설치돼 있다고 가정하면 승인 받은 클라이언트는 데이터에 직접 접속할
수 있다. 이와 동시에 웹 서버가 복잡한 비즈니스 로직을 제공하고 다양한 백엔드에
접속할 수 있으며, 지불 시스템과 통합될 수도 있다. 웹 서버는 SQL 프로토콜을 이용
해 네트워크를 통해 Acme/SQL로 접속한다.

그림 2-1의 다이어그램을 다시 살펴보면 DBA(데이터베이스를 관리하는 사람)가 시스템
을 관리하는 데 사용하는 DB 관리 도구를 확인할 수 있다. 또한 데이터, 관리(락, 정책,
인덱스 등의 메타데이터), 로그의 3가지 개념적인 데이터 저장소가 표시돼 있다. 이 저장소
는 메모리, 파일, 디스크의 다른 저장 공간, 네트워크 스토리지 등을 통해 구현될 수

있다. 세부 사항을 더 자세히 살펴볼 수도 있지만 여기서는 그림과 같이 개념적인 수준으로 시작하자.

마지막으로 로그 분석 패키지가 있다. 위의 그림에서 데이터베이스 코어만이 데이터와 관리 정보에 직접 접근할 수 있다. 또한 데이터베이스 → 로그, 로그 → 로그 분석 화살표를 제외하면 대부분의 화살표가 양방향인 것을 알 수 있다. 물론 로그 분석 과정에서 로그를 조회하지만 읽기 전용 인터페이스라는 것을 표시하기 위해 단방향 화살표를 사용했다. SNMP 트랩trap이나 syslog와 같이 확실한 단방향 흐름이 있을 수도 있다. 일부 사람은 각 방향의 위협을 잘 확인하기 위해 2개의 단방향 화살표를 그리는 경우도 있는데, 이 경우 다이어그램이 너무 복잡해지고 레이블을 표시하고 읽기 어려워지는 문제가 있다. 다이어그램이 간단하다면 하나의 양방향 화살표를 사용하는 것보다 2개의 단방향 화살표를 사용하는 것이 위협을 발견하는 데 도움이 된다. 다이어그램이 복잡하다면 2가지 방법 중 원하는 방법을 사용하라.

데이터 흐름 다이어그램은 2장 뒷부분의 '데이터 흐름 다이어그램' 절에서 자세히 설명한다. 다음 절에서 Acme/SQL의 위협을 발견하기 위해 자산, 공격자, 소프트웨어 중심의 모델을 어떻게 적용하는지 살펴보겠다.

자산에 초점 맞추기

자산이나 가치 있는 것을 중심으로 접근하는 방식은 매우 자연스러워 보인다. 결국 어떤 아무 가치도 없다면 누가 그것이 공격 받을 것인지 걱정하겠는가? 자산에 초점을 맞추는 방식은 기대한 만큼 유용하지는 않으며, 위협 모델링을 위한 최선의 방법은 아니다. 그러나 어떤 사람들에게는 자산 중심의 위협 모델링 방식이 도움이 되는데, 자산과 관련된 생각을 체계적으로 정리할 수 있는 보안 전문가들이 대표적이다(좋은 방법을 이미 찾았다면 그 방법을 변경할 이유는 없다). 좀 더 전문적이지 않은 사람에게는 "이 자산에 집중하자"라고 말하는 것이 위협 모델링에 도움이 될 수 있다. 당신이 앞서 말한 2가지 유형에 해당하고 이 방식이 도움이 된다면, 축하한다! 이 절은 여러분을 위한 절이다. 여러분이 이런 유형이 아니라고 해도 너무 성급하게 건너뛰지 않기를 바란다. 가장 중요하지는 않겠지만 위협 모델링에서 자산이 갖는 역할을 잘 이해하는 것은 중요하다. 예상만큼 이 방법이 유용하지 않은 이유를 이해해서 이 방식을 지지하는 사람들과 수준 높은 토론을 할 수도 있을 것이다.

자산이라는 용어는 흔히 가치 있는 사물을 의미한다. 위협 모델링에서 자산이라는 말을 사용할 경우에는 보통 공격자가 접근, 제어, 파괴하기를 원하는 어떤 것을 의미한다. 위협 모델링 과정에 참여하는 모든 사람이 자산이 무엇인가에 대해 동의하지 못했다면 과정 진행이 원만하지 않거나 참석자들이 서로 다른 이야기를 하게 될 것이다.

위협 모델링에서 자산이라는 용어는 다음과 같은 방식으로 사용된다.

- 공격자가 원하는 것
- 당신이 보호하고 싶은 것
- 위의 것들에 접근하는 데 필요한 중간 단계

3가지 유형의 자산을 카테고리라고 생각하지 말고 가족이라고 생각해야 한다. 사람도 하나 이상의 가족에 속할 수 있는 것처럼 자산도 하나 이상의 의미를 가질 수 있기 때문이다. 그림 2-2와 같이 자산에 적용되는 태그가 중복될 수도 있다. 위협 모델링에서 일반적으로 사용되는 자산의 개념은 '공격자가 원하는 것'과 '당신이 보호하고 싶은 것'의 결합이다.

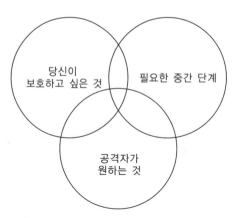

그림 2-2 중복되는 자산의 정의

> **노트** 위협 모델링을 하는 사람들이 자산이라는 용어를 컴퓨터 또는 컴퓨터의 유형을 의미하는 것으로 사용하기도 한다(예를 들어 '목표 자산: 메일 서버, 데이터베이스' 등의 표현). 표현의 명확성을 위해 이 책에서는 자산을 위에서 설명한 3가지 의미로만 사용하겠다. 여러분도 그렇게 하기 바란다.

공격자가 원하는 것

공격자가 원하는 자산은 보통 '고객의 의료 정보가 저장된 데이터베이스'와 같이 유형 자산일 경우가 많다. 여기에는 다음과 같은 사례가 포함된다.

- 사용자 패스워드 또는 키
- 사회보장번호 등의 식별 번호
- 신용카드 번호
- 중요 비즈니스 데이터

여러분이 보호하고 싶은 것

여러분이 보호하고 싶은 자산은 해커가 원하는 유형의 자산과는 다르게 무형인 경우가 많다. 예를 들어 회사의 평판, 영업권 등이 보호하고 싶은 자산일 것이다. 경쟁자나 공격자가 중상모략으로 여러분의 평판을 공격할 수 있다. 평판은 너무 폭넓은 개념이기 때문에 위협 모델링의 관점에서 평판에 대한 위협을 기술적으로 완화하는 것은 어렵다. 그러므로 고객에서 관련된 것을 보호함으로써 평판을 지켜야 한다.

보호하고 싶은 자산에 대해 예를 들면 여러분에게 빈 금고가 있다면 직감적으로 누군가가 접근해 청진기를 금고에 대지 않았으면 좋을 것이다. 그러나 금고 안에는 아무것도 없다. 어떤 피해가 있을까? 금고의 패스워드를 바꾸고 적절한 사람에게(만) 패스워드를 알려줘야 하는 수고가 들기 때문에 빈 금고를 보호하려고 할 수도 있다. 그러나 도둑이 이 금고를 노릴 가능성은 낮다. 백만 달러가 들어 있는 동일한 금고가 있다면 도둑은 그 금고를 노릴 것이다. 여기서 백만 달러가 여러분이 보호하고 싶은 동시에 공격자도 원하고 있는 자산일 것이다

중간 단계

마지막으로 다른 자산에 접근하기 위한 중간 단계인 자산이 있다. 예를 들어 위협 모델 다이어그램에 표시한 요소 중 일부는 공격자가 노리는 타겟에 접근하기 위한 중간 단계로 활용되기 때문에 보호하기 원하는 자산일 수 있다. 어떤 면에서 중간 단계 자산은 유인적인 방해물^{attractive nuisance}이 될 수도 있다. 예를 들어 모든 컴퓨터는 공격자가 활용할 수 있는 CPU, 저장장치를 보유하고 있다. 대부분의 컴퓨터가 인터넷에 연결돼 있으며, 여러분이 시스템 관리부서나 보안 운영부서에 속해 있다면 관리하는 대부분의 컴퓨터가 회사 네트워크에 특별한 권한으로 접근할 수 있을 것이다. 방화벽 내부에

있을 수도 있고 VPN 접속이 가능할 수도 있다. 이 컴퓨터들이 중간 단계 자산이다. 특별히 어떤 측면에서 가치 있다고 판단되는 경우에는 기록하라. 실제는 '전체 PC'를 자산 리스트에 포함하는 것은 거의 도움이 되지 않는다.

> **노트** 금고 사례를 다시 생각해보면 금고의 패스워드가 중간 단계 자산이 된다. 실제로 중간 단계 자산과 여러분이 보호하려는 자산은 매우 유사하다. 보호하는 기술적 요소 가운데 중간 단계 자산이 아닌 것은 그다지 많지 않을 것이다.

자산 중심 모델링의 적용

자산 중심의 접근 방식을 사용하고 있다면 자산의 리스트를 작성한 후 공격자가 각각의 자산을 어떻게 위협할 수 있을지 고려할 것이다. 그 후 어떻게 각 위협에 대응할 수 있을지 검토한다.

자산 리스트를 작성한 후 리스트의 각 아이템을 특정 컴퓨터나 시스템과 연결시켜야 한다('아마존 웹 서비스'나 '마이크로소프트 애저' 같은 항목이 자산에 포함돼 있다면 관련 컴퓨터 시스템을 지정할 필요는 없다. 해당 시스템에 대한 위협을 찾고 대응 방법을 결정하기 위해 그 시스템이 어디에 있는지 정도만 이해하면 된다).

다음 단계는 시스템의 자산과 서로 연결된 다른 요소를 그림으로 표시하고 이와 관련된 스토리를 이야기하는 것이다. 이 모델을 STRIDE와 비슷한 공격자 집합 또는 해당 자산이 어떻게 공격받을 수 있는지 이해하기 위한 공격자 중심의 브레인스토밍에 적용할 수 있다.

자산 중심 위협 모델링에 대한 관점

자산 중심 방식은 논쟁하기 어려울 정도로 상식적인 위협 모델링 방식으로 보인다. 그러나 불행히도 대부분 경우 자산에 대해 논의해 위협 모델링을 개선하기는 어렵다. 이 오해가 너무 일반적이기 때문에 위협 모델링에 도움이 되지 않는 이유를 살펴본다.

자산과 위협을 직접 연결할 수 없고, 구체적인 단계도 없다. 기본적으로 자산을 열거하는 데 필요한 노력은 위협을 발견하고 대응하는 데 드는 노력과는 별개다. 때로는 자산이 무엇이고 어떤 종류의 자산인지 논의해야 할 경우도 있다. 이 논의는 기껏해야 소프트웨어나 운영 모델에서 확인해야 하는 대상의 목록을 만들어 줄 뿐이다. 모델을 작성하는 것으로 시작하는 것이 어떨까? 자산 리스트를 작성하고 리스트의 자산이 중간 단계 자산이 아니라고 확인한 후에도 어떤 방법론이나 접근 방식을 적용해야 한다.

최종적으로 자산이 위협의 우선순위를 결정하는데, 목적이 그것이라면 도움이 될 수도 있지만, 그렇다고 해서 자산 중심의 방법을 활용하거나 자산에서부터 시작해야 한다는 의미는 아니다. 일반적으로 위협의 영향도를 논의할 때 위협의 우선순위를 매겨 대응하기 때문에 자연스럽게 우선순위 등 관련 정보를 얻을 수 있다. 이 내용은 3부에서 설명한다.

"우리의 자산이 무엇인가?"라는 질문에 대답하는 것이 어떻게 위협 모델링에 집중하는 데 도움이 될까? 도움이 되지 않으면 질문을 던지고 답변하는 데 시간을 써야 할 이유가 없다.

공격자에 초점 맞추기

공격자에 초점을 맞추는 방법은 위협 모델링을 위한 자연스러운 방법으로 보인다. 결국 아무도 당신의 시스템을 공격하지 않는다면 왜 번거롭게 방어를 해야 할까? 누군가가 시스템을 공격할 것이기 때문에 걱정하고 있다면 그들이 누군지 알고 있는가? 불행히도 자산 중심의 위협 모델링과 마찬가지로 공격자 중심 방식도 기대만큼 유용하지는 않다. 그러나 어떤 경우에는 공격자에 초점을 맞추는 것이 도움이 될 때도 있는데, 자산 중심 방식이 효과적인 경우와 일치한다. 전문가 또는 덜 전문적인 사람이 참여하는 경우와 우선순위 선정이 여기에 해당한다. '자산에 초점 맞추기' 절과 비슷한 방식으로, 이 방식이 최적이 아닌 이유를 배워서 이 방식을 옹호하는 사람들과 논쟁할 수 있게 될 것이다.

공격자 중심 모델링의 적용

보안 전문가는 시스템에 대한 위협을 발견하기 위해 다양한 유형의 공격자 리스트를 활용한다. 이 과정에서 공격자의 자원과 능력에 대해 논의하거나 공격자의 원형을 구체화하는 것에 대한 논쟁이 발생하기도 한다. 예를 들어 국가의 지원을 받는 테러리스트가 정부 연구소에 접속할 수 있다면 어떻게 될까? 이 질문을 통해 '페르소나personas'와 유사한 방법으로 공격자 중심 접근 방식을 시작한다. '페르소나'는 휴먼 인터페이스 이슈와 관련해 자주 활용되는 개념이다. 데이터에서 파생된 페르소나의 리스트부터 부록 C에 나오는 사례까지 다양한 세부 내용이 있다. 부록 C는 보안 전문가뿐만 아니라 공격자 중심의 모델링을 시도해보거나 리스트를 직접 만드는 것보다 빨리 모델링을 배우고 싶은 사람 누구에게나 도움이 될 것이다.

공격자 리스트를 작성했다면 리스트를 활용해 브레인스토밍 방식의 체계성을 높일 수 있다. 일부 보안 전문가는 전문가가 되는 과정에서 축적한 지식을 끌어내는 도구로 활용하기도 한다. 공격자 중심의 방식은 사람 중심이 될 수 있는 가능성도 불러일으킨다. 예를 들어 스파이의 행동에 대해 생각하는 경우 스파이가 기술적인 공격을 떠올리는 것보다 시스템 관리자를 유혹하거나 경비원을 매수한다고 생각하는 것이 더 자연스럽다(그리고 재미있다). 문제는 인적 공격이 시스템 보안 측면에서 노리는 것이 무엇인지 판단하기 어려울 수 있다는 점이다.

공격자가 도움이 되는 경우

인적 위협에 대해 논의하는 것이 위협을 실제적으로 받아들이는 데 도움이 될 수도 있다. 다시 말하면 누군가가 어떻게 설정 파일을 변조하거나 보안 체크를 우회해 클라이언트의 소프트웨어를 바꿔치기 할 수 있는지 이해하기 어려울 수도 있다. 특히 '배포하기만'을 원하는 경영진이나 제품 담당자를 상대할 때 누가 왜 공격하는지 설명할 수 있다면 큰 도움이 된다. 여기에 진정한 가치가 있지만 공격자에 초점을 맞추는 방식을 사용해야 하는 충분한 근거로는 부족하다. 이에 관해서는 뒤에 설명하겠다(공격자에 대한 언급에 대한 가장 큰 위험은 "아무도 그렇게 하지 않을 것이다."라는 주장이다). 행위자를 등장시켜 위험을 사람 중심으로 표현하면 이 문제가 심각해진다. 특히 누군가가 "우리에게 관심이 없다"고 생각하는 사람을 예로 들었을 경우에 더 심하다.

예제를 받기로 돼 있었지만, 스파이가 훔쳐갔다. 더 심각한 점은 부록 C의 공격자 목록과 페르소나를 자세히 살펴보는 것이 여러분이(또는 내가) Acme/SQL에 무슨 짓을 할 것인지 생각하는 데 아무 도움이 되지 않는다는 점이다. 그렇기 때문에 헛된 희망을 주지 않기 위해 예제는 비워두겠다.

공격자 중심 모델링에 대한 관점

보안 전문가가 정보를 구조화하고 상기할 수 있게 돕는 것은 멋진 일이지만, 재현 가능한 결과를 얻을 수는 없다. 더 중요한 점은 대부분의 사람들에게 공격자 리스트나 페르소나가 공격자가 무슨 일을 할 것인지 알아내기에 충분한 구조가 아니라는 사실이다. 엔지니어는 무의식적으로 자신이 가진 편견이나 접근 방식을 공격자가 할 행동에 투영한다. 공격자가 자신의 동기, 기술, 배경, 관점(그리고 조직적인 우선사항)을 갖고 있다는 점을 고려하면 엔지니어의 성향을 투영하지 않는 것은 까다로운 일이다.

내 경험으로는 여러 가지 이슈가 결합적으로 공격자 중심 방식의 효과를 떨어뜨린다. 그러므로 공격자를 위협 모델링 과정의 핵심으로 활용하는 방식을 권장하지 않는다.

소프트웨어에 초점 맞추기

좋은 소식이 있다! 이제 공식적으로 '최적'의 구조화된 위협 모델링 방식에 도착했다. 축하한다! 소프트웨어 중심의 위협 모델링과 왜 이 방식이 가장 유용하고 효과적인지, 어떻게 할 수 있는지를 배우기 위해 책을 읽어보자.

소프트웨어 중심 모델은 개발 중인 소프트웨어나 적용 중인 시스템에 초점을 맞추는 모델이다. 어떤 소프트웨어 프로젝트는 아키텍처, UML 다이어그램, API 등 다양한 종류의 문서화된 모델을 보유하고 있다. 어떤 프로젝트는 그런 성가신 문서 대신에 내재적인 모델을 활용한다.

대형 프로젝트 팀이 화이트보드에 그림을 그려서 어떻게 소프트웨어가 작동하는지 설명하게 하는 것은 매우 유용하고 논쟁을 초래하는 작업이다. 특히 일시적으로 진행되는 대형 프로젝트에서 차이를 이해하고 어디서 이런 차이가 발생했는지 확인하는 것은 그것 자체로 도움이 된다. 그런 부분에서 공격이 차단되지 않을 가능성이 많기 때문이다("당신이 SQL 호출을 검증했다고 생각했어요!").

동일한 복잡성의 문제는 몇 명 이상의 사람이 관여하는 프로젝트나 수년 이상 진행되는 프로젝트의 경우에도 나타난다. 프로젝트가 진행될수록 복잡성이 누적돼 개발이 어려워진다. 여기에는 보안도 포함된다. 소프트웨어 중심의 위협 모델링에는 이런 누적된 복합성을 발견하는 유용한 부가 효과도 있다.

이와 같이 위협을 발견하기 전에 이해를 같이하는 것도 보안적으로 상당히 가치 있는 일이다. 어떤 프로젝트에서는 신뢰 경계 라이브러리에 대한 위협 모델을 잘 만들었지만, 신뢰 경계 내부에서 동작하는 구성 요소에 대한 비현실적인 가정을 했을 수도 있다. 종합적인 모델을 만드는 작업으로 적용 가능하거나 적용 불가능한 가정의 명시적인 리스트를 만들 수 있다. 종합적인 모델과 그 결과로 얻은 이해를 통해 각 구성 요소의 보안을 본질적으로 개선할 수 있다.

> **노트** 복잡성이 커질수록 적용하는 가정도 많아져서 위에서 말한 리스트를 완성하지 못할 것이다. 경험과 피드백 루프가 많을수록 리스트가 더 커진다.

다른 유형의 소프트웨어의 위협 모델링

2부에서 설명하는 위협을 발견하는 방식은 모든 유형의 소프트웨어를 모델링할 때 적용할 수 있다. 사용자가 다운로드해서 인스톨하는 소프트웨어를 개발할 때도 적용할 수 있고, 대형 시스템에서 동작하는 소프트웨어를 개발할 때도 적용할 수 있다. 거의 모든 소프트웨어에 이 방식을 적용할 수 있고, 소프트웨어와 관련된 비즈니스 모델이나 배치 모델과 무관하게 적용할 수 있다.

더 이상 소프트웨어를 박스에 포장해 상점 진열대에서 판매하지 않지만, 판매용 소프트웨어라는 용어는 카테고리를 나타내는 편리한 이름표다. 이 카테고리는 아키텍처를 정의할 수 있는 모든 소프트웨어를 의미하는데, 소프트웨어가 무엇인지에 대한 확실한 경계가 있기 때문이다. 이 경계는 박스(인스톨러, 애플리케이션 다운로드, 오픈소스 저장소) 내부의 모든 것이 포함된다. 이 경계는 조직이 개발해 시간이 흐름에 따라 변경돼 적용되는 시스템과 비교될 수 있다.

> **노트** 이 책에서 설명하는 기법이 판매용 소프트웨어나 배포되는 시스템 중 하나에만 초점을 맞추고 있어 다른 것에는 해당되지 않을지 걱정할 수도 있다. 분량을 줄이기 위해 두 경우에 확실한 차이와 이유가 있을 경우에만 별도로 각 경우의 사례를 들고 설명하겠다. 소프트웨어 모델링을 위해 권장되는 방법은 몇 가지 예외적일 때를 제외하면 두 경우 모두 잘 동작하기 때문이다.

판매용 소프트웨어와 네트워크 모델 간의 경계는 해가 지날수록 흐려지고 있다. 중요한 차이는 네트워크 모델에는 라우터, 스위치, 데이터 회선 등의 인프라 구성 요소가 포함되는 경향이 있다는 점이다. 이 구성 요소가 신뢰 경계로 작동할 때도 있고, 네트워크, 플랫폼, 애플리케이션이 함께 신뢰 경계를 형성할 때도 있다.

데이터 흐름 모델(1장에 나와 있고 다음 절에서 상세히 설명한다)은 판매용 소프트웨어와 운영되는 모델에 모두 잘 적용할 수 있는 방법이다. 일부 대형 데이터 센터 운영자는 데이터 센터가 어떻게 마비될 수 있는지 보여주는 위협 모델을 각 부서에 제공한다. 제품 그룹은 모델을 '가장 위'에 놓고 운영 부서로부터 얻을 수 있는 적절한 보안 통제를 준비한다. 다른 데이터 센터를 활용할 경우 그들의 인프라 구조에 대해 논의해 모델을 만들 수 있다. 그렇지 않을 경우에는 최악의 상황을 가정해야 한다.

소프트웨어 중심 모델링에 대한 관점

나는 소프트웨어 개발자가 개발 중인 소프트웨어를 이해할 수 있게 해주기 때문에 소프트웨어 중심 방식을 선호한다. 개발자가 더 잘 이해하게끔 할 수 있는 다른 방법은 없다. 위협 모델링 작업에 개발자의 참여를 요청할 수 있는 최적의 요소가 소프트웨어다. 대부분 소프트웨어 개발이 개발 팀의 목적에 부합하는 소프트웨어 모델을 통해 이뤄진다. 때로는 이 모델을 효과적인 위협 모델링에 활용하기 위해 작업이 필요하다.

반대로 개발자가 비즈니스나 자산을 이해하기 희망할 수도 있다. 개발자가 제품이나 시스템을 공격하는 사람에 대해 이해하기를 바랄 수도 있다. 그러나 이는 합리적인 기대라기보다는 희망과 바람이다. 위협 모델링 전략이 이 희망과 바람에 의존할수록 실패할 가능성은 증가한다. 2장 뒷부분에서는 보통 소프트웨어 중심 모델링이라고 말하는, 위협을 발견하는 데 도움이 되는 소프트웨어 모델링을 설명한다(위협을 발견하기 위한 방법론은 2부에서 다룬다).

소프트웨어의 모델

소프트웨어에 대한 명확한 모델을 작성하면 소프트웨어가 올바르게 작동하는 데 필요한 많은 세부 사항에 발목을 붙잡히지 않고 위협을 찾을 수 있다. 다이어그램은 소프트웨어를 모델링하는 자연스러운 방법이다.

1장에서 살펴본 것과 같이 화이트보드 다이어그램이 위협 모델링을 시작하는 아주 효과적인 방법이고, 여러분에게 충분한 방식이다. 그러나 시스템이 일정한 수준 이상으로 복잡해지면 화이트보드의 다이어그램을 수정하고 보완하는 것이 불가능하다. 이러한 경우에는 시스템을 단순화하거나 컴퓨터를 활용하는 방식을 사용해야 한다.

이 절에서는 다양한 유형의 다이어그램을 배우고, 어떻게 위협 모델링에 활용할 수 있는지 배운다. 그리고 큰 시스템에서 복잡성 문제를 해결하는 방법도 설명한다. 신뢰 경계, 효과적인 레이블링 방법, 다이어그램을 검증하는 방법도 다룬다.

다이어그램 유형

다이어그램을 그리는 다양한 방법이 있으며, 상황에 따라 다른 다이어그램이 도움이 된다. 가장 흔히 접하는 다이어그램 유형은 데이터 흐름 다이어그램^{DFD, Data Flow Diagram}일 것이다. UML, 수영 레인 다이어그램, 상태 다이어그램을 접했을 수도 있다.

이 다이어그램을 레고 블록처럼 생각해 무엇이 개발하는 시스템에 가장 접합한지 살펴볼 수 있다. 각 다이어그램은 2부의 위협 모델과 함께 시용될 수 있다.

모든 다이어그램의 목적은 시스템 작동 방식에 대해서 커뮤니케이션을 함으로써 위협 모델링에 관여하는 모든 사람이 동일한 내용을 이해하게 하는 데 있다. 소프트웨어의 동작에 대해 그리는 방식에 동의할 수 없다면 의견을 통일하는 과정에서 시스템 보안에 대해 잘못 이해하고 있었던 부분을 발견할 가능성이 크다. 그러므로 이해한 내용에 대해 대화와 공유를 잘 할 수 있는 유형의 다이어그램을 사용해야 한다.

데이터 흐름 다이어그램

데이터 흐름 모델은 종종 위협 모델링에 이상적인 방식이다. 문제는 제어 흐름이 아니라 데이터 흐름에서 발생하는 경향이 있다. 데이터 흐름 모델은 소프트웨어 제품보다는 네트워크나 설계된 시스템에서 일반적으로 사용되지만, 소프트웨어 제품에 대해서도 작성 가능하다.

데이터 흐름 다이어그램이 자주 활용되기 때문에 때로는 '위협 모델 다이어그램'이라고 불리는 경우도 있다. 래리 콘스탄틴Larry Constantine이 1967년에 제시한 DFD는 데이터 흐름으로 연결된 번호가 매겨진 요소(데이터 스토어와 프로세스)들로 구성된다. 이 요소들은 외부의 엔티티(개발자나 조직이 제어할 수 없는)와 상호작용을 한다.

다이어그램의 이름이기도 한 데이터 흐름은 무선 브로드캐스팅, 이더넷을 통한 UDP 데이터 전송 등 예외적인 경우를 제외하면 대부분 양방향으로 발생한다. 그렇지만 흐름은 보통 단방향 화살표로 표시되는데, 위협과 임팩트가 일반적으로 대칭적이지 않기 때문이다. 예를 들어 웹 서버로 전송되는 데이터를 읽을 수 있다면 패스워드 등의 정보가 노출되고, 웹 서버에서 전송되는 데이터를 읽을 수 있다면 계좌 잔고가 노출될 수 있을 것이다. 이 다이어그램 표시 방식은 채널 보안과 메시지 보안을 구분하는 데 도움이 되지 않는다(여기서 채널은 SMTP, 메시지는 이메일 내용이라고 생각할 수 있다). 수영 레인swim lane 다이어그램은 채널/메시지 구분이 중요한 경우에 적합한 모델이다(수영 레인 다이어그램은 2장 뒷부분에서 설명한다).

표 2-1에 데이터 흐름 다이어그램의 주요 요소가 있다.

표 2-1 데이터 흐름 다이어그램의 요소

요소	모양	의미	사례
프로세스	둥근 사각형, 원, 동심원	동작하는 코드	C, C#, Python, PHP로 작성된 코드
데이터 흐름	화살표	프로세스 간 통신 또는 프로세스와 데이터 저장소 간 통신	네트워크 연결, HTTP, RPC, LPC
데이터 저장소	양 옆에 뚫린 사각형	데이터를 저장하고 있는 것	파일, 데이터베이스, 윈도우 레지스트리, 공유 메모리 세그먼트
외부 엔티티	각진 사각형	사람, 통제할 수 없는 코드	고객, Microsoft.com

그림 2-3은 표 2-1에서 설명한 요소들로 구성된 전통적인 DFD를 보여준다. 그러나 모델을 더 개선할 수 있다. 그림 2-4는 동일한 모델을 약간 수정한 그림으로, 여러분의 모델을 개선하는 데 예제로 활용할 수 있다.

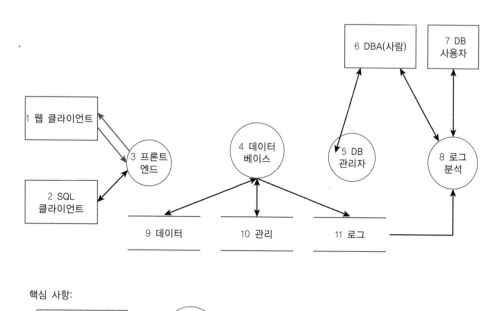

그림 2-3 전통적인 DFD 모델

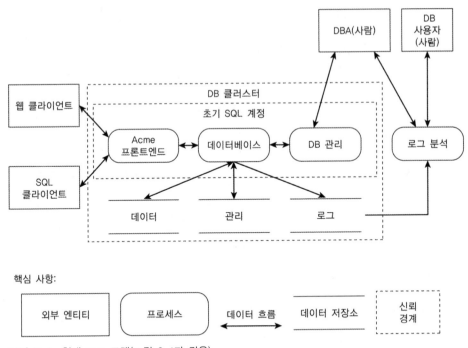

그림 2-4 현대 DFD 모델(그림 2-1과 같음)

전통적인 DFD와 현재적인 DFD의 차이는 다음과 같다.

■ 프로세스를 둥근 사각형으로 표현해 원으로 표현했을 때보다 텍스트를 더 효과적으로 표시했다.

■ 곡선보다는 직선을 사용했다. 직선이 더 따라가기 쉽고, 복잡한 다이어그램에 더 많이 그릴 수 있기 때문이다.

역사적으로 다양한 데이터 흐름 다이어그램 표현에서 '프로세스'와 '복잡한 프로세스' 요소가 표시돼 있다. 프로세스는 원으로 표시되고, 복잡한 프로세스는 두 겹으로 표시된 동심원으로 표시된다. 그러나 언제 프로세스를 사용하고 복잡한 프로세스를 사용해야 될지는 불분명하다. 한 가지 사용 가능한 규칙으로, 서브다이어그램으로 표시된 요소를 복잡한 프로세스로 표시하는 방식이 있다. 약간 원형이기는 하지만, 꽤 괜찮은 규칙으로 보인다.

DFD는 소프트웨어 제품이 아닌 것에 대해서도 활용할 수 있다. 예를 들어 그림 2-5는 운영 네트워크에 대한 DFD를 보여준다. 이 그림은 중소규모 회사 네트워크의 일반적인 모델로 시스템과 부서가 표시돼 있다. 부록 E에서 자세히 다루겠다.

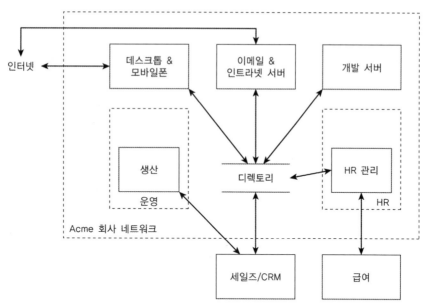

그림 2-5 운영 네트워크 모델

UML

UML은 Unified Modeling Language의 약자다. 소프트웨어 개발 과정에서 UML을 사용한다면 다른 다이어그램을 그리는 대신 위협 모델링에 UML 다이어그램을 적용할수 있다. 위협 모델링 다이어그램에 UML을 적용할 때 가장 중요한 점은 신뢰 경계를추가하는 것이다.

　UML은 상당히 복잡하다. 예를 들어 DFD를 위한 비지오^{Visio} 스텐실이 6개인 반면, UML을 위한 스텐실은 80개나 된다. 이 복잡성으로 인해 구조 다이어그램, 행동 다이어그램, 상호작용 다이어그램을 섬세하고 풍부하게 표현할 수 있다. 위협 모델링을 하는 사람이 모든 UML 심볼에 대해 알지 못하거나 심볼의 의미를 잘못 이해하고 있다면도구로서의 효과가 크게 감소한다. 이론적으로 혼동되는 사람이 누군가에게 물어볼수 있지만, 그러기 위해서는 자기가 모르고 있다는 사실을 알아야 한다(상어를 어류를표시하는 기호로 표시하지 않을 수 있다). 또한 '단순한' 질문을 해 자신의 무지함을 자발적으로 노출해야 될 필요도 있다. 이미 UML을 활용하고 있는 개발 팀의 경우에는 위협모델링만을 위해 새로운 다이어그램을 작성하는 것보다 UML에 신뢰 경계를 추가하는것이 쉬울 것이다.

수영 레인 다이어그램

수영 레인 다이어그램은 다수 참여자 간의 데이터 흐름을 표시하는 데 활용된다. 프로토콜의 각 참여자를 표시하는 긴 선을 그린다. 선에 참여자를 확인할 수 있게 레이블을 붙인다. 각 메시지는 참여자 사이에 위치한 선으로 표시한다. 아래에 있는 선이 나중에 발생한 메시지를 의미한다. 다이어그램을 완성하면 수영 레인과 비슷해 보이기 때문에 이런 이름이 붙었다. 메시지에는 통신 내용이 표시돼야 한다. 내용이 복잡하다면 다이어그램이 세부 내용을 추상화해 핵심적인 내용만 표시하는 것이 효과적이다. 각 참여자가 수행하는 연산이나 상태는 참여자를 의미하는 긴 선에 표시한다. 일반적으로 프로토콜의 참여자는 컴퓨터 등의 객체인 경우가 많은데, 그 경우 수영 레인 다이어그램의 각 참여자 사이에는 암묵적인 신뢰 경계가 존재한다. 암호학자이자 프로토콜 개발자인 칼 엘리슨^{Carl Ellison}은 사람이 알고 행동할 것으로 기대되는 사항에 대해 논의하기 위해 수영 레인 다이어그램을 확장해 사람을 포함시켰다. 그는 이를 의식^{ceremony}이라고 지칭했는데, 15장에서 상세하게 다룬다.

그림 2-6에 수영 레인 다이어그램 샘플이 있다.

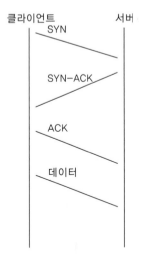

그림 2-6 수영 레인 다이어그램(TCP 연결 시작부를 보여줌)

상태 다이어그램

상태 다이어그램은 시스템이 이를 수 있는 다양한 상태와 그 상태 사이의 전환을 표현한다. 컴퓨터 시스템은 상태와 메모리, 수신한 유효 메시지와 메모리의 데이터에 따라 다른 상태로 전이하는 규칙이 있는 기계로 모델링된다(컴퓨터는 수신한 메시지의 유효성을 규칙에 따라 검증해야 한다). 각 박스에는 상태가 표시되고 박스를 연결하는 선에는 상태 전이가 발생하는 조건이 표시된다. 위협 모델링에서 상태 다이어그램을 통해 각 상태 전이가 적절한 보안 검증에 따라서 관리되고 있는지 확인할 수 있다.

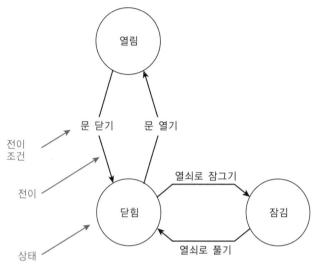

그림 2-7 상태 머신 다이어그램

그림 2-7에서 출입문에 대한 상태 다이어그램을 확인할 수 있다(출처: Wikipedia). 출입 문에는 열림, 닫힘, 잠김의 3가지 상태가 있다. 전이가 발생해 각 상태에 도달한다. 손잡이에 열쇠구멍이 있는 것보다 다이어그램을 그리기 쉬운 '데드볼트' 시스템을 고려하겠다. 손잡이에 열쇠구멍이 있는 경우 열린 상태와 닫힌 상태 모두에서 잠그기가 가능해 다이어그램과 사용자 경험이 더 복잡하다. 상태 다이어그램은 금세 복잡해질 수 있다. 열린 상태나 닫힌 상태에서 전이될 수 있는 '약간 열린' 상태가 포함된 더 복잡한 상태 다이어그램이 있을 수 있다(그려보려고 했지만 레이블을 붙이기 어려웠다. 약간 열려 있을 수 있는 출입문이라고 명시하기 어렵고, 그런 문은 설치돼서는 안 된다). 모델링을 쉽게 한다는 이유만으로 아키텍처상의 결정을 내리지는 않겠지만, 때로는 간단한 모델이 활용하기도 더 쉽고 더 나은 공학을 반영한다.

신뢰 경계

1장에서 살펴본 바와 같이 신뢰 경계는 여러 주체가 모이는 모든 곳이다. 즉, 서로 다른 권한을 가진 엔티티가 상호작용을 하는 곳이다.

경계 그리기

소프트웨어 모델을 작성한 후 두 가지 방법으로 경계를 그릴 수 있다. 알고 있는 경계를 그린 후에 다른 경계가 있는지 찾아보거나, 주체를 열거한 후에 경계를 찾을 수 있다. 첫 번째 방법에서는 먼저 가능한 모든 유형의 신뢰 경계를 추가할 수 있다. unix UID, 윈도우 세션, 컴퓨터, 네트워크 세그먼트 등을 사각형으로 표시하고, 각 사각형 내부의 주체에 레이블을 붙인다.

두 번째 방법은 가장 많은 권한을 가진 주체나 가장 작은 권한을 가진 주체에서 시작할 수 있다(예를 들면 root/admin 또는 익명의 인터넷 사용자에서 시작한다). 각 주체가 '다른 주체'와 이야기할 때마다 경계를 추가한다.

모든 연산이 발생하는 상황에는 항상 하나 이상의 경계를 추가할 수 있다(그러므로 그림 2-1에 웹 클라이언트와 SQL 클라이언트의 상황을 표시하지 않았다고 비판할 수 있다).

어디에 신뢰 경계를 그려야 할지 모르는 경우 다이어그램의 모든 요소가 각각의 신뢰 경계로 자세히 나눠져 있거나, 신뢰 경계를 놓쳤을 수 있다. 스스로에게 두 가지 질문을 던져보자. 첫째, 시스템의 모든 요소가 동일한 권한을 갖고 시스템 내의 다른 모든 요소에 접속할 수 있는가? 둘째, 소프트웨어가 통신하는 모든 대상이 같은 경계 내부에 있는가? 두 가지 질문에 '아니요'라는 대답이 있다면 아직 그리지 못한 신뢰 경계나 구성 요소, 또는 모두를 찾아내서 다이어그램에 추가해야 한다. 두 질문 모두에 '예'라고 대답했다면 각각의 구성 요소에 신뢰 경계를 표시하고 다음 개발 단계로 진행한다(이 상태는 개발 팀의 모든 파트가 소프트웨어 모델을 작성해야 하는 경우가 아니라면 거의 발생하지 않는다. 이러한 '상향식^{bottom up}' 방식은 7장에서 자세히 설명한다).

신뢰 경계에 관한 많은 글에서 신뢰 경계는 데이터 흐름만을 가로질러야 한다고 주장한다. 이는 모델링을 세부적으로 진행했을 때 특히 유용한 조언이다. 신뢰 경계가 데이터 저장소(데이터베이스)를 가로지른다면 서로 다른 테이블이나 다른 신뢰 수준의 저장 프로시저가 있다는 의미다. 경계가 특정 호스트를 가로지른다면, 예를 들어 '소프트웨어 설치자' 그룹의 멤버가 '웹 콘텐트 업데이터' 그룹과 다른 권한을 갖는 경우일 수 있다. 데이터 흐름이 아닌 구성 요소를 가로지르는 신뢰 경계를 발견했다면 해당 요소를 두 개의 요소(모델상의 그림이나 실제 요소 또는 두 가지 경우 모두)로 나누거나, 그 요소를 다양한 엔티티로 표시하는 서브다이어그램을 그려야 한다. 좋은 위협 모델을 통해 어떤 경계가 존재하고 그 경계를 어떻게 보호해야 하는지 명확하게 알 수 있다. 반대로 명확하지 않다면 좋은 모델을 만들 수 없다.

경계 활용하기

위협은 신뢰 경계 주변에서 발생하는 경향이 있다. 당연한 일이다. 신뢰 경계는 주체 사이에 위치한 공격 표면을 나타낸다. 일부 사람들은 위협이 주체 사이의 경계에서만 발생하는 신뢰 경계만의 문제라고 생각한다. 이 생각은 틀렸다. 그 이유를 살펴보기 위해 복잡한 주문을 처리하는 웹 서버를 생각해보자. 예를 들어 델^{Dell} 온라인 스토어에서 컴퓨터를 조립한다고 가정하자. 수천 가지의 부품이 추가될 수 있지만, 이들 중 일부만이 테스트된 후 제공된다. 그림 2-8에서 구축할 웹사이트의 모델을 확인할 수 있다.

그림 2-8의 웹 서버는 신뢰할 수 있는 TCP/IP 프로토콜을 이용해 통신을 하고는 있지만, 웹 브라우저로부터의 공격에 위험하다. 세일즈 모듈도 위험에 노출돼 있다. 또한 공격자가 임의의 부품 번호를 HTML 포스트에 삽입할 수 있다. HTML 포스트의 데이터는 주문 처리 모듈에서 체크된다. 세일즈 모듈과 주문 처리 모듈 사이에는 신뢰 경계가 없고, 데이터가 3개의 신뢰 경계에서 체크된다고 하더라도 위협은 여전히 데이터 흐름을 따른다. 클라이언트는 외부 엔티티이기 때문에 단순히 웹 브라우저라고 표시돼 있다. 웹 브라우저 주위에 다른 구성 요소가 많이 있지만, 이들에 대한 위협에 대해 어떤 행위도 할 수 없다. 따라서 모델링할 필요가 없다.

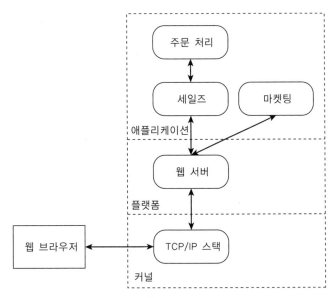

그림 2-8 웹 서버의 신뢰 경계

그러므로 위협이 신뢰 경계와 복잡한 파싱이 발생하는 부분에서 발생하는 경향이 있지만 공격자가 정보를 컨트롤할 수 있는 모든 곳에서 위협이 빌생힐 수 있다고 말하는 것이 더 정확하다.

다이어그램에 포함시켜야 되는 정보

다이어그램에 무엇을 그려야 될까? 경험에 따르면 다음과 같은 내용을 포함해야 한다.

- 시스템을 운영하는 이벤트를 표시하라.
- 운영 중인 프로세스를 표시하라.
- 각 프로세스가 어떤 응답을 생성해 전송하는지 확인하라.
- 각 요청과 응답에 대한 데이터 소스를 확인하라.
- 각 응답의 수신자를 확인하라.
- 내부 동작은 무시하고, 범위에 집중하라.
- 어떤 것이 잘못될 가능성이 있거나 위협을 발견하는 데 도움이 되는지 질문하라.

이 목록은 하워드^{Howard}와 르블랑^{LeBlanc}이 쓴 『안전한 코드 작성(Writing Secure Code) 2판』(Microsoft Press, 2009년)에서 참조했다.

복잡한 다이어그램

복잡한 시스템을 개발할 경우 복잡한 다이어그램을 그리게 된다. 시스템이 복잡해지면 그 복잡성으로 인해 다이어그램을 활용(또는 전체 시스템을 이해)하기 어려워질 수 있다.
한 가지 원칙은 "시력 검사표를 그리지 말라."는 것이다. 실제 소프트웨어 프로젝트에 수반되는 상세한 내용과 모델에 포함시키는 내용과의 균형을 맞추는 것이 중요하다. 1장에서 설명한 바와 같이 특정한 부분을 상세하게 보여주는 서브다이어그램을 활용하는 방식이 도움이 된다. 프로젝트에 적합하게 아주 세부적인 영역을 나누는 방법을 찾아야 한다. 예를 들어 하나의 아주 복잡한 프로세스가 있을 경우 프로세스 내부를 하나의 다이어그램으로 그리고, 프로세스 외부를 하나의 다이어그램에 나타낼 수 있다. 실행 배정기^{dispatcher}나 대기^{queueing} 시스템이 있는 경우 이 부분을 나눠 표시하는 것이 좋다. 데이터베이스나 장애 대비 시스템도 나눠 표시하기 좋은 부분이다. 다 상세하게 표현해야 하는 요소가 있을 수 있다. 언급한 모든 부분이 나눠 표시하기 좋은 부분이다.

서브다이어그램과 관련된 유용한 접근 방식은 프로세스의 수보다 적은 서브다이어그램을 그리는 것이다. 다른 방식은 시나리오에 따라 다른 다이어그램을 그리는 것이다.

다이어그램을 간단하게 표시하는 것이 좋을 때도 있다. 다이어그램의 두 요소가 보안 관점에서 동일할 경우 두 요소를 합칠 수 있다. 여기서 동일하다는 의미는 동일한 신뢰 경계 내부에 있으며, 동일한 기술로 동일한 유형의 데이터를 처리하는 경우를 뜻한다.

명심해야 할 중요한 포인트는 다이어그램을 작성하는 이유가 시스템에 대해 이해하고 논의하는 것을 돕는 데 있다는 점이다. 이 책의 서두에서 "모든 모델은 틀렸지만, 어떤 모델은 유용하다."는 말을 기억하라. 다이어그램을 추가할 때 "이 방법이 맞는가?"라고 질문하지 말라. 그 대신에 "이 다이어그램이 우리가 잘못될 수 있는 부분을 찾는 데 도움이 되는가?"라고 질문하라.

다이어그램의 레이블

다이어그램의 레이블은 간략하고, 내용을 잘 설명하며, 의미가 있어야 한다. 스토리를 이야기할 때 이 레이블을 사용하기 위해 시스템을 운영하는 외부인에서 시작한다. 이 외부인들은 '고객'이나 '진동 센서'가 될 수 있다. 이들은 데이터 흐름을 통해 정보를 교환한다. 이 정보는 '구매하는 책'이나 '진동 주파수'가 될 것이다. 데이터 흐름은 거의 대부분 경우 동사를 활용해 레이블이 붙여서는 안 된다. 어려울 수도 있겠지만, '읽기'나 '쓰기'보다는 더 설명을 잘 할 수 있고 화살표의 방향도 내포하는 레이블을 찾아야 한다. 데이터 흐름은 정보(명사)를 프로세스로 전달하는 동적인 개념으로 동사, 동사구, 동사/명사의 조합으로 표시할 수 있다.

데이터 흐름에 일련번호를 매기면 어떤 순서로 어떤 사건이 발생했는지 추적하기에 유용하다. 다이어그램의 요소에 번호를 매기는 것은 의사소통이나 누락되는 부분이 없게 하는 데도 도움이 된다. 각 요소별로 번호를 매기거나(데이터 흐름 1, 프로세스 1 등) 외부 엔티티 1이 데이터 흐름 2와 3을 통해 프로세스 4와 통신한다는 것처럼 모든 요소를 통합해 번호를 매길 수 있다. '1번'이라고 부르는 것보다 '프로세스 1이 아니라 데이터 흐름 1'처럼 부를 수 있다.

다이어그램의 색

색을 이용하면 복잡하게 보이지 않고도 많은 추가 정보를 표시할 수 있다. 예를 들어 마이크로소프트의 피터 토르^{Peter Torr}는 신뢰할 수 있는 것에는 녹색, 신뢰할 수 없는 것에는 빨간색, 모델링 중인 것에는 파란색을 활용했다(Torr, 2005년). 색에만 의존하는 것은 문제가 될 수 있다. 12명 중 1명이 색맹인데 적록 색맹이 가장 흔하다(Heitgert, 2008년). 결과적으로 컬러 프린터를 사용하더라도 상당수의 사람이 이런 중요한 정보에 접근하지 못한다. 사각형의 경계에 텍스트 레이블을 붙여서 문제를 해결할 수 있다. 사각형의 신뢰 경계에 색을 사용하지 않을 이유는 없다.

엔트리 포인트

초기의 위협 모델링 방식 중 하나로 '자산/엔트리 포인트^{asset/entry point}' 방식이 있다. 이 방식은 운영체제를 모델링할 때 유용하다. 이 방식은 다음과 같은 단계로 진행된다.

1. DFD를 그린다.
2. 데이터가 신뢰 경계를 지나서 전송되는 포인트를 찾는다.
3. 이 교차점을 '엔트리 포인트'라고 표시한다.

> **노트** 이 방식에 다른 단계와 다양한 변형이 있다. 그러나 그때부터 많은 발전이 있었고, 모두 설명한다면 지루하고 집중력이 흐트러질 것이다.

　　Acme/SQL 예제(그림 2-1)에서 엔트리 포인트는 '프론트엔드'와 '데이터베이스 관리' 콘솔 프로세스다. '데이터베이스'도 엔트리 포인트가 될 수 있는데, 명목상으로 다른 소프트웨어가 데이터베이스의 데이터를 변경할 수 있고 파서의 오류를 이용해 시스템 권한을 얻을 수 있기 때문이다. 재무의 경우 엔트리 포인트는 '외부 보고', '재무 계획 및 분석', '코어 재무 소프트웨어', '세일즈', '미수금 계정'이 될 것이다.

다이어그램 검증

다이어그램이 소프트웨어를 잘 모델링했는지 검증하는 데에는 두 가지 목적이 있다.

정확성을 보장하고 뛰어남을 추구하는 것이다. 첫 번째 목적은 실제 상황을 반영했는지 확인함으로써 쉽게 달성할 수 있다. 중요한 구성 요소가 빠졌거나 다이어그램이 개발되지 않은 부분을 표시하고 있다면 실제 상황을 반영하지 않다는 것을 확인할 수 있다. 중요한 데이터 흐름이 빠져있거나 실제로는 없는 데이터 흐름이 그려져 있다면 실제 상황을 반영하지 못한 것이다. 다이어그램을 수정하지 않고 소프트웨어에 대해 이야기를 할 수 없다면 다이어그램이 부정확한 것이다.

물론 여기에 있는 '중요한'이라는 단어에서 '뛰어남 추구'라는 두 번째 목적이 유래한다. 여기서 중요하다는 것은 이슈를 발견하는 데 도움이 된다는 것이다. 이슈를 발견하는 것은 "이 요소에 보안적인 임팩트가 있을까?"나 "이 사건은 가끔씩만 발생할까? 아니면 특정 상황에서만 발생할까?"와 같은 질문을 하는 이유다. 이 질문의 답을 아는 것은 소프트웨어 작성의 다른 부분과 마찬가지로 경험에 달린 문제다. 뛰어나고 경험이 많은 아키텍처는 요구 사항을 신속히 파악하고 해결할 수 있다. 뛰어난 위협 모델링 전문가는 어떤 요소가 중요한지 빨리 발견할 수 있다. 연습을 통해 경험을 얻을 수 있다. 2부에 나오는 위협 발견을 위한 구조화된 접근 방식은 중요한 요소를 확인하는 것을 도와주기 위해 고안됐다.

다이어그램을 검증하는 방법

다이어그램을 잘 검증하기 위해서는 시스템을 가장 잘 이해하고 있는 사람을 모아야 한다. 다이어그램 앞에 두고, 중요한 유스케이스를 살펴보고 다음과 같은 사항을 확인한다.

- 다이어그램에 대한 스토리를 이야기할 수 있다.
- 현재의 다이어그램을 변경할 필요가 없다.
- 다이어그램에 표시되지 않은 것에 대해 언급할 필요가 없다.

다음 원칙은 다이어그램을 업데이트하고 경험을 얻는 데 유용하다.

- 누군가가 '때로는', '또한'이라는 말을 하는 것을 들었다면 다양한 경우를 고려하기 위해 세부 내용을 추가할지 검토해야 한다. 예를 들어 "때로는 이 웹 서비스에 SSL로 접속하지만 때로는 HTTP로 접속한다."라는 말을 들었다면 두 가지 데이터 흐름을 모두 그려야 한다(그리고 공격자가 HTTP 접속을 유도할 수 있는지 검토해야 한다).
- 보안과 관련된 동작을 설명하기 위한 세부 내용이 더 필요하다면 그려야 한다.

- 각 신뢰 경계를 나타내는 사각형의 내부에는 레이블을 붙여야 한다.
- 시스템의 설계, 구축에 대해 동의하지 못하는 부분이 있다면 그 부분을 자세히 그려야 한다. 이 과정은 모든 사람이 같은 내용을 이해하고 있다는 것을 보장하기 위해 매우 중요하다. 특히 모두가 위협 모델링 검토에 참석할 수 없는 큰 개발 팀의 경우에는 더욱 중요하다. 자신의 생각과 다이어그램에 차이가 있다면 그것을 받아들이거나 이의를 제기해야 한다. 두 경우 모두에 명확한 다이어그램이 모든 사람의 의견을 일치시키는 데 큰 도움이 된다.
- 데이터 수신 장치는 없어야 한다. 데이터를 표시할 때는 이유가 있어야 한다. 누가 그 데이터를 사용하는지 표시하라.
- 데이터는 스스로 다른 데이터 저장소로 이동할 수 없다. 어떤 프로세스가 그 데이터를 옮겼는지 표시하라.
- 데이터가 이동할 수 있는 모든 경로를 표시하라.
- 데이터 흐름을 통제하는 메커니즘(방화벽이나 권한 등)이 있다면 다이어그램에 표시하라.
- 모든 프로세스에는 하나 이상의 입력 데이트 흐름과 출력 데이터 흐름이 있어야 한다.
- 2장 앞부분에서 살펴본 것처럼 시력검사표를 그리지 말라.
- 다이어그램은 출력했을 때 잘 보여야 한다.

> **노트** 『Writing Secure Code』의 저자 데이빗 르블랑(David LeBlanc)은 "입력이 없는 프로세스는 기적이고, 출력이 없는 프로세스는 블랙홀이다. 어떤 것을 누락했거나, 사람과 프로세스를 혼동했을 때 기적이나 블랙홀이 발생한다."고 말했다.

다이어그램을 검증하는 시기

소프트웨어 제품에서 다이어그램을 검증하는 주요 시기가 두 번 있다. 다이어그램을 작성할 때와 베타 버전 출시를 준비할 때다. 드물지만 세 번째 검증 시점도 있는데, 보안 경계를 추가할 때다.

운영 중인 소프트웨어 다이어그램에서 마찬가지로 다이어그램을 작성할 때 검증할 수 있다. 그 후에는 노력과 최신성$^{up-to-dateness}$ 사이의 균형을 맞춰야 한다. 이 균형은 시스템의 성숙도, 규모, 구성 요소 간의 결합 정도, 출시 주기, 새로운 출시 버전의 특성에 따라 달라진다. 가이드라인은 다음과 같다.

- 새로운 시스템은 성숙한 시스템에 비해 다이어그램이 더 자주 변경된다.
- 대형 시스템이 소형 시스템에 비해 다이어그램이 더 자주 변경된다.
- 구성 요소 간의 결합이 강한 시스템이 결합이 약한 시스템에 비해 다이어그램이 더 자주 변경된다.
- 신규 버전 출시가 잦은 시스템은 각 출시 시점에 다이어그램 변경이 적다.
- 출시 또는 스프린트가 리팩토링이나 기술적 부채 감소에 초점을 맞춘 경우 다이어그램이 많이 변경된다. 두 경우 모두 적절한 추적 아이템을 만들어서 다이어그램을 적합한 시점에 다시 체크해야 한다. 적절한 추적 아이템은 버그, 태스크 관리 소프트웨어, 체크리스트와 같이 릴리스나 출시를 시작하는 데 활용되는 것이라면 모두가 될 수 있다. 릴리스를 시작하는 공식적인 방법이 없다면 위협 모델링을 다시 체크하는 것을 걱정하기 전에 명확히 정의된 릴리스 프로세스에 초점을 맞출 것이다. 이런 프로세스에 대한 내용은 이 책의 범위가 아니다.

요약

위협 모델링을 하는 방법은 여러 가지인데, 적용 가능한 전략에는 자산 모델링, 공격자 모델링, 소프트웨어 모델링 방식이 있다. "위협 모델이 무엇인가"라는 질문과 브레인스토밍은 보안 전문가에게 적합하지만, 경험이 부족한 사람들이 필요로 하는 체계성은 부족하다. 브레인스토밍보다 더 체계화된 방식에는 시나리오 분석, 사전 부검, 영화 줄거리 기법이 있다. 이들은 약간 체계적이기는 하지만 그렇게 좋은 방식은 아니다.

위협 모델링을 자산으로부터 시작한다면 자산에 대한 여러 가지 중복되는 정의 때문에 실수를 할지도 모른다. 자산의 정의에는 공격자가 원하는 것, 여러분이 보호하고 싶은 것, 여기에 접근하는 데 필요한 중간 단계를 들 수 있다. 자산 중심의 방식은 어떤 자산에 대해 무엇이 잘못될 수 있는지를 발견할 수 있는 방법은 제공하지 않는다.

공격자 모델링도 매력적이지만, 타인이 어떤 방식으로 공격할지 예측하는 것은 어렵고, "아무도 그렇게 하지 않을 것이다."라는 논쟁을 불러일으킨다. 또한 사람 중심의 방식은 해결하기 어려운 사람 중심의 위협을 도출하는 경향이 있다.

소프트웨어 모델은 사람들이 소프트웨어를 이해하는 데 초점을 맞춘다. 최고의 모델은 참여자가 소프트웨어를 이해하고 관련된 위협을 발견하는 데 도움이 되는 다이어그램이다. 소프트웨어에 관한 다이어그램을 작성하는 다양한 방법이 있는데, 데이터 흐름 다이어그램이 유용할 경우가 많다.

　소프트웨어 모델을 작성한 후 모델에 대한 위협을 찾아야 한다. 2부에서 이 주제를 다룰 것이다.

2부
위협 발견

위협 모델링의 핵심은 위협이다.

위협을 찾는 여러 방법이 있고, 2부의 주제이기도 하다. 각각은 장점과 단점이 있으며, 서로 다른 접근 방법은 서로 다른 환경에서 동작한다. 2부에 있는 각 접근 방법은 레고 블록과 같다. 4단계 프레임워크에서 두 번째 단계의 중간에 있는 하나를 다른 것으로 대체하고 좋은 결과를 얻을 것으로 기대할 수 있다.

보안의 측면에서 잘못될 수 있다는 것을 아는 것은 모델링의 다른 어떤 형태보다 위협 모델링을 하게 만드는 유일한 요소다. 2부의 모델은 이런 보안 문제에 대한 생각을 돕도록 설계된 위협의 추상화다. 더욱 구체적인 모델은 위협 모델링이 새로운 사람들에게 더욱 유용하고 더 체계적이다. 더 많은 경험이 쌓이게 되면 STRIDE같이 덜 구조적인 접근이 더욱 유용하게 될 것이다.

2부에서는 위협을 찾기 위한 다음과 같은 접근 방법들에 대해 알아본다.

- **3장, STRIDE**에서는 1장에서 배운 STRIDE 연상 기호와 다양한 변종을 다룬다.
- **4장, 공격 트리**에서는 시스템에 대한 위협을 통해 생각할 수 있는 방법이나 위협에 대한 생각으로 다른 구조를 보완하는 방법을 다룬다. 공격 트리의 두 가지 사용 모두 4장에서 다룬다.

- **5장, 공격 라이브러리**에서는 위협을 구성하고 추적하기 위해 만들어진 라이브러리를 다룬다. 공격 라이브러리는 보안이나 위협 모델링에 대해 새로운 사람들에게 아주 유용하게 사용될 수 있다.
- **6장, 프라이버시 도구**에서는 프라이버시 보호 위협을 찾기 위한 도구의 모음을 다룬다.

2장은 4단계 프레임워크에서 두 번째 질문에 초점을 두고 있다. 무엇이 잘못될 수 있는가? 1부를 떠올려보면 어떤 기술로 위협을 찾기 전에 먼저 범위에 대한 아이디어를 가져야 한다. 어디서 위협을 찾을 것인가? 1부에서 논의한 데이터 흐름 다이어그램 같은 다이어그램은 위협 모델링의 범위를 산정하는 데 도움이 된다. 그러므로 탁월한 입력 조건이 된다. 하지만 위협에 대한 논의를 할 때 다이어그램에서 결함을 찾을 수도 있다. 그래서 위협 탐색을 시작하기 전에 다이어그램이 '완벽할' 필요는 없다.

3

STRIDE

1장, '시작하기와 위협 모델'에서 배웠듯이 STRIDE는 위장^{Spoofing}, 변조^{Tampering}, 부인 ^{Repudiation}, 정보 노출^{Information Disclosure}, 서비스 거부^{Denial of Service}, 권한 상승^{Elevation of Privilege}의 앞 글자를 딴 단어다. 위협 모델링을 위한 STRIDE는 로렌 콘펠더^{Loren Kohnfelder} 와 프래릿 가그^{Praerit Garg}(Kohnfelder, 1999)에 의해 만들어졌다. 이 프레임워크는 경험을 바탕으로 소프트웨어 공격 유형을 정의하는 사람들을 돕기 위해 설계됐다.

위협이라는 용어에서 생각나는 방법으로 위협 식별, 위협 나열, 위협 분석, 위협 도출, 위협 발견과 같이 서로 다른 여러 가지 이름이 있다. 각 단어는 조금 다른 접근 방식을 내포하고 있다. 다이어그램으로 소프트웨어를 나타냈을 때 위협이 존재하는지 의구심을 가졌다면 당신은 위협을 찾아가고 있다. "위협이 분석하는 사람들의 생각에 존재하는가?"라고 한다면 분석이나 도출을 수행하는 중이다. 명확한 설명은 아니지만, 이 책은 일반적으로 모든 생각을 포함하는 위협 식별이라고 설명한다. STRIDE를 통해 프레임워크를 이해하고 사용법을 익히는 기술을 이끌어낼 수 있다. STRIDE에 익숙하지 않더라도 STRIDE가 위협을 발견하는 데 어떻게 사용되는지 알려주기 위한 넓고 다양한 사례들이 있다.

3장에서는 STRIDE가 무엇인지, 그리고 왜 유용한지 설명한다. 각 위협에 대한 더 자세한 설명, 다양한 위협의 사례, 그리고 사례에 대한 설명도 제공한다. 사례들은 위협을 발견하기 위해 STRIDE가 어떻게 사용되는지 알 수 있게 설계됐다. 또한 STRIDE

를 구성하는 STRIDE의 개별 요소, STRIDE의 개별 상호작용, DESIST에 대해 배울 수 있다. STRIDE 기반의 권한 상승 게임은 1장과 12장, 그리고 부록 C에서 다룬다.

STRIDE의 이해와 유용성

STRIDE 위협은 시스템이 가져야 하는 신뢰성, 무결성, 부인 방지, 기밀성, 가용성, 권한 부여 같은 속성에 반대되는 것이다. 표 3-1은 STRIDE 위협에 상응하는 속성, 위협 정의, 가장 전형적인 피해 대상, 사례를 보여준다.

표 3-1 STRIDE 위협

위협	위반 속성	위협 정의	전형적 피해 대상	사례
위장	인증	자신을 다른 사람이나 물건으로 속임	프로세스, 외부 엔티티, 사람	Acme.com, winsock.dll, 버락 오바마, 경찰관, 나이지리아 사기 적발 사무국이라고 주장
변조	무결성	디스크, 네트워크, 메모리에 있는 무언가를 수정	데이터 저장, 데이터 흐름, 프로세스	중요한 프로그램의 바이너리, 스프레드시트를 변경하거나 데이터베이스의 내용을 변경. 인터넷, 유무선 네트워크의 패킷을 수정, 추가, 삭제, 프로그램 데이터를 변경하는 데 프로그램을 다시 사용할 수 있음
부인	부인 방지	아무것도 하지 않았고 책임이 없다고 주장. 부인은 사실이거나 거짓일 수 있어서 시스템 디자이너를 위한 가장 중요한 질문은 어떤 증거가 있는지 확인하는 것	프로세스	프로세스 또는 시스템: "난 큰 빨간 버튼을 누르지 않았어요"나 "나는 페라리를 사지 않았어요" 같은 프로세스나 시스템은 부인이라는 것이 비즈니스 단계에 다른 위협의 기술적 속성을 초월

(이어짐)

위협	위반 속성	위협 정의	전형적 피해 대상	사례
정보 노출	기밀성	권한이 없는 사람에게 정보를 제공	프로세스, 데이터 저장, 데이터 흐름	가장 명확한 사례는 파일, 이메일 또는 데이터베이스를 볼 수 있게 허락하는 것이지만, 정보 노출은 네트워크의 패킷상 파일명이 ('Termination for John Doe.docx')이거나 프로그램 메모리의 내용이 될 수도 있음
서비스 거부	가용성	서비스를 제공하기 위해 필요한 자원 고갈	프로세스, 데이터 저장, 데이터 흐름	모든 메모리를 사용할 수 있게 만들어진 프로그램, 디스크 공간을 모두 사용하는 파일이나 실제 트래픽을 발생시키지 않는 수많은 네트워크 연결
권한 상승	인가	권한이 없는 자에게 권한을 부여해 권한이 있어야 할 수 있는 무언가를 할 수 있게 함	프로세스	일반 사용자에게 관리자 권한을 허락; 코드를 실행할 수 있는 권한이 없는 원격 사용자

표 3-1에서 '전형적 피해 대상'은 피해를 입을 가능성이 높다. 예를 들어 디스크에 정상 프로그램과 같은 이름으로 된 가짜 프로그램을 두어 그 프로그램을 실행시키거나 프로그램을 속일 수 있다. 압축이나 분할해 같은 장치의 엔드포인트를 속일 수도 있다. 사이트를 위장하거나, 사이트를 방문할 때 재사용되는 계정을 추측하거나, 무차별 대입(온라인 또는 오프라인) 또는 권한 상승을 통해 인증 정보를 획득해 사용자를 위장할 수 있다. 또한 인증 데이터베이스를 변조해 위조된 계정으로 위장할 수 있다.

위협을 찾기 위해 STRIDE를 사용하는 것은 단순히 문제가 될 수 있는 부분에 대한 나열이다. 잘못이 무엇인지 찾는 메커니즘은 나중에 확인할 수 있다(실제로 쉬울 수도 있고 어려울 수도 있다. 예를 들어 당신이 "누군가 테이블을 수정할 수 있다"라고 할 때 다른 누군가 "아니, 그럴 수 없다. 왜냐하면……"이라고 말할 수 있다). 가능한 공격을 기록하는 것은 공격을 막는 것이 이미 적용돼 있더라도 테스트 가능한 형태이고, 테스트 케이스가 있다고 확신할 수 있기 때문에 도움이 될 수 있다.

'STRIDE 카테고리'나 'STRIDE 분류'를 언급할 때 STRIDE라는 말을 들을 수 있겠지만, 이런 분류는 도움이 되지 않는다. STRIDE가 그렇게 만들어지지 않았을 뿐만 아니라 카테고리화하는 데 유용하지 않기 때문이다. STRIDE는 카테고리화하기 어렵다. 예를 들어 앞에서 인증 데이터베이스를 변조하고 위장하는 것에 대해 배웠다. 이것은 변조 위협일까 위장 위협일까? 단순 명료한 대답은 "상관없다" 이다. 이미 공격을 찾았는데 왜 귀찮게 카테고리화해야 할까? STRIDE의 목표는 공격을 찾는 데 도움이 되는 것이다. 위협을 카테고리화하는 것은 올바른 방어 수단을 떠올리는 데 도움이 될 수도 있지만, 노력의 낭비가 될 수도 있다. 위협을 분류하기 위해 STRIDE를 사용하는 것은 좌절감을 주고 어떤 사람들에겐 STRIDE를 생각하고 싶지 않게 하기 때문에 약간 무모한 행동이다.

위장 위협

위장은 당신을 다른 사람이나 물건으로 속이는 공격이다. 표 3-1은 Acme.com, winsock.dll, 버락 오바마, 나이지리아 사기 적발 사무국인 척하는 사례들을 포함하고 있다. 각 사례는 서로 다른 위장의 하위 범주에 속한다. 첫 번째 예로 Acme.com (또는 Google.com 등등)인 척하는 것은 네트워크를 통한 엔티티 속성을 위장하는 것이다. "Acme.com이 사이트다"라고 당신에게 말한 데 대한 책임 권한을 갖는 중재자는 없다. 두 번째 사례는 이와 좀 다른데, 윈도우에는 winsock.dll이 있다. 운영체제가 중재 권한을 갖는 활동을 하게 요청하고 winsock을 얻는다. 자신이 DLL들을 소유하고 있다면 적절한 경로(%installdir%\dll)에서 열 수 있음을 확신할 필요가 있다. 그렇지 않다면 누군가의 작업 디렉토리 중 하나를 대체해 원하는 코드를 넣을 수 있어야 한다(유닉스에 존재하는 LD_PATH 문제와 비슷하다). 버락 오바마로 속이는 세 번째 사례는 특정 사람인 척하는 경우다. 네 번째 사례는 대조적으로 미국 대통령이나 나이지리아 사기 적발 사무국인 척해 공격자는 어떤 역할을 하려고 한다. 표 3-2에서는 위장 위협을 보여준다.

표 3-2 위장 위협

위협 사례	공격자 행동	참고
동일한 시스템의 프로세스를 위장	실제 프로세스 동작 전 파일을 생성	
	이름 변경/링크 연결	경로를 대체하고 'su' 트로이 목마 생성
	이름 변경	'sshd' 프로세스로 이름 변경

(이어짐)

위협 사례	공격자 행동	참고
파일 위장	로컬 디렉토리 내 파일 생성	라이브러리, 실행 파일이나 설정 파일이 될 수 있음
	링크를 생성해 변경	공격자의 관점에서 링크가 확인되는 것과 링크에 접근되는 것 사이의 변경
	대상 디렉토리에 많은 파일 생성	자동화 툴은 /tmp에 파일 공간을 가득 채우기 위해 /tmp에 /"pid.NNNN 같이 1만 개 파일을 쉽게 생성 가능함
시스템 위장	ARP 위장	
	IP 위장	
	DNS 위장	forward 또는 reverse
	DNS 감염	TLD, DNS 관리자나 등록자 감염
	IP 리다이렉션	라우터나 스위치 레벨
사람 위장	이메일 이름 설정	
	실제 계정 탈취	
역할 위장	자신이 그 역할을 할 수 있다고 선언	관련 이름을 가진 특별한 계정 개설

동일한 시스템의 프로세스나 파일 위장

실제 프로세스 생성 전에 공격자가 파일을 만들고 코드가 새로운 파일을 생성하는 데 적절한 검증을 하지 않았다면 공격자는 코드를 방해하는 데이터를 주입해 당신의 코드(또는 이전 인스턴스나 스레드)가 공격자의 데이터를 신뢰하게 만든다. 이와 비슷하게 파일의 접근 권한을 가진 파이프, 로컬 함수 호출 등이 잘 관리되지 않는다면 공격자는 이것을 사용하는 모든 것이 이상하게 동작하는 엔드포인트를 생성할 수 있다.

원격 시스템의 파일이나 프로세스 위장은 대상 시스템(관리자 권한을 가질 가능성이 있음)에 위장된 프로세스나 파일을 만들거나 대상 시스템인 척 동작할 수 있다.

시스템 위장

공격자는 네트워크 레이어의 다양한 레벨에서 원격 시스템을 위장한다. 이런 위장 공격은 클라이언트, 서버 또는 동일한 레벨의 장비에 존재하는 코드에 영향을 미친다. 로컬 공격자는 ARP 요청을 위장하거나 IP 패킷을 위장해서 이것이 원래 존재하지 않았던 어딘가에서 온 것처럼 보이게 만들거나 DNS 패킷을 위장한다. DNS 위장은 포워드 또는 리버스 쿼리 수행 시 발생한다. 공격자는 당신이 수행하려는 포워드 쿼리에 대해 DNS 응답 위장을 한다. 그들은 또한 코드가 역방향 조회^{reverse lookup}(IP를 FQDN으로 변경)를 해 DNS 서버가 그들이 제어하지 않는 도메인명을 리턴할 때처럼 그들이 제어하는 장비의 DNS 기록을 조정할 수 있다(예를 들어 10.1.2.3은 update. microsoft.com이라고 주장). 물론 공격자가 시스템을 위장했다면 그들은 시스템의 프로세스에 중간자 공격을 하거나 위장할 수 있다. 이 위협의 2차 변형은 위장 공격의 일부로, 암호화 키와 같은 시스템의 인증 부여 권한을 가로채는 것을 포함한다.

공격자는 또한 상위 레이어를 위장한다. 예를 들어 피싱 공격은 위장의 많은 요소를 포함한다. 보통 '당신의' 은행 이메일을 위조하거나 은행 웹사이트를 위장할 수 있다. 누군가 이메일 속임수에 넘어가 링크를 클릭해 은행 사이트를 방문하고 계정을 입력하면 그 정보가 위장된 웹사이트에 전송된다. 그리고 공격자는 마지막 위장 작업을 한다. 공격자나 공범은 로그에서 당신의 은행 계정을 확인하고 당신의 돈을 가로챈다(한 명의 공격자거나 다른 사람들과 계약한 공격자 그룹일 수 있다).

사람 위장

사람 위장의 주요 유형은 사람의 계정에 접근하는 것과 대체 계정을 통해 그들인 척하는 것이다. 피싱은 다른 사람의 계정에 접근하는 가장 흔한 방법이다. 하지만 계정 설정을 통해 당신인 척하는 사람이나 어떤 사람이 아닌 척하는 경우도 있다. 예를 들어 공격자는 링크드인, 트위터, 페이스북 같은 사이트에 계정을 설정하고 이 책을 쓴 아담 쇼스택^{Adam Shostack}이나 부자, 그리고 다른 나라로 돈을 빼돌리려고 하는 폐위 당한 왕자인 척할 수 있다.

변조 위협

변조는 일반적으로 디스크, 네트워크 또는 메모리를 변경하는 작업을 말한다. 스프레드시트(엑셀이나 다른 편집기 프로그램에서 사용)에 있는 데이터를 변경, 디스크의 환경설정 파일이나 바이너리를 변경, 디스크의 데이터베이스처럼 복잡한 데이터 구조의 변경을 의미한다. 네트워크에서 패킷을 추가, 수정, 삭제할 수 있다. 전송되는 패킷의 변경보다 추가가 쉽다. 데이터의 복사본을 만드는 프로그램은 보안상 좋지 않다. 표 3-3에서 더 많은 변조의 사례를 보여준다.

표 3-3 변조 위협

위협 사례	공격자 행동	참고
파일 변조	권한이 있고 영향을 받는 파일의 변경	
	권한이 있는 파일 변경	
	권한이 있는 파일 서버의 파일 변경	
	파일 서버의 파일 변경	원격 도메인에서 잘못된 파일을 가져옴
	파일 서버의 파일 변경	XML이 얼마나 많은 원격 스키마를 포함하는지 명시했는가?
	링크 또는 리다이렉트 변경	
메모리 변조	코드 변경	공격자가 동일한 사용자로 코드를 실행하는 것에 대해 보호하기 어려움
	API에 제공하는 데이터 변경	참조에 의하지 않은 값을 신뢰할 수 있는 영역에 전달
네트워크 변조	시스템에 전달되는 데이터의 흐름을 리다이렉트	변조의 첫 단계로 자주 사용
	네트워크로 전송되는 데이터 흐름 변조	무선 네트워크일 때 더 쉽고 공격의 가능성이 큼
	강화된 위장 공격	

파일 변조

공격자에게 쓰기 권한을 갖고 있으면 어느 곳의 파일이라도 변경할 수 있다. 당신의 코드가 다른 파일의 쓰기 권한을 가지면 그 파일은 악의적으로 사용될 가능성이 있다. 변조의 가장 명확한 형태는 로컬 디스크에 있는 파일의 변경이고, 인터넷의 경우 자바 스크립트처럼 원격에 파일이 있을 때에도 수많은 변경 방법이 있다. 공격자는 다른 누군가의 사이트를 공격해서 당신의 보안을 위협할 수 있다. 또한 파일도 마찬가지다 (약한 권한 관리, 위장 또는 권한 상승이 원인). 마지막으로 다양한 종류의 링크나 리다이렉트를 변경할 수 있다. 링크는 종종 무결성 검사에서 제외된다. 제어할 수 있는 것(서버 같은 것)과 그렇지 못한 것(인터넷과는 다른 면에서의 웹 브라우저) 사이에 캐시가 존재할 때 다소 미묘한 변경이 있을 수 있다. 예를 들어 캐시와 관련해 약한 보안 통제로 인한 웹 캐시에 데이터를 삽입하는 캐시 포이즌 공격Cache poisoning attacks이 있다(OWASP 2009).

메모리 변조

공격자가 동일한 권한으로 프로그램을 실행할 수 있다면 당신의 코드를 변경할 수 있다. 이러한 공격의 방어는 매우 까다롭다. 당신의 API가 데이터를 참조에 의해 관리한다면 보안 점검을 수행한 후에 메모리를 변경할 수 있다.

네트워크 변조

네트워크 변조는 일부 데이터는 그대로 전달하고 일부는 변경해 공격자의 시스템으로 데이터를 가져오기 위해 종종 다양한 트릭을 포함한다. 하지만 데이터를 가져오는 트릭이 항상 필요한 것은 아니다. 와이파이WiFi와 블루투스 같은 무선 인터페이스로 더 많은 데이터가 흘러 다닌다. 많은 네트워크 프로토콜은 당신이 필요로 하는 임의의 패킷을 읽고 만들 수 있는 특별한 하드웨어를 가정해 설계됐다. 특별한 하드웨어의 요구 사항은 변조(그리고 위장)에 대한 방어였다. SDRSoftware-Defined Radio은 특별한 하드웨어에 대한 요구 사항을 자동으로 무효화시켰다. 무선 프로토콜을 변조하는 프로그램된 SDR 유닛을 구입해 무선 네트워크를 변조하는 것은 매우 쉽다.

부인 위협

부인은 당신이 아무것도 하지 않았기 때문에 일어난 일에 대한 책임이 없다고 주장하는 것이다. 사람들은 정직할 수도 있지만 거짓으로 부인할 수도 있다. 복잡한 세계를 이해하기 위해 필요한 지식을 감안할 때 정직한 부인은 서비스 아키텍처나 사용자 경험에서 노출되는 문제가 된다. 부인 위협은 비즈니스 계층(TCP/IP 같은 네트워크 계층, HTTP/ HTML 같은 애플리케이션 계층, 그리고 상품을 구입하는 비즈니스 로직이 구현된 곳)에서 종종 나타나는 다른 보안 위협과는 조금 다르다.

부인 위협은 또한 로그 시스템, 프로세스와 관련이 있다. 로그가 없거나 로그를 유지하지 않거나 로그를 분석할 수 없다면 부인 위협에 대응하기 어렵다. 또한 공격자가 로그에 데이터를 남겨 분석을 어렵게 하는 공격도 있다. 예를 들어 당신의 HTML 로그에 공격자가 </tr>이나 </html>를 남겼다면 이런 것들은 데이터로 보이는 것이 아니라 코드로 남게 된다. 더 많은 부인 위협을 표 3-4에서 보여준다.

표 3-4 부인 위협

위협 사례	공격자 행동	참고
행위 부인	클릭하지 않았다고 주장	실제로는 클릭한 경우
	수신하지 않았다고 주장	수신 내용이 이상할 수 있음; 당신의 휴대폰으로 다운로드한 메일은 당신이 읽은 것인가? 누군가 현관에 우편물을 두고 갔는가?
	피해자라고 주장	
	다른 사용자의 계정을 사용	
	권한 없이 다른 사람의 결제 수단을 사용	
로그 공격	로그를 남기지 않음	
	공격자가 로그에 이상한 내용을 남기거나 코드로 읽히게 함	

로그 공격

당신이 로그를 갖고 있지 않거나, 로그를 유지하지 않거나, 로그를 분석할 수 없다면 부인 위협에 대응하기 어렵다. 그래서 당신이 로그를 남기지 않고 있다면 로그를 남기지 않았다면 당장이라도 로그를 남겨야 한다. 당신이 중앙 로그 시스템을 분석할 능력이 없다면 이것 역시 필요하다. 무엇을 로그로 남겨야 할지 정의가 되지 않는다면 공격자들은 당신의 로그 분석 시스템을 망가뜨릴 수 있다. 로그 생성 작업과 신뢰성 보장을 위한 분석은 어려울 수 있지만, 그렇게 하지 않으면 공격자들이 내용을 망가뜨리거나 불일치하게 만들기 쉬워진다.

행위 부인

부인에 대해 논의할 때 '공격자'보다는 '누군가'에 대해 논의하는 것이 더욱 도움이 된다. 부인하는 이들이 실제 공격자가 아닐 수도 있기 때문에 기술적인 원인이나 프로세스의 문제를 겪게 된다. 그들이 실제로 클릭하지 않았거나(또는 그들이 클릭한 것을 알아채지 못했거나), 스팸 필터가 메시지를 걸러내지 못했거나, UPS가 배달되지 않았거나 UPS가 현관에 우편물을 놔두고 갔다. 아마 누군가는 피해자가 아님에도 불구하고 사기 피해자라고 주장할 수도 있다. (또는 집안의 누군가가 그들의 신용카드를 사용) 인증과 로그를 남기는 좋은 기술적 시스템은 부인 문제를 대응하기 쉽게 해준다.

정보 노출 위협

정보 노출은 열람 권한이 없는 사람에게 정보를 열람할 수 있게 하는 것에 대한 내용이다. 표 3-5에서 정보 노출 위협에 대해 보여준다.

표 3-5 정보 노출 위협

위협 사례	공격자 행동	참고
프로세스를 통한 정보 노출	에러 메시지에 의한 정보 노출	
	username/password 에러 메시지에서 전체 데이터베이스 테이블 유출	
	에러 케이스로부터 시스템 정보 노출	ASLR(Address Space Layout Randomization, 버퍼오버플로우 등을 차단하는 기술 – 옮긴이) 같이 메모리 손상에 대한 방어는 덜 유용
	에러 케이스로부터 비즈니스/개인정보 노출	
데이터 저장소 정보 노출	부적절하거나 존재하지 않는 접근 제어를 이용	
	잘못된 데이터베이스 권한을 이용	
	보호되지 않은 파일 검색	
	디스크(또는 메모리)에서 암호화 키 검색	
	파일명에서 관련 정보 확인	
	네트워크 탐색으로 파일 열람	
	로그나 임시 파일을 통해 데이터 획득	
	swap 또는 다른 저장소에서 데이터 획득	
	디바이스를 획득하거나 운영체제를 변경해 데이터 유출	
데이터 흐름에서 정보 노출	네트워크상 데이터 열람	
	네트워크에서 데이터를 열어볼 수 있게 트래픽 리다이렉트	
	트래픽 분석으로 정보 획득	
	DNS를 확인해 통신 대상 확인	
	소셜 네트워크 정보 노출로 통신 대상 확인	

프로세스를 통한 정보 노출

많은 경우 프로세스의 정보 노출은 추가 공격을 야기한다. 프로세스는 메모리 주소 누수, 에러 메시지를 통한 정보 노출 또는 에러 메시지에 의한 상세 설계 유출 문제를 발생시킬 수 있다. 메모리 주소 누수로 인해 ASLR이나 유사한 방어 기법을 우회할 수 있다. 정보 노출은 데이터베이스 연결 정보나 패스워드를 포함한다. 상세 설계 정보 노출은 "당신의 계정은 다이아몬드 반지를 주문할 수 없는 신규 계정입니다."와 같은 사기 방지 규칙의 유출을 의미한다.

데이터 저장소 정보 노출

데이터 저장소에 저장된 데이터는 다양한 방법으로 유출될 수 있다. 첫 번째는 적절한 보안 메커니즘을 사용하지 못함에 있다. 적절한 권한을 설정하지 않거나 아무도 숨겨진 파일을 찾지 못할 거라 생각하는 것은 일반적으로 사람들이 보안 메커니즘을 잘 사용하지 못하는 경우다. 암호화 키는 추가 공격을 허용해 정보를 유출하는 특별한 경우다. 네트워크를 통해 데이터 저장소에서 읽혀지는 파일은 종종 읽기 권한을 가진다.

파일명에 대한 공격을 간과하기 쉽다. 디렉토리의 이름이 '2013년 5월 해고'이고 파일명이 'Alice 해고 통지서.docx'라면 중요한 정보가 유출된 것이다.

또한 실행 환경에 정보를 유출하는 프로그램 공격 유형이 있다. 로그, 임시 파일, swap 또는 데이터를 담고 있는 특정 장소가 있다. 운영체제는 swap에 있는 데이터를 보호하려고 하지만 암호 키 같은 것이 swap에서 빠져나가는 것을 막기 위한 운영체제의 기능을 사용해야 한다.

마지막으로 공격자의 제어하에 운영체제를 이용해 디바이스에서 데이터를 유출하는 공격의 종류가 있다. 대부분의 이런 공격자들은 USB 키를 이용(2013년)하지만 CD를 이용하기도 하고, 백업 테이프, 하드 디스크 또는 훔친 노트북이나 서버를 이용하기도 한다. 하드 디스크는 데이터를 완전 삭제하지 않고 폐기되기도 한다(하드 디스크 삭제 장비를 구입해 하드 디스크의 데이터를 완전히 삭제할 수 있고, 성능 또한 훌륭하다. 사용하지 않을 이유가 있을까?).

데이터 흐름에서 정보 노출

정보가 네트워크를 통해 전달될 때 데이터 흐름은 정보 노출 공격에 특히 취약하다. 단일 시스템에서의 데이터 흐름도 공격 당할 수 있지만, 특히 클라우드나 신뢰할 수 없는 수많은 사용자가 데이터를 공유하는 서버 컴퓨터는 좀 더 공격 당하기 쉽다. 단순히 네트워크를 통해 데이터를 읽는 것을 넘어 공격자는 자신에게 트래픽을 보낼 수 있고(네트워크 제어 프로토콜을 위장해서) 그들이 정상적인 네트워크 경로에 있지 않고도 볼 수 있다. 또한 네트워크 트래픽 자체를 암호화했다고 하더라도 정보를 얻는 것이 가능하다. DNS, 링크드인^{LinkedIn} 같은 사이트에서 커뮤니티 활동, 다른 소셜 네트워크 분석을 통해 누가 누구에게 이야기를 하는지 볼 수 있는 다양한 방법이 있다.

> **노트** 보안 전문가들은 사이드 채널 공격과 비밀 채널이 언급되는지 궁금해 할 것이다. 이런 공격들(사이드 채널은 16장에서 다룬다)이 흥미롭겠지만, 지금 다루는 문제를 해결할 때까지 다루지 않는 게 좋다.

서비스 거부 위협

서비스 거부 공격^{denial-of-service attack}은 서비스를 제공하기 위해 필요한 자원을 소모하는 공격이다. 표 3-6에서 사례를 보여준다.

표 3-6 서비스 거부 위협

위협 사례	공격자 행동	참고
프로세스 서비스 거부	메모리 소모(RAM 또는 디스크)	
	CPU 소모	
	증폭기를 사용한 프로세스 사용	
데이터 저장소 서비스 거부	저장소가 가득 찰 만큼 데이터 파일 저장	
	시스템을 느리게 만들 만큼 많은 요청 생성	
데이터 흐름 서비스 거부 위협	네트워크 자원 소모	

서비스 거부 공격은 지속적인 공격(대역을 가득 채움)과 그 행위를 지속하는 작업으로 나눠진다. 지속적인 공격은 재부팅(예를 들어 while(1){ fork(); })하거나 재부팅 후(예를

들어 디스크를 가득 채움)까지 효과가 있다. 서비스 거부 공격은 증폭과 비증폭으로 구분된다. 증폭 공격으로 작은 공격이 큰 영향을 미치게 된다. 예를 들어 테스트를 위한 랜덤 문자 조합을 만들 목적으로 구 버전 유닉스의 CHARGEN 서비스를 이용하는 것이다. 공격자는 A 시스템의 CHARGEN 포트에서 패킷을 위장해 B 시스템의 CHARGEN 포트로 보낼 수 있다. 이 과정은 누군가 네트워크 케이블을 뽑을 때까지 계속할 수 있다.

권한 상승 위협

권한 상승elevation of privilege 위협은 권한이 없는 작업을 수행할 수 있게 하는 공격이다. 예를 들어 일반 사용자가 관리자로서 코드를 실행할 수 있게 하거나 원격 사용자에게 권한 없이 코드를 실행시킬 수 있게 하는 경우다. 권한 상승의 두 가지 대표적 방법은 프로세스 오류와 과거 권한 획득이다. 표 3-7에서 예를 보여준다.

표 3-7 권한 상승 위협

위협 사례	공격자 행동	참고
프로세스 오류를 이용한 권한 상승	코드가 처리할 수 없는 입력 값 전송	이런 오류는 매우 일반적이고 항상 큰 영향을 미침
	부적절한 읽기, 쓰기 권한 획득	메모리에 쓰기보단 메모리 읽기가 더 많은 공격을 할 수 있게 함
권한 확인 부재로 권한 상승		
권한 확인 버그로 권한 상승		관리보다 쉬운 버그 생성을 확인하는 데 집중
데이터 변조를 통한 권한 상승	사용자로 인증하려는 의도보다는 다른 무언가를 하기 위해 디스크의 비트를 수정	

프로세스 오류를 이용한 권한 상승

프로세스 오류는 스택 공격, 힙 데이터 공격을 비롯한 다양한 공격 기술을 포함한다. 이런 기술을 통해 공격자는 프로그램에 영향을 주거나 프로그램의 제어권을 갖는다. 공격자 입장에서 프로세스 공격은 횟수에 제한 없이 계속할 수 있음을 이해하는 게 중요하다. 공격자의 코드가 영향을 주는 첫 번째 코드가 가장 중요한 타깃이 된다. 일반적으로 첫 번째 코드는 제한된 목적으로 데이터를 검증한다. 다른 권한으로 권한 상승이 일어날 수 있는 데이터 흐름을 추적하는 것이 중요하다. 프로그램이 공유 메모리에서 실행할 때 의존성을 갖는 경우 원래 의도한 권한 수준으로 실행되지 않고 모든 권한으로 실행돼 권한 상승의 경로가 되는 다소 특이한 경우가 있다.

인증 오류를 통한 권한 상승

인증 오류를 통해 권한 상승이 되는 방법이 있다. 가장 단순한 오류는 모든 경로에 대해 권한을 확인하지 않는 경우다. 더 고난이도의 기술로 공격하는 경우는 권한 확인 버그의 이용이다. 마지막으로 프로그램이 다른 프로그램, 환경설정 파일이나 신뢰할 수 있는 데이터에 의존성을 가지면 각 의존성의 보안이 적절하게 설정됐는지 보장하는 것이 중요하다.

추가 사례: Acme-DB에 대한 STRIDE 위협

이 추가 사례는 어떻게 STRIDE 위협이 1장과 2장, 그리고 표 2-1에서 보여주는 것과 같이 Acme/SQL 데이터베이스에서 나타날 수 있는지 설명한다. STRIDE 카테고리로 위협에 대해 먼저 살펴볼 것이다. 그리고 누가 그것을 수행하는지에 따라 설명한다.

위장

- 웹 클라이언트는 SQL 클라이언트처럼 임의의 계정이나 훔친 계정의 로그를 남기려는 시도를 한다.
- SQL 클라이언트가 당신이 사용한 것이고 보안 설정을 할 수 있게 했다고 가정한다면 위장(변조)된 클라이언트가 보안 확인을 우회할 수 있다.
- 웹 클라이언트가 잘못된(위장된) 서버에 접속하고 계정 연결을 끊지 않은 채 종료될 수 있다.
- 프로그램이 데이터베이스, 로그 분석 프로그램인 척해 다양한 데이터 저장소로부터 데이터를 읽으려고 할 수 있다.

변조

- 전송하려는 데이터, 프로그램, 데이터 파일을 변조할 수 있다
- 웹이나 SQL 클라이언트를 변조할 수 있다(외부 자원을 신뢰할 수 없는 것처럼 일반적인 범주를 벗어난다).

> **노트** 한 번쯤 생각했을 법한 이런 위협들은 쉽게 운영체제의 권한을 침범한다. 데이터베이스의 데이터를 바꾸려고 많은 시도를 한다. 운영체제 권한은 약간 도움이 될 뿐이다. 데이터베이스의 보안을 위해서는 접근 제어 시스템 같은 종류의 시스템 구현이 필요하다.

부인

- SQL이나 웹 클라이언트를 사용하는 고객들은 아무것도 한 적이 없다고 주장할 수 있다. 이런 위협은 이미 로그의 존재와 로그 분석에 의해 완화됐을 것이다. 그럼 왜 이런 위협에 신경을 쓰는가? 성공 로그와 인증 시도 실패, 접속 시도, 특히 서버는 클라이언트가 접속하려는 시도를 추적하거나 로그를 변경하려는 시도와 같은 '중요한 내용'을 로그로 남겨둘 필요가 있기 때문에 지속적인 로그 환경설정을 할 필요가 있음을 상기시켜준다.

정보 노출

- 가장 명백한 정보 노출 문제는 데이터베이스의 계정 정보가 잘못된 클라이언트에게 유출됐을 때 발생한다. 이 정보는 데이터(연봉 테이블 내용)이거나 메타데이터(해고 계획표의 존재)다. 정보 노출은 우연히(접근 제어 설정 오류) 또는 악의적(네트워크 도청)으로 발생한다. 정보 노출은 또한 프론트엔드에서 발생한다. 예를 들어 "패스워드로 foo 데이터베이스에 접속할 수 없습니다." 같은 오류 메시지 같은 것이 있다.
- 데이터베이스 파일(파티션, SAN 연결 스토리지)은 운영체제의 보호가 필요하고, 파일 내의 데이터는 접근 제어가 필요하다.
- 로그는 종종 계정 정보를 저장하므로 보호할 필요가 있다.

서비스 거부

- 프론트엔드는 임의로 생성되거나 변조된 요청, 특히 알 수 없는(무료) 웹 계정이 실행 속도를 느리게 하는 변조된 요청에 의해 문제가 발생할 수 있다.

- 네트워크 연결은 데이터로 과부하될 수 있다.
- 데이터베이스나 로그가 가득 찰 수 있다.
- 네트워크가 메인 프로세스나 프로세스, 그리고 데이터베이스 사이에 공유돼 있다면 혼잡해질 수 있다.

권한 상승

- 웹이나 SQL 클라이언트는 원래 권한을 넘어서는 실행을 위한 쿼리를 시도할 수 있다.
- 클라이언트가 보안 모드에서 실행 중이라면 누구든 클라이언트를 변조하거나 이 네트워크 흐름에 그들이 선택한 쿼리를 보낼 수 있다.
- 데이터베이스에 임의의 명령을 실행할 능력이 있다면 클라이언트에도 이것을 사용할 수 있다.
- 로그 분석 프로그램(또는 로그 분석 프로그램인 척하는 어떤 것)은 임의의 명령이나 쿼리를 실행할 수 있다.

로그 분석 프로그램은 신뢰해야 한다고 생각하겠지만, 그것은 신뢰의 범위를 벗어난 것이다. 그러므로 이런 생각이나 다이어그램(표 2-1)은 잘못됐다.

- DB 클러스터가 회사 디렉토리 서비스에 연결돼 있고 제한 없이 데이터베이스 서버(또는 파일 서버)에 로그를 남긴다면 정직원, 계약직, 설계 실험실, 그리고 파트너 사를 비롯한 회사 디렉토리의 누구나 그 시스템을 바꿀 수 있다.

앞선 추가 사례들은 구체적인 예들이고 다른 위협들도 있다.

Acme와 고객 사이에서 문제를 해결해야 하는 팀이나 개인에 따라 이런 위협을 생각해 볼 수 있다. 표 3-8에서 보여주듯이 이 예제는 위협과 완화가 자연스러운 오버랩으로 3부의 '위협 관리와 해결'의 복선이다. Acme/SQL에 필요하지 않은 요구 사항들의 나열이 시작점이 될 수 있다. 12장에서는 이런 불필요한 요구 사항들을 문서화하고 고객에게 제공한다. 이 표에서 가능한 위협들을 더 많이 볼 수 있고, 개발자나 시스템 관리자로서 어떻게 이런 종류의 문제를 다룰 수 있는지 보기 시작한다. 이 표는 위협 해결을 시작으로 위협을 해결하기 위해 각각의 수행자들이 사용할 수 있는 여러 방법들을 제시한다.

표 3-8 처리하는 사람에 따른 위협 해결

위협	ACME가 처리해야 하는 인스턴스	IT 부서에서 처리해야 하는 인스턴스
위장	웹/SQL/다른 클라이언트에 무차별 대입으로 로그인 DBA(사람) DB 사용자	웹 클라이언트 SQL 클라이언트 DBA(사람) DB 사용자
변조	데이터 관리 로그	프론트엔드 데이터베이스 DB 관리자
부인	로그(로그 분석은 반드시 필요) 웹과 SQL 클라이언트의 특정 행위는 신중하게 로그로 남김 DBA들의 특정 행위는 신중하게 로그로 남김	로그(로그 분석은 반드시 보호돼야 함) DBA를 신뢰할 수 없다면 로그를 남기기 위해 다른 권한의 도메인의 시스템에 모든 명령어가 필요
정보 노출	데이터, 관리, 로그는 반드시 필요함 프론트엔드는 접근 제어가 구현돼 있어야 함 오직 프론트엔드만 데이터에 접근할 수 있어야 함	접근 제어와 보안 그룹은 반드시 관리돼야 함 백업은 반드시 필요함
서비스 거부	프론트엔드는 최소한의 서비스 거부 위험에 대한 설계가 돼야 함	시스템은 충분한 자원을 가지고 배포돼야 함
권한 상승	신뢰할 수 있는 클라이언트 DB는 인젝션 헤더 생성을 위해 prepared statement를 지원해야 함 기본 설치에 '이 명령을 실행' 도구가 없어야 함 서버의 기본 설정에 명령 실행이 없어야 하고 exec()와 system() 같은 호출이 존재하면 반드시 권한 설정이 돼야 함	신뢰할 수 없는 클라이언트는 로컬에 기록 적절한 DB 설정

STRIDE 변형

위협을 식별할 때 STRIDE는 매우 유용한 연상 기호(니모닉)를 사용할 수 있지만, 완벽하진 않다. 이 절에서 약점의 일부를 해결하는 데 도움이 되는 STRIDE의 변형에 대해 배우게 될 것이다.

STRIDE의 개별 요소

STRIDE의 개별 요소는 STRIDE를 다이어그램으로 표현해 특정 위협을 잘 관찰할 수 있게 만든다. 예를 들어 데이터 저장소는 다른 데이터 저장소(어느 데이터 저장소에 접근하는 것에 관한 코드를 실행하는 것이 이상하더라도)를 위장할 수 없을 수도 있다. 각 요소에 대한 위협에 초점을 맞춤으로써 이 접근은 위협을 찾는 것보다 더 쉬울 수 있다. 예를 들어 마이크로소프트는 위협 모델링 훈련을 위한 보안 개발자 생명주기의 핵심 파트로 표 3-9를 사용한다.

표 3-9 STRIDE의 개별 요소

	S	T	R	I	D	E
외부 엔티티	x		x			
프로세스	x	x	x	x	x	x
데이터 흐름		x		x	x	
데이터 저장소		x	?	x	x	

이 차트를 적용하면 공격자가 읽어온 데이터를 변조하는 방법이나 데이터 흐름에 접근을 방지하기 위한 위협 분석에 초점을 맞출 수 있다. 예를 들어 이더넷 같은 네트워크를 통해 데이터가 전송된다면 TCP 시간 초과를 야기하는 플러딩^{Flooding} 패킷을 보내거나 수정하거나 모든 내용을 읽기 위해 같은 이더넷에 접속하는 것은 쉬운 일이다. 같은 형태의 네트워크 세그먼트를 갖고 있어 위협이 되지 않는다고 주장할 수 있다. 부인^{Repudiation} 아래에 있는 물음표 마크는 데이터 저장소를 로깅하는 것이 부인 공격에 노출되고, 때때로 로그가 부인 공격을 허용하는 특수한 공격을 당할 수 있다는 것을 말한다.

표 3-9에 위협의 요소가 나열돼 있다. 각 요소는 피해자이지 공격자는 아니다. 그러므로 당신이 데이터 저장소를 변조하려고 한다면 위협은 데이터 저장소와 데이터 자체에 있다. 그래서 네트워크 변조에 의한 위장은 기술적 세밀함과는 관계없이 엔드포인트의 위장을 의미한다. 다시 말해 엔드포인트(또는 끝점)는 다른 엔드포인트와 연결된 것이 무엇인지 혼란스러울 수 있다. 차트는 데이터의 위장이 아니라 프로세스 위장에 초점을 둔다. 물론 데이터 흐름을 볼 때 위장이 발견된다면 이를 해결하기 위해 확실히 위협으로 기록해야 한다. STRIDE의 개별 요소 규정은 해당 요소에서 새로운

유형의 취약점을 찾는 전문가가 '웹 구성 요소: XSS, XSRF…' 같은 형식의 체크리스트에 없는 부분을 찾는 데 도움이 된다. 비전문가도 수많은 일반적인 문제를 찾을 수 있다.

STRIDE의 개별 요소는 두 가지 약점이 있다. 먼저 주어진 위협 모델에서 유사한 문제가 반복적으로 나타난다는 점이다. 두 번째로 차트가 당신의 문제를 보여주지 않는다. 사실 표 3-9는 마이크로소프트에 특화된 것이다. 이것을 볼 수 있는 가장 쉬운 곳은 프라이버시 문제를 잘 설명하는 '외부 단체에 의한 정보 노출'이다(프라이버시 보호에 대한 자세한 설명은 아니다). 하지만 이것이 문제가 될 것이라는 의미는 아니다. 마이크로소프트가 프라이버시 보호 문제를 분석하기 위한 별도의 프로세스 세트를 갖고 있기 때문이다. 이런 프라이버시 보호 프로세스는 보안 위협 모델링 분야의 밖이다. 그러므로 이 방법을 채택하려면 관리할 수 있는 문제를 다루는 표인지, 그렇지 않다면 상황에 맞는 버전을 생성할 것인지 분석할 가치가 있다. 많은 사람이 데이터 흐름의 위조에 대해 논의하기를 원한다는 점은 다른 측면으로 볼 때 특이하다. STRIDE의 개별 요소 중 일부가 되어야 하는가? 위장 작업은 엔드포인트의 위장이지만 설명은 그런 위협을 찾는 사람들을 도와줄 것이다. 또한 더 많은 'x' 마크를 추가할수록 '다이어그램의 각 요소를 위한 STRIDE 고찰'에 더 가까워질 수 있다. 편집자가 이것이 좋은 것인지 나쁜 것인지 물어본다면 좋은 질문이다. 포괄적이고 싶다면 도움이 되겠지만, 가장 가능성 있는 문제에 초점을 두려고 하는 경우 방해가 될 것이다.

STRIDE의 개별 요소에 대한 종료 기준은 무엇일까? STRIDE의 개별 요소에서 위협별 체크박스가 있다면 합리적으로 잘할 것이다. 위협을 완화시키기 위한 생각(또는 우회 방법)을 한다면 매우 잘하고 있는 것이다.

STRIDE의 개별 상호작용

STRIDE의 개별 요소는 위협을 식별하고 초심자를 쉽게 이해시키기 위해 설계한 단순한 접근이다. 하지만 실제로 위협은 빈틈을 보여주지 않는다. 그것들은 시스템과 상호작용한다. STRIDE의 개별 상호작용은 (출발지, 도착지, 상호작용)의 튜플을 고려하고, 그것에 대한 위협을 나열하는 접근이다. 처음에 이 방법의 또 다른 목표는 모델링을 하는 사람이 고려해야 하는 것의 수를 줄이기 위한 것이지만, 계획대로 잘 되지 않았다. STRIDE의 개별 상호작용은 STRIDE의 개별 요소와 같은 수의 위협으로 이어지지만, 이 방법은 위협을 쉽게 이해하는 데 도움이 될 것이다. 이 방법은 마이크로소프트의 래리 오스터만$^{Larry\ Osterman}$과 더글라스 맥버$^{Douglas\ MacIver}$에 의해 개발됐다. 표 3-10과 표 3-11에서 STRIDE의 개별 상호작용 방법을 보여준다. Contoso.exe와 Fabrikam.dll 두 개의 프로세스를 참조한다. 표 3-10은 각 상호작용에 적용된 위협을 보여주고, 표 3-11은 그림 3-1로 나타난 STRIDE의 개별 상호작용 예를 보여준다.

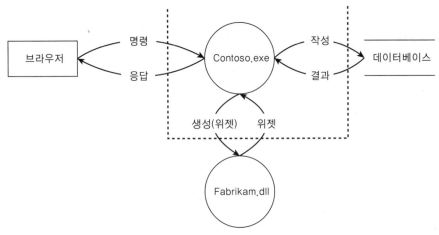

그림 3-1 표 3-10의 시스템 참조

표 3-10의 열은 다음을 포함한다.

- 라인을 참조하기 위한 번호(예, "라인 2를 보고 정보 노출과 위장 위협에 대해 살펴보자")
- 관심 있게 보고 있는 주요 요소
- 요소의 상호작용
- 상호작용에 적용할 수 있는 STRIDE 위협

표 3-10 STRIDE의 개별 상호작용: 적용 가능한 위협

#	요소	상호작용	S	T	R	I	D	E
1	프로세스 (Contoso)	프로세스는 아웃바운드 데이터 흐름을 데이터 저장소에 둠	x			x		
2		프로세스는 출력 내용을 다른 프로세스에 보냄	x		x	x	x	x
3		프로세스는 출력 내용을 외부 상호작용 인자(코드)에 보냄	x		x	x	x	

(이어짐)

#	요소	상호작용	S	T	R	I	D	E
4		프로세스는 출력 내용을 외부 상호작용 인자(사람)에 보냄			x			
5		프로세스는 데이터 저장소에서 인바운드 데이터 흐름을 불러옴	x	x			x	x
6		프로세스는 프로세스에서 인바운드 데이터 흐름을 불러옴	x		x		x	x
7		프로세스는 외부 상호작용 인자에서 인바운드 데이터 흐름을 불러옴	x				x	x
8	데이터 흐름 (명령/응답)	장비의 경계를 교차함		x		x	x	
9	데이터 저장소 (데이터베이스)	프로세스는 아웃바운드 데이터 흐름을 데이터 저장소에 둠		x	x	x	x	
10		프로세스는 데이터 저장소에서 인바운드 데이터 흐름을 불러옴			x	x	x	
11	외부 상호작용 인자(브라우저)	외부 상호작용 인자는 입력 값을 프로세스에 전달	x		x	x		
12		외부 상호작용 인자는 프로세스에서 입력 값을 받음	x					

표 3-11 STRIDE별 상호작용(사례)

	요소	상호작용	S	T	R	I	D	E
1	프로세스 (Contoso)	프로세스는 이웃바운드 데이터 흐름을 데이터 저장소에 둠	'데이터베이스'는 위장됐고 Contoso는 잘못된 곳에 작성			P2: Contoso는 '데이터베이스'에 있지 않은 데이터를 작성. 정보를 작성		
2		프로세스는 출력 내용을 다른 프로세스에 보냄	Fabrikam이 위장되고 Contoso는 잘못된 곳에 작성		Fabrika는 Contoso에 의해 출출되지 않았다고 주장	P2: Fabrika는 데이터를 수신하게 인가되지 않음	호출이 없으면 아무것도 동기화되지 않음	Fabrika는 Contoso를 가정해 권한을 사용
3		프로세스는 출력 내용을 외부 상호작용 인자(굿드로 된 외부 상호작용 인자)에 보냄	Contoso는 브라우저를 잘 식별하지 못함		브라우저는 출력 내용을 부인하고 인정하지 않음	P2: 브라우저는 권한이 없는 데이터를 획득	호출이 없으면 아무것도 동기화되지 않음	
4		프로세스는 출력 내용을 외부 상호작용 인자(사람)에 보냄			사람이 데이터를 본 것을 인정하지 않음			

(이어짐)

요소	상호작용	S	T	R	I	D	E
5	프로세스는 데이터 저장소에서 인바운드 데이터 흐름을 불러옴	데이터베이스는 위장됐고 Contoso는 잘못된 데이터를 읽음	데이터 저장소에서 읽은 데이터에 의해 Contoso 손상			데이터 저장소에서 검색한 데이터에 의해 프로세스 손상	코드 실행에 따라 파일에서 읽은 데이터로 인해 프로세스 내부 상태 손상
6	프로세스는 프로세스에서 인바운드 데이터 흐름을 불러옴	Contoso는 Fabrikam에서 데이터를 얻을 것이라고 믿음		Contoso는 Fabrikam로부터의 데이터 수신 거부		Contoso 충돌/Fabrikam의 상호작용에 의해 정지	Fabrikam은 Contoso의 실행 흐름을 변경할 수 있는 데이터나 인자를 전달
7	프로세스는 외부 상호작용 인자에서 인바운드 데이터 흐름을 불러옴	Contoso는 실제로 임의의 공격자들이 브라우저로부터 데이터를 얻는다고 믿음				Contoso 충돌/브라우저의 상호작용에 의해 정지	브라우저는 Contoso의 실행 흐름을 변경할 수 있는 데이터나 인자를 전달
8	데이터 흐름(명령/응답)	장비의 경계를 교차함		MITM 공격에 의해 데이터 흐름이 변경		유선상 데이터 흐름의 내용 스니핑	외부 단체에 의해 데이터 흐름 간섭(예, TCP 순번성 메시지)	

(이어짐)

	요소	상호작용	S	T	R	I	D	E
9	데이터 저장소(데이터베이스)	프로세스는 아웃바운드 데이터 흐름을 데이터 저장소에 둠		데이터베이스 손상	Contoso는 데이터베이스에 아무것도 쓰지 않았다고 주장	데이터베이스는 정보를 공개	데이터베이스에 쓰기 불가	
10		프로세스는 데이터 저장소에서 데이터 인바운드 데이터 흐름을 불러옴			Contoso는 데이터베이스에서 아무것도 읽지 않았다고 주장	데이터베이스 정보 노출	데이터베이스 읽기 불가	
11	외부 상호작용 인자(브라우저)	외부 상호작용 인자는 입력 값을 프로세스에 전달	Contoso는 브라우저를 잘 식별하지 못함		Contoso는 데이터를 수신하지 않았다고 주장	P2: 프로세스는 데이터 수신 권한이 아 없음(멈출 수 없음)		
12		외부 상호작용 인자는 프로세스에서 입력 값을 받음	브라우저는 Contoso를 잘 식별하지 못함		Contoso는 데이터를 보내지 않았다고 타코 주장(우리 문제가 아님)			

STRIDE의 개별 요소에서 위협별 체크박스가 있다면 합리적으로 잘할 것이다. 위협을 완화시키기 위한 생각(또는 우회 방법)을 한다면 매우 잘하고 있는 것이다.

STRIDE의 개별 상호작용은 편리하게 참조할 수 있는 차트 없이 사용하기엔 너무 복잡하다(반면 STRIDE는 쉬운 니모닉이고, STRIDE의 개별 요소는 지갑의 카드로 출력하거나 기억할 수 있는 차트로 쓰기에 충분히 단순하다).

DESIST

DESIST는 군너 피터슨Gunnar Peterson에 의해 만들어진 STRIDE의 변형이다. DESIST는 이의 제기dispute, 권한 상승Elevation of privilege, 위장Spoofing, 정보 노출Information disclosure, 서비스 거부Service Denial, 변조Tampering의 앞 글자를 딴 단어다(이의 제기는 부인을 조금 더 구체적으로 바꾼 것이고 서비스 거부Service Denial는 Denial of Service의 약어다). 사전 지식 없이 시작하는 것은 STRDIE보다 DESIST를 사용하는 것이 당연하지만, 10년이 넘는 STRIDE 경험 이후엔 마이크로소프트에서 STRIDE를 대체하기에 비용이 많이 든다(스콜피온 소프트의 CEO, 다나 앱Dana Epp은 반복되는 문자의 약어가 STRIDE의 유리한 점에 문제가 될 수 있다고 지적했다). 그러므로 STRIDE의 개별 요소는 DESIST별 요소보다 더 일반적이다. 어느 쪽이든 위협을 찾는 사람들을 돕기 위한 니모닉을 갖는 것은 유용하다.

종료 기준

STRIDE로 위협을 찾았는지 아닌지 판단하기 위한 세 가지 방법이 있다. 가장 쉬운 방법은 STRIDE의 각 유형에 맞는 위협이 있는지 보는 것이다. 약간 더 어려운 방법은 다이어그램 요소별로 위협이 있는지 확인하는 것이다. 하지만 이 두 가지 기준은 모든 위협을 찾기 전에 끝날 것이다. 더 포괄적인 기준은 STRIDE의 개별 요소를 사용해 확인할 수 있는 위협이 있는지 확인하는 것이다.

이런 기준을 접하지 않는 것은 종료할 수 없다는 것을 말하지만, 그것을 사용하는 것이 종료를 보장하지는 않는다.

요약

STRIDE는 모든 종류의 기술적인 시스템의 위협을 찾는 데 유용한 니모닉이다. 더 상세한 위협의 레파토리를 그리기 위해 더욱 유용하다. 위협 테이블은 보안 분야에 새로

입문한 사람들이나 보안 전문가를 위한 참고 자료(부록 B에서 기능 제공)를 제공한다. 초점과 관심을 추가한 STRIDE의 변형도 있다. STRIDE의 개별 요소는 이런 목적에 매우 유용하고 필요에 따라 커스터마이징될 수 있다. STRIDE의 개별 상호작용은 더 많은 초점을 제공하지만, 이를 사용하기 위해 커닝 페이퍼crib sheet(또는 소프트웨어)를 요구한다. 위협 모델링 전문가가 다시 시작한다면 DESIST는 위협을 찾는 과정에서 더 도움이 될 것이다.

4

공격 트리

브루스 슈나이어[Bruce Schneier]는 "공격 트리[attack tree]는 다양한 공격을 바탕으로 형식적이고 체계적으로 보안 시스템을 설명한다. 기본적으로 루트 노드는 트리 구조에서 시스템에 대한 공격을 목표로 하고, 자식 노드는 그 공격 목표를 위한 다양한 방법을 의미한다."라고 소개했다(Schneier, 1999).

4장에서는 STRIDE를 대체해 공격 트리를 만드는 구성단위에 대해 알아본다. 위협을 찾기 위한 방법이나 서로 다른 구성단위로 위협을 찾아 조직하는 방법으로 공격 트리를 사용할 수 있다. 공격 트리를 어떻게 사용하는지 먼저 알아보고, 트리를 만드는 다양한 방법을 배운다. 또한 몇 가지 사례와 실제 공격 트리를 살펴보고 얼마나 위협을 찾기에 적합한지 알아본다. 마지막으로 공격 트리에 대한 다른 관점과 함께 마무리한다.

공격 트리 작업

공격 트리는 4단계 프레임워크로 위협을 나열하는 구성단위로 동작한다. 위협 모델링에 대한 완전한 접근 방식으로 제시(Salter, 1998)됐지만 위협 모델링 커뮤니티는 이후 많은 발전이 있었다.

위협을 나열하기 위해 공격 트리를 사용하는 세 가지 방법이 있다. 위협을 찾는 데 도움이 될 수 있도록 다른 사람이 만든 공격 트리를 사용하거나, 프로젝트를 진행하는 동안 위협에 대한 생각을 돕는 트리를 만들거나, 다른 사람이 사용할 수 있게 트리를 만든다. 일반적으로 사용할 수 있는 새로운 트리를 만드는 것은 보안 전문가라 하더라도 매우 어려운 일이다.

위협을 찾기 위한 공격 트리 사용

당신이 구축한 시스템과 관련된 공격 트리를 갖고 있다면 위협을 찾기 위해 사용할 수 있다. DFD나 다이어그램으로 시스템을 모델링하고, 이를 분석하기 위해 공격 트리를 사용한다. 공격 도출 작업은 트리의 모든 노드를 확인해 문제점(또는 문제의 변형)이 시스템에 영향을 미치는지 확인하는 과정이다. 위협의 적용이나 상호작용 중 하나를 골라 따라가야 한다. 시스템이나 트리가 복잡하거나 프로세스 문서화가 중요하다면 상호작용은 도움이 되겠지만, 반면 이를 따라가는 과정은 지루하고 복잡할 수 있다. 4장이나 부록 B에서의 공격 트리를 이런 목적으로 사용할 수 있다.

시스템에 적용할 만한 트리가 없다면 새롭게 만들거나 다른 위협을 위해 나열된 트리 구성단위를 사용할 수 있다.

새로운 공격 트리 생성

시스템에 사용할 수 있는 공격 트리가 없다면 프로젝트에 특화된 트리를 만들 수 있다. 프로젝트에 특화된 트리는 위협에 대한 생각을 체계화하기 위한 방법이다. 하나 이상의 트리를 만들 수 있지만, 이 절에서는 하나의 트리에 모든 것을 담는 것으로 한다. 이와 같은 접근 방식은 단일 프로젝트를 위한 트리를 만들거나 일반적으로 사용할 수 있는 트리를 만드는 것이 가능하다.

공격 트리를 만들기 위한 기본적인 단계는 다음과 같다.

1. 표현 결정
2. 루트 노드 생성
3. 하위 노드 생성
4. 완성도 검토
5. 불필요한 부분 제거
6. 보여주기

표현 결정

노드의 상태가 해당 노드 아래에 있는 모든 노드에 의존하는 AND 트리가 있고 하위 노드 중 하나라도 참이라면 노드가 참이 되는 OR 트리가 있다. 트리가 AND인지 OR 인지 결정해야 할 필요가 있을까? (대부분 OR 트리) 트리는 그래프 형태나 개요로 만들어 지거나 표현된다. 더 많은 다양한 형태의 표현을 살펴보기 위해 4장의 '트리 표현' 절을 보자.

루트 노드 생성

공격 트리의 생성은 루트 노드를 만들면서 시작된다. 루트 노드는 분석을 시작하는 구성 요소가 되거나 공격자의 목표가 될 수 있다. 어떤 공격 트리는 루트를 문제가 있는 상태(목표 보다는)로 사용한다. 어떻게 사용하느냐는 취향의 문제다. 루트 노드가 구성 요소일 경우 하위 노드는 무엇이 잘못될 수 있는지 표시해야 한다. 루트 노드가 공격자의 목표라면 목표를 달성하기 위한 방법을 생각해야 한다. 목표를 달성하기 위한 각각의 방법은 하위 노드에 그려진다.

『보안 시스템 엔지니어링 방법론』(Salter, 1999)은 보안 전문가에게 도움이 된다. 하지만 실제로 어떻게 트리를 생성하는지, 어떤 루트 노드가 좋은지 비교를 통한 조언(시스템 구성 요소인지 공격자의 목표인지, 다른 것보다 하나가 더 좋을 때 더 중요한 것이 무엇인지 비교)으로 많은 도움이 되지 않는다. 보안 전문가가 아는 사람들에게 적합한 구조적 방식에서 트리를 평가하는 방법에도 마찬가지다. 널리 사용되는 방법은 다음과 같다.

- 루트 노드는 공격자의 목표나 많은 영향을 끼치는 행위로 생성
- OR 트리 사용
- 쉽게 따라갈 수 있는 형태로 작성

하위 노드 생성

브레인스토밍을 통해 하위 노드를 생성하거나 더 많은 노드를 찾기 위한 구조적 방법을 알아본다. AND나 OR가 될 수 있는 노드 간의 관계를 트리 사용자와 대화하고 선택해야 한다. 첫 단계의 하위 노드에 대한 몇 가지 가능한 구조는 다음과 같다.

- 시스템 공격
  - 물리적 접근
  - 소프트웨어 공격

      ☐ 사람 공격

  ■ 시스템을 통한 공격

      ☐ 사람

      ☐ 프로세스

      ☐ 기술적 공격

  ■ 제품 생산 중 공격

      ☐ 디자인

      ☐ 생산

      ☐ 배포

      ☐ 사용

      ☐ 폐기

이들을 시작점으로 시스템에 더욱 적합한 트리를 만들 수 있다. 트리에서 반복해 하위 노드를 적절히 추가한다.

> **노트** 하위 노드라는 용어는 자식 노드와 마지막 노드를 포함해 사용된다. 새로운 노드를 만들었을 때 이것이 더 많은 가지를 갖고 있는지 마지막인지 항상 알 수 없기 때문이다.

완성도 검토

이 단계에서 공격 트리가 충분히 완벽한지 결정짓고 싶을 것이다. 예를 들어 구성 요소를 사용했다면 추가 구성 요소에 맞도록 추가 트리가 필요할 것이다. 또한 각 노드를 보고 "다른 방법이 있을까?"라고 물을 수 있다. 공격자의 입장이라면 추가 공격자나 동기를 생각해봐야 한다. 부록 C의 공격자 목록을 참고할 수도 있다.

공격 트리의 완성도를 위해 노드 전체를 확인해 상태를 확인하고 목표 달성을 위한 추가 방법이 있는지 찾아본다. 5장에서 공격 라이브러리의 하나로 STRIDE를 사용하는 것이 도움이 된다. 그리고 문헌을 참고하면 상태를 확인하는 데 도움이 된다.

불필요한 부분 제거

이 단계에서 트리의 각 하위 노드가 중복되거나 방지할 수 있는지 확인한다(프로젝트의 맥락에서 트리에 있을 만한 공격은 일반적으로 방지만 할 수 있는 문제다). 어떤 대책으로 공격이 방지된다면 분석할 필요가 없음을 노드에 표시할 수 있다(예를 들어 노드에 슬래시를 넣어 불가능의 'I'를 테스트 아이디로 사용하거나 회색으로 표시할 수 있음). 노드에 표기하는 것(삭제하는 것보다)은 검토한 공격이라는 것을 사람들이 확인할 수 있게 도와준다. 주어진 노드가 불가능한 공격이라는 것을 가정한 테스트를 선택할 것이다. 10장의 '테스트 프로세스 통합' 절에서 상세 내용을 살펴보자.

보여주기

그래프 형태와 관계없이 한 페이지가 넘지 않게 하위 트리나 각 트리를 보여주는 것이 좋다. 트리를 한 페이지에서 보기 힘들다면 작은 트리로 쪼개는 것이 효과적이다. 전체적인 관계를 보여주는 트리의 '맥락'에서 각 상위 레벨의 하위 노드는 새로운 트리의 루트가 될 수 있다. 또한 글자 크기 같은 사용 가능한 범위 내에서 상세한 표현의 조절이 가능하다.

노드의 라벨은 같은 형태여야 하고 행위 측면에 초점이 맞춰져 있어야 한다. 마지막으로 따라가기 쉽게 트리를 그리자. 이상적으로 동등한 수준의 하위 노드는 같은 라인에 배치한다. 트리의 레벨이 깊어질수록 더욱 어려워진다.

트리 표현

트리는 두 가지 방법으로 나타난다. 어떤 기술적 구조가 없는 자유로운 형태(사람이 이해하기 쉬운)나 프로그램적으로 분석할 수 있는 다양한 형식의 and/or 메타데이터로 표현되는 구조적 형태가 있다.

사람이 이해하기 쉬운 표현

공격 트리는 그래프로 그려지거나 윤곽 형태로 보인다. 그래프로 표현된 공격 트리는 해야 할 작업이 약간 더 많지만, 집중해 살펴보기가 쉽다. 다른 경우로 노드들이 모두 같은 로직(AND/OR)으로 관계돼 있지 않다면 대화를 통해 관계를 표현하기 위한 한 가지 방법을 결정해야 할 필요가 있다. 트리가 그래프로 보인다면 구분 가능한 형태의 터미널 노드를 사용하는지 결정해야 한다. 그래프 형태의 트리를 사용한다면 특히 노드의 라벨에 풍부한 정보를 담을 수 있도록 주의 깊게 선택한다. '공격'이나 '통해' 같은 단어들은 정보로 표시하지 않는다. '파일 수정을 통한 공격' 대신 '파일 수정'이라고 한다. '약함' 같은 단어들은 다른 노드에서 '아니오'라고 할 때 도움이 된다. 즉 '약한 암호화'는 '비암호화'와 대조해 좋은 표현이다.

항상 그렇듯이 그래프가 실제로 풍부한 정보를 담고 이해할 수 있는지 신경 써야
한다. 예를 들어 그림 4-1에서 보여주는 세 가지 트리 표현을 살펴보자.

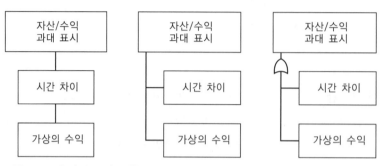

그림 4-1 세 가지 트리 표현

왼쪽 트리는 간략히 박스들을 사용한 실제 트리의 예를 보여준다. 이 표현은 계층
구조를 구분하기 명확하지 않고, 어떤 노드가 트리의 같은 레벨에 있는지 말하기 어렵
다. 가운데 트리는 하위 노드들의 동위성을 보여준다. 가장 오른쪽 트리는 자식 노드들
의 상태에 따라 부모 노드의 상태가 변경되도록 'OR 게이트'를 추가했다.

추가로 트리는 공간의 사용을 고려해 배치됐다. 그림 4-2의 아주 작은 트리에서
눈으로 레이아웃을 따라가는 데 도움이 되는 쾌적한 그리드를 확인해보자. 반면에 그
림 4-3의 레이아웃은 뒤죽박죽인 느낌이다. 주의를 집중시키기 위한 두 개의 레이아웃
은 읽기엔 너무 작다.

> **노트**
> 『Writing Secure Code 2』(마이크로소프트, 2003)에서 마이클 하워드(Michael
> Howard)와 데이비드 레블랑(David LeBlanc)은 가능성 없는 위협에 점선을 사용하고, 가능성 있
> 는 위협에 실선을 사용하고, 대응 방법을 트리에 추가하는 것은 너무 복잡할지라도 원으로 대응
> 방법을 보여줄 것을 제안했다.

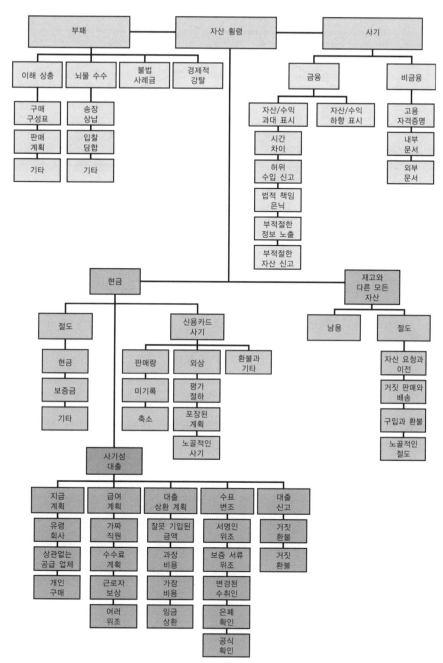

그림 4-2 그리드 트리 작성

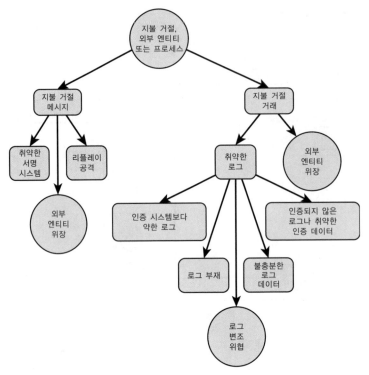

그림 4-3 그리드 없는 트리 작성

개요 표현 방식은 그래프 표현 방식보다 더 쉽지만 집중도가 떨어지는 경향이 있다. 이상적으로 개요 표현 방식은 페이지를 넘어가지 않고 한 페이지에 보여준다. 어떻게 효과적으로 AND/OR를 표현하는지에 대한 대답은 쉽지 않다. 일부 표현들을 제외하고 다른 점들은 선의 전후로 표시하는 것을 포함한다. 다음 세 개의 트리는 4장의 마지막 '선거 운영 평가 위협 트리'에서 보여주는 트리 이후에 모델링된 샘플이다. 내용을 보고 1번 노드 '투표 장비 공격'의 목표를 달성하기 위해 필요한 것이 무엇인지 스스로 질문해보자.

1. 투표 장비 공격

   1.1 정보 수집

      1.1.1 내부자로부터

      1.1.2 구성 요소로부터

   1.2 내부자의 접근 권한 획득

      1.2.1 투표 시스템 벤더

      1.2.2 불법적인 내부자로 출입

앞의 인용은 명확하지 않다. 투표 장비 공격의 목표를 달성하기 위한 하나 이상의 단계를 수행하는 개요가 필요할까? 대조적으로 다음 트리는 더 나은 무언가를 보여준다.

1. 투표 장비 공격
    1.1 정보 수집(and)
        1.1.1 내부자로부터(or)
        1.1.2 구성 요소로부터
    1.2 내부자의 접근 권한 획득(and)
        1.2.1 투표 시스템 벤더(or)
        1.2.2 불법적인 내부자로 출입

이런 표현은 마지막 노드에 유용하다. 1.1.1이나 1.1.2는 명확하지만, 1.1에서 언급하는 'and'는 무엇일까? 1.1.1 아니면 1.1.2? 표현이 명확하지 않다. 다음으로 다른 가능한 형태를 보자.

1. 투표 장비 공격
    O 1.1 정보 수집
        T 1.1.1 내부자로부터
    O 1.1.2 구성 요소로부터
    O 1.2 내부자의 접근 권한 획득
        T 1.2.1 투표 시스템 벤더
        T 1.2.2 불법적인 내부자로 출입

이것은 'AND 노드 1: 투표 장비 공격은 구성 요소나 내부자로부터 1.1 정보 수집을 포함 AND 1.2 내부자의 접근 권한 … '으로 읽을 수 있게 하려는 의도다. 자식 노드가 아니라 형제 노드와 OR 연산하는 것으로 읽는다면 혼란스러울 수 있다. 이것은 그래프 표현 방식에서 더 명확하다. 또한 이런 단계들은 순차적으로 계획된다. 정보를 수집하고 내부자 접근 권한을 얻고 구성 요소를 공격해 공격을 성공한다.

위 사례에서 본 것처럼 개요 방식의 트리 표현을 어떻게 사용하는지에 대한 질문은 기대했던 것보다 단순하지 않다. 다른 사람의 트리를 사용한다면 그 의도를 확실히 이해할 수 있어야 한다. 트리를 만든다면 의도를 명확히 하고 전달을 분명히 해야 한다.

구조적인 표현

그래프와 개요로 트리를 표현하는 것은 사람에게 편리하다. 하지만 트리는 데이터 구조이고 트리의 구조적인 표현은 모델링한 시스템을 트리로 논리적 적용이 가능하게 만든다. 여러 소프트웨어 패키지는 복잡한 트리를 만들고 관리할 수 있게 해준다. 어떤 패키지는 각 노드에 비용을 추가하고 사용할 수 있는 주어진 예산으로 공격자가 어떤 공격을 할 수 있는지 평가한다. 트리가 더 복잡해지면 그런 소프트웨어는 더욱 값지게 된다. 트리 관리 소프트웨어의 목록을 11장에서 볼 수 있다.

공격 트리 사례

다음은 공격자가 건물에 들어가는 방법을 공격 트리(다른 공격 트리의 활동을 위해 유용한 구성 요소)로 모델링한 사례다. 전체 트리는 OR 트리다. 나와 있는 모든 방법은 목표를 달성할 것이다(이 트리는 'An Attack Tree for Border Gateway Protocol'(Convery, 2004)에서 유래).

목표: 건물에 침입

1. 문으로 들어가기
   a. 잠겨 있을 때
      i. 행운
      ii. 래치 판 방해('워터게이트 클래식')
      iii. 밤에 문을 잠그는 사람을 방해
   b. 자물쇠를 뚫기
   c. 자물쇠 열기
   d. 열쇠 사용
      i. 열쇠를 찾는다.
      ii. 열쇠를 훔친다.
      iii. 열쇠를 복사한다.
      iv. 사회공학 기법으로 다른 사람에게 열쇠를 획득
         1. 열쇠를 빌린다.
         2. 열쇠 고리 사진을 인터넷에 올리게 설득
   e. 사회공학 기법
      i. 권한이 있는 사람인 척 연기하고 따라 들어간다.

　　　　ii. 권한이 있는 사람과 친구가 된다.

　　　　iii. 박스를 들거나 각 손에 커피를 들고 있기 등등

2. 창문으로 들어가기

　　a. 창문을 깬다.

　　b. 창문을 올린다.

3. 벽으로 들어가기

　　a. 큰 망치나 도끼를 사용

　　b. 트럭을 사용해 벽을 타고 들어가기

4. 다른 방법을 통해 접근 권한 얻기

　　a. 화재 탈출구 사용

　　b. 가까운 건물이나 헬리콥터(특수 요원에 적합)를 타고 지붕으로 접근

　　c. 다른 세입자의 접근 권한을 사용해 건물의 다른 부분으로 들어간다.

실제 공격 트리

다양한 실제 공격 트리가 발표됐다. 공격 트리를 만드는 방법의 사례나 모델링하려고 하는 시스템을 모델링하고 있기 때문에 직접적으로 도움이 될 것이다. 내부자가 금융 사기를 저지르는 방법, 선거 공격 방법, SSL에 대한 위협을 보여주는 세 가지 공격 트리를 이 절에서 살펴본다.

　각 트리는 사례 확장, 만들고자 하는 모델 또는 문제가 있는 시스템을 분석하는 데 직접적으로 사용하므로 지금이라도 사용 가능한 좋은 속성을 갖고 있다.

　사기 트리는 사용할 수 있게 설계됐다. 대조적으로 선거 트리는 그 위협에 대한 생각을 돕고 가능성을 구성할 수 있게 만들어졌다.

사기 공격 트리

공인 사기 심사 협회의 공격 트리는 그들의 엄청난 권한을 그림 4-4에서 보여준다. 그리고 매우 훌륭하다. 먼저 이것은 실제로 사기를 밝혀내고 찾은 경험을 바탕으로 한다. 두 번째로 이것은 전문가들에 의해 구조화됐기 때문에 위협에 대한 무작위 수집 정보가 아니다. 마지막으로 사기 공격 트리는 조셉 웰스[Joseph Wells]의 『기업 사기 핸드북(Corporate Fraud Handbook)』(wiley, 2011)에서 자세히 논의된 완화와 연관이 있다.

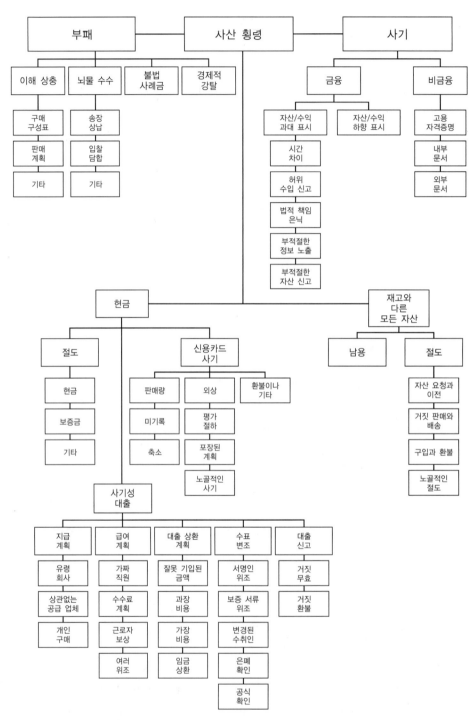

그림 4-4 ACFE 사기 트리

선거 운영 평가 위협 트리

서던 앨라배마 대학University of Southern Alabama을 중심으로 한 팀이 선거 지원 위원회를 위해 가장 쉽게 접근 가능한 위협 트리를 만들었다. 이는 여섯 단계로 구성된 트리다. 사례로 사용하거나 직접 사용해도 괜찮고, 배울 만한 교육 과정이 있다.

> **노트** 이 모델은 전형적인 소프트웨어 위협 모델보다는 공격의 넓은 범위를 다루지만, 많은 위협 모델이 수행하는 만큼 자세한 내용을 담고 있다.

1. 투표 장비 공격
2. 내부자 공격 수행
3. 투표 과정 방해
4. 기술적 실패 경험
5. 감사 공격
6. 운영 방해

시스템이 장비 공격, 내부자 공격, 프로세스 중단이나 방해와 같은 위협에 취약하다면 이 공격 트리는 시스템에 대한 위협을 찾는 데 도움이 많이 될 것이다.

연구 팀은 무엇이 잘못될 수 있는지에 대한 생각을 구성하기 위해 이 트리를 만들었다. 그들은 문헌 검토, 브레인스토밍, 독자적인 연구를 통해 방대한 양의 문제를 찾는 것으로 그들의 프로세스를 설명했다. 그리고 그 위협들을 높은 수준의 단위로 분리한 후 트리에 개별 구성으로 만들었다. 절차 간소화 그룹이 시도한 하나의 트리에 같은 종류의 단위를 담는 시도는 성공하지 못했다(Yanisac, 2012). 트리 구성은 한 사람이나 매우 잘 맞는 팀을 필요로 한다. 모두 동의할 수 있는 트리를 만들려는 시도를 경계해야 한다.

마인드맵

애플리케이션 보안 전문가인 아이반 리스틱Ivan Ristic은 그림 4-5에서 보는 것처럼 SSL 위협 모델이라 부르는 마인드맵을 사용해 흥미로운 실험을 했다.

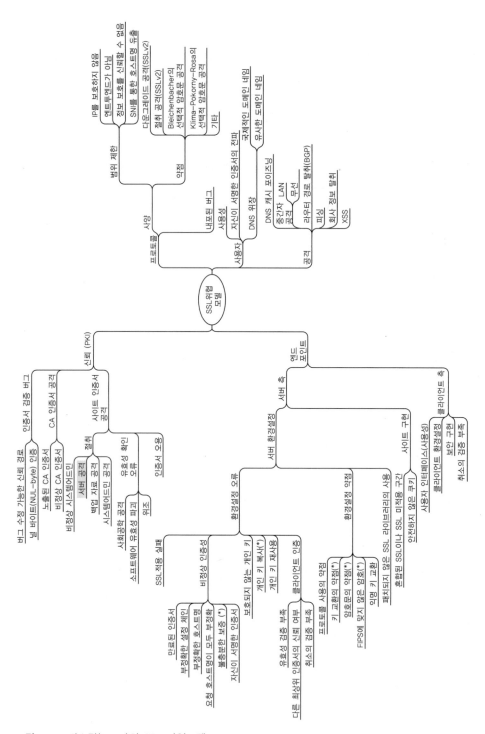

그림 4-5 리스틱(Ristic)의 SSL 마인드맵

마인드맵은 트리를 표현하는 재미있는 방법이다. 아주 적은 개수의 마인드맵 트리가 있다. 선거 트리 같은 이 트리는 수정 가능한 결정의 단위를 보여주고 마인드맵을 사용하는 사람들이 이를 사용하는 데 도움이 되는 다음과 같은 관점을 보여준다.

- '프로토콜/버그 구현'과 '엔드포인트/클라이언트 측/보안 구현' 사이의 구분이 명확하지 않다.
- '엔드포인트/클라이언트 측/보안 구현'은 '서버 측'과 대응하지 않는다.
- '엔드포인트/클라이언트 측/서버 설정' 아래 커다란 하위 트리가 있다.
- 일부 아이템은 별표(*)가 있지만 그 의미가 명확하지 않다. 아이반[Ivan]과 논의 후 '모든 사람에게 적용되지 않음'이 됐다.
- 보안 사이트에서 누가 어디에 있는지 볼 수 있는 교통 분석 위협이 있다. 이런 문제는 AJAX로 인해 더욱 심각해지는데, 여기서 더 중요한 것은 어떻게 이 마인드맵에 적용할 수 있는가? '프로토콜/사양/범위 제한' 아래?
- 읽는 방향으로 정렬하지 않으면 수많은 방향으로 눈이 가다 보니 맵의 요소를 찾기 어렵다.

공격 트리의 관점

공격 트리는 위협에 대한 정보를 전달하는 매우 유용한 방법이다. 심지어 보안 전문가들에게도 가능한 공격 유형을 빠르게 생각할 수 있는 방법을 제공한다. 하지만 표면적인 장점에도 불구하고 공격 트리를 만드는 것은 매우 어렵다.

조언의 질을 높이는 실험으로 봐주길 희망한다. 완전성, 범위, 의미에 있어서 트리를 사용하기 어렵게 만드는 문제들 역시 존재한다.

- **완전성** 루트 노드를 바르게 설정하지 않으면 전체 공격 그룹을 놓칠 수 있다. 예를 들어 안전을 위한 위협 모델이 "금속에 액체 질소를 부은 뒤 망치로 내리 친다."를 포함하지 않는다면 이런 공격에 대응할 수 없다. "패스워드 없이 금고를 열 수 있을까?"와 같은 구체적인 질문을 권장하는 트리를 그려야 한다. 특정 위협이 발생할 수도 아닐 수도 있다. 얼마나 많은 노드의 가지를 만들어야 하는지 알 수 있는 방법이 없기 때문에 완료 시점에 도달할 수 없다. 비슷하게 말하자면 끝났는지 어떻게 알 수 있는가?(슈나이어의 공격 트리 기사에서 이 문제를 시사했다)

- **범위** 컴퓨터의 메인 메모리가 빠르게 냉각되고 메인보드에서 제거될 때 무슨 일이 발생하는지 판단하기 어렵다. 문서 작성용 상용 소프트웨어를 만들고 있다면 운영체제 문제라고 생각하기 쉽다. 상용 운영체제를 만든다면 하드웨어 문제라고 생각한다. 공격 트리는 자연스럽게 발견된 문제들은 "문제를 해결할 방법이 없다"의 범주 아래 둘 것이다.
- **의미** AND/OR, 또는 순서에 대한 일관성이 없어 새로운 트리를 이해하는 데 오랜 시간이 소요된다.

요약

공격 트리는 위협 모델링을 위한 4단계 프레임워크에 잘 맞는다. 위협을 찾거나 위협에 대한 생각을 구성하는 방법에 유용한 도구다(당신의 프로젝트나 더 넓은 범위로).

생각을 체계화하는 데 도움이 되는 새로운 공격 트리를 만들기 위해 표현 방식을 결정하고 루트 노드를 선택한다. 루트 노드와 함께 위협을 찾기 위해 브레인스토밍, STRIDE 또는 문헌을 참고해 노드를 추가한다. 전체 노드를 반복해서 보며, 트리가 완료됐는지 지나친지 생각해보고 올바른 위협이 트리에 있는지 확인한다. 트리의 내용에 만족한다면 다른 사람이 이것을 사용할 수 있도록 표현을 확인한다. 공격 트리는 그래프 트리, 개요 또는 소프트웨어로 보여줄 수 있다.

건물에 들어가는 샘플 트리와 사기, 선거, 그리고 SSL의 실제 트리를 보았다. 각 사례는 자신의 트리를 설계하는 데 좋은 사례로 사용될 것이다.

5

공격 라이브러리

현업 종사자 중 일부는 STRIDE 모델이 너무 고수준이라서 잘못될 수 있는 것에 대한 더 자세한 목록을 제공해야 한다고 주장했다. STRIDE 모델이 추상적이라는 점에 있어서 그들의 말은 맞다. 일반적인 문제에 대한 자세한 목록을 확보하는 것은 유용할 수 있을 것이다.

　공격 라이브러리는 현재 구축 중인 시스템에 대한 위협을 찾는 유용한 도구가 될 수 있다. 이러한 라이브러리를 구축하는 방법은 여러 가지가 있다. 공격 도구 세트를 수집할 수도 있다. PoC 코드나 완전한 형태를 갖춘 (무기화된) 익스플로잇 코드는 공격을 이해하는 데 도움을 줄 수 있다. 이러한 공격 도구 세트는 모델링이나 추상화가 제공되지 않아서 라이브러리마다 공격에 대한 모델링을 만드는 데 시간과 노력을 들여야 한다. 따라서 추상화를 제공하며 STRIDE 모델보다 더 상세한 수준을 가진 라이브러리는 도움이 될 수 있을 것이다. 5장에서는 몇 가지 높은 수준의 라이브러리들을 체크리스트와 문헌 분석을 비교해 알아보고, 새 라이브러리를 만드는 데 드는 비용과 장점에 관해서도 좀 더 알아보자.

공격 라이브러리의 속성

　앞에서 언급했듯이 공격 라이브러리를 구성하는 방법은 여러 가지가 있다. 한 가지 방법을 선택하는 경우 상응하는 대가를 수반하며, 각 라이브러리마다 목표가 다르다는 사실은 놀라운 일이 아니다. 다음과 같은 사항에 따라 명시적이거나 암시적으로 주요 결정이 내려져야 한다.

- 청중
- 추상화와 상세화
- 범위

청중은 라이브러리가 누구를 대상으로 하는지를 의미한다. 청중에 대한 결정은 라이브러리의 내용과 구조에 매우 큰 영향을 미친다. 예를 들어 '악성 트래픽 패턴 라이브러리'는 침입 탐지 도구 제작자와 네트워크 운영자를 위해 만든다. 이러한 라이브러리는 악성코드가 어떻게 동작하는지 설명하는 데 시간을 소비할 필요가 없다.

추상화와 상세화의 문제는 라이브러리의 각 항목에 얼마나 많은 세부 사항이 포함돼 있는가에 관한 것이다. 추상화와 상세화는 이론적으로 간단하다. 라이브러리가 제공해야 할 곳의 세부 사항 수준을 선택하고 그 수준이 거기에 맞는지 확인하라. 구조는 항목들 내부와 항목들 사이에서 밀접하게 관련돼 있다. 일부 라이브러리는 아주 작은 구조를 갖고 있지만 다른 것들은 거대한 구조를 갖고 있다. 항목 내부 구조는 항목 간의 일관성을 활성화하는 데 도움이 되는 반면, 항목 사이의 구조는 새 항목을 구성하는 데 도움이 된다. 그러나 모든 구조는 비용이 든다. 심지어 분류가 가능한 요소들도 동일한 생물학적 기원으로 계통을 잇는 것처럼 일정 형식의 자연계 질서에 따를 때조차도 분류하기 어려운 요소는 반드시 존재하기 마련이다. 포유류에 속하지만 알을 낳는 오리너구리의 경우를 생각해보라. 자연 질서가 무너질수록 분류는 더 어렵다. 그림 5-1에서 이를 개념화해봤다.

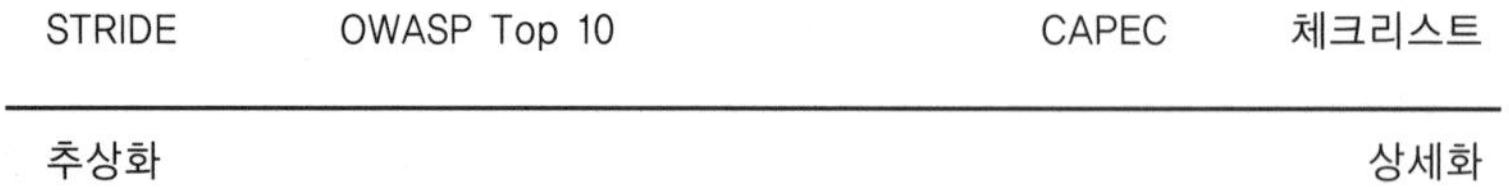

STRIDE	OWASP Top 10		CAPEC	체크리스트
추상화				상세화

그림 5-1 추상화와 상세화

범위 또한 공격 라이브러리의 중요한 특성이다. 네트워크 추적에 의해 나타나지 않는 범위라면 악성 트래픽 공격 라이브러리는 적합하지 않다. 웹에 영향을 주지 않는 범위라면 OWASP 공격 라이브러리에 포함되는 것은 말이 안 된다.

라이브러리에는 아마도 하나 이상의 스윗 스팟$^{sweet\ spot}$이 있을 것이다. 그것들은 계속 진지하게 생각을 하게 하면서도 상세화된 위협 목록의 균형을 맞춰준다. 라이브러리의 생각을 자극하는 본질은 좋은 위협 모델링을 하는 데 중요하다. 시사하는 바가 많은 이 목록은 그것을 사용하는 엔지니어 중 일부는 흥미롭고 다양한 위협을 찾을 수 있다는 것을 의미한다. 위협 목록이 세세한 일정 수준에 도달할 경우 더 이상 생각을 유발하지 않고 (상세화) 적용에 흥미를 잃게 되며, 더욱 더 체크리스트에 가까워진다.

라이브러리는 잘못될 수 있는 것의 목록이 완전하지 않다고 생각하도록 그것을 사용하는 사람들에게 도움을 줄 뭔가가 필요하다. 그 알림의 정확한 형태는 라이브러리의 형태에 따라 달라질 것이다. 예를 들어 권한 상승^{Elevation of Privilege}은 위협에 대한 추가 포인트를 주는 카드게임에서의 에이스 카드와 같다.

체크리스트와 문헌 분석은 공격 라이브러리와 밀접한 관련이 있다. 그래서 사용 가능한 라이브러리를 조사하기 전에 다음 절에서 체크리스트와 문헌 분석에 대해 알아보자.

라이브러리와 체크리스트

체크리스트는 특정 수준의 문제를 방지해주는 아주 유용한 도구다. 체크리스트를 이용해 정기적으로 문제의 목록을 놓치는 일의 재발을 방지할 수 있다. 체크리스트는 간결하고 사용 가능해야만 한다.

그러나 많은 보안 전문가는 위협의 신중한 검토를 위한 대체로 '체크리스트 보안'을 사용하는 데 회의적이다. 체크리스트의 개념 자체가 질색이라면 아툴 가완디^{Atul Gawande}가 쓴 『체크리스트 선언문(The checklist manifesto)』을 읽어보라. 그 책이 얼마나 즐거운 읽을거리인지 알면 놀랄 것이다. 하지만 위협 모델링에 폭넓은 접근을 하더라도, 체크리스트만으로는 숙달된 사람들의 일을 대체할 수 없다.

체크리스트는 일반적인 문제를 방지할 수 있지만, 체크리스트가 만들어지면 위협 모델링은 이미 완성된다. 따라서 체크리스트 제작자가 포함한 문제라면 체크리스트는 그 문제를 방지하는 데 도움이 될 수 있다. 그러나 전체 보안을 생각할 때는 도움이 되지 않을 수 있다. 즉, 체크리스트를 사용하는 것은 목록에 없는 위협을 찾는 것에는 도움이 되지 않는다. 이 때문에 체크리스트는 위협 모델링보다는 좁은 범위다.

여전히 체크리스트는 더 큰 위협 모델 프로세스의 일환으로서 유용할 수 있기 때문에 1장의 끝 부분과 이 책 전반적으로 적절한 곳에서 체크리스트들을 찾을 수 있다. 그런데 권한 상승 게임은 체크리스트와 다소 유사한 면이 있다. 두 가지로 이를 구분한다. 첫 번째는 새로운 위협을 유도하기 위해 에이스 카드를 사용한다는 점이다. 두 번째는 게임으로 위협 모델링을 작성함으로써 플레이어는 시스템을 재미있게 분석하고 체크리스트를 넘어선 단계로 갈 수 있으며, 게임 플레이의 보안 질문에 참여할 수 있는 시회 권한을 부여 받는다는 점이다. 이 게임은 체크리스트가 제공하는 '중지 및 체크인' 값을 묵시적으로 버린다.

라이브러리와 문헌 분석

문헌 분석은 과거에 일어난 일을 배울 수 있는 라이브러리를 대략적으로 찾아준다. 2장에서 봤듯이 사용하고 있는 시스템과 비슷한 시스템의 위협을 분석하는 것은 위협 모델링의 유익한 출발점이다. 분석 자료의 입력과 출력을 잘 작성한다면 나중에 재사용 가능한 공격 라이브러리에 쉽게 접근 가능할 것이다. 어떤 방법으로 공격을 추상화한다면 더욱 더 공격 라이브러리와 유사해지겠지만, 공격 리스트를 더 분석해보는 것은 두세 배 힘들 것이다.

새로운 라이브러리를 개발하는 것은 매우 많은 시간 투자가 필요한데, 아마도 이것은 공격 라이브러리들이 매우 적은 이유 중 하나일 것이다. 그러나 또 다른 이유는 라이브러리를 작성하는 방법에 대한 권위 있는 조언이 부족하다는 점이다. 라이브러리를 위한 문헌 분석을 작성하려는 경우 여러 가지 공격들이 어떻게 유사하고 다른지 고려해야 할 필요가 있다. 이를 위해 사용할 수 있는 하나의 모델로서 동물원 모델이 있다. 동물원^{zoo} 모델은 동물, 꼭 동물이 아니더라도 악성코드, 공격, 기타 어느 것이든 그것에 대한 하나의 분류 체계를 만들어서 분류 학자가 분류에 대한 자신의 생각을 검증하는 데 사용할 수 있다. 공격에 대한 분류 체계를 가진 동물원 모델을 살펴보고 싶다면 적합한 형태를 가진 어떤 것이든지 사용 가능하다. 일반적으로 위키, 워드, 엑셀 문서를 사용한다. 주요 기준은 사용의 용이성과 각 항목들이 분석 가능한 구체적인 세부 사항을 충분히 포함할 수 있는 공간을 갖고 있는가이다.

동물원 모델에 항목을 추가할 때 어떤 것들이 비슷한지, 그리고 그것들을 어떻게 분류할지에 대해 고려하라. 가끔 이러한 분류화는 새로운 방식을 반영하기 위해 재조직해야 할 경우가 있다. 다수의 독립적인 사람들이 이렇게 개발 중인 분류 기술을 사용하길 원하고, '상호 평가의 일관성$^{inter-rater\ consistency}$'을 원한다면 이를 위해 분류 기술에 더욱 공을 들여야 한다. 그러한 기술 중 하나는 단계적으로 구체적인 질문을 갖고 순서도를 만드는 것이다. 순서도는 일관성을 만드는 데 유용할 수 있다.

그룹화와 재그룹화 작업은 지속적이고 많은 투자가 될 수 있다. 새 라이브러리를 만든다면 처음 몇 시간은 분류 체계의 역사와 철학을 연구하는 것이 좋다. 『사물들을

정렬하기: 분류와 결과(Sorting Things Out: Classification and Its Consequences)』(Bowker, 2000) 같은 책이 도움이 될 것이다.

CAPEC

CAPEC^{Common Attack Pattern Enumeration and Classification}은 미국의 정보 보안기관인 MITRE (CVE 등 공개적으로 알려진 소프트웨어의 보안 취약점을 운영하는 곳으로 유명 – 옮긴이)가 제공하는 일반적인 공격 패턴 열거와 분류 체계다. 이 글을 쓰는 현재 고도로 구조화된 476개 공격 패턴이 다음과 같은 15개 그룹으로 분류돼 있다.

- 데이터 유출
- 자원 고갈 공격
- 인젝션(데이터 영역을 통해 제어 영역 내용을 주입)
- 위장
- 시간과 상태 공격
- 기능 남용
- 확률론적 기법
- 인증 익스플로잇
- 권한/신뢰 익스플로잇
- 데이터 구조 공격
- 자원 변조
- 네트워크 정찰
- 사회공학 공격
- 물리 보안 공격
- 공급망 공격

이러한 각 그룹은 하위 (패턴) 목록을 갖고 있다. 이것은 MITRE(2013b)에서 확인 가능하다. 각 패턴은 '훅^{hook}'부터 '완료^{complete}'까지의 범위를 갖고 (패턴) 완벽한 서술을 한다. 완성도를 위한 항목은 다음과 같다.

- 전형적인 심각성
- 다음을 포함한 설명
  □ 요약

□ 공격 실행 흐름

■ 전제 조건

■ 공격 방법

■ 예제

■ 요구되는 공격자의 기술 또는 지식

■ 필요한 자원

■ 정찰 기법

■ 공격의 징후/경고

■ 해결책과 완화책

■ 공격 동기/결과

■ 벡터

■ 페이로드

■ 관련 보안 요구 사항, 원칙과 가이드라인

■ 기술적 문맥

■ 기록을 위한 여러 필드(식별자, 관련 공격 패턴과 취약점, 히스토리 변경 등)

　　CAPEC의 예제는 그림 5-2에서 확인할 수 있다.

　　몇 가지 방법을 통해 이러한 위협 모델링에 대한 정보들의 구조화된 집합을 사용할 수 있다. 예를 들어 시스템이 각 CAPEC 항목이나 15개 CAPEC 카테고리를 위배해 만들어지는지 검토하는 것이다. 그러나 개별 항목에 대해 검토하는 것은 큰 작업이다. 475개의 항목을 하나당 평균 5분 동안 검토한다면 40시간이 걸린다. 이 정보를 이용하기 위한 또 다른 방법으로는 위협의 폭넓음에 대해 사람들을 교육시키는 것이다. 이러한 접근 방식을 사용하는 교육이라면 아마도 하루 이상의 교육 과정이 만들어질 것이다.

종료 기준

CAPEC 사용 중 적절한 종료 기준은 그것을 사용하고 있는 모드에 따라 다르다. 카테고리 검토를 수행하는 경우에 카테고리 1~11(데이터 유출, 자원 고갈 공격, 인젝션, 위장, 시간과 상태 공격, 기능 남용, 확률론적 기법, 인증 익스플로잇, 권한/신뢰 익스플로잇, 데이터 구조 공격, 자원 변조) 중 적어도 하나의 이슈를 갖고 있어야 한다. 그리고 카테고리 12~15(네트워크 정찰, 사회공학 공격, 물리 보안 공격, 공급망 공격)에 대해서는 가능한 만큼만 갖고 있으면 된다.

파밍(Pharming)		
공격 패턴 ID: 89 (표준 공격 패턴 완성도: 완전함)	**심각성:** 매우 높음	**상태:** 초안

설명

요약

파밍 공격은 피해자가 온라인 은행 사이트나 거래 플랫폼 같은 믿을 만한 사이트에 민감한 데이터를 입력하게 유도하는 공격이다. 공격자는 이러한 신뢰할 수 있는 사이트로 가장해 피해자가 원래 알고 있는 사이트가 아닌 공격자의 사이트로 이동시킬 수 있다.

공격을 성공시키기 위해 파밍은 악성 링크 클릭이나 스크립트 인젝션이 필요하지 않다.

공격 실행 흐름

1. 공격자는 사용자가 신뢰하는 사이트를 모방하는 시스템을 설정한다. 사용자가 신뢰하는 사이트란 일반적으로 민감한 정보를 요구하거나 다루는 사이트다.
2. 공격자는 대상 사이트에 대한 Resolver를 변조한다. 이 작업은 사용자를 원래의 정상적인 웹사이트로 요청을 보내주는 DNS 서버나 로컬 hosts 파일을 변조함으로써 가능하다.
3. 피해자가 사이트의 URL을 요청하면 변조된 레코드가 원래 사이트가 아닌 공격자의 시스템으로 요청을 보낸다.
4. 원래 사이트와 공격자 사이트의 내용이 동일하고 해당 URL이 원래 사이트와 똑같기 때문에 피해자는 웹사이트가 정상적이라고 믿게 되고, 공격자는 인증서나 계좌번호 같은 민감한 정보를 '수집(farm)'할 수 있게 된다.

공격 전제 조건

변조 가능한 취약점이 존재하는 DNS 소프트웨어 또는 부적절하게 보호된 hosts 파일 또는 라우터

민감한 정보를 처리하고 있지만, 보안 연결을 사용하지 않고 파밍되기 쉬운 유효한 인증서를 가진 웹사이트

익스플로잇 가능성

그림 5-2 CAPEC 항목 샘플

CAPEC에 대한 관점

CAPEC의 각 항목은 멋진 마무리 작업인 완성도 평가를 갖고 있다. CAPEC은 다양한 섹션을 포함하고, 문제 해결에 도전할 수 있는 방법에서 볼 때 그 범위는 STRIDE 모델과

다르다(이것은 이 책이 나오기 전의 CAPEC을 비판하는 것도 아니고 CAPEC의 변화를 제안하는 것도 아니다).

CAPEC의 인상적인 규모와 범위는 (CAPEC에 접근해보려는) 사람들에게 겁을 줄 수 있다. 동시에 그 특별함은 보안을 이제 막 시작하려는 사람들이 사용하기 쉽게 만들어 줄 수 있고, 공격을 식별하는 데 도움을 준다. 숙련된 사람들에게는 CAPEC의 특별함과 명백한 완성도는 창의적 사고를 방해할 수 있다. 내 개인적으로 CAPEC의 인상적인 규모와 범위는 이해하기가 어려웠다.

STRIDE 모델이 보안 속성을 분류했다면 CAPEC는 일반적인 보안 공격을 분류한다. 이것은 흥미로운 차이를 보인다. CAPEC는 여러 공격을 모아 놓았다는 점에서 STRIDE 모델보다 더 풍부한 정보를 도출할 수 있는 기술이다. 그러나 CAPEC이 공격 방법을 지칭하고 있는 한 결과를 내기가 훨씬 더 복잡하다. STRIDE 방어는 단순히 속성을 보존하기 위한 접근 방식들로 이뤄져 있다. 그러나 방어 방법을 찾는 것이 공격 방법을 찾는 것보다 간단하다. 따라서 (그러한 CAPEC의 복잡함이) 많은 위협 모델러에게 STRIDE보다 더 많은 가능성을 줄 수 있다. 치트 시트^{cheat sheet}, 니모닉, 소프트웨어 도구를 써서 CAPEC의 유용성을 개선시키기 위한 노력들을 살펴보는 것도 흥미로운 일일 것이다.

OWASP Top 10

OWASP^{Open Web Application Security Project, 오픈 웹 애플리케이션 보안 프로젝트}는 매년 위험 목록 Top 10을 제공한다. 2013년에 발표한 위험 목록은 다음과 같다.

- 인젝션
- 인증과 세션 관리 취약점
- 크로스사이트 스크립팅
- 취약한 직접 객체 참조
- 보안 설정 오류
- 민감한 데이터 노출
- 기능 수준별 접근 통제 부재
- 크로스사이트 요청 위조^{CSRF}
- 알려진 취약점이 있는 구성 요소 사용
- 검증되지 않은 리다이렉트와 포워드[원문 그대로임]

이 목록은 위협 모델링을 하는 사람들에게 흥미로운 목록이다. 목록은 적당한 길이를 갖고 있고 목록에 나와 있는 많은 공격들은 공격 상세 사항과 (공격에 대한) 생각을 자극하는 힘의 측면에서 균형을 잘 이루고 있는 것처럼 보인다. 일부 공격 목록의 경우 (크로스사이트 스크립팅과 크로스사이트 요청 위조는) 위협 모델링을 하는 것에 대해 지나치게 구체적으로 (기술한 것으로) 보인다. 그 공격 목록들은 테스트 계획에 넣는 것이 더 좋을 것이다.

각 목록은 위협 행위자, 공격 경로, 보안 취약점, 기술과 비즈니스에 미치는 영향뿐만 아니라 공격에 어떻게 취약하고, 공격을 어떻게 방지할 수 있는지에 대한 세부 사항을 포함하는 정보를 지원하고 있다.

구축하는 것이 웹 프로젝트라면 OWASP Top 10 목록은 STRIDE 모델링을 하기 위한 좋은 보조 역할을 할 것이다. OWASP는 회원들의 자발적 (정보) 입력을 기반으로 매년 Top 10 목록을 갱신한다. 시간이 지남에 따라 목록은 위협 모델링 공격 라이브러리로 어느 정도 도움이 될 수 있을 것이다(실제로는 매년은 아니고 2010년 이후 발표된 2013년 Top 10이 가장 최신 버전이다 - 옮긴이).

OWASP Top 10 목록은 OWASP가 제안한 웹 보안을 위한 여러 가지 방법으로 통합된다. Top 10 목록이 위협 모델링 방법론으로 선회하는 것(통합되는 것)은 요소당 STRIDE 접근 방식(요소당 Top 10 목록?) 같은 것을 만들거나 데이터 흐름이 신뢰 경계를 넘는 각 지점에서 목록에 해당하는 위험을 찾는 것을 포함할 가능성이 있을 것이다.

요약

모드 특성mode specifics을 제공함으로써 공격 라이브러리는 공격자의 작업(공격) 방법에 깊게 익숙하지 않은 사람들에게 유용할 수 있다. 상세 정보를 많이 제공하는 것과 (상세 정보를 적용하다가) 지루해지는 것 사이에서 유용한 스윗 스팟sweet spot을 찾는 것은 어려운 일이다. 상세 사항에 체크리스트가 완전하다고 생각하도록 강요하는 내용이 많이 없게 균형을 맞추는 것 또한 쉽지 않다. 문헌 검토를 수행하고 공격 라이브러리의 상세 사항을 정확히 포착하는 것은 보안에 대한 지식을 향상시킬 수 있는 좋은 방법이다.

CAPEC와 OWASP Top 10 목록을 비롯한 사용 가능한 공격 라이브러리는 여러 가지가 있다. (CAPEC이나 OWASP Top 10 목록을 제외한) 다른 라이브러리는 기술이나 시스템에 따라 값을 제공할지도 모른다.

6

프라이버시 도구

프라이버시^{privacy} 문제에 대한 위협 모델링은 새롭고 중요한 영역이다. 보안 위협이 필수 보안 속성을 위반하는 것처럼 프라이버시 위협은 필수 프라이버시 속성이 위반되는 곳에서 볼 수 있다. 그러나 다음과 같은 몇 가지 이유를 들어 프라이버시의 필수 사항을 정의하는 것은 약간의 모순된 상태를 조정하는 것과 같다. 첫째, 서비스를 제공하는 조직은 서비스를 사용하는 사람들이 제공하지 않기를 원하는 많은 정보를 필요로 한다. 둘째, 프라이버시가 무엇이고 데이터가 무엇인지에 대해 사람들은 각자 매우 다른 관점을 갖고 있다. 그리고 이러한 관점은 시간에 따라 변경될 수 있다(예를 들어 학대를 피해 떠나는 사람은 위치 정보 보호의 가치에 민감할 것이고, 아마 처음에는 자신이 살 곳의 주소에 대해 고민할 것이다). 마지막으로 대부분의 사람들은 '개인정보 실용주의자'이고 개인정보에 값을 매겨 서로 교환할 것이다.

어떤 사람들은 이러한 모호함들이 프라이버시를 위한 기술은 쓸모없다는 것을 의미한다고 주장한다. 그들의 주장은 잘못됐다. 또 다른 사람들은 소비자가 프라이버시 문제를 노출하는 행동을 하지 않는 한 프라이버시에 대한 우려는 낭비라고 주장한다. 이것 역시 잘못됐다. 사람들은 위협과 (그것의) 완화를 알게 될 때 프라이버시 비용을 지불한다. 이것은 커튼, 우편함, 기타 프라이버시 향상 기술과 관련된 광고에 종종 '프라이버시'라는 단어가 나오는 이유다.

하나의 도구에 초점을 맞춘 3장과 달리 6장은 프라이버시 위협을 찾기 위한 도구 전체를 다룬다. 6장에서 설명하는 접근 방식들은 '프라이버시에 대해 걱정'하는 것보다 잘 개발돼 있다. 그러나 그 방법들은 (5장에서 다룬 '공격 라이브러리') CAPEC 같은 보안 공격 라이브러리보다는 조금 부족하다. 하지만 어느 쪽이든 모두 다뤄야 할 만큼 중요하다. (앞으로 다룰 내용은) 새로운 영역이기 때문에 적절한 종료 기준은 명확하지 않다. 그래서 종료 기준은 여기에서 다루지 않는다.

6장에서는 솔로브[Solove]의 '프라이버시 피해 분류 체계[taxonomy of privacy harms]', IETF의 '인터넷 프로토콜에 대한 프라이버시 고려 사항', 프라이버시 영향 평가[PIA], 니미티 사의 '니미티 슬라이더[Nymity Slider]', 헬렌 니센바움[Helen Nissenbaum]의 '맥락상 무결성[Contextual integrity]', LINDDUN 접근법, 프라이버시 위협 식별을 위해 만든 STRIDE 변형 방식을 비롯해 프라이버시 위협 모델링을 위한 여러 가지 방법을 알아본다. 보안 위협 식별 방법을 바꾸거나 보완해 나가면서 하나 이상의 맥락상 무결성, 솔로브의 분류 체계 또는 LINDDUN 접근법(의 일부)을 4단계 모델로 만드는 것이 좋을 것이다.

> **노트** 이러한 기술의 대부분은 포장된(설치하지 않은) 소프트웨어보다 운영 중인 시스템을 모델링할 때 사용하기 더 쉽다(데이터베이스를 의료 기록을 저장하는 데 사용하는가? 사용 중이 아니라면 대답하기 쉽지 않을 것이다!). IETF 프로세스는 다른 프로세스들보다 '포장된 소프트웨어' 설계에 더 적합할 수 있다.

솔로브의 프라이버시 분류 체계

조지 워싱턴 대학의 법학 교수 다니엘 솔로브[Daniel Solove]는 『프라이버시 이해(Understanding Privacy)』(하버드 대학 출판부, 2008)에서 프라이버시 피해[harms] 분류를 제시한다. 이러한 피해는 여러 가지 면에서 위협과 유사하지만, 영향도가 크다. 솔로브의 명확한 내용 전개에도 불구하고 그 내용은 프라이버시에 대한 배경 지식을 가진 사람들에게는 도움이 되지만, 기술자가 실제 시스템에 적용하는 데에는 어려움이 있다. 개발 중인 시스템에 적용하면서 제시된 각 피해가 사용 가능한지 고려하면 분류 체계를 도구로 사용하는 것이 가능하다. 다음 목록은 솔로브가 제시한 분류 체계에서 두 가지를 변경했다. 첫째, '식별자 생성'을 소괄호 안에 넣어 추가했다. 나는 식별자 생성이 더 나눠질 수 있는 피해 요소라고 생각한다. 식별자 생성은 분류 체계에 많은 다른 피해를 가능하게 하기 때문이다(솔로브 교수와 나는 이 문제에 동의하기로 합의했다). 둘째, 노출은 대괄호 안에 넣었다. 2부에서 소개될 다른 위협 모델링 기법을 사용하는 사람들은 이미 이러한 위협을 다루고 있어야 하기 때문이다.

- (식별자 생성)
- **정보 수집** 감시, 심문
- **정보 처리** 통합, 식별, 불안정, 2차 사용, 제외
- **정보 전파** 기밀 준수 위반, 공개, 접근성 증가, 협박, 도용, 왜곡, [노출]
- **침해** 침입, 의사결정 개입

    목록에 있는 요소 대부분은 자명하고, 솔로브의 책에 모두 상세히 설명돼 있다. 몇 가지 요소는 간단한 검토를 통해 이해를 얻을 수 있다. 감시의 피해는 두 가지가 있다. 첫 번째는 내가 감시 당하고 있다는 불편한 느낌이고, 두 번째는 행동적 변화다. 식별은 살아있는 사람에게 정보를 연결하는 것을 의미한다. 불안정은 기술적인 상태라기보다 불안함을 느끼는 사람의 심리 상태를 의미한다. (개인) 정보 2차 사용의 피해는 사회적 신뢰에 관한 것이다. 제외는 제공된 정보를 일부 혜택으로부터 정보 제공자(또는 다른 사람들)를 제외하기 위해 사용하는 것이다(예를 들어 핸드백 구매 이벤트에서 여자 사용자들만 혜택을 받도록 사용자 정보에서 성별 정보를 이용하는 것).

    STRIDE 모델이 보안 전문가에게 가장 유용한 것처럼 솔로브의 분류 체계는 프라이버시 전문가에게 가장 유용할 수 있다. 위협 모델링에서 분류 체계를 사용하기 위해 위협 모델링 단계들은 개인정보에 특히 주목하는 데이터 흐름 모델 생성을 포함한다.

    프라이버시 피해를 찾는 것은 보안 위협 모델링과 병행하거나 그것을 대체함으로써 가능하다. 다음은 이것을 찾기 위해 어디를 어떻게 집중해야 하는지에 대한 조언들이다.

- 식별자 생성은 개발자가 식별하기에 아주 쉬워야 한다.
- 감시는 광범위한 사람들에 대한 데이터가 수집되는 곳 또는 사람들이 알아차리기 어려운 방법으로 데이터가 수집되는 곳에서 이뤄진다.
- 심문 위험은 데이터 수집 지점, 예를 들면 웹 입력 폼에 많이 있는 '*필수' 입력과 연관성이 있다. 이러한 웹 입력 폼에 의지하는 경향이 심문 피해로 이어진다고 볼 수 있다.
- 통합은 외부 개체에서 내부로 들어오는 데이터 흐름들과 가장 관련이 있다.
- 식별은 통합과 함께 발견되거나 시스템의 직접 상호작용이 있는 곳에서 발견될 가능성이 있다.
- 불안정은 데이터가 의사결정의 목적을 위해 함께하게 되는 곳과 연관이 있을 수 있다.
- 2차 사용은 아마도 고객이 생각하는 경계를 비롯한 신뢰 경계를 넘어설지도 모른다.
- 제외는 의사결정 지점, 종종 사기 경영 결정에서 발생한다.

- (모든) 정보 전파 위협은 바깥으로 나가는 데이터와 연관될 가능성이 있다. 데이터가 신뢰 경계를 넘어서는 곳을 찾아야 한다.
- 침입은 직접 침입을 말한다. 시스템에 이러한 기능이 없는 경우 이 부분은 확인할 필요가 없을 것이다.
- 의사결정 개입은 정보 수집과 처리가 의사결정에 영향을 줄 수 있는 방법에 크게 초점이 맞춰져 있고, 그렇게 요구 사항 논의에 중요한 역할을 한다.

인터넷 프로토콜에 대한 프라이버시 고려 사항

IETF$^{Internet\ Engineering\ Task\ Force,\ 국제\ 인터넷\ 기술\ 위원회}$는 보안 위협의 고려를 요구하며, 앞으로 17장에서 다룰 조직의 요구에 초점을 맞춘 위협 모델에 대한 프로세스를 갖고 있다. 2013년 현재, IETF는 프라이버시 위협에 대한 고려를 요구하고 있다. IETF에서 제공하는 RFC 문서 '인터넷 프로토콜에 대한 프라이버시 고려 사항'에서는 보안 프라이버시 위협과 프라이버시에 국한된 위협에 대해 설명하고, 위협 완화와 프로토콜 설계자들을 위한 몇 가지 일반적인 지침을 제공한다(Cooper, 2013). 보안 프라이버시 위협은 다음과 같다.

- 감시
- 저장된 데이터 손상
- 잘못된 귀속이나 침입(직접적인 침입이라기보다는 원치 않는 메시지와 서비스 거부^{DoS} 공격의 의미)

  프라이버시에 국한된 위협은 다음과 같다.

- 상관관계
- 식별
- 2차 사용
- 노출
- 제외(다른 사람들에 의해 수집될 수 있는 데이터를 사용자가 인식하지 못하는 것)

  각 위협은 RFC 문서에 자세히 나와 있다. 위협 완화는 데이터의 최소화, 익명, 가명, 신원 기밀성, 사용자 참여와 보안이 포함돼 있다. 네트워크 프로토콜 설계에 다소 특화돼 있지만, 그 문서는 프라이버시 위협 모델링에 도전하는 사람들을 위한 명확하고 무료이며 유용한 도구다. 추상적인 위협과 그것을 해결하기 위한 방법의 관점에서 프라이버시 위협 모델은 앞으로 흥미로운 단계이며, 프로토콜 엔지니어에게 도움이 될 수 있게 설계된다.

프라이버시 영향 평가(PIA)

호주의 프라이버시 전문가인 로저 클라크^{Roger Clarke}가 국제 데이터 프라이버시 법 (International Data Privacy Law, 2011)에 기고한 학술 자료 '프라이버시 영향 평가에 대한 평가 지침 문서(An Evaluation of Privacy Impact Assessment Guidance Documents)'에서 PIA는 "모든 이해관계자의 관점에서 프로젝트, 초기 단계 혹은 제안된 시스템이나 계획의 프라이버시에 잠재적인 효과를 식별하고 평가하며, 부정적인 프라이버시 영향을 피하거나 완화할 수 있는 방법을 찾는 체계적인 과정이다."라고 설명하고 있다. 따라서 PIA는 몇 가지 중요한 측면에서 보안 위협 모델링을 하기 위한 아날로그 과정이라 볼 수 있다. 그러한 측면은 프라이버시 문제를 식별하고 평가하기 위한 체계적인 도구와 단순히 문제를 식별할 뿐만 아니라 그것을 완화하기 위한 목표도 포함한다. 그러나 제시된 것처럼 PIA는 각 단계들이 합쳐진 곳이 너무 많아 이 책에서 사용할 4단계 프레임워크에 맞추기 어렵다.

PIA와 위협 모델링 사이에는 중요한 차이점이 있다. PIA는 사회적 맥락에 놓여있는 시스템에 초점을 맞추는 일이 많으며, PIA의 평가는 보안 위협 모델링보다 기술적 특성이 적을 때가 많다. 클라크의 평가 기준은 상태, 발견 가능성, PIA 가이드 문서의 적용 가능성, 책임자의 식별, 감독 기관의 역할과 같은 것을 포함한다. 이 모든 것은 위협 모델링의 범위를 벗어난 것으로 간주한다(이것은 비판이 아니라 단순한 대조다). 호주 빅토리아 주의 프라이버시 위원회^{Office of the Victorian Privacy Commissioner}에서 발췌한 PIA 가이드라인의 한 사례는 다음과 같다.

PIA 보고서는 다음과 같은 목차를 가진다.
1. 프로젝트 설명
2. 데이터 흐름의 설명
3. 프라이버시의 원칙^{IPPs}에 대한 분석
4. 프라이버시의 다른 문제에 대한 분석
5. 프라이버시 통제 환경 분석
6. 결론과 건의

3, 4단계는 위협 모델링의 '위협 찾기' 구성 요소와 매우 유사한 반면, 2단계 '데이터 흐름의 설명'은 '데이터 흐름도'가 크게 연상된다. 따라서 이러한 접근법은 위협 모델링의 4단계 모델을 보완할 수 있다.

고려해야 할 적절한 프라이버시 원칙이나 다른 문제는 관할 구역에 다소 의존하지만, 솔로브가 제시한 분류 체계나 정보 제공, 신체적, 영토, 의사소통, 위치 정보 보호 문제의 목록과 같이 침입의 각 분류에도 초점을 맞출 수 있다. 빅토리아 주의 프라이버시 위원회(2009a)에서 발췌한 문서와 같은 것들 중 일부는 브레인스토밍 가이드 방식을 지원하기 위해 법적으로 요구되지 않은 경우에도 사용할 수 있는 일반적인 프라이버시 위협의 광범위한 목록을 갖고 있다. 법을 준수하기 위해 수행되는 프라이버시 영향 평가는 충실도를 평가하기 위한 공식적인 구조를 갖고 있는 경우가 많다.

니미티 슬라이더와 개인정보 톱니바퀴

워털루 대학의 이안 골드버그Ian Goldberg 교수는 '거래나 매매 중에 노출된 관계자 신원에 관한 정보의 양'을 측정하는 방법인 니미티Nymity를 정의했다. 니미티는 익명anonymous(이름이 없는), 가명pseudonym(이름과 비슷한)을 뜻하는 라틴어로부터 나온 단어다. 골드버그는 니미티를 연속체 위에 그래프로 그릴 수 있다는 점에 주목했다(Goldberg, 2000). 그림 6-1은 니미티 슬라이더를 보여준다. 우측에서 좌측으로 갈수록 개인정보 손실이 크다. 골드버그가 지적하듯이 니미티의 양이 많아지는 쪽으로(개인정보 손실이 큰 쪽으로) 이동하기는 쉬우나 반대로 이동하기는 매우 어렵다. 예를 들어 실제 현금의 개인정보 보존 속성의 대부분이 전자 화폐에 대한 프로토콜에 있지만, TCP 연결을 통해 보내지는 경우에는 해당 속성의 많은 것을 잃게 된다. 이와 같이 니미티 슬라이더는 프라이버시 위협 프로토콜을 검토하고, 시스템이 사용하는 니미티의 양을 비교하는 데 사용할 수 있다. 좀 더 적은 정보 식별을 사용하도록 설계할 수 있는 범위 내에서는 다른 프라이버시 보호 기능들의 목적을 달성하는 것이 더 쉬울 것이다.

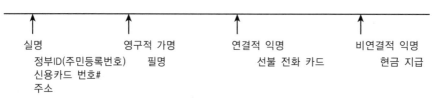

그림 6-1 니미티 슬라이더

위협 모델링에서 니미티를 사용할 때의 목표는 프로토콜, 시스템이나 설계가 노출하는 또는 수집하는 정보가 얼마나 되는지 측정하는 것이다. 이것은 다른 가능한 프로토콜, 시스템, 또는 설계에서 측정한 결과와 비교할 수 있다. 따라서 니미티 슬라이더는 다른 위협 찾기 구성 요소를 대체하는 것이 아닌 보조자 역할을 한다.

연관 가능성^{Linkability}의 목적은 니미티와 밀접하게 관련돼 있다. 연관 가능성은 각 데이터를 단일 레코드나 가상 레코드로 합쳐서 두 개의 레코드를 함께 가져올 수 있는 가능성을 말한다. 영화 정보, 책 구매 정보, 전화 기록을 갖고 있는 여러 가지 데이터베이스를 고려해보자. 각 데이터베이스가 이메일 주소를 포함하고 있는 경우 이메일 주소 joe@example.org를 사용하는 사람이 종교 영화를 좋아한다는 것을 알 수 있고, 그가 독극물 관련 책을 샀으며, 그와 통화를 나눈 사람들이 종교 극단주의자라는 것도 알 수 있다. 이러한 교차 정보는 FBI의 관심 대상이 될 수 있다. 그래서 그 데이터베이스들을 함께 연결할 수 있는 것은 꽤 괜찮은 일이다(불행하게도 아무도 그가 의심사을 알려주는 전문 데이터베이스를 포함하는 것은 신경 쓰지 않는다. 하지만 그것은 요점 밖의 일이다!). 요점은 식별자를 기반으로 여러 데이터 세트를 연결하게 해야 한다는 점이다. 이메일 주소, 전화번호, 주민등록번호를 포함한 식별자 세트는 데이터를 연결하는 데 자주 사용된다. 이것은 복수의 레코드가 동일한 사람을 참조한다는 강력한 증거를 떠올리게 한다. 밀접하게 연결된 데이터 존재는 연관 가능성 위협을 증가시킨다.

연관 가능성의 개념은 식별^{identification}와 집계^{aggregation}를 하는 솔로브의 개념과 매우 관련이 있다. 연관 가능성은 복수의 유효 식별자로 강하게 연결된 것부터 데이터 유사성에 기초해 약하게 결합된 것("존 도우와 존 E. 도우는 아마도 같은 사람일 것이다.")까지의 범위로 볼 수 있다. 데이터가 풍부해짐에 따라 연관 가능성 위협은 증가한다. 강하게 연결된 데이터가 제거된 경우에도 마찬가지다. 한 예로 하버드 교수 라타냐 스위니^{Latanya Sweeney}는 생년월일, 성별, 우편번호 데이터가 어떻게 미국 인구의 87%를 식별하는지 보여줬다(Sweeney, 2002). '재식별'이나 '탈 익명화'로 이어지는 새로운 과학 연구가 있는데, 이것은 정기적으로 이와 같은 더 많은 결과를 밝혀주고 있다. 익명 데이터 세트가 널리 퍼지게 되면 AOL, 넷플릭스^{Netflix} 사에서 발생한 것처럼 재식별의 진짜 위협을 가져온다. 그리고 다른 이들이 이것을 발견했다(McCullagh, 2006; Narayanan, 2008; Buley, 2010).

맥락상 무결성

맥락상 무결성contextual integrity은 뉴욕 대학 교수인 헬렌 니센바움Helen Nissenbaum에 의해 제시된 프레임워크다. 맥락상 무결성은 정보를 하나의 맥락으로부터 얻어서 또 다른 곳으로 가져왔을 때 많은 프라이버시 문제가 발생한다는 것을 기초로 한다. 맥락context 은 우리 삶의 활동 영역이나 무대에서의 논의들에 대한 깊은 소양을 가진 예술적 용어 다. 맥락은 역할, 활동, 규범, 가치와 관련이 있다. 니센바움의 접근 방식은 맥락과 그 맥락으로의 변화를 이해하는 데 초점을 맞추고 있다. 이 절에서는 니센바움의『맥락 안에서의 프라이버시(Privacy in Context)』(스탠포드 대학 출판국, 2009)로부터 프레임워크를 제 품 개발에 적용할 수 있는 방법을 찾을 수 있다.

먼저 맥락이 무엇인지 생각해보자. 맥락으로서 병원을 찾을 때 그 역할은 의사, 환 자, 간호사뿐만 아니라 가족, 관리자 등의 다수의 다른 역할을 포함할 것이다. 각자가 병원에 존재하는 이유를 갖고 있으며, 그 이유는 그들이 병원에서 수행하려는 활동, 행동 규범, 그 규범과 활동에 관련된 가치와 관련이 있다.

맥락은 식당, 병원, 직장, 보이 스카우트, 학교(또는 학교 유형, 특정 학교)와 같은 장소 또는 사회적 영역이다. 이벤트는 일반 사무실이 아닌 다른 곳에서 일어나는 경우에도 '직장 맥락 안'에 있을 수 있다. 이미 정의되거나 예상되는 '일반적' 행동들이 있는 경우도 맥락으로 다뤄질 수 있다. 맥락은 내포되거나 중복된다. 예를 들어 미국 교회에 서 일반적인 행동은 미국 내의 규범뿐만 아니라 교구민教區民이라는 더 좁은 맥락에 의 해서도 좌우된다. 따라서 보스턴의 카톨릭 교회나 미시시피의 침례교 부흥회에서의 일반적인 행동은 샌프란시스코의 유니테리언 교도 모임에서 적절하지 않을 수 있다 (또는 그 반대일 수도 있다). 마찬가지로 모든 학교, 학생 또는 교사들, 그리고 초등학교와 대학교를 대비시켜서 확인할 수 있는 더 많은 특정 역할들 사이에 서로를 넘어서서 공유되는 역할이 있다. 대학이나 대학의 특정 부서 내에도 구체적인 맥락이 존재한다.

맥락의 정보 규범을 위반하는 경우 맥락상 무결성을 위배하게 된다. 니센바움이 의 미하는 규범은 "네 가지 핵심 매개변수(맥락, 인물, 속성, 전달)의 원칙에 의해 특징지어 진다"는 것이다. 맥락은 이제 막 작성된 것처럼 거칠게 기술돼 있다. 인물은 보낸 사람, 받는 사람, 정보 주제들이다. 속성은 정보의 본질(예를 들어 누군가 겪고 있는 질병의 본질이나 특성)을 참조한다. 전달의 원칙은 '모임에서 모임으로 흐르는 정보의 흐름(분포, 확산, 송 신)에 대한 제약 사항'이다. 니센바움은 먼저 맥락상 무결성에 대한 두 가지 경우를 제시하는데, 이후에 또 추가된 맥락상 무결성 휴리스틱이 제시됐다. 이 기술은 이제

막 만들어졌고 '추가된' 접근법은 처음 제시된 내용을 포함하지 않기 때문에 제시된 두 가지 모두를 보는 것이 도움이 될 것이다.

맥락상 무결성 의사결정 휴리스틱

니센바움은 먼저 사후 분석 도구로서의 맥락상 무결성을 제시한다. 이것의 본질은 다음과 같이 맥락을 문서화하는 것이다.

1. 일반적인 맥락을 설정한다.
2. 핵심 인물들을 설정한다.
3. 영향 받는 속성을 확인한다.
4. 전달의 원칙에 변화를 설정한다.
5. 위험 신호^{Red Flag}

5단계는 "새롭게 시작한 실습에서 인물, 속성, 혹은 전달 원칙의 변화를 생성한 경우 이 실습은 확립된 정보 규범을 위반하는 것으로 표시되고, 일단 맥락상 무결성의 위반으로 여겨진다."는 의미다. 흥미로운 가능성이 소프트웨어 개발 및 위협 모델링 방법론과 함께 중첩되는 것을 알 수 있을 것이다. 특히 인물은 (부록 B에서 설명하는) 쿠퍼^{Cooper}의 페르소나 감각에서 페르소나와 매우 강하게 중첩된다. 맥락상 무결성 분석에는 아마도 부적절한 인물들에 대한 페르소나가 필요하지 않을 것이다. 의도된 참가자들의(아마도 그들 중 몇 명의) 바깥쪽으로 흐르는 데이터는 위반이기 때문이다. 정보 전달, 그리고 연관된 속성은 데이터 흐름이나 일반적인 보안 위협 모델링을 위해 개발된 수영 레인 다이어그램^{Swim Lane Diagram}에서 볼 수 있을 것이다.

따라서 위협 모델이 버전이 올라가면서 향상되는 범위 안에서는 변경 유형들이 맥락상 무결성 분석을 시작하는 데 사용될 수 있다. 현존하는 다이어그램은 '일반적인 맥락'이다. 중요한 변경 유형은 새로운 인간 항목이나 새로운 데이터 흐름의 추가를 포함할 것이다.

니센바움은 맥락상 무결성 위반이 변경을 피해야 하는 가치 있는 이유가 있는지에 대한 답을 찾는 데 어려움을 겪었다. 위협 도출의 관점에서는 이러한 논의는 범위 밖이다. 물론 확인된 프라이버시 위협을 갖고 무엇을 할지 결정한다면 이것은 범위 안에 있을 것이다.

추가된 맥락상 무결성 휴리스틱

니센바움은 각 단계에 대해 자세히 규정하고, 프라이버시 문제를 예측하는 데 더 나은 수행을 할 수 있는 좀 더 길어진 '추가된' 휴리스틱을 제시한다.

1. 정보 흐름의 관점에서 새로운 사례를 설명한다.
2. 일반적인 맥락을 확인한다.
3. 정보 주제, 보낸 사람, 받는 사람을 확인한다.
4. 전달 원칙을 확인한다.
5. 적용 가능한 규범을 찾고 중요한 변경 사항을 확인한다.
6. 우선 평가를 한다.
7. 평가
    a. 도덕적, 정치적 요소를 고려한다.
    b. 자주성과 자유에 대한 위협을 확인한다.
    c. 권력 구조에 미치는 영향을 확인한다.
    d. 정의, 공정성, 평등, 사회 계층, 민주주의 등에 대한 영향을 확인한다.
8. 평가 2
    a. 시스템이 맥락의 가치, 목표, 끝을 어떻게 직접 침해하는지 질문한다.
    b. 맥락에 비춰 도덕적, 윤리적 요소를 고려한다.
9. 결정한다.

이것은 아마 명백히 오후의 작업은 아닐 것이다. 그러나 소프트웨어 공학 프로세스와 연관시켜 볼 때 1, 3, 4단계는 데이터 흐름도를 작성하는 것과 매우 유사함을 주목해야 한다. 대부분 조직에서의 맥락은 거의 변경될 가능성이 없으며, 따라서 맥락의 설명은 재사용될 수 있다. 맥락의 설명은 7, 8단계의 평가를 지원하기 위한 작업이 될 수도 있다.

맥락상 무결성에 대한 관점

나는 맥락상 무결성을 매우 좋아한다. 그것은 수많은 프라이버시 문제에 대한 깊은 통찰력과 설명을 제공해준다는 생각이 든다. 즉, 설계 중인 제품의 프라이버시 문제를 예측하는 데 사용하는 것이 가능할 것이다. 그러나 이것은 검증되지 않은 가설이다. 관심 가는 것 중 하나는 맥락의 모든 측면을 설명하려는 노력은 매우 많은 시간이 소요되지만, 모든 측면을 설명하지 못하고, 많은 프라이버시 위협이 누락될 수 있다는 것이다. 소프트웨어를 출시하려고 할 때 이런 종류의 작업은 어려움이 있고, 니센바움은 심지어 '지루한'(『맥락에서의 프라이버시』142p) 것으로 묘사하고 있다. 또한 소프트웨어나 구조화된 정의에서 맥락을 고정하려는 행위는, 고정된 표현은 사회 규범이 발전함에 따라 벗어날 것이라는 위험을 줄 것이다.

이것은 소프트웨어 공학 프로세스 내의 위협 모델링 방법론으로서 맥락상 무결성을 사용하려는 아이디어에 다소 복잡한 문제를 준다. 분류 체계나 범주를 생성하는 프로세스는 데이터베이스의 데이터를 구조화하는 데 필수적인 단계다. 소프트웨어 공학자는 소프트웨어를 개발할 때 당연히 이 단계를 수행한다. 분류 체계를 깊이 인식하고 있는 사람은 묵시적 단계로 취급하는 경우가 많다. 따라서 이러한 분류 체계는 맥락의 발전을 제한하거나 악화시킬 수 있다(맥락이나 진화하는 사회적 맥락의 소프트웨어 공학 버전들 사이의 부조화를 생성한다). 나는 이 문제와 씨름하는 보안 및 프라이버시 전문가들을 격려한다.

LINDDUN

LINDDUN은 벨기에 루벤의 카톨릭 대학Katholieke Universiteit에서 박사 학위 취득을 위해 미나 덩Mina Deng이 개발한 방법론의 약자다(Deng, 2010). LINDDUN은 STRIDE당 요소 위협 모델링을 명시적으로 반영한 것이다. 이것은 프라이버시 위반 특성을 다음과 같이 나타낸다(다음의 약자다).

- 연결 가능성Linkability
- 식별성Identifiability
- 부인 방지Non-Repudiation
- 검출 능력Detectability
- 정보 노출Disclosure of information
- 내용 비인식Content Unawareness
- 정책과 동의 불이행Policy and consent Noncompliance

LINDDUN은 프로세스, 위협, 요구 사항 검색 방법을 갖고 위협 모델링에 대한 완전한 접근 방식으로 제공된다. LINDDUN 위협을 사용하거나 4단계 프레임워크에서 STRIDE 보안 위협 열거 다음에, 또는 대신 끼워 넣어 프라이버시 위협 열거를 위한 도구로 만들어 사용하는 것은 합리적일지도 모른다. 그러나 LINDDUN에서 말하는 위협은 다소 특이한 용어다. 따라서 트레이닝이 더 많이 요구 되거나 다른 프라이버시 접근법보다 더 가파른 학습 곡선을 가진다.

> **노트** LINDDUN은 나와 크게 충돌하는 면이 있다. LINDDUN의 프라이버시 용어는 많은 독자에게 어려움을 줄 것이다. 그러나 여러 방면에서 프라이버시 위협 모델링에 가장 진지하고 생각을 자극하는 방법 중 하나이고, 프라이버시 위협 모델링에 진지하게 관심이 있는 사람들은 꼭 살펴봐야 한다. 여담으로 프라이버시 위협으로서의 부인 방지와 보안 위협으로서의 부인 방지 사이 긴장(갈등)은 흥미로운 일이다.

요약

프라이버시는 보안만큼이나 사회에서 중요하다. 일반적으로 사람들은 위협의 이해와 어떻게 위협을 해결할 수 있는지를 고려해 자신의 개인정보를 보호하려고 한다. 그래서 보안 위협과 더불어 프라이버시 위협을 찾는 것은 많은 도움이 될 수 있다. 그러나 그 방법들은 보안 위협을 찾을 수 있는 방법보다 아직 규범화돼 있지 않다.

솔로브의 프라이버시 피해 분류 체계를 비롯해 프라이버시 문제를 찾는 데 사용할 수 있는 많은 도구가 있다(피해는 영향력 있는 위협을 말한다). 솔로브의 분류 체계는 프라이버시 위반과 관련된 피해를 이해하고 가장 적절한 피해 우선순위를 정하는 데 도움이 된다. IETF는 새로운 인터넷 프로토콜을 위한 프라이버시 위협 접근 방식을 갖고 있다. 그 방식은 프라이버시 영향 평가^{PIA, Privacy Impact Assessments}를 보완하거나 대체할 수 있을 것이다. PIA와 IETF의 프로세스는 규제 기관이나 프로토콜 설계 맥락에서 사용할 때 적합하다. 시스템에서 개인정보의 양을 평가하고 비교 목적으로 개인정보 침해를 측정하기 위한 도구인 니미티 슬라이더보다 앞서 말한 두 가지 프로세스가 더 규범화 돼 있다. 또한 그 프로세스들은 맥락상 무결성, 개인정보와 관련된 사회 규범을 파악하기 위해 시도하는 접근 방식보다 더 규범화돼 있다. 목표가 설계 시 프라이버시 문제가 생기는지 확인하는 것이라면 맥락상 무결성이 가장 도움이 될 수 있다. LINDDUN 방식은 STRIDE 방식의 위협 식별과 좀 더 밀접한 관계가 있는데, 이 방식은 STRIDE 방식이 보안 위반을 고려하는 방법으로 프라이버시 침해를 고려한다.

3부
위협 관리와 대응

3부는 위협 관리나 위협 모델링과 관련된 활동에 대해 설명한다. 위협 자체가 위협 모델링의 핵심이지만, 위협 모델링을 하는 이유는 더욱 안전한 제품, 서비스, 기술을 만들 수 있기 때문이다. 3부에서는 4단계 프레임워크 중 세 번째 단계인 위협을 발견한 후 해야 하는 작업을 주로 설명하며, 마지막 단계인 검증 부분도 다룬다.

3부는 다음과 같은 장으로 구성된다.

■ **7장, 위협 처리와 관리**에서는 위협 모델링 프로젝트를 시작하는 방법과 위협에 따라 반복하는 방법을 설명한다. 위협 모델링에 사용할 수 있는 표와 리스트, 시나리오에 특화된 프로세스 구성 요소를 설명한다.

■ **8장, 방어 전략과 기술**에서는 위협을 해결하는 데 활용할 수 있는 다양한 도구에 대해 설명한다. 보안 위협을 STRIDE로 나눠서 설명하고 프라이버시 위협을 해결할 수 있는 다양한 방법을 설명한다.

■ **9장, 위협 대응의 트레이드오프**에서는 위험 관리 전략과 이 전략을 완화 방안 선택에 활용할 수 있는 방법을 설명하고, 위협 모델링에 특화된 우선순위 접근 방식을 설명한다.

■ **10장, 위협 대응 검증**에서는 위협 완화를 테스트하는 방법과 위협 모델링에 대한 품질 보증, 위협 대응의 프로세스적인 측면을 설명한다. 4단계 프레임워크의 마지막 단계다.

■ **11장, 위협 모델링 도구**에서는 위협 모델링을 도와주는 일반적인 도구로부터 특화된 도구까지의 다양한 도구를 설명한다.

7

위협 처리와 관리

어떤 사물에 대한 위협을 발견하는 과정은 재미있지만, 그것이 많은 부품으로 이뤄져 있다면 어디서부터 시작하고 어떻게 접근할지 알아야 한다. 2부에서는 수행해야 하는 작업과 작업에 필요한 방법론을 공부했다. 7장에서는 앞서 말한 작업을 수행하는 과정을 공부한다. "언제 무엇을 하지?"라는 질문은 시스템을 구성하는 특정 구성 요소의 세부 사항을 검토하다가 전체 시스템을 살펴볼 때 자연스럽게 떠오른다. 7장에서는 개인이나 소규모 팀이 이 질문에 대답하는 것에 대해 다룬다. 조직이 해야 하는 질문은 17장에서 설명한다.

여기서 배울 각 방식은 2부에서 설명한 모든 '레고 블록'과 함께 사용될 수 있다. 7장에서는 언제 어디서 위협 찾기를 시작하고 다이어그램을 통해 어떻게 반복하는지 배운다. 위협 모델링에 활용할 수 있는 표와 리스트를 설명하고 시나리오에 특화된 가이드라인을 설명한다. 여기에는 벤더-고객 사이의 신뢰 경계, 최신 기술에 대한 위협 모델링, API 위협 모델링 등이 포함된다.

위협 모델링 프로젝트 시작

'다이어그램을 그리고 권한 상승 게임을 통해 위협을 발견'하는 기본 전략은 실용적이지만, 어떤 사람은 좀 더 세부적인 지시를 원하기 때문에 이 절에서는 위협 모델링을 시작할 때 활용할 수 있는 추가적인 구조를 설명한다.

위협 모델링의 시기

다양한 시기에 위협 모델링을 수행할 수 있지만, 시기에 따라 가치는 달라진다. 위협 모델링을 하는 가장 중요한 시점은 프로젝트를 시작할 때다. 초기에 신뢰 경계를 그리는 행위를 통해 아키텍처를 크게 개선할 수 있다. 기능을 개발함에 따라 위협 모델링을 할 수도 있는데, 이를 통해 작고 집중적인 위협 모델링 프로젝트를 진행할 수 있으며 기술을 연마하고 최종 단계에서 큰 문제가 발생할 확률을 줄일 수 있다. 출시 전에 다시 한 번 위협 모델링을 하는 것도 좋은 방법이다. 실제 상황이 모델에 표시된 것에서 예기치 않게 변경되지 않았다는 사실을 확인할 수 있다.

초기 단계에 시작

시작 단계에서 위협 모델링을 한다는 것은 계획, 개발 중인 시스템을 모델링해 그 모델의 위협을 찾고 개발 과정에서 발견되는 다른 이슈와 마찬가지로 버그를 정리해 추적, 관리하는 작업이다. 이 버그는 테스트 케이스일 수도 있고, 기능 작업, 구축에 관한 의사결정일 수도 있다. 이는 위협 모델링을 하는 대상에 따라 달라진다.

기능 개발에 따른 작업

각 기능을 개발하면서 약간의 위협 모델링 작업을 할 수도 있다. 해당 기능에 대해 심도 있는 위협 모델링을 수행한다(소프트웨어 모델을 체크해 이해하고 있는 내용을 리프레시하고 검증할 수도 있다). 기능이나 구성 요소에 대한 작업을 시작하는 시점이 2차 또는 3차 위협을 검토하기에도 좋은 시점이다. 2차, 3차 위협은 즉각적인 위협을 차단하기 위해 적용된 기능이나 디자인 요소를 우회하려고 시도하는 공격자로 인한 위협이다. 예를 들어 1차 위협이 자동차의 유리창을 깨는 차량 절도범이라면 2차 위협은 그들이 열쇠 없이 시동을 걸려고 하는 것이다. 핸들 잠금 장치를 이용해 이 위협을 완화할 수 있는데, 이 방법이 2차 완화 방법이다. 7장 뒷부분의 '완화에 대해 더 살펴보기' 절에서 이와 같은 위협과 계획적인 완화 방법, 공격자가 이에 대응하는 방식을 설명한다.

　기능을 개발할 때 위협 모델링을 하는 것에는 중요한 가치가 있다. 그 중 하나는 구성 요소나 기능의 개발을 시작할 때 소규모 위협 모델링을 수행한다면 설계가 의도를 잘 반영할 수 있다는 점이다. 즉, 위협을 발견하기 위해 상세한 모델을 작성하게 된다. 다른 중요한 가치는 위협을 발견한다면 위협도 해당 기능에 대해 이해하고 있는 내용과 가까울 것이라는 점이다. 또한 기능을 개발하면서 위협 모델링을 수행하면 위협에 대해 더 잘 알 수 있고, 위협 모델링 기술도 향상될 것이다(장기 프로젝트일 경우 특히 그렇다).

출시가 임박한 시점

마지막으로 모델을 재검사하고 버그를 체크해 출시를 준비할 때 위협 모델링을 해야 한다(여기서 출시라는 용어는 배송, 적용, 가동 등의 개념을 포함한다). 모델 재검사는 현재 모델이 개발 중인 시스템을 잘 반영하고 있고 모든 신뢰 경계와 데이터 흐름을 포함하고 있는지에 대해 모든 사람이 동의하는지 확인하는 작업이다. 버그 체크는 위협 모델링에서 태그를 붙인(아니면 버그 트래킹을 하고 있는) 모든 버그를 체크하고 놓친 부분이 없는지 확인하는 작업이다.

시간 관리

그래서 이 모든 작업을 하는 데 얼마나 걸릴까? 대답은 시스템의 규모와 복잡성, 참가자의 시스템에 대한 친밀한 정도, 위협 모델링 기술 수준, 심지어는 조직의 회의 문화에 따라서도 달라진다. 대략적인 원칙 하나는 다이어그램을 그려서 '구성 요소'의 위협을 발견할 수 있어야 하고 추가 조사를 위해 숙련된 위협 모델링 인력과 1시간짜리 세션을 진행할 필요가 있는지 판단해야 한다는 점이다. 소규모 스타트업 회사가 개발하는 시스템의 경우라면 전체 위협 모델링이 몇 시간에서 몇 주에 끝날 수 있다. 특히 민감한 데이터를 처리하는 시스템이라면 좀 더 길어질 수 있다. 큰 온라인 서비스에서 데이터 흐름을 다이어그램에 표시하기 위해 4명의 인력이 수개월을 소모한 경우도 있다. 수백만의 고객을 대상으로 서비스할 시스템에 대한 다양한 위협과 우회 경로를 발견하기 위해서는 그 정도 수준의 노력이 필요하다.

무엇을 모델링하든지 상관없이 위협 모델링에 익숙하다면 도움이 된다. 몇 분마다 이 책을 참조해야 한다면 진행이 느릴 것이다. 위협 모델링을 정기적으로 하는 이유 중 하나가 작업과 테크닉에 대한 기술을 쌓고 거기에 익숙해지는 데 있다. 조직 문화도 영향을 미친다. 의자 없이 회의를 진행하는 조직은 아이디어 탐색을 장려하면서 의견 일치를 중요시하는 조직에 비해 위협 리스트를 신속하게 작성할 수 있다(어느 리스트가 더 좋을 것인가에 대한 질문은 별개의 흥미로운 문제다).

무엇으로 시작하고 끝내야 되는가

위협 탐색을 시작할 때 다이어그램이 유용하고 필수적인 입력이다. 숙련된 모델링 전문가는 다이어그램 없이 시작할 수도 있지만, 위협을 발견해가면서 반복적으로 다이어그램을 만들 것이다. 전문가도 여러분처럼 다이어그램을 지속적으로 변경할 것이다. 누락된 부분이나 필요 없는 부분을 찾을 수도 있다. 엄격한 폭포수 개발 방식을 사용하지 않는다면 이 방식이 일반적이다. 이는 무엇이 개발하기 쉽고 어려운지 확인하면서 요구 사항을 도출하는 것과 유사한 과정이다.

다음의 두 가지 테스트가 언제 완료했는지 가늠하는 데 도움이 될 것이다.

- 버그를 제출(등록)했다.
- 모든 사람이 시스템을 잘 반영하고 있다고 동의하는 다이어그램들을 작성했다.

좀 더 구체적으로 다이어그램의 구성 요소 수에 비례해 대략적인 버그의 수를 정할 수 있다. 데이터 흐름 다이어그램과 STRIDE를 사용한다면 다이어그램의 각 요소마다 5개의 위협을 기대할 수 있다.

> **노트** 애초에는 (프로세스 수 * 6) + (데이터 흐름의 수 * 3) + (데이터 저장소의 수 * 3.5)
> * (외부 엔티티의 수 * 2)개의 위협을 고려했으나 4번의 카운트 과정이 필요해서 비슷한 결과를 얻는 데 더 많은 수고가 필요하다.

'STRIDE의 개별 요소'나 'STRIDE의 개별 상호작용' 대신에 'STRIDE'라고 했으며, 5라는 숫자는 차트의 체크마크를 다 합친 것과 일치한다는 점에 주목하라. 이는 위협이 흔히 나타나는 곳에서 차트를 도출했기 때문이다.

시작하는 곳

빈 화이트보드를 보면서 어디서부터 시작해야 할지 궁금할 때 일반적으로 추천하는 곳이 몇 가지 있다. 많은 사람이 자산이나 공격자에서 시작하는 것을 추천하지만, 2장에서 설명한 것처럼 최선의 전략은 시스템 전체를 커버하는 다이어그램에서 신뢰 경계를 찾는 것이다. 다이어그램을 어떻게 그리는지는 2장을 참조하라.

위협을 찾기 위해 인력을 구성할 때 소프트웨어, 데이터 흐름, (가능하면) 위협 모델링을 알고 있는 사람을 포함해야 한다. 참석자가 작업을 하고 있는 구성 요소로 과정을 시작하라. 각 구성 요소를 깊이 조사하는 '깊이 우선' 방식보다는 먼저 하향식$^{\text{top-down}}$ 방식으로 시작한 후 시스템 전체를 살펴보는 '너비 우선' 방식을 사용하라.

하향식 방식으로 위협 발견

'전체 시스템'이라는 가치가 있으려면 대부분의 경우 전체 시스템에서 작성할 수 있는 최고 수준의 뷰^{View}로부터 모델링해야 한다. 물론 무엇이 전체 시스템을 구성하는가라는 질문은 논쟁거리이며, 인터넷 전체를 구성하는 것, 아마존 웹사이트 전체를 구성하는 것에 대한 질문처럼 간단한 질문이 아니다. 이 경우 범위를 좀 더 구체적으로 지정할 필요가 있다. 이상적인 것은 조직이 컨트롤할 수 있는 범위다. 가능하다면 다른 구성 요소를 담당하는 사람과 상호 검토하는 것이 좋다.

반면에 상향식$^{\text{bottom-up}}$ 위협 모델링은 기능에서 시작해 기능 수준 모델에서 관련 모델을 도출한다. 이 방식은 잘 동작하지 않지만, 일반적으로 이 방식을 적용해야 할 경우에는 약간의 논의가 도움이 될 것이다. 이 방식이 잘 동작하지 않는 이유는 위협 모델이 시스템 수준 뷰에서 작성되지 않은 경우에 이들을 결합해 위협 모델을 작성하기가 매우 어렵기 때문이다. 따라서 전체 시스템으로 작성한 최고 수준의 뷰에서 시작해야 한다.

마이크로소프트의 상향식 사례

상향식 접근 방식이 유발하는 이슈에 대해 이해하는 것이 도움이 될 것이다. 2000년대 중반 마이크로소프트에는 상향식 위협 모델링이 큰 유행이었다. 여기에는 3가지 원인이 있다. 보안 개발 생명주기(SDL, Security Development Lifecycle)의 위협 모델 요구 사항과 마이크로소프트가 기능 팀에 접근한 측면, 그리고 최고 수준 모델을 작성하는 작업이 그 원인이다. SDL에 따르면 '모든 신규 기능'에 대해 위협 모델링을 해야 한다. 개발자, 테스터, 프로그램 관리자로 구성된 특정 팀이 기능을 책임지고 출시하기 위해서 협력하는 접근 방식도 함께 작용한다. 팀이 기능을 책임지기 때문에 기능 개발과 관련해 위협 모델을 명세서에 추가하라고 개발 팀에 요청하는 것이 당연하다. 마이크로소프트의 보안에 대한 접근 방식에 따르면 제품 보안 팀이 수행해야 하는 다양한 중요 작업이 있는데, 전체적인 위협 모델을 작성하는 것은 그 리스트의 상위에 있지 않다(잘 동작하는 많은 유용한 대형 제품 다이어그램이 이미 완료됐다. 이 중에서 일부는 포스터 크기의 종이보다 클 것이다).

'가로질러' 위협 찾기

하향식 방식을 사용하더라도 너비 우선 탐색을 할 필요가 있다. '가로질러'를 반복하는 데 활용할 수 있는 3가지 리스트가 있다. 신뢰 경계, 다이어그램의 요소, 위협 리스트다. 위협을 발견하는 데 구조적인 측면이 도움이 된다. 여러분의 팀이 구조적인 방식을 좋아하거나 작업이 위협적으로 느껴져서 그것을 나누기를 원할 가능성이 있기 때문이다. 표 7-1은 3가지 방식을 보여준다.

표 7-1 반복 작업을 위한 리스트

방법론	샘플 문장	비고
신뢰 경계를 가로지르는 것에서 시작	"갑이 신뢰 경계를 넘으면 무엇이 잘못될까?"	가장 중요한 위협을 찾을 가능성이 있다.
다이어그램의 요소에 따라 반복	"이 데이터베이스 파일에서 무엇이 잘못될 수 있을까?", "로그와 관련해 무엇이 잘못될 수 있을까?"	많은 팀이 협력할 경우에 다이어그램 요소 중심의 방식이 잘 작동할 수 있다.
위협에 따라 반복	"이 다이어그램의 어떤 부분에 위장 위협이 있을까?", "변조 위협이 어디에서 발생할까?"	위협 중심으로 토론하면 관련 위협 발견에 도움이 된다.

어떤 방식에 너무 얽매이지만 않는다면 3가지 방식 모두가 시작하기에 좋은 방식이다. 특별히 선호하는 방식이 없다면 위협이 모여 있을 경향이 있는 신뢰 경계를 가로지르는 것에서부터 시작하라. 그러나 계획한 방식에 관계없이 발생하는 각 위협을 반복해서 포착해야 한다.

완화를 위해 깊이 파고들기

많은 경우 위협은 기능을 추가함으로써 완화된다. 이 기능도 다른 기능과 마찬가지로 설계, 개발, 테스트, 배포돼야 한다(다른 경우 위협을 완화하기 위해서 간단한 설정 변경이나 심할 경우에는 재설계가 필요할 수도 있다). 그러나 위협을 완화하는 것과 일반적인 기능 사이에는 차이가 있다. 공격자는 '굵음Bold' 버튼을 조사해 개발자가 의도하지 않고, 지원하지 않는 방법으로 문자열을 굵게 만들 수 있다.

위협을 발견했지만 공격자가 게을러서 취약점을 공격하지 않는 경우만 계획한다면 위협 발견은 그리 대단하지 않은 일이고, 완화에 대해서 더 깊이 파고들 필요는 없다(새로운 일자리를 구하는 것에 대해서 걱정해야 될 수도 있지만, 그건 이 책의 범위가 아니다. 마이크 머레이

Mike Murray의 『Forget the Parachute: Let Me Fly the Plane』를 추천한다). 이 절에서는 여러분이 공격자를 방해하기 위해 설치한 설계 및 기능을 공격자가 어떻게 우회할 수 있는지에 대한 상호작용을 자세히 살펴본다.

완화의 순서

집에 대한 위협 모델링을 한 사례로 돌아와 보면 보안 전문가 입장에서 공격자가 어떻게 경보장치의 전선을 절단해 보안 시스템을 무력화하는지에 초점을 맞추는 것은 쉽고 재미있는 일이다. 창문을 공격 표면이라고 생각한다면 누군가가 창문을 깨서 열고 들어오는 위협이 있다. 창문을 깨는 행동은 강화 유리를 통해 해결할 수 있는데, 이것이 '1차' 완화이다. 창문이 깨졌을 때 경보를 울릴 수도 있다. 이는 2차 완화다. 그러나 경보는 전원이 차단되면 작동하지 않는다. 이 3단계 위협에 대응하기 위해서 시스템 설계자는 추가적인 방어 조치를 할 수 있다. 예를 들어 경보 시스템에 전원이 차단돼도 경보가 작동하게 할 수 있다. 배터리나, 휴대전화 등 무선통신 장치를 추가할 수도 있다(재미있지 않은가?). 표 7-2에서는 공격과 방어의 여러 계층, 또는 순서를 보여준다.

> **노트** 창문이 깨지는 위협에 사로잡혀 있어서 창문에 잠금 장치를 설치하지 않거나 현관 매트 아래에 숨겨둔 열쇠가 있다는 사실을 간과할 수도 있다. 따라서 문제를 해결하지 못하고, 자원을 제대로 투자하지 못하게 된다.

표 7-2 위협과 완화의 '순서' 또는 '계층'

순서	위협	완화
1차	창문 깨기	강화 유리
2차	창문 깨기	경보
3차	경보 신호선 절단	반복 신호(heartbeat)
4차	위장 반복 신호	암호화된 신호 무결성

위협 모델링은 공격 표면에서부터 진행해야 하고, 2차 위협에 주의하기 전에 1차 위협을 해결해야 한다. 방법론이 모든 1차 위협에 대응하는 것을 보장하더라도 방법론을 따르기에 시간이 부족할 수도 있다. 따라서 너비 우선 방식으로 위협을 찾아야 한다.

체스 게임

완화 조치를 한 후 공격자가 다음에 무엇을 할 것인지 생각하는 것도 중요하다. 공격자가 경보 신호선에 가짜 반복 신호를 입력하기까지의 과정을 따라갈 수도 있지만, 공격자가 현관 열쇠를 발견하거나 다른 집을 털러 갈 수도 있다. 공격과 방어가 고정돼 있다고 생각하지 마라. 둘 사이에는 동적인 상호작용이 존재하고 대부분 공격자가 주도한다. 위협과 완화 조치를 체스판의 검은 말과 흰 말이라고 생각할 수 있다. 공격자가 이동하면 다른 말과의 관계가 변한다. 완화 방법을 설계할 때 그 조치가 취해질 경우 공격자가 어떻게 할지 생각하라. 공격자가 어떻게 우회할까?(이 질문은 공격자가 무엇을 할지 묻는 것과는 미묘하게 다르다. 노벨 물리학상 수상자 닐스 보어는 "예측은 매우 어려운 일이며, 특히 미래에 대한 예측은 더욱 어렵다"라고 말했다)

흔히 공격자는 눈에 띄는 가장 약한 연결고리를 찾는다. 어떤 위협을 깊이 파고들지 생각한다면 가장 약한 고리에서 시작하라. 실제 시나리오를 포함한 경험이 매우 유용한 부분이다. 관련 경험이 부족하다면 2장에서 살펴본 것처럼 문헌 연구가 도움이 된다. 이 상호작용은 기교 있는 위협 모델링과 영리한 재설계에 따라 큰 차이가 발생할 수 있는 영역이다.

여러분의 조치로 인해 공격자가 공격을 중단하리라고 믿는다면 낙천적, 더 좋은 말로는 순진한 것이다. 몇 수 이후에 어떤 일이 발생할지는 매우 중요하다(공격자는 잔꾀를 부린다). 공격자가 '다음으로 가장 쉬운' 공격을 진행할 것이기 때문에 위협을 순서에 따라 생각하는 것과는 다르다. 즉, 공격자는 여러분이 계획, 코딩해 조치한 위협에 머물러 있지 않고, 시스템의 다른 부분을 공격할 수 있다. 공격자가 어디로 갈지 선택할 수 있기 때문에 모든 부분을 방어해야 한다. 공정하지 않은 일이지만, 아무도 여러분에게 공정함을 약속하지 않았다.

우선순위 결정

완화 조치의 계층에 대한 조언과 가로 질러서 위협을 찾으라는 제안이 모순이라고 생각할 수도 있다. 무엇을 먼저 해야 할까? 체스 게임을 고려해야 하는가? 아니면 모든 위협을 커버해야 하는가? 너비 우선 방식을 먼저 적용하는 것이 낫다. 버그를 관리하고 위협에 대응하는 방법을 선택할 때 체스 게임을 생각해 다양한 위협을 깊게 생각해 볼 수 있다. 그러나 중요한 점은 2가지를 모두 놓쳐서는 안 된다는 사실이다.

불행히도 여러분의 기술에 관심이 많은 공격자는 조사나 방어 조치를 하기에 시간이 부족했던 부분을 찾으려고 노력한다. 위협과 완화 조치와 함께 적절한 요구 사항이 지속적으로 공격하기 어려운 대상이 되게 하는 데 도움이 된다.

곰에게서 도망치기

철수와 영희가 숲에서 성난 곰과 마주쳤다는 오래된 농담이 있다. 영희는 도망가기 시작했지만 철수는 멈춰 서서 운동화 끈을 조였다. 영희는 철수에게 "지금 도대체 무엇을 하는 거야?"라고 물었고, 철수는 영희를 바라보며 "내가 곰보다 빨리 달릴 필요는 없지. 너보다 빨리 달리기만 하면 된다."라고 대답했다.

썩 재미있는 농담은 아니지만, 잘못된 위협 모델링에 대한 좋은 비유다. 숲 속에 곰이 한 마리만 있다고 가정하면 안 된다. 많은 사람이 새로운 취약점을 찾기 위해 노력하고 있으며, 발견한 취약점뿐만 아니라 공격 도구와 기술도 공개한다. 과거에 비해 더 많은 취약점이 더 효율적으로 발견할 수 있다. 여러 마리의 곰이 있을 뿐만 아니라 곰들이 컨퍼런스에 모여 철수와 영희를 모두 잡아먹는 방법에 대해 논의하고 있는 것과 같다.

더욱이 많은 공격이 자동화되고 거의 무한한 수준으로 확장될 수 있다. 곰이 기관총을 갖고 있는 것과 비슷하다. 마지막으로 소셜 네트워킹 서비스가 활발해짐에 따라 자동화된 사회공학적 공격도 발생하고 있다(공격자가 최신 행위 기반 광고 서비스를 악성코드 배포에 활용할 가능성을 고려해보자).

"다음 목표물보다 빨리 달아나기만 하면 된다."라고 결론지었다면 분석을 일찍 마칠 수도 있다.

표와 리스트로 추적

위협 모델링을 하면서 많은 정보가 생성되기 때문에 좋은 추적 메커니즘이 필요하다. 최적의 방법을 찾기 위해 약간의 실험이 필요하다. 이 절에는 약간의 샘플 리스트와 리스트에 들어가는 내용이 수록돼 있다. 조언을 하려는 목적이지 여기에 구속되면 안 된다. 정기적으로 기록해야 할 내용을 발견한다면 추적할 수 있는 방법이 있어야 한다.

위협 추적

우선 위협을 추적하기 위해 표를 활용할 수 있다. 표를 작성하는 (최소) 3가지 방법이 있는데, 다이어그램 구성 요소(표 7-3), 위협 유형(표 7-4), 발견한 순서(표 7-5)에 따라 작성할 수 있다. 3개의 표는 그림 7-1에서 보여주는 1장의 아주 간단한 다이어그램에 대해 각 방법을 이용해 위협을 검사한 사례다.

다이어그램 구성 요소에 따라 표를 작성한다면 열의 제목은 다이어그램 구성 요소, 위협 유형, 위협, 버그 ID/제목이 된다. 표에 모든 위협이 표시됐는지 검증해 작업 내용을 확인할 수 있다. 예를 들어 STRIDE의 개별 요소를 사용한다면 각 데이터 흐름마다 최소 1개 이상의 변조, 정보 노출, 서비스 거부 위협이 있어야 한다. 다이어그램 구성 요소에 따라 표를 작성한 사례가 표 7-3에 나와 있다.

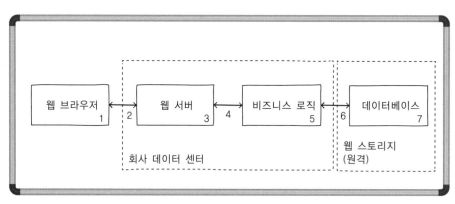

그림 7-1 위협 테이블 작성에 고려된 다이어그램

표 7-3 다이어그램 구성 요소로 목차를 매긴 위협 테이블(일부)

다이어그램 구성 요소	위협 유형	위협	버그 ID와 제목
웹 서버에서 비즈니스 로직으로 가는 데이터 흐름(4)	변조	결제 확인을 하지 않고 주문 생성	4553 "채널에 대한 무결성 제어가 필요하다."
	정보 노출	지불 수단이 평문으로 노출	4554 "암호화가 필요하다." #PCI #p0
	서비스 거부	데이터 센터 내부에서 다 수용할 수 있는가?	4555 "수용 가능한지 IT 부서의 앨리스에게 확인한다."

표 7-3을 완성했는지 확인하기 위해 각 구성 요소에 적어도 하나의 위협이 있는지 확인해야 한다. STRIDE의 개별 요소를 활용한다면 각 프로세스에 6개, 데이터 흐름에 3개, 외부 엔티티에 2개, 데이터 저장소에 3개, 로그가 데이터 저장소에 저장될 경우 4개의 위협이 있어야 한다.

위협에 따라 표를 작성할 경우 위협에 따라 반복 작업을 수행한다. 이 방식을 사용할 경우 표 7-4와 같은 결과를 얻을 수 있다.

표 7-4 위협에 따라 작성된 위협 표(일부)

위협	다이어그램 구성 요소	위협	버그 ID와 제목
변조	웹 브라우저(1)	공격자가 주문 확인 자바 스크립트를 수정한다.	4556 "서버에 주문 확인 로직을 추가한다."
	브라우저에서 서버로 가는 데이터 흐름(2)	HTTPS 사용 불가*	4557 "데이터 흐름 종단에서 HTTP 수신자가 없다는 사실을 보장할 수 있는 단위 테스트를 작성한다."
	웹 서버	웹 서버를 변조할 수 있는 사람이 고객을 공격할 수 있다.	4558 "모든 서버 코드의 변경이 소스 컨트롤을 따르게 해 변경 추적이 가능하게 한다."
	웹 서버	웹 서버가 주문하는 아이템을 추가할 수 있다.	4559 "공격자가 접근하기 어려운 비즈니스 로직을 향한 컨트롤을 조사한다."

* 'HTTPS 사용 불가' 항목은 시나리오와 완화 기법에 대한 지식이 지루한 위협 조사 과정을 거치지 않고 수정 방법을 빨리 찾을 수 있게 하는지 보여주는 사례다. 이와 같은 결론으로 (말 그대로) 점프하는 경우에는 다른 위협을 놓치지 않게 주의해야 한다.

> **노트** 표 7-4에는 웹 서버에 대한 2개 항목이 존재하는데, 전혀 문제가 없다. 추가 위협을 발견하거나 추가로 발견난 위협을 기록하는 것을 방해하는 것이 존재하면 안 된다.

표를 작성하는 마지막 방식은 표 7-5처럼 발견한 순서를 따르는 것이다. 다음 위협을 아래 줄에 추가하면 되기 때문에 표를 채우기 가장 쉬운 방식이다. 그러나 위협이 '뒤섞여 있기 때문에' 검증하기 어렵다.

표 7-5 발견 순서에 따른 위협(일부)

위협	다이어그램 구성 요소	위협	버그 ID
변조	웹 브라우저(1)	공격자가 주문 확인 자바스크립트를 수정한다.	4556 "서버에 주문 확인 로직을 추가한다."

3가지 방식이 있으면 어떤 방식을 사용해야 되는지가 당연히 궁금하다. 위협 모델링 초보이고 체계적인 방식이 필요하다면 처음 2가지 방식을 사용하는 것이 좋다. 3번째 방식이 더 자연스럽지만, 최종 단계에서 체크 과정이 필요하다. 위협 모델링에 더 익숙해지면 자연스럽게 건너뛸 수 있고, 3번째 유형의 표가 더 유용할 것이다.

가정하기

가정을 발견해 추적하는 핵심 이유는 문제를 조사하는 방법을 가정하지 않았다는 점을 보장할 수 있고, 후속 조치도 할 수 있기 때문이다. 이를 위해서는 다음과 같은 사항을 추적해야 한다.

- 가정
- 가정이 잘못됐을 경우의 영향력
- 가정이 잘못됐을 경우 알려줄 수 있는 사람
- 후속 조치를 하는 사람
- 후속 조치를 해야 하는 시기
- 추적해야 할 버그

표 7-6은 가정 표에 포함될 샘플 항목을 보여준다.

표 7-6 가정을 기록하기 위한 표

가정	가정이 틀렸을 경우의 영향력(당연하지 않은 경우)	말해줄 사람 (알고 있을 경우)	후속 조치를 하는 사람	후속 조치 시기	버그 번호
데이터 센터 내부에서는 서비스 거부 공격을 무시해도 된다.	처리되지 않은 취약점 발생	영희	철수	4월 15일	4555

외부 보안 노트

많은 마이크로소프트의 위협 모델링 문서에 '외부 보안 노트' 절이 포함돼 있다. 이 명칭은 위협 모델에 대한 노트의 특성을 보여준다. 즉, 위협 발견 과정에서 어떤 점에서든 외부에 있는 사람을 위한 노트이며, 위협을 발견하는 과정에서 생성된 노트라는 점이다. 그러므로 위협과 가정을 추적하는 것과 마찬가지로 외부 보안 노트도 추적하는 것이 좋다. 노트를 독자에 따라 2가지로 분류하는 것이 명확성에 도움이 된다. 즉, 고객과 여러분의 API를 호출하는 사람으로 분류한다. 이 노트를 잘 보여주는 형태가 IETF 'RFC Security Considerations' 절에 나와 있다. 한번 읽어보기 바란다.

고객을 위한 노트

고객이나 여러분의 시스템을 사용하는 사람을 대상으로 하는 보안 노트는 흔히 "우리는 X 문제를 수정할 수 없습니다."와 같은 형태다. X 문제를 수정할 수 없는 것은 용인될 수도 있는데, "이 제품은 시스템 관리자에 의한 공격을 막을 수 있도록 설계되지 않았습니다."와 같이 놀라운 일이 아니라면 더 그럴 것이다. 이러한 노트는 '요구 사항이 아님'이라는 말로 더 잘 표현되는데, 이는 12장 '요구 사항 분석'에서 상세히 다룬다.

API 호출자를 위한 노트

API에 대한 적절한 설계에는 유용성, 사용성, 보안성 등 다양한 트레이드오프가 존재한다. 위협 모델링에서 API 호출자를 위한 노트에는 2가지 기능이 있다. 우선 설계를 확정하기 전에 보안에 관한 영향을 이해하는 데 도움이 된다. 그리고 고객이 이러한 영향을 이해하는 데도 도움이 된다.

이 노트는 "API를 호출하는 사람이 API를 안전하게 활용하기 위해 무엇을 해야 하는가?"라는 질문에 답하기 위한 것이다. API를 호출하는 사람에게 어떤 위협이 해결됐는지(어떤 보안 체크를 수행하는지) 알려주고, API를 호출하는 사람이 체크해야 하는 것을 알려줄 수 있다(위협에 대해 알지 않는 것으로 보안을 유지하고 있다면 문제가 된다. 16장의 케르크호프스^{Kerckhoffs}의 원리를 참조하라). API 호출자를 위한 노트는 흔히 다음과 같은 유형을 따른다.

- **우리의 위협 모델은 [설명]입니다.** 즉, 여러분이 우려하는 사항은 …이다. 아마도 이 책의 독자들에게 당연한 내용이다.

- 우리의 코드는 [설명]과 같은 형태의 입력만 허용합니다. 단순히 그 경우에만 입력을 수용한다. 어떤 확인 과정을 수행하고, 어떤 입력이 거부되는지 설명한다. 이 방식은 표면적으로는 "전송하는 내용에 대해서는 보수적이고 전송 받는 내용에 대해서는 자유로워야 한다"는 인터넷의 강건성 원칙과 맞지 않다. 그러나 자유로움이 어리석음을 뜻하는 것은 아니다. 이상적으로, 이 설명은 단위 테스트와도 부합한다.

- 우리의 코드를 사용할 때 흔히 발생하는 실수는 [설명]입니다. 이 방식은 API를 호출하는 사람이 하거나 하지 말아야 하는 행동으로, 동전의 양면과 같다.

  □ 우리가 검증을 수행한다고 생각하실 수도 있겠으나, 우리는 이 속성에 대해서 검증하지 않습니다. 다른 말로, 특히 여러분이 어떤 행위를 했을 것이라고 기대하는 상황에서 API 호출자가 스스로 체크해야 하는 부분을 설명한다.

  □ 우리의 코드가 해결하지 않거나 해결할 수 없는 일반적인 실수 다른 말로, 버그 보고서(또는 보안 이슈)에서 흔히 볼 수 있는 것처럼 API를 호출하는 사람이 어떤 행위를 하지 않았기 때문에 이를 설계 결함이나 수정해야 할 사항으로 간주하는 것을 고려하라.

예를 들어 strcpy 함수에서 API와 관련된 문제가 발생하는 경우를 생각해보자. 다양한 유닉스 배포본의 매뉴얼 페이지에 따르면 "strcpy는 s2가 버퍼 s1에 들어가는지 확인하지 않는다." 또는 "strcpy에서 s1은 최소한 s2의 길이 + 1보다 커야 한다." 같은 내용이 포함돼 있다. 좋은 매뉴얼은 "strcat의 사용을 피하라."라고 말하고 있기 때문에 신중하게 이 사례를 선택했다(윈도우에서는 SafeStr*, 유닉스에서는 strL*을 사용해야 한다). 매뉴얼에서 이렇게 이야기하는 이유는, 안전한 사용을 위한 노트가 추가되더라도 함수를 올바르게 사용하기 너무 어려우며, 함수를 호출하는 사람을 위한 노트로 이를 해결할 수도 없기 때문이다. API 호출자를 위한 노트가 "에러가 자주 발생하는 상황을 거치지 않고는 이 API를 사용할 수 없다."라는 내용으로 압축된다면 (사업적으로 엄청난 가치가 있지 않는 한) API를 수정해야 한다.

그러나 때로는 API를 호출하는 사람을 위한 노트가 적절할 때도 있다. 예를 들어 "이 API는 여러분이 유효한 root CA를 통해 전달하는 SignedDataBlob를 검증합니다. 그러나 URL은 우리에게 전달되지 않기 때문에 직접 OrganizationName 항목이 URL에 포함된 이름과 일치하는지 확인해야 합니다."와 같은 노트다. Blob과 URL은 관련이 없으므로 타당한 노트다. 또한 ValidateSignatureURL() 이라는 API 호출이 있다면 더 합리적일 것이다.

RFC 보안 고려 사항

IETF RFC는 외부 보안 노트의 형태로 돼 있고, 노트에 어떤 내용이 포함되는지 알 수 있는 사례로, 살펴볼 가치가 있다(Rescorla, 2003). 좀 더 체계적인 노트의 서식이 필요하다면 이 프레임워크가 좋은 출발점이 된다. 최근 RFC의 보안 고려 사항에는 다음과 같은 내용이 포함된다.

- 범위
- 범위가 아닌 것과 그 이유
- 프로토콜에서 발생할 수 있는 예측 가능한 위협
- 사용자와 운영자에 대한 잔여 위험
- 프로토콜이 방어하는 위협
- 보안의 기초가 되는 가정

범위는 당연한 부분이다. RFC에는 예측 가능한 위협, 잔여 위험이 범위를 벗어났다고 정의하는 데 대한 흥미로운 논의가 있다. 잔여 위험의 핵심은 12장에서 설명할 '요구 사항이 아님'과 유사하다. 즉, 프로토콜 설계자가 자신의 수준에서 해결할 수 없는 것에 관해 설명한다.

시나리오에 특화된 위협 모델링의 구성 요소

위협 모델링을 하면서 동일한 이슈가 반복해서 발생하는 몇 가지 시나리오가 있다. 여기에는 고객/벤더 경계에 관한 이슈, 새로운 기술에 대한 위협 모델링, API를 위협 모델링하는 것(단순히 외부 보안 노트를 작성하는 것보다는 범위가 넓다)이 포함된다. 고객/벤더 신뢰 경계는 불행히도 자주 누락된다. API와 새로운 기술에 대해 위협 모델링을 하는 방식은 때로는 매우 어려워 보인다. 각 시나리오에 대해서는 다음 절들에서 따로 설명한다.

고객/벤더 신뢰 경계

고객은 여러분이 작성한 코드를 실행하고 있기 때문에 고객이 여러분을 신뢰하고 여러분도 고객을 신뢰할 수 있다고 가정하기 쉽다. 이 가정은 Acme 엔지니어가 "Acme.com은 외부 엔티티가 아니야…"라고 말하는 것과 같은 결과를 초래한다. 이 말이 사실일 수도 있지만 틀렸을 수도 있다. 고객이 코드를 받은 후에 꼼꼼하게 검사를 할 수도 있다. 고객이 여러분의 회사를 전반적으로 신뢰할 수 있다고 생각하지만, 기밀을 노출하지는 않을 수도 있다. 기밀을 보유하는 것은 보안적으로 다른 측면이다. 예를 들어 고객의 암호화 키에 대한 백업을 보관하고 있다면 영장이나 고객에게 밝힐 수 없는 법적 요구에 의해 정보 노출 위협의 대상이 될 수도 있다. 좋은 보안 설계는 고객/벤더 신뢰 경계를 적절히 설계하고 집행해 위험을 최소화하는 것이다.

이는 설치 소프트웨어 패키지 같은 전통적인 프로그램에도 해당되지만, 웹에도 적용된다. 웹 브라우저가 여러분이 만든 코드를 충실히 실행할 것이라고 믿는 것은 낙관적인 생각이다. HTTPS 연결의 반대편이 브라우저가 아닐 수도 있다. 브라우저라면 공격자는 프락시 프로그램을 통해 자바스크립트를 수정하거나 전송되는 데이터를 변경할 수도 있다. 코드가 신뢰에 관한 상황에 영향을 미친다면 신뢰 경계에 주의해야 한다.

새로운 기술

모바일부터 클라우드, 산업 제어 시스템, '사물 인터넷'에 이르기까지 전문가들은 계속해서 새롭고 흥미로운 기술을 개발한다. 때로는 이 기술이 진정으로 새로운 종류의 위협을 초래한다. 그러나 동일한 위협이 나타나는 경우가 더 많다. 숙련된 위협 모델러의 생각을 끌어내서 정리할 목적으로 만들어진 위협의 모델(STRIDE 연상법과 같은)이 새로운 기술에 대한 위협 모델링에 도움이 된다. 이 모델을 통해 숙련된 전문가들이 새로운 기술에 대해 상상만 하는 시점에서도 발생 가능한 많은 위협을 찾을 수 있다.

위협을 도출하는 기술이 추상적인 것에서 상세한 것으로 변화함에 따라 기술과 위협의 세부적인 변경 때문에 기법을 적용하기 어려울 수도 있다.

위협 모델링 관점에서 새로운 기술을 설계하는 사람이 할 수 있는 가장 중요한 작업은 신뢰 경계를 그려서 신뢰 관계를 명확히 정의해 이야기하는 것이다. 식별뿐만 아니라 커뮤니케이션도 필수적이다. 예를 들어 초기 웹의 신뢰 모델을 그림 7-2처럼 표현할 수 있다.

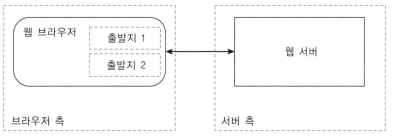

그림 7-2 초기 웹 위협 모델

위 모델에서 서버와 클라이언트는 모두 코드를 실행하고, HTML 형태의 데이터와 이미지만이 HTTP를 통해서 전달된다(모델링을 위해 간단히 표시했다. 초기 웹 브라우저는 gopher 나 FTP 등 HTTP 외의 기능도 지원한다). 그러나 경계를 확실히 표현할 수 있다. 웹이 진화하고 웹 개발자가 브라우저의 기본 기능으로 가능한 한계를 넓혀감에 따라 서버가 클라이언트에서 코드를 실행할 수 있는 다양한 방법이 추가됐다. 여기에는 자바스크립트, 자바, ActiveX, 플래시 등이 있다. 이는 보안 모델의 동적인 변화로 그림 7-3에서 확인할 수 있다.

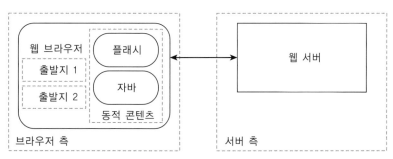

그림 7-3 진화된 웹 위협 모델

이 모델에서 서버의 콘텐츠가 브라우저에 훨씬 많이 접근해 2가지 유형의 새로운 위협이 발생한다. 하나는 다른 서버의 코드가 브라우저의 다른 정보를 공격할 수 있는 페이지 내부intra-page 위협이다. 다른 위협은 서버의 코드가 클라이언트 PC에서 발생하는 행위에 영향을 미칠 수 있는 방법을 찾아낼 수 있는 탈출escape 위협이다. 이러한 변화는 그 자체로 좋을 수도 나쁠 수도 있다. 새로운 기술은 웹 개발자와 웹 공격자에게 모두 웹에서 가능한 행동에 관한 극적인 변화를 일으킨다. 경계를 명확하게 확인한다면 이러한 웹의 변화를 좀 더 안전하게 달성할 수 있다. 설계자가 확신한 신뢰 경계를 정의해 커뮤니케이션하고 유지함으로써 새로운 기술을 사용하는 사람은 상당한 보안적인 이점을 얻을 수 있다.

API 위협 모델링

API 위협 모델은 일반적으로 매우 비슷하다. 각 API는 로컬 컴퓨터에서 동작하는 프로그램에서 호출되거나 인터넷상의 익명 사용자에 의해 호출되는지에 관계없이 신뢰 수준이 낮은 쪽이 존재한다. 로컬 컴퓨터에서 신뢰 수준이 낮은 쪽은 대부분의 경우 명확하다. 일반 사용자에 의해 실행되는 프로그램이 커널에 비해 신뢰 수준이 낮다(다른 코드가 동일한 사용자 ID로 실행될 경우 같은 신뢰 수준일 수도 있다. 그러나 윈도우의 AppContainer나 맥 OS의 샌드박스 등을 도입했다면 같은 UID로 동작하는 프로그램이 완전히 동등하지 않을 수도 있다. 각 프로그램은 다른 프로그램을 신뢰할 수 없는 것으로 간주한다). 명확한 '신뢰 수준이 낮은' 쪽이 있는 경우 권한이 적은 코드는 데이터가 사용되는 상황에 따라 데이터를 검증하는 것 외에 할 수 있는 것이 거의 없다. 신뢰 수준이 아주 낮은 경우라면 악성 커널로부터 프로그램 자체를 보호하기 어렵고, 시도하지 않는 편이 좋다. 이는 프로그램과 커널의 관계처럼 권한의 상하 관계가 정의된 경우에만 적용된다. API에서 '신뢰 수준이 높은' 쪽은 보안을 위해 다음과 같은 7가지 작업을 수행해야 한다.

- **신뢰 경계 내부의 모든 보안 체크를 수행한다.** 시스템에 신뢰 경계가 있는 이유는 신뢰할 수 없거나 신뢰 수준이 낮은 쪽이 존재하기 때문이다. 신뢰 수준이 낮은 곳이 보안 체크를 수행하게 한다면 경계의 핵심을 놓치는 결과를 초래한다. 때로는 입력되는 값을 전송하기 전에 체크하는 것이 유용하다(예를 들어 사용자는 웹에 많은 내용을 입력하면서 일부는 누락해 에러 메시지를 받을 수도 있다). 그러나 이는 사용성과 관련된 기능이지 보안 기능이 아니다. 신뢰 경계 내부를 테스트해야 한다. 또한 네트워크 API, REST API, 프로토콜 종단에 대해 인증, 권한 관리, 권한 회수를 고려하는 것이 중요하다.

- **데이터를 읽을 때 모든 데이터를 검증하기 전에 복사해야 한다(다음 항목을 참조하라).** 신뢰 수준이 낮은 쪽에서 데이터를 검증한다고 믿을 수 없다. 또한 여러분이 확인한 후에 데이터가 변조되지 않았다고 확신할 수도 없다. 이와 관련된 TOCTOU^{Time Of Check, Time Of Use}라는 보안 결함이 있다. 신뢰 수준이 낮은 곳에서 전달받은 데이터는 안전한 메모리로 복사돼 목적에 따라 검증된 후에 사용돼야 하며, 신뢰 수준이 낮은 곳에 존재하는 원래 데이터를 참조하면 안 된다.

- **데이터가 전달되는 목적을 알고 시스템에서 기대하는 형태와 일치하는지 검증해야 한다.** 어떤 데이터가 사용될지 알면 그것이 목적에 맞는지 체크할 수 있다. 예를 들어 IPv4 주소가 4개의 바이트로 구성되고, 이메일 주소는 특정한 정규 표현식으로 표현된다(이메일 정규 표현식은 파악하기 쉬운 사례다. 그러나 이메일을 주소로 보내는 것이 낫다(Celis, 2006)). API를 통해 데이터가 전달된다면 길이나 C 스타일 문자열의 길이만 검증할 수 있거나 아무것도 검증하지 못할 수도 있다. 그런 경우 여러분은 최소의 검증만 수행하고 있고 API를 호출하는 사람이 주의를 기울여야 한다는 사실을 명확하게 문서화해야 한다.

- **메시지를 통해 비밀을 노출하지 않고 문제 해결이 가능해야 한다.** 신뢰할 수 있는 코드는 신뢰할 수 없는 코드가 알지 못하는 내용을 알고 있다. 프로그램을 디버깅하는 능력과 너무 많은 데이터를 리턴하지는 않는지에 대한 균형이 필요하다. 예를 들어 데이터베이스 연결과 관련해 "사용자명 `dba`와 패스워드 `dfug90845b4j`로 서버에 연결할 수 없습니다." 같은 에러 메시지를 원할 수도 있다. 그러나 접속하는 모든 사람이 DBA의 패스워드를 알게 된다. "X 유형의 에러가 발생했습니다. 에러 로그 Z의 인스턴스 Y입니다." 형태의 메시지가 시스템 관리자에게 충분히 도움이 된다. 관리자는 Z에서 Y를 찾아볼 수 있고, 공격자에게는 로그가 존재한다는 사실만 노출한다. 연락할 사람에 대한 정보만 알려주는 에러 메시지는 더 낫다. "시스템 관리자에게 연락하세요." 같은 메시지를 본 공격자는 매우 좌절할 것이다.

- **여러분이 수행하는 보안 체크와 API 호출자가 스스로 수행해야 하는 체크를 문서화하라.** 극소수의 API는 입력 값에 제약이 없다. HTTP 인터페이스는 웹 인터페이스인데, `GET`, `POST`, `HEAD` 등의 메소드와 데이터를 입력받는다. `GET`, `HEAD` 메소드에서 데이터는 URL, HTTP 버전, HTTP 헤더로 구성된다. 과거 CGI 프로그램은 웹 서버가 헤더를 통해 환경 변수와 이름-값 쌍을 전달한다는 점을 알고 있다. 환경 변수가 매번 유일하지는 않아 여러 버그가 발생한다. CGI가 의존하는 내용은 문서화가 가능하지만, 사람들이 해석할 수 있는 다양한 종류의 공격과 가정은 문서화하기 어렵다.

- **지속적으로 암호화 기능이 동작해야 한다.** 신뢰 수준이 낮은 쪽의 관점에서 모든 암호화 기능은 지속적으로 동작해야 한다. 암호화 키(비대칭 암호화 시스템의 공개 키를 제외하면)는 신뢰 수준이 낮은 쪽에 절대로 노출해서는 안 되는 중요한 부분이다. 암호화 키는 당신이 지키기를 원하는 자산이기도 하면서 중요한 자산으로 가기 위한 중간 단계이기도 하다. 16장을 참조하라.

- **API의 독특한 보안 요구 사항을 관리하라.** 이전에 발생한 이슈가 꾸준히 발생해서 새로운 가치가 있는 신규 API를 개발할 수도 있다. 이 API에도 고려해야 하는 새로

운 위험이 있다. 때로는 "무엇이 잘못될 것인가?"에 대답하기 위해 '악의적인 내부자' 모델을 사용하는 것이 유용하다.

여기 설명한 체크리스트 외에도 유사하거나 경쟁 중인 API를 살펴보고 어떤 보안적인 변경이 이뤄졌는지 살펴보는 것이 도움이 된다. 그러나 보안 변경 사항이 문서화되지 않았을 수도 있다.

요약

위협 모델링이 다른 개발, 아키텍처, 기술 적용과 잘 맞아 돌아가는 데 도움이 되는 다양한 툴과 기술이 있다. 이 툴을 이용한 위협 모델링 작업은 '프로젝트 시작 단계', '기능을 개발하면서', '출시 직전'에 수행할 수 있다.

위협 모델링은 소프트웨어 다이어그램을 작성(또는 이전 버전의 다이어그램을 수정)하는 것으로 시작된다. 마칠 때는 일련의 보안 버그를 제출해 일반적인 개발 프로세스를 통해 버그를 관리해야 한다.

다이어그램을 작성할 때는 가장 폭넓은 설명에서부터 시작해서 적절한 세부 사항을 추가해야 한다. 하향식top-down 방식을 적용하고 진행하면서 다이어그램의 각 수준에서 각 구성 요소를 가로질러 진행한다. 신뢰 경계, 소프트웨어 구성 요소, 위협 발견 기술을 가로질러 진행할 수 있다.

완화 대책을 검토할 때는 공격자가 그 대책을 우회할 수 있다는 사실을 고려해야 한다. 가장 쉽게 접근할 수 있는('일차') 위협을 먼저 조치하고, 여러분이 조치한 방안에 대한 공격을 해결해야 한다. 위협과 대책을 정적인 환경이 아니라 공격자가 말을 움직일 수 있고 속임수도 쓸 수 있는 게임이라고 생각해야 한다.

분석을 진행하면서 위협, 가정, 고객이 알아야 되는 정보 등 발견한 내용을 추적해야 한다. 여기서 고객은 '여러분의 고객', '무엇이 여러분의 목적인지 아닌지 이해해야 하는 사람', 'API를 호출하는 사람', '여러분이 어떤 보안 체크를 수행하고 스스로 무엇을 체크하는지 알아야 하는 사람'이 포함된다.

몇 가지 시나리오에 특화된 부분도 있다. 고객/벤더 보안 경계를 준수해야 하고, 새로운 기술에 대해 고객/벤더 경계뿐만 아니라 모든 신뢰 경계에 대해 위협 모델링을 수행해야 한다. 새로 개발하는 API에 새롭고 흥미 있는 보안 특성이 있더라도 대부분의 API의 위협 모델은 비슷하다.

8

방어 전략과 기술

지금까지 다이어그램을 이용해 소프트웨어를 모델링하고, STRIDE, 공격 트리, 공격 라이브러리를 이용해 위협을 발견하는 방법을 설명했다. 위협 모델링 프로세스에서 다음 단계는 발견한 위협을 해결하는 것이다.

가능한 경우라면 위협을 해결하는 가장 빠르고 쉬운 방법은 기술적 수준의 방어 패턴이나 기능을 적용하는 방법이다. 8장에서는 위협을 대응하는 데 사용할 수 있는 일반적인 전략과 기술을 설명한다. 설정, 활성화, 적용하거나 여러 위협을 신속히 방어할 수 있는 운영체제나 프로그램의 기능이 있다. 때로는 널리 사용 가능하고 신속히 추가할 수 있게 설계된 추가 코드를 포함한다(예를 들어 SSH를 통해 연결을 터널링하는 방식이 여러 곳에서 지원되고 있으며, 일부 유닉스 패키지들은 쉽게 적용이 가능한 옵션도 제공한다).

STRIDE를 통해 위협을 발견할 것이므로, 8장의 구성은 STRIDE를 따른다. 대부분 패턴이 위협에 대응하는 방법에 대한 정보를 이미 포함하고 있으므로, 8장의 대부분은 STRIDE 위협과 프라이버시 위협을 설명한다.

위협을 완화하기 위한 전략과 기술

대부분의 경우 STRIDE를 통해 위협을 발견할 것이기 때문에 8장에서 설명하는 완화 전략과 기술은 STRIDE의 구성을 따른다. 따라서 이 절은 STRIDE의 각 위협을 완화하는 방법으로 구성된다. 각 부분은 위협에 대한 간략한 설명과 위협에 대응할 수 있는 전략, 다양한 기술과 책임을 가진 사람들이 위협에 대응하기 위한 기술에 대해 설명한다. 예를 들어 암호화된 인증을 추가하려고 하는 개발자라면 사용하는 기술은 시스템 관리자가 사용하는 기술과는 다를 것이다. 각 부분의 마지막은 구체적인 기술의 목록으로 마무리한다.

인증: 위장 위협의 완화

위장Spoofing 위협은 다양한 형태로 발생한다. 디스크의 프로그램인 척하거나, 포트(IP, RPC 등)를 무단 점유하거나, 포트를 삽입하거나, 원격 컴퓨터로 위장하거나, 메모리의 프로그램인 척하는 형태를 포함한다(라이브러리나 의존성과 관련된 문제는 변조tampering 부분에서 다룬다). 일반적인 경우 동일하거나 낮은 신뢰 수준에서 동작하는 프로그램만 위장할 수 있고, 따라서 OS 등과 같이 높은 신뢰 수준으로 동작하는 코드만 신뢰해야 한다.

물론 사람에 대한 위장도 있는데, 이 방대하고 복잡한 주제는 14장에서 다룬다. 위장 위협에 대응하기 위해서 때로는 시스템의 계층layer 간 아주 밀접한 통합이 필요하다. 예를 들어 Acme 사의 유지 보수 엔지니어가 여러분의 데이터베이스에 원격(또는 로컬) 접속하기를 원할 수도 있다. 그 사람이 Acme 사의 직원이라는 사실만 확인하는 것으로 충분할까? 그 사람이 Acme 사 도메인에서 접속한다는 것만 확인하면 될까? 그 엔지니어가 데이터베이스에 접속하는 데 사용할 계정을 생성하는 것이 타당하겠지만, 그 계정을 어떻게 Acme 사의 임직원 데이터베이스와 연결할 수 있을까? 그 엔지니어가 Acme 사를 퇴사해 더 나은 내일을 위해 Evil Geniuses 사에 입사한다면 그가 Acme 사의 데이터베이스에 접속하는 것을 어떻게 막을 수 있을까?

> **노트** 인증(authentication)과 권한 관리(authorization)는 서로 관련된 개념이고, 때로는 혼동되는 개념이다. 누군가가 실제로 Adam Shostack(저자의 이름)이라는 사실을 아는 것만으로 은행이 내 계좌에서 돈을 인출해 줄 수는 없다(미국에 여러 명의 Adam Shostack이 있다). 권한 관리 위협에 대응하는 방법은 '권한 관리: 권한 상승 대응' 절에서 다룬다.

이제 인증을 잘 수행하고 있는지 확신하기 위한 구체적인 방법을 살펴보자.

인증 전략

원격 컴퓨터를 암호화된 신뢰 메커니즘을 사용하거나 사용하지 않고 인증할 수 있다. 암호화를 사용하지 않으면 IP나 '전통적인' DNS 값을 확인한다. 모든 비암호화 방식은 신뢰할 수 없다. 이중 역DNS 조회와 같이 호스트네임을 신뢰할 수 있게 하기 위한 시도가 있었다. 당시에는 이 방식이 최고의 인증 전략이었다. 요즘에는 더 잘할 수 있고, 제대로 못할 이유도 거의 없다(SNMP가 한 가지 이유가 될 수 있고, 초소형 기기가 다른 이유일 수 있다). 앞서 설명한 것과 같이 사람을 인증하는 것은 복잡한 주제이며, 이에 대해서는 14장에서 다룬다. 시스템의 엔티티를 인증하는 것은 어느 정도 운영체제에 좌우된다.

내부적인 기술적 메커니즘이 무엇이든지 간에 암호화 키는 기술적인 이름과 사람이 사용하는 이름 간의 관련성을 보장하기 위해 관리된다. 검증을 완전히 컴퓨터에 맡길 수는 없다. 다양한 회사 중 하나에게 검증을 수행하도록 위임할 수 있다. 이 회사들은 'PKI'나 '공개 키 기반 구조' 사업을 수행하는 회사로 '인증기관certificate authority'이나 'CA'라고 불린다. 위임을 할 경우 위임받는 회사의 책임 범위 이상의 거래에 관해서 특히 주의해야 한다(대부분 경우 인증기관은 아무런 책임을 지지 않는다). 고액 거래를 맡겨야 되는 이유는 인증기관의 마케팅 부서에서 듣고 싶어 하지 않는 질문일 것이다. 이에 대한 대답은 아마도 편의성, 대안이 없음, 업계의 관행을 따르는 것으로 귀결된다.

위장에 대응하는 개발자의 방법

운영체제 내에서 위장에 대응하기 위해 라이브러리, 파이프 등의 전체, 절대 경로를 사용하는 것을 목표로 해야 한다. 운영체제가 보호하는 부분에 의존하는 경우 권한이 잘 설정됐는지 확인해야 한다(특히 유닉스의 /tmp 폴더에 있는 파일은 신뢰할 수 없으며, 윈도우에도 이와 유사한 공유 디렉토리가 있다). 단일 신뢰 도메인에서 네트워크 시스템을 운영 중이라면 액티브 디렉토리나 LDAP 등의 운영체제 메커니즘을 사용하는 것이 좋다. 시스템이 여러 신뢰 도메인에 걸쳐 있다면 퍼시스턴스persistence나 PKI를 사용할 수 있다. 도메인이 아주 가끔 변경된다면 수작업으로 키를 상호 검증하거나 계약을 통해 누가 어떤 위험을 감수할지 정하는 것이 적절하다.

암호학적으로 위장에 대응할 수도 있는데, 이는 16장에서 다룬다. 기본적으로 키와 사람을 연결하고, 키가 접속하거나 인증 받는 사람과 올바르게 연결됐는지 인증해야 한다.

위장에 대응하는 운영적인 방법

시스템이 구축되면 시스템 운영자가 위장에 대응할 수 있는 옵션은 제한적이다. 내부 시스템의 경우라면 관련 시스템 개발자에게 인증을 개선하게 압력을 가할 수 있다. DNSSEC, SSH, SSL 터널링을 사용해 인증을 개선, 추가할 수도 있다. 일부 네트워크 서비스 제공자는 아웃바운드 트래픽을 필터링해 위장을 어렵게 해준다. 이 방식은 도움이 되지만, 여기에만 의존해서는 안 된다.

인증 기술

컴퓨터(또는 계정)를 인증하기 위한 기술은 다음과 같다.

- IPSec
- DNSSEC
- SSH 호스트 키
- Kerberos 인증
- HTTP 다이제스트 또는 기본 인증
- '윈도우 인증'(NTLM)
- SSL 또는 TLS 인증서 등의 PKI 시스템

비트(파일, 메시지 등)를 인증하기 위한 기술은 다음과 같다.

- 디지털 서명
- 해시

사람을 인증하기 위한 방법은 다음과 같다.

- 패스워드 등 그 사람이 알고 있는 것
- 접속 카드 등 그 사람이 갖고 있는 것
- 생체 정보, 사진 등 그 사람에게 유일한 것
- 그 사람을 인증할 수 있는지 아는 사람

연결된 곳과 인증을 유지하기 위한 기술은 다음과 같다.

- 쿠키cookies

연결된 곳과 인증을 유지하는 것은 시스템을 통합할 때 일반적으로 발생하는 이슈다. 쿠키 패턴에도 결함이 있지만, 일반적으로 패스워드로 다시 인증을 하는 것보다는 결함이 적다.

무결성: 변조 위협의 완화

변조Tampering 위협은 디스크상의 비트 변조, 네트워크상의 비트 변조, 메모리상의 비트 변조 등 다양한 형태로 발생한다. 물론 여기서 한 번에 한 비트만 변조된다는 의미는 아니다.

무결성 전략

변조 위협에 대응하기 위한 3가지 방법이 있다. 즉, 권한 등 시스템의 방어에 의존하는 방법, 암호화 메커니즘을 활용하는 방법, 억제 수단으로서 로깅 기술과 감사 활동을 사용하는 방법이다.

권한 메커니즘은 통제 범위에 속한 파일, 디스크, 데이터베이스의 데이터, 웹 서버 내부의 경로 등을 보호할 수 있다. 권한 메커니즘의 예로 윈도우의 ACL, 유닉스의 파일 권한, 웹 서버의 .htaccess 파일 등이 있다.

무결성Integrity을 위한 2가지 유형의 암호화 요소가 있는데, 해시hash와 서명signature이다. 해시는 임의의 길이의 입력 내용에 대한 고정된 길이의 해시 값을 생성한다. 입력 내용이 변경되면 이상적으로는 해시 결과 값이 완전히 바뀐다. 디지털 자료에 대한 해시 값을 안전하고 보관한다면 이후에 변조 여부를 확인할 수 있다. 해시 값을 알고 있는 사람은 누구나 변조 여부를 확인할 수 있기 때문에 다수의 소프트웨어 프로젝트의 홈 페이지에 해시 값을 게시하고 있다. 파일을 다른 곳에서 다운로드받은 사람도 프로젝트 웹사이트에 게시된 해시 값을 확인할 수 있다. 이때의 보안 수준은 해시 알고리즘과 웹사이트의 보안 수준에 의해 결정된다. 서명은 개인 키와 해시를 이용해 동일한 작업을 수행하는 암호화 연산이다. 올바른 공개 키를 한 번 얻은 사람은 누구나 다수의 해시 값을 검증할 수 있다는 장점이 있다. 해시는 다수의 해시 값이 수집돼 서명되는 다양한 형태의 바이너리 트리에도 활용될 수 있다. 이를 이용해 트리에 삽입된 데이터와 명시된 시간을 변경하기 어렵게 할 수 있다. 또한 해시와 서명을 이용해 파일 시스템의 변경을 탐지하는 시스템도 있다. 진 킴Gene Kim이 처음으로 공동 발명한 후에 Tripwire 사를 통해 상품화됐다(Kim, 1994).

로깅 기술은 이 가운데 가장 약한 기술이다. 어떻게 파일이 변경되는지 로깅한다면 무결성이 침해된 경우 복구할 수 있다.

무결성 적용

권한 체계를 적용하고 있다면 참조 모니터라고 불리는 권한 커널이 하나인지 확인해야 한다. 참조 모니터가 모든 권한을 확인해야 할 유일한 장소이어야 한다. 여기에는 2가지 큰 장점이 있다. 첫 번째는 하나의 모니터만 있으므로 버그, 동기화 실패, 어떤 코드 흐름이 호출될지와 관련된 문제가 없다. 두 번째는 한 부분의 버그만 수정하면 된다는 점이다.

좋은 참조 모니터를 개발하는 작업은 꽤 복잡한 일이다. 잘 만들기는 어렵고 실수하기 쉽다. 예를 들어 참조(symlink 등)에 대한 체크를 수행하는 것이 코드가 파일을 최종적으로 개봉하는 시점을 변경시키는 경우가 많다. 참조 모니터를 적용해야 한다면 관련 문헌을 먼저 검토하라.

암호학적인 방어 수단을 적용하고 있다면 16장을 참조하라. 감사 시스템을 운영 중이라면 충분한 성능을 갖췄는지 확인해야 한다. 보안 성공과 실패 로그가 모두 기록되고, 로그에 접근할 수 있는 편리한 방법이 있어야 한다. 데이터가 공격자로부터 보호받는지도 확인해야 한다. 이상적으로는 운영 중인 시스템과 격리된 로깅 시스템을 활용하는 것이 좋다.

무결성 운영 보장

무결성을 보장하는 가장 중요한 요소는 기술이 아니라 프로세스다. 무결성을 보장하는 메커니즘은 무결성의 실패가 사람에 의해 해결돼야 하는 운영상의 예외나 중단을 발생하는 경우에 동작한다. 세상의 모든 암호학적 서명 방식도 누군가가 잘못됐는지 조사하거나, 사용자가 서명이 잘못된 것을 무시하지 못하는 경우에만 도움이 된다. 모든 디스크 접근 작업의 체크섬을 계산할 수도 있지만, 아무도 알람에 대해 조사하지 않는다면 소용이 없다. 어떤 시스템의 경우 '화이트리스트' 방식으로 실행 가능한 애플리케이션을 관리한다. 위험은 줄어들지만 운영 비용이 증가한다.

네트워크 변조를 막기 위해 SSH, SSL 터널링, IPSec을 사용할 수 있다. Tripwire, OSSEC, L5 등의 시스템을 통해 시스템의 무결성을 향상시킬 수 있다.

무결성 기술

파일을 보호하기 위한 기술은 다음과 같다.

- ACL, 권한
- 디지털 서명
- 해시
- 윈도우 신뢰도 등급[MIC, Mandatory Integrity Control] 기능
- 유닉스 불변[immutable] 비트

네트워크 트래픽을 보호하는 기술은 다음과 같다.

- SSL
- SSH
- IPSec
- 디지털 서명

부인 방지 위협의 완화

부인[Repudiation]은 비즈니스 영역과 관계되는 약간 다른 종류의 위협이다. 부인에 대응하기 위해서는 4가지 요소가 필요하다. 사기 거래 방지, 이견이 있는 이슈에 대한 기록, 이슈 조사, 이슈에 대한 반응이다. 누구나 바로 출력을 할 수 있는 시대에 고객(또는 고객이 아닌 사람)이 대금에 대해 불평하거나 이의를 제기할 가능성을 무시할 수 있다고 가정하는 것은 명청한 일이다. 고객의 불만을 접수해 조사하는 것은 이 책의 범위가 아니다. 그러나 시스템의 결과물을 통해 적절한 로그를 보유하고 있는지 검증할 수 있다.

부인이 때로는 기능이 되기도 한다. 이안 골드버그[Ian Goldberg] 교수는 Off-the-Record 프로토콜을 발표하면서 서명된 대화가 당혹스럽고, 범죄의 증거가 되거나 바람직하지 않을 수 있다는 점을 지적했다(Goldberg, 2008). 즉, OTR[Off-the-Record] 메시지 시스템의 2가지 기능은 안전하고 (암호화되고 인증됨) 부인할 수 있다는 사실이다. 이러한 기능과 위협의 이중성은 프라이버시 위협 모델링을 위한 LINDDUN 방식에도 언급된다.

부인 방지 전략

부인에 대응하기 위한 기술적인 요소는 사기 방지, 로그, 암호화다. 사기 방지는 때로는

부인의 범위가 아니라고 여겨진다. 소수의 논란이 있는 거래가 있을 경우 부인을 관리하는 것이 쉽기 때문에 여기서 다루겠다. 사기 행위는 내부자에 의한 사기(횡령 등)와 외부자에 의한 사기로 나눌 수 있다. 내부자에 의한 사기는 복잡한 문제다. 전체적인 내용은 『기업 사기 핸드북(Corporate Fraud Handbook)』을 참조하라(Wells, 2011). 좋은 계정 관리 체계를 통해 사람들이 업무를 수행하기 위해서 패스워드를 공유하는 행위를 막을 수 있어야 한다. 로그를 저장하고 로그의 데이터를 감사해야 한다.

로그는 부인 이슈를 해결하기 위한 전통적인 기술적 핵심이다. 무엇을 로깅할지는 거래에 따라 다르지만, 일반적으로 서명, IP 주소 등 모든 관련 정보를 로깅한다. 암호학적인 방식으로 부인을 방지할 수도 있으며, 현재 대부분 대기업에서 활용하고 있다.

외부자에 의한 사기 방지 전략

외부 사기 방지는 지불 사기를 방지하고 고객이 그들의 계좌를 관리하게 보장하는 문제로 간주된다. 두 경우 모두 세부적인 내용이 아주 빨리 바뀌고 있다. 전문 업체와 이야기하라. 아주 입이 무거운 회사라 할지라도 NDA를 체결하고 솔직한 논의를 하기를 바랄 것이다.

본질적으로 안정성이 중요하다. 예를 들어 10년간 매월 2권의 로맨스 소설을 구입한 고객이 아직도 동일한 주소에 살고 있다면 다른 주문을 한 사람일 가능성이 크다. 그 사람이 갑자기 지구 반대편으로 이사해 슬로바키아에서 청구지 주소가 필리핀으로 돼 있는 새로운 신용카드로 기술 서적을 주문했다면 문제가 있을 수 있다(고객이 마침내 진정한 사랑을 발견했을 수도 있고, 충실한 고객을 화나게 하고 싶지는 않을 것이다).

외부자에 의한 사기를 방지하기 위한 도구

사이버소스CyberSource는 온라인 사기에 관한 연례 보고서에서 많이 사용되는 사기 탐지 도구와 감지 효율을 발표했다(CyberSource, 2013). 2013 보고서에 포함된 자동화된 도구는 다음과 같다.

- 검증 서비스
- 독점 데이터, 고객 히스토리
- 다중 판매자 데이터
- 지불 장치 추적

검증 서비스에는 검증 번호(CVN/CVV)를 추적하거나, 주소 확인 서비스, 우편번호 확인 서비스, 비자/마스터카드 시큐어 코드 검증, 전화번호 확인/ARS 인증, 공개 기록 서비스, 신용 등급 확인, '본인 확인 질문' 서비스 등이 포함된다.

독점 데이터와 고객 히스토리에는 고객 주문 이력, 회사 내부의 문제 고객에 대한 '네거티브 리스트', VIP나 신뢰할 수 있는 고객에 대한 '포지티브 리스트', 주문 속도 모니터링, 회사에 특화된 사기 모델(과거 사기 주문에 대한 수작업, 통계적, 머신러닝 분석으로 이뤄진다)과 고객의 웹사이트 행동 분석 등이 포함된다.

다중 판매자 데이터는 네거티브 리스트를 공유하거나 판매자가 분석한 거래 속도에 집중한다(이 분석은 카드 회사나 어음 교환소의 명의로 수행될 수도 있고, 추가 정보가 일시적으로 전달될 수도 있다).

지불 장치 추적에는 장치의 '지문fingerprinting'과 IP 주소 위치 확인이 포함된다. 사이버소스 보고서는 수작업 검토를 지원하는 도구의 중요성과 다양한 리스트가 유용하지만 시간이 소요된다는 사실을 설명하고 있다. 수작업 검토는 부인 위협에 대한 사기 방지 방식 중에서 가장 비용이 많이 드는 방법이기 때문에 모든 데이터를 한곳(적어도 적은 수의 장소)으로 모아서 분석의 효율을 높이는 도구에 투자하는 것이 좋다.

부인 방지 적용

부인 방지를 위한 2가지 핵심 도구는 로깅과 전자 서명이다. 전자 서명은 회사 간의 시스템에서 가장 유용하다.

보관할 필요가 있는 기간 동안 최대한 많은 로그를 보관하라. 저장 장치의 가격이 계속 떨어지고 있기 때문에 이 조언에 따르기가 더 쉬워진다. 예를 들어 웹 거래와 관련해 IP 주소, 해당 IP 주소의 실제 위치, 브라우저 세부 정보를 로깅할 수 있다. 또한 사기에 관한 정보를 제공해주거나 의사결정에 관련된 조언을 요청할 수 있는 서비스도 고려할 수 있다. 이 회사가 사기에 대해 전문성과 넓은 시야를 갖고 있기 때문에 이 부분이 아웃소싱하기에 적절한 영역일 수도 있다. 로깅하거나 전달하는 정보 중 일부는 프라이버시 정책과 관련이 있을 수 있기 때문에 이에 대해 확인해야 한다.

암호학적인 디지털 서명 방식도 있다. 디지털 서명은 전자 서명과 구분된다. 전자 서명은 미국 법률 용어로 서명을 생성하기 위한 다양한 메커니즘을 의미한다. 단순한 사례로 "조항에 동의하시면 1번을 눌러주세요." 같은 방식도 포함된다. 이와 반대로 디지털 서명은 수학적 키를 소유한 사람이 행동을 취해 서명이 생성됐다는 사실을 반박할 수 없게 보여주는 수학적 변환 과정이다. '반박할 수 없는'의 강도는 수학적 알고리즘의 강도와 키를 이루는 복잡한 비트, 서명 뒤에 숨겨진 사람의 의도에 달려있다.

부인 방지 운영 보장

고객이나 파트너가 거래를 부인하려 할 경우 이를 조사해야 한다. 부인 시도가 자주 발생한다면 이를 전담하는 인력이 필요하고, 이들에게는 특별한 도구가 필요할 수도 있다.

부인 방지 기술

부인에 대응하기 위한 기술은 다음과 같다.

- 로깅
- 로그 분석 도구
- 안전한 로그 저장 장치
- 디지털 서명
- 안전한 타임스탬프
- 신뢰할 수 있는 제 3자
- 해시 트리
- 앞서 언급된 '사기 방지를 위한 도구'

기밀성: 정보 노출 위협의 완화

정보 노출은 정보가 저장돼 있을 때나 전송 중일 때 발생할 수 있다. 정보 노출의 범위는 통신 중인 내용이 노출되는 것에서부터 통신을 하고 있는 개체가 존재한다는 사실이 노출되는 것까지를 포함한다.

기밀성 전략

무결성과 비슷하게 정보 노출을 방지할 수 있는 2가지 방식이 있다. 내부 시스템의 경우에는 ACL을 사용할 수 있고, 외부 시스템의 경우에는 암호학적인 방법을 사용해야 한다.

보호해야 할 대상이 통신 내용이라면 전통적인 암호학 기법으로 충분하다. 누가 누구와 통신을 하고 있고, 얼마나 자주 통신하는지를 숨겨야 한다면 관련 데이터를 보호하는 암호학적 mix나 onion 네트워크 등의 시스템을 사용해야 한다. 통신을 했다는 사실 자체를 숨겨야 한다면 스테가노그래피^{steganography}를 사용해야 한다.

기밀성 적용

시스템이 참조 모니터로 동작하고 모든 데이터 접근을 통제할 수 있다면 권한 시스템을 활용할 수 있다. 그렇지 않으면 데이터 또는 '컨테이너'를 암호화해야 한다. 데이터는 디스크의 파일, 데이터베이스의 레코드, 네트워크에서 전송되는 이메일 메시지일 수 있다. 이 경우 컨테이너는 파일 시스템, 데이터베이스, 두 시스템 간의 이메일이 전송되거나 웹 클라이언트와 웹 서버 간의 패킷이 전송되는 네트워크 채널이다.

암호화 기법을 활용할 때 데이터를 암호화하고 복호화하기 위해 키에 접근할 필요가 있는 사람이 누구인지 고려해야 한다. 파일 암호화의 경우에는 간단히 운영체제가 키를 안전하게 보관하게 하고 사용자가 나중에 사용할 수 있게 할 수 있다. 암호화된 데이터는 무결성 통제를 받지 않는다. 자세한 내용은 복잡하고 까다롭지만, 급여가 저장된 데이터베이스의 각 셀이 암호화된 경우를 생각해보자. 당신의 급여를 더 높이기 위해 CEO의 급여가 얼마인지 알 필요는 없다. 별도의 무결성 통제가 없다면 암호화된 당신의 급여를 암호화된 CEO의 급여로 바꾸는 것만으로 충분하다.

14장에서 패스워드 저장, 백업 인증 메커니즘과 관련된 정보 노출 유형을 상세히 설명한다.

기밀성 운영 보장

ACL을 이미 개발한 시스템에 추가 적용하는 것이 가능할 수 있다. 또는 chroot나 유사한 샌드박스를 이용해 접근 가능한 것을 제한할 수도 있다. 윈도우에서는 프로그램에 SID를 추가해 해당 SID에 대한 거부 ACL을 상속하는 것이 유용할 수 있다(오류가 발생할 수도 있다). 저장된 정보가 노출되는 것을 막기 위해 디스크나 파일 암호화를 적용할 수도 있다. 디스크 암호화는 '기본적으로' 키를 어떻게 관리하는가에 대한 모든 일반적인 문제를 갖고 있다. 상대방이 컴퓨터를 손에 넣은 상태에서도 동작하지만, 패스워드를 적어두거나 해당 컴퓨터에 저장해 놓아서는 안 된다. 네트워크와 관련해서 SSH나 SSL 터널링, IPSec를 네트워크 변조 이슈를 해결하기 위해 사용할 수 있다.

기밀성 기술

기밀성을 위한 기술은 다음과 같다.

- 파일 보호
  - ALC/권한

- □ 암호화
- □ 적절한 기 관리
- 네트워크 데이터 보호
  - □ 암호화
  - □ 적절한 키 관리
- 커뮤니케이션 헤더나 통신 사실 보호
  - □ Mix 네트워크
  - □ Onion 라우팅
  - □ 스테가노그래피

> **노트** 앞의 목록에서 '적절한 키 관리'는 기술이 아니다. 그러나 너무 중요하기 때문에 포함시켰다.

가용성: 서비스 거부 공격의 완화

서비스 거부 공격은 특정 자원을 모두 소모하게 하는 방식으로 동작한다. 전통적으로 자원에는 CPU, 메모리(RAM, 하드 디스크 공간이 모두 해당), 대역폭이 포함된다. 서비스 거부 공격은 사람의 가용성을 소모시킬 수 있다. 매우 사적인 레스토랑에 예약 전화를 거는 경우를 생각해보자. 나파 밸리의 French Laundry라는 식당은 매일 연지 5분 만에 모든 테이블의 예약(30일 후의 식사에 대한 예약)이 마감된다. 여기서 중요한 자원은 전화 회선과, 특히 전화를 받는 사람이다.

가용성 전략

2가지 유형의 서비스 거부 공격이 있다. 레스토랑의 사례를 들면 우선 100명의 사람을 25명이 앉을 수 있는 레스토랑에 보내는 브루트포스 공격이 있다. 좀 더 영리한 공격은 20명의 사람이 계속해서 복잡한 주문을 하고 변경하면서 직원들을 녹초가 되게 만드는 것이다. 온라인상에서 네트워크를 통한 브루트포스 공격은 일반적으로 DDoS^{Distributed Denial of Service, 분산 서비스 거부}라고 불린다. CPU(wile(1) fork() 등의 명령어)나 디스크에 대한 공격도 가능하다. 압축을 풀었을 때 크기 제한보다 더 커지는 작은 zip 파일을 간단히 작성할 수 있다. 여기서 크기 제한은 파일의 최대 크기나 파일 시스템의 여유 공간이다. zip 파일은 65,535개의 0처럼 실제 파일의 내용을 최대한 간단하게 표현할 수 있게 설계됐다. 3바이트의 설명이 64K바이트로 확장이 가능하기 때문에 약 21,000배 이상의 효과가 있다. 이는 공격자에게 매우 유용하다.

영리한 서비스 거부 공격은 공격자가 수행한 적은 양의 작업이 여러분에게 많은 양의 작업을 유발하는 방식이다. 예를 들어 SSL v2 서버에 접속할 때 클라이언트는 클라이언트 마스터 키 챌린지를 전송하는데, 이 키는 암호화된 랜덤 키이기 때문에 서버는 이를 복호화하기 위해 힘든 복호화 연산을 수행해야 한다. 클라이언트의 작업은 서버의 작업에 비해 매우 적다. 이러한 문제는 다양한 방법으로 일부 해결할 수 있는데, 그중 Photuris 키 관리 프로토콜이 한 방법이다. 이 프로토콜의 핵심은 작업 증명[proof of work]이라는 개념이다. 그러나 풍부한 봇[bot]과 정치적인 이유로 인해 자발적으로 DDoS 소프트웨어를 실행하는 사람이 많은 상황에서 벤 로리[Ben Laurie]와 리처드 클레이튼[Richard Clayton]은 상당히 확실하게 "작업 증명이 동작하지 않음을 증명했다"([Laurie]라는 이름의 논문을 통해).

서비스 거부 공격에 대응하기 위한 두 번째로 중요한 전략은 공격자가 여러분에게서 데이터를 수신하게 하는 것이다. 예를 들어 SYN 플러딩 공격에 대한 방어는 다음과 같이 이뤄진다. SYN 플러딩 공격에서 호스트는 많은 연결 시도(TCP SYNchronize)를 수신해 새로운 연결을 설정하기 위해 각 시도를 추적할 필요가 있다. 90년대의 운영체제는 많은 양의 연결 시도 요청을 받을 경우 추적을 위해 할당된 고정된 크기의 버퍼가 가득 차서 새로운 연결을 만들 수 없었다. 최신 TCP 스택은 암호화 기술을 이용해 응답 내용의 일부를 계산한다. 요청 패킷의 상태를 저장하지 않고 암호화 도구를 사용해 새로운 연결이 유효한 실제 요청인지 검사한다(Rescorla, 2003).

가용성 적용

시스템에서 어떤 자원을 공격자가 소모할 수 있는지 파악해 사용자별로 그 자원을 제한할 수 있는 방법을 찾아야 한다. 신뢰 경계의 외부에 있는 시스템에 대해서는 여러분이 할 수 있는 것에 제한이 있다는 사실을 이해해야 하고, 어떤 방식의 응답을 활용해야 한다. 운영자가 그런 메커니즘을 적용하고 있는지 확인해야 한다.

가용성 운영 보장

브루트포스 서비스 거부 공격에 대응하는 것은 간단하다. 공격자가 소진할 수 없게 더 많은 자원을 투입하거나, 하나의 나쁜 사용자가 다른 사용자를 방해할 수 없게 한계를 적용하는 방식이다. 예를 들어 여러 사용자가 활용하는 운영체제는 할당량[quota]을 적용할 수 있고, 상업 ISP는 특정 소스에서 전송되는 트래픽을 필터링할 수도 있다.

영리한 공격에 대응하는 것은 일반적으로 운영의 영역이 아니라 적용의 영역이다.

가용성 기술

파일을 보호하는 기술은 다음과 같다.

- ACL
- 필터
- 할당량(속도 제한, 임계치 설정, 대역폭 조절)
- 고가용성 설계
- 추가 대역폭(속도 제한, 대역폭 조절)
- 클라우드 서비스

권한 관리: 권한 상승 위협의 완화

권한 상승 위협은 이 절에서 설명하는 비인가된 사용의 한 유형이다. 권한 관리 시스템의 설계에 대한 전반적인 설명은 다른 책을 참조하라.

권한 관리 전략

'무결성 적용' 절에서 설명한 바와 같이 객체 간의 접근을 통제할 수 있는 참조 모니터가 있다면 권한 상승 등의 문제를 피할 수 있는 선행 요소가 된다. 공격 표면을 제한하면 문제를 더 다루기 쉽다. 예를 들어 setuid 프로그램의 수를 제한하면 로컬 사용자가 루트가 될 기회를 제한할 수 있다(기술적으로 프로그램은 루트가 아닌 사용자로 setuid 설정이 될 수 있지만, 일반적으로 그 사용자들도 더 큰 권한을 가진다). 각 프로그램은 적은 수의 기능을 수행해고 사용자 입력, 환경 변수 등의 입력 값을 주의 깊게 관리해야 한다. 각 프로그램에 시스템이 제공하는 샌드박스 기능을 적용해야 한다. 여러 계층의 방어 수단을 적용해 익명의 인터넷 사용자가 하나의 버그를 통해 관리자 권한을 획득하는 것을 막아야 한다. 이를 위해 네트워크로부터 정보를 입력받는 프로그램은 제한된 사용자 권한으로 실행하게 작성해야 한다. 버그를 악용한 공격자가 시스템 전체를 장악할 수 없다(일반 사용자 권한으로 실행된다면 다양한 권한 상승 경로가 있을 수 있기 때문에 계정을 잠가야 한다).

권한 시스템은 권한을 체크하는 관리자와 권한을 설정하는 사용자 모두에게 이해하기 쉬워야 한다. 사용하기 어려운 권한 시스템은 때로 사람들이 권한을 잘못 설정해 정책이나 의도상 금지하는 행위를 가능하게 하는 문제를 초래한다.

권한 관리 적용

공격 표면을 통제해 공격 표면의 각 포인트를 통해 입력 받는 값을 매우 주의 깊게 관리해야 한다. 어떤 값을 받기 원하고, 그 값을 어떻게 활용할지 확인해야 한다. 불용 문자의 목록을 만들기보다는 원하는 값이 아니라면 모두 거부하는 것이 좋다. 또한 원하지 않는 값이 들어온다면 수정하려고 하지 말고 거부하라.

권한 관리 운영 보장

"우리는 이것을 인터넷에 공개해야 한다."와 같은 운영 세부 사항은 방어 태세를 개선하기 위한 기술의 적용으로 이어질 수 있다. 이는 심층 방어나 계층적인 방어라고 불리는 방어를 추가하게 한다. 여기에는 몇 가지 방법이 있다.

우선 관리자나 루트 사용자가 아니라 일반 사용자나 제한된 사용자 권한으로 프로그램을 실행하라. 기술적으로 권한 상승 위협에 대한 대응은 아니지만, '최소 권한의 법칙'을 따르는 것이다. 각 프로그램은 제한된 사용자에 의해 동작돼야 한다. 유닉스에서 'nobody' 사용자를 서비스의 기본 계정으로 만들었을 때 nobody는 결국 엄청난 수준의 권한을 갖게 됐다. 두 번째로는 사용할 수 있는 샌드박스 기술을 적용하라.

권한 관리 기술

권한 관리를 개선하기 위한 기술은 다음과 같다.

- ACL
- 그룹이나 역할 멤버십
- 역할 기반 접근 제어
- 요청 기반 접근 제어
- 윈도우 권한(runas)
- 유닉스 sudo
- Chroot, AppArmor 등 유닉스 샌드박스
- 'MOICE' 윈도우 샌드박스 패턴
- 정의된 목적에 따른 입력 값 검증

MOICE는 'Microsoft Office Isolated Conversion Environment'의 약자다. 이름은 패턴이 만들어지게 된 문제에서 따왔지만, 현재는 윈도우에서 샌드박스를 위한 패턴으로 간주되고 있다. MOICE에 대한 자세한 사항은 (LeBlanc, 2007)을 참조하라.

많은 윈도우 권한은 기능적으로 관리자와 동일하고 필요한 만큼 도움이 되지 않는다. 상세한 내용은 (Margosis, 2006)을 참조하라.

전략과 기술의 함정

이 기술과 전략을 채택할 때 시간 낭비에 빠지기 쉬운 2가지 장소가 있다. 첫 번째는 위험risk 관리다. 8장에서 설명하는 전략과 기술은 위협에 대응하기 위한 유일한 방법이 아니고, 시작하기에 좋은 곳이다. 이 전략과 기술을 활용할 수 있다면 더 복잡하고 미묘한 위험 관리 방식보다 쉽게 적용할 수 있고 잘 동작할 것이다. 예를 들어 네트워크 종단을 로컬 종단으로 변경해 위협에 대응할 수 있다면 9장에서 설명하는 시간이 많이 드는 위험 관리 방식을 적용할 부분이 없어진다. 두 번째 부분은 위협을 분류하려는 시도다. 브레인스토밍이나 단순한 생각의 흐름에서 위협을 발견했다면 8장의 내용에 따라 위협을 분류하려고 시도하지 않기 바란다. 그 위협에 대응하기 위한 최선의 방법을 찾는 데 집중하라(팀이 파일의 권한을 변경하는 수정을 적용하는 것보다 위협 분류에 대한 토론을 하는 데 더 많은 시간을 소모할 수 있다).

패턴을 활용한 위협 대응

이 책에서 패턴 언어는 건축가 크리스토퍼 알렉산더Christopher Alexander와 그의 동료가 소개한 건축 패턴의 개념을 뜻한다(Alexander, 1977). 패턴은 전문가가 반복되는 문제를 해결하는 방법을 어떻게 찾는지 설명하는 방식이다. 패턴은 소프트웨어에도 적용된다. 3 티어Tier 엔터프라이즈 애플리케이션 같이 잘 알려진 개발 패턴이 존재한다.

보안 패턴은 보안 문제를 해결하기 위한 전략과 기술을 확장하기 위해 그룹핑하고 의사소통하기 위한 자연스러운 방법이다. 다양한 방식으로 패턴을 개발해 배포할 수 있는데, 이 절에서는 그중 일부를 설명한다. 그러나 실제 상황에서 패턴은 인기가 없다. 그 이유는 명확하지 않지만, 보안 문제 해결을 위해 패턴을 사용하는 데 투자하는 사람이 인기가 없는 요소를 공부하는 것으로 이익을 얻기 때문이다.

이 요소에는 언제 텍스트를 얻어야 하는지, 다른 패턴과 별개의 별도 서브셋으로 보안 패턴을 표시하는 방법을 모르는 엔지니어가 포함된다. 적어도 한 권의 웹 패턴 서적(Van Duyne, 2007)에 보안 패턴 관련 내용이 포함돼 있다. 비전문가가 찾을 수 있는 곳에 보안 패턴을 내재하는 방식이 좋은 패턴이다.

표준 구축

대부분 큰 조직의 운영 그룹은 시스템을 구축하는 표준 방식이 있거나 데이터의 민감도에 따라 몇 가지의 표준 방식이 있다. 이 경우 운영 그룹은 어떤 유형의 위협을 표준 구축 방식으로 대응할 수 있는지 문서화할 수 있고, 문서를 '탑재' 프로세스의 일부로서 제공한다. 예를 들어 조직의 표준 데이터 센터에 DDoS 대응 시스템이 있어야 한다거나, "네트워크 정보 노출은 위험 유형 1-3으로 감수하는 위험이다."라고 선언할 수 있다.

CAPEC 위협 대응

CAPEC(MITRE의 Common Attack Pattern Enumeration and Classification)은 주로 공격 패턴을 모아 놓은 것이지만, 대부분의 CAPEC 위협 패턴에는 방어 방법이 포함돼 있다. 8장에서는 위협을 STRIDE에 따라 구성했다. CAPEC을 사용한다면 각 CAPEC 패턴에는 그 위협에 대응할 수 있는 방법이 'Solutions and Mitigations' 절에 포함돼 있다. CAPEC 웹사이트가 관련 데이터를 얻을 수 있는 권위 있는 출처다.

프라이버시 위협의 완화

프라이버시 위협에 대응하기 위한 기본적인 3가지 방법이 있다. 정보를 수집하지 않고(최소화), 암호화를 다양한 방식으로 잘 활용하고, 데이터가 어떻게 활용되는지 통제(컴플라이언스와 정책)하는 방법이다. 암호화는 기술이지만 최소화와 컴플라이언스는 좀 더 전략적인 측면이 강하다. 각 방법을 설계와 적용 내용에 통합하기 위해서는 어느 정도의 노력이 필요하다.

최소화

누군가의 프라이버시에 영향이 있는 정보를 갖고 있지 않다면 사용하는 것도 불가능하다. 그러므로 정보의 수집과 보유를 최소화하는 것이 위험을 줄이는 방법이다. 수집하는 정보를 최소화하는 방식이 데이터 통제 정책을 활용하는 방식에 비해 훨씬 신뢰할 수 있다. 물론 데이터를 활용해 얻을 수 있는 효과도 사라진다. 이러한 최소화는 위험과 성과의 2가지 측면을 수반한다. 지난 10년간 정보 유출 공개법으로 인해 정보를 수집해 보유하는 것과 관련된 결정 요인은 많이 변화했다. 일부 법학자는 개인 데이터를 독극물에 비교하기도 한다. 전자상거래 전문 변호사 홀리 토레[Holly Towle]는 독극물 또는 개인 식별 정보[PII, Personally Identifying Information]를 처리하는 10가지 법칙을 내놓았다. 각각의 법칙은 그녀가 작성한 문서(Towle, 2009)에서 확인할 수 있다.

- 필요하지 않다면 접촉하지 마라.
- 접촉해야 한다면 접촉하는 방법과 해야 하는지에 관해 확인하라. 실수는 치명적이거나 매우 심각할 것이다.
- 옮길(전송할) 때 일반적인 방법을 사용하지 마라.
- 관리를 맡은 수탁업자를 들볶아라.
- 일부라 할지라도 저장하지 마라.
- 필요한 것은 유출되지 않게 보관하고 접근을 통제하라.
- 이상한 냄새가 나거나 다른 경고가 있다면 경보를 울려라.
- 유출됐다면 관련 인물과 기관에 보고하라.
- 특수한 방법을 활용해 폐기하라.
- 얼마나 주의 깊게 관리하는지에 상관없이 고소 당하거나 엄청난 비용을 물게 될 수 있다.

최소화는 개념적으로는 프라이버시를 해결하기 위한 간단한 방법이다. 그러나 실제로는 복잡하고 논란이 있는 방법이다. 데이터를 수집하는 가치는 보여주기 쉽고 데이터를 수집하지 않을 경우 불가능한 것은 알기 어렵다.

암호화

프라이버시 보호를 위해 다양한 암호화 기술을 활용할 수 있다. 걱정하는 대상의 의미에 따라서 각 기술의 적용 가능성은 위협 모델에 따라 다르다. 각각의 기술이 엄청난 연구 주제이기 때문에 각 기술과 위험을 전부 설명하는 것보다는 핵심만 설명하겠다. 다음 절에서 어떤 경우에 위협을 해결하는 데 각 방식이 유용한지 설명한다.

해시 또는 데이터 암호화

누군가가 우연히 데이터를 보거나 간단한 데이터베이스 조회를 하는 것에 대해 우려하고 있다면 데이터를 암호화하는 것이 도움이 된다. 특정 문자열(이메일 주소나 주민등록번호)을 보유한 사람만이 접속할 수 있는 레코드를 원하는 경우 해당 데이터의 암호학적 해시를 사용할 수 있다. 예를 들어 adam.shostack@example.com의 해시를 저장하고 있다면 이 메일 주소를 아는 사람만 조회할 수 있다.

> **경고** 공격자가 '사전'을 만들어 사전에서 각 항목의 해시를 계산했을 경우 단순한 해시로 데이터를 보호할 수 없다. 사회보장번호의 경우 100만 개의 해시만 계산하면 되는데, 최신 하드웨어로 간단히 수행할 수 있다. 그러므로 해시는 데이터의 길이가 짧거나 데이터가 구조성을 갖고 있어서 엔트로피가 낮을 경우에 적절한 방어 수단이 아니다. 이런 경우에는 암호화를 해야 하고 각 평문 메시지를 암호화할 때 유일한 암호화 키와 초기 벡터를 사용해야 한다.

분할 키 시스템

누군가가 권한 없이 데이터를 복호화하는 경우를 우려한다면 키 분할이 유용한 대책이다. 데이터를 여러 개의 키로 암호화해서 전체나 일부 키가 있어야만 복호화할 수 있게 할 수 있다. 예를 들어 $m = e_{k1}(e_{k2}(평문))$을 저장한다면 m을 복호화하기 위해서는 $k1$을 보유한 사람에게 m을 복호화하게 한 후에 $k2$를 보유한 사람에게 전달해야 한다.

가용성 위협을 우려하는 경우 각 키가 수학적으로 연관돼 있어서 n개의 키 중에서 k개의 키만 보유한 경우에도 복호화가 가능한 분할 키^{Split-Key} 암호화 시스템이 존재한다. 이 시스템에서 n개의 키를 이용해 데이터를 암호화한다. n개의 키는 수학적으로 연관돼 있어 n개 중 k개의 키만 있으면 데이터를 복호화할 수 있다. 이 방식은 예를 들어 10년 후에 사용할 필요가 있는 시스템의 마스터 키를 백업하는 경우 유용하다. 이러한 시스템은 DNSSEC의 루트 키를 백업하는 데 활용된다.

개인정보 검색

데이터베이스 소유자가 고객의 쿼리를 지켜보면서 정보를 얻는 위협을 우려한다면 개인정보 검색^{Private Information Retrieval}이라고 불리는 기술이 유용하다. 개인정보 검색 기술은 일반적으로 대역폭이 많이 필요하다. 데이터베이스 소유자에게 정보를 노출시키지 않게 하기 위해서 필요보다 많은 정보를 검색하기 때문이다.

차등 프라이버시

데이터베이스 클라이언트가 다수의 쿼리를 수행해 데이터베이스 소유자의 프라이버시 정책을 위반하는 것을 우려할 경우 차등 프라이버시Differential Privacy를 통해 데이터베이스 소유자는 얼마나 많은 정보가 제공됐는지 측정해서 정보를 추가로 요청하는 쿼리에 응답하지 않을 수 있다. 데이터베이스가 쿼리에 대한 응답을 중단해야 한다는 의미는 아니다. 데이터베이스가 특정한 프라이버시 한계에 도달한 후에는 다수의 쿼리를 통해서 유추할 수 있는 정보의 양이 바뀌거나 차별화되지 않는다.

> **노트** 차등 프라이버시는 매우 구체적인 프라이버시의 정의에 대해서 아주 강력한 보호를 제공한다.

Mix 및 Mix와 유사한 시스템

mix는 트래픽 분석을 막아 메시지 송신자와 수신자를 추적할 수 없게 하는 시스템이다. 관찰자는 mix를 통과한 메시지를 추적할 수 없다. mix는 메시지 풀을 관리하면서 간혹 메시지를 발송하는 형태로 동작한다. 하나의 mix를 신뢰하는 경우를 피하기 위해 여러 곳에서 운영하는 mix의 네트워크가 존재한다.

mix는 인터랙티브 타임 모드와 배치batch 모드로 운영된다. 인터랙티브 타임 mix는 웹 브라우징 등에 활용 가능하지만, 트래픽 분석에 대해 덜 안전하다. 트래픽을 mix하지 않고 발신지와 수신지를 감출 수 있는 인터랙티브 시스템도 있다. 여기에는 Tor가 포함된다.

은닉

은닉Blinding은 암호화 키를 식별자로 사용하는 감시 위협에 대한 대응에 유용하다. 예를 들어 앨리스Alice는 인증기관이 그녀의 투표 결과를 추적하는 것을 걱정하고 있고, 투표 등록 시스템이 그녀의 투표권을 세심하게 확인하고 그녀에게 투표권이 있음을 증명하는 익명의 투표 전표를 줬다고 가정하자. 온라인에서 은닉을 통해 이 과정이 이뤄진다.

은닉은 실제 문제를 해결할 수 있는 수학적 방법이다. 수학적 내용에 겁을 먹을 수도 있지만 고등학교 수준 수학으로 이해할 수 있다. 지수 모듈로exponentiation modulo 연산을 통해 서명을 하는 경우를 생각해보자(모듈로는 나머지를 말한다. 1 mod 12는 1, 14 mod 12는 2, 14 mod 10은 4다. 모듈로 수학은 일부 보안적인 부문에서 필요하다). 서명을 s라고 하고, 앨리스의 키를 a, 인증기관의 키를 c라고 하자. 서명 s = a^c mod p다. 일반적으로 인증기관에서 서명을 계산해 앨리스에게 전송한다. 이제 인증기관은 s를 알기 때문에 그것을 활용할 수 있다. 인증기관이 모른다면 어떻게 s를 계산할 수 있을까? 곱셈은 교환법칙이 성립하기 때문에 인증기관은 s와 관련된 값을 계산할 수 있다. 여기서 앨리스가 인증기관에 키 a를 전송하지 않고 그녀의 키에 어떤 은닉 벡터(b)를 곱한 값을 전송함으로써 은닉이 작동한다. 인증기관은 이제 s = (ab)c mod p를 계산해 s를 앨리스에게 전송한다. 앨리스가 s를 b로 나누면 s/b = ac이다. 앨리스는 a에 대한 서명과 동일한 s/b를 알고 있고, 인증기관은 a가 앨리스와 관련된 사실을 모른다. 여기서 설명한 수학 내용은 안전하게 작업하는 데 필요한 일부이고, 어떻게 동작하는지 설명하기 위한 목적이다. 바람직한 은닉을 위해서는 (Ferguson, 2012)과 같은 책에서 설명하는 많은 수학적인 내용이 필요하다.

컴플라이언스와 정책

개인에 대한 민감 정보를 수집해 보관한다는 비즈니스 결정이 내려졌다면 조직은 이를 통제해야 한다. 통제에는 정책적인 통제와 기술적인 통제가 있고, 사업에 필요할 수도 있고, 규제에 의해 필요할 수도 있고, 또는 2가지 이유 모두로 필요할 수도 있다. 이 방식은 보안 문제에 적용하는 전략과 기술만큼 건조하지 않다. 프라이버시 문제에 최소화나 암호화를 적용할 수 있다면 좀 더 쉽고 효과적으로 적용할 수 있다.

정책

첫 번째 유형의 통제는 정보를 이용해 누가 무엇을 할 수 있는지 규정하는 조직 정책을 통한 방식이다. 기술자의 관점에서는 "인증된 사람만 접속이 허용된다."와 같이 너무 불분명한 선언이다. 그러나 요구 사항을 설정하기 위한 중요한 첫 단계다. 앞 문장에 "보안 조직만이 데이터에 접속할 수 있다."와 같이 기술적인 내용을 추가할 수 있다. 이제 그 정책이 다양한 정보 시스템에 걸쳐 적용되고 있고 전략과 기술 수준을 유지하고 있는지 확인해야 한다.

규제 요구 사항

개인 데이터는 국가별로 다른 다양하고 복잡한 프라이버시 규제의 대상이다. 이 책의 다른 부분과 마찬가지로 프라이버시 위협 대응에 관한 이 절의 내용도 법률 자문을 대체할 수 없다.

조직에 대한 프라이버시 위협 대응과 관련해 또 한 가지의 사항이 있다. 대부분의 경우 조직은 법에 의해 독극물처럼 많은 비용을 들여서 취급해야 하는 정보를 수집해 보호해야 할 의무가 있다. 조직은 프라이버시에 엄청난 관심을 쏟아야 하고, 관련 산업계에서는 데이터를 수집해야 하는 의무를 반대한다. 기존 규정을 철회하고 보유하고 싶지 않은 데이터를 수집하라는 새로운 규정에 확고한 반대 입장을 취하는 행동이 여기에 포함된다.

요약

위협에 대응하는 최선의 방안은 발견한 위협에 대한 보안 대책을 제공하는 표준적이고 잘 테스트된 기능이나 제품을 사용하는 것이다. 각 STRIDE 위협을 해결할 수 있는 전략과 기술을 설명했다. 설명한 전략과 기술은 개발자와 운영자 모두가 활용할 수 있다.

인증 기술은 위장 위협을 해결한다. 컴퓨터, 비트, 사람을 인증할 수 있다. 무결성 기술은 변조 위협을 대응한다. 일반적으로 파일과 네트워크 연결에 대한 무결성이 필요하다. 부인 방지 기술은 부인을 대응하는데, 여기에는 사기 등이 포함된다. 사기 방지 기술에는 검증 서비스와 자체 또는 공유 중인 고객 히스토리 활용 등이 포함된다. 로그를 보증하기 위한 다양한 암호학 기술과 운영적인 방법을 적용할 수 있다. 정보 노출 위협은 기밀성 기술로 해결할 수 있다. 파일이나 네트워크 연결에 쉽게 적용 가능하지만, 파일명이나 통신 사실 등의 컨테이너 데이터에 대한 보호도 중요하다. 서비스 거부 공격을 막기 위해 코드에 모든 가용한 자원을 이용하지 못하게 하는 임의의 통제가 없는지 확인해야 한다. 권한 상승을 막기 위해서 우선 코드가 ACL 등의 메커니즘이나 좀 더 복잡한 샌드박스의 통제를 받는지 확인해야 한다.

패턴은 전략과 기술의 집합이다. 이는 자연스러운 접근 방식으로 보인다. 불명확하고 실제로 작동하지 않았기 때문에 패턴을 활용하려고 할 경우 그 이유를 이해해야 한다.

프라이버시 위협 대응을 위한 최선의 방법은 수집하는 데이터를 최소화하고, 암호화를 적용하는 것이다. 그러나 가능한 전략과 기술에는 한계가 있기 때문에 때로는 컴플라이언스 도구와 정책을 활용해야 한다.

모든 경우에 적용할 수 없다는 표준적인 전략과 기술의 이슈는 프라이버시에만 제한되지 않는다. 9장에서 위협 대응 방법들 간의 구조적인 트레이드오프에 관해 살펴본다.

9

위협 대응의 트레이드오프

위협 목록을 작성한 후에 표준 접근 방식이 적절한지 고려해야 한다. 때로는 그렇게 하는 것이 위험 트레이드오프와 문제를 다루기 위한 다양한 방법을 평가하는 것보다 더 빠르다. 물론 8장에서 배운 전략과 기술 외에도 다른 위험 관리 방법이 있다는 사실을 이해해야 한다. 이런 좀 더 복잡한 방식이 9장의 주제다.

목록에 있는 각 위협에 대해 하나 이상의 의사결정을 내려야 한다. 첫 번째 의사결정은 전략에 관한 사항이다. 위험을 받아들일지, 완화할지, 회피할지, 전가할지 결정해야 한다. 위험에 대응하기로 했다면 언제 어떻게 대응할지 결정해야 한다. 위험에 대응할 시기를 결정하기 위한 다양한 방법이 있다. 표 9-1에 이 선택을 구체적으로 보여주고 구분할 수 있게 도와주는 사례가 있다.

표 9-1 샘플 위험 접근 방식 추적 표

항목 번호	위협	표준 대응 방법을 사용하지 않는 이유	전략	접근 방식
1	물리적 변조	하드웨어가 없다.	수용	웹사이트의 문서

각 위협에 대해서 해야 할 작업이 많은 것처럼 보이지만, 대부분의 이슈를 해결하는 최우선 접근 방식은 표준 대응 방법 적용을 시도하는 것이다. 그것에 실패했을 때만 대안을 찾아라.

9장은 먼저 회피, 완화, 수용, 전가라고 하는 위험 관리에 대해 설명한다. 즉, 위험 관리를 소프트웨어 실계에 적용하는 방법을 설명한다. 그 후 간단한 방식에서부터 복잡한 방식까지의 다양한 위협에 특화된 우선순위 결정 방식을 설명한다. 위험 수용에 대해 설명하고, 마지막으로 대응 전략에서의 경쟁에 대해 간략하게 설명한다.

전통적 위험 관리 전략

각 위협을 고려할 때 3가지의 결정을 내려야 한다. 논리적으로는 다음과 같은 순서로 진행된다.

1. 위험의 수준이 무엇인가?
2. 그 위험을 대응하기 위해서 무엇을 할 것인가?
3. 어떻게 할 것인가?

이 방식의 전략 수립은 많은 노력이 필요하다. 그러므로 문제를 쉽게 해결할 수 있을 경우에는 전략 수립을 건너뛰고 문제를 해결해야 한다. 쉬울 뿐만 아니라 위험 관리로 인해 혼란을 겪을 가능성을 막아준다.

전략 수립이 필요한 경우에 활용할 수 있는 몇 가지 전통적인 전략이 있다. 위험을 회피하거나, 위험을 완화하거나, 위험을 수용하거나, 위험을 전가할 수 있다. 위험을 무시할 수도 있지만, 이 절에서 그 옵션은 무시하지 않겠다.

위험 회피

위험 회피는 그렇게 할 수만 있다면 아주 좋은 방식이다. 올바른 위험 평가를 통해서 위험이 얻을 수 있는 성과보다 큰지 확인할 수 있다. 그렇다면 위험을 회피하는 것이 낫다. "항구에 정박한 배는 안전하지만, 그것이 배의 목적은 아니다."라는 속담이 있다. 위험을 어떻게 회피할 수 있는가? 기능을 만들지 않거나 위험이 사라지게 설계를 변경시키면 된다.

위험 완화

위험 완화 또한 완전히 유효한 접근 방식이다. 이를 위해 주로 설계(암호화 기능을 추가하는 등)나 운영 프로세스를 변경한다. 설계와 운영상의 변화는 8장에서 설명했다.

위험 수용

문제가 발생했을 때 드는 모든 비용을 감수하기로 결정해 위험을 수용할 수도 있다. 제품을 만드는 경우보다 서비스를 운영 중일 경우에 이 방식이 더 쉽다. 사용자나 고객을 대신해 위험을 수용할 수 없다. 사용자와 고객에 영향이 있는 위험이 있다면 그 위험은 전가돼야 한다.

위험이 실제로 존재하지만 그 확률이 매우 적고 영향력도 적은 경우가 있다. 이 상황에서 위험을 수용하는 것이 합리적이다. 위험을 수용하기 전에 다시 한 번 확률과 영향력을 평가하고, 이들이 바뀌게 될 요소(예를 들어 "임신 중이나 임신 가능성이 있을 때는 이 약을 사용하지 마세요." 같은)가 없는지 확인해야 한다. 위험을 고객이나 타인에게 넘기기 어려울 경우 여러분이 스스로 위험을 수용할 것인지 물어보는 것도 이해에 도움이 된다. 이 질문이 "이해에 도움이 된다"는 의미이지 "유용하다"는 말은 아니다.

위험 수용은 어떤 상황이 실제로 위험하다는 사실을 받아들인다는 점에 있어서는 '무시'하거나 "일단 기다려 보자"는 것과는 다르다(9장 뒷부분을 참조하라). 예를 들어 마이크로소프트는 하드웨어에 대한 통제 받지 않은 접근을 위협으로 간주하지 않으며(Culp, 2013), 위험을 수용한다는 사실과 그 근거를 분명히 밝히고 있다.

위험 전가

고객이나 최종 사용자에 대한 위험이 전가되는 위험이다. 많은 제품이 이런 위험을 어느 정도 갖고 있으며, 서비스 조건, 라이선스 계약서, 사용자 인터페이스를 활용해 위험을 전가한다. 이러한 위험을 명확하게 공개해야 한다.

위험 무시

정보 보안에서 전통적인 위험 접근 방식은 무시하는 것이다. 위험을 측정하는 방식은 비밀 유지 성향으로 인해 방해를 받았다. 역사적으로 정보 노출 사고 발생 및 영향받는 정보는 일반적으로 비밀로 취급됐다. 결국 사고 발생 빈도를 계산하고 예측하는 것이 어렵기 때문에 위험을 무시하는 사실상의 표준 전략이 등장했다. 경영진의 관점에서 보안 인력은 불만스럽겠지만, 이 전략은 매우 효과적이다.

이 방식의 효과는 계약, 소송, 법률로 인해 위험을 무시할 경우의 위험이 증가함에 따라 감소했다. 특히 다양한 미국 법률에 의해 정보 보안 위험을 무시하는 행위가 더 위험해졌다. 여기에는 유출 사고 공개법, 일반 정보보호법, 분야별 정보보호법, 상장회사에 내한 연방 법률 등이 포함된다. 유출 사고 공개법은 (직접적으로) 정보보호에 관해 규제하지는 않지만, 사고가 발생했을 때 공개하도록 요구한다. 일부 주에는 특정 유형의 개인정보를 보관하는 경우에 적용되는 일반 정보보호법이 시행 중이다. 미국 외에서도 정보 노출 사고, 특히 개인정보와 관련된 사고이거나 특정 분야(유럽의 통신 분야)에서 발생한 사고를 공개할 의무가 있을 수 있다. 보안 위험과 관련된 전반적인 규제 상황은 빨리 변하고 있다. 사고를 공개하면 보안 전문가가 다른 사람의 실수로부터 교훈을 얻고 중요한 이슈에 집중할 수 있도록 하는 효과가 있다.

마지막으로 위협 모델링을 수행하고 있고 대응하지 않기로 결정한 보안 문제의 리스트를 만들었다면 출판사를 통해 저자에게 보내주기 바란다. 분기별로 원고 측 변호사(또는 관련 당사자)에게 이를 판매하는 경매를 진행하겠다. 저자에게 보내지 않더라도 내부 고발자에 의해 공개되거나, 우연히 공유 또는 노출되거나, 법적인 조치로 인해 밝혀질 가능성이 있다. 대체로 "무시하자"는 제안은 과거에 비해 더 위험해진 것으로 보인다.

위험 관리를 위한 완화 방법 선택

완화 방법을 선택하는 다양한 방법이 있다. 다음 절에서 위험 관리와 위협을 완화하는 방법에 대한 의사결정을 결합하는 방법을 설명한다. 완화 방법은 다양한데, 표준 전략과 기술을 활용해 설계를 변경할 경우에 비해 독자적인 방식으로 설계할 때 위험은 커진다.

설계 변경

설계와 관련해 위험에 대응하는 첫 번째 방법은 위험을 제거하기 위해 기능을 제거하는 것이다. 예를 들어 인터넷에서 인증 없이 접속할 수 있는 급여 소프트웨어가 있다면 회사 인트라넷에서만 접속 가능하게 설계를 변경해 위험을 감소시킬 수 있다. 이는 위험 회피 방식과 일맥상통한다. 불행히도 결국 아무 기능도 수행할 수 없는 소프트웨어라는 논리적인 결론에 도달한다. 젠^{Zen} 스타일의 간결함이 있지만, 이러한 간결함이 아니라 기능이 소프트웨어의 요구 사항이다.

여기서 두 번째 위험 대응 방식이 등장한다. 위험을 줄일 수 있는 기능을 추가하도록 설계를 변경하는 것이다. 예를 들어 인증과 권한 관리 기능을 추가하도록 소프트웨어를 재설계할 수 있다.

설계 변경을 검토하는 두 가지 방법이 있는데, 반복적 방법과 비교적 방법이다. 반복적 방법은 작은 수의 구성 요소를 변경하고, 변경을 통해서 구성 요소나 신뢰 경계의 수를 줄이거나 위협을 제거하는 방법이다. 비교적 방법은 2가지 이상의 설계를 제시해 변경하는 방식이다. 이 방식이 더 많은 비용이 드는 것으로 보이고, 단기적으로는 그렇다. 그러나 반복적 방법에 일반적으로 여러 번의 변경이 필요하기 때문에 몇 가지 설계를 검토해 선택하는 비교적 방식이 비용 측면에서 더 효율적(특히 초기에는)이다.

그림 9-1은 어떻게 설계를 변경하는지 보여주는 사례다. 일회용 로그인 토큰을 전화기에 전송하는 것에 대한 위협 모델을 그린 것이다(이 토큰은 one time token의 약자인 OTT라고 부른다). 이러한 유형의 인증에는 많은 장점이 있는데, 그중 한 가지가 음성 전용 전화기나 '깡통' 휴대폰, 스마트폰 등 모든 유형의 전화기에 적용이 가능하다는 점이다. 단점은 토큰 정보가 노출될 수 있는 곳이 너무 많다는 점이다.

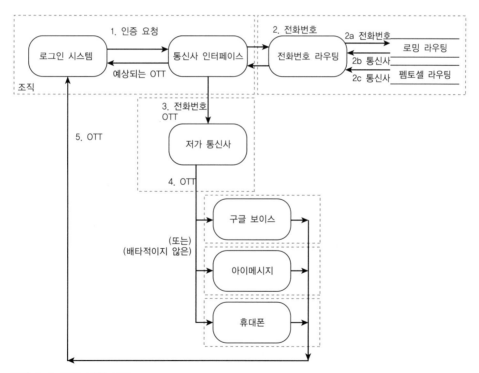

그림 9-1 OTT 위협 모델

이 장소에는 휴대폰 로밍을 담당하는 다양한 시스템과 통신 회사에서 배포하는 '펨토셀femtocell' 기지국이 포함된나. 구글 보이스나 아이메시지 같이 문자 메시지를 다양한 방식으로 인터넷으로 전송하는 서비스도 포함된다(이 서비스는 단지 사례로서 언급됐을 뿐이며, 보안성에 대해 논하지 않는다).

그림 9-1과 관련한 정보 노출 위협에 대응하고 설계를 변경하는 다양한 방법이 있다. 이 위협에 대응하는 간단한 방법은 다음과 같다. m_1은 서버에서 클라이언트로 전송되는 메시지이고, m_2는 그에 대한 응답이다.

- 스마트폰에 저장된 키로 암호화된 nonce를 전송하고 복호화된 nonce를 인증 서버로 전송한다. 서버는 $nonce_n$이 해당 전화기를 위해 암호화됐는지 체크한다. 그렇다면 처리 과정을 승인한다($m_1 = e_{phone}(nonce_n)$, $m_2 = nonce_n$).
- nonce를 스마트폰으로 전송하고, 서명된 nonce를 서버로 전송한다. 서버는 $nonce_{phone}$의 서명이 원하는 전화기에서 서명됐고 예상되는 nonce에 대한 올바른 서명인지 확인한다. 두 가지를 확인한 후 서버는 처리 과정을 승인한다($m_1 = nonce_{phone}$, $m_2 = sign_{phone}(nonce_{phone})$).
- nonce를 스마트폰에 전송한다. 스마트폰은 서버와 공유하는 비밀 값을 이용해 nonce의 해시를 계산해 해시 값을 서버로 전송한다($m_1 = nonce_{phone}$, $m_2 = hash_{phone}(nonce_{phone})$).

모든 방법에서 키를 적절히 관리하는 것이 중요하다. 또한 위의 방법은 간략하게 표현된 예제라는 사실을 이해하는 것이 중요하다. 타임스탬프, 메시지 주소 등 시스템을 안전하게 만드는 요소가 빠져 있다. 이러한 요소를 추가하면 암호학적인 구성 요소가 적용되는 방법을 이해하기 어려워진다.

모든 설계 변경의 핵심은 변경에 의해 발생하는 차이점과 변경이 소프트웨어의 요구 사항의 전반에 걸쳐 어떤 영향을 미치는지 이해하는 것이다.

> **노트** 이 모델과 위협에 대응하는 일부 방법은 부록 E에서 상세히 설명한다.

비교적 위협 모델링의 사례로 그림 9-2와 9-3을 생각하자. 그림 9-2는 이메일 시스템, 그림 9-3은 9-2에 '합법적 감청' 모듈이 추가된 버전이다('합법적 감청'은 '사람들이 시스템의 보안 기능을 통과하게 해주는 장치'를 조지 오웰 식으로 표현한 것이다. "우리 사회에 이런 메커니즘이 필요한가?"에 대한 논쟁은 접어 두고, 이런 메커니즘을 추가하면 보안 측면에 어떤 기술적인 영향이 발생할지 평가하는 것이 가능하다).

그림 9-2가 9-3보다 더 안전하다는 것은 분명한 사실이다. 소프트웨어 중심 모델링을 사용해 그림 9-3에는 2개의 데이터 흐름과 1개의 프로세스가 추가됐다. STRIDE의 개별 요소에 따라서 12개의 추가 위협이 존재한다(데이터 흐름 2개에 대한 위장, 정보 노출, DoS 위협 6개와 프로세스에 대한 S, T, R, I, D, E 위협 6개를 합쳐 12개 위협). 또한 그림 9-3에는 2개 유형의 권한 상승 위협이 존재한다. 하나는 외부인에 의한 위협이며, 나머지는 소프트웨어에서 허용하지만 사람이 정책을 위반한 사용과 관련된 위협이다. 따라서 그림 9-2의 위협 목록이 위협 1부터 위협 n으로 구성돼 있다면 그림 9-3의 목록은 위협 1부터 위협 n+14로 구성될 것이다.

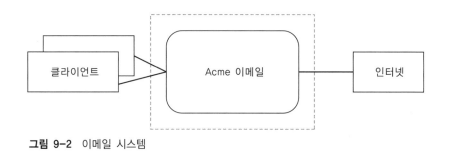

그림 9-2 이메일 시스템

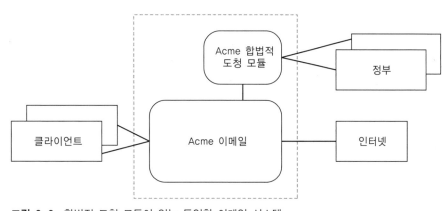

그림 9-3 합법적 도청 모듈이 있는 동일한 이메일 시스템

그림 9-2와 9-3의 시스템에 대해 소프트웨어 중심 모델링 대신 공격자 중심 모델링을 사용한다면 2가지 유형의 위협을 발견할 수 있다. 첫 번째는 접속 권한을 보유한 각 사법기관이 직원과 IT 시스템을 추가해 잠재적인 위협 벡터가 추가되는 것이다. 두 번째는 공격자가 도청 기능을 남용하기 위해 공격할 수 있다는 점이다. 2010년 구글

등에 대한 '오로라^{Aurora}' 공격이 여기에 해당한다(McMillan, 2010과 Adida, 2013). 즉, 두 그림을 비교하면 기능을 추가함으로 인해 추가적인 위험이 발생했다. 이 위험이 어디에 영향을 미치는지 궁금하겠지만, 그 질문은 이 예제의 범위를 벗어난다.

그림 9-3에 추가된 코드는 보안 취약점 발생의 분명한 근원지다. 시스템의 다른 부분으로부터 관심과 노력을 끌게 될 것이다. 다시 말해 그림 9-2에서 구성 요소의 보안성이 추가 구성 요소에 대한 위협을 무시하더라도 감소할 가능성이 있다. 같은 맥락에서 백도어에 대한 요청과 구현은 비밀리에 이뤄질 것이다. 그 경우 추가 기능은 일반적인 구현, 테스트, 검토 과정을 거치지 않을 수도 있고, 이 점 역시 보안성을 감소시킨다. 물론 도청 기능이 다른 보안 통제를 우회하게 설계됐기 때문에 모든 취약점이 엄청난 영향력을 가진다.

표준 완화 기술 적용

표준 접근 방식이 문제를 효과적으로 해결하기 때문에 이를 활용해야 한다. 새로운 방어 방법을 고안하는 것은 매우 간단하고 재미있는 작업이다. 그러나 불행히도 효과적인 새로운 방식을 고안해 개발하고 테스트하는 데에는 많은 시간이 필요하다.

> **노트**   공정하게 말하자면 새롭게 고안된 완화 방식을 테스트하는 것이 때로는 아주 신속하게 진행될 수도 있는데, 보안 전문가가 몇 분의 조사만으로 새로운 방어 기법을 우회해버리는 경우가 그렇다. PGP를 만든 필 짐머만(Phil Zimmerman)이 자신이 개발한 인기 암호화 소프트웨어의 최초 버전을 위한 암호 알고리즘을 여러 명의 암호학자에게 소개했을 때 수개월 동안의 노력의 산물이 점심식사 시간에 무너지는 경험을 했다. 그 후 짐머만은 표준 암호 알고리즘을 사용하기로 결정했다.

표준 완화를 사용하는 방법에는 플랫폼 제공 방식, 개발자 구현 방식, 운영 방식 등 다양한 방법이 있다.

플랫폼 제공 완화

소프트웨어 개발자는 다양한 방법으로 일반적인 위협을 완화하도록 소프트웨어를 작성한다. 각 방법에는 장점과 단점이 있다. 모든 방법이 동일하거나 어떤 방법이 항상 장점이 있다는 의미는 아니다. 일반적으로 개발 중인 플랫폼의 보안 기능을 이용하는 것은 몇 가지 측면에서 좋은 생각이다. 우선 여러분이 작성하는 기능에 비해 플랫폼의 방어 기능이 높은 신뢰 수준으로 실행된다. 또한 일반적으로 잘 설계됐고, 높은 수준의 점검을 마친 후에 여러분에게 제공된다. 이와 관련해 때로는 여러분이 생각하는 것 이상으로 철저하게 테스트한다. 그리고 보통 무료 또는 플랫폼 가격에 포함돼 제공되는 경우가 많다.

개발자 구현 완화

플랫폼이 제공하지 않고 개발자가 구현해야만 하는 완화 방법도 있다. 대부분의 경우 기능 개발 작업으로 진행된다. 위장 위협에 대응하기 위해 암호화 방식을 구현하고, 부인 위협에 대응하기 위해 로깅 시스템을 개선하는 작업 등이 포함된다.

하나의 조직이 소프트웨어를 개발하고 운영하는 경우가 증가하고 있다. 이 경우 추가적인 유형의 방어 기회를 설계할 수 있다. 인젝션 공격이나 오버플로우 공격 시도 등을 탐지해 조치하는 데 집중하는 것이다. 탐지 및 조치 역량에 적절히 투자하면 버그를 발견해 수정하는 보안 비용을 줄일 수 있다. 이 경우 정보 노출 공격의 심각성도 커진다. 소스(또는 바이너리)가 공격자에게 노출될 경우 공격자가 탐지되지 않고 신뢰할 수 있는 공격 방법을 개발할 가능성이 커지기 때문이다.

운영 완화

시스템 관리자는 정책, 절차, 소프트웨어 방어 간의 트레이드오프를 고려해야 한다. 소프트웨어 방어가 가능하다면 프로세스 중심의 통제보다 더 신뢰할 수 있다. 운영상으로 프로세스 중심 통제는 넓은 범위의 이슈에 대한 방어를 제공한다. 특히 효과적인 변경 관리를 통해 다양한 이슈를 관리할 수 있다. 네트워크나 에지^{edge}의 이슈를 통제하기 위한 방화벽은 관리와 유지 보수가 용이하다. 그러나 개별 컴퓨터 레벨에서는 패킷에 대한 의심은 감소한다(Ptacek, 1998). 특정 목적을 가진 방어 프로그램이 기술적으로 범용적인 프로그램보다 우수한 경우가 많지만, 운영에 잘 결합되기 어려워 전반적으로는 효과가 떨어질 때가 있다. 상업적 표준이 된 다양한 유형의 완화 방법은 '무한 경쟁' 형태의 기술이다.

예를 들어 시그니처 기반의 바이러스 백신 프로그램은 최신 업데이트를 했을 경우에만 유용하다. 반면 방화벽은 정책에 따라 통신을 차단한다. 일부 방화벽은 패킷 필터링 목적으로 활용되는데, 무력화될 수도 있다. 방화벽은 연결 프락시 기능으로 활용되기도 한다(방화벽에서 연결이 중단되고, 방화벽의 프로그램이 목적지 시스템과 별도의 연결을 맺는 방식이다). 일부 방화벽은 시그니처 기반의 침입 탐지, 침입 방지 기능에 제공하고, 이 기능을 위해서는 정기적인 업데이트가 필요하지만 앞서 말한 방화벽에는 무한 경쟁의 요소가 없다(무한 경쟁은 매우 "재미있다." 무한 경쟁은 9장 마지막 절에서 설명한다).

개발자와 시스템 관리자가 서로의 방어에 대한 관점을 이해하는 것이 중요하다. 지식 체계, 비유 및 운영을 더 용이하게 하는 완화 방식의 다른 측면에 의지할 수 있는 표준적인 완화 방법에서 특히 그렇다. 아무도 운영하지 못하는 방어 시스템을 개발하는 것은 동작하지 않는 시스템을 개발하는 것만큼 나쁘다. 비즈니스 요구 사항을 충족하는 운영 기술을 적용하는 최종적인 목표를 위해서는 개발자와 시스템 관리자가 활용할 수 있는 방어 수단의 한계를 잘 이해해야 한다. 표 9-2에는 앞서 설명한 Acme SQL 데이터베이스의 방어 사례가 나와 있다.

표 9-2 구현할 수 있는 사람에 따른 방어 방법

위협	개발자가 구현해야 하는 인스턴스	IT 부서가 구현해야 하는 인스턴스
위장	웹/SQL/다른 클라이언트 브루트포스 로그인. DBA(사람), DB 사용자에 대한 인증	인증 기반 구조: 웹 클라이언트, SQL 클라이언트, DBA(사람), DB 사용자
변조	데이터, 관리 정보, 로그에 대한 무결성 보호	프론트엔드, 데이터베이스 관리자를 위한 무결성 보호
부인	로그(로그 분석은 반드시 필요). 웹이나 SQL 클라이언트의 특정 동작은 세심한 로깅이 필요하다. DBA의 특정 동작은 세심한 로깅이 필요하다.	로그(로그 분석은 반드시 필요). DBA를 완전히 신뢰할 수 없다면 다른 권한 도메인의 시스템이 모든 명령어를 로깅해야 한다.
정보 노출	데이터, 관리 정보, 로그를 보호해야 한다. 프론트엔드에 접근 통제를 적용해야 한다. 프론트엔드를 통해서만 데이터에 접근할 수 있어야 한다.	ACL과 보안 그룹을 관리해야 한다. 백업을 보호해야 한다.
서비스 거부	DoS 위험을 최소화하게 프론트엔드를 설계해야 한다.	충분한 자원을 갖고 시스템을 구동해야 한다.
권한 상승	클라이언트 신뢰. 인젝션을 어렵게 하기 위해 prepared statement를 지원해야 한다. 서버에서 명령어를 실행, 호출할 수 있는 기본적인 방법이 없어야 하고, exec()나 system() 등을 호출할 때는 권한이 필요하게 설정해야 한다.	로컬에 작성된 부적절한 신뢰 클라이언트가 없어야 한다. DB를 적절히 설정한다.

맞춤형 완화 방법의 설계

앞서 설명한 대로 맞춤형 방식은 검증하는 데 위험과 노력이 많이 필요하지만, 때로는 선택의 여지가 없다. 설계나 구현의 측면에 의해 표준 방식의 적용이 불가능할 수 있다. 예를 들어 8비트 프로세서가 탑재된 저가 장비를 적용한 경우 처리 속도의 문제로 2,048비트 RSA 암호화 키를 사용하기 어려울 수도 있다. 이런 경우 어떤 방식을 활용할 수 있는지 고려해야 한다.

맞춤형 방어 방법에 대해 이야기할 만한 특정한 사항은 적다. 그러나 일반적으로 적용되는 가이드라인이 있다. 맞춤 시스템의 목적과 운영상의 제약 사항을 명확하게 기술했는지 확인하라. 작동하지 않을 경우 어떤 일이 생기고, 업데이트를 하기 위해서 무엇을 해야 되는지 고려하라.

맞춤형 완화는 보안적이지 않은 코드와 아주 중요한 차이가 있고, 이들이 효과적이지 않다는 것을 확인하기는 어렵다. 경험이 없는 데이터베이스 설계자가 하는 실수는 확인하기 쉽다. 성능 같은 분명한 문제가 상대적으로 자주 발생한다. 따라서 보안 대책 부분에서는 속을 가능성이 더 크다.

맞춤형 완화 방식을 설계할 때 초기 단계에서 몇 가지 특이한 단계를 거치는 것이 좋다. 첫 번째는 동기와 설계를 공유하는 것이다. 도움이 되는 피드백을 얻을 수 있다. 설계를 공개하거나 (NDA를 맺지 않고) 피드백에 대가를 지불한다면 더 유용한 피드백을 받을 수 있을 것이다. 완화 방식을 깨뜨릴 전문가를 고용하거나 방어를 무력화하는 사람에게 상금을 지불할 수도 있다.

> **경고** 왜 방어를 무력화하기 어려운지 생각하는 이유와 관련된 작업 내용을 나눠서 설명해야 한다. 두 사항이 혼재되면 비판이 브레인스토밍을 망치는 경우와 유사하게 자유로운 생각의 흐름을 방해하는 결과가 발생한다.

퍼징은 완화 방법이 아니다

종종 다양한 위협에 대응하기 위해 사람들은 "퍼징fuzzing해보겠다!"라고 말한다. 퍼징은 임의의 값을 생성해 프로그램에 입력하는 방식으로, 퍼징을 해보지 않은 코드의 버그를 찾는 데 놀라울 정도로 효과적이다. 특히 파서의 경우 더욱 효과적이다. 그러나 퍼징은 위험을 완화시키는 방법이 아니다. 완화 대책을 테스트하는 한 가지 방법이다.

퍼징을 통해 코드를 안전하게 만들 수 없으며, 단지 버그를 찾는 데 도움이 된다. 이러한 버그가 수정될수록 다음 버그를 찾는 데 걸리는 시간은 증가한다. 그러니 영리한 사람이 다음 버그를 발견하는 데 걸리는 시간은 변하지 않는다. 그러므로 시간이 지날수록 퍼징의 효과는 감소한다. 퍼징을 하고 싶다면 테스트 계획에 퍼징이 포함돼 있는지 확인하라. 설계 단계에서는 다른 행동을 해야 한다.

설계나 코딩 단계에서 파서의 보안성을 높일 수 있는 몇 가지 방법이 있다. 첫 번째는 안전한 파싱을 지원하는 파일 포맷이나 네트워크 프로토콜을 설계하는 것이다 (Sassaman, 2013). 포맷이 튜링 완전$^{Turing\ complete}$하지 않다면 파싱을 하기 쉽다. 매크로, 반복, 다양한 인코딩 방식, 캡슐화된 인코딩 계층 기능 등이 없다면 파서는 더 간단해지고, 더 안전해질 것이다. 파서의 보안성을 향상하기 위한 두 번째 방법은 C 계열 언어보다 안전한 언어를 사용하는 것이다. C 언어는 자료형 안전성$^{type\ safety}$이 없고, 원시적이며 불안전한 문자열 처리 함수를 사용하고 있기 때문에 안전한 파서를 코딩하기 어렵다. 파싱해야 하는 것이 이미 정의돼 있고 새롭게 정의할 수 없다면 (HTML처럼) 파서를 위한 상태 머신$^{state\ machine}$을 작성하는 것이 유용하다. HTML에 대한 상태 머신을 만든다는 생각을 비웃을 수도 있다. 상태 머신을 묘사할 수 없다면 안전한 파서를 만드는 것은 운에 맡겨야 한다. 마지막으로 정규화 단계가 있다면 초기 단계에 정규화하라. 그리고 입력에 대한 결과가 나오기 전에 입력 값을 정규화하라.

위협 특화적인 우선순위 적용 방식

이 절은 대응해야 하는 위험(회피, 수용, 전가해야 하는 위험이 아니라)에 대해서만 다룬다. 대응하기로 결정한 문제에 대해 어떻게 위험에 접근할지 선택을 해야 한다. 이러한 선택에는 단순히 위험이 구체화되는지 지켜보거나, 수정하기 쉬운 것을 먼저 고치거나, 다양한 위협 순위 결정 기술을 활용하거나, 각 문제의 비용을 예측하는 방식을 사용하는 방법이 포함된다.

단순 접근 방식

위협의 우선순위를 매기는 가장 단순한 접근 방식에는 수학 계산이 필요하지 않다. 여기에는 '기다려보기'와 '쉬운 것을 먼저 고치기'가 있다.

기다려보기

보안 이슈에 대한 기다려보기 접근 방식은 때로 잘 먹히지만, 때로는 파국을 초래한다. 이 방식은 시스템이 내부 네트워크에 존재하거나 문제에 대한 모니터링이 가능한 상태로 서비스 제공 중일 때 '무시하기'와는 차별화된다. 기다려보기 방식은 웹사이트에 적용될 때보다 가스탱크에 적용될 때 더 나쁜 방식이다. 451 그룹의 분석가 웬디 내더 Wendy Nather가 '치즈버거 사례'라고 부른 예제를 들 수 있다. "의사 선생님, 저는 심장마비가 올 때까지 치즈버거를 계속 먹겠습니다. 그 후에 처리합시다."(Nather, 2013) 치즈버거 사례는 위험을 수용한다기보다는 위험을 무시하는 것에 가깝다. 그리고 파국적인 결과가 여러분의 주의를 끌기 전까지 완화하기 위한 어떠한 노력도 하지 않는다. 대부분의 비즈니스에는 위험 관리 전략의 일환으로 오랫동안 모니터링을 활용했다. 예를 들어 한 직원이 갑자기 비싼 자동차를 구입했다는 사실을 은행이 알았을 경우 누군가가 돈이 어디서 생겼는지 의문을 가질 것이다. '기다려보기'에서 '보기' 부분에 해당되는 모니터링은 효과적으로 계획돼야 한다. 변화 탐지, 시그니처 공격 탐지, 비정상 공격 탐지, 임팩트 탐지의 4가지 유형 모니터링이 있다.

> **노트** 위험 관리에서 치즈버거 방식은 대가리를 모래에 묻는 타조와 비슷하다. 여러분의 동료가 실제로 머리를 모래에 묻지는 않겠지만, "아무도 그렇게 하지 않을 거야!"라고 말할 수 있다. 이에 대한 최선의 대답은 "누가 실제로 그렇게 한 사례를 보여주면 수정할거야?"라고 말하는 것이다(사람들이 전문가가 되는 길을 만들었다는 레퍼토리를 잘 써먹을 수 있는 부분이다).

변화 탐지

변화 탐지는 변화를 관리한다는 사실을 보장하는 운영 규율에 중점이 있다. 변화를 관리한다면 변화 관리 외부의 요소는 문제로 간주돼야 한다(Kim, 2006).

시그니처 공격 탐지

시그니처 공격 탐지는 어떤 공격에는 정의할 수 있는 특정한 시그니처가 있다는 아이디어에 기반을 둔다. 시그니처는 공격이 발생할 때만 나타나는 연속된 바이트 또는 메시지를 의미한다. 제품 수준의 품질을 갖는 해킹 소프트웨어가 증가함에 따라 시그니처 중심 방식이 유망하게 여겨졌다. 그러나 시그니처를 탐지하는 제품이 확산됨에 따라 공격 도구도 다형성polymorphism을 지원하게 됐고, 단순한 시그니처 탐지의 효과도 기대한 것에 비해 감소했다.

비정상 공격 탐지

비정상 공격 탐지는 네트워크 트래픽에 정상적이고 변하지 않는 특성이 있다는 아이디어에 기반을 둔 방식이다. 이것은 몽상이다. 비즈니스가 변함에 따라 정상 트래픽도 변화하고, 비정상 탐지 시스템은 정상 트래픽에 대해 재훈련이 필요하다. 비즈니스와 그 변화가 가속화됨에 따라 어떤 트래픽이 정상인지에 대해 지속적으로 시스템을 트레이닝하는 것이 더욱 어려워진다. 또한 정상적인 특이 사항(예를 들어 토요일 저녁에 감사 프로그램이 실행되고, 매 분기 말에 다른 프로그램이 실행된다)이 있을 수도 있다. 모든 비정상 행위에 대해 사람이 조사할 수도 있지만, 비용이 크게 증가할 것이다.

임팩트 탐지

마지막 유형의 탐지는 임팩트 탐지다. 갑자기 미수 계정의 제품 분기 판매량이 맞지 않는다면 문제가 발생한 것이다(동료가 책을 -3권 주문하게 하는 모의해킹을 수행했을 수도 있다. 시스템이 그의 신용카드에 책 3권 가격에서 배송료를 뺀 값을 반납하고, 일주일 후에 우편으로 책 3권을 배송 받았을 수도 있다. 판매업자가 어떻게 된 것인지 들어보니 배송 직원이 -3권이라는 내용을 봤지만, 버그라고 생각해서 3권을 보냈을 수 있다).

일반적으로 숙련된 운영자는 앞에서 설명한 4가지 방식을 조합해 활용한다. 조직의 위협 프로파일, 위협 수용, 문화, 규제 환경 등을 반영한 조직에 특화된 정교한 조합이 필요하다. 기다려보기 방식은 (적어도) 다음 3가지 경우에는 유효하지 않다. 우선 생명이나 부상의 위험이 있는 경우다. 더 말할 필요가 없다. 두 번째로 고객에게 제품, 특히 물리적인 제품을 배송하는 경우이다. 제품이 유모차, 자동차, 소프트웨어인지에 관계없이 어떤 나쁜 상황이 벌어질지 기다려보는 것이 주요 위험 관리 방식이 될 수 없다. 세 번째는 대응 계획이 없는 경우다. 예를 들어 은행 소프트웨어를 운영하는 경우 사기 여부를 수작업으로 확인해야 하는 적절한 금액 수준이 있을 것이다. 그 수준은 사기 관리부서의 현재 업무량이나 확인 활동의 비용 효율성에 의해 조정될 것이다.

쉬운 것 먼저 고치기

일부 조직은 수정이 어려운 부분으로 넘어가기 전에 수정하기 쉬운 사항을 고치는 것으로 위협 모델링을 시작한다. 많은 숙련된 보안 전문가에게 이 방식은 이상하게 보이겠지만, 접근 방식의 장점과 단점을 살펴볼 가치가 있다. 장점은 보안 이슈를 수정하는 것은 좋은 일이고, 위협 모델링이 동작 가능한 버그를 찾는다는 사실을 보여주는 것이 지속적으로 위협 모델링을 하게 하는 데 도움이 된다는 점이다. 단점은 수정하고 있는 이슈가 잘못됐거나 조직 내부의 다른 조직과 관련되지 않아서 시간 낭비로 보일 수 있다는 점이다. 쉬운 것 먼저 고치기 방식을 시작할 필요가 있을 경우 수정을 진행하는 사람과 협의해 진행해야 하고, 그들이 이 작업을 바쁘기만 하고 쓸모없는 일이라고 인식하지 않게 해야 한다. 또한 이 방식에서는 이 절 뒷부분에서 설명하는 성숙한 방식으로 전환하는 계획을 세워야 한다.

버그 막대를 이용한 버그 순위 결정

'쉽고' '나머지 모두'보다 좀 더 정확하게 위협의 순위를 매기기 위한 몇 가지 기술이 존재한다. 이 순위 결정 방식은 일관성을 갖고 위협에 대응할 수 있게 하기 위해 고안됐다.

DREAD

이 가운데 하나는 DREAD다. 이는 발견 가능성(discoverability), 재현 가능성(reproducibility), 공격 가능성(exploitability), 영향 받는 사용자(affected users), 피해(damage)의 약자다. 불행히 DREAD는 상당히 주관적이기 때문에 많은 경우 이상한 결과를 도출한다. 2010년 현재, 마이크로소프트 SDL 팀에서는 더 이상 DREAD의 사용을 권장하지 않는다.

가장 효과적인 단순 우선순위 결정 기법은 버그 막대bug bar다. 버그 막대에서 버그는 임팩트에 대한 공유된 이해를 바탕으로 심각도가 결정된다. 공유된 이해는 버그를 분류하는 데 사용되는 기준과 사례가 기재된 '버그 막대' 표의 결과다. 제품 생명주기에 걸쳐 어떤 버그를 수정해야 하는지 결정하는 막대는 조정된다. 다시 말해 출시 6개월 전에는 중간 임팩트 버그를 수정해야 하지만, 출시 일에 발견된 버그는 핫픽스를 통해 수정될 것이다. 막대는 정제되고, 수정해야 하는 버그는 보안 프로세스가 성숙함에 따라 변경된다. 마이크로소프트는 버그 막대 개념을 꽤 중요하게 활용하고 있다.

마이크로소프트 SDL 버그 막대의 완전한 버전을 온라인에서 얻을 수 있다. 버그 막대는 Creative Commons 라이선스가 적용되고, 여러분의 조직 내에서 활용할 수 있다(Microsoft, 2012).

비용 예상 접근 방식

때로는 비용을 예상하는 위협 우선순위 선정 방식을 활용해야 하는 사업상의 이유가 있다. 이 절에서는 확률/영향도 평가와 FAIR 방식을 설명한다.

확률/영향도 평가

확률과 영향도를 평가하는 것은 자연스러운 접근 방식이지만, 효과적인 적용은 어렵다. 몇 가지 어려운 부분이 있는데, 그 가운데 정보 보안 사건은 허리케인이나 토네이도와는 달리 악의에 의해 발생한다는 점이다. 그러나 보험회사는 여전히 도난 보험을 발행하고 있고, 문 닫는 보험회사도 그렇게 많지 않다. 시간이 더 흐르면 유출 사고 공개법에 따라 공개되는 사고 사례를 통해 확률과 영향도를 더 잘 알게 돼 위협 모델링에서 확률/영향도 평가가 더 유용해질 것이다. 어떤 형태로든지 확률/영향도 평가를 활용한다면 완화에 필요한 비용을 알아야 하며, 몇 가지 방법을 사용할 수 있을 것이다 (Gordon, 2006).

정보 보안 분야에서 확률을 바르게 평가한다는 것은 극히 어렵다. 매우 저렴한 장비로도 아주 잘 구성된 시스템을 망가뜨릴 수 있다. 크립토나이트 자전거 자물쇠를 볼펜으로 해제할 수 있다는 사실이 발견됐다(Kahney, 2004). 안면 인식 시스템을 허가된 사람의 사진을 이용해 우회할 수 있다(Nguyen, 2009). 지문 인식 장비는 껌과 레이저 프린터로 우회할 수 있다(Matsumoto, 2002). 고가의 장비도 생각하는 것보다 쉽게 사용할 수 있다. 예를 들어 대학원생은 수백만 달러 상당의 연구 장비를 사용할 수 있다. 다른 측면에서 대부분 사람들은 몇 달러를 훔치는 공격이, 들이는 시간에 비해 가치가 없다고 생각한다. 그러나 전 세계 십억 명 이상의 사람이 하루 1달러 미만의 돈으로 살아가고 있고, 몇 달러만으로 그들의 삶은 크게 나아진다(이는 이 정도로 가난한 사람 모두가 경우에 따라 범죄자가 될 것이라는 뜻이 아니다. 서구에서 생각하는 전형적인 비용/효과 트레이드오프가 전 세계적으로는 틀렸을 수도 있다는 의미다).

FAIR

FAIR는 대형 은행의 정보보호 책임자를 역임한 잭 존스[Jack Jones]가 개발한 정보 위험 요인 분석[Factor Analysis on Information Risk]의 약자다. FAIR는 기술 시스템과 관련된 비즈니스 위험을 정의하는 데 중점을 둔다. FAIR에서 위험은 '자산에 불리하게 작용할 가능성이 있어 어떤 식으로 피해를 야기할 수 있는 모든 것(사물, 물질, 사람 등)'이라고 정의된다.

FAIR는 주로 비즈니스가 진행 중인 시스템을 대상으로 활용되며, 각 구성 요소의 출처(상용 제품, 자체 개발)는 별 상관이 없다. FAIR에서 위험은 피해가 발생할 빈도와 피해 규모의 함수로 정의된다. 피해 빈도와 피해 규모는 그림 9-4와 같이 나눠진다.

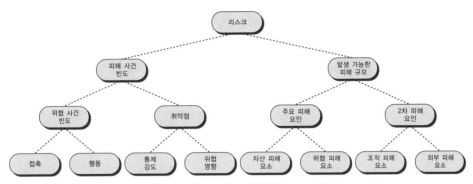

그림 9-4 FAIR의 위험 요소 분해

FAIR는 4단계, 10스텝으로 구성된다.

1단계: 시나리오 구성 요소를 확인하라

1. 위험한 자산을 확인하라.
2. 고려하는 위협 집단을 확인하라.

2단계: 피해 사건 빈도를 계산하라

3. 발생 가능한 위협 사건의 빈도를 예상하라.
4. 위협의 영향을 예상하라.
5. 통제의 강도를 예상하라.
6. 취약점을 유도하라.
7. 피해 사건 빈도를 유도하라.

3단계: 발생 가능한 피해 규모를 예상하라

8. 최악의 피해를 예상하라.
9. 발생 가능한 피해를 예상하라.

4단계: 위험을 유도하고 설명하라

10. 위험을 유도하고 설명하라.

'FAIR 개론(An Introduction to FAIR)'이라는 문서(Jones, 2006)는 비즈니스에서 위험 관리 방법으로서 FAIR를 설명하고 있다. 이 FAIR 백서는 아주 철학적인 수준으로 보이는 부분에서 시작한다. 내용이 어렵다면 좀 더 구체적이고 간략한 방식으로 설명하는 64 페이지로 넘어가는 것도 좋다.

FAIR에 관해 논의되는 2가지 이슈가 있다. 첫 번째는 다양한 위험 요소에 숫자를 매기는 방법에 관한 이슈다. 백서도 결론 부분에서 매우 솔직하게 인정하고 있다. 사고 데이터 없이 반복할 가치가 있고 동일한 결과를 얻을 수 있는 반복 가능한 방식이지만, 다른 시스템에 대한 결과와 비교하기는 어렵다. 두 번째 이슈는 FAIR의 시작 단계로 자산 중심적이고 공격자 중심적이라는 점이다. 자산은 '데이터, 장치 및 정보와 관련된 동작을 지원하는 다른 환경 구성 요소로, 어떤 식으로 피해를 입을 수 있는 모든 것'으로 정의된다. FAIR는 각 자산에 대해 수행돼야 하기 때문에 광범위한 정의로 인해서 많은 작업이 필요하다. 이는 직관적인 순위 결정 방식을 통해 개선될 수 있다. FAIR는 위협 집단의 '사례'를 제공해주지만, 위협 행동을 분석하는 데 필요한 노력이나 분석이 잘못됐을 경우 발생하는 위험을 해결해주지는 않는다. FAIR는 아마도 위험을 수치화하는 최고의 접근 방식일 것이다. 친애하는 편집자께서는 이 말이 사용할 가치가 있다는 의미인지 궁금할 것이다. 나라면 사용하겠다. 진지하게 말해, 여러분의 조직이 정량적인 위험 평가를 활용하고 있다면 FAIR를 추천하는 많은 이유가 있다. 그러나 버그 막대 같은 간단한 방식을 채택하고 있다면 그 방식의 투자 수익률이 더 좋을 수도 있다.

위험 수용을 통한 완화

'전통적 위험 관리 전략' 절에서 설명했듯이 위험을 수용함으로써 위험에 대응하는 것은 완전히 합리적이며, 여기에는 일반적으로 2가지 방식이 있다. 비즈니스 위험 수용과 사용자 위험 수용을 통한 방식이다. 다음 절에서 2가지 방식에 대해 설명한다.

비즈니스 수용을 통한 완화

자체적으로 사용할 소프트웨어를 개발하는 경우 어떤 위험 수용에 대한 의사결정도 자유롭게 할 수 있다. 예를 들어 여러분의 재고 관리 사이트에서 제품 재고를 전 세계에 공개한다면 위험 접근 방식을 통해 합리적으로 내린 결정일 수도 있다.

많은 경우 회사는 위험 수용에 대한 결정 외에 다른 측면을 고려할 수도 있다. 여기에는 프라이버시와 '목적 적합성'이 포함된다. 목적 적합성은 변호사들이 사용하는 용어로, 의도한 업무를 수행할 가치가 있다는 것을 의미한다.

소프트웨어가 개인적이고 사적인 정보를 다룬다면 이 정보에 적용되는 다양한 법률을 고려해 위험 수용을 해야 한다. 다양한 관련법에서 '적절한 보안' 같은 조치를 요구한다. 이로 인해 회사가 위험에 관해 결정할 수 있는 부분이 제한된다. 법이 적용되지 않는다고 할지라도, 유출된 고객 정보를 경쟁 업체가 마케팅에 활용하거나 고객의 분노하게 만들 수도 있다. 또한 회사의 평판에도 영향을 미친다.

목적 적합성은 회사가 위험을 수용할지 결정하는 데 영향을 미치는 다른 요소다. 인터넷에 연결되는 시스템을 판매한다면 목적에 맞는 충분한 보안성에 대한 합리적인 기대 수준이 있을 것이다. 의료용, '중요 인프라 시설' 등에서 사용된다면 더 많은 보안성을 기대할 것이다. 이러한 경우 회사는 잠자코 위험을 수용할 수 없다. 적어도 위험 수용에 대해 고객과 상의해야 한다(내가 변호사는 아니지만, 이러한 위험을 고객에게 알리지 않기로 결정한다면 아주 불친절한 변호사를 만나게 될 것이다).

사용자 수용을 통한 완화

소프트웨어 개발자나 시스템 관리자가 사용자에 대한 결정을 내릴 수 없는 경우가 있다. 예를 들어 업무 목적으로 Playboy.com에 접속할 수도 있다(투자은행을 생각해보자. 성인물을 허용해 줄 이유는 없다. 그러나 Playboy의 CEO가 은행을 방문해서 은행 담당자에게 투자를 요청하면서 새로운 디지털 미디어 서비스를 시연하기 원할 수 있다). 시스템에 바이러스가 있어야 하는 이유도 있을 수 있다. '분명한' 보안 에러가 시스템에 있지만, 사용자가 관련된 위험을 수용하려고 하는 경우도 있다.

잠재적인 위험에 대해 경고해야 할 경우 경고 내용은 NEAT를 만족해야 한다. 필요하고^{necessary}, 설명이 쉽고^{explanatory}, 실행할 수 있고^{actionable}, 테스트돼야^{tested} 한다. 비교적 간단한 4단계가 경고를 작성할 때(또는 기존 경고를 개선할 때) 도움이 된다. NEAT는 15장에서 상세히 설명한다.

인증을 양방향으로 수행해야 한다. 마지막 인증 시점과 비교해서 어떤 변화가 발생했다면 사용자에게 그 차이를 알려야 한다. 정보를 지속적으로 유지하면서 사용자에게 설명하고 사용자가 그 내용을 평가하게 해야 한다.

완화 전략에서의 무한 경쟁

무한 경쟁(경쟁 상대보다 지식이나 등급을 앞서기 위한 절대적 목표가 없는 무한 경쟁 – 옮긴이)은 공격자와 방어자 양측을 경쟁의 시작점으로 되돌려 놓는 일련의 예측 가능한 단계를 말한다. 전통적인 사례는 시그니처 기반 바이러스 백신 소프트웨어다. 이 소프트웨어는 최신 업데이트가 됐을 경우에만 유용하다. 거의 항상 시그니처 작성자가 아직 발견하지 못했거나, 시그니처가 테스트, 출시, 적용되지 않은 새로운 바이러스가 존재한다.

이러한 무한 경쟁을 피할 수 있다고 말할 수는 없을 것이다. 그러나 자주 발생하고 있기 때문에 왜 무한 경쟁이 발생하고, 이를 피할 수 없을 경우 무엇을 해야 하는지 설명한다.

무한 경쟁은 완전한 방어를 구축하기 어렵게 만드는 어떤 요인으로 인해 발생한다. 예를 들어 바이러스가 하는 행동만을 차단하는 보안 대책을 추가하는 것은 거의 불가능하다. 상용 운영체제는 다양한 기능을 지원하고 있고, 정상적인 프로그램이 이 기능을 활용한다. 때로는 악의적인 사용과 구분하기가 어렵다. 그래서 바이러스 백신의 휴리스틱 모듈의 오탐률이 높다. 이와 유사하게 사전에 실행 가능한 프로그램의 화이트리스트를 만드는 방식은 훌륭한 방어 방법이지만, 일상적인 컴퓨터 사용을 어렵게 한다.

무한 경쟁을 하고 있다면 경제적인 게임을 해야 한다. 우리의 비용을 최소화하고 이익은 최대화하는 동시에 상대방의 비용을 최대화하고 이익을 최소화시켜야 한다. 허둥지둥하면 비용이 증가한다. 상대방이 우리의 움직임에 대응하는 데 필요한 시간이 길어지면 우리의 이익은 커진다. 여기에서 두 가지 전략을 도출할 수 있다. 후발 주자의 우위를 지향하고 묘안 가방bag of trick을 보유하는 것이다.

후발 주자의 우위는 뛰어난 암호학자 폴 코커Paul Kocher가 만든 용어다(Kocher, 2006). 마지막에 행동을 취하는 쪽이 유리하다는 아이디어를 뜻한다. 또한 상대방을 당황하게 만들고 대응하기 어렵게 하는 행동을 계획해야 한다. 따라서 난독화obfuscation나 안티디버깅 기술이 효과가 있다. 새로운 설정으로 롤 포워드roll forward하게 설계된 시스템도 도움이 되는데, 여기서 묘안 가방이 등장한다. 묘안 가방이란 무한 경쟁에서 활용할 수 있게 미리 코딩하고 테스트한 방안의 모음이다. 상대방의 새로운 움직임을 탐지했다면 가방에서 한 가지 묘안을 꺼내 적용한다. 예를 들어 사람들이 마음대로 음악 파일을 사용하는 것을 막기 위해 DRM을 적용하고 있다면 공격자가 현재의 방식을 우회했을 때 적용할 수 있는 추가적인 제약을 개발해 준비해 놓을 수 있다. 이를 통해 후발 주자의 우위를 가질 수 있는 시간도 늘어난다.

요약

위험 관리에 적용할 수 있는 다양한 전략이 있다. 위험을 회피, 완화, 수용, 전가하는 전통적인 위험 관리 전략을 위협 대응에 적용할 수 있다.

좀 더 구체적으로는 설계를 변경하고, 표준 완화 방법을 적용하고, 맞춤형 완화 방법을 설계하는 방식이 있다. 독자적인 맞춤형 완화 방식을 테스트하는 것은 비용과 시간이 많이 들고, 설계가 잘못될 가능성이 높기 때문에 대비책이 있어야 한다. '잘못 될 가능성이 높은' 것에는 퍼징도 포함된다. 퍼징은 테스트 기술로 보는 것이 적절하다(뛰어난 기술이지만, 설계나 구현의 보안성을 위해 퍼징을 활용할 수는 없다).

완화 방식에 우선순위를 매겨야 할 경우도 있는데, 이를 위한 다양한 방법이 있다. 여기에는 기다려보기(그리고 보고 있다는 사실을 보장하기 위한 관련 액션) 같은 간단한 방법에서 부터 버그 막대, FAIR 같이 정량화된 위험 관리 방식까지 복잡한 방법이 있다.

때로는 위험을 수용하거나 타인에게 수용하라고 요구해야 하는 경우도 있다. 위험을 수용해야 할 때는 반드시 어떤 체계를 갖고 해야 하며, 위험을 무시하는 것과 동일한 의미로 사용해서는 안 된다. 타인에게 위험 수용을 요청할 때 명확하게 해야 하고 NEAT 방식이 여기에 도움이 된다.

때로는 무한 경쟁을 피하기 어렵다. 무한 경쟁을 하고 있다는 사실을 발견했을 때 자신의 비용은 낮추면서 상대방의 비용을 증가시키는 몇 가지 전략이 있다. 후발 주자 의 우위를 이용해 상대방이 혼란스러워 하는 동안 여유를 가질 수 있다. 이것이 좋은 위험 관리가 가져오는 효과다.

10
위협 대응 검증

위협에 대응하기 위해 많은 노력을 했다. 우선 문제점을 수정하고, 그 다음에는 관련된 위험을 평가했다. 그러나 그 노력이 효과가 있는가? 수정한 내용을 테스트하고, 이전에 발견한 모든 문제를 해결했다는 확신을 갖는 것이 중요하다.

우수한 테스트 인력과 우수한 위협 모델링 인력은 많은 공통점이 있다. 양쪽 모두 어떻게 시스템이 망가지고, 어떻게 그것을 막을 수 있는지에 집중한다. 테스트 인력과 협조함으로써 위협 모델링에 많은 긍정적인 효과를 얻을 수 있다. 이 시너지는 17장에서 상세하게 다룬다.

간략히 용어를 정리하면 10장에서 테스팅testing이라는 용어는 '품질 보증'에서 수행하는 핵심 업무를 뜻하는 것으로, 테스트를 생성하고 관리하는 작업을 말한다. 10장은 위협 모델링과 관련이 있는 테스팅의 일부 내용만을 설명한다. 그림 10-1과 같이 위협 모델 기반의 테스팅은 보안 테스팅과 상당 부분 중복될 수 있지만, 그 정도는 조직에 따라 다를 수 있다. 어떤 조직에는 신뢰성 테스팅 전문가가 있다. 이들은 서비스 거부 위협과 관련해 발견한 이슈를 이해해야 한다. 부인 위협을 고객 사전 준비의 일부로 관리할 수도 있다. 보안 테스터가 퍼징을 하거나, SQL 인젝션을 시도해 보거나, 위협 모델링에서 도출되지 않은 테스트를 생성, 관리할 수도 있다.

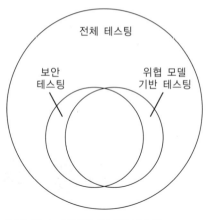

그림 10-1 다양한 종류의 테스팅

　10장에서는 위협 완화 테스팅에 대해 설명하고, 다른 곳에서 획득한 소프트웨어의 위협이 만족스럽게 해결됐는지 체크하는 방법과 위협 모델링 활동에 품질 보증을 적용하는 방법을 설명한다. 위협 모델링을 검증하는 기계적, 절차적 요소에 대해서 알아보고, 마지막으로 위협 모델링 테스팅 활동을 추적하는 데 활용할 수 있는 표들을 살펴본다.

위협 완화 테스팅

개발한 완화 방법을 테스트하기 위해서는 프로세스와 기술이 모두 필요하다. 이 절에서는 두 가지 모두를 설명하고, 종종 보안을 테스트하는 완전한 방법이라고 오인되는 침투 테스팅^{penetration testing}에 대해서 알아본다.

테스트 프로세스 통합

위협을 해결하기 위해 수행하는 것이라면 무엇이든지 테스트의 대상이다. 어떻게 테스트 케이스를 관리하더라도 발견해 해결하기로 결정한 위협을 테스트에 포함해야 한다. 테스트 기반 개발 방식을 채택한 애자일 팀에 속해 있다면 각 위협에 대해 적어도 2개의 테스트를 수행해야 한다. 쉬운(대응 조치가 없는) 경우 취약점을 악용하는 것과 대응 조치를 우회하려고 시도하는 것이다. 이 작업은 쉽고 재미있어서 테스터가 여기에 열중하게 할 수도 있다. 가장 위험이 큰 위협이나 개발자가 수정하고 싶어 하지 않는 위협으로 시작하는 것이 좋다. 테스트 진행을 추적하기 위해 버그를 사용하고 있다면 각 위협마다 2개의 테스트 생성 버그를 작성할 것이다. 하나는 위협을 추적하고, 다른 하나는 위협에 대한 테스트 코드를 추적한다. 다시 한 번 과잉 대응이 발생한다. 위협 모델 버그에 태그를 붙이면 위협 모델 테스트 버그를 찾기 쉽다(예를 들어 위협 목록에서 유래한 모든 버그를 찾는 데 'threatmodel' 태그를 활용할 수 있고, 테스트 버그를 찾는 데 'tmtest'를 활용할 수 있다).

어떤 형태의 테스트 계획을 활용하고 있다면 위협 목록을 테스트 계획에 반드시 반영해야 한다. 테스터에게 우수한 위협 목록을 제공하면 새로운 테스트가 생성되기도 한다.

완화 방식을 테스트하는 방법

위협을 버그로 간주하고 있다면 위협 테스트는 버그를 강력하게 테스트하는 것과 매우 비슷하다. 버그가 발생하는 상황을 재현하는 방법을 알고, 수정이 잘 됐는지 보여줄 수 있는 테스트를 작성해야 한다. 테스트는 수작업이나 자동으로 수행될 수 있다. 때로는 자동 테스트를 위한 코딩에 매우 많은 노력이 필요해서 수작업으로 테스트를 하고 싶을 수도 있다. 이런 버그는 정말로 처리하기 싫은 버그인 동시에, 자동화에 관한 논쟁이기도 하다.

물론 일반적인 버그와 달리 공격자는 버그를 발생시키기 위해 상황을 변화시킬 수 있기 때문에 훌륭한 테스팅은 이러한 다양한 공격을 포함해야 한다. 테스트하고 싶은 정확한 변종은 위협에 따라 아주 달라진다. 간단한 사례로 웹사이트의 XSS 버그를 생각해보자. 자바스크립트의 alert 함수를 사용해서 이 버그를 설명하는 경우가 많다. 그러므로 누군가가 'alert'라는 문자열을 탐지하는 테스트를 코딩했을 수도 있다. 'alert'를 '%61%6C%65%72%74%0A'로 교체해보라. 로버트 한센[Robert 'RSnake' Hansen]은 이러한 변종 위협에 대한 'XSS[Cross Site Scripting] Cheat Sheet Calculator'를 운영하고 있다 (OWASP, 2013b). 이런 사이트를 이용해 자신만의 변종 위협을 작성하는 기술을 익힐 수 있다.

위협에 대한 테스트를 진행할 때 개발 중인 완화 방법이 어떻게 공격받을 수 있는지도 고려해야 한다. 변종 공격 방식과 유사하지만, 7장에서 서명한 2차 위협, 3차 위협의 개념과 관련 있다.

위협 완화를 테스트하는 데 필요한 기술은 위협과 완화의 유형에 따라 다양하다. 큰 회사에는 제어 흐름을 획득하기 위해 사용되는 공격 코드인 셸 코드를 전문으로 하는 사람이 있다. 암호학 전문가도 있어서 회사 직원이 개발한 암호화 기술에 대한 수학적 공격이 가능한지 테스트한다.

침투 테스팅

일부 조직은 위협 모델을 검증하고 소프트웨어의 신뢰성을 높이기 위해 침투 테스팅을 활용한다. 침투 테스팅은 위협 모델링을 보충할 수 있는 방법이다. 그러나 "품질을 테스트할 수는 없다."는 말이 있다. 이 말은 여러분이 할 수 있는 어떤 테스트도 제품을 좋게 만들 수 없다는 의미다. 발견한 결함을 수정하는 데 도움이 될 뿐이다. 좋은 제품을 만들기 위해서는 설계를 잘 하고, 좋은 재료를 사용하고, 좋은 공정을 거친 후 결과물이 기대에 부합하는지 체크해야 한다. 마찬가지로, 테스트로 제품을 안전하게 만들수 없다. 따라서 침투 테스팅은 위협 모델링을 대체할 수 없다.

침투 테스팅은 블랙박스나 화이트박스 방식으로 진행된다. 블랙박스 침투 테스트는 테스터에게 소프트웨어만을 제공하고, 테스터는 소프트웨어를 이해하기 위해 얼마나 많은 노력이 필요한지 분명하게 테스트한다. 이 방식은 비용이 많이 드는 작업이고, 특히 테스터에게 소스코드, 설계, 위협 모델을 제공해 테스터가 소프트웨어의 목적과 개발자의 의도를 잘 이해할 수 있는 화이트박스 방식과 비교하면 더욱 그렇다.

침투 테스팅을 위협 모델링의 부가적인 부분으로 활용하기로 했다면 테스트의 범위를 테스터와 조정하는 것이 가장 중요하다. 테스터가 많은 SQL 삽입 취약점과 크로스사이트 스크립트 취약점을 발견했다면 행복할 것인가?(여러분이 확신할 수만 있다면 무슨 대답이든지 상관없다. "모르겠다."라고 답하지 않으면 된다).

획득한 코드 확인

이 책의 대부분은 여러분이 개발하는 소프트웨어에 초점을 두고 있다. 그러나 현실적으로 요즘 제품의 코드 중 많은 부분이 다른 곳에서 개발돼 바이너리나 소스코드로 제공된다. 이들 모두가 잘 구성된 보안 운영 가이드라인을 따르지는 않는다. 작성자가 우려하는 사항을 알려주는 명확한 위협 모델이 없는 경우도 많다. 이 절에서는 획득한 코드에 대해 위협 모델링을 하는 방법을 설명한다. 이를 통해 위협이 해결됐는지 검증할 수 있다. '들어가며'와 1장에서 설명한 4단계 프레임워크를 따른다. 다양한 도구를 이용해 소프트웨어를 조사하고, 조사한 내용을 바탕으로 소프트웨어를 모델링하고 그 모델을 분석할 것이다. 그 후 표준 운영 접근 방식을 통해 위협을 해결한다. 외부에서 획득한 코드에 이 기술을 적용할 수 있으며, 운영 팀에 속해 있다면 적용을 위해 전달받은 코드에도 적용할 수 있다. 이 절은 컨설턴트인 올리에 화이트하우스의 작업에서 영감을 받았다(Whitehouse, 2013).

> **노트** 10장의 접근 방식은 여러분이 바이너리를 디컴파일하거나 리버스엔지니어링할 시간이나 기술이 없다고 가정하고 있다. 그렇지 않다면 좀 더 깊이 분석할 수 있는 다양한 옵션과 역량이 있을 것이다. 소스코드가 있다면 컴파일할 수 있고, 더 쉽게 바이너리 접근 방식을 적용할 수 있다(예를 들어 인스톨러를 실행해 리스닝 포트나 계정 정보를 발견할 수 있다). 물론 동적 분석에는 한계가 있다. 매월 3주차 수요일에 백도어를 여는 소프트웨어가 있다면 운이 나빠서 그 다음날 분석을 시작하고 런타임 분석 결과를 신뢰할 수도 있다. 또한 이 절은 여러분이 신뢰할 수 있다고 믿는 이유가 있는 소프트웨어를 대상으로 한다(예를 들어 USB 드라이브에 있는 이상한 바이너리는 아마도 틀림없이 악성코드일 것이다).

소프트웨어 모델 작성

제품의 아키텍처 다이어그램이 있더라도 위협 모델링에 충분하지 않을 수 있다. 예를 들어 신뢰 경계를 표시하지 않았을 수도 있다. 따라서 위협 분석에 유용한 모델을 작성해야 한다. 이를 위해서는 몇 가지 질문을 던지고, 그 대답을 종합해야 한다. 이론적으로 외부에서 내부로 진행해 소프트웨어의 아키텍처적인 측면을 열거한다. 그 내용은 다음과 같다.

- 계정과 프로세스
  - 새로 생성한 계정
  - 실행 중인 프로세스
  - 시작 프로세스
  - 호출된 프로세스나 자식 프로세스
- 리스닝 포트
  - 소켓
  - RPC
  - 웹
  - 로컬 프로세스 간 통신
- 관리 인터페이스
  - 문서화된 인터페이스

- □ 계정 복구
- □ 서비스 인력 계정
- ■ 웹, 데이터베이스 구현
- ■ 기술 의존성과 플랫폼 정보
  - □ OS 변경(어플라이언스/가상머신)
  - □ 방화벽 룰 변경
  - □ 권한 변경
  - □ 자동 업데이트 상태
  - □ 패치되지 않은 취약점

소프트웨어를 바이너리 형태로 전달받았다면 ps, netstat, find(-newer 옵션) 등 유닉스 프로그램이나 다른 플랫폼의 비슷한 도구를 활용해 리스닝 포트와 프로세스를 확인할 수 있다. 비슷한 방법으로 운영체제가 새로운 계정과 시작 프로세스를 보여준다. 윈도우에서 Sysinternals의 Autoruns를 사용하면 부팅될 때 다양한 방식으로 시작되는 프로그램을 확인할 수 있다. 관리 인터페이스는 문서화돼 있지만 일반적으로 서비스나 복구 목적의 백도어가 있을 수도 있다. 따라서 '패스워드를 잊었을 경우'에 어떻게 할 수 있는지 확인해야 한다.

이 정보를 바탕으로 소프트웨어 모델 작성을 시작할 수 있다. 구성 요소는 신뢰 경계와 각 프로세스 내부에 있는 프로세스다. 리스닝 포트는 데이터 흐름의 한 종단으로 표현된다. 웹이나 데이터베이스가 존재한다면 적절한 기술적인 방법으로 좀 더 상세히 살펴봐서 복잡한 서브시스템에서 어떤 일이 발생하는지 잘 이해해야 한다. 관리 인터페이스는 추가적인 신뢰 경계를 생성하고, 관련된 데이터 흐름도 있을 수 있다. 기술 의존성(웹 서버나 프레임워크 등)도 새로운 프로세스와 데이터 흐름을 만들고, 여러 의존성에 대해 반복적으로 이 방식을 적용해야 한다. 의존성에 대해 체크할 다른 측면이 있다. 최신 보안 업데이트가 적용됐는지 여부다. 미국 국가 취약점 데이터베이스 등의 데이터베이스를 검색해 현재 버전에서 발견된 취약점을 확인할 수 있다. 또는 엔맵nmap이나 메타스플로잇Metasploit 같은 무료 도구를 활용해 테스트할 수도 있다.

앞서 설명한 작업은 새로운 도구를 배울 의지가 있는 시스템 관리자라면 누구나 수행할 수 있다. 소스코드도 있다면 더 살펴볼 수 있다. 윈도우에 존재하는 추가 계정이나 유닉스가 설정한 uid를 배울 수도 있다. fork와 exec 같은 시스템 호출은 어디서 프로세스가 발생했는지 보여준다. open, read와 특히 socket, listen 같은 시스템 호출은 신뢰 경계를 나타낸다(소켓과 리스닝 포트를 암시적으로 생성하는 아주 많은 방식의 고수준 함수가 있다). 소스코드가 있다면 추가적인 로그인 인터페이스를 발견하는 것은 쉽지만 단순히 grep 명령어만을 사용해서는 안 된다.

소프트웨어 모델 사용

획득한 소프트웨어의 모델을 작성했다면 2부에서 설명한 위협을 발견하기 위한 기술을 적용할 수 있다. 위협이 적절하게 처리됐는지 확인할 수도 있다. 소프트웨어를 평가하거나 도입하는 단계에서 위협을 발견했다면 위협이 만족할 수 있는 수준으로 완화되지 않았을 경우 몇 가지 선택을 할 수 있다. 그 선택은 다음과 같다.

- 소프트웨어 개발자에게 주의를 준다.
- 다른 패키지를 찾아본다.
- 스스로 위협을 완화시킨다.

소프트웨어 개발자에게 위협을 전달한다면 올바른 요구 사항, 수정과 관련된 트레이드오프, 그 외의 위협과 관련된 다른 논의를 할 준비를 해야 한다(예를 들어 윈도우 권한 실패에 대한 '개선' 제안 내용의 상당수가 그러한 변경이 적용됐을 경우에 대한 영향도를 고려하지 않는다).

일부 한심한 벤더는 라이선스를 위반했다고 여러분을 위협할 수도 있지만, 다행히도 그렇게 흔한 일은 아니다.

소프트웨어 개발자가 오픈소스라면 "패치를 받아들이겠다."라는 대답은 놀라운 것이 아니다.

소프트웨어를 인수, 선정, 적용한 후에 위협을 발견했다면 대안을 선택할 수 있는 가능성은 아주 줄어든다(다시 한 번 말하지만, 초기에 위협 모델링을 하면 더 많은 유연성을 가질 수 있다). 벤더에게 위협을 알리거나 스스로 해결하는 것이 주요 선택 방안이다.

스스로 이슈를 해결한다는 것은 8장에서 설명한 '운영상' 완화 방식을 적용한다는 뜻이다. 가장 일반적인 형태는 '앞 단에 방화벽을 설치'하고 SSL이나 SSH를 통해 네트워크 트래픽을 터널링하는 것이다.

구성 요소를 선정할 때 운영 보안 가이드와 위협 모델 문서를 살펴봄으로써 모든 작업을 매우 쉽게 할 수 있다. 이러한 문서가 구비된 구성 요소라면 여러분이 작업해야 할 업무는 줄어든다.

위협 모델링 품질 보증

보안 지지자가 위협 모델링을 수행하지 않았다고 주장하는 경우가 많지만, 어떤 때에는 소프트웨어를 출시, 배포, 배송해야 하고, 다음 버전에 대해 계획해야 할 수도 있다. 완료 시점에 가까워질수록(기능 완료) 위협 모델링을 마감하고 싶을 것이다. 체크리스트나 단계를 통과하고 기능을 완료하기 위해 수행할 필요가 있는 작업을 추적하기 위한 다른 수단을 활용하고 있다면 위협 모델 검증을 체크리스트에 포함해야 한다. 위협 모델 검증에는 다음 사항에 대한 검증이 포함된다.

■ 모델이 실제 상황을 충분히 정확하게 반영하고 있다.
■ 위협 리스트의 모든 것이 해결되고 위협 모델과 관련한 테스트 계획을 완성했다.
■ 위협 모델 버그를 해결했다.

모델/실제 일치

위협 대응을 마친 후에 대응한 위협이 작성 중인 소프트웨어와 관련된 모델을 사용했는지 확인해야 한다. 다른 말로, 마지막으로 아키텍처 다이어그램을 작성한 후 현재까지 3번의 주요 아키텍처 개편이 있었다면 발견한 위협 목록은 개발 중인 소프트웨어와 관련 없을 수도 있다. 그러므로 모델이 실제 상황과 충분히 일치하는지 체크하는 것이 중요하다. 이상적으로 위협 모델링을 아키텍처 재설계나 주요 리팩토링 작업을 할 때 작업 리스트에 포함시켜 지속적으로 수행해야 한다. 복잡한 시스템을 적용하는 경우에도 마찬가지다. 적용의 복잡성으로 인해 때로는 빈번한 변경이 발생한다. 그러한 변경이 중요하다면(방화벽 중단 등) 위협 모델을 수정해야 할 것이다.

위협 모델을 통해 위협에 대응하기 위해 중요한 재설계나 아키텍처 변경이 필요하다고 판단될 경우 '루프를 닫는' 것이 매우 중요하다. 이를 위해 코드를 수정하거나 새로운 시스템이 적용될 때 코드에 대한 소프트웨어 모델을 다시 체크해야 한다. 이상적으로는 변경 작업을 한 사람을 불러 변경 사항과 새로운 보안 기능을 설명하게 해야 한다.

> **노트** 이 회의는 때로 새로운 시스템에 대한 신규 위협을 발견하는 회의로 바뀐다. 이를 받아들일 수도 있지만, 골대를 옮기는 것처럼 보일 수도 있다. 회의 목적에 대한 사전 동의를 통해 혼란을 줄일 수 있다.

작업과 프로세스 완료

각 위협을 살펴보고, 해결하기 위한 전략과 전술을 결정했는가? 위험을 수용하고 모니터링하거나 운영체제의 기능을 활용해 위험을 관리할 수도 있을 것이다. 이를 추적하고 틈에 빠지지 않기 위해 적절한 노력을 기울였는지 확인해야 한다(일정 수준 이하의 심각성을 갖는 것을 추적할 필요가 없다고 말할 수도 있다). 좋은 위협 모델링 도구를 사용하면 위협에 대한 버그를 제출하기 쉽다. 이 기능이 없는 도구를 사용하고 있다면 수작업으로 버그를 제출해야 한다.

위협을 별도의 문서가 아니라 다른 버그와 유사한 버그 형식으로 제출해야 하는 2가지 이유가 있다. 첫 번째는 소프트웨어를 출시하는 모든 사람이 버그를 관리하는 방법을 사용하고 있기 때문이다. 보안 이슈를 관리하기 원한다면 보안 이슈를 버그로 만들어서 조직이 현재 품질 보증을 위해 활용하고 있는 시스템에 입력하라. 두 번째는 버그가 위협 모델링의 출구가 된다는 점이다. 일반적인 버그 관리 시스템에 입력함으로써 "그것에 대한 위협 모델링을 완료했다."고 말할 수 있다.

버그 체크

출시에 가까워지면 테스트 버그가 해결됐는지 검토하고 각 버그를 마무리했는지 확인해야 한다. 여기서 `tmtest` 같은 태그가 유용한 부분이다. 해결되지 않은 버그를 다른 버그처럼 분류해야 하고 (버그의 심각성에 대한 적절한 주의를 하면서) 수정하거나, 적절하다면 다음 변경 사항으로 넘겨야 한다.

위협 대응의 프로세스 측면

테스팅과 위협 모델링을 서로 보완하는 방법에 대한 몇 가지 측면과 테스터가 가정이 적용된 부분에서 데이터가 "검증됐다"라고 믿는 것 같은 이슈를 신속하게 발견하기 위해 활용할 수 있는 경고 신호가 있다.

위협 모델링은 테스팅에 권한을 부여; 테스팅은 위협 모델링에 권한을 부여

코드를 개발하는 일은 어렵다. 코딩에 필요한 모든 사항을 생각해야 하기 때문에 머리에 잘못될 가능성이 있는 사항 등에 대해 생각할 여유가 남아있지 않는다. 이 정도로 문제에 집중하고 몰입한다는 점이 엔지니어가 방해를 받았을 때 크게 화를 내는 이유 중 하니다. 모든 집중력이 필요할 정도로 문제가 복잡하기 때문에 잘 먹는 것처럼 작은 이슈에 신경 쓸 여유가 없다. "여유가 없다"는 것은 이성적인 의미와 감정적인 의미를 가진다. 이성적인 의미에서 개발자는 일반적으로 뛰어난 코드를 개발하는 데 집중한다. 더 좋고, 빠르고, 기능이 많고, 우아한 코드를 만들기 위한 모든 방법에 대해 생각하기 때문에 잘못될 수 있는 사항에 대해 생각하는 것으로 정신을 돌리기 어렵다. 많은 훌륭한 개발자가 테스트 가능한 코드를 작성하고 테스터와 협업할 필요가 있다는 점을 알고 있지만, 그들이 문제를 잘 발견할 수 있다는 뜻은 아니다. 감정적인 의미에서 잘못될 수 있는 것을 생각할 여유가 없다는 점은 코드가 동작하도록 많은 노력을 들인 후에 코드가 동작하지 않는 경우에 대해 생각하기가 어렵다는 뜻이다.

테스터 가운데에는 자연적으로 위협 모델링에 대해 협조적인 사람이 있다. 특히 테스팅이 개발의 '하위' 기능이라고 여겨질 경우에 그렇다. 테스팅이 위협 모델링을 '소유'한다면 테스트 부서가 아키텍처 회의에 참석할 이유가 된다. 어떻게 위협을 모델링하는지 이야기하기 위해 회의에 참석하고, 테스트를 조기에 시작할 수 있다. 위협 모델링이 테스터가 조기에 투입될 이유라면 테스터는 위협 모델링 프로세스를 효과적으로 진행할 것이다.

검증/변환

위협 모델이 이런 저런 입력 값을 "검증됐다"고 잘못 주장하는 경우가 많다. 이 주장이 완벽하게 사실일 수는 없기 때문에 테스터는 이를 경고 신호로 이해해야 한다. 데이터가 특정 목적으로 잘 검증했을 수는 있다. 예를 들어 `http://www.example.org/this/url/will/pwn/you`라는 데이터는 유효한가?

RFC 1738에 따르면 이 URL은 유효하다. example이라는 곳에서 사용하기로 예약된 도메인을 사용한다. 실제 URL이라고 가정하면 `this/url/will/pwn/you` 경로는 방문하기에 위험할 수도 있다. 다른 사례를 들어보자, `adam+threat@example.org`라는 이메일 주소는 유효하다(RFC 822 참조). 그러나 웹사이트에 저 주소를 입력해보라. 많은 사이트가 SQL 공격을 어렵게 하기 위해 작은따옴표(')와 함께 더하기 기호를 필터링한다. 이 기능 덕분에 O'Malley나 O'Leary 같은 아일랜드식 이름을 가진 사람이 귀찮음을 겪고 있다. 즉, 데이터는 특정한 목적으로만 검증되고, 더 나아가서 특정 규칙만을 따를 수 있다.

다른 방식으로 데이터를 필터링하고 변환할 수 있다. 예를 들어 웹사이트 화면에 표시할 값을 입력 받는 시스템을 생각해보자. ASCII만 입력 받고, 허용되지 않은 입력 값은 제거하고, 괄호로 묶인 문자열은 승인된 HTML 문자열로 변환해 보안성을 높일 수 있다. 허용하는 입력 값은 A-Z, 0-9, 일부 특수문자가 될 것이다. 필터링과 변환 방식의 장점은 설계에 의한 안전이라는 사실이다. 허용되지 않은 값을 모두 필터링하고, 이를 '위험한' 입력 등으로 변환함으로써 공격 코드가 성공하기 위해서는 다수의 버그를 활용해야 한다.

가정할 때마다 문서화

위협을 모델링할 때 스스로가 "나는 …라고 가정한다"라고 말하는 것을 알게 될 것이다. 그 내용을 적고 테스터는 그 가정을 테스트해야 한다. 가정에 따라 테스트하는 방법은 다르다. 일반적으로 "사실이 아닐 수 있나?"와 "가정이 틀렸거나 불완전하거나 지나치게 일반화됐다면 뭐가 잘못될 것인가?"라는 질문을 통해 가정을 테스트할 수 있다.

이것은 "모든 가정을 문서화하라"는 흔한 처방과는 약간 다르지만 중요하다. 이 조언은 사람들이 위협 모델링을 시작할 때 모든 가정을 문서화하게 유도한다. 그러나 어떤 가정을 문서화해야 하는가? 언제 중단해야 하는가? 많은 공개 키 암호화 방식에서 활용 중인 소인수 분해 문제를 푸는 새로운 방법을 찾을 수 없다고 가정하고 있는가? 합리적인 가정이라고 생각되지만, 미리 문서화하는 것은 지나친 것 같다. 이와 반대로 가정을 할 때마다 문서화하는 것은 쉽고, 제약적이고, 위협 모델을 검토하는 사람에게 도움이 된다.

표와 리스트

방어 전략과 기술, 위험 관리에 적용할 수 있는 다양한 전략을 알고 있기 때문에 이제는 구성 요소를 막고 저지하는 것을 배울 시기다. 7장으로 돌아가면 많은 표의 마지막 칼럼에 버그 ID가 있다. 여기에서 표는 버그 ID로 시작한다. 표 10-1은 간단한 표를 보여준다.

표 10-1 수정을 위해 버그 추적하기

버그 ID	위협	위험 관리 기술	접근 방식 우선순위	전술	테스터	완료 여부
4556	서버에서 주문을 체크하지 않음	설계 변경	대응을 위해 즉시 수정, 의존성 제거	코드 변경	앨리스	
4558	소스 컨트롤을 통해 모든 서버 코드의 변경을 수행해 변화를 추적할 수 있게 한다.	운영 변경	기다려보기	적용 도구 변경	밥	아니요
4559	공격자의 접근 가능성이 낮은 비즈니스 로직으로 제어 이동을 조사	설계 변경	기다려보기	다음 리팩토링 시 사용자 스토리에 추가	밥	아니요

그러나 이 위협들은 모두 해결됐거나 해결하기 위한 전략이 있다는 사실을 알 수 있다. 그러나 항상 이것이 가능하지는 않기 때문에 수용하는 위험에 대한 표(표 10-3)와 전가한 위험에 대한 표(표 10-4)가 필요하다. 회피한 위험은 표시하지 않는데, 버그로서 추적할 가치가 없는 경우가 많기 때문이다. 아키텍처 문서를 계속 보유하고 있다면 과거 위험했던 설계도 포함돼 있을 것이다. 표 10-2와 같은 표를 사용해 다양한 위험을 어떻게 처리했는지 추적할 수 있고, 전체적으로 어느 위치에 있는지 확인할 수 있다 (바람직한 경우에는 버그 추적 시스템에서 비슷한 표를 추출할 수 있다).

표 10-2는 다음과 같은 사항을 보여준다.

- 버그 ID
- 위협
- 위험 관리 방식
- 위험 관리 기술이나 구성 요소
- 완료 여부
- 테스트 코드가 있을 경우 테스트 ID(선택적)

표 10-2 전체 위협 모델링 버그 추적(예제)

버그 ID	위협	위험 관리 방식	기술/구성 요소	완료 여부
1234	범죄자의 현금 송금	회피	수표/어음/현금을 받지 않는다.	예
4556	서버에서 주문을 체크하지 않음	완화	즉시 수정	앨리스와 확인
1235	사람들이 URL을 잘못 타이핑하거나 피싱 사이트에 접속할 수 있음	수용	브라우저를 수정할 수 없기 때문에 보안 도움말 페이지, 도움말 북마크를 작성한다.	예
1236	사람들이 원하지 않는 물건을 주문한다.	전가	서비스 약관에 모든 주문은 완료됐다는 내용을 명시한다.	예

수용된 위험을 추적할 때 핵심 사항은 수용하는 위험에 대해 이해하고 경영진과 시각을 같이 하는 것이다. 버그 ID, 비용, 위험을 수용한 비즈니스 오너 등이 기재된 표를 선택할 수도 있다. 물론 앞에서 설명한 것처럼 위협에 정확한 액수를 기입하는 것은 어려운 일이다. 위협에 비용을 적는다면 다른 대부분의 표와 달리 수용한 위험 표에는 요약이나 합계를 표시할 수 있다.

표 10-3과 같이 최소한 다음 사항을 추적해야 한다.

- 버그 ID
- 위협
- 비용이나 영향도 예측
- 누가 어떻게 예측했는가?(선택적)
- 위험을 수용하는 이유
- 위험을 수용하는 사람
- 향후 결재 절차(선택적)

표 10-3 수용한 위험(예제)

버그 ID	위협	비용/영향도 예측	수용 이유	결재자
1237	청소부가 CEO의 PC에 키로거를 설치한다.	높음	CEO가 아직 PC를 사용하고 있음	IT 책임자

(이어짐)

버그 ID	위협	비용/영향도 예측	수용 이유	결재자
1238				
...	...	...		...
합계	(이상)	$1,000,000		데이브 샤를린

'전가' 칼럼이 필요할 수도 있다. 모든 위험이 고객에게 전가됐을 수도 있지만, 일부 위험은 다른 당사자에게 전가될 수도 있다. 예를 들어 제품에 파일 공유 기능이 있다면 위험은 저작권 소유자에게 전가된다. 제품에 메시징 기능이 있는 경우 새로운 스팸 전달 경로를 만든 것일 수도 있다. 물론 이러한 위험은 실제로 여러분 고객의 책임이다.

위험이 어디로 전가되는지 추적하고 싶다면 표 10-4와 같은 표를 사용할 수 있다. 그 내용은 다음과 같다.

- 버그 ID
- 위협
- 수정할 수 없는 이유
- 위험을 전가 받는 사람(선택적)
- 전가 방법
- 전가 메커니즘 완료 여부

표 10-4 전가한 위험(예제)

버그 ID	위협	수정할 수 없는 이유	전가 형태	완료 여부
1238	내부자	관리자 역할이 필요	요구 사항 아님, 보안 운영 가이드에 기재	예
1239	자체 문서 포맷에 버 퍼 오버플로우 발생	재설계와 퍼징 후에도 잔여 위험이 존재	문서 개봉 시 경고 표시	아니요-사용자 테스팅 필요

요약

소프트웨어 개발과 시스템 구축의 다른 부분과 비슷하게 위협 모델은 품질 보증 과정의 대상이 될 수 있다. '루프를 닫는 것'과 위협을 적절히 처리했음을 확인하는 것이 매우 중요하다. 이 작업은 일반적으로 위협 모델링이라고 생각하는 것의 범위를 벗어날 수도 있다. 처리 방식은 조직에 따라 다를 수 있다.

즉, 위협 모델 테스트를 테스트 프로세스에 통합해 각 위협을 대응했는지 테스트해야 한다. 위협을 테스트할 때 변동 위협과 2차, 3차 위협에 대해서도 검사해야 한다.

품질 보증을 수행할 때 소프트웨어 모델이 개발, 구축, 획득한 소프트웨어와 일치하는지 확인해야 할 것이다. 획득한 소프트웨어의 아키텍처를 모델링하는 과정은 직접 개발하는 소프트웨어를 모델링하는 경우와 다르다. 또한 위협 모델링과 관련된 각 작업과 과정이 끝났는지 확인하고, 위협 모델 버그를 체크해서 각 버그가 적절히 처리됐는지 확인해야 한다.

'보안 사고 방식'과 많은 테스터가 일하는 방식에는 흥미로운 공통점이 있다. 이로 인해 테스터에게 재미있는 경력상의 기회가 있을 수도 있다. 또한 큰 조직에서는 보안 인력과 테스터 양쪽 모두의 역량이 강화되는 선순환의 계기가 될 수도 있다.

"검증됐다"는 용어는 그 자체로 보안 분석과 테스팅의 경고 신호로 작용한다. 검증의 목적에 대해 명확한 설명이 없다면 검증이 올바른지, 가정이 정확하고 검증할 데이터를 변조하는 모든 사람이 그 가정을 공유하고 있는지 테스트하는 것은 불가능하다. "정확한 목적의 데이터를 검증했다"는 말은 때때로 분명한 말이 아니라 가정으로 남아 있다. 위협을 모델링할 때 검증해야 하고 적절한 시점에 테스트돼야 하는 사항은 매우 많다.

11

위협 모델링 도구

11장에서는 위협 모델링에 도움이 되는 도구를 설명한다. 다양한 방법으로 위협 모델링에 도움이 되는 도구를 사용할 수 있다. 더 나은 모델을 작성하는 데 도움이 될 수도 있고, 더 유동적인 모델을 만들 수도 있다. 다양한 단계의 작업을 기억하는 데 도움이 되기도 하고, 각 단계의 수행을 지원해주기도 한다. 읽기 편하고 심지어 아름답기까지도 한 위협 모델 문서를 작성하는 데도 도움이 된다. 도구를 이용해 위협 모델링이 완료됐는지 확인할 수도 있다. 마지막으로 위협 모델로부터 실행 가능한 결과를 도출하는 데 도움이 된다.

도구가 제약 사항으로 작용할 수도 있다. 어떻게 채워야 될지 불확실한 필드와 같은 사용성 이슈로 인해 고생할 수도 있다. 또는 도구가 당신의 업무 스타일을 방해하는 경우도 있다. 도구로 인한 트레이드오프는 피할 수 없다. 따라서 11장은 위협 모델링에 유용한 일반적인 도구로 시작하고, 그 후에 좀 더 특화된 도구를 설명한다.

공개 선언: 11장에서 설명하는 도구와 개인적인 관련은 없고, 일부 도구는 내가 직접 만든 것이다(이 도구를 좀 더 상세하게 설명할 것이다. 도구 개발자를 모욕하는 위험이 적기 때문이다).

11장에서는 일반적으로 유용한 도구를 소개하고 위협 모델링에 적용하는 방법을 설명한다. 그 다음에는 사용할 수 있는 오픈소스 도구들과 상용 도구를 설명한다. 마지막으로 아직까지 존재하지 않는 도구에 대해 설명한다.

일반적으로 유용한 도구

이 절은 위협 모델링에 특화되지 않았지만 매우 유용한 도구를 설명한다. 이미 사용하고 있는 익숙한 도구에 대해 생각하는 것을 권장하기 위해 더 유용한 도구를 설명한다.

화이트보드

화이트보드 없는 위협 모델링은 상상하기 어렵다. 시스템 아키텍처를 반복적으로 그리기 위해 지금까지 사용해본 어떤 기술도 화이트보드만큼의 직접성, 유연성, 가시성을 제공하지 않는다. 화이트보드는 일시적이라는 장점도 있다. 종이에 그림을 그리는 것과는 다르다. 화이트보드를 쓸 때 선이 적절히 연결됐는가와 같은 세부적인 사항을 수정하려고 하지 않는다. 따라서 시스템의 실제 동작 방식에 집중할 수 있다.

여러 장소에서 작업하는 팀이라면 웹캠으로 화이트보드를 찍는 방식이나 적합한 '가상 화이트보드' 기술을 활용할 수 있다.

오피스 프로그램

마이크로소프트 오피스에는 위협 모델링에 매우 유용한 많은 도구가 포함돼 있다. 워드는 위협을 자유로운 형식으로 기록하기 위한 훌륭한 도구다. 무엇을 기록할지는 여러분이 선택한 방식에 따라 달라진다. 엑셀을 이용해 이슈 추적과 현황 파악이 가능하다. 비지오는 화이트보드의 내용을 정확한 문서로 전환하는 데 유용하다. 물론 오피스는 워드프로세싱, 스프레드시트, 드로잉으로 구성된 프로그램 모음 중 하나다. 유일한 문제는 도구의 한계다. 문서 도구는 텍스트보다 다양한 기능을 지원해야 한다. 이때 이미지 삽입 기능 등이 특히 유용하다. 벡터 드로잉 도구를 사용하면 기호를 이동시킬 수 있다. 자동 연결 관리도 매우 유용한데, 물론 비지오에서만 이 기능을 제공하는 것은 아니다.

당연한 말이지만 마이크로소프트 워드, 엑셀, 비지오는 상용 도구다.

버그 추적 시스템

어떤 버그 추적 시스템을 사용하든지 간에 그 시스템을 위협 추적에 활용해야 한다. 위협 모델링으로 찾은 버그는 다양한 형식을 따를 수 있다. 사용하는 형식은 버그에 제목을 붙이고 논의하는 방법에 영향을 주며, 누구에게나 적합한 방식은 존재하지 않는다(적합한 방식은 여러분과 여러분의 조직에서 최적으로 동작하는 방식이다). 제목은 다음과 같이 표현될 수 있다.

- **위협 그 자체** "공격자가 구성 요소를 위협할 수 있다."와 "구성 요소가 위협에 취약하다." 같은 형식의 버그 제목이다. 예를 들면 "패스워드 재사용이 가능하기 때문에 프론트엔드가 위장 공격에 취약하다."와 같은 제목이다.
- **완화 방식** '구성 요소에 완화 방식이 필요함' 같은 형식이다. 예를 들면 "프론트엔드는 SSH상에서만 동작해야 한다."와 같은 제목이다. 버그 본문에서도 위협을 설명해야 한다.
- **완화를 테스트할 필요성** 누군가가 "아, 프론트엔드는 저렇게 취약하지 않다."라고 말할 때 버그의 제목을 붙이는 방법이다. 회의에서 논의하거나 위협을 체크하는 데 시간을 쓰지 말고, '위협에 대한 프론트엔드 취약성 테스트'라고 버그를 제출하고, 버그를 잘 테스트하는지 확인한다.
- **가정 검증의 필요성** 위협 모델링 과정에서 발견해 보안 특성을 결정하는 가정을 다른 사람이 따르는지 확인하기 위한 방식이다. "보안은 가정 A에 의해 결정된다." 또는 "구성 요소 X의 보안 특성 X는 가정 Y에 의해 결정된다."와 같은 제목이다. 예를 들면 "보안은 우리 집에 있는 바위와 똑같아 보이는 가짜 바위에 숨겨둔 열쇠를 아무도 찾지 못할 것이라는 가정에 좌우된다."와 같은 제목이다.
- **다른 추적 아이템** 위에서 설명한 아이템은 제안으로 받아들여야 하고 모든 버그가 위의 형식에 맞아야 할 필요는 없다. 추적해야 할 것을 발견했다면 버그를 제출하라.

위협 모델링에서 찾은 보안 버그를 추적할 때 쿼리 수행과 분석의 신뢰성을 높일 수 있는 몇 가지 항목이 있다. 버그가 보안 버그인지, '배를 멈춰야 하는' 버그인지, 버그를 발견한 방법(위협 모델링, 퍼징, 코드 리뷰, 고객 리포트 등)이 여기에 포함된다. 7장과 9장에 나온 표의 항목을 확인하라. 예를 들어 위험 관리 방식 항목을 활용할 수 있다. 이 항목의 값은 회피, 대응, 수용, 전가 중 하나가 될 것이다.

활용하기에 적합한 항목은 대부분 실행하려는 쿼리에 따라 달라진다. 물론 이 쿼리는 하려는 질문에 따라 달라진다. 다음과 같은 질문을 하고 싶을 것이다.

- 진행 중인 보안 버그가 있는가?
- 진행 중은 위협 모델링 버그가 있는가?
- 아직 수정되지 않은 심각성이 높은 위협 모델링 버그가 있는가?

- 얼마나 많은 위험을 보안 운영 가이드나 경고 대화 창을 통해 최종 사용자에게 전가 했는가?
- 가장 큰 비즈니스 위험에 대해 어느 부서장이 결재했는가? 어떤 부서장이 가장 많은 위험에 대해 결재했는가?

오픈소스 도구

위협 모델링을 위한 다양한 오픈소스 도구를 사용할 수 있다. 오픈소스 도구는 고품질의 위협 모델링 도구 개발에 대한 도전을 보여준다.

TRIKE

TRIKE라는 이름의 도구 2개가 있다. 첫 번째는 독립된 데스크톱 도구로, 스몰토크 Smalltalk로 작성됐다. 이 프로그램은 개발 및 유지 보수가 중단됐으며, 현재 TRIKE는 스프레드시트로 이식됐다. 문서에 따르면 맥용 엑셀 2011에서 가장 잘 동작한다(Trike, 2013). TRIKE는 'OctoTrike'라고 불리기도 한다.

TRIKE는 이 책에서 설명한 4단계 프레임워크와 정확히 일치하지는 않는다. TRIKE 스프레드시트는 19개의 페이지가 있는데, 1개의 개요, 7개의 주요 위협(행위자, 데이터 모델, 의도한 행위, 연결, 프로토콜, 위협, 보안, 객체 등), 4개의 기록 유지(유스케이스 인덱스, 유스케이스 상세 내용, 문서 인덱스, 개발 부서)와 7개의 참조 페이지(행위자 유형, 데이터 유형, 행위, 네트워크 계층, 중요 위협, 의도한 대응, 가이드)로 구성된다. 이 책을 쓸 당시에는 도움말 스프레드시트가 참조 문서였고, 시스템에 대한 소개가 아니었다.

SeaMonster

SeaMonster는 이클립스Eclipse 기반의 공격 트리와 오용 케이스 도구로 노르웨이 과학기술대학교 학생들이 개발했다. 2010년 이후 개발이 중단됐다(SeaMonster, 2013). 소스코드는 아직 확보할 수 있다.

권한 상승

권한 상승(게임)은 쉽게 위협 모델링을 시작하기 위한 목적으로 제작됐다. 게임에 참가할 사람을 초대하는 것으로 권한 상승은 시작된다. 게임은 STRIDE 위협의 이름을 딴 6개 무늬, 74장의 카드를 사용한다. 대부분 무늬는 2부터 에이스까지의 숫자가 존재한다. 2개 무늬는 중복 위협을 피하기 위해 적은 수의 카드를 사용한다. 카드에 쉽게 설명돼 있는 위협 사례를 찾는 것이 게임의 목적이다. 각 카드에는 특정 STRIDE 위협의 구체적인 사례가 적혀 있다. 예를 들어 변조^{Tampering} 6번 카드에는 "공격자가 코드가 활용하는 데이터 저장소에 쓸 수 있다"라고 적혀 있다. 그림 11-1에 다른 카드가 있다.

그림 11-1 권한 상승 카드

권한 상승 게임은 http://www.microsoft.com/sdl/adopt/eop.aspx에서 다운로드 가능하다. 권한 상승 게임을 시작하기 전에 참가자나 게임 주최자가 모델링할 시스템의 다이어그램을 작성한다. 그 후 사람들이 모여 게임을 시작한다. 주최자는 규칙을 설명하고, "의심은 접어 두라"고 요청한다. 게임은 카드를 나눠준 후 턴 방식으로 진행된다. 처음 나오는 카드는 위장 3번이다. 돌아가면서 판을 진행한다.

한 참가자가 카드의 무늬를 결정해 그 무늬의 카드를 내서 판을 시작한다. 각 참가자는 카드를 선택하고 카드를 다이어그램과 연결한다. 각 참가자는 같은 무늬의 카드가 있다면 그 카드를 내야 한다. 같은 무늬 카드가 없다면 다른 카드를 낼 수 있다. 테이블의 모든 사람이 카드를 내면 그 판은 끝난다. 가장 높은 숫자의 카드를 낸 사람이 그 판의 승자다. 가장 높은 숫자 카드는 처음에 정한 무늬 중에서 숫자가 제일 큰 카드이지만, 권한 상승 무늬의 카드가 나왔다면 권한 상승 무늬 중에서 가장 숫자가 높은 카드가 승자가 된다(모든 권한 상승 위협 카드가 시작 무늬 카드보다 높고, 시작 무늬와 다른 카드 중에서 권한 상승 무늬 카드만이 승리할 수 있다). 참가자는 카드에 적힌 위협을 다이어그램의 '버그가 될 수 있는 위협'과 연결해 점수를 얻는데, 시작 무늬의 카드나 권한 상승 무늬의 카드를 냈을 때만 점수를 받는다. 모든 권한 상승 무늬 카드가 시작 무늬 카드보다 높다. 창의성을 위해 각 에이스 카드에는 "새로운 위협을 발명했다"라고 적혀 있다. 카드에 나열된 위협이 정리된 카드도 있다. 정해진 시간이 지났거나 모든 카드를 냈을 때 게임이 끝난다. 승자는 가장 많은 점수를 얻은 사람이다.

버그가 될 수 있는 위협은 팀이 발견해 버그로 제출할 의도가 있는 위협이다. 대부분의 소프트웨어 개발에 포함된 간단한 구성 요소다. 어떤 팀은 "할 일 목록에 이것을 추가해야 하는가?"라고 질문해 이를 더 잘 발견할 수 있다. 그러나 위협을 테스트하기 위한 이해하고 공유할 수 있는 기준이 있어 좋은 위협에만 집중하고 싶을 것이다.

게임은 '심각한' 업무에 비해 덜 위협적이고 초보자에게 체계성과 힌트를 주고, 새로운 참가자가 카드를 바탕으로 위협을 발견하는 것을 도와준다. 또한 19장에서 자세히 설명할 몰입 상태를 참가자가 발견하는 것을 도와준다. 권한 상승 게임에 대한 상세한 내용은 내 논문 「Elevation of Privilege: Drawing Developers into Threat Modeling」에서 확인할 수 있다(Shostack, 2012).

마이크로소프트는 파일(소스와 PDF)을 Creative Commons BY-3.0 라이선스에 따라 공개했다. 다운로드, 수정, 파생 작품 작성, 판매도 할 수 있다.

상용 도구

상용 위협 모델링 도구도 시중에 나와 있다. 예를 들어 몇 가지 상용 도구를 소개하지만, 모든 책임은 구매자의 몫이다.

ThreatModeler

MyAppSecurity.com의 ThreatModeler는 데이터 구성 요소, 역할, 구성 요소에 기반을 둔 방어 중심의 도구이다. MITRE CAPEC(4장 '공격 트리' 참조), WASC 위협 분류와 같은 공격 라이브러리를 사용한다. 구성 요소를 트리의 루트로 하고 위반될 수 있는 요구 사항을 첫 번째 수준의 서브노드로 표시한다. 위협과 공격자는 다음 계층에 표시된다. 문서에 따르면 ThreatModeler의 사용자는 아키텍처, 개발자, 보안 전문가, 품질 보증 전문가, 경영진이다. ThreatModeler는 윈도우용 도구다.

Corporate Threat Modeler

SensePost의 Corporate Threat Modeler는 다양한 위협 모델링 방식의 장점과 단점을 분석한 후에 설계된 방법론을 지원하기 위해 개발된 도구다. 분석한 위협 모델링 방식에는 위협 트리와 US-CERT가 비즈니스를 위협 모델링하기 위해 만든 시스템인 OCTAVE도 포함된다(White, 2010). 마이크로소프트의 SDL 위협 모델링 도구 v3와 STRIDE의 개별 요소를 IT 인프라 위협 모델링에 활용하는 방법을 설명하는 마이크로소프트 'IT 인프라스트럭처 위협 모델링 가이드'도 포함된다(McRee, 2009).

Corporate Threat Modeler는 컨설턴트를 위해 설계된 도구다. 대상 사용자를 확실히 정해서 개발됐다는 점에서, 시장에서 가장 흥미 있는 도구 중 하나다. 아키텍처 개요에서부터 시작해 어느 정도 복잡한 수식으로 진행된다. 도구는 무료로 다운로드할 수 있다.

SecurITree

SecurITree는 Amenaza Technologies가 개발한 위협 위험 관련 소프트웨어로, 2007년에 출시돼 좋은 반응을 얻었다(SC Magazine, 2007). 이 제품은 위협 트리를 작성, 관리, 해석하는 데 뛰어난 도구다. 위협 트리를 관리하는 기능 외에도 필터링하는 다양한 방법을 지원한다. 트리의 각 노드에는 행동/역량 지시자가 있어서 실행 비용, 탐지 가능성, 기술적 가능성 등이 표시된다. 또한 영향도/공격자 이익 지시자도 있어서 피해자의 손실과 공격자의 이익을 표시할 수 있고, 노드와 서브트리를 위한 참조 사항도 저장할 수 있다. 트리를 공격자의 능력에 따라 필터링할 수 있다. SecurITree에 위협 트리 라이브러리가 함께 제공되는데, 위협 모델링의 재미있는 부분으로 빨리 진행할 수도 있게 도와준다. SecurITree는 우수한 동영상 교육도 포함돼 있다(Ingoldsby, 2009). SecurITree는 윈도우, 맥, 리눅스에서 동작한다.

Little-JIL

연구 기관에서 위협 트리를 사용하고 있다면 Little-JIL 소프트웨어가 유용하다. "Little-JIL은 자율적인 에이전트의 활동과 작업 수행 과정에서의 리소스 사용을 조정하는 프로세스를 정의하기 위한 시각적 언어다." Little-JIL은 선거 과정 모델과 이를 위한 오류 트리를 작성하기 위해 사용된다(Simidchieva, 2010). 전체적인 오류 트리는 graphML 모델 형태로 제공된다. 연구 기관은 모델을 작성하고 처리할 때 사용되는 소프트웨어를 무료로 사용할 수 있다(Laser, 시기 불명).

마이크로소프트 SDL 위협 모델링 도구

마이크로소프트는 최소 4개의 위협 모델링 도구 제품을 출시했다. 즉, 권한 상승 카드 게임, SDL 위협 모델링 도구 v3, 위협 분석 및 모델링 도구와 위협 모델링 도구 v1, v2가 있다. 나는 권한 상승 게임과 SDL 위협 모델링 도구 v3과 v3.1의 프로젝트 리더를 맡았다. SDL 위협 모델링 도구는 현재 마이크로소프트 사이트에서 무료로 다운로드 가능하다.

위협 모델링 전문가가 아닌 엔지니어가 구형 도구를 사용할 때 발생하는 복잡성과 사용성 문제를 해결하기 위해 SDL 위협 모델링 도구 v3이 개발됐다. 4단계 프레임워크를 따르는 최초의 도구다. 다이어그램 작성, 모델 분석, 환경 설명, 리포트 생성의 4개 주요 화면이 있는데, 각 작업과 잘 맞게 설계됐다. 그림 11-2에 다이어그램 작성 화면이 나와 있다. 비지오에서 지원하는 도형 일부를 이용해 다이어그램을 그릴 수 있고, 휴리스틱을 이용한 다이어그램 검증 부분도 있다. 그림 11-3에 모델 분석 화면이 있는데, STRIDE의 개별 요소에 따라 자동으로 위협을 채워준다.

각 위협에 엔지니어가 위협을 검토하는 데 도움이 되는 질문이 제공되며, 위협과 완화를 기록하고, 작업 완료 여부를 추적하고, 버그를 제출하기 위한 공간이 제공된다. 환경 설명 화면은 가정과 외부 참조, 위협 모델 내용을 추적하는 데 사용되는 보관함이다. 보고서 화면에는 전체 보고서, 진행 이슈 보고서, 버그 리스트, 출력용 다이어그램 보고서가 포함된다. 도움말 메뉴를 통해 매뉴얼과 간단한 위협 모델링 예제(이 프로그램에 대한), 시작 가이드도 제공된다.

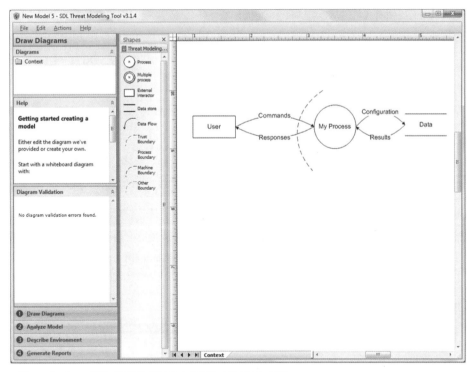

그림 11-2 SDL 위협 모델링 도구의 '다이어그램 작성' 화면

그림 11-2와 같이 다이어그램 작성 화면에는 왼쪽 상단부터 시계 방향으로 다음과 같은 사항이 포함된다(메뉴 제외).

- 서브다이어그램을 작성할 수 있는 다이어그램 컨트롤
- 다이어그램 구성 요소에 활용할 수 있는 비지오 도형
- '기본' 다이어그램(다음 문단에서 설명)
- 번호가 매겨진 화면 컨트롤
- 다이어그램 검증(피드백)
- 도움말 화면

기본 다이어그램은 미숙한 위협 모델러가 빈 화면을 불편해 한다는 인적 요소 테스트의 결과로 제공된다. 시작할 때 기본 다이어그램을 제공하는 것에는 2가지 목적이 있다. 첫 번째는 이 공간에 무엇이 들어가야 하는지 보여주는 것이고, 두 번째는 초보자가 다이어그램을 생성하지 않고 수정할 수 있기 때문에 작업을 용이하게 한다는 점이다.

그림 11-2에서 언급할 만한 다른 유용한 기능은 도움말 항목이다. 일반적으로 도움말은 소프트웨어 개발자가 무시하는 메뉴 기능 중 하나다. 개발자들은 엉망으로 작성됐을 도움말 파일을 읽기에는 자신이 너무 똑똑하다고 생각하기 때문이다. 그래서 이 프로그램은 기본 도움말을 화면에 표시한다.

그림 11-3의 모델 분석 화면에는 2개의 창이 있다. 왼쪽 창은 다이어그램 구성 요소 리스트와 그와 관련된 위협을 한 단계의 가지가 있는 트리 형태로 보여준다. 오른쪽 창은 구성 요소 이름('Results')과 구성 요소에 대한 설명으로 제목이 붙여진다. 제목 아래에 STRIDE의 개별 요소 중 나머지 항목이 표시되고, 자동으로 위협 목록을 생성하지 않는 옵션과 그 이유를 입력할 창이 있다. 화면의 대부분은 '해당 위협 유형에 대해서 던져야 할 질문' 형태의 가이드를 표시하는 데 사용된다. 이 가이드는 위협과 구성 요소(프로세스, 데이터 스토어, 데이터 흐름, 외부 엔티티)의 종류에 따라 달라진다.

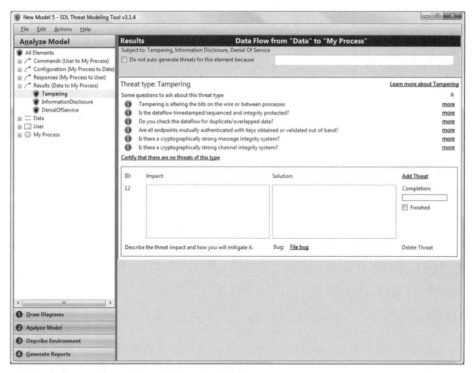

그림 11-3 SDL 위협 모델링 도구의 '모델 분석' 화면

'이 유형의 위협은 존재하지 않음을 증명'하기 위한 명령어 링크도 있다. 증명한다는 단어는 중요성을 고려해 신중하게 선택된 단어다. 화면의 마지막 요소는 위협 모델러

가 위협의 영향도와 완화할 방법을 성명하는 부분이다. 대부분의 경우 2개의 큰 텍스트 입력 박스를 통해서 이뤄지지만, 완료됨Finished 체크 박스, '버그 제출' 명령어 링크, 진행 사항completion 막대도 있다. 누군가가 Results 데이터 흐름에 대한 변조 위협을 추가로 발견했을 경우에 사용할 수 있는 위협 추가Add Threat 명령어 링크도 있다.

버그 제출 기능은 의도적으로 API 형태로 추상화됐으며, 다양한 버그 추적 시스템 및 사용 중인 다른 시스템과도 연동할 수 있는 샘플 코드가 함께 제공된다. 버그는 위협 모델을 통해 실행 가능한 조치를 취하는 데 아주 중요한 부분이기 때문에 도구를 개발하면서 API를 개발하고 마이크로소프트 공개 라이선스(오픈소스 이니셔티브 승인 라이선스)를 통해 제공하는 데 많은 시간을 투자했다.

> **노트** 다이어그램 작성 화면에서 '검증(validation)'이라는 용어는 다이어그램이 일치하지 않을 경우 실망감을 준다. 예를 들어 어떤 휴리스틱은 데이터가 들어오는 모든 경로를 확인한다. 이는 인스톨러 외부 엔티티, 데이터 흐름, 신뢰 경계의 3개가 추가 구성 요소를 포함해 해결할 수 있다. 이는 명확하지도 않으며 거의 10단계의 작업이 필요하다. 다음 버전에서는 각 사항에 대한 해결 방법이 포함된 다이어그램 피드백을 잘 확인할 수 있게 할 예정이다. 또한 신뢰 경계 박스의 기본 모양이 개선될 것이다. 프로세스를 표시하는 둥근 사각형, 덜 굽어진 선, 텍스트 위치도 개선될 것이다.

SDL 위협 모델링 도구 v3.1 시리즈는 마이크로소프트 홈페이지에서 무료로 다운로드할 수 있고, 사용하기 위해서는 비지오 2007이나 2010이 필요하다. 비지오 2010 평가판에서도 동작한다. 다른 프로그램을 활용하는 새로운 버전이 출시될 예정(책 출간 후)이다.

아직 존재하지 않는 도구

사람들이 자주 요청하는 2가지 기능에 대해 간략히 언급하겠다. 자동화된 모델 작성과 자동화된 위협 확인 기능이다. 아주 많은 사람이 이미 작성된 소프트웨어에서 데이터 흐름이나 다른 아키텍처 다이어그램을 추출할 수 있는 도구를 원한다. 이는 아주 매력적인 목표이고, 아주 정형화된 언어로 작성됐다면 가능할 수도 있다. 마르완 아비-안토운Marwan Abi-Antoun은 자바에서 데이터 흐름을 추출하는 방법을 보여주는 작업을 진행했다(Abi-Antoun, 2009)(코드를 읽어 DFD를 작성하는 것을 테스트하기 위해서 사용한 코드는 3,000라인의 간단한 프로그램이었다). 이 기술이 더욱 발전한다면 위협 모델링에 큰 도움이 될 것이다. 어쩌면 프로젝트 후반이 될 때까지 위협 모델링이나 분석을 하지 않게 유혹할 수도 있을 것이다. 코드가 완성된 후에 위협을 모델링할 경우 이슈를 해결하는 옵션에 한게 가 발생한다. 7장과 17장에서 자세히 다룬다.

다이어그램이나 다른 모델로부터 위협을 찾아주는 도구도 인기가 많을 것이다. 스페인 대학원생 귀프레 루이즈[Guifré Ruiz]와 동료가 이 기능을 제공하는 도구를 최초로 개발했다(Ruiz, 2012). 그러나 이 도구는 보안 분석이 공격 라이브러리에 있는 알려진 위협에만 국한된다는 위험이 있다. 숙련된 전문가처럼 밀접하게 관련된 위협으로부터 위협을 유추하는 기능은 (현재는) 없다. 새로운 시스템을 대상으로 타인이 과거에 저지른 실수가 재발하지 않게 하기 위해 지식을 안정적으로 확장할 수 있다면 많은 도움이 될 것이다. 비슷한 도구가 많이 개발됨에 따라 사람과 자동화 보안 설계 분석 사이의 균형이 중요해질 것이다. 결국 소프트웨어 엔지니어가 새로운 기능을 만들 필요가 있다면 그 새로운 기능과 조합은 새로운 위협을 야기한다. 아직 작성하지 않은 코드에 대한 위협을 발견하는 도구를 상상하는 것이 불가능하지는 않지만, 위협 모델링 전문가처럼 철저하게 수행할 수 있다고 상상하기는 어렵다.

요약

다양한 위협 모델링 도구를 사용할 수 있다. 화이트보드, 버그 추적 시스템 같은 일반적인 목적의 도구도 매우 유용하며, 워드프로세서, 스프레드시트, 다이어그램 작성 도구도 위협 모델링에 도움이 된다. 위협 모델링 목적으로 특화된 도구도 다양하다. 마이크로소프트는 권한 상승 게임, SDL 위협 모델링 도구를 비롯한 몇 가지 무료 도구를 출시했고, 수고를 줄여주는 다른 상용 도구나 오픈소스 도구도 나와 있다. 모델 작성과 위협 발견을 자동화하는 도구에 대한 수요도 있다. 그러나 이런 도구가 새로운 위협을 찾지 못하거나 개발 과정에서 너무 늦게 사용될 경우 많은 비용이 들 가능성이 있다.

4부

기술적이고 다루기 힘든 분야의 위협 모델링

4부는 일반적인 관점의 위협 모델링보다는 특정 기술과 다루기 힘든 분야의 위협 모델링에 초점을 맞추고 있다. 다시 말하자면 다루기 힘든 분야를 해결하기 위해 필요한 모든 것에 초점을 둔다.

이 모든 기술과 분야(요구 사항 제외)는 깊이 논의해 볼만한 가치가 있는 다음과 같은 세 가지 속성을 갖고 있다.

■ 시스템은 비슷한 위협을 갖고 있다.
■ 위협에 대응하기 위한 접근은 광범위하게 작용하기 때문에 아무런 사전 지식 없이 시작하기 힘들다.
■ 원리 원칙에만 의존한 위협 완화 방안은 피해자를 공격의 위험에 빠트릴 수 있기 때문에 모델 내의 여러 분야에 무슨 일이 발생했는지 대략적으로 알 수 있어야 하고, 이를 다루기 위해 최신의 기술을 배워야 한다.

4부의 각 장에서 다루는 내용은 다음과 같다.

- **12장, 요구 사항 문서**에서는 아무것도 없는 상태에서 요구 사항을 작성할 필요 없이 차용해 적용할 수 있는 보안 요구 사항을 제시한다. 4부의 다른 장들처럼 요구 사항은 상세한 조언을 필요로 하는 어려운 분야다.

- **13장, 웹과 클라우드 위협**에서는 대부분의 다른 위협 모델링과 비슷하지만 생각해야 할 몇 가지 반복되는 위협을 다룬다(아주 많은 단어들이 웹과 클라우드의 보안 속성에 쓰이는 동안 실제로 다른 운영 환경보다도 위협 모델링이 더 복잡해졌다).

- **14장, 계정과 식별**에서는 웹이나 클라우드보다 훨씬 더 미묘한 차이가 있고, 설계상 잘못된 선택으로 인해 사람들이 당신의 서비스나 보안 조치를 사용하지 못하게 하는 공격을 다룬다.

- **15장, 인적 요인과 유용성**에서는 사람과 기술적 세계가 겹치지만 위협 모델링과 해결 방법은 아직 개발되지 않은 상태에서 덜 위험하게 만들기 위한 도전과 혁신의 기회를 제공한다.

- **16장, 암호화 체계에 대한 위협**에서는 대단한 목표를 갖지 않는다. 암호학이 다른 주제보다 더 어려워서는 아니지만 무심코 진행한 검사에서 괜찮아 보여 잘못되기 쉽기 때문이다. 이와 같이 16장은 암호학의 세계와 이 책에서 다루는 나머지 위협과 관련된 분야에서 유일하게 위협 제거에 익숙해지는 것을 목표로 한다.

12

요구 사항 문서

중요한 위협은 중요한 보안 요구 사항을 어긴다. 이상적으로, 요구 사항은 분명하고 확실한 개발 부서의 동의, 시스템의 영향을 받는 사람들과 고객의 이해하에 이뤄져야 하지만. 불행히도 이런 경우는 거의 없다. 요구 사항을 잘 정의하기는 매우 어렵기 때문이다. 요구 사항은 프로젝트를 시작하는 지루한 과정이고, 애자일 멤버들은 당신에게 "필요 없어"라고 말할 것이다("그러니까 사용자 스토리는 넘어가는 것이 어때?"라고 말이다). 아마 그럴 수도 있고 아닐 수도 있다.

위협을 발견했을 때 문제가 될 위협인지 아닌지 결정해야 한다. 위험 요소를 고려해 결정되기도 하고, 요구 사항을 고려해 결정되기도 한다. 시스템이 관리자 권한에 대해 안전하게 설계되지 않았다면 관리자 권한을 보호하기 위해 모든 노력을 기울여야 할 것이다.

12장은 요구 사항, 위협, 완화 방안의 상호작용에 대한 논의와 접근 방식을 설명하며 시작한다. 이후에는 비즈니스 요구 사항에 대해 생각하는 방법과 요구 사항을 잘 정의하기 위해 일반적으로 보안 프레임을 어떻게 사용하는지 살펴본다(프레임워크는 특정 프로세스 단계를 포함하는 명세이지만 여기서 프레임은 문제를 구조적으로 바라보는 방법이다). 프레임은 확정된 요구 사항과는 다르게 개발 요구 사항의 '예방/탐지/대응'과 '사람, 프로세스, 기술'이다. 다음으로 요구 사항을 위한 프라이버시 보호와 준수 사항 프레임워크를 어떻게 활용하는지 알아본다. 12장을 통해 어떤 요구 사항이 필요한지 결정할 수 있기 때문에 개발보다 제품 관리에 더 유용하겠다. 12장은 더욱 기술 중심적인 STRIDE 요구 사항을 깊이 있게 다룬다. STRIDE 요구 사항은 가장 깊이 있는 기술이고 '실행 가능한' 요구 사항이다. 당신의 상상 속에만 존재하는 요구 사항을 만드는 유혹에 빠져선 안 된다. 12장은 요구 사항과 관련 없는 부분에 대한 논의에 가깝다.

왜 문서('Cookbook')인가?

수많은 시스템을 요구 사항을 도출하는 데 사용할 수 있다. 대부분 보안은 훑어보는 정도에 그친다. 12장은 당신의 요구 사항에 대한 접근 방식을 바꾸려는 목적보다는 시스템에 필요한 구체적인 요구 사항을 쉽게 받아들일 수 있도록 설계된 요구 사항을 제공하기 위함이다. 'Cookbook'이라고 하는 이유는 실제 '음식'으로 바꿔 쉽게 생각할 수 있게 돕기 위해서다. 물론 요리책^{Cookbook}에서 무엇(원재료)을 가지고 저녁 식사 손님에게 어떤 대접을 하는지 설명하는 것처럼 쉽지는 않다; 하지만 아주 맛있는 요구 사항을 준비하기 위해 사용할 수 있다. 무엇을 만들고자 할 때 생각하고 있는 것을 정리해주는 요구 사항을 만들기 위해 이 절을 언급해도 좋다.

물론 샘플 요구 사항이 보여주는 것보다 더 상세해야 한다. 예를 들면 "누구나 항목을 생성/읽기/수정/삭제가 가능하다"는 좋은 출발점이지만, 어떤 항목이 생성/읽기/수정/삭제가 가능한 것인가? 위키피디아에서는 '생성, 수정, 삭제'와 '읽기'로 구분해 답하고 있다. 구글과 백악관 사이트(Whitehouse.gov)의 답에는 많은 차이가 있다. 보이는 요구 사항들의 사례는 요구 사항을 더욱 견고히 만들 필요가 있는 특정 지식이나 지역 정보를 담고 있지 않다.

대부분의 출발점은 일부 관련 있는 출발점들로 묶여있다. STRIDE 인증 요구 사항 절에서 몇 가지 사례를 들자면 "누구나 항목을 생성/읽기/수정/삭제할 수 있다"라는 요구 사항을 정의하고 난 후의 요구 사항은 "인증된 모든 사용자는 항목을 생성/읽기/수정/삭제할 수 있다"가 되고 다음은 "일부 열거된 사용자만 항목을 생성/읽기/수정/삭제할 수 있다"가 된다. 이 경우 프로젝트의 인증 요구 사항으로 확대된 세 가지 요구 사항 모두 필요하다. 대조적으로 인증 강화 절은 '인증 데이터베이스를 관리'와 '외부 업체(페이스북 등)의 인증 데이터베이스 제어 허가'를 담고 있다. 이 두 가지는 모두 합리적인 선택이지만, 두 가지 모두를 선택할 수는 없다. 다음 요구 사항은 "외부 업체(페이스북)가 관리자를 제외한 '사용자 로그인'과 같이 인증 데이터베이스 일부분의 제어 허가"의 차이를 구분한다.

요구 사항, 위협, 위협 완화의 상호작용

앞 절에서 논의된 바와 같은 동일한 형태의 상호작용이 위협/요구 사항과 위협의 완화 사이의 광범위한 경계에서 일어난다. 위협은 명시적인 요구 사항을 지키지 못하는 경우 발생된다. 명시적인 요구 사항을 어기지 않았다면 요구 사항 리스트를 더 잘 활용할 수 있는 기회를 얻게 된다. 그렇게 찾은 위협은 요구 사항을 정의하는 데 도움이 된다. 위협에 대한 논의는 또한 주어진 위협을 해결하는 것의 어려움에 대한 논의를 만들어 낸다. 그런 논의는 위협을 완화할 수 없을 때 요구 사항에 피드백을 준다. 요구 사항을 통해 억지로 이끌어내는 완화보다는 위협의 완화가 훨씬 쉽게 요구 사항을 이끌어낼 수 있다(사실, 잘 정의된 컴플라이언스를 제외하고 위협이 되지 않는 상황에 대한 요구 사항은 없다고 생각한다. 그리고 이것은 많은 보안 전문가가 컴플라이언스만을 고집하려고 하는 데 분개하는 이유다). 그림 12-1에서 상호작용을 시각적으로 살펴보자.

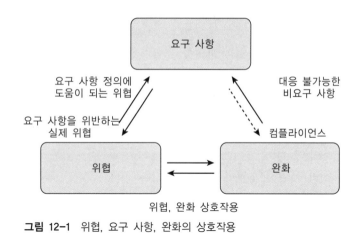

그림 12-1 위협, 요구 사항, 완화의 상호작용

이 관점에서 귀류법^{reduction ad absurdum}(어떤 명제가 참임을 직접 증명하는 대신, 그 부정 명제가 참이라고 가정해 그것의 불합리성을 증명함으로써 원래의 명제가 참인 것을 보여주는 간접 증명법 – 네이버 사전) 공격을 알아 차렸을 것이다. 극단적으로 보면 아주 우스꽝스러운 일이 아닐 수 없다. 예를 들어 제품이 네트워크를 신뢰할 수 있다고 말하고 관련된 모든 네트워크 위협이 없다고 한다면 이것은 아주 어리석은 결정일 뿐만 아니라 제품이 민감한 데이터를 다룬다면 고객에게 타당성을 보여주기 어려울 것이다. 하지만 극단적인 위치에 있을 필요는 없다. 새로운 위협 모델링 중이라면 위협에 대해 얼마나 대응할 수 있는지 확신할 수 없기 때문에 요구 사항을 제거하는 데 매우 신중해야 한다. 대응이 불가능하

다는 가정을 확인하기 위해 비슷한 환경에서 다른 사람들이 무엇을 했는지 조사하는 데 며칠에서 몇 주의 시간을 보낼 계획을 세우는 것이 좋다. 보안과 관련된 경험을 더욱 발전시켰을 때 조사는 더 빨라질 것이고 관련 도구들은 더욱 다양해질 것이다.

비즈니스 요구 사항

이 절에서는 보안을 위한 비즈니스 요구 사항에 대해 알아본다. 이는 비즈니스 업계에 있는 사람들에게 너무나 당연하게 생각되는 요구 사항들이다. 어떤 기업들은 이것을 '목표' 또는 '미션' 또는 '비전'이라고 부른다.

경쟁자보다 더 뛰어난 점

당신 회사의 보안 설정이나 특징은 고객의 요구 사항이거나 경쟁력을 위한 차별화 사항일 것이다. 다음 리스트에서 선택된 요구 사항으로 시작할 수 있다.

1. 본 제품은 일반적인 경쟁 제품 못지않게 안전하다.
2. X가 측정한 본 제품은 일반 경쟁 제품 못지않게 안전하다.
3. X가 측정한 본 제품은 시장 주도 기업 Y 못지않게 안전하다.
4. 본 제품은 경쟁 제품보다 적은 보안 업데이트가 제공된다(이것은 숨어있는 취약점을 만들 수 있다).
5. 본 제품은 일반 경쟁 제품보다 취약점이 적다.
6. 본 제품은 시장 주도 기업 Y보다 취약점이 적다.
7. 본 제품은 일반적인 경쟁 제품보다 더 안전한 것처럼 보인다.
8. 본 제품 라인은 일반적인 경쟁 제품보다 더 안전한 것처럼 보인다.
9. 우리는 경쟁력으로 보안을 사용할 수 있다.
10. 우리는 경쟁력으로 보안 설정/특징을 사용할 수 있다.

산업 요구 사항

당신의 제품이 특정 산업을 위해 판매되거나 사용된다면 산업에 특화된 요구 사항이 있을 것이다. 예를 들어 지불 처리 소프트웨어를 만든다면 업계의 규칙을 준수해야 한다. 의료 장비를 판매한다면 법적으로 문제가 있다고 확인된 부분의 재인증을 빠르게 받을 수 있는 능력처럼 견고한 대응책을 장비가 갖고 있는지 확인하고 싶을 것이다.

응급 상황용 장비를 만든다면 까다로운 검사를 받게 될 것이다. 얼마나 까다로운 환경인지 생각해보면 요구 사항을 도출해낼 수 있을 것이다.

시나리오 기반 요구 사항

요구 사항을 도출하기 위한 강력하면서도 일반적인 접근 방식에는 이야기, 시나리오 또는 사례를 이용하는 방법이 있다. 보안 요구 사항 또한 그런 방법을 통해 도출될 것이라고 생각하는 것이 자연스럽겠지만, 보안 요구 사항을 위해 이야기, 시나리오, 사례를 이용해본 경험이 없다.

가장 문제는 보안이 주요 기능의 목표가 거의 없다는 것이다. 앨리스^{Alice}가 그녀의 하루를 어떻게 보낼지 설명할 때 일부 제품 관리자는 "점심시간이 지나 그녀의 세션이 시간 초과로 종료되면 강제로 다시 로그인하게 만들 것이다." 또는 "말로리^{Mallory}는 제품을 억지로 열려고 할 것이다."라고 말한다. 접근 제어와 같은 보안 기능조차 제품 관리자는 "앨리스는 이 파일에 쓰기 권한을 부여한 그룹을 추가하고 밥^{Bob}이 갖고 있는 규칙이 확실히 거부되는지 테스트한다."와 같이 시나리오를 정하는 일이 거의 없다.

요구 사항을 위한 프레임으로서의 예방/탐지/대응

예방/탐지/대응은 기업이 보안 운영에 대해 고려할 때 생각하는 일반적인 방법이다. 시스템이 공격받았다고 가정하고 시스템 보수 시간을 단축하기 위한 노력에 가장 많은 초점을 둔 대응 방법을 채택한 대형 은행이 있다. 각 분야의 문제를 해결하기 위한 기술로 예방/탐지/대응은 개발 요구 사항에 대한 생각의 프레임으로 사용될 수 있다. 또한 기술 습득이나 운영에도 사용될 수 있다.

예방

STRIDE 위협 모델링은 확실한 위협 예방에 가장 많은 초점을 두고 있다. STRIDE로 잘 다룰 수 없는 요소는 취약점 관리와 예방을 위한 보안 운영 접근 방식이다.

위협 예방의 위한 보안 운영 요구 사항

분리 운영 요구 사항은 시스템을 서로 분리시켜 공격을 줄이는 데 초점을 두고 있다.

1. 모든 생산 시스템은 방화벽으로 공인 인터넷망으로부터 분리돼 있다.

2. 모든 생산 시스템은 내부 개발자와 운영 시스템(인사관리)으로부터 분리돼 있다.

3. 분리 범위에 대한 모든 탐색은 IP와 Port 번호 이외의 다른 요소로 인증한다.

4. 모든 생산 시스템은 다른 생산 시스템과 구분할 수 있는 가상 환경에 배포된다(하나의 가상 환경에는 하나의 애플리케이션만 존재).

5. 모든 클라우드 시스템은 경쟁사로부터 분리된다(작성은 쉽지만 달성은 어렵다).

최소한의 권한에 대한 요구 사항은 공격자가 쉽게 공격하지 못하게 하는 데 있다. 최소한의 권한은 말하기는 쉽지만 실제로 수행하기는 어렵다. 다음 리스트에서 '권한'은 'root/administrator'라는 의미뿐만 아니라 '일반' 사용자와 최고 권한 사이의 특징을 의미한다.

1. 권한만으로 실행되는 생산 애플리케이션은 없다.

2. 위협 모델 분석과 모의 해킹을 수행하지 않은 상태의 권한만으로 실행되는 생산 애플리케이션은 없다.

3. 권한을 필요로 하는 생산 애플리케이션은 작은 구성 요소로 분리된 권한을 가진다.

4. 애플리케이션 구입은 위협 모델에 대한 논의와 보안 운영 지침을 포함한다.

예방을 위한 계정 관리는 계정 생명주기(14장에서 다룸)을 포함한다. 작은 조직만으로 계정을 관리하는 것은 클라우드 서비스가 생긴 후 더 어려워졌다.

1. 계정 생성은 관리, 추적되고 모든 서비스 계정은 책임자가 있다.

2. 사용자 계정은 사용자가 사라지면 제거된다.

3. 계정은 기간을 두어 검사하거나 각 담당자가 있는지 확인한다.

취약점 관리

취약점은 공격자가 침투할 수 있는 우발적인 결함을 말하는 특정 표현이다. 이것은 오용될 수 있는 기능과는 대조적이다. 다른 말로 취약점은 누구나 고쳐야 한다고 인정하는 것이다. 취약점 공격은 종종 자동화되기 때문에 공격을 예방하기 위해 코드 수정, 테스트, 배포를 통한 발견으로 취약점 생명주기를 고민해보는 것이 중요하다. 소프트웨어를 개발한다면 일부 취약점은 당신의 코드에서 발견될 것이고, 다른 취약점은 의존성을 갖는 코드에 있을 것이다. 두 가지 종류 모두를 다룰 수 있어야 한다. 각각의 경우에 수정, 테스트가 필요하고, 이것은 운영자에게 전달된다. 운영자는 때로 같은 회사에 있기도 하지만 주로 외부에 있다. 당신이 운영자라면 취약점을 확인하고 관리할 필요가 있다. 또한 운영 중인 시스템에 대한 취약점 보고서를 받아 관리할 필요가 있다.

업데이트 방법을 알고 있다면 시스템이나 소프트웨어를 통해 업데이트 관리를 할 필요가 있다. 복잡한 소프트웨어를 개발한다면 외부 구성 요소에서 사용하는 좋은 단위 테스트 기능은 보안 업데이트 테스트와 발생할 수 있는 문제를 빠르게 인식할 수 있게 도와준다. 이것은 당신의 사이트를 위한 지속적인 배포 전략의 일부이거나 마이크로소프트가 실시하는 보안 대응 프로세스 운영 같은 것일 것이다. 그래서 고객들은 그들의 환경에서 업데이트를 배포하고 받는 것에 대해 배울 수 있다.

제품과 시스템 취약점 보고서

적절한 내부 취약점 보고서 관리는 매우 중요하며, 어떻게 사람들에게 취약점을 보고하게 만들지 생각해봐야 한다. 또 다른 접근 방식은 '보안상 취약점의 발견이나 보고되는 행위를 막기 위해 보안 담당자를 고소'하는 것인데, 이것은 역효과를 낳는다. 예를 들어 시스코가 제품의 결함을 유출시킨 연구원 마이크 린^{Mike Lynn}을 고소한 후 시스코의 CSO 존 스튜어트^{John Stewart}는 "어리석은 짓을 했다" 그리고 "후폭풍을 만들었다"라고 말했다(McMillan, 2008).

제품 취약점 관리 요구 사항은 다음과 같다.

1. 보안 결함에 대한 보고를 장려하는 공공 정책을 갖고 있다.
2. 보안 결함에 대한 보고를 장려하는 공공 정책을 갖고 있고 쉽게 실행할 수 있다.
3. 보안 결함에 대한 보고를 장려하는 공공 정책으로 보고에 대한 보상을 한다.
4. 온라인상에서 보안 결함에 대한 보고를 장려하는 공공 정책을 갖고 있다.
5. 온라인상에서 보안 결함에 대한 보고를 장려하는 공공 정책을 갖고 있고 테스트 가능한 부분에 대한 설명을 한다.
6. 제품에 내장되는 자동 업데이트 기능이 있다.
7. 제품에 내장되는 자동 업데이트 기능이 기본적으로 탑재돼 있다.
8. 제품의 최신 버전만을 지원하고 보안 패치를 위한 업데이트가 필요하다.
9. 제품의 최신 버전만을 지원하고 보안 패치 업데이트가 필요하며, 업데이트는 기능 변경을 포함한다.
10. 지원 기간 동안 공공 정책을 갖고, 현재 지원하는 모든 제품에 대한 제품 보안 패치를 제공한다.

11. 운영 중인 모든 소프트웨어를 추적하기 위한 수많은 채널에 가입하려는 많은 사람을 만족시킬 수 있는 취약점 발표 공공 채널이 있다. 따라서 아무것도 아닌 취약점도 발표한다.

외부 코드의 취약점 관리

의존성을 갖는 구성 요소를 추적하고 보안 업데이트를 확인하는 것은 중요하다. 이것은 개발과 운영 모두에 적용되고, 오픈소스와 상용 구성 요소도 모두 적용된다. 이것을 받아들이는 과정에 기업이 고객에게 보안 업데이트를 알릴 수 있는 방법을 이해하는 것이 있다. 보안 업데이트를 공지할 만한 메일 리스트, RSS 피드 또는 다른 방법이 없다면 문제가 될 것이다. 다음은 가능한 여러 방법을 보여준다.

1. 언론에서 이야기할 만큼 충분히 중요할 때 보안 문제를 발견한다.
2. 각 그룹은 자신의 의존성 리스트를 유지한다.
3. 소프트웨어 업데이트 추적을 위한 단일 의존성 리스트를 갖고 있다.
4. 의존성 추적을 하고 있고 업데이트를 확인해 적절한 조치를 하는 사람이 있다.
5. 24시간 365일, 의존성 추적 SLA는 버그 제출 발표로부터 4시간 이내에는 발생하지 않는다.
   a. 대응은 위험 평가와 가능한 행동 계획이다.
   b. 대응은 위험 평가를 망치지 않는 범위 내에서 심각한 X의 모든 패치와 테스트를 진행 한다.
   c. 대응은 모든 패치를 배포하고 롤백 사례를 믿는다.
6. 제품에 패치를 적용하기 전에 모든 새로운 패치에 대한 테스트 환경을 유지한다.
7. 제품에 패치를 적용하기 전에 새로운 패치를 테스트하기 위해 가상 환경을 이용한다.
8. 패치 관리 소프트웨어는 모든 운영 서비스에 배포할 수 있다.

운영상의 취약점 관리는 패치 관리보다 범위가 넓다. 때로 벤더는 패치 전에 문제에 대한 의견을 제시하게 되는데, 이 시점에 리포트를 관리할지 결정해야 한다. 의견은 작업에 추가되거나 패치를 대신할 수도 있다.

탐지

보안 문제의 탐지는 요즘 같은 복잡한 운영 환경에 있어 매우 어려운 문제다. 하지만 통제된 산업조차도 대부분의 칩입은 서드파티에 의해 탐지된다. 보안 로깅과 분석을 수행하기 위한 올바른 방법은 규정하기 어렵다. 그럼에도 요구 사항에 대한 생각의 프레임으로서 예방/탐지/대응을 사용하고자 한다면 이 절에서 유용한 요구 사항을 찾을 수 있다. 생각해볼 수 있는 두 가지 주요 목표가 있다. 즉, 사고 탐지와 사고 분석이다. 요구 사항의 관점에서 사고 탐지는 로그 남기기와 로그 분석을 말한다. 모니터링의 네 가지 주요 유형이 있는데, 변경 탐지, 인증 공격 탐지, 이상 공격 탐지, 영향 탐지다. 이 내용은 9장의 '기다려보기' 절에서 더욱 자세히 다룬다. 사고 분석은 분석가가 무슨 일이 일어났는지 재구성할 수 있는 상태의 변경 사항을 충분히 기록하는 것을 말한다.

운영 요구 사항:

1. Y시간에 X 유형의 공격을 탐지한다.
2. Y시간에 X 유형의 공격을 75% 탐지하고 Y시간 내에 나머지 50%를 탐지한다.

제품 요구 사항:

1. 제품은 보안과 관련됐을 것이라고 예상되는 모든 로그 메시지에 '보안'이라는 단어를 사용한다.
2. 제품은 공격을 탐지하는 데 도움이 되는 방법으로 로그를 남긴다.
3. 제품은 공격을 탐지하는 데 도움이 되기 위해 로그인 시도를 로그로 남긴다.
4. 제품은 어떤 행위를 반복하는 시도를 추적하고 로그에 표시를 해둔다.

탐지와 대응의 요구 사항 사이에 혼란스러운 점이 있다. 엄격히 이 둘을 구분하는 것은 유용하지 않을 수 있다.

대응

사고 대응 팀은 종종 영화 에일리언의 리플리에 의해 제안된 방법 중 한 가지를 반영한 접근법을 사용한다. "우리는 궤도에서 벗어나 모든 사이트에 핵무기를 사용한다. 이것만이 유일한 방법이다." 제품 보안 위협 모델링을 위한 계획은 제품과 환경설정, 그리고 데이터의 올바른 분리를 포함한다. 이러한 분리는 환경설정과 데이터를 보존하는 동안에 대응 팀이 제품의 설치 과정을 공격할 수 있게 한다(이미 타협한 바 있겠지만). 같은 맥락에서 배포하는 코드의 해시나 서명의 공개는 타협 이후 제품의 무결성을 확인하는 데 도움이 된다.

운영상 대응을 위한 위협 모델링에는 다음과 같은 더 많은 요구 사항이 있다.

1. 우리는 사고 대응 계획이 있다.
2. 우리는 선반 위 어딘가에 있는 바인더에 사고 대응 계획이 있다.
3. 우리는 사고 대응 계획이 있고 운영 방법을 알고 있는지 확인하기 위해 연간/분기별/월별 훈련을 실시한다.
4. 24시간 365일, 침입 탐지 SLA는 탐지 후 4시간 이내에 사고 대응을 실시한다.
5. 침입 탐지 SLA는 탐지 후 업무 시간 동안 8시간 이내에 사고 대응을 실시한다.
6. 사고 대응 계획은 법적 증거 능력을 갖게(또는 갖지 않게) 설계한다.
7. 선임 관리자는 우리의 사고 대응 계획에서 교육을 이수한다.
8. 모든 관리자는 우리의 사고 대응 계획에서 교육을 이수한다.
9. 모든 관리자는 초기 대응 단계 및 연락처를 지갑에 소지한다.
10. 모든 침입 사고는 문서화해 교육 자료로 사용한다.
11. 모든 침입 사고는 사고의 범위를 적절히 책정해 문서화하고 교육 자료로 사용한다.
12. 사례에서 얻은 교훈은 적합한 대상자와 공유한다.
13. 사례에서 얻은 교훈은 모든 직원과 공유한다.
14. 사례에서 얻은 교훈은 모든 직원이나 파트너와 공유한다.
15. 사례에서 얻은 교훈은 다른 사람들이 우리의 실수를 통해 배울 수 있게 위반 사항을 보고해야 할 때 제공된다.
16. 사례에서 얻은 교훈은 다른 사람들이 우리의 실수를 통해 배울 수 있게 제공된다.

사례에서 얻은 교훈은 일반적이지 않지만 점점 일반적인 관행이 되고 있고, 그 투명성은 사업에 이익이 된다. 예를 들어 아마존에서 발생한 대형 정전 이후 넷플릭스^{Netflix}는 주요 원인을 분석해 발표하고 서비스 향상을 위한 정보로 사용했다고 발표했다 (Netflix, 2011).

상호 참조 이전의 '취약점 관리' 절 참고

요구 사항을 위한 프레임으로서 사람/프로세스/기술

보안에 대한 생각의 프레임으로서 사람/프로세스/기술의 사용은 사람들에게 일반적이고, 요구 사항을 찾는 데 도움을 된다.

사람

사람을 위한 보안 요구 사항에는 신뢰성과 기술 두 가지 주요 분류가 있다. 신뢰성은 시스템이 필요로 하는 범위 내에서 사람들이 얼마나 많은 권한과 재량을 가지고 있는가의 문제다. 회사는 사람의 채용을 위해 다양한 단계의 배경을 확인한다. 이런 확인은 비용이 많이 들고 법률의 제약이나 요구를 받게 된다. 아주 믿을 만한 사람에 의해 제품이 사용되는 것을 목적으로 한다면 반드시 명심해야 한다. 신뢰성을 위한 요구 사항은 로깅 및 감사 프로세스 운영 요구 사항과 관련된 개발 요구 사항으로 시행하는 감사 및 징계로 관리될 수 있다. 기술 요구 사항은 명확히 문서화되어야 한다. 때로 개인의 역량을 평가(일반적으로 어려움)하는 데 도움이 된다.

　사람에 초점을 맞춘 보안 요구 사항은 다음과 같다.

1. 자금 관리를 책임지는 직원은 금융 범죄 전과 조사를 받는다.
2. 자금 관리를 책임지는 직원은 신용 조사를 받는다.
3. 자금 관리를 책임지는 직원은 정기적인 신용 조사를 받는다.
4. 아이들을 다루는 직원은 범죄를 저지른 적이 없다는 것을 증명해야 한다.
5. 아이들을 다루는 직원은 지난 7년간 범죄를 저지른 적이 없다는 것을 증명해야 한다.
6. 아이들을 다루는 직원은 전과 조사를 받는다.
7. 이력 조사는 때로 부정확하기 때문에 예비 직원들은 이 정보에 대한 이의를 제기할 수 있는 기회를 가진다.

　이력 조사의 정확성 문제에 익숙하지 않다면 국립 소비자 법률 센터(Yu, 2012)나 국가 고용법 프로젝트(Neighly, 2013) 중 사용할 수 있는 좋은 보고서가 있다.

프로세스

제품의 기술이 어떻게 운영되는가를 이해하는 것으로 보안 요구 사항을 도출할 수 있다. 보안 운영 가이드의 초안을 그리는 것은 제품 보안 요구 사항을 도출할 수 있는 좋은 방법이다.

기술

이 책 전반에 걸쳐서 기술에 대해 말하고 싶은 유혹을 느끼지만, 이번 절은 그렇게 하고 싶지 않다. 이 책은 당신의 기술 모델이 위협 모델링을 시작하는 데 최고의 시작점임을 보여준다. 하지만 모든 기술은 다른 기술과 상호작용하는데, 이것에 접근하는 방식의 한계나 범위는 무엇인가? 최고의 답은 위협을 가장 직접적으로 해결할 수 있는 기술에 초점을 맞추는 것이다. 역량이 증가함에 따라 제품 생산 전반(일부 가능한 부분)을 함께 보는 방법은 당신의 눈높이를 향상시켜준다.

직접 개발 시 요구 사항과 기술 구입 시 요구 사항

처음부터 기술 개발을 하는 경우 다른 사람의 기술을 구해 사용할 때보다 문제를 해결하기 위해 선택해야 하는 더 많은 보안 요구 사항이 필요하다. 이 문제는 기술적인 요구 사항 준수를 위한 수행 작업이 훨씬 많다. 예를 들어 1960년대의 버로스^{Burroughs} 5500 컴퓨터는 스택 스매싱^{stack-smashing}류의 공격에 안전한 메모리 구조를 갖고 있었다 (Hoffman, 2008; Shostack, 2008). 하지만 오늘날에 있어 같은 기능을 하는 시스템을 구하는 것은 매우 어려운 일이다.

실제로 일부 시스템은 초기 개발부터 입력 값을 제한하도록 보안 요구 사항을 설정한다. 보안 요구 사항의 지원은 별개로 요구 사항의 문서화는 모든 사람에게 도움이 된다. 예를 들어 윈도우 환경에서 개발 중이라면 관리자 권한에 대한 방어 수단이 지원되지 않는다(Culp, 2013). 유사하게 윈도우 8 이전에 같은 사용자가 애플리케이션을 실행하는 것에 대해 방어할 수 없었다. 윈도우 8은 이와 관련된 추가 기능을 구현했다.

컴플라이언스 기반 요구 사항

끝없이 확장되는 보안 요구 사항은 컴플라이언스 프로그램을 준수해야 한다. 컴플라이언스 제도는 당신이나 고객에게 도입돼 훌륭한 보안 요구 사항의 재료가 된다. 훌륭한 보안 요구 사항으로서의 자료는 거의 없다(엔지니어에게 특정 요구 사항 보드를 작성하는 것은 어려운 문제다). 이 절은 관련된 세 가지 요구 사항을 다룬다. 클라우드 보안 연합^{CSA,} Cloud Security Alliance은 매트릭스와 도메인, 미국 NIST 발표 200, 그리고 PCI-DDS^{Payment} Card Industry Data Security Standard를 관리한다. 단일 기업을 위한 기술을 구축하는 범위 내에서 보안 요구 사항을 직접 요구할 수 있다. 판매나 제공을 위한 기술을 구축 중이라면 당신의 고객은 이처럼 요구 사항을 가진다. 고객의 컴플라이언스 요구 사항이 예상된다면 하나의 작업을 시도하기보다 당신이 준수하는 데 필요한 프레임워크의 모든 문제를 다루는 단일 메타 프레임워크를 생성하거나 사용하는 것이 도움이 될 것이다. 상업적으로 이용 가능한 '통합 컴플라이언스 프레임워크'가 있다. 그리고 당신이 직면한 컴플라이언스 요구 사항의 수에 따라 속도, 범위 또는 전문 지식을 구입할 만한 가치가 있다. 무료 버전이 필요하다면 CSA 프레임워크는 유용한 시작점이 될 수 있다. 다음 요구 사항은 더 세부적인 요구 사항을 도출하는 것으로 나타난다. 그들은 컴플라이언스를 목적으로 한 요구 사항의 상세한 이해를 대체하기 위해 사용되면 안 된다.

클라우드 보안 연합

CSA는 클라우드 보안 전용 비영리 기관이다. 그들은 보안 요구 사항에 유용한 두 가지 문서인 도메인 제어와 매트릭스 제어를 만들었다.

첫 번째 문서는 지배 구조, 기업 위험 관리, 법적 문제, 컴플라이언스와 감사, 정보 관리 및 데이터 보안, 전통적 안보, 비즈니스 연속성 및 재해 복구, 데이터 센터 운영, 사고 대응, 애플리케이션 보안, 암호화 및 키 관리, ID 및 접근 관리, 가상화, 그리고 서비스로서의 보안을 포함하는 도메인으로 연결시켜 제어한다. 이것은 고려해야 할 영역의 리스트이고, CSA는 당신이 파고들어야 할 더 많은 문서를 갖고 있다(아키텍처 및 이동성과 상호 운용을 고려하지만, 보안과의 관련은 다소 적은 것 같다).

CSA는 또한 설계 분야(물리, 네트워크, 컴퓨팅, 스토리지, 애플리케이션, 데이터), 기업 지배 구조, 클라우드 서비스를 제공하는 모델(Saas/PaaS/IaaS), 그리고 서비스 제공자에게 그들의 적용 가능성을 보여주는 98개 제어 영역의 클라우드 제어 매트릭스를 갖고 있다. 각 제어 영역은 또한 COBIT, HIPAA/HITECH, ISO/IEC 27001-2005, NIST SP800-53, FedRAMP, PCI DSS, BITS Shared Assessments SIG v6 & AUP v5, GAAP, Jericho Forum, NERC CIP에 매핑된다.

클라우드 제어 매트릭스에 문서화돼 있는 요구 사항은 클라우드 운영 보안을 기초로 사용되도록 설계됐다. 요구 사항의 일부는 클라우드 서비스와 가장 관련이 많지만 이미 다른 제어의 큰 집합에 연결돼 있고, 무료로 사용할 수 있는 장점이 있어 시작하기에 좋은 자원이다.

NIST 발표 200

발표 내의 요구 사항은 권한이나 시스템 통합과 같은 계획과 위험 평가에서 물리적 환경 보호와 기술적 요구 사항까지의 범위를 포함한다. 연방 기관은 '형식의 개발과 배포, 문서화된 정책과 절차 … 그리고 효과적인 이행 보장'이 요구된다. 미국 정부 기관은 또한 NIST 특별 발표 800-53의 제어를 이행해야 한다. 다음 각 항목에서 별표 (*)로 표시된 항목들은 하나 이상의 STRIDE 위협에 맞춰 12장의 'STRIDE 요구 사항' 절에서 다시 한 번 확인해야 한다.

제품 요구 사항의 문제를 해결해야 할 필요가 있다면 다음 리스트의 각 항목을 고려해보자.

- 권한을 비롯한 접근 제어*
- 교육과 훈련
- 계정 작업의 추적을 비롯한 감사와 책임*
- 정보 시스템이 적절히 보호되는지에 대한 평가를 비롯한 인증, 승인과 보안 평가
- 환경설정과 요구 사항 관리를 수행하는 설정 관리
- 비상 계획
- 식별과 인증*
- 사고 대응
- 유지
- 모성애와 사과 파이(농담)
- 미디어 보호
- 물리적 환경 보호
- 기업 정보 시스템과 제어를 위한 계획
- 컴플라이언스 실패에 대한 처벌과 관리 종료, 그리고 고용 기준을 포함한 인사 보안
- 기업이나 개인의 위협(직무에 대한 위험, 기능, 이미지 또는 명성)에 대한 위험 평가
- 보안 문제 해결을 위한 시스템 개발 생명주기의 할당과 배포를 비롯한 시스템과 서비스 구입

- 시스템과 통신 보호[*]
- 시스템과 통신 무결성[*]

PCI-DSS

PCI-DSS^{Payment Card Industry Data Security Standard}는 카드 데이터 지불 처리(PCI, 2010)에 대한 표준이다. 이 표준은 일반적으로 신용카드 처리와 관련된 계약에 통합된다. 다음 요구 사항의 '보안 정책'에서부터 '기본 패스워드의 미사용'까지 상세하고 다양한 내용을 살펴본다.

1. 카드 소유자의 데이터를 보호하기 위한 방화벽 설치 및 구성 유지
2. 시스템 패스워드와 다른 보안 설정 값으로 공급 업체의 기본 값 사용 금지
3. 저장된 카드 소유자의 데이터 보호
4. 공인 네트워크에서 카드 소유자의 데이터 전송 암호화
5. 안티 바이러스 소프트웨어 사용 및 정기적인 업데이트
6. 안전한 시스템과 애플리케이션의 개발 및 유지
7. 비즈니스상 필요한 카드 소유자의 데이터 접근 제한
8. 컴퓨터 접근 권한을 가진 각 사람에게 고유한 ID 할당
9. 카드 소유자의 데이터에 물리적 접근 제한
10. 네트워크와 카드 소유자 데이터에 대한 모든 접근을 모니터링 및 추적
11. 보안 시스템 및 프로세스에 대한 정기 점검
12. 정보 보호 정책 유지

프라이버시 보호 요구 사항

고객의 불만을 없애고 지킬 수 있는 약속을 만들고자 하는 의지와 합법적인 컴플라이언스를 담고 있는 프라이버시 보호를 위한 몇 가지 주요 동기를 찾을 수 있다. 이 절에서는 중요한 프라이버시 보호 요구 사항 프레임워크를 다룬다. 프라이버시 보호 요구 사항 프레임워크는 법률의 기저를 이루고 프라이버시를 보호할 수 있는(개인 식별을 위한 일곱 가지 법률) 실용적 규제(공정한 정보 관행, 프라이버시 보호 설계)에 영향을 미치고, 비전문 소프트웨어 개발자(개발자를 위한 마이크로소프트의 프라이버시 보호 표준)도 접근할 수 있게 설계돼 있기 때문에 중요하다.

공정한 정보 관행

공정한 정보 관행[FIP]은 5대 핵심 공정 정보 관행을 내세워 미국의 건강, 교육, 보건부서가 1973년 보고서에 포함된 개념이다. 이에 따르면 관행은 원칙을 중시했고, 세심히 주의를 기울인다면 다른 것으로 확장된 FIP를 알 수 있거나 때론 둘 다 알 수 있다 (Gellman, 2013). 차이점은 작지만 논의된 내용에서 사용된 용어로 구분할 것이다. 기본적으로 언급된 내용은 다음과 같다.

1. 공지 사항 / 교육
2. 선택 / 동의
3. 접근
4. 보안
5. 시행 / 시정

이런 형태는 1980년 OECD '국가를 넘나드는 개인 데이터의 흐름과 프라이버시를 보호하기 위한 가이드라인'을 기초로 한다. OECD는 여덟 가지 원칙을 내세웠다. 유럽연합[EU]의 데이터 보호 지침과 캐나다의 프라이버시 보호, 전자 문서 법률은 FIP를 기초로 하고 각각은 약간 다른 리스트로 나눠진다. 이런 높은 수준의 원칙은 설계 시 보안을 강화하고 프라이버시 문제를 다루는 데 유용한 체크리스트가 된다. 어떤 것을 사용하는 것이 좋을지는 기관의 위치와 고객 기반 등 다양한 요소에 따라 결정된다. 많은 소프트웨어 엔지니어들이 찾는 이런 리스트들은 시스템을 설계할 때 사용하기에는 너무 포괄적이라는 것을 인지하자.

프라이버시 보호 설계

프라이버시 보호 설계는 제품 설계에 프라이버시 보호 사항을 담고 있는 기업을 돕기 위한 목적으로 온타리오[Ontario] 프라이버시 보호 감독관에 의해 만들어진 원칙이다. 일곱 가지 주요 원칙의 틀은 다음과 같다.

1. 사전 대책
2. 기본
3. 내장[內藏]
4. 포지티브 섬[Positive Sum]

5. 생명주기 보호
6. 가시성/투명성
7. 사용자 존중

프라이버시 보호 설계는 '시스템 설계 시 애플리케이션에 대한 많은 질문'을 떠나 '모호함' 때문에 질타를 받아왔다(Gürses, 2011).

개인 식별을 위한 일곱 가지 법률

마이크로소프트의 킴 카메론은 '디지털 식별 시스템'(Cameron, 2005)에서 개인 식별을 위한 법률이라고 하는 일곱 가지 원칙을 제시했다. 전체적인 프라이버시 보호 요구 사항은 아니지만, 14장에서 더 자세히 다루는 개념인 시스템이 어떻게 '식별'을 위협하는지에 대한 가장 이상적인 프라이버시 보호 방법이다. 상황에 맞는 무결성(6장에서 논의)에 대한 흥미로운 보완점이 있다. 각 법률의 맥락과 설명을 다음과 같이 문서에서 발췌했다.

1. **사용자 관리와 동의** 기술적 식별 시스템은 사용자의 동의로 사용자를 식별할 수 있는 정보를 공개해야 한다.
2. **제한적인 사용을 위한 최소한의 공개** 정보를 식별할 수 있는 최소한의 공개와 이를 사용하는 최고의 제한은 가장 안정적이고 장기적으로 사용 가능한 해결책이다.
3. **정당한 팀** 식별 정보의 공개를 위해 설계된 디지털 식별 시스템은 위임 받은 식별 권한 관계에서 정당한 위치와 필요를 갖는 팀으로 제한된다.
4. **신원 규제** 통합 식별 시스템은 공공 기관에 의해 사용되는 것을 위한 전방향 식별자와 민간단체가 사용하는 단방향 식별자 모두를 지원해야 하므로 상관관계의 불필요한 노출을 방지하면서 사용을 돕는다.
5. **운영자와 기술의 다원주의** 통합 식별 시스템은 다중 식별 제공자에 의해 운영되는 다중 식별 기술의 상호작용을 가능케 해야 한다.
6. **사람의 통합** 통합 식별 메타 시스템은 식별 공격에 대한 보호를 제공하는 명확한 인간-기계 간 통신 메커니즘을 통해 통합된 배포된 시스템의 구성 요소로, 사람 사용자를 정의해야 한다.
7. **맥락에 따른 일관된 경험** 통합 식별 메타 시스템은 여러 운영자와 기술을 통한 맥락의 분리가 가능한 일관된 경험, 사용자를 간단히 보장해야 한다.

이 법은 "시스템이 정보를 공개하기 전에 적절한 동의를 얻을 수 있는가?" 또는 "시스템이 처리에 필요하지 않은 식별 성보를 공개 하는가?"와 같이 쉽고 합리적으로 위협에 반전이 될 수 있다. 하지만 이것은 식별 법률의 장점을 잃을 위험이 있다. 그래서 이것은 당신을 위한 연습으로 남겨둔다.

개발자를 위한 마이크로소프트 프라이버시 보호 표준

개발자를 위한 마이크로소프트 프라이버시 보호 표준^{MPSD}은 문제를 해결하는 방법에 대한 조언을 시나리오 단위로 제공하는 규범 문서다. 하지만 표준은 프라이버시 문제의 발견에 초점을 두지 않는다. 대신 시나리오(공지, 선택, 전송 이후, 접근, 보안, 데이터 무결성)와 시나리오에 대한 요구 사항에 초점을 두고 있다(Friedberg, 2008).

프라이버시 보호 표준과 이론을 더 지향하는 접근 방식의 차이는 고객에 초점을 두느냐에 있다. MPSD는 명시적으로 FIP를 기초로 하지만 개발자를 위한 실질적인 조언을 제공하게 설계됐다. (정의된) 누군가가 문서를 사용하기 쉽게 만드는 것은 접근 방식의 효과를 증가시키고 MPSD의 지지자 입장에서 프라이버시 보호를 개선하는 데 도움이 되는 다른 문서로 시험할 수 있게 한다.

이런 프라이버시 보호 요구 사항 프레임워크는 당신이 누구를 위해 무엇을 구축하는지에 맞춘 당신의 기술을 가장 잘 알려준다. FIP나 프라이버시 보호 설계는 목표의 가치에 대한 논쟁을 불러일으킬 수 있다. 당신의 시스템이 사람에 초점을 두고 있다면 '일곱 가지 법률'은 도움이 될 수 있다. 프라이버시 보호 전문 지식이 부족하다면 MPSD가 도움이 될 것이다(하지만 전문적인 조언을 대체하기 위한 것은 아니다).

STRIDE 요구 사항

STRIDE가 시스템상 반대 속성을 가진다는 점을 기억할 것이다. 그래서 이 절에서는 'AINCAA 요구 사항'을 확인해야 한다. 하지만 아주 기억하기 쉬운 건 아니다. STRIDE와 원하는 속성과의 관계는 표 12-1에서 보여준다.

표 12-1 STRIDE와 AINCAA

위협	필요한 속성
위장	인증
변조	무결성
부인	부인 방지
정보 노출	비밀성
서비스 거부	가용성
권한 확대	권한 부여

다음 절들은 표 12-1에서 표시된 필요한 속성에 따라 구성된 하위 내용이다.

인증

인증은 무엇이 진짜인지 확인하는 과정이나 행위다. 예를 들어 패스워드를 입력하는 것은 사용자가 시스템 사용에 대한 권한을 부여받았는지 확인하는 것으로, 시스템의 안전성을 증가시킨다.

인증을 위한 여러 가지 행동이 필요한가?

시스템마다 서로 다른 수준의 인증이 필요하다. 도입부에서 논의했듯이 많은 웹사이트가 익명의 사람들에게 내용을 읽을 수 있는 권한을 부여한다. (인증이 필요없는) 위키피디아 같은 사이트는 작성 권한을 부여하기도 한다. 당신이 만들 수 있는 몇 가지 요구 사항은 다음과 같다.

1. 익명의 사람들은 항목을 생성/읽기/수정/삭제할 수 있다.
2. 인증된 모든 사용자는 항목을 생성/읽기/수정/삭제할 수 있다.
3. 일부 그룹의 사용자는 항목을 생성/읽기/수정/삭제할 수 있다.

얼마나 강력한 인증이 필요한가?

전술한 바와 같이 시스템마다 서로 다른 수준의 인증이 필요하기 때문에 인증 시스템을 위한 서로 다른 형태의 관리가 필요하다. 샘플 요구 사항은 다음과 같다.

1. 행동 X를 위해 단일 인증 방식이 효율적이다.

2. 행동 X를 위해 단일 인증 방식과 위험 요소 관리가 효율적이다.

3. 행동 X를 위해 이중 인증 방식이 효율적이다.

4. 인증 데이터베이스를 관리한다.

5. IT/ 마케팅/판매부서는 인증 데이터베이스를 관리한다.

6. 외부 기업(페이스북 같은)이 인증 데이터베이스를 관리할 수 있게 허용한다.

7. 외부 기업(페이스북 같은)이 관리자를 제외한 '서명된 사용자'와 같은 인증 데이터베이스의 일부분을 관리할 수 있게 허용한다.

8. 인증은 IP 범위 X를 사용하는 사람만 가능하다.

9. 인증은 물리적 위치 X에 있는 사람만 가능하다(미국 또는 건물 내).

물리적으로 위치한 사람들에게 시스템은 취약하거나 버그(높은 오탐률, 미탐률)가 있거나 매우 비싸다(전용 에어갭 네트워크).

계정의 생명주기

계정이 관리되는 방법은 요구 사항에 따라 다양하다. 샘플 요구 사항은 다음과 같다.

1. 누구나 계정을 생성할 수 있다.

2. 이메일 주소를 갖고 있는 누구나 계정을 생성할 수 있다.

3. 검증된* 이메일 주소를 갖고 있는 누구나 계정을 생성할 수 있다.

4. 신용카드 번호를 갖고 있는 누구나 계정을 생성할 수 있다.

5. 검증, 위임 가능한 신용카드를 갖고 있는 누구나 계정을 생성할 수 있다.

6. 신용카드를 얼마나 사용할 수 있는지 확인 가능한 누구나 계정을 생성할 수 있다.

7. 은행 계좌에 잔고가 얼마나 있는지 확인 가능한 누구나 계정을 생성할 수 있다.

8. 허가된 관리자만이 일반 계정을 생성할 수 있다.

9. 두 명의 허가된 관리자만이 새로운 관리자 계정을 생성할 수 있다.

   a. 그리고 다른 모든 관리자들에게 공지

   b. 그리고 감사 팀에게 공지(이것은 아마도 부인 방지를 위한 요구 사항이다. 하지만 생명주기의 일부로 생각할 수도 있다).

10. 누구나 그들의 계정을 아무 때나 해지할 수 있고, 데이터는 가능한 한 빠르게 삭제된다.

11. 누구나 그들의 계정을 아무 때나 해지할 수 있고, 데이터는 계약 철회 기간 이후 삭제된다.

12. 누구나 그들의 계정을 아무 때나 해지할 수 있고, 데이터는 비즈니스 목적상 유지된다.

13. 누구나 그들의 계정을 아무 때나 해지할 수 있고, 데이터는 규제 요구 사항을 충족하는 N시간만큼 유지된다.

14. 계정을 해지하기 위해 관리자의 동의가 필요하다.

15. 계정을 해지하기 위해 관리자의 동의가 필요한 경우 계정은 N분 동안 전 세계 어디서든 접근할 수 없어야 한다.

무결성

샘플 무결성 요구 사항은 다음과 같다.

1. 데이터는 임의의 변조로부터 보호된다.
2. 데이터는 허가된 사용자 그룹에 의해 수정될 수 있다.
3. 파일/기록은 허가된 사용자 그룹에 의해 수정될 수 있다.
4. 파일/기록은 허가된 사용자 그룹에 의해 수정될 수 있고, 수정 작업은 기록된다.
5. 파일/기록은 허가된 사용자 그룹에 의해 수정될 수 있고, 수정 내용은 기록된다.
6. 파일/기록은 시스템이 운영 중일 때 기록되지 않는다.
7. 파일/기록은 시스템이 운영 중일 때 추가만 가능하다.
8. 파일/기록의 수정은 암호로 확인할 수 있다.
9. 파일/기록의 수정은 일반적으로 사용 가능한 도구를 사용해 암호로 확인할 수 있다.
10. 상호 프로세스 간 채널을 통해 전송된 데이터는 운영체제에 의해 변조로부터 보호된다.
11. 이 채널을 통해 전송된 데이터는 암호화 무결성 메커니즘에 의해 변조로부터 보호된다.
12. 메시지는 암호화 무결성 메커니즘에 의해 변조로부터 보호된다.

채널과 메시지에 대한 무결성 요구 사항이 있다는 것을 알 수 있다. 채널은 메시지가 전달되는 곳이다. 채널을 떠난 데이터는 채널로부터 보호받을 수 없다.

예를 들어 이메일을 생각해보자. 두 개의 메일 서버 사이에 잘 암호화되고 변조 방지, 재사용이 방지된 채널을 상상해보자. 해당 서버의 운영자는 메시지가 채널에서 잘 보호된다는 확신을 갖고 있다; 하지만 한쪽 끝이나 다른 쪽의 사람이 메시지를 변경해 전달할 수 있다. 메시지 자체에 변조 방지 기능이 있다면 발견할 수 있다. 이러한 변조 방지는 예를 들면 암호화된 서닝 방식으로 탐지할 수 있다.

부인 방지

부인 방지는 비즈니스와 기술적 요구 사항을 모두 다룰 수 있었던 것을 떠올려보자. 샘플 요구 사항은 다음과 같다.

1. 시스템 셸은 로그를 유지한다.
2. 시스템 셸은 자신의 로그를 보호한다.
3. 시스템 셸은 관리자로부터 자신의 로그를 보호한다.
4. 로그는 호스트의 손상을 되살린다(예를 들면 원격 시스템에 로그를 작성하는 것으로).
5. 로그는 행동의 변화를 구분하기 위해 계정 손상을 허용한다.
6. 로그는 암호화된 서명을 사용해 한쪽 사용자의 사기를 방지한다.
7. 로그는 해시 체인이나 수정 불가능한 미디어로 내부 변조를 방지한다.

기밀성

샘플 기밀 요구 사항은 다음과 같다.

1. 파일/데이터베이스 내의 데이터는 허가된 사용자만 사용 가능하다.
2. 컴퓨터/디스크/ 테이프를 훔쳤더라도 파일/데이터베이스 내의 데이터는 허가된 사용자만 사용 가능하다.
3. 컴퓨터가 켜진 상태로 훔쳤더라도 파일/데이터베이스 내의 데이터는 허가된 사용자만 사용 가능하다.
4. 데이터 저장소의 이름/존재는 허가된 사용자에게만 보인다.
5. 앨리스와 밥의 대화 내용은 허가된 사용자에게만 보인다.
6. 앨리스와 밥의 대화 주제는 허가된 사용자에게만 보인다.
7. 앨리스와 밥의 대화 여부는 허가된 사용자에게만 보인다.

가용성

샘플 가용성 요구 사항은 다음과 같다.

1. 시스템 셸은 사용 가능한 시간 중 99% 사용 가능하다.

2. 시스템 셸은 사용 가능한 시간 중 100% 사용 가능하다.

3. 시스템 셸은 사용 가능한 시간 중 100% 사용 가능하고, 그렇지 않을 경우 고객에게 환불한다.

4. 시스템 셸은 계획된 유지 보수를 비롯해 사용 가능한 시간 중 N% 사용 가능하다.

5. 허가된 사용자만 10배 더 많은 CPU를 소비할 수 있다.

6. 시스템은 50,000개의 호스트 봇넷으로 synflooding 같은 간단한 서비스 거부 공격에 대응할 수 있다.

7. 시스템은 50,000개의 호스트 봇넷으로 HTTPS 연결 초기화 같은 간단한 서비스 거부 공격에 대응할 수 있다.

8. 시스템은 50,000개의 호스트 봇넷으로 사용자 정의된 서비스 거부 공격에 대응할 수 있다.

50,000개라는 숫자는 다소 임의적이다. 그중 상당수는 발생할 가능성이 적더라도 상당한 위협이 되기에 충분히 크다.

권한 부여

샘플 권한 부여 요구 사항은 다음과 같다.

1. 시스템 셸은 중앙 권한 부여 엔진을 가진다.

2. 시스템 셸은 설정 가능한 정책과 함께 중앙 권한 부여 엔진을 가진다.

3. 권한 제어 셸은 ACL과 같이 제어 가능한 항목으로 저장된다.

4. 권한 제어 셸은 주요 위치에 저장된다.

5. 시스템 셸은 높은 보안 수준으로 데이터를 읽을 수 있는 사람을 제한한다.

6. 시스템 셸은 높은 보안 수준으로 데이터를 쓸 수 있는 사람을 제한한다.

7. 권한 엔진은 계정이나 계정 그룹으로 동작한다.

8. 권한 엔진은 역할로 동작한다(계정의 속성).

권한 제어를 저장하는 것과 개체가 보호되는 것 사이에 긴장감이 존재한다. 전자는 관리하기 쉽지만 보통 사람들을 이해시키기 어렵다(종종 어떻게 해야 하는지 불확실한 점). 높은 무결성 수준으로 읽을 수 있는 시스템 제어는 군사 데이터 분류 체계와 유사하다. 기밀 허가를 받은 사람은 최고 기밀문서를 읽을 수 없다(이것은 최초로 공식화된 벨-라파둘라

(Bell-LaPadula) 모델이다(Bell, 1973)). 높은 무결성 수준으로 쓸 수 있는 제어는 매우 유용하고 비바 모델에서 잘 설명돼 있다(Biba, 1977). 비바 모델은 일반 사용자들이 프로그램을 실행해 운영체제를 스스로 보호하는 방법을 설명한다.

클라우드와 프로젝트 관리 도구의 권한과 감사

클라우드 운영의 대부분은 결국 권한과 관련된 질문으로 요약된다. 누군가는 변경을 위한 권한을 받고 변경한다. 정책과 구현이 항상 완벽하게 일치하지 않기 때문에 리스트가 일치하지 않을 수 있다. 고의적이든 아니든 기업은 프로젝트 관리 도구 모델로 움직이기 때문에 이러한 질문들은 더욱 헷갈리게 된다. 요구 사항은 또한 바뀐다. 개발에서 공식적인 핸드오프 테스트보다는 생산 전 코드를 확인해 제품으로 만든다. 샘플 프로젝트 관리 도구 요구 사항은 다음과 같다.

1. 모든 개발자는 시제품에 코드를 반영 수 있는 권한이 있다.
2. 모든 개발자는 제품에 코드를 반영할 수 있는 권한이 있다.
3. 모든 제품 변경 사항은 시험 통과가 완료돼야 한다.
4. 이런 제품 변경 사항은 시험 통과 완료가 가능해야 한다.
5. 모든 제품 변경 사항은 사람의 승인이 필요하다.
6. 모든 변경 사항은 롤백 테스트와 함께 설계돼야 한다.
7. 모든 제품 변경 사항은 사람이 추적할 수 있어야 한다.
8. 모든 제품 변경 사항은 테스트 실행 내용을 추적할 수 있어야 한다.

비요구 사항

시스템이 하지 않는 것에 대해 명시하기 위해 요구 사항을 나열하는 것은 중요하다. 일부 공격은(예를 들면 KGB가 당신의 직원을 음해할 수 있다는 것을 받아들일 것이다) 대응하기에 너무 비용이 많이 든다. 운영체제, 칩 메이커 등 현재 지원하지 않는 기능을 요구할 수도 있다. 이유가 무엇이든 시스템이 하지 않는 것을 명시해야 관리, 운영상 또는 고객이 놀라지 않는다. 다음 절은 비요구 사항을 전달하고 표현하는 운영 가이드, 경고 및 지시, 마이크로소프트의 '보안의 10가지 불변 법칙' 등 세 가지 방법을 다룬다.

운영상 비요구 사항

때론 코드상 안전하지 않은 것이 있을 수 있는데, 운영상 반드시 해결해야 한다. 가장 단순한 예는 공격을 탐지하지 위해 로그를 읽는 것이다. 악성코드나 악성 관리자에 대한 대응과 같은 다른 목표는 매우 산만해질 수 있다. 그들은 일반적으로 당신이 걱정해야 하는 것의 범위 밖에 있다. 요구 사항이나 비요구 사항이든 엔지니어로서 적절히 문서화해야 한다.

운영 가이드

운영 가이드에 이런 것들을 문서화하는 것은 두 가지 목적이 있다. 투명성과 요구 사항 도출이다. 고객들이 그들의 기대치를 적절히 설정하고 불쾌한 놀라움을 피할 수 있기 때문에 투명성은 유용하다. 두 번째 목적인 요구 사항 도출은 운영자가 무엇을 할 필요가 있는지 문서화하는 의미와 요구 사항이 비현실적인지 결정하고, 더욱 실현 가능한 어떤 것을 만들기 위해 보안상 사용되지 않는 기능을 추가하거나 제거할지 결정하는 의미를 가진다.

악성코드를 방어하기 위한 올바른 방법

기존 악성코드로부터 시스템을 보호하기 위한 노력은 복잡하고, 아마 대부분의 제품에 소용없다. 예외는 운영체제 개발자와 보안 소프트웨어 개발자들이다. 당신이 어느 그룹에도 있지 않고 악성코드가 당신의 코드와 동일한 신뢰 영역 내에서 실행된다면 당신이 할 수 있는 것은 별로 없다.

대부분의 소프트웨어 시스템은 악성 소프트웨어를 실행할 수 있게 하는 권한 확대 위협을 방지하는 데 초점을 둬야 한다. 코드를 실행할 수 있는 권한을 가진 사람의 절반은 시스템이 갖고 동작한다고 가정해야 한다(물론 운영체제나 안티바이러스 제품을 제작하는 경우 적용되지 않는다).

관리자에 대한 대응 여부 결정

대부분의 시스템은 악의적인 관리자에 대한 대응을 하려고 하지 않는다(악성코드와 같은 원칙이 적용되지만 더 좋지는 않다). 시스템의 관리자가 악의적인 경우 그들은 다양한 것을 폭넓게 수행할 수 있다. 암호 시스템은 당신의 데이터를 안전하게 전송하도록 해주지만, 복호화된 데이터가 악의적인 관리자에 의해 관리되는 시스템에 있다면 관리자는 문서의 내용이나 패스워드를 확인할 수 있다(예를 들면 더욱 좋지 않고 까다로운 것이, 당신이 일반적으로 사용하는 패스워드와 나른 것을 입력하게 속여 좋은 암호화 키가 동작하지 않는 것처럼 속인다).

경고와 지시

코드상 안전하지 않은 몇 가지로 인해 충분히 위험해질 수 있기 때문에 시스템이 허용하기 전이라면 경고 창이 필요하다. 이런 것들은 비요구 사항으로 생각될 수도 있고, 시스템 구조를 개선하는 데 필요한 요구 사항으로 사용될 수도 있다. 15장에서 더 많은 정보를 살펴보자.

마이크로소프트의 '10가지 불변 법칙'

마이크로소프트 '보안의 10가지 불변 법칙'은 시스템이 하지 않는 것을 설명하는 방법의 예다. 문서의 두 번째 단락은 "아래에서 논의할 문제로부터 당신을 보호해 줄 업데이트를 기다리지 마라. 마이크로소프트 또는 어떤 소프트웨어 벤더도 그것을 '수정'할 수 없다. 그들은 컴퓨터가 동작하는 방식으로 결과를 낼 것이기 때문이다."로 시작한다(Culp, 2013). 처음 몇 가지 '법칙'은 다음과 같다.

법칙 #1: 나쁜 사람이 당신의 컴퓨터에 자신의 프로그램을 실행하게 속일 수 있다면 더 이상 당신의 온전한 컴퓨터가 아니다.

법칙 #2: 나쁜 사람이 컴퓨터의 운영체제를 변경할 수 있다면 더 이상 당신의 컴퓨터가 아니다.

법칙 #3: 나쁜 사람이 당신의 컴퓨터에 제한 없이 물리적으로 접근할 수 있다면 더 이상 당신의 컴퓨터가 아니다.

법칙 #4: 나쁜 사람이 당신의 웹사이트에서 액티브 콘텐츠를 실행할 수 있게 허용할 경우 더 이상 당신의 웹사이트가 아니다.

법칙 #5: 약한 패스워드는 강한 보안을 망친다.

법칙 #6: 컴퓨터는 관리자를 신뢰할 수 있는 만큼 안전하다.

법칙 1, 2, 4는 서로 약간의 차이가 있는 것처럼 보인다.

요약

12장에서는 좋은 보안 요구 사항이 위협 모델링을 보완하는 역할을 하고, 이 책 2부에서 위협을 발견하는 기술에 대해 더 나은 결정을 가능하게 하는 것을 배웠다.

다음을 수행하는데 도움이 될 수 있게 설계된 기본 요구 사항을 제공받았다.

- 더 나은 보안 요구 사항의 공간을 이해
- 빠르게 좀 더 정확한 요구 사항 결정

12장은 비즈니스나 기술 수준에서 요구 사항 작업을 할 때 실질적, 자원 지향적 역할을 한다. 비즈니스 수준은 경쟁 압박과 산업, 그리고 당신의 코드가 담고 있는 취약점을 다루기 위한 요구 사항에 의해 진행되는 요구 사항들을 포함한다.

또한 사람/프로세스/기술과 예방/탐지/대응이 요구 사항 프로세스를 알려주기 위해 어떻게 사용되는지 살펴봤다. 클라우드 보안 연합, 미국 정부, 그리고 카드 지불 산업을 포함하고 있는 컴플라이언스 프레임워크가 당신의 요구 사항을 위한 기초로 사용될 수 있다.

프라이버시 보호 요구 사항에 대한 다양한 자료를 살펴봤다. 마지막으로 STRIDE 위협이 속성을 위반하는 방법과 그 속성들이 요구 사항 내에서 어떻게 발전되는지 상기시켜봤다.

13

웹과 클라우드 위협

여러 가지 면에서 웹과 클라우드에 대한 위협 모델링은 다른 위협 모델링과 비슷하지만, 13장에서는 특별히 웹과 클라우드에서 반복돼 나타나는 위협을 다룬다.

13장은 웹 위협, 클라우드 위협, 클라우드 공급자 위협, 모바일 위협으로 구성돼 있다. 웹 위협은 웹사이트 위협, 웹 브라우저와 플러그인 위협으로 나뉜다. 클라우드 위협의 대부분은 서비스로의 인프라^{IaaS}와 서비스로의 플랫폼^{PaaS}으로 표현된다.

웹 위협

웹은 프로토콜과 언어의 간단하고 강력한 조합으로 구성돼 있다. 이것이 모든 것을 바꾸었다고 말하기엔 진부해졌다. 다른 소프트웨어처럼 웹이 소프트웨어라는 것을 잊기 쉽다. 새로운 방법으로 위협 모델링을 할 필요가 있다고 가정할 수 있지만, 사실 대부분의 다른 소프트웨어처럼 웹 기술에서 STRIDE와 공격 트리 같은 기술들이 아주 잘 적용된다.

웹사이트 위협

공공 웹사이트는 많은 양의 조사를 받고 세상의 모든 위협을 견디고 있다. 전통적인 STRIDE 위협은 해를 입히기 위해 당신의 URL에 있는 자바 스크립트와 입력 폼에서 영리하게 SQL 형태를 알아낸 공격자와 그들 사이에 신뢰할 수 있는 영역이 있다는 것을 잊었을 때 일어나는 많은 웹 관련 공격 모두에 적용된다.

일반적으로 SQL 인젝션과 XSS와 같은 위협은 소프트웨어 엔지니어링 프로세스에서 나중에 다뤄진다. 테스트 중 문제를 해결하기 위해 적절한 테스트 도구를 사용하고, 배포 후 로그를 확인하고 위협의 가능성을 줄이는 패턴, 라이브러리, 프레임워크를 사용하게 된다. 하지만 불행하게도 현실은 그렇지 않다. 때문에 당신은 광고 업체, 웹 로그 분석 코드, 그리고 샌프란시스코에 있는 신생 기업의 인증 데이터베이스 같이 당신의 사이트에 취약할 수 있는 고유의 위협을 찾기 위해 위협 모델링을 해야 한다. 데이터가 서버에서 전달되는 과정을 보여주는 표준 데이터 흐름 다이어그램^{DFD}은 필수적이며, 좋은 테스트 조건을 갖고 있다고 확신한 경우에는 클라이언트 측에서도 DFD를 사용하는 것도 아주 좋은 생각이다. 클라이언트 측에서의 DFD 사용은 보안 업데이트 의존성 문제를 추적하는 데 도움이 되는 리스트를 만들 수 있는 좋은 방법이다.

웹 브라우저와 플러그인 위협

웹 브라우저는 인터넷 사용자가 인터넷에 접속하게 하는 포털이고, 외부 공격으로부터의 마지막 방어선이다. 웹 브라우저 개발을 생각한다면 브라우저 보안 문제의 히스토리에 대한 깊은 지식을 가진 적어도 한 명의 전문가가 필요하다.

브라우저 회사들은 보안 문제를 성실히 해결하려 노력하고 탭, 웹사이트, 브라우저 호스팅 운영체제를 통해 그들의 목표를 보여준다. 보안에 위배되지 않는 플러그인을 제작하는 방법에 있어 브라우저 제작자의 투명성 또한 매우 환영받을 일이다.

두 개의 잘 알려지고 널리 배포된 플러그인인 자바와 플래시 모두 심각하고 지속적인 보안 문제를 갖고 있기 때문에 웹 플러그인이나 애드온을 통한 문제 해결은 자연스런 일이다. 플러그인이 더욱 사용되지 않는 또 다른 이유는 아이폰에서 플래시를 사용하지 않고자 하는 애플의 의지 때문이다.

위협을 찾기 위한 모든 방법은 웹 브라우저에 적용될 수 있다. 예를 들어 STRIDE 위협은 웹 브라우저에 모두 적용된다. 피싱이나 다른 목적을 위한 웹 페이지 위장, 크로스 탭 변조, 그리고 다른 서버의 파일 변조가 있다. CSS 스니핑을 통한 브라우저 히스토리 정보를 확인할 수 있고, 이와 유사한 예들이 각 STRIDE 위협에 존재한다. 브라우저와 웹사이트 디자이너를 대상으로 한 매우 특별한 공격 라이브러리도 있다.

브라우저 플러그인을 개발할 계획이라면 두 가지 특별한 항목을 고려해야 하는데, 이는 브라우저 보안 모델과 브라우저 프라이버시 보호 모델이다. 또한 자동 업데이트의 중요성과 안전하게 업데이트가 완료돼야 한다는 점을 알고 있어야 한다.

브라우저 보안 모델

브라우저의 보안 모델은 정확하게 이해하고 준수해야 하며, 실수로도 위배해서는 안 된다. 이 보안 모델은 동일 출처 정책, 페이지 사이의 경계, 그리고 새로운 창을 열 수 있는지 여부, 창 크기 조정 등과 같은 요소들을 담고 있다. 또한 브라우저에 연결하는 다른 형태의 악의적인 위협을 기억해야 한다. 브라우저의 관점에서 웹 서버의 구성 요소가 공격자의 통제하에 놓여서 악의적인 내용을 전송하거나 추가 시스템을 손상시키는 경우다(마찬가지로 플러그인을 수정하거나 서버 구성 요소를 공격하기 위해 데이터를 재사용하는 것도 프락시를 통해 실행할 수 있다). 하지만 의도적으로 브라우저 보안 모델을 깨는 적절한 때가 있다. 예를 들어 일부 보안 테스트 플러그인이 그렇다.

일부 전문가들은 브라우저 보안 모델이 너무 복잡해서 점검하거나 활용하기 어렵다고 심각하게 말한다. 암호처럼 브라우저 플러그인은 전문 지식과 모의 해킹을 필요로 하는 영역이라고 말하고 싶다. 브라우저 제작 업체가 이 문제를 해결해서 플러그인 모델을 더욱 이해하기 쉽게 제공할 수 있다면 개발자는 플러그인 설치 후 사용자가 위험을 느끼지 않게 플러그인을 개발할 수 있을 것이다. 한 가지 인기 있는 플러그인에 담긴 세 가지 결함의 역사를 보면 "그리스몽키^{Greasemonkey}의 일반적인 함정을 피하세요"라는 마크 필그림^{Mark Pilgrim}의 기사를 볼 수 있다(O'Reilly Network, 2005) (덧붙여 필그림의 블로그 포스팅은 7장에 소개된 것처럼 'Note to API Caller'의 좋은 예다). 책 한 권 분량인 최신 브라우저의 전체적인 복잡성 관리를 원한다면 마이클 잘레스키^{Michal Zalewski}의 『얽힌 웹(The Tangled Web)』(No Starch Press, 2011)을 보자.

브라우저 프라이버시 보호 모델

플러그인은 브라우저 보안 모델을 준수해야 할 뿐만 아니라 브라우저 프라이버시 모델도 준수해야 한다. 어떤 방식으로도 브라우저가 감시되거나 추적되는 것을 허용해서는 안 되고, 당신의 제어가 브라우저에서 제공하는 것과 같은지 확인해야 한다.

자동 업데이트

플러그인에 수많은 보안 문제가 있을 가능성이 높다. 그러므로 버그 보고서 작성을 쉽게 할 수 있는지, 브라우저 자동 업데이트 메커니즘이 잘 작동하는지 확인해야 한다. 그리고 새로 변경된 사용자 인터페이스, 라이선스 또는 유사한 장애에 대한 업그레이드 같은 트레이드오프 없이 보안 업데이트를 제공하는지 확인해야 한다.

클라우드 사용자 위협

클라우드 위협을 없애기 위해 공격자 그룹화을 활용할 수도 있다. IT 시스템을 클라우드로 옮길 때 새로운 공격자(위협)의 두 가지 주요 부류가 있는데, 내부 클라우드 운영자와 클라우드 시스템의 사용자다. 일반적으로 연결 복잡성이 증가함에 따라 새로운 위협이 발생할 수 있는 사례가 있다. 또한 두 가지 법적 위협이 있는데, 하나는 복잡성이 증가되거나 노력이 추가로 필요해 컴플라이언스의 보증이 줄어드는 위협이고, 다른 하나는 서드파티에 제공된 데이터와 관련된 상이한 법적 기준과 관련된 위협이다. 마지막으로 법적 위협들의 혼합인 포렌식 대응에 대한 위협이 있다. 이 절에서는 인프라, 플랫폼 또는 서비스로서의 소프트웨어를 제공하는 기업을 뜻하는 클라우드 공급자^{cloud} ^{provider}라는 단어를 볼 수 있다. 이들의 고객은 당신이고, 다른 고객들처럼 당신은 그 서비스의 사용자다. 공격자들은 일반 사용자이거나 뚫고 들어온 사람들이다.

내부 위협

당신의 데이터나 작업을 클라우드로 이관할 때 신뢰할 수 있는 영역을 추가해야 한다. 그 영역에는 당신의 데이터 외에도 내부 클라우드 운영자와의 계약 정보, 사용자^{employees} 정보가 있다. 관리자는 기술 지원, 데이터 복구 등을 이유로 불가피하게 당신의 데이터에 접근할 수 있다. 디스크 공간 재할당 과정에서 데이터 삭제, 유지 보수 시의 작업자 실수, 소프트웨어 설정 오류로 피해를 줄 수 있고, 의도적으로 당신을 공격할 수도 있다.

이 위협을 해결하는 두 가지 방법이 있는데, 계약과 암호화다. 계약 방식이 더 쉽기 때문에 현재 더 많이 활용된다. 그리고 대부분의 위험 관련 계약은 충분해보인다. 하지만 계약은 많은 돈을 지불하지 않는 한 협상의 주제가 될 수 없다. 불행히도 회사는 프라이버시 보호를 위해 계약을 체결하는데, 훨씬 많은 위험이 회사가 계약을 맺는 영역 밖에 있다.

암호화는 데이터를 전송하기 전에 암호화 (그리고 가능한 한 코드를 난독화)하는 방식이다. 암호화는 서비스로서의 소프트웨어보다 클라우드 스토리지 시스템에 적용하기 쉽다. 안전한 암호화, 무결성 보호, 그리고 인증된 데이터는 안전성이 낮은 어디에도 저장될 수 있다(데이터가 암호화된 상태로 존재하면 해당 데이터가 실행되는 프로세스에도 영향을 미친다. 일반적으로 사용하는 표준 암호 라이브러리의 일부가 아닌 암호화된 데이터 처리에 대한 흥미로운 암호학 연구 주제가 있다). 물론 키를 안전하게 보관해야 하고, 가용성을 위해 기밀성과 무결성을 고려해야 한다.

공동 사용자 위협

이런 위협은 서비스 공급자와 사용자 간의 신뢰 영역에 사용자가 데이터 센터 내부의 임의의 코드를 실행하도록 허용하게 되는 경우 '서비스로의 인프라^{IaaS}' 사용자와 빈도는 낮지만 '서비스로의 플랫폼^{PaaS}' 사용자가 겪는다. IaaS에서 관리자가 아닌 계정이 할 수 있는 일에 제한을 둘 뿐 아니라 코드 실행 권한 역시 효과적으로 제한된다. PaaS에서 코드 실행은 훨씬 더 제한적이다. 역사적으로 소수의 플랫폼은 가장 중요한 공격자가 시스템에 이미 존재하는 위협 모델로 구성됐다. 플랫폼 설계자들이 코드를 실행할 수 없는 사람과 시스템 사이의 신뢰 영역에 대해 걱정하는 것은 훨씬 더 일반적이고 적절하다. 플랫폼 소프트웨어가 권한 확대 공격에 대응할 수 있도록 신중하게 구성돼 있고, 이런 공격을 발견해 고치는 데 우선순위를 두고 있다. 그렇지 않다면 공격자가 규칙을 위반하는 것을 허용하는 취약점이 있을 가능성이 있다. 즉, 클라우드 사용자에게 2차 위협으로 이어진다.

다른 사용자의 위협이 존재한다. 사소하게 여겨지겠지만 IT 부서가 없을 수도 있고 경쟁사와 동일한 단일 방화벽 뒤에 있을 수도 있다. 또한 cloudapp.net이나 s3.amazonaws.com처럼 그들과 같은 도메인에 있을 수도 있다. 방화벽 같은 방어 장비는 클라우드 구축 시 꼭 포함돼야 하는 기기로 관리될 필요가 있다. 당신의 시스템은 클라우드의 다른 사용자를 공격하기 위한 경유지로 공격받을 수 있다. 그 이상으로 다른 사용자는 본인의 가상머신을 오작동시키고 호스트 권한을 차지해 당신의 컴퓨터에 접근을 하려고 한다(컴퓨터를 공유해 사용하는 경우). 또한 공격자는 네트워크나 저장소에 접근을 하거나(클라우드의 특정 로컬 캐시나 저장소 중 하나) 또 다른 사용자는 당신에게 서비스 거부 공격을 수행하는 등 공격자는 당신의 장비에 접근할 수 있다.

컴플라이언스에 대한 위협

여기엔 세 가지 일반적인 문제가 있다. 물리 보안을 포함한 전체적인 범위에서 반드시 준수해야 하는 많은 컴플라이언스 제도(PCI^{Payment Card Industry}나 HIPPA^{Health Insurance Portability and Accountability Act}처럼 커다란 영향이 있는)가 있다.

따라서 PCI 평가를 받은 애플리케이션을 갖기 위한 유일한 방법은 클라우드 공급자가 PCI 준수 평가를 받는 것이다. 둘째, 감사와 로깅에 문제가 있을 수 있다. 모든 클라우드 운영자가 그들의 API나 웹 콘솔에 액세스 로그를 남기는 것은 아니다. 이것은 계정을 추가하거나 변경한 사람을 확인하는 것이 불가능한 것처럼 기술적 문제로 이어질 수 있다. 이 기술적인 문제는 컴플라이언스 문제로 이어질 수 있다. 마지막 이슈는 PaaS나 SaaS 시장에 진입할 때 발생되는데, 엔드투엔드 암호화의 개념뿐만 아니라 파일 시스템이나 데이터베이스에서 암호화 개념 역시 잃을 수 있다.

법적 위협

당신이 데이터를 클라우드로 이관할 때의 새로운 주요 법적 위협은 소환장이나 영장 요청에 대응하거나 알 수 있는 내용을 실질적으로 줄이는 법(적어도 미국에서)과 관련돼 있다. 당신의 시스템에 저장되는 데이터는 법적으로 다른 사람의 시스템에 저장된 데이터보다 더 보호된다. 클라우드 공급자가 제공하는 법적 요구는 공급자의 요구 조건을 사용자가 이야기하는 것을 금지하는 조항을 담고 있거나 해당 요구 조건을 데이터가 이미 제공된 후 사용자에게 통보하는 것이다.

물론 프라이버시 보호, 보안, 안정성에 관한 계약 협상도 필요하다. 프라이버시 보호 및 보안 모두를 위한 계약 조항은 당신의 비즈니스 요구 사항과 컴플라이언스 요구 사항을 포함하고 있어야 한다. 프라이버시 보호 정책은 미국 규정과 혼재된 상태로 다뤄진다. 유럽 연합과 유럽 국가에서 데이터에 대한 안전한 피난처로 동의를 한 장소에서 가장 중요한 부분은 요구 사항에 기업의 데이터 관리인 이름을 포함해야 하는 것이다. 그 관리인은 프라이버시와 관련한 특정 책임을 갖고 있기 때문에 유럽 연합이나 기타 유사한 프라이버시 보호 제도에 따라 수집된 데이터를 이동하는 문제를 처리할 수 있다.

물론 당신의 변호사와 이 문제를 고려해보는 것은 중요하다. 이 절은 변호사들과 함께 논의해야 하는 포인트의 일부를 대략적으로 보여준다. 당신의 변호사는 추가적인 문제를 갖고 있을 수 있다.

포렌식 대응에 대한 위협

침입 후 가상머신은 클라우드 공급자에 의해 종료될 수 있다. 당신은 완전한 스냅샷을 획득하거나 메모리 덤프 소요 시간이 충분히 큰 시스템의 인스턴스를 가질 수 있다. 하지만 가장 중요한 사실은 포렌식 관점에서 취약점의 연결 고리^{chain of custody}(취약점의 시작부터 종료까지를 하나의 체인과 같이 연결선상에 두어 법적인 증거로 인정받게 해주는 포렌식 용어 - 옮긴이)를 가질 수 없다는 점이다.

기타 위협

일부 클라우드 공급자는 사용자의 편의를 위해 업로드된 가상머신 이미지를 사용하기 쉽게 형식적으로 제공하고 있다. 때때로 사람들은 너무 형식적으로 이미지를 업로드 했다. 그다지 안전하지 않은 이미지를 그대로 사용하는 행위는 어리석다.

클라우드 공급자 위협

클라우드 공급자와 클라우드 고객들이 고려해야 하는 클라우드 공급자 위협이 있다. 이것은 당신의 시스템에 접근할 수 있는 권한을 당신이 준 사람들에 의한 모든 위협이다. 공급자 해킹 시도와 같이 공급자를 목표로 한 사용자의 악성 행위에 의해 발생된 위협과, 블랙리스트처럼 사용자의 행동에 의해 발생된 위협으로 나눠진다.

사용자의 직접적인 위협

가장 큰 위협은 당신의 소유물이 있는 샌드박스를 깰 수 있는 방법을 찾아 소중하게 보관하는 소유물을 가져가는 행위다. 이런 행동은 하드웨어에서 코드를 실행하는 것과 유사하게 다른 고객이나 결제를 함부로 변경하거나 방화벽이 해제된 네트워크에 연결하는 것이다. 특히 미국 CERT는 IPMI^{Intelligent Platform Management Interface}에 대한 위협에 대해 경고했다(US-CERT, 2013). 이런 위협은 때때로 격리된 네트워크에 IMPI를 넣어 관리된다. 사용자가 IPMI를 마비시킨다면 관리 네트워크에 접근할 수 있다. 클라이언트의 보안 영역이 많지 않을 경우 샌드박스 탈출 위협 가능성이 높다. 따라서 서비스를 제공하는 인프라로부터 탈출하려고 하는 것보다 서비스로서의 소프트웨어^{SaaS} 환경의 클라이언트에게 더 많은 장벽에서 탈출하는 것이 어렵다.

새로운 사용자가 다른 사람의 개인정보를 이용해 서명을 하거나 신용카드에 가입하는 위협, 사기를 저지를 위협, 봇넷 실행이나 게임 시버에 DDoS 공격을 할 수 있는 위협도 있다. 이런 위협들은 새로운 사업에 제한을 줄 수 있겠지만, 카드 서비스의 첫 번째 결제 대금을 즉시 부과하거나 가입 요금을 부과함으로써 해결이 가능하다. 이메일을 보내거나 하는 유사한 장치가 있다면 서비스 기간 동안 그것을 적용하면 유용할 것이다.

불행하게도 이런 위협을 해결하기 위해서는 사용자들과의 마찰이 적어야 하고, 빠른 가치 제안을 해야 한다는 어려움이 있다. 아직 존재하지는 않지만, 이런 어려움을 해결하기 위한 흥미로운 방법이 있다. 하지만 지금은 이러한 상황에 대한 적절한 모니터링이 중요하다. 이러한 모니터링은 사용자 코드가 필요해서 비즈니스 고유의 한 요소로 만들어질 수 있다.

사용자 행동에 의한 위협

스팸 메일, 불법 복제 등과 같이 사용자가 발생시킬 수 있는 위협들이 있다. 이러한 문제는 계정이 무료인 경우 더욱 확대된다. 이러한 위협은 위장, 변조 또는 정보 노출과 같은 문제들보다 덜 명확하다. 요구 사항이 명확하다면 위협이 문제를 일으키는지 의심할 필요가 없다. 예를 들어 이메일은 허가된 리스트로 보내지는? 노래를 업로드하기 위해서는 음악가이거나 해당 권한이 있는? 등과 같이 명확성이 부족한 경우 전통적인 보안 위반보다 위협을 관리하기 어렵다.

미국은 침해자의 신원 정보와 관련된 명확한 규정을 갖고 있다. 이들은 침해 사항을 정식으로 통보받기 전까지 클라우드 공급자의 저작권을 법적으로 보호한다. 일반적으로 침해 사실을 통보받은 이후에 콘텐츠 삭제 등의 조치를 취할 수 있다. 이렇게 신중한 프로세스에 따라 법원에서 침해 공지에 대한 실행을 하게 되면 당신은 위협으로부터 보호받을 수 있다.

이러한 위협은 공격자의 반발로 공급자와 다른 사용자에게 간접적인 위협을 초래한다. 그 반발은 법 집행을 위한 방문이나 전화, 조사나 응답을 요구하는 다른 정당의 보고서, 블랙리스트를 포함할 수 있다. 스팸을 보낸 사용자는 봇넷의 일부가 되는 등, IP, 서브넷이나 ASN이 블랙리스트가 되는 위험이 있다. 블랙리스트가 되면 서비스 약관을 위반할 수 있다. 공격에 대응하거나 IP 주소를 해제하는 작업은 수작업으로 진행되며 시간이 필요하다.

모바일 위협

모바일 기기에 대한 위협은 다른 컴퓨터에 대한 위협과 일반적으로 유사하다. 예를 들어 디바이스에서 코드를 실행할 수 있는 사람은 당신의 인증 데이터를 사용해 당신의 파일을 읽을 수 있다. 디바이스 분실 가능성 증가, 디바이스 관리의 어려움, 보안 업데이트와 충돌하는 비즈니스 모델을 포함하는 모바일 기기에 대한 몇 가지 추가 위협이 있다.

디바이스 분실의 위협은 서버보다 모바일 기기에서 분명히 더 크다. 디바이스 분실을 해결하기 위한 두 가지 방법은 디바이스 삭제와 데이터 삭제다. 디바이스 삭제는 직원이나 계약자들 소유 장비와 관련이 있기 때문에 문제가 된다. 그들의 디바이스를 삭제하는 것은 당신의 소유가 아닌 데이터를 삭제하는 것이다. 데이터 삭제는 디바이스에 암호화된 데이터를 전송해 완료할 수 있고, 데이터에 접근할 때 데이터에 접근하기 위해 필요한 키를 전송한다.

많은 모바일 기기는 소프트웨어 공급자가 한정돼 있고 디바이스에 로딩되는 소프트웨어도 제한돼 있다. 이러한 사실은 컴플라이언스웨어compliance-ware를 사용하는 컴플라이언스 팀에 위협이 된다. 모바일 기기가 잠겨있을 때 위협으로서 디바이스를 갖고 있는 사람을 정의한다. 디바이스와 물리적인 셸은 모든 통신의 변조, 서비스 거부, 정보 노출 대상이기 때문에 신중하게 고려해야 할 신뢰 경계가 된다.

마지막으로 많은 무선 통신 사업자는 안정성을 위해 임의의 패치가 디바이스를 벽돌로 만들고 지원 비용이 들게 위협한다고 주장해 디바이스에 패치를 제공할 수 있는 소프트웨어 업체를 위협한다. 이것은 디바이스가 새로운 버전의 소프트웨어로 고쳐진 보안 문제에 취약할 수 있다는 것을 의미한다.

요약

웹은 다른 소프트웨어처럼 위협 모델링을 할 수 있는 소프트웨어로 구성된다. 안전한 언어를 사용해 잘 관리되는 다양한 위협의 분류가 있고, 그런 분류에 초점을 맞춘 테스트 프레임워크가 있다. 이러한 위협은 XSS와 SQL 인젝션과 같은 것들이다. 위협 모델링을 할 때 웹과 클라우드에 고려해야 할 반복되는 패턴이 있다.

브라우저와 플러그인은 브라우저 업체에 의해 문서화돼야 하는 위협 모델이 있다. 이러한 위협 모델은 보안과 프라이버시 보호 모두를 포함해야 하고 당신은 브라우저를 프로그램으로 이해할 필요가 있다.

클라우드 사용자는 클라우드 공급자와 공동 사용자 내부로부터 위협받고 있다. 코드 실행의 제한은 공동 사용자를 공격하기 더욱 어렵게 만들고 스택을 IaaS에서 PaaS로, SaaS로 이동하기 때문에 공동 사용자가 공격할 가능성이 줄어들게 된다. 컴플라이언스와 클라우드 사용자를 설명해야 하는 법적 위협에는 다양한 위협들이 있다. 추가로 당신이 클라우드 사용자인 경우 포렌식 대응은 위협받을 수 있다.

사용자가 다른 사용자를 공격하게 되면 부작용이 발생할 수 있기 때문에 클라우드 공급자는 사용자의 공격 위협에 대해 걱정해야 한다. 특히 사용자가 일반적으로 독립돼 있는 관리 네트워크에 접근할 수 있다면 보안에 대한 영향은 매우 클 수 있다.

노트북, 태블릿, 휴대폰을 비롯한 모바일 컴퓨터는 디바이스 분실 빈도가 훨씬 높다는 점을 제외하고 다른 컴퓨터와 매우 흡사하다. 일부 모바일 기기들은 소프트웨어의 로딩을 제한해 컴플라이언스웨어를 설치하기 어렵게 만드는 방식으로 잠겨있어, 디바이스를 사용하는 사람을 비롯한 위협 모델링으로 가능한 한 변경한다. 이러한 잠금은 알려진 문제에 디바이스를 취약하게 두어 패치를 위협하고, 효과적으로 공격의 장벽 '취약점을 찾아 낼 필요'를 없앤다.

14

계정과 식별

계정 관리 권한이 없다면 수많은 위장^{spoofing} 위협에 무방비로 노출된다. 권한을 가진 사람의 키보드 뒤에 서있는 사람에게 의존하는 능력은 서서히 줄어든다. 14장에서는 컴퓨터 식별 방법과 그 사용자의 계정에 대한 모델을 설명하고 다양한 보안과 프라이버시 보호 문제의 상호작용에 대해 설명한다. 대부분 위협 모델링에 초점을 두고 있지만 일부는 보안의 요소와 사용되는 구성 요소에 대한 생각을 철저하게 조사한다. 14장에서 주로 다루는 내용은 특수한 상황에서 발생하지만, 이슈에 대해 상세하게 작업하기 위해 필요하다.

세계가 더욱 디지털화됨에 따라 우리 눈앞에 있는 사람보다 디지털 아바타나 데이터로 만들어진 그림자로 대화한다. 아바타와 그림자는 사람의 모델일 뿐이다. 모든 모델이 잘못됐을 수 있지만, 어떤 모델은 여전히 유용하다. 사람이 모델이라면 자신이 표현되는 방법에 따라 기분이 상할 수 있다. 그 감정은 당연할 수도 있고 아닐 수도 있지만, 사람이 포함된 효과적인 위협 모델링은 모델이 잘못될 수 있다는 점에 대한 이해가 선행돼야 하고, 잘못된 모델 방식은 보안, 비즈니스, 복지, 존엄성, 행복을 방해할 수 있다.

identity라는 용어가 널리 사용되고 있지만 계정의 동의어로 사용하지 않는다. 영어에서 identity는 아주 많은 의미를 갖고 있다. 단어의 핵심은 단일성과 일관성이다(사람을 말할 때 어제 말한 사람과 오늘의 사람은 같다). identity는 자기 자신, 인격, 성격, 그리고 자신의 삶의 표현이다. 'ID 발급'에 대해 말하자면 사회학 및 심리학의 기초 부족이나 인간의 정체성이 외부 기관에 의해 정의되고 제이되는 걱정스러운 독재 성향을 보여준다.

종종 후자의 설명처럼 영구적으로 좋거나 나쁜 계정으로 모델링하게 유혹하는데, 이것은 위험하다. 계정은 공격자에게 공격 당하거나 부적절한 생성자가 즉시 또는 '명성이 생긴' 오랜 기간 후에 악용하기로 결정했을 때 나쁘게 변할 수 있다.

14장은 계정의 생성, 유지, 제거 방법을 포함한 계정의 생명주기로 시작한다. 여기서 로그인, 로그인 실패와 같은 인증, 인증해주는 사람에 대한 위협, 특히 가장 일반적인 인증 기술, 암호, 다양한 패스워드 위협에 대해 배운다. 계정 복구 기술에 대한 위협 모델과 관련된 트레이드오프에 대해서도 논의한다. 그리고 사회보장번호와 같은 식별자의 시스템 이름에 대한 논의로 마무리한다.

계정 생명주기

대부분의 시스템 수명 전반에 걸쳐 계정은 생성, 유지 보수, 제거된다. 계정 생성은 연동된 계정의 권한을 포함한 다양한 형태로 만들어진다. 유지 보수는 패스워드 업데이트나 보안을 위해 사용되는 다른 정보를 포함할 수 있다. 사람들은 패스워드 만료를 사전에 예방하는 도구 제작과 같은 유지 보수를 해야 한다는 점에 동기를 부여하거나 인식을 하지 않는다. 사람들의 인식은 변화하고 가치가 낮은 계정에 대한 인식은 더욱 낮다(당신이 마지막으로 SNS에서 메일을 보거나 집의 무선 공유기로 로그인했던 적이 언제인가?). 마지막으로 계정은 궁극적으로 여러 가지 이유로 제거될 필요가 있고, 그렇게 하면 계정 재사용 등의 위협을 없앨 수 있다.

계정 생성

계정을 사용할 때 계정의 수명이 시작된다. 이상적으로 적절한 권한이 부여됐다는 의미는 상황에 따라 매우 다르다. 개인과 기업 사이의 관계가 얼마나 깊은지에 따라 계정 생성에 대해 모델링할 수 있다.

밀접한 관계의 계정

일부 계정 생성 시 가입자에 대한 상세한 정보가 필요하고, 기입된 정보의 정합성을 확인한다. 이런 계정은 대부분 중요하고 기업에 높은 위험을 초래한다. 예를 들면 은행 계좌나 회사 이메일과 문서에 접근할 수 있는 계정인데, 이런 계정은 민감한 특성 때문에 계정 생성 과정이 확인 단계와 승인을 포함해 일반적으로 더 복잡하다. 이런 계정은 가질 수 있는 개수가 엄격히 제한된다.

이런 계정은 보안 요구 사항이 많다는 점을 이해해야 패스워드를 더욱 소중히 사용할 수 있을 것이고(적어도 다를 것이다), 중요 데이터에 대한 위협도 다소 감소할 것이다.

무료 계정

가입할 때 거의 아무것도 필요하지 않은 온라인 계정이 많다. 이메일 주소가 그렇다. 이런 유형의 계정에 사람들은 재미로 완전히 부정확한 개인정보를 입력한다. 그들은 개인적으로나 정치적인 이유로, 또는 정체성이나 모습을 표현하기 위해 그렇게 한다(최근 20년 동안 방문한 적이 없는 이집트에 있다고 말하는 나의 온라인 계정 몇 개를 발견했다. 아랍에 있던 중에 설정한 이후로 바꿀 이유가 없었다). 이 정보에 의존하는 경우 재미나 희망 사항을 정보로 입력하는 경향은 기업에 위협이고, 이를 제한하거나 '확인'하려는 시도는 고객들에게 위협인 것처럼 보인다.

무료 계정은 한 사람 이상 사용할 가능성이 높다(예를 들어 가족이나 팀). 누군가 팀을 떠났을 때가 은행 계좌에 접근 권한이 없는 상황보다 누군가 팀을 떠났을 때 계정 관리에 미치는 영향이 적다. 최악의 경우 무료 계정은 대체될 수도 있다. 무료 계정은 종종 스팸 메일에 제한을 받지 않고, 음악, 책, 영화 파일 공유 같은 다양한 목적으로 사용된다. 이들 각각은 다양한 수준과 방법으로 기업, 기업의 고객이나 인터넷을 위협한다.

공장에서

공장에서 하나의 기본 계정이 만들어져 배포되는 시스템은 설정에서 패스워드 변경이 필요하다. 그렇지 않으면 패스워드는 검색 엔진을 통해 누군가에 의해 사용될 것이다. 또한 디바이스나 스티커에 인쇄된 고유한 패스워드가 제공할 수도 있다.

연동 계정 생성

계정은 종종 페이스북이나 트위터 로그인 또는 기업(액티브 디렉토리) 계정 같은 다른 계정을 기반으로 생성된다. OAUTH나 액티브 디렉토리 연동 서비스[ADFS] 같은 계정 연동 시스템은 계정 생성을 다소 원활하게 해준다. 계정 연동은 새 계정을 만들려는 개인의 부담을 줄일 수 있지만, 구멍 뚫린 계정 연동 시스템은 당신의 시스템에 위험을 노출시킬 수 있는 경유지가 될 수 있다(인증 토큰이 저장되는 방식과 저장소에 따라). 계정의 연결을 요구함으로써 프라이버시 보호 위협을 제기할 수 있다. 또한 연동 계정을 더 가치 있는 대상으로 만듦으로써 위협의 효과는 증가한다. 마지막으로 사용자는 어디에 계정을 연동시켜뒀는지 잊어버리기 일쑤이고, 더 이상 사용하지 않는 것도 그대로 남겨둔다.

한 사람에 해당하지 않는 계정 생성

우리는 종종 '한 사람에 하나의 계정'을 사용한다고 생각하고 싶어 한다. 보안 전문가는 책임 소재가 불분명하다는 이유로 공유 계정을 반대한다. 하지만 그 반대 경우도 많다. 일부 계정은 다수의 사람이 사용한다(예를 들어 부부는 공동 은행 계좌를 가질 수 있다). 종종 그들은 공동 은행 계좌에 접속하기 위한 여러 (컴퓨터) 계정을 쉽게 만들 수 있음에도 하나의 로그인/패스워드 조합을 공유한다. 마찬가지로 많은 사람이 하나의 작업 계정을 공유할 수 있다. 이런 공유 계정을 한 사람 이상의 참가자가 더 이상 사용할 수 있는 권한이 없을 때 어떻게 되는지에 대해 생각하는 것이 중요하다. 부부를 위한 공동 은행 계좌의 경우 무엇이 올바른 시스템인가? 두 배우자 모두 (은행) 계좌에 접근할 수 있는 권한이 있는 (시스템) 계정을 갖고 있는가? 유사하게 기존 유선 전화는 가족을 위한 계정이다. 867-5309에 전화를 건다면 제니^{Jenny}의 가족 중 누군가 전화를 받을 것이다.

앤드류 아담스^{Andrew Adams}와 셜리 윌리암스^{Shirley Williams}는 이 문제를 탐구하고 "너의 무엇이 나의 것이고, 나의 무엇이 나의 것인가"로 정리했다(Adams, 2012). 법의 세계에서 실마리를 얻어 공동 계정의 여러 유형(몇몇, 공유, 종속, 후보 등)을 생각해보는 것을 제안한다. 여러 계정은 계정과 상관없는 완전한 권한이 있는 개개인의 공통부분을 반영한다. 공유 계정은 그룹의 모든 구성원이 정보를 볼 수 있는 것이지만, 일부 사용자는 다른 사람이 변경한 것을 관리할 수 있다. 예를 들어 LLC의 구성원은 모든 재무를 볼 수 있지만, 회계 담당자만이 지불금을 발행할 수 있다. 종속 계정은 부모나 보호자에 의해 생성되고, 어떤 것을 보기 위한 하나 혹은 그 이상 감독을 받는다. 하지만 전부는 아니고 자녀의 활동에 대한 것뿐이다(예를 들어 부모가 해당 이메일 주소는 볼 수 있지만 내용은 아니다). 마지막으로 후보 계정은 죽음과 같은 어떤 상황 이후 계정에 접근이 허용된다(이런 의미에서 후보 계정은 나중에 '사회적 인증 활성' 절에서 다루는 Schechter, Egelman, Reeder's Trustees와 매우 관련이 있다). 이런 종류의 모든 시스템은 공동 계정에 접근 권한을 가진 모든 사람이 사용하는 하나의 로그인 계정이 있거나 사람마다 하나의 로그인 계정을 가진다(이것은 주로 당신의 개발 의사결정과 공동 계정 시스템의 유용성에 의존한다). 또한 계정의 존재와 그것을 관리하는 사람 사이에 일대일 대응 관계가 있다고 믿지 않는 것이 중요하다. sockpuppets, astroturfing, Sybyls, tentacles와 같이 아주 흔한 이름 때문에 신원 확인이 일반적이더라도 쉽게 잊어진다. 이런 각각은 자신의 위치에 대한 타당성을 위해 사회적으로 입증하고 싶어 하는 그룹이나 개인이 관리하는 가짜 사람을 찾기 위한 방법이다(사회적 입증은, 당신이 무언가를 하고 있는 군중을 보고 있는 경우 당신은 그것이 괜찮다고 믿을 가능성이 더 많다는 아이디어다). 프랭크 스타자노Frank Stajano와 폴 윌슨Paul Wilson이 말하는 이 부분에 대한 신뢰는 그들의 논문 「사기 피해자의 이해: 시스템 보안을 위한 일곱 가지 원칙」에 설명된다(Stajano, 2011).

계정 유지

시간이 지남에 따라 계정을 사용하는 사람에 대한 거의 모든 정보는 변경될 수 있고, 그런 많은 변경 사항은 계정에 반영해야 한다. 예를 들어 거의 모든 사람들은 그들의 전화번호나 주소 같은 데이터를 변경할 것이다. 하지만 다른 정보(이름, 성별, 생일, 생체 정보, 사회보장번호 등) 또한 변경될 수 있다(부정확한 항목, 부정확한 기억 또는 문서와 기억 사이의 차이를 발견해 생일을 변경할 수 있다). 심지어 생체 정보도 변경될 수 있다. 사람들은 손가락이나 눈처럼 식별 가능한 신체의 일부를 잃기도 한다. 조금 현실적으로 보면 손가락의 상처가 지문 패턴을 변경할 수 있고, 노인의 지문은 읽기 더욱 어렵다.

그런 데이터를 저장한다면 이것을 변경할 수 있는 메커니즘이 필요하다. 변경 사항의 보안 문제로 이런 기록들의 변경 사항을 정리하는 것은 매우 중요하다. 인증을 위해 휴대폰이나 우편을 사용한다면 전화번호 변경 인증을 위해 모든 것을 적절히 확인해야 한다. 현명한 많은 은행은 고객의 주소 변경을 위해 새 주소와 예전 주소로 우편을 보내고, 변경 이후 한 달 동안 그들의 위험 알고리즘 방식을 동작시킨다. 전화번호 같은 데이터가 인증 채널로 사용되는 것을 알지 못하면 사용자들은 최신 상태로 유지하려고 하지 않을 것이다. 사용자들은 전화번호 데이터가 인증 목적을 위해 사용될 수 있다는 것을 알고 있다 하더라도 그들의 전화번호와 관련 있는 모든 시스템을 업데이트를 기억하기 어렵다.

사람에게 알림

많은 서비스는 그들의 고객에게 비정기적으로 보안 이벤트를 알려준다. 예를 들어 마이크로소프트는 계정에 추가된 이메일 주소를 알리기 위해 문자 메시지나 이메일을 보내고, 라이브저널은 쿠키 없이 브라우저로 로그인했을 경우 이메일을 보낸다. 이런 공지는 그들 자신의 계정을 보호하기 위한 동기 부여로 작용해 유용하다. 그리고 위험한 것은 고객이 그 메시지를 이해하지 못할 수 있다는 것이다. 적절한 고객 지원 비용 부과, 불만, 브랜드에 미치는 영향보다 더욱 관심이 많아질 것이다. 또한 공격자가 당신의 보안 메시지를 속이는 피싱 같은 공격의 위험이 있다. 좋은 모델의 시나리오를 비롯한 올바른 호출은 좋은 위협 모델링의 문제다.

시간을 충분히 갖고 낮은 오탐을 확인하는 사기 방지 조언을 바탕으로 위험을 줄일 수 있다(15장을 참고하자). 좀 더 자세한 정보가 있을 때까지 지불이나 백업 인증 옵션 같은 중요한 변경 사항에 대한 권한을 지연시킬 수 있기 때문에 시간은 우리 편이다. 자주 보이는 IP 주소나 컴퓨터로 로그인하고, 이메일에 대한 접근을 입증할 수 없다면 당신에 대한 더 많은 정보를 추가해야 한다. 지연에 대한 자세한 내용은 15장을 참고하자. 또한 14장의 마지막 절인 '계정 복구' 절을 참고하자.

계정 제거

고객은 더 이상 거래하지 않고 언젠가 떠날 것이다. 직원들은 자발적으로 퇴사하거나 해고될 것이다. 그러므로 계정을 적절하고 완전히 제거하는 방법이 중요하다. 그들의 패스워드를 변경하는 것은 충분하지 않다. 그들은 이메일을 전달하거나 예약된 프로세스를 실행시킬 것이다. 또는 상태를 되돌리기 위해 계정 복구 도구를 사용할 수 있다. 이것은 많은 '신원 관리 시스템'이 동작하는 실제 공간이다. 기업을 돕는 것은 그들이 갖고 있는 서로 다른 시스템에 수많은 사람들과 한 사람 사이의 관계를 관리한다(지금 내 타자기로 당신을 공격하기 전에 내 잔디밭에서 나가!).

계정을 제거하려면 적어도 두 가지 중요한 질문에 대한 답변이 필요하다. 첫 번째, 파일, 이메일 메시지, 웹사이트, 데이터베이스 프로시저, 암호화 키 등 계정이 갖고 있는 객체는 어떻게 할 것인가? 두 번째, 계정 이름이 예약 또는 재활용되는가? 계정 이름을 재활용한다면 혼란이 발생할 수 있다. 그렇지 않다면 네임스페이스를 낭비하는 위험이 있다.

계정 생명주기 체크리스트

이 체크리스트는 회의 시 소리 내서 읽게 만들어졌다. 다음 질문에 해당하는 경우 당신은 좋지 않은 상태다.

- yes라고 대답할 수 없다.
- no의 의미를 명확히 받아들이지 못한다.
- 모른다.

1. 계정이 어떻게 생성되는지에 대한 리스트를 갖고 있는가?
2. 모든 계정은 한 사람을 나타내는가?
3. 계정의 각 요소를 업데이트할 수 있는가?
4. 각 업데이트는 계정을 가진 사람에게 공지되는가?
5. 계정 제거 방법이 있는가?
6. 제거됐을 때 계정과 관련된 모든 데이터에 무슨 일이 발생하는지 알고 있는가?

인증

인증은 어떤 사람이 그들이 주장하는 사람인지 확인하는 과정이다. 권한 대조를 통해 그들이 할 수 있는 것을 확인한다. 예를 들어 당신 앞에 있는 사람은, 술은 되지만 무료 음료는 안 된다.

그림 14-1은 간략한 인증 프로세스 모델을 보여준다. 먼저, 사람은 단순한 방법(웹사이트에 사용자 이름과 패스워드를 입력)부터 복잡한 방법(계정 생성을 실행하기 위해 광범위한 배경 조사와 서명한 서류를 확인)까지 다양한 방식으로 등록한다. 이후 누군가 나타나서 등록한 사람으로서 인증을 시도한다.

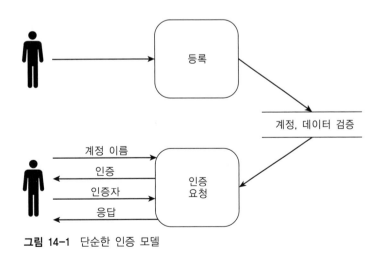

그림 14-1 단순한 인증 모델

14장에서 다루는 대부분의 위협은 그림 14-1과 같은 STRIDE나 공격 트리 같은 기술을 적용해 발견할 수 있다. 하지만 위협이 발견됐고 대응 방안이 잘 동작하고 있기 때문에 14장은 재발견할 필요가 없게 알려진 많은 부분을 요약한 것이다.

사람을 인증하는 전통적인 세 가지 방법 '당신이 알고 있는 것, 당신이 갖고 있는 것, 당신의 어떤 것' 중 하나를 요구하거나 이들을 조합한다. 패스워드는 당신이 알고 있는 것의 예다. 당신이 갖고 있는 어떤 것은 카드나 RSA 토큰 같은 암호화 장치가 있다. 당신의 어떤 것은 지문이나 망막 스캐너 같이 도구로 측정할 수 있는 당신의 것이다.

사람을 인증하는 이런 방법들은 한 번에 몇 가지 요소를 사용하는지에 따라 인증 요소들, 그리고 다중 요소 인증이라는 말로 쓰인다. 요소들이 독립되고 서로 다른 것이 중요하다. 시스템이 당신이 갖고 있는 어떤 것(ATM 카드)과 당신이 알고 있는 어떤 것 (PIN 번호), PIN 번호를 적은 카드로 구성돼 있다면 시스템의 보안은 대체로 안전하다. 비슷하게 당신이 갖고 있는 것이 악성코드에 감염된 휴대폰이라면 데스크톱 컴퓨터와 동기화하기 때문에 두 번째 인증 요소로서 보안을 추가하기 위한 휴대폰의 능력은 매우 줄어든다. 같은 종류의 요소를 한 가지 이상 사용하는 것은 슬프게도 자주 다중 요소 인증을 헷갈리게 한다.

이런 세 가지 요소는 '당신이 잊은 어떤 것, 당신이 잃어버린 어떤 것, 당신이었던 어떤 것'처럼 비꼬는 투로 재해석됐다. 그는 자신의 공으로 돌리지 않지만 이것은 종종 심슨 가핑클[Simson Garfinkel]의 것이라고 여겨진다(Garfinkel, 2012). 이 재해석은 각기 실제 문제이기 때문에 찔린다. 두 개의 추가 요소도 고려되는데, 사회적 인증이라 불리는 당신이 알고 있는 사람, 그리고 이후 '계정 복구' 절에서 설명하는 다중 채널 인증이라고 불리는 메시지를 받는 방법이다. 다중 채널은 통신 기술의 통합으로 강하게 위협받고 있고, 채널의 좋은 모델링으로 그들이 어떻게 오버랩했는지 나타낸다. 예를 들어 휴대폰이 추가 인증 채널이라고 생각한다면 휴대폰이 사용되는 방식은 동기화(그리고 감염 위험 관련)나 구글 보이스 같은 제품이 이메일에 문자 메시지를 넣는 방법 같이 취약할 수 있는 요소를 발견할 것이다.

이 절에서는 당신, 당신이 가진 것, 알고 있는 것에 대한 위협 다음으로 로그인, 특히 로그인 실패를 다루는 법을 배운다. 당신이 알고 있는 것에 대한 위협은 기간 패스워드 spans passwords와 계정 복구를 위한 지식 기반 인증으로 계속된다.

로그인

우리 모두는 로그인 과정에 익숙하다. 누군가 ID와 인증자를 표시하고, 어떤 방식으로 인증을 요청한다. 그림 14-2에서 보여주듯이 클라이언트나 서버는 ID가 잘못됐다고 할 수 있고, 로컬 컴퓨터는 잘못된 UI를 제공할 수 있듯이 이 단순한 과정에 많은 위장 위협이 있다(Ctrl + Alt + Delete[CAD]를 누르는 것은 마지막 위협이다. CAD는 애플리케이션에 전달하기보다는 운영체제가 항상 반응하는 안전한 연산 순서의 하나다).

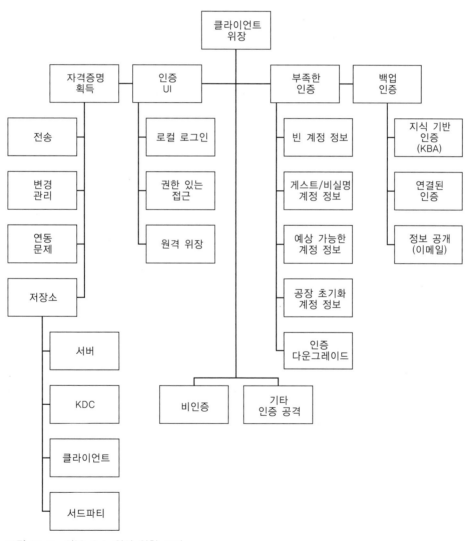

그림 14-2 외부 요소 위장 위협 트리

먼저 서버가 위장되는 위협을 설명할지 또는 서버가 위장을 하는 위협을 설명할지에 대한 것으로, 서버 위장 위협을 생각해보자. 이것은 오십 보 백 보다. 중요한 것은 클라이언트가 어떤 이유에서든 서버가 말하는 식별에 대해 혼란스러워 하는 것이다. 앞에서 설명한 바와 같이 이런 위협을 완화하는 열쇠는 상호 인증과 인증을 암호화 하는 것이다. 새로운 로그인 시스템을 구현하려고 하는 경우 수많은 과거 시스템과 실패 사례의 문헌 조사를 수행하는 것은 매우 가치 있는 일이다. 클라이언트 위장은 여러 가지 형태로 발생하고, 공격 트리는 그것을 추적할 수 있는 유용한 방법이다.

외부 요소 위장 위협 트리는 부록 B에 자세히 나와 있다.

로그인 실패

로그인 시스템은 올바른 사용자가 아닌 사람들을 들어오지 못하게 설계됐다. 매우 현실적인 방식으로, 올바른 사람이 견고하게 설계된 문으로 들어올 때를 제외하고 사람과 에러 메시지를 막으려는 인터페이스다. 따라서 당신이 성공하길 원하는 사람들과 당신이 실패하길 원하는 사람들 모두를 위한 실패를 설계해야 한다. 이런 것들이 첫 번째 갈등이다. 당신이 결정한 대로 갈등을 유지하자. 무엇이 잘못돼 어떤 방법으로 계정을 비활성화했는지 사람에게 말하는가? 두 번째 갈등은 사람들이 그들의 계정이 손상됐을 때 보안 조치로 좌절하고 분노하고 있다는 점이다. 그들에게 중요하지 않은 계정이 손상되면 스팸이나 다른 어떤 것으로 사용되겠지만, 그들의 은행 계좌가 빠져나가거나 실제 다른 영향을 미치면 더 깊은 상처가 될 것이다.

계정 없음

'정확하지 않은 사용자 이름과 패스워드'는 계정이 존재하는지 인식하지 못하는 공격자들이 공격하는 에너지를 낭비하게 하고, 가능한 한 경보를 울리게 하는 합리적인 사고에 기초한 일반적인 에러 메시지다. 이것은 일반적으로 사실이고 아직 계정의 존재를 확인하기 어려운 시스템이 있다. 오늘날 계정 복구 시스템은 '사용자 이름이나 패스워드' 메시지와 관련된 유용성의 손실을 정당화하기 더욱 어렵다. 또한 로그인 메커니즘으로 이메일 주소를 사용하는 많은 시스템은 당신의 시스템이 부지런히 계정 존재와 관련된 모든 정보 노출 위협을 숨기더라도 누군가 제공할 것이다(Roberts, 2012). 계정의 존재는 공격자가 쉽게 알 수 있는 어떤 것임을 받아들일 때다. 그리고 자신의 계정 ID를 틀린 실제 사람들에게 말하는 것의 유용성 혜택을 얻는다.

불충분한 인증

패스워드의 부적절한 점이 점점 분명해짐에 따라 서비스는 인증을 확인하기 위해 로그인할 때 가능한 한 더 많은 데이터를 확인한다. 고전적인 웹 브라우저는 IP 주소 확인, IP 기반 위치, 브라우저 버전 정보, 쿠키 등을 확인한다. 이런 시스템을 만들려고 할 때 위협이 있을 수 있다. 특정 버전은 쿠키 관리자다. 실제 고객의 20% ~ 50%의 쿠키를 정기적으로 삭제하는 계획을 세우는 편이 좋다(Nguyen, 2011; Young, 2011). 쿠키 삭제가 계정 복구의 필요성에 영향을 미친다면 사람들에게 알리자.

이것은 기대와 시스템 사이의 불일치가 일반화될 수 있다. 다른 이벤트에서 계정 복구를 실행할 경우 사람들의 예상치를 아주 높게 잡아야 한다. 공격자가 알고리즘을 확인하기 어려울 것으로 예상하는 정보를 아주 분명히 해야 한다. 그것은 당신이 공개해야 하는 정보라고 말하는 것이 아니다. 조셉 본노Joseph Bonneau는 모호함이 인증을 잘 수행하는 필수적인 부분이라고 말한다(Bonneau, 2012a). 그의 주장은 유연성이 없지만 공격자 정보 제한과 실제 계정 소유자를 좌절하게 만드는 방법의 유용성 사이 긴장을 해결한다. 물론 빠져나간 은행 계좌를 가진 당신의 좌절 또한 매우 현실이다. 모호함에 대한 자세한 내용은 16장의 '비밀 시스템: 케르크호프스와 그의 이론' 절을 참고하자.

계정 잠금

로그인 시도를 실패했을 때 일정 시간(몇 초 또는 영원히) 동안 계정을 잠글 수 있다. 결국 어떤 형태의 재설정 관리를 필요로 하며, 이를 연습하는 것은 독자의 몫이다. 당신이 짧은 시간을 선택한다면 지연 시간을 고정하거나 증가시킬 수 있다(또한 백오프를 호출). IP 주소나 주소 범위 같은 엔드포인트나 계정에 지연을 적용시킬 수 있다.

실패 횟수를 f로 표현하자면 $(f-3) \times 10$이나 $(f-5)^2$초 같은 것들은 불합리한 지연으로 사람들을 성가시게 하지 않는 범위 내에서 각 실패에 따른 보안을 증대시키는 합리적인 조합을 제공한다(물론 작은 정수를 잘 다루지 못한다면 $(f-5)^2$는 걷잡을 수 없이 커진다). 시스템 설계자는 백오프를 노출하거나 숨길 수 있다. 숨기는 것(그들의 로그인 시도가 실패했다는 것을 사람들에게 말함으로써)은 사람들이 그들의 암호를 잊어버렸다고 잘못 믿게 될 수 있어서 백업 인증에 대한 필요성을 빠르게 추진한다.

네트워크 로그인 시도와 키보드 로그인 시도의 시나리오 요구 사항은 다를 수 있다. 물리적인 키보드 로그인 허용이 더욱 합리적일 수 있다. 물론 실제 키보드는 USB나 블루투스를 통해 쉽게 위장될 수 있는 다루기 힘든 개념이다.

'당신이 가진 것'의 위협

당신이 갖고 있는 것, 당신의 어떤 것, 그리고 당신이 알고 있는 것의 인증 범주를 사용해 '당신이 갖고 있는 것'은 ID 카드나 암호화된 하드웨어 토큰 같은 것들이다. 이들의 주요 위협은 도난, 손실, 파손이다. 도난 위협은 '당신이 갖고 있는 것'에 대한 위협 중 많은 방법으로 발생하는 가장 걱정스러운 위협이다. 문을 열기 위한 접근식 카드 같은 인증 도구의 일부는 다른 어떤 것을 필요로 하지 않는다(즉, 손바닥 자국으로 대부분의 문을 열지 않는다). 대부분의 기관에서 카드 면이 쉽게 보이도록 착용하게 하는 강한 규범이 없기 때문에 카드를 훔친 공격자는 쉽게 자신의 지갑에 카드를 넣을 수 있다. '얼굴이 보이는' 형식이라 하더라도 사진과 얼굴을 비교하는 것은 매우 어려운 일이다(이에 대한 자세한 설명은 다음 절을 참조).

다른 인증 장치는 종종 가방으로 운반되는데, 노트북 가방을 훔친 누군가는 노트북과 인증 토큰 모두를 얻을 것이다. 이런 토큰의 일부는 다른 것들이 갖고 있는 입력 기능과 함께 디스플레이를 갖고 있어서 토큰을 사용하는 것은 당신이 갖고 있는 것과 알고 있는 것의 문제다. 표시 전용 토큰은 저렴하고 사용하기 쉬워서 덜 안전하다. 적절한 트레이드오프는 '체스 플레이' 문제일 가능성이 있다. 표시 전용 토큰을 사용한다면 공격자가 다른 어떤 곳을 공격하기 어렵게 하거나 공격 이후에 무엇을 하는가? 2012년쯤, 수많은 회사들은 크기가 동일하고 전자 잉크$^{e-ink}$ 디스플레이와 입력 버튼이 있는 신용카드 두께의 인증 도구를 만들었다. 이것은 신용카드와 비교해 아주 두껍고 오래된 '신용카드 크기' 토큰보다 지갑에 담겨 있을 가능성이 높다.

손실과 파괴의 위협은 상대적으로 유사하다. 각각의 경우 허가된 사람을 인증할 수 없게 된다. 더욱이 파괴되거나 손상된 경우에 인증 토큰이 도난 당하지 않았다고 확신할 수 있다.

'당신의 어떤 것'의 위협

'당신의 어떤 것'을 측정하는 것은 대단히 매력적인 범주의 인증이다. 빌리거나 잃어버리거나 잊어버릴 수 있는 어떤 인증 방식보다 사람을 사람으로 인증할 수 있는 방법을 갖고자 하는 직관적인 바람이다. 불행하게도 그 바람과 기술적 현실은 다른 것으로 나타났다. 모든 생체 인식 시스템은 물리적 형태를 측정할 수 있는 센서의 종류를 포함한다. 이런 센서와 그 특성은 위협 모델의 중요한 부분이다. 저장된 데이터는 센서가 안정적으로 생성할 수 있는 방법으로 저장돼야 한다. 센서 데이터는 템플릿이라고 불리는 형식으로 변환된다. 이 모든 것은 14-1과 아주 비슷하게 보이는 그림 14-3에서 보여준다. 현명한 독자들은 두 그림 모두 신뢰 영역을 포함하고 있지 않다는 것을 알 수 있다. 다른 시스템은 다른 장소에서 신뢰 영역을 배치한다. 예를 들어 지문 인식기를 사용해 인터넷을 통해 은행에 로그인할 경우 자신의 지점 은행에 직접 방문하는 경우와 다른 신뢰 영역을 가진다. 생체 정보에 대한 많은 위협은 그림 14-3에서 보여주는 것과 같이 하나의 모델로 파생된다.

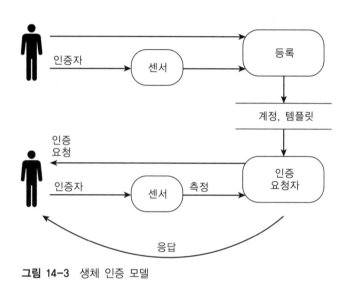

그림 14-3 생체 인증 모델

이런 위협의 일부는 다음과 같다.

- 템플릿 공격, 신분을 속이는 변조나 입력 값을 생성하기 위한 공개된 템플릿 분석은 시스템을 속일 수 있다.
- 측정되는 신체 부위의 이미지를 획득하고 입력 값을 생성해 사용하면 시스템을 속일 수 있다. 이것은 센서에 대한 위장이다.
- 측정 변경을 위해 신체를 조정한다. 이것은 종종 시스템에 대한 서비스 거부 공격으로 이유 없이 실행될 가능성이 있다.

이들 각각은 다음 몇 단락을 바탕으로 더욱 심도 있게 논의된다.

대부분의 생체 인식 지지자들은 저장된 템플릿 데이터가 생체 정보를 전달하는 입력 값을 재구성해 사용할 수 없다고 주장하는데, 템플릿 공격은 주장하는 것보다 더 쉽다. 이것은 지문(Nagar, 2012), 안면(Adler, 2004), 홍채(Ross, 2005)가 잘못될 수 있음이 입증됐고,

다른 템플릿도 잘못될 가능성이 있다. 이런 공격에 대응하는 것은 아마도 시스템과 관련된 오탐률과 미탐률을 관리하는 긴장 속에 있는 상태인 것이다. 더 나쁜 것은, 인증 받는 사람들은 일반적으로 시스템에 대한 선택의 여지가 없다는 점이다. 따라서 템플릿 재구성 방지 설계가 돼 있다 하더라도 그 사용에 대한 인센티브 분배 논쟁이 있을 수 있다.

측정되는 신체 부위의 이미지를 획득하는 것은 종종 '야생' 이미지에서 구할 수 있다. 안면 인식을 위해 이미지를 구하는 것은 페이스북이나 링크드인을 검색해 쉽게 구할 수 있다. 지문은 유리, 자동차 문 또는 어느 곳에서든 구할 수 있다. 플리커^{Flickr}에서 '지문'을 검색하면 사람들의 지문 수천 장을 보여준다. 한 사람의 예술은 다른 사람의 예술적 공격을 이끌어낸다. 물론 측정한 신체 부위를 잘라내는 덜 예술적인 공격도 있다. 이것은 지문 인식기를 사용하고 있는 메르세데스-벤츠 소유자에게 일어난 일이다(말레이시아의 Mr. Kumaran('말레이시아 자동차 도둑이 지문을 훔침'을 보자(Kent, 2005)).

신체 부위나 그 이미지를 갖게 되면 확실한 방식으로 센서에 나타낼 필요가 있다. 신체 부위를 촬영하기 위한 인센티브를 줄이기 위해 때로는 센서에 의해 '생동감' 테스트를 한다. 예를 들어 눈 스캐너가 눈의 자연스러운 움직임을 찾는 동안 지문 센서는 박동의 증거나 온기를 찾을 것이다. 이런 테스트는 많은 사람이 사진을 흔들어서 안면 인식을 우회하길 기대하는 것보다 더 어려운 것으로 나타난다. 그리고 유명하게 거미 베어스^{Gummy Bears}로 렌더링된 지문(Matsumoto, 2002)은 최근 잘 알려진 휴대폰 제조사가 문헌 검토를 하는 데 실패했을 수 있는 같은 문제를 겪었을 때 반복해서 대대적인 축하를 했다(Reiger, 2013).

어떤 시스템은 타이핑이나 걷기 같은 활동을 측정한다. 그래서 수집된 '이미지'는 더욱 복잡할 필요가 있고, 신뢰 영역과 관련된 데이터 흐름과 센서의 위치에 따라 반복 재생하는 것은 더욱 어렵다. 실험실에서 공격은 쉽기 때문에 경고를 울리거나 동기 부여가 되거나 세심한 방어를 하기 어렵다. 그러나 2009년, 일본 입국 시 일본의 지문 검사를 통과하기 위해 '지문에 특수 테이프를 붙인' 한국 여성을 일본이 추방한 것이 널리 알려졌다(Sydney Morning Herald, 2009).

정직한 사람들에게 그들의 지문(또는 다른 생체 정보)을 바꾸는 것은 매우 어려운 것 같다. 하지만 나이를 비롯해서 지문을 찍거나 측정하는 것을 더욱 어렵게 하는 다양한 요소와 시나리오가 있다. 잦은 세정으로 인해 지문이 마모되는 외과 의사 같은 다양한 직업, 지문을 닳게 할 수 있는 사포를 많이 사용하는 목공 같은 취미, 그리고 암 치료제 등의 영향이 있다(Lyn, 2009).

또한 단순한 모델에서 보기 어려운 몇 가지 위협이 있다. 첫 번째가 '모욕 비율'이고 두 번째는 적합성과 외부 성질이다. 생체 정보 산업은 '모욕 비율'이라고 부르는 문제를 오래 갖고 있었다. 기계가 그들을 '인식'하지 못했을 때 사람들은 아주 불쾌해 하고, 측정되는 사람들이 일반 대중인 경우 직원들은 우아하게 문제를 처리하기 위해 훈련을 받을 필요가 있다. 두 번째 모욕 문제는 많은 사람이 지문과 연관해 범죄자처럼 취급된다는 것이다. 그렇게 인식될 수 있는 방법으로 고객을 대하는 것이 적합한가? 기업은 신중하게 불쾌함의 문제를 고려해야 하고, 사람들은 지나친 생체 정보 남용으로 야기되는 불감증 문제를 생각해봐야 한다. 이것은 기업의 행동이 다른 데 비용을 지불하는 외부 성질이다.

인증자의 바람직한 특성 대부분은 생체 인식에 사용할 수 없다. 생체 인식 센서는 암호화 키를 유도하기 더 어렵게 만드는 키보드보다 덜 정확하다. 인증 비밀을 위한 또 다른 특성은 그들이 한 사람과 기업 사이에 공유하고 비밀을 변경하고 싶으면 언제든 변경할 수 있다는 것이다. 하지만 대부분의 사람들은 10개의 손가락을 갖고 있다(적게는 더 많은 사람도 있고 더 적은 사람도 있다). 그래서 당신 지문의 복사본을 가진 누군가에 의한 정보 노출의 위협은 손가락으로 당신을 인증하는 모든 것에 영향을 미칠 수 있다. 물론 손가락뿐만 아니라 다른 모든 생체 정보를 적용할 수 있다. 지나친 생체 정보의 사용은 생체 인식에 의지할 필요가 있는 모두에게 위협들을 더욱 심각하게 만들 수 있다. 진행하기 전에 생체 인식에 대한 마지막 코멘트가 있다. 높은 품질과 실제 크기로 사람을 찍은 사진이라면 사진 또한 사람들이 가장 잘 사용하는 하나의 생체 인식이 될 수 있다. 사람들은 가족과 친구들을 아주 잘 알아본다. 하지만 낯선 사람과 그 사람의 ID에 있는 사진을 비교하는 것은 사진이 신용카드에 표시할 수 있는 크기일 때 훨씬 더 어렵다(로스 앤더슨Ross Anderson의 『시큐리티 엔지니어링, 2판』(Wiley, 2008)에서 이 문제에 대해 논의하고 있다. 요약하자면 실험에 참가한 사람들은 ID 사진을 사용해 일치하는 사람을 거의 찾지 못했다. 하지만 이런 사진의 사용은 평상시의 범죄 억지력으로 작용할 수 있는 것으로 보인다).

'당신이 알고 있는 것'의 위협

패스워드는 수시로 시도되는 다른 모든 것을 제외하고 상상할 수 있는 가장 안 좋은 인증 기술이다. 우리 모두는 너무 많은 패스워드를 갖고 있으며, 어지간한 것들은 기억하기 어렵고 고정된 값이고, 잠재적으로 신뢰할 수 없는 상대방에게 노출될 수 있다. 또한 암기할 수 있고, 특별한 소프트웨어를 필요로 하지 않고, 쉽게 휴대폰으로 전송할 수 있어야 하고, 알고리즘을 통해 키를 유도할 수 있고, 생체 정보보다 더 명확해야 한다. 이런 트레이드오프에 대한 자세한 분석을 위해 조셉 본노^{Joseph Bonneau}의 「패스워드를 대체하기 위한 탐구」(Bonneau, 2012c)를 보자. 이런 트레이드오프는 패스워드가 사라질 가능성이 있음을 의미하고, 계정을 갖고 있는 대부분의 시스템은 어떤 방식으로든 패스워드 같은 무언가를 저장해야 할 것이다. 앞에서 말한 논문에서 본노^{Bonneau}와 동료들은 인증 시스템의 가용성, 효율적 사용과 보안을 평가하기 위한 프레임워크를 사용했다. 이들의 보안 특성은 새로운 인증 방식 설계를 고려하고 있는 사람에게 유용한 보안 특성 체크리스트의 형태로 설명돼 있다. 작업을 고려하는 사람은 그들의 논문을 읽는 편이 좋기 때문에 논의 없이 다음 리스트를 보자.

1. 물리적 관찰에 대한 회복성
2. 대상의 명의 도용에 대한 회복성(지식 기반 백업 인증에 대한 공격)
3. 축소된 추측에 대한 회복성(이것은 나의 온라인 공격 범주)
4. 축소되지 않은 추측에 대한 회복성(오프라인 공격)
5. 내부 관찰에 대한 회복성(키로깅 악성코드 같은 것)
6. 다른 인증에서 발생한 유출에 대한 회복성
7. 피싱에 대한 회복력
8. 도난에 대한 회복력
9. 신뢰할 수 없는 서드 파티
10. 명시적 동의 필요
11. 연결 끊기

패스워드 위협

패스워드 보안에 대한 위협은 몇 가지 다른 방법으로 분류할 수 있고, 시나리오에 따라 가장 유용한 것은 달라진다. 간단히 나열해본다.

- 스티커 메모, 위키, 셰어포인트^{SharePoint} 사이트, 피싱 공격을 비롯한 의도하지 않은 노출
- 로그인 시스템에 대한 온라인 공격
- 저장된 패스워드에 대한 오프라인 공격

온라인 공격은 속도 제한 같은 방어를 통해 패스워드 추측을 시도한다. 오프라인

공격은 종종 더 빠른 규모의 많은 명령으로, 가능한 한 빨리 방어를 우회하고 패스워드를 테스트한다. 패스워드 유출은 간단한 레인보우 테이블 조회에서 더 복잡한 해킹까지 오프라인 공격이 가능하기 때문에 오늘날 일반적인 문제가 됐다. 좋은 패스워드 저장 방식은 오프라인 공격으로부터 보호할 수 있어야 한다. 웹 서버에 저장된 패스워드는 더 큰 운영 환경에선 일반적인 문제다. 피싱 공격은 대상이 불분명한 것부터 페이스북이나 링크드인 같은 사이트를 오랜 시간 연구한 후 정교하게 만들어진다. 온라인 사회공학 공격 모델은 15장에서 소개한다.

패스워드 저장소

이 절에서는 암호 저장에 대한 현대적인 접근 방식의 이해를 돕기 위한 암호학적 대응 방법과 위협의 계층을 구축, 저장된 암호에 대한 정보 노출 위협을 설명한다.

사용자 이름과 패스워드 리스트를 암호로 보호하지 않는다면 정보 노출 이후 공격을 위해 필요한 것은 공격자가 해킹하고자 하는 계정을 찾는 것이고, 이것은 로그인하는 데 사용된다. 이에 대한 어리석은 방어 방법은 패스워드를 단 방향 해시로 저장하는 것이다(단 방향 해시는 임의의 입력을 받아 고정 길이의 출력을 생성하는 암호 함수다). 패스워드 리스트 같은 것을 공격하는 방법은 단어의 리스트에서 각 단어들을 해시 후 해시 패스워드 리스트에서 해당 해시 값을 찾는 것이다. 단어 리스트는 사전^{dictionary}이라고 부르고, 공격은 사전 대입 공격^{dictionary attack}이라고 한다. 각 해시 단어 사전은 저장된 패스워드와 비교할 수 있다(일치하면 당신은 해시 단어가 무엇인지 알고 있기 때문에 패스워드를 알게 된다).

각 저장된 패스워드를 비교하는 것으로부터 속도 향상에 대한 방어는 패스워드를 해싱하기 전에 솔트^{salt} 값을 추가하는 것이다. 솔트 값은 다른 계정 패스워드와는 다른 의도의 임의의 문자열이다. 솔트 값(또는 동일한 솔트 값으로 적은 패스워드)을 사용하면 공격자는 같은 솔트 값으로 하나의 패스워드를 각각 해싱해 저장된 모든 패스워드를 비교해야 하기 때문에 속도가 느려진다. Alice@example.com은 다른 시스템에서 다른 솔트 값을 갖기 위해 솔트 값은 임의의 값이어야 하고, 그래서 저장한 해시 패스워드는 같은 패스워드를 사용하더라도 서로 다른 시스템에서 다르게 저장돼야 한다. 솔트 값은 일반적으로 해시 패스워드와 함께 일반 텍스트로 저장된다.

공격자는 사전에 있는 단어의 수정된 버전을 사용하려고 할 수 있다. 소프트웨어는 o를 0으로, l(문자 l)을 1로, 문장을 추가하는 등 각 단어들을 조합해 리스트로 만들어 오랜 시간 동안 사용할 수 있다. 사전은 아프리카어에서 이디시어까지 다양한 공통 언어를 사용할 수 있다. 또한 적절한 이름, 스포츠 팀, 심지어 클링곤(미국 영화 스타 트랙에 나오는 호전적인 외계인의 언어)의 패스워드 크래킹 리스트도 있다. '시간-메모리 트레이드 오프'에 주어진 해시에 대한 해시 단어 리스트를 서장하는 것이 가능하다. 이런 리스트를 레인보우 테이블이라고 하고, 많은 사람이 인터넷에서 다운로드한다(기술적으로 레인보우 테이블은 당신이 당신 자신의 저장 메커니즘을 설계하려고 할 때 특별한 형태의 해시 체인을 저장한다. 하지만 똑똑한 사람들이 이것을 만들기 위해 많은 시간을 보냈기 때문에 표준을 따르는 것이 좋다).

당신이 운영체제를 구현할 것이 아니라면 확실히 해시와 솔트 값을 사용한 암호를 저장하는 것이 좋다. 이를 위한 가장 좋은 패턴은 패스워드와 솔트 값을 갖고 해시 함수를 수천 번 돌리는 것이다. 목표는 자신의 패스워드를 변경하고자 하는 고객을 위해 돌발적인 정보 노출의 탐지 후 시간이 있음을 보장하는 것이다. 이를 위한 세 가지 일반적인 라이브러리 bcrypt, scrypt, PBKDF2가 있다. 세 가지 모두 당신 스스로 만들어 내는 어떤 것보다 더 좋을 것이고 많은 언어에서 자유롭게 사용할 수 있다.

- **bcrypt** 이것은 내가 추천하는 라이브러리다. 더 나은 문서와 더 많은 예제가 있고 사용할 수 있는 코드가 좀 더 자유롭게 있다(Muffett, 2012). bcrypt 라이브러리는 평문에 액세스하지 않고 암호 저장 시간이 지남에 따라 강화될 수 있는 적응형 특징을 갖는다(Provos, 1999). bcrypt라는 이름은 여러 가지로 쓰인다. 어떤 리눅스 패키지 이름은 블로우피시^{Blowfish} 파일 암호화로 bcrypt를 부른다.
- **scrypt** 올바로 사용할 경우 더 안전한 보안을 제공한다. 문서는 파일 암호화를 위한 함수 사용법을 설명하지만, 명확한 패스워드 저장 수단으로서의 사용을 다루지 않는다(파일 암호화 툴과는 대조적).
- **PBKDF2(Password-Based Key Derivation Function 2)** 적응성을 제공하지 않고 덜 안전하지만 이것을 사용할 수 있는 때는 bcrypt가 당신의 플랫폼에서 사용 가능할 때다. NIST의 표준이기 때문이다(Percival, 2012; Openwall, 2013).

패스워드에 해시를 적용한 후에 해시를 이용해 원래 패스워드를 얻을 수 있는지 확인하고 싶을 수도 있다. 심지어 솔트 값으로 암호화했더라도 일반적인 패스워드 사전을 이용한 최근의 패스워드 해킹은 MD5 패스워드를 초당 80억 개를 테스트할 정도로 놀랍게 빠르다(Hashcat, 2013). 그 속도로 가장 일반적인 100만 개 패스워드의 100가지 변종을 테스트하는 데 1초도 걸리지 않는다.

운영체제를 구현하려고 한다면 패스워드(또는 패스워드와 동등한) 저장소는 더 복잡한 문제가 된다. 메모리에 인증자를 두는 유용하고 좋은 이유가 있다. 인증자가 사용자를 귀찮게 하지 않고 사용될 수 있게 하기 때문이다. 예를 들어 윈도우 도메인 구성원이 자신의 패스워드를 다시 입력하지 않고 파일 공유 또는 Exchange에 인증할 수 있으며, 유닉스 사용자들은 이를 인증하기 위해 SSH 에이전트나 맥 OS 키 체인을 사용한다. 이러한 패턴은 또한 적절한 신뢰 영역 내에 있다면 공격자가 계정을 위장할 수 있는 문제로 이어진다.

경험상 그것을 유지하는 더 좋은 솔루션은 없다. 비밀 키를 기계에 두지 않기 위해 스마트카드나 TMP 같은 하드웨어에 의존하는 것은 일시적인 경계를 제공함으로써 도움이 된다. 하지만 사용자 권한으로 코드를 실행할 수 있는 공격자는 여전히 사용자로 인증할 수 있다. 인증마다 행동을 요구하는 대안은 매우 불편하고 아마 문제를 해결할 수 없을 것이다. 빈번한 인증 요청은 인증 데이터에 대한 요청에 사람들을 둔하게 만들 것이기 때문이다.

인증에 대해 정적 문자열을 사용한다는 것은 사람이 인증되는 시스템이 사람을 위장할 수 있다는 것을 의미한다. 이를 방지하기 위해 다양하고 현명한 암호화 방법이 있다. 모든 것을 배포할 때 비용이 들게 하거나 패스워드보다 배포를 더 어렵게 만드는 것이다(앞에 '인증'에서 명시된 바와 같이).

패스워드 만료

패스워드를 비롯한 정보 노출의 위협에 대응하기 위한 시도로 많은 시스템이 패스워드를 만료시킨다. 강제로 규칙적인 변경을 시키면 암호를 갖고 있는 공격자는 이것을 사용하는 데 있어 시간적 제한을 받는다. 시스템은 패스워드 변경을 강제할 때 사람들이 반응하는 몇 가지 예측 가능한 방식이 있다. 패스워드를 변경하고 새로운 패스워드를 생성하기 위해 이전에 사용하던 패스워드를 다시 사용(password1이 password2가 되거나 Decsecert이 Jansecret이 된다)하거나 완전히 새로운 패스워드를 선택한다(그럴 수도 있지만 심지어 새로운 패스워드를 입력하지 않을 수 있다).

이것은 패스워드 이력을 저장해 사람의 행동을 제한하는 것에 대한 논쟁을 이끌고 때로는 패스워드 변경 횟수를 제한하기도 한다. 패스워드 이력을 저장하는 시스템은 저장된 패스워드를 얻을 수 있는 추가 위험을 만들고, 패스워드 이력에 접근한 공격자는 사람이나 알고리즘적 패턴을 인식해 그 사람의 다음 패스워드가 무엇이 될지 아주 정확한 추측을 할 수 있다(Thorsheim, 2009; Zhang 2010). 이력을 저장해야 한다면 대화형 로그인 상태에서 받아들일 수 없는 성능으로 이어지는 보호 수준의 패스워드 이력을 저장하기 위해 bcrypt 같은 인플레이스 적응 알고리즘을 사용하는 것이 합리적일 것이다.

패스워드 만료 시스템이 시스템 손상을 발생시키는 비율에 어떤 영향을 미치는지 어떤 승거도 확인하지 못했다. 강제하지 않는 한 보통 사람들은 자신의 암호를 변경하지 않을 것이고, 정당화하기 어려운 패스워드 만료에 비용이 드는 것 같은 훌륭한 증거가 있다. 시스템의 비용을 지불하는 주된 이유는 컴플라이언스 프로그램이 이를 주장하기 때문이다.

인증 체크리스트

이 체크리스트는 회의 시 소리 내서 읽게 만들어졌다. 다음 질문에 해당하는 경우 당신은 좋지 않은 상태인 것이다.

- yes라고 대답할 수 없다.
- no의 의미를 명확히 받아들이지 못한다.
- 모른다.

1. 인증에 사용되는 데이터의 명시적 리스트가 있는가?
2. 그 리스트에 요소를 쉽게 추가할 수 있는가?
3. 에러 메시지를 쉽게 이해할 수 있는가?
4. 인증 요소를 숨기고 있다면 공격자가 각 요소를 알아차리는 데 얼마나 걸리는가?
5. 적어도 각 인증 요소에 대한 책의 정보를 검토한 적이 있는가?
   a. 관련 참고 자료를 봤는가?
   b. 참고 자료에 기초한 추가 위협을 찾아봤는가?
6. 강력한 암호화 방식을 사용해 암호를 저장하고 있는가?

계정 복구

우리는 수많은 사이트에서 "패스워드를 잊어버리셨습니까?"라는 문장을 봤다. 다음과 같은 내용을 포함한 많은 종류가 있다.

- 이메일 인증
- 소셜 인증
- 지식 기반 인증
- 비밀 질의/비밀 응답(또는)

■ 주어진 날짜의 주소 같은 공공 기록의 데이터

이런 시스템은 패스워드 같이 매우 불완전하기 때문에 수많은 다양성이 있다. 이절에서는 관련된 트레이드오프의 개요를 제공한다. 계정 복구의 시간에 대한 논의로 시작한다. 그러고 나서 이메일과 소셜 인증을 통한 계정 복구를 설명한다. 두 가지 모두 이 절의 마지막에서 다루는 더 익숙한 지식 기반('비밀 질의') 시스템과 비교했을 때 단순하고 비교적 안전하다.

모든 시스템은 공격자에 의해 악용된다. 유명한 예는 미국 부통령 후보자 세라 페일린Sarah Palin의 이메일이 해킹된 것이다(질문은 생일, 우편 번호, "남편을 어디서 만났는가?"였다)(Campanile, 2008).

시스템들은 계정을 복구하는 데 초점을 둬야 한다. '잊어버린 패스워드'에 초점을 두는 것은 시스템 설계자들이 종종 사람들에게 이전 패스워드를 주는 함정에 빠지기 때문이다. 이것은 일반적으로 쓸데없이 패스워드를 일반 텍스트로 저장하게 한다. 고객들은 그들의 패스워드나 패스워드를 돌려받는 것에 관심이 없다. 그들은 계정(또는 할 수 있는 어떤 것)에 관심이 있고, 계정에 접속할 수 있어야 한다. 따라서 계정 접속을 복구하는 것에 초점을 맞춰야 한다. 이것에 대한 유일한 예외는 실질적으로 패스워드에서 파생된 암호화 키의 경우로, 암호화된 데이터다. 일반 텍스트로 패스워드를 저장할 필요가 없는 것과 같이 암호화 키를 백업할 수 있는 다른 방법을 찾아봐야 한다.

계정이 복구됐을 때 공격자가 공격한 지불 정보나 메일 주소 같은 정보들을 버릴 수 있다. 이 정보는 재입력이 쉽고 공격자가 값을 갖는다(주소는 연결된 인증 공격과 스토킹에 유용하다). 왜 데이터가 사라졌는지 사람들에게 알리면 고객들은 이해할 수 있다. 계정 복구 과정의 일부로 당신이 없애기로 한 데이터는 비즈니스에 따라 달라진다.

시간과 계정 복구

시간은 중요성에 비해 계정 복구 시스템에서 저평가됐다. 사용자가 마지막으로 로그인에 성공한 5분(또는 5일) 안에 자신의 계정 복구 옵션을 사용할 확률은 낮다. 마지막 로그인 성공 후 특정 시간이 지날 때까지 계정을 위해 계정 복구 옵션을 비활성화하길 원할 것이다(이 점은 나의 동료와 보안 전문가 롭 리더Rob Reeder에 의해 만들어졌다). 그때까지 가짜 계정 복구 옵션을 제공하는 것을 제안하고 싶지만, 실제 사용자를 혼란스럽게 만들 수 있다.

계정 복구 프로세스를 진행하는 사람은 계정 소유자거나 공격자일 것이다. 프로세스는 실제 계정 소유자가 개입하기 위한 기회와 사용의 용이성, 그리고 속도의 균형을 유지해야 한나. 예를 들이 패스워드 복구 이메일을 보낸다면 당신이 사용 가능한 모든 채널을 통해 그 사람에게 알려야 한다. 이 공지는 수신자가 계정 복구를 시작하지 않은 경우에 대한 지침을 담고 있어야 하고, 가능한 '스팸 메일'에 있는지 설명해야 한다. 이런 공지와 지연은 다른 위험 요소가 보일 때 더 중요하다(예를 들어 하나의 IP 주소에서 90%의 계정 로그가 남았는데, 오늘 다른 나라의 IP에서 로그가 남았다).

시간은 계정이 접속한 바로 직후 어떤 일이 일어났는지의 관점에서 계정 복구와 관련이 있다. 일부 시스템 설계자들은 새로운 패스워드가 설정됐을 때 완료됐다고 생각한다. 공격자에 의해 패스워드가 변경된다면 당신의 고객은 그들의 패스워드를 어떻게 복구할 수 있을까? 계정 복구(일반적인 패스워드 변경이 아님)를 한 후 이전 패스워드는 얼마나 사용할 수 있을까? 하지만 그러고 나서 패스워드를 가진 공격자의 시스템 접속이 차단되지 않는다. 단 하나의 명확한 답은 없고, 정답은 보통 계정과 긴밀한 관계(직장, 은행 등)에 관련된 계정에 따라 다를 수 있다.

시간은 또한 계정 복구 시스템에 위협이기도 하다. 시간이 지남에 따라 사람들이 제공한 정보는 당신을 망가뜨릴 것이다. 신용카드는 사용할 수 없게 되고 이메일 주소, 청구 주소, 전화번호도 변경될 것이다. 그런 정보에 의존하는 경우 시간이 지남에 따라 시스템의 복구 옵션에서 제거되거나 재검증돼 망가질 수 있다는 점을 고려하자.

이메일 계정 복구

고객의 이메일 주소를 갖고 있다면 메일을 보낼 수 있다. 그 메일은 패스워드를 담고 있거나 어떤 형태의 토큰을 담고 있을 수 있다. 패스워드를 고객에게 이메일로 보낸다면 새로운 임의의 패스워드를 생성해 보내야 한다. 사실 위에서 말한 조언을 따라 이전 패스워드를 이메일로 보낼 수 없기 때문에 이것이 할 수 있는 모든 것이다. 하지만 패스워드를 이메일로 보내는 것은 패스워드를 다양한 네트워크 연결과 저장소로 정보를 유출하는 위협에 노출시킨다. 일부 사람들은 패스워드를 노출시키지 않는 편이 좋다고 이야기하면서 사람들이 그들의 패스워드를 초기화할 수 있는 일회용 토큰을 대신 사용하자고 한다. 토큰은 큰 임의의 수다. 말하자면 128~1024비트다. 당신은 URL이나 브라우저에 복사해 붙여 넣은 문자열 중 하나를 보낼 수 있다. 실제로 패스워드를 초기화하는 코드는 이메일이 반송되지 않았는지, 송신된 토큰은 하나인지, 계정이 실제로 패스워드 초기화 요청을 했는지 명백히 확인해야 한다.

한쪽의 접근은 정보 노출 공격에 취약하다. 이런 공격은 스니핑이나 백업 이메일 주소 접근에 의존한다. 계정을 복구하기 위해 필요한 모든 정보를 담고 있지 않은 메시지를 만들어 이런 위험을 부분적으로 완화할 수 있다. 예를 들어 시스템이 계정 복구 토큰 URL을 보낸다면 계정 이름을 담고 있지 않은 것이 좋다. 그래서 계정 이름이 이메일 주소가 아니라면 이메일을 가로 채거나 획득한 누군가는 추가 정보를 필요로 할 것이다. 이메일 주소가 계정 이름인 시스템에서는 적용되지 않는다. 누군가 패스워드 초기화를 요청했을 때 그들이 사용하는 브라우저가 같은 헤더를 보내고 있는지 확인하거나 쿠키를 확인해 완화 계층을 추가할 수 있다. 그렇게 하면 요청한 패스워드 초기화 페이지를 유지할 필요가 있는 사람들에게 말해서 관리할 수 있는 쿠키 삭제 위협이 있다.

지식 기반 인증

많은 시스템이 계정을 만든 사람만 알고 있는 패스워드가 아닌 다양한 정보를 사용한다. 물론 그런 정보가 인증을 위해 완벽한 것은 아니다. 그것을 확인하기 위해서는 당사자가 알려줘야 한다. 이런 정보는 다른 사람에게 알려질 수 있는 약점을 갖고 있거나 공격자에 의해 발견될 수 있다. 이런 정보의 스펙트럼은 신뢰할 수 있는 구성원에게만 알려진 정보를 바탕으로 공공적으로 널리 사용할 수 있는 정보로 실행된다(신뢰할 수 있는 구성원들에게 알려진 것은 진짜 패스워드다). 이 절에서는 지식 기반 인증의 세 가지 형태를 고려한다.

- 비밀 질의/비밀 응답
- 주어진 날짜의 주소 같은 공공 기록의 데이터
- 특정 거래 금액 같이 기업과 고객보다는 다른 몇 그룹만 알고 있는 것. "당신의 패스워드는 무엇입니까?"는 지식 기반 인증 스펙트럼의 하나의 논리적 끝이다.

앞에서 언급했듯이 이상적으로는 계정을 만든 사람만 알고 있는 이런 질문에 대한 답은 적절한 계정 시스템에만 공개되고, 사람들은 그것이 비밀로 유지돼야 한다는 것을 알고 있다. 각 시스템은 같은 방법으로 위협 모델링을 할 수 있다.

보안

보안과 관련된 질문을 공격하는 몇 가지 방법이 있으며, 추측과 관찰 공격이 대부분이다. 각 난이도는 정량화될 수 있다(아마도 공격자의 특정 분류와 관계됨). 추측의 어려움은 가능한 답변의 수에 기초한다. 예를 들어 "당신의 눈동자는 무슨 색입니까?"는 가능한 답이 겨우 몇 가지뿐이다. 추측의 어려움은 가능성에 기초한다. 갈색 눈은 녹색보다 많고 파란 눈보다 많다. 또한 질문에 대한 응답을 다른 곳에서 찾을(관찰할) 수 있는 공격이 있다. 예를 들어 주소 정보는 일반적으로 공개된다. 이 측정 방법은 본노Bonneau, 저스트Just, 매튜스Matthews에 의해 정형화됐다(Bonneau, 2010). 그들은 사람들의 이름(부모 이름, 조부모 이름, 선생님 이름, 친한 친구)과 장소 이름(어느 학교에 갔는지, 마지막 방학)을 추측하는 게 어렵다고 조사했다. 또한 우리의 조부모들이 종사했던 적은 수의 직업이나 일부가 좋아하는 소수의 영화에 대해 이야기했다.

관찰의 어려움은 주어진 관점에서 답을 찾는 것이 얼마나 어려운 것인지를 의미한다. 예를 들어 가계도 웹사이트 때문에 어머니의 결혼 전 이름으로 종종 확인할 수 있다. 몇 가지 질문은 또한 '포르노 스타의 이름'이나 '나에 대한 20가지 사실'처럼 비유전적 문화 요소에 의해 공격의 주제가 된다. '포르노 스타의 이름'에 대한 첫 번째 조회 결과는 '당신의 첫 번째 애완동물의 이름과 성장한 거리'로 만들어야 한다고 제안한다. 비밀 정보에 의존하는 것은 나쁜 선택이다. 즉, 사람들이 질문의 정보가 비밀로 유지될 것이라고 기대하지 않기 때문이다. 아무도 패스워드 확인 용도로 포르노 스타의 이름을 사용하지 않을 것이다. 그들은 그것이 꺼림칙하다고 할 것이다. 관찰의 어려움은 가능한 관찰자의 일부에 대해 측정될 수 있다. 그러므로 공격자 중심의 모델링은 관찰의 어려움을 측정하기 위한 의미가 있다.

유용성

또한 지식 기반 인증 시스템은 다음을 포함한 많은 유용성 문제를 갖고 있다.

- **적용 가능성** 전체 인구에 적용되는가? 첫 번째 자동차 색깔에 대한 질문은 자동차를 소유한 사람들에게만 적용된다. 첫 번째 애완동물의 이름에 대한 질문도 애완동물 주인에게만 적용된다.

- **기억 용이성** 사람들이 답을 기억할까? 연구에 따르면 20% 정도가 3개월 이내에 자신의 답을 잊는 것으로 나타났다(Schechter, 2009a).

- **반복성** 정확히 답('Main St' vs 'Main Street')을 반복 입력할 수 있거나, 답이 10년 전과 같을 수 있을까?(에이브릴 라빈Avril Lavigne이 여전히 좋아하는 가수인가?) 반복성은 일부 분석에서 안정성이라고 한다.

- **사실과 설정** 시간이 지남에 따라 설정이 더 안정적이라는 증거가 있다. 하지만 엔트로피와 추측 공격에 대한 저항이 낮고 일부 환경설정은 공개될 수 있다.
- **프라이버시 보호 정책** 어떤 질문은 사용자에게 너무 개인적이거나 거슬리거나 싫을 것이다. 또한 많은 국가의 프라이버시 보호 법률에 따라 정보는 그것을 수집한 목적에 맞게 사용할 수 있다. 인증을 위해 이런 정보를 사용하는 것은 법에 저촉될 수 있다.
- **국제화** 몇 가지 질문의 의미는 문화적으로 전달될 수 없다. 페이스북은 인도네시아 사람들이 애완동물의 이름을 짓지 않아 보통 질문에 대한 답이 '고양이'라고 했다.

당신이 관리할 수 있다면 고객 생각에 대한 보안 순서를 정해야 하며, 이 순서는 고객이 놀라지 않게 하기에 충분하다. 차이점을 설명하기 위해 웹사이트는 쿠키가 로그인 과정의 일부인 것을 결정하고, 쿠키가 삭제됐다면 패스워드뿐만 아니라 비밀 질문도 필요할 것이다. 나의 비밀 대답은 'asdfsfdaf' 같은 것이었기 때문에 문제가 됐다. 이 설계는 나를 놀라게 했고 내 계정으로는 오늘 안으로 다시 로그인하지 못할 것이다.

또한 시스템은 개방형 질문이나 개방형 답변을 이용할 수도 있다. 개방형 질문 시스템은 "당신의 질문을 입력하세요" 같은 형태다. 이 같은 시스템은 몇 가지 답변을 가진 질문의 결과로 나타난다(예, "나의 눈은 무슨 색입니까?", "이것은 무슨 은행입니까?").

지식 기반 인증 시스템을 반드시 사용해야 한다면

"마지막 거래 금액은 얼마였습니까?"와 같이 사용 가능한 시스템 정보를 찾아보자. 그 정보는 소수의 구성원만 사용해야 하기 때문에 당신이 추가한 마지막 링크드인 접속은 바람직하지 않다. 당신의 기업이 SNS를 사용한다면 공유되는 어떤 것도 인증에 사용할 수 없다. 공격자가 영향을 주는 것 또한 어려워야 한다. 그래서 "당신에게 마지막으로 이메일을 보낸 사람이 누구입니까?"는 바람직하지 않다. 마지막으로 공격자가 계정을 획득하는 데 필요한 모든 정보는 추출하기 어려워야 한다.

계정에서 공격자가 모든 정보를 획득하는 기회를 줄이기 위한 하나의 방법은 금융 계좌번호 질문과 마지막으로 거래한 금액 질문을 보강하는 것이다. 당신이 금융 계좌 번호를 사용하는 경우 다섯 자리 이상을 요구해야 한다(4자리는 미국에서 제한한 표시될 수 있는 자리 수로, 5자리를 사용하는 것은 공격자가 패스워드를 얻기 위해 평균적으로 5회 추측이 필요하다는 것을 의미한다. 6자리나 8자리 요청을 고려해보자). 누군가 패스워드와 관련된 정답을 알았을 경우 모든 백업 연락처 정보에 메시지를 전송해 인증의 시도와 기회를 실제 계정 소유자가 해볼 수 있게 해보자. 즉, 지식 기반 인증 대신에 같은 이름의 절에서 다루는 사회적 인증을 사용하는 것을 생각해보자.

연결된 인증 실패

많은 기업이 백업 인증 체계를 개발했기 때문에 연속으로 연결되는 인증의 실패를 방지하는 것은 중요한 문제다. 하나의 사이트에서 계정을 획득한 공격자가 다른 사이트에 인증하기 위해 필요한 모든 정보를 볼 수 있는 것이 연결된 인증의 실패다. 연동 실패는 양방향이다. 예를 들어 구글 계정 복구를 위해 야후 메일을 설정하고, 야후 메일을 복구하는 데 구글 메일을 설정했다면 당신의 복구 옵션은 연동돼 있다. 불행히도 최종 사용자 스스로 관리해야 하는 일반적인 문제다.

노트 이 문제는 2012년 8월의 기사 '나의 대단한 해킹을 가능하게 한 애플과 아마존 보안 결점'에 실린 후 널리 관심을 끌었다(Honan, 2012). 그것을 분석한 후 세부 사항을 다시 살펴볼 가치가 있다. 보안에 초점을 맞춘 크고 성숙한 기업과 직원들을 적어두자. 이야기는 전적으로 다른 사람이 배울 수 있게 제공된다. 다음과 같이 '장대한 해킹'을 이끄는 단계가 있다.

1. 공격자는 아마존을 호출해 피해자의 이름, 이메일 주소, 청구 주소로 부분적 인증을 한다. 공격자는 계정에 신용카드 정보를 추가할 수 있다.
2. 공격자는 아마존을 다시 호출하고 1단계에서 추가한 신용카드 정보와 피해자의 이름, 이메일 주소, 청구 주소로 공격자를 인증한다. 공격자는 계정에 새로운 이메일 주소를 추가한다.
3. 공격자는 Amazon.com에 방문하고 2단계에서 재설정한 이메일 주소로 패스워드 이메일을 보낸다.
4. 공격자는 아마존에 새로운 패스워드로 로그인한다. 공격자는 실제 신용카드 번호의 마지막 4자리를 얻는다.
5. 공격자는 이메일 주소, 청구 주소, 4자리 신용카드 번호로 애플을 호출한다. 애플은 iCloud 계정을 위한 임시 증명서를 발급한다.
6. 공격자는 iCloud에 로그인하고 패스워드를 변경한다.
7. 공격자는 지메일에 접속해 손상된 애플 계정에 계정 재설정 이메일을 보낸다.
8. 공격자는 지메일에 로그인한다.

그래서 여기 무엇이 잘못돼 있는 것인가?

- 모든 공격은 백업 인증 방법을 사용했다.
- 여러 곳에서 인증을 위해 대부분 공공 데이터를 사용했다.
- 아마존은 정보가 적은 인증으로 추가하기 위한 인증을 위해 사용되도록 했다.
- 연결된 작성자는 조언된 접근 방식으로 그의 모든 계정을 연결했다.

연결된 인증 실패의 문제로 돌아가서 사람들이 선호하는 이메일 서비스를 사용하지 못하게 하기 어렵다. 회사가 데이지 체인 인증을 어디서 대신하는지에 대한 판단은 불가능하다. 하지만 인증 루프를 감지하고 문제가 될 소지가 있는 프라이버시를 관리하고, 현명한 방법으로 루프를 다루는 것은 가능하다.

사회적 인증

앞에서 언급한 바와 같이 인증의 전통적인 인증 방식은 당신이 무엇을 갖고 있고, 당신이 무엇을 알고, 당신의 어떤 것인가이다. 2006년 논문에서 존 브레이나드[John Brainard]와 동료들은 첫 번째 인증을 처리하는 방법을 제안했는데, '당신이 누구를 알고 있는지'이다.

사회적 인증은 다양한 형태의 사회적 관계를 기반으로 한 인증이다. 당신이 액세스할 수 없는 경우 관리자에게 대체 패스워드를 대신 보낼 수 있는 훌륭한 기업에서 이미 사용 중이다. 관리자가 직원과 연락하고 그들을 인증해야 할 것이라는 기대를 활용한다. 사회적 인증은 당신의 시스템이 더욱 입소문이 나도록 만드는 데 도움이 될 수 있다. 누군가가 기금을 위탁받아 운영하는 단체의 이사를 임명하면 당신은 세부 사항이 올바른지 확인하기 위해 그들과 이메일 메시지를 주고받길 원할 것이고, 때때로 주소를 재확인하고 싶을 것이다. 당신이 서비스가 무엇인지 설명할 수 있다면 그러한 메시지는 당신의 서비스를 마케팅해주는 부가가치를 가질 수 있다. 보안 정보가 스팸으로 처리돼 제거되지 않도록 노력하자.

수동 사회적 인증

2012년 초, 페이스북은 연결된 사람들을 식별하기 위해 사용자 확인을 요청하는 인증 메커니즘을 배포했다(Fisher, 2012; Rice, 2011). 이것은 당신의 페이스북 연락처가 인증 과정에 적극적으로 관여하지 않는다는 점에서 수동 인증이다. 이런 시스템은 당신이 어떤 종류의 다채로운 사회적 그래프를 갖고 있다면 배포하기 더욱 쉽다.

하지만 이런 시스템을 우회하는 데 필요한 데이터를 종종 페이스북, 링크드인, 구글과 수가 증가하고 있는 다른 회사에서(아마도 통해서) 볼 수 있다. 다른 문제는 컨퍼런스에서 나눠주는 이름표와 같이 사진이나 얼굴을 식별할 수 없는 경우다. 페이스북은 공격자나 공격자의 동료들이 잘 알려지지 않은 사람을 선택해 공격자가 사용하기 어려운 사회적 그래프를 활용했다. 물론 공격자를 알 수 없기 때문에 별개의 서브그래프를 찾아 이 작업을 수행할 수 있다(Rice, 2011).

능동 사회적 인증

능동 사회적 인증은 계정에 대한 접근을 복구하기 위해 실제 관계를 이용한다. 이런 시스템은 관리자가 새로운 패스워드를 생성해 직원에게 제공했을 때 가장 필요하지만, 계정 전담 관리자가 승인한 계정을 사용하는 시스템을 구축하는 것도 가능하다. 이런 시스템 하나는 스튜어트 셰크터[Stuart Schechter], 서지 에겔맨[Serge Egelman], 롭 리더[Rob Reeder]에 의해 실험적으로 개발됐다(Schechter, 2009b). 이 시스템은 흥미로운 설계를 보여주는 많은 세부 사항과 지식 기반 시스템에 여러 가지 면에서 우수하기 때문에 깊이 있게 검토됐다. 그들은 계정 접근을 재승인하는 위탁 관리자 시스템을 사용한다. 그들의 실험은 계정 소유자가 계정을 위탁 관리하는 시스템을 사용했고, 4명 중 3명의 동의를 필요로 했다. 계정을 복구하고 있을 때 각 계정 위탁 관리자는 '** 당신만을 위한 **'의 제목으로 이메일을 보낸다. 메시지 본문은 "다른 사람에게 이 이메일을 전달하지 마십시오"로 시작하고, 무엇을 해야 하는지에 대한 설명을 계속한다. 이 메일은 수신자가 특정 URL을 방문하게 유도한다. 수신자가 그렇게 했을 때 계정 복구 코드가 요청되는 이유를 설명하도록 요구받는다. 그 이유는 첫 번째 옵션(들)을 선택한 누군가 복구 코드를 얻을 수 있기 전에 추가 경고를 볼 수 있도록 가장 위험한 것에서 조금 위험한 것까지 나열된다. 주어진 이유는 다음과 같다.

- 윌리엄 셰익스피어(또는 도움을 요청한 누군가)를 돕는 누군가가 코드 요청
- 셰익스피어가 요청한 코드로 보이는 이메일, IM, SMS 또는 문자 메시지
- 윌리엄 셰익스피어가 나에게 남긴 코드를 요청하는 음성 메시지, 그리고 이를 제공하기 위해 회신
- 지금 전화로 윌리엄 셰익스피어에게 말하고 그는 코드를 요청
- 윌리엄 셰익스피어는 나와 함께 있고 그는 코드를 요청
- 위의 이유 중 어느 것도 적용되지 않음. 내 자신에게 제공

이 중 하나를 선택하고 가능하면 사기의 징후에 대한 추가 경고를 보고 계정 위탁 관리자는 답변의 정확성과 사기의 결과에 대한 이해를 위해 보증을 요청한다. 그들은 그들의 이름을 입력한 다음 "나는 위의 서약이 사실임을 약속합니다."라는 버튼을 눌러야 한다. 위탁 관리자는 여섯 개의 문자 코드를 부여하고, 직접 또는 전화로 제공하게 지시한다. 계정 소유자를 방문하거나 전화하도록 권장하는 시스템은 다른 모든 계

정 위탁 관리자에게 이메일을 보낸다. 이 과정은 보안을 강화하고 계정 복구를 시작하지 않을 경우 계정 소유자에게 경고하는 등 몇 가지 유용한 특정을 갖고 있다.

시스템에는 많은 문제가 있다. 하나는 시간이다. 사회적 접근은 지식 기반 접근보다 완료하는 데 시간이 더 오래 걸린다. 또 다른 하나는 초기 안정성 실험에서 많은 참가자가 그들의 계정을 복구하는 데 실패했다. 일주일간의 안정성 실험에서 43명의 참가자가 실패했고, 17명은 실험을 포기했다. 26명이 적극적으로 참여했고 65%는 그들의 계정을 복구했다. 실패한 두 명은 그들의 계정 위탁 관리자를 기억하지 못하거나 '찾기' 기능을 사용했고, 다른 두 명은 연구에 참여하기에 너무 바빴다. 적극적으로 참여한 22명을 보면 77%가 계정 복구에 성공했지만, 지식 기반 시스템에 비하면 형편없다. 그들이 정말 자신의 계정을 복구하려고 했고 적절한 계정 위탁 관리자를 임명했다면 더 많은 사람이 성공했을 것이다.

이런 우려에도 불구하고 사회적 인증은 계정 복구에 유망하고 일반적인 계정을 위한 지식 기반 계정 복구를 대체하는 새로운 시스템이 개발돼 배포되는 것에 긍정적이다.

공격자 기반 계정 복구 분석

공격자를 알고 있으면 데이터에 접속하는 공격자 집합이 명확해지기 때문에 계정 복구 시스템에 초점을 맞추는 데 유용하다. 배우자 또는 전 배우자, 가족, 다른 사람들은 당신의 첫 번째 차, 자란 환경 등이 무엇인지 알 것이다(또는 알아낼 수 있다). 공격자는 다음을 포함하지만 이에 한정되지는 않는다.

- 배우자
- 친구
- 소셜 네트워크 '친구'와 연락처
- 현재 당신의 계정에 접근할 수 있는 공격자
- 다른 시스템의 계정에 접근할 수 있는 공격자
- 데이터 브로커의 데이터에 접근할 수 있는 공격자

『비밀은 없다. '비밀' 질문을 통한 인증의 보안과 신뢰성 측정』(Schechter, 2009a)에서 저자는 가족, 친구, 동료에 의해 추측되는 취약점으로, 큰 서비스 제공업체에서 사용되는 질문/답변 쌍의 25%를 분류한다. 배우자는 일반적으로 신용카드 같은 금융, 기록에 자유롭게 접근할 수 있다. 친구는 종종 성장 과정에 대한 정보를 알 수 있다. 소셜 네트워크 연락처를 비공개로 설정한 페이스북 같은 소셜 네트워크에 접근할 때 '포르노 스타 이름' 게임 같은 공격을 이용할 수 있다. 소셜 네트워크에서 공개된 정보를 변경할 때 정기적으로 지식 기반의 계정 복구 분석을 검토해야 한다.

공격자의 또 다른 중요한 집합은 데이터 브로커에 의해 저장된 정보에 접근할 수 있는 방법을 찾는 온라인 범죄자다. 이 정보는 종종 '지갑 밖' 인증으로 판매된다. 그런 데이터에 접근할 수 있는 범죄자들은 당신과 당신의 고객에게만 알려진 데이터 사용의 필요성을 강조한다(Krebs, 2013).

다중 채널 인증

많은 시스템이 인증을 위해 추가 채널을 사용한다. 하지만 통합된 세계에서 채널을 계산하는 모델링은 어렵다. 특히 스마트폰이 컴퓨터에 동기화될 때 동기화는 종종 읽거나 다른 어떤 것에 쓰기 위한 컴퓨터 전체의 권한을 준다. 이것은 스마트폰이 추가 채널의 위험한 소스임을 의미한다. 컴퓨터는 스마트폰에 위협이고, 그 반대의 경우도 마찬가지다. 편지는 아주 느린 명백한 문제를 가진 추가 채널의 좋은 예다.

계정 복구 체크리스트

이 체크리스트는 회의 시 소리 내서 읽게 만들어졌다. 다음 질문에 해당하는 경우 당신은 좋지 않은 상태인 것이다.

- yes라고 대답할 수 없다.
- no의 의미를 명확히 받아들이지 못한다.
- 모른다.

1. 온라인 계정 복구 기능이 필요한 명시적 이유가 있는가?
2. 접근 방식으로서 능동 사회적 인증을 조사했는가?
3. 능동 사회적 인증을 사용하는 경우 친구 문제로 발생하는 공격을 해결하기 위해 노력했는가?
4. 허가된 고객과 한 명 이상의 공격자 모두에 대한 접근 방식의 유용성과 효능을 테스트했는가?

당신이 지식 기반 인증 시스템을 사용하기로 결정했다면 다음 리스트의 2번을 본다.

1. 우리의 시스템은 우리와 우리의 고객이 알아야 할 정보만을 사용하는가?
2. 우리의 시스템은 "포르노 스타 이름" 게임 같은 공격에 대응하는가?
3. 우리의 시스템은 배우자의 공격에 대응하는가?
4. 우리의 시스템은 계정을 수집하고 공격하는 공격자에 대응하는가?
5. 우리의 시스템은 데이터 브로커에 의해 판매되는 정보에 접근하거나 구입하는 공격자에 대응하는가?
6. 지식 기반 인증의 다양한 유용성을 고려했는가?
7. 협력자로서 시간과 계정 소유자 공지를 사용하는가?

이름, ID, 사회보장번호

수많은 시스템은 결국 사람의 이름과 ID를 사용해야 한다. 이런 시스템 설계자들은 이름과 ID를 사용하는 것이 사실이 아니거나 심지어 위험하다고 생각한다. 이름, ID, 그리고 관련된 주제의 좋은 모델은 ID에서 얻을 수 있는 정보를 제한해 효과적으로 위협 모델링을 하는 데 도움이 된다. 대부분의 신뢰성과 유용성 위협은 이 주제와 관련이 있다. 이 절에서는 이름, 신분증, 사회보장번호의 오용과 도용에 대해 알아본다.

이름

"이름에 무엇이 있는가?" 셰익스피어는 아주 좋은 의도로 물었다. 이름은 식별자이고 애칭, 별명, 결혼명 등 많은 사람은 삶의 과정에서 하나 이상의 이름을 사용한다. 유용한 이름은 또한 상대적이다. 당신과 나는 '엄마' 또는 '나의 아내'로 뭔가 다른 것을 의미한다. 내가 '마이크'라고 말했을 때 종종 다른 사람을 뜻한다(일할 때 세 명으로 이뤄진 내 팀에 마이크가 있고, 내 상사의 상사 이름이 마이크다. 직장에서만 그렇다).

실제 이름

새로운 시스템에 사람들의 '실제 이름'을 사용하게 설정하고 싶은 유혹이 있다. 실제 이름을 사용하는 시스템이 유효성 검증에 더 용이하고 사람들은 그들의 실제 이름으로 더 유용하게 댓글을 달 수 있다고 널리 믿어진다. 이 두 가지 주장은 모두 명백히 거짓이다. 한국은 실제 이름을 사용하게 했고 '비방하는 글이나 거짓 소문을 퍼뜨리는 것으로부터' 사람들을 막을 수 없다는 것을 발견한 후 실제 이름을 필요로 하는 규정을 폐지했다(조선일보, 2011). 인터넷 댓글 관리 회사 Disqus는 데이터를 분석했고 61%의 댓글이 익명을 사용하고 있었고 4%만이 실제 이름이 사용되고 있다는 것을 발견했다. 또한 거의 같은 비율로 스팸으로 표시된 익명 댓글과 실제 이름 둘 다 발견했다(각각 9%와 11%).

하지만 실제 이름을 요구하는 비용이 높다. 구글의 G+ 시스템은 출시에 실제 이름을 요구했다. 그들은 그들 자신의 정책을 위반하고 실제 이름을 거부한 '이름경찰'이라는 정책으로 실명 사용을 강제했다. 이러한 사실은 'nymwars'의 구글 플러스 채택에 큰 영향을 줬다. 나는 페이스북처럼 비실명 가입을 허용하지 않는 G+에 대한 단독 책임이 있음을 주장했다(Shostack, 2012b)(페이스북은 가입 화면에서 사용자가 입력한 임의의 성과 이름을 이용해 시스템을 사용할 수 있다). 독일은 이러한 정책을 금지하는 법이 있다(Essers, 2012). 그 이름에 규칙을 부과하는 시도와 실제 이름에 대한 요구 모두는 계속 발생하고 분쟁을 야기한다. 예를 들어 "올바른 이름을 입력하세요"를 보자(Neilsen Hayden, 2012).

패트릭 맥켄지Patrick McKenzie는 "거짓 프로그래머는 이름을 믿는다"라는 제목의 리스트를 발표했다. 리스트 전체를 읽을 만한 가치가 있지만, 여기서는 첫 9개 항목이 있다.

1. 사람들은 정확히 하나의 정식 이름을 갖고 있다.
2. 사람들은 그들이 사용하는 정확히 하나의 전체 이름을 갖고 있다.
3. 사람들은 이 시점에 정확히 하나의 정식 전체 이름을 갖고 있다.
4. 사람들은 이 시점에 그들이 사용하는 하나의 전체 이름을 갖고 있다.
5. 사람들은 N의 어떤 값에 대해 정확히 N 이름을 가진다.
6. 사람의 이름은 정의된 특정 공간의 크기에 맞는다.
7. 사람들의 이름은 변경되지 않는다.
8. 사람들의 이름은 바뀌지만 나열할 수 있을 만큼의 사건이다.
9. 사람들의 이름은 ASCII로 표시할 수 있거나 단일 문자로 쓸 수 있다.

리스트는 다른 30가지 잘못된 가정으로 계속된다. 위의 내용에 근거해 두 가지 내용이 추가될 수 있다. 첫째, 당신은 그들의 기분을 상하게 하지 않고 사람의 이름에서 특정 문자를 제외시킬 수 있다. 둘째, 사람들이 당신에게 준 이름은 그들이 당신의 시스템 밖에서 사용하는 것이다. 많은 프로그래머는 이것을 처리하기 위한 요청을 받는 데 대해 기분이 상하는 것 같다. 수많은 의견은 "사람들은 그것을 처리하고 자신의 이름의 로마자 버전을 제공한다"의 형식이다. 기타 의견은 자신의 이름에 대해 거짓말을 하는 것은 경우에 따라 중범죄이고, 이름의 변경이나 고쳐 쓰는 방식은 실제 문제를 불러일으킬 수 있음을 지적한다. 많은 미국인은 TSA(공항 보안)가 티켓의 이름과 신분증이 일치하는지 확인할 때 그들에 의해 이것을 안내 받는다. 'Mike/Michael' 같은 불일치하는 문제로 이어진다. 기껏해야 사람들이 선호하는 이름을 거부한 시스템은 잘못 다룬 사람들에게 공격적이고 오만한 표현으로 위협한다.

그래서 당신은 어떻게 해야 할까? 계정 이름으로 사람의 이름을 사용하지 말자. 하나의 필드를 사람의 이름으로 간주하고 사람이 입력한 것을 사용하자. 비공식적이고 싶다면 전체 이름과 시스템이 그것을 해결하는 방법 모두 고객에게 물어보자.

계정 이름

사람의 이름과 다르게 계정 이름은 그들이 사용하기 전에 이름을 승인하는 권한을 갖고 유일하게 만드는 것이 가능하다(나는 태어났을 때 이렇게 하는 일부 국가를 알고 있지만, 누군가 그곳으로 갔을 때 이름을 변경하라는 요구를 하는 곳은 없다). 이름에는 유일성이 있다. 누군가 나보다 먼저 microsoft.com 이메일을 갖고 있었다. 나보다 먼저 microsoft.com 이메일을 사용하던 사람은 이메일을 잘 사용하지 않았다. 하지만 유일성은 도움이 되기 때문에 쉽게 기억되는 이메일 주소는 대부분 사용 중이다.

당신의 계정 시스템이 유일성을 영원히 유지하는 다른 사람에 의존하는 경우 사실 그들이 주어진 시간에 유일성을 유지하는 동안 당신은 문제에 빠질 수 있다. 예를 들어 다른 아담[Adam]과 내가 모두 링크드인에 @microsoft.com 주소로 가입한다면 링크드인은 어떻게 해야 하는가? 아마 지금은 처리할 수 있을 것이고, 당신도 그렇게 할 필요가 있다(이 절의 초안은 나의 이메일 주소를 포함해 이 문제를 확대할 우려가 있었다).

의미 있는 ID

카를 엘리슨[Carl Ellison]은 다음과 같이 의미 있는 ID라는 용어를 만들고 정의한다. "어떤 사람이 사용하기 위한 의미 있는 ID는 사용자의 마음이 올바르고 대상을 인식하게 해주는 식별자다."(Ellison, 2007). 이것은 특정 사람을 염두에 두고 부른 이름을 사용한 중요한 사례에 대한 좋은 모델이다.

엘리슨은 의미 있는 ID에 대한 다음과 같은 몇 가지 요구 사항을 제공한다.

1. 사람의 마음에 존재하는 실체를 부르는 것은 사람의 몸에 새겨진 실체에 대한 기억을 포함한다. 그런 기억이 없다면 의미 있는 ID가 될 수 없다.

2. 한 관찰자의 마음에 그런 기억을 호출하는 일이 다른 관찰자에게 작동하지 않을 수 있다. 따라서 일반적으로 의미 있는 ID는 실체를 식별하는 것과 그것을 보고 있는 사람 두 가지 기능이다.

3. 의미 있는 ID는 인식할 수 있는 기회를 갖기 위해 관심을 끌거나 혼란스럽고 산만함 없이 나타낼 필요가 있다.

4. 보안 결정이 될 때 의미 있는 ID는 안전한 방식으로 도출돼야 하고, 공격자가 마음대로 소개할 수 있는 경쟁 ID는 표시되지 않는 것이 좋다.

엘리슨은 사람을 표현하는 최고의 식별자는 아마도 의존해야 하는 사람이 선택한 닉네임이나 신뢰하는 구성원이 찍은 사진이라고 말한다. 암시적으로 시스템은 변환을 수행해야 하고 보여주는 닉네임과 관련된 위장 위협을 완화하게 설계돼야 한다.

주코의 삼각형

의미 있는 ID에 대한 요구 사항은 계정 이름의 요구 사항과 연관이 있다. 의미 있는 ID는 계정 이름이 어떤 권한에 의해 조정되는 동안 그들 자신을 떠올릴 수 있게 사람에 의해 선택된다. 이름과 관련된 그런 긴장이 있다는 것이 밝혀졌다. 이런 긴장의 아주 유용한 모델 중 하나는 주코 윌콕스-오헤른Zooko Wilcox-O'Hearn이 만들어 이름 붙여진 '주코Zooko의 삼각형'으로, 그림 14-4에서 보여준다. 삼각형은 분산되고, 안전하고, 인간적 의미의 특성을 보여준다.

그림 14-4 Zooko의 삼각형

아이디어는 모든 시스템 설계가 다른 것과 트레이드오프를 필요로 하는 특성 한두 개에 초점을 두고 있다는 것이다. 선택은 암시 또는 명시할 수 있고, 삼각형은 명시하기 위한 유용한 모델이다.

신분증

정부 기관에서 사용자를 식별하는 문제를 연기한 것은 의미가 있다. 상대를 보거나 정부에서 발행한 신분증의 사본을 만드는 것으로도 실사가 가능하다. 특히 규제된 산업에 있다면 문서를 보고 사본을 저장하는 것은 아주 다른 위협에 노출된다. 신분 정보 저장소의 통제가 불가능해 제어할 수 없을 경우 대상자에게 통지해야 한다(상태 위반 공개 법률의 다양한 범위 내에서). 이것은 데이터 저장소에 대한 정보 노출 위협이고, 위험 제거 방법은 데이터 저장소를 갖지 않는 것이며, 해당 수준에서도 문서 확인을 보장할 수 있다. 부채liabilities를 노출하는 게 법적 요구 사항이 아니라면 신분증 사본은 어리석게 위험을 노출시키는 것이다.

신분증이 가진 또 다른 문제는 많은 사람이 다양한 이유로 그것을 잃어버릴 수 있다는 점이다. 많은 미국 시민이 신분증을 잃어버린다. 이 문제는 많은 주에서 유권자들이 ID 법안을 통과시켜 2012년 선거에서 주목받고 있다. 감정적인 정치적 질문 측면에서 이런 법은 투표 연령 중 약 11%의 미국인이 현재 정부에서 발행한 사진이 부착된 신분증이 없다는 사실에 주의를 끌었다(Brenner, 2012). 유효한 ID가 없는 고객이나 그들의 ID가 당신이 생각했던 형태가 아니었을 때 어떻게 다룰지 고려하는 것이 중요하다. 예를 들어 미국인 중 2,000만 명이 운전면허가 없다(Swire, 2008). 당신이 원하는 ID가 없는 고객은 위협이 되거나 서비스 거부로 연결될 수 있지만, 수많은 잠재 고객을 차단하기 전에 영업 마케팅 부서와 확인하자.

많은 경우 문서의 사본을 보여 달라고 요청해 사기 문제를 해결하므로 매력적으로 보인다. 인터넷을 통해 문서를 볼 수 있으면 프린팅한 자료를 가지고 어리석은 사용자를 웹캠으로 속일 수 있다. 마찬가지로 어떤 대학생이나 불법 이민자 같이 문서를 확인하기 위해 지불한 대다수의 사람들을 충분히 속일만한 문서를 구할 수 있다. 이런 문서가 증가함에 따라 이를 위조하거나 공식 발행 과정을 손상시킬 동기가 생긴다. 이것은 전체적으로 시스템과 시스템의 무결성 모두에 대한 경제적 위협이다. 그럼에도 불구하고, ID 카드 사용으로 알 수 있는 점은 주어진 ID 카드를 가진 사람이 계정을 만든 사람과 같은 사람이라는 것을 의미하지 않는다. 이것은 위장 위협이다(결국 위반이 발생했다는 의미는 부정한 사용자가 ID 카드의 모든 정보를 사용했다는 의미다).

즉, ID 카드 확인은 도움이 되지만 모든 인증 문제를 해결한다고 생각하기에는 위협 모델링의 반영이 부족하다.

사회보장번호와 기타 국가 신분 번호

이 절은 미국의 사회보장번호[SSN]와 관련된 위험을 검토한다. 새로운 법률의 발효로 지난 5~10년 동안 사회보장번호의 사용이 감소했다. 이 글을 쓰는 현재, 알래스카, 캔자스, 메인, 뉴멕시코, 로드아일랜드에서는 자신의 사회보장번호를 제공하지 않는다는 이유로 상품이나 서비스를 거부하는 것은 불법이다(Hillebrand, 2008). 여기에 나열하기에 너무 많은 수많은 주[state]의 법 또한 그 사용을 제한하고 있다(Bovbjerg, 2005). 첫 번째 문제는 많은 개발자가 이 법을 모르고 있다는 점이다. 그리고 인식의 부족은 그들의 고용주를 위험에 빠트릴 수 있다. 사회보장번호의 두 번째 문제는 기업에서 사람을 인증하기보다 사람 자체를 식별하는 용도로 사용한다는 사실이다(구별은 사람이나 개체의 이름표와 같다). 일부 기업에서 사회보장번호를 식별과 인증용도 모두로 사용하지만, 본받을 만큼은 아니다.

사회보장번호는 빈약한 식별자

사회보장번호는 모든 당신의 고객이 그들의 사회보장번호를 흔쾌히 당신에게 제공하는 미국 시민인 경우라도 식별자로의 기능이 미흡하다. 모든 미국인이 사회보장번호를 갖고 있는 것은 아니며 미국에 거주하는 모든 사람이 합법적인 시민은 아니다. 예를 들어 많은 교사가 사회보장번호를 사용하지 않는 교사 은퇴 시스템에 참여한다. 많은 합법적 주민들은 사회보장번호를 받을 수 없다. 둘째, 사회보장번호는 숫자를 체크하기에 부족해서 숫자를 잘못 입력하거나 사고로 잘못 전송하기 쉽다. 당신이 할 때 당신은 다른 사람의 사회보장번호를 얻는 대략 1~3가지의 기회가 있다(대략 3~4억 개의 사회보장번호가 발행됐는데, 이들은 아홉 자리 숫자로 돼 있다). 세 번째, 사회 보장국[Social Security Administration]에서 일하는 사람들을 제외하고 식별자는 당신의 통제 밖에 있다.

사회보장번호는 빈약한 데이터베이스 키

당신이 사회보장번호를 수집하는 경우 계정 식별자와 데이터베이스 키를 제어할 수 있어야 한다. 그렇지 못할 경우 계정 식별자를 변경해서 제어해야 한다. 사회 보장국의 참고에 의하면 "새로운 번호 체계를 적용하기 위해 큰 결심이 필요하다. 그것은 연방, 주 정부 기관, 고용주, 그리고 다른 사람과의 상호작용 능력에 영향을 미칠 수 있다. 금융, 의료, 고용 및 기타 기록이 당신의 사회보장번호로 관리되기 때문이다..."(Social Security Administration, 2011). 사회 보장국에서 사회보장번호를 계정 식별자

로 사용하는지, 그렇게 하는 많은 다른 사람을 경고하는지 확실치 않다. 그들이 사회
보장국을 계정 식별자로 사용한다면 합리적일 수 있지만, 이것은 또한 그들이 계정
식별자 업데이트를 통해 관리할 수 있는 편이 더 합리적이다. 이러한 위험 전가로서의
완화 전략의 선택은 시민들이 정부의 결정 사항을 의심하게 만든다.

사회보장번호는 빈약한 인증

사회보장번호는 많은 사람에게 알려져 있다. 이전에 지식 기반 인증에 대한 논의에서
언급한 바와 같이 인증 질문에 대한 답변은 몇 사람들에게만 알려져야 한다. 불행하게
도 학교, 은행, 보험사, 전력 회사, 고용주, 국세청, 체육관, 기타 여러 곳에서 가입 조건
으로 사회보장번호를 사용한다. 사회보장번호는 광범위하게 사용할 수 있으며, 종종
데이터 유출로 인해 노출된다.

그들이 아니더라도 알렉산드로 악큐시티Alessandro Acquisti와 랄프 그로스Ralph Gross는
출생 위치와 날짜에 따라 사회보장번호를 추측할 수 있음을 보여줬다. 그들은 "1973년
과 1988년 사이에 태어난 7%의 사람들과 1988년 이후에 태어난 사람 중 사망한 사람
의 44%는 처음 다섯 숫자의 시도 안에 추측할 수 있다"고 했다. 또한 "1,000번보다
적은 시도로 1988년 이후에 태어난 8.5%의 사람들의 아홉 자리 모든 숫자를 확인할
수 있다"고 했다(Power, 2009). 프레드 스터츠만Fred Stutzman과의 추가 작업에서 그들은
페이스북의 얼굴 데이터베이스를 이용한 안면 인식과 이름과 생일을 찾기 위해 온라인
데이트 사이트를 추가할 수 있었다. 그들은 세 개의 웹캠 사진에서 일부 사회보장번호
나 실제 사회보장번호를 추측할 수 있었다(Acquisti, 2011). 그들이 지적한 것처럼 이 기술
은 안면 인식 기술이 향상됨에 따라 더욱 더 좋아질 것이고, 분류된 얼굴 데이터는
더욱 널리 사용할 수 있게 된다.

마지막으로 사회보장번호는 사람들이 죽은 이후 사회 보장 사망 마스터 파일SSDMF에
서 사회 보장국에 의해 정기적으로 게시된다(Social Security Administration, 2012). 일부 기업
에서 새로운 계정에 대한 사기를 방지하기 위해 SSDMF를 확인한다. 하지만 사람이
죽었을 때 그들의 계정이 반드시 사라지는 것은 아니다. 예를 들어 은행 계좌는 유언장
을 검인하는 동안 재산에 의해 유지될 수 있다. 전화는 사람들에게 연락할 수 있도록
몇 달 동안 활성화돼 있을 것이다. 당신이 인증으로 사회보장번호의 일부나 사회보장
번호를 사용하려고 한다면 당신의 인증을 훨씬 덜 유용하게 하는 사회보장번호는 공개
될 것이다.

왜 사회보장번호 리스트를 게시하지 않는가?

"사회보장번호는 잘 알려져 있습니까?"라는 문제에 대한 하나의 혁신적인 응답은 단순히 리스트를 공개해 시스템의 실제 상태를 명확히 하는 것이다(Lindstrom, 2006). 이것은 여러 가지 방법에서 매력적이다. 하지만 법은 "1990년 10월 1일 이후 제정된 법률의 규정에 따라 사회보장 계정 번호와 관련된 기록들은 허가된 사람들에 의해 기밀로 얻거나 유지된다. 그리고 허가되지 않은 사람은 사회보장 계정 번호나 관련된 기록 같은 어떤 것도 볼 수 없다."(42 USC 405(c)(2)(C)(viii)). 따라서 신뢰할 수 있는 리스트의 모든 소스는 합법적으로 게시가 금지된다. 리스트의 발행을 허용하게 하는 법을 개정하는 것보다 올바른 새로운 법은 식별자나 인증자로서 사회보장번호의 사용을 금지해야 하고 그 사용의 제한은 공공 및 인간 부문 모두 제한한다(사회보장번호를 기초로 한 두 개의 기록과 관련된 숫자 확인의 부족은 아마도 과실로 처리돼야 할 것이다).

다른 국가 식별 제도

앞부분은 매우 미국 중심적이고 다른 나라와 관련이 없는 것처럼 보일 수 있지만, 그렇지 않다. 사회보장번호의 준 개인적인 속성은 식별자와 인증자로 같이 사용함에 있어 혼란이 가중되는 것 같지만, 같은 종류의 문제가 여러 국가 식별 제도에 나타난다.

어디에서든 정부에서 발행한 ID(또는 다른 기관에서 제공된 다른 ID)를 사용하는 것을 고려하면 다음과 같은 질문을 하는 것이 좋다.

- 모두 하나씩 갖고 있는 것인가?
- 숫자 확인을 하는가?
- 관광객, 학생, 난민 또는 다른 외국인들을 제공할 것인가?
- 동일한 필드 값이 있는 경우 개인은 새로운 ID를 얻을 수 있는가?
- 미래에 신분 도용을 시스템은 어떻게 다룰 것인가?(시민들이 그들 자신의 번호를 지금 변경할 수 없더라도 그들은 미래에 할 수 있을 것이다. 당신의 식별자나 데이터베이스 키가 아니라 필드로 저장해야 한다)

인증용도로 사용하고 싶다면 아마도 전자 ID 제도의 일부분으로서 얼마나 많은 사람이 카드와 관련된 인증 데이터에 접속했는지 물어본다.

신분 도용

미국에선 신분 도용에 대한 일반적인 우려가 있다. 다른 곳에서 의인화한 사기 용어가 범죄에 대한 더 정확한 설명이고, 비용과 이익의 부적절한 분배에 의해 촉진되는 범죄라고 한다(Shostack, 2003). 기업 입장에서는 거래 정보가 부정확해도 거래를 체결하기 위해 비용을 지불하기 쉽다. 기업은 데이터 업데이트에 대한 비용을 지불한다. 데이터에 관련된 위협은 신용 거부, 작업 또는 자원 봉사 기회의 거부 및 부당한 체포로, 데이터 업데이트를 위한 추가적인 비용 지불은 사회적으로 바람직한 결과를 초래하게 된다.

신분 도용이라는 용어는 범죄자와 신분 정보가 연결되는 경우 피해자의 정서적 영향을 고려해야 한다. 정상인은 신분 도용에 부담을 느끼고 비정상 사용을 두려워한다. 그 사람들은 실제로 '좋은 이름'을 도난 당했다(Identity Theft Resource Center, 2009). 그들의 좋은 이름이 나쁜 사람에 의해 도난 당하지 않는 좋은 경우가 있지만, 기록을 혼용하는 사람들과 잘못된 정보를 재배포한다.

어떻게 이런 일이 위협 모델링에 영향을 주는가? Linkage는 당신의 데이터 통합과 당신의 고객의 만족에 대한 위협이다. 시스템 설계자는 서로 다른 출처의 정보를 연결할 때 주의를 기울여야 한다. 당신 시스템의 정보가 정확하고, 사람들이 저장한 정보에 접근할 수 있게 하는 기능이나 프로세스를 갖고 있다면 수정 작업으로 올바른 데이터를 실수로 덮어쓰지 않게 주의해야 한다(즉, 앨리스가 당신에게 밥이 빚을 갚지 않는 사람이라고 말했는데, 밥은 앨리스에게 빚을 갚을 수표를 당신에게 주게 된다면 당신은 빚 관련 기록을 수정하게 된다). 당신의 데이터 출처가 어디인지 추적하는 것은 그런 문제에 도움이 될 수 있다. 당신이 사람들에 대한 데이터를 판매하는 경우 당신의 고객에게 더 나은 서비스를 제공하기 위해 데이터를 가져 온 위치에 대한 정보를 제공할 수 있다. 가장 중요한 차이점은 직접 관찰하는 것과 다른 곳에서 받아온 정보 사이에 있다. 당신은 출처의 이름을 정할 수 있고, 또는 출처가 상업적으로 민감하다면 별칭을 제공한다.

이름, ID, 사회보장번호 체크리스트

이 체크리스트는 회의 시 소리 내서 읽게 만들어졌다. 다음 질문에 해당하는 경우 당신은 좋지 않은 상태인 것이다.

- yes라고 대답할 수 없다.
- no의 의미를 명확히 받아들이지 못한다.
- 모른다.

1. 누가 우리 계정의 네임스페이스를 관리하는지 아는가?
2. 안전하게 식별해야 할 필요가 있는 것에 의미 있는 ID를 할당하는 고객을 위한 방법이 있는가?
3. 글로벌, 의미, 안전함 사이에 우리가 만든 트레이드오프가 무엇인지 알고 있는가?
4. 우리는 신분증에 의존하고 있는가? 그렇다면 신분증의 사본을 저장하고 누가 그 위험에 서명했는가?
5. 우리는 사회보장번호나 유사한 ID를 사용하고 있는가?

요약

계정의 좋은 모델에서 그들은 인간과 기계의 교차점에 존재하고, 그 경계에 위협이 많이 존재한다. 그 위협은 이름과 식별자에 대한 인증 위협과 혼란을 포함한다.

계정은 계정의 생성, 유지, 제거를 비롯한 계정의 생명주기 전반에 걸쳐 발생하는 위협이 포인트다. 나쁜 행위자에 대한 정보 공개의 위험은 다른 것보다 공격자를 시스템이 치료하게 한다. 당신의 진짜 고객이 어둠 속에서 좌절하는 동안 숨겨진 많은 인증 요소는 동기가 있는 공격자에 의해 쉽게 파헤쳐진다. 인증의 가려진 요소를 배우는 것이 얼마나 쉽고 어려운지 노출하는 좋은 모델링은 당신의 선택을 도울 수 있고, 특히 무슨 일이 일어나고 있는지 계정 소유자에게 공지하는 것이 좋다.

인증은 어렵다. 기업과 고객 모두를 만족시키는 인증 시스템을 만드는 것은 어렵다. 당신이 알고 있는 것, 당신이 갖고 있는 것, 당신의 어떤 프레임워크는 "어떤 채널을 사용하는지?", "누가 아는지?"와 같은 흥미로운 점을 포함해 인증에 대해 생각하는 방법을 제공해준다. 그러나 이런 요소는 패턴을 만들거나 각각을 제한하거나 깊숙한 내용까지 처리하는 데는 한계가 있다.

인증이 어려운 경우 백업 인증도 어렵다. 지식 기반 인증 기술의 다양성은 계정에 대한 접근을 복구하는 데 사용될 수 있다. 지식 기반의 인증 기술을 사용할 때 평문으로 패스워드를 저장하지 않아야 하기 때문에 패스워드 복구가 아닌 계정 복구에 초점을 두는 편이 좋다. 보안과 가용성을 비롯한 지식 기반 인증에 많은 문제가 있다. 이는 사회적 인증 기술을 사용하는 것이 바람직할 수 있다. 새롭고 덜 익숙할지라도 더 안전할 가능성이 있다.

인증과 달리 이름은 상대적으로 쉽다. 특정 속성이 부족한 것을 받아들이고 그들이 수행하는 위험을 이해하는 것이다. '실제 이름'의 함정을 피하고 주코^{Zooko}의 삼각형을 당신의 시스템 어디에 둘지 생각해본다. 기억에 남을 만한 이름인가, 세계적으로 유일한가, 또는 안전한가?(두 가지를 고르자) 신분증 문제의 처리는 신중하게 설계된 시스템에 도움이 되지만, 시스템 자신의 위험을 초래한다. 설계자들은 종종 빈약한 식별자, 빈약한 데이터베이스 키, 빈약한 인증자인 사회보장번호를 사용하길 원한다. 그 결함에도 불구하고 그들은 종종 그들과 함께 따르는 보안 위협과 프라이버시 보호 위협을 가져오는 데 사용된다. 그런 위협 중 하나는 신분 도용과 문제에 기여하는 것을 피하는 데 도움을 주는 패턴이다.

15

인적 요인과 유용성

모든 시스템의 보안에서 사람은 중요한 요소이기 때문에 사람에게 유용한지 여부를 고려해야 한다. 사람들이 시스템을 어떻게 사용할지 고려하지 않는다면 시스템 사용 확률은 낮아진다. 보안 유용성 공동체는 사람, 그리고 그 사람들이 내릴 결정, 그들이 어떻게 행동할지에 대한 시나리오를 모델링하는 법을 알려준다. 이런 문제들을 다루는 도구상자는 작지만 성장 중이며, 당신이 좋아할 만큼 규정돼 있지 않다. 그러므로 15장에서는 (특히 보안 전문가 입장에서) 다른 장보다 심도 있는 배경과 최고의 조언을 다룰 것이다.

인적 보안은 보안의 다른 요소들과는 확연히 다르고, 인간에 대한 모델링, 위협, 그리고 방법들 역시 매우 다르다. 따라서 15장에서는 보안 관점의 인적 요인 모델링과 기술의 어려움을 다룬다.

15장에서는 우선 '사람'을 모델링하는 법부터 배운다(15장에서 다룰 모든 내용의 시발점이 되기 때문이다). 그리고 인적 요인 작업에 유용한 소프트웨어에 대해 다룬다. 이 두 가지 모델은 위협을 이끌어내는 기술과 상호작용하는데, 2부에서 다룬 내용과 꽤장히 유사하다. 15장에서의 위협이란 사람에게 어떠한 행동을 취하게 설득을 하거나 결정을 미루게 유도하는 것을 말한다. 그 다음은 인적 요인 문제를 다룰 도구와 기술, 사용자 관점의 원칙, 구성과 인증, 경고를 설계하는 조언에 대해 배운다. 8장에서 다뤘던 방어 전략이나 기술과 대응하는 인적 요인에 대해서도 배운다. 그리고 10장에서 배웠던 것에 비춰 인적 요인 문제를 분석하는 법을 배운다. 15장 마지막에서는 유용성과 세레모니에 대한 나의 선해를 끝으로 마무리를 짓는다.

소프트웨어나 시스템의 위협 모델링은 일반적으로 위협 모델과 소프트웨어 모델을 일컫는다. 인적 요인을 고려한다면 세 번째 모델인 인간 모델을 포함한다. 아이러니하게도 그 추가적인 인지 부하는 앞에서 언급한 인적 요인의 위협 모델링에 대한 현실적인 유용성 효과를 설명할 수 있다.

간략한 언어 설명

- 유용성은 사람들이 업무를 수행할 수 있게 설계된 인적 요인의 집합을 통칭한다. 유용성 작업은 사용자 인터페이스의 생성을 포함한다. 사용자 인터페이스는 검색 기능, 목적의 적합성, 그리고 인터페이스를 사용하는 사람들의 성공과 실패 여부로 사용자 경험을 만든다.
- 인적 요인은 어려운 사람들을 돕는 데 어떤 기술이 필요한지, 심리적 모델을 어떻게 만드는지, 개발 중인 설계를 어떻게 테스트하는지 모두 포함한다.
- 세레모니는 프로토콜, 더 나아가서는 '인간 노드'를 포함한 개념이다. 하지만 지금은 프로토콜 분석가의 관점에서 세레모니를 사용자 경험과 유사하다고 생각하자. 세레모니에 대해서는 15장에서 나중에 자세히 설명한다.
- 사람은 15장의 중요 개념이다. 사용자 테스트, 사용자 인터페이스, 기술에서는 사용자로 언급될 것이고, 가끔은 문맥에 따라 사람 그 자체로 언급될 것이다.

인간 모델

15장의 첫 내용은 인간 모델이다. 사람은 보안을 다룰 때 항상 그 중심에 있기 때문이다. 인간 모델은 소프트웨어나 공격 모델과 동등한 입장인 새로운 종류의 모델이다.

우리는 모두 어떤 사람들이 어떻게 행동하고, 무엇을 원하는지 알고 있다. 이러한 비정형적인 모델로 충분하지 않을까? 불행하게도 이 질문에 대한 대답은 '아니오'다(그렇지 않으면 보안은 유용성 문제를 갖지 않을지도 모른다). 더욱 구조적인 모델을 만드는 두 가지 이유가 있다. 첫 번째는 소프트웨어 업계에서 종사하는 사람들은 보통 일상생활에서 충분히 사용 가능한 비정형적인 인간 모델을 각자 만들고 있다는 점이다(하지만 이러한 모델은 보통 사람들에게 적합하지 않다). 이런 모델은 합리적인 결정을 이끌 만큼 견고하지 않다. 두 번째로 더 중요한 것은 사람에 대해 이미 정의를 내린 암묵적인 모델은 사람들이 어떻게 보안 결정을 내릴지에 대해 초점을 두지 않는다는 점이다.

전문가의 입장에서 우리는 사람들이 보안에 어떻게 도달하는지 혹은 어떻게 해야 한다고 지시받는 보안 업무의 심리적 모델 혹은 보완 관련 기술 혹은 다양한 사람들이 알 수 있는 지식을 모두 아우를 수 있는 더 나은 모델이 필요하다. 이 모든 것을 하나의 모델로 만들 수도 있고, 혹은 유기적으로 같이 동작하는 여러 개의 모델로 만들 수도 있다. 추가적으로 우리는 유용한 보안 전문가가 아닌 사람들을 위한 일련의 모델도 만들 것이다.

이러한 모델이 존재할지라도 하나의 세레모니 내에서 일관적이고 반복적인 자동화된 인간에 대한 분석을 완료하는 것은 가능성이 없어 보인다(이는 인공지능을 개발하는 것과 동일하다는 논쟁이 있다. 컴퓨터가 인간이 어떤 자극에 어떻게 대응할 것인지 정확하게 예측할 수 있다면 컴퓨터는 역시 같은 응답을 제시할 수 있을 것이다. 그리고 컴퓨터가 똑같은 응답을 제시할 수 있다면 그것은 튜링 테스트(컴퓨터의 인공지능을 시험하는 테스트 – 옮긴이)를 통과할 수 있을 것이다). 그러나 '모든' 모델이 틀렸다는 명제를 되짚어 생각해봤을 때 그중 몇 개의 모델은 유용하다고 말할 수 있다. 설계 문제를 완벽하게 예측할 모델이 필요한 것은 아니다. 15장에서 소개할 모든 모델은 덜 구조화된 스펙트럼의 끝에 존재하며, 구조화된 브레인스톰에 대해 혹은 세레모니의 전문가적 고려 사항에 대해 가장 유용하다.

인간에 대한 행동주의자 모델 적용

파블로프라는 이름을 기억하는가? 기억한다면 "하나의 자극에 대한 반복적인 노출은 하나의 응답을 일으킨다"라는 설명이 있다. 여기서 자극은 파블로프의 유명한 개 실험에 관한 이야기다. 행동주의자들은 주목할 만한 행동은 여러 자극에 대한 반응을 통해 학습된다고 믿는다. 행동주의자 모델은 분명하고, 잘 알려진 한계를 갖고 있지만 설명과 예측이 불가능한 상황에서라면 그만한 모델이 없을 것이다. 행동주의적 인간 모델을 세레모니에 적용할 수 있는 방법 일부를 15장에서 살펴본다.

조건반사와 습관화

사람들은 환경을 통해 학습한다. 환경이 사람들에게 반복적인 자극을 제공한다면 그 자극에 응답하는 방법을 배우게 될 것이다. 예를 들어 사람들에게 이름/패스워드 칸을 보여준다면 사람들은 그 칸을 채우고 싶어 할 것이다(이것은 크리스 카를로프^{Chris Karlof}와 그의 동료들이 말하는 조건반사적인 반응이다(Karlof, 2009)). 사람들은 자극에 부딪히는 매 순간 깊고 신중하게 생각하지 않는데, 이는 대부분 불필요한 노력이기 때문이다. 이러한 조건반사적인 반응과 근접한 개념은 계속 봐왔던 대화 창의 버튼을 자동으로 클릭하는 것과 같은 습관적 반응이다(예, "파일이 위험에 노출돼 있습니다.").

그러한 행동이 잘못된 것이라고 논하기는 어렵다. 늑대가 왔다고 소리치던 소년이 끝내 진짜 늑대가 나타났을 때 아무런 도움도 받지 못했다는 이솝 이야기처럼 사람들은 계속된 거짓 경고문을 무시하게 학습된다. 경고 창의 문구를 5초간 신중하게 생각하고 하루에 30번 이상 그 문구를 본다고 가정한다면 하루에 3분, 일 년에 1000분을 한 줄의 문구에 대해 생각하는 데 사용하게 된다. 어떤 사람이 아직 컴퓨터에 패치되지 않은 버그를 익스플로잇하는 악성 숨김 파일로 인해 일 년에 한 번 공격을 당했다고 가정해보자. 그러면 백신 프로그램은 이 악성 버그를 잡을 수 없을 것이다. 악성 버그를 제거하는 데 16시간이 걸릴 것인가? 그렇지 않다면 사람들은 이성적으로 5초만 생각하라는 충고를 가볍게 무시할 것이다(Herley, 2009).

조건반사와 습관화는 발생 빈도가 높은 자극을 줄이면서 해결할 수 있다. 예를 들어 윈도우의 스마트 스크린과 인터넷 익스플로러는 신뢰할 수 있는 곳에서 다운로드한 파일인지 혹은 과거 다운로드받은 흔적이 있는지 확인하며, 단순한 경고 창이 아니라 사용자에게 해당 파일을 어떻게 할 것인지 묻는다. 조건반사는 세레모니 조건을 통해 사람들이 보안에 한 발짝 더 나아갈 수 있게 만든다고 확신하면서 해결할 수 있다.

나쁜 환경

교육은 '친절한' 배움의 환경이라는 개념이다. 친절한 배움의 환경이란 적절한 도전과 즉각적인 피드백을 전제한다. 이러한 환경은 배움을 어렵게 만드는 나쁜 환경과 대비된다. 제이 자콥스[Jay Jacobs]는 정보 보안의 나쁜 환경이란 개념을 설명한다. 그의 설명을 인용하자면 다음과 같다.

[피드백은] 친절하고 나쁜 환경, 그리고 교육의 질을 구분짓는 명백한 판별이다. 친절한 환경은 모호하지 않고, 시기적절하며 정확한 피드백을 제공한다. 예를 들어 대부분의 스포츠는 친절한 환경이다. 테니스공이 타격됐을 때 결과에 대한 피드백은 즉각적이고 모호하지 않다. 공이 네트를 쳤다면 너무 낮게 타격됐다는 이야기다. 골프공이 숲 속으로 날아갔다면 골퍼에 대한 피드백은 명백하고 즉각적이다. 그러나 정보 보호 관점의 피드백을 생각한다면 피드백은 적시에 나타나지 않을 뿐더러 굉장히 모호하고 때로는 오해를 낳기도 하며 부적절하기까지 하다. 정보 보안 결정이 잘못됐다는 확실한 증거가 나타나기까지 1년이 더 걸릴 수도 있다. 정보 보안이 실패했을 때 그 결정의 적절한 속성은 가망이 없으며, 적절한 학습조차 불가능할 것이다.

시기적절하지 않고, 모호하고, 부적절한 피드백 때문에 결정하는 사람들은 위험이 뒤따르는 결정을 내렸을 때 이러한 환경에서 배울 수 있는 기회조차 갖지 못하는 것이다. 이러한 결정들은 나쁜 환경 때문에 발생한다.

– 제이 자콥스, 「A Call to Arms」(ISSA Journal, 2011)

경험적으로 당신은 이 설계가 나쁜지 친절한지 물을지도 모른다. 시기적절하거나, 조치 가능한 피드백을 만들거나, 더 나은 피드백을 제공하기 위해 어떠한 것을 할 수 있을까?

인간에 대한 인지 과학 모델

인지 과학은 행동에 실증적인 접근을 가능하게 하고 실제 사람들의 행동을 관찰하면서 모델을 구축하려는 시도를 한다. 15장에서는 인지 과학 틀에 존재하는 다양한 인간 모델에 대해 배우게 될 것이다. 그 내용은 다음과 같다.

- 칼 엘리슨Carl Ellision의 인간의 세레모니 모델
- 행동 경제학자 다니엘 카너먼Daniel Kahneman의 주장에 입각한 모델
- 안전 전문가 제임스 리즌James Reason의 주장에서 파생된 모델
- CMU 교수인 로리 크래너Laurie Cranor가 주장하는 '컴퓨터 보안에서 인간을 추론하는 프레임워크'
- UCL 교수인 안젤라 잣세Angela Sasse의 '보안에서의 인간'에서 파생된 모델

이러한 모델들은 다양한 방면에서 겹치는 부분이 많다. 각각의 것은 결국에 인간에 대한 모델인 것이다. 게다가 각각의 모델들은 당신이 설계하고 있는 시스템에서 인간 측면의 모델을 어떻게 위협하고 있는지 알려준다.

엘리슨의 세레모니 모델

세레모니는 의미를 확장해 결국엔 인류를 포함하는 프로토콜이다. 보안 아키텍처이자 컨설턴트인 칼 엘리슨Carl Ellision은 "우리는 하나의 공동체로서 실제 세레모니 오류의 사후 분석을 통해 배울 수 있거나 세레모니 후보들을 시험하는 데 사용할 수 있다"고 지적한다. 그는 매뉴얼, 교육 혹은 특정 사용자 행동을 지시하는 계약을 수단으로 '인간 노드'에서 동작하는 프로그램을 '설치하는' 모델을 설명하고 있다. 신분증을 사용해 사람들이 결정을 내릴 수 있게 만들어진 모델은 의미 있는 ID(14장에서 자세히 다룬 개념)를

사용해 시스템이 인간 노드에 대해 식별을 효과적으로 판단할 수 있기를 요구한다.

엘리슨은 실험적인 심리학자나 인식 과학자들에 대한 전체 모델 확립을 미뤘다. 그리고 그런 관점에서 16장에서는 보안에 종사하는 더 많은 통찰력 있는 인지 과학자들 중 일부를 반영하는 몇 개의 모델을 요약한다.

카너먼 모델

이 모델은 『빠르게, 그리고 느리게 생각하기』(Straus and Giroux, 2011)라는 책의 조언을 얻으려 한다. 이 책의 저자는 행동 경제학 부분 노벨상을 수상한 다니엘 카너먼[Daniel Kahneman]이다. 이 책에는 사람들이 행동하는 것이 컴퓨터와 유사하지는 않다는 여러 측면의 내용이 있어, 인적 요소의 위협 모델을 대비하는 어느 누구라도 이 책을 자세히 읽을 것이다. 다음은 카너만의 책에서 설명된 몇 가지 개념과 위협 모델링에 적용할 방법을 나열했다.

- **보이는 것이 전부다(WYSIATI, What You See Is All There Is).** 이 개념은 카너먼이 종종 인용하는 말이다. 이는 위협 모델링 시 중요한 개념인데, 현재 주어진 정보가 결정을 내리는 데 중요한 역할을 한다는 것을 강조하고 있기 때문이다. 예를 들어 문제를 해결하기 위해 지금 당장 은행과 연락을 취해야 한다는 정보를 듣는다면 사람들은 은행이 오후 4시 이후에는 전화를 받지 않는다거나 토요일에는 업무를 하지 않는다는 사실을 기억하지 못할 것이다. 유사하게 어떤 사람이 웹 브라우저에 자물쇠 아이콘과 같은 보안 지표를 보지 못한다면 그 지표가 거기에 있다는 사실조차 인지하지 못할 것이다. 공격자가 교묘하게 '보안을 위해' 설계된 조언을 사용자에게 제공한다면 사용자는 이미 제공된 다른 조언을 잊어버릴지도 모른다.
- **시스템 1과 시스템 2** 시스템 1은 두뇌의 빠른 부분을 나타낸다. 가령 위험을 감지하거나, 2+3 연산을 하거나, 운전을 하거나, 체스를 두는 행위(당신이 체스 마스터라고 가정했을 때)를 말한다. 시스템 2는 두뇌 중 이성적이고 신중한 결정을 내리는 부분을 나타낸다. 시스템 1은 귀찮은 팝업 창을 클릭해 꺼버리는 것과 같은 의사결정 과정에 영향을 미친다. 팝업 창을 클릭하는 행위가 시스템 1의 행위라면 팝업 창이 나타났을 때 시스템 2 기반으로 설계된 시스템은 시스템 2가 시작됐다는 것을 인지하기 어렵게 동작하게끔 요구한다.
- **정박 효과(anchoring)** 정박 효과는 절대적으로 대단하다. 당신이 사람들에게 사회보장번호의 마지막 두 자리를 적으라고 한다면 그 두 자리를 낮은 가치로 판단하는

사람들은 결과적으로 숫자를 더 낮게 평가할 것이고, 높은 가치로 판단하는 사람들은 더 높게 판단할 것이다. 유사한 예로 당신 예산이 200달러밖에 없을지라도 "이 카메라는 500달러이지만 오늘은 300달러에 팔 거에요"라고 말하는 영업 기술은 당신이 좋은 거래를 했다고 사람들이 생각하게 만든다. 정박 효과는 사람들이 사기에 노출되거나 평상시 하지 않는 행동으로 사기 당했을 때 지혜롭지 못하게 만든다.

- **만족** 만족은 형편없는 단어지만 결정 비용이 매우 높거나 의사결정을 위한 에너지가 고갈됐을 때 사람들이 충분히 좋은 결정을 내렸다고 안도하려는 현실을 설명하기에는 좋은 단어다. 예를 들어 대부분의 사람들은 가능한 모든 투자 집합에 근거해 저축과 투자에 대한 선택을 하게 되는데, 이는 옵션을 평가하는 데 시간이 소요되기 때문이다. 보안에서는 시스템 1이 진행 가능하고 충분한 것인지 평가하게 한다.

리즌의 많은 모델

제임스 리즌^{James Reason} 교수는 거대한 시스템에서 사고가 발생하는 방법에 대해 연구한다. 그의 연구는 다양한 인간 오류 모델의 생성을 이끌었다. 이러한 모델을 선택하고 위협 모델링에 규범적인 조언을 만드는 것은 매우 생산적일 수 있다.

예를 들어 '강한 습관 침범' 모델은 하루를 보낼 수 있게 도와주는 규범과 습관들이 '굉장히 익숙한 환경에서 유사하거나 동일한 요소를 가지고 있는 환경'(예를 들어 내가 도서관을 나가는 개찰구에 다가설 때 돈을 지불해야 할 필요가 없다고 생각을 하면서도 마치 계산을 하려는 것처럼 지갑을 꺼내는 행위) 때문에 부적절하게 작용되는지 설명하고 있다. 이러한 강한 습관 침범은 위협을 도출하는 데 유용하게 쓰인다.

다른 모델들은 다음과 같은 내용을 포함하고 있다.

- 일반적인 오류 모델링 시스템(오류, 건망증, 깜박)
- 의도에 집중된 모델
- 오류 감지에 파생된 모델
- 누락, 침범, 반복, 잘못된 대상, 주문 오류, 시간 오류 등을 포함하는 행동 모델
- 오류 맥락에 근거한 모델

첫 번째를 제외한 모든 모델은 『인간 기여: 안전하지 않은 행위, 사건 그리고 영웅적인 회복(The Human Contribution: Unsafe Acts, Accidents and Heroic Recoveries)』(Ashgate Publishing, 2008)에서 상세히 다룬다.

크래너 모델

이전 모델과는 대조적으로 CMU 교수인 로리 페이스 크래너^{Lorrie Faith Cranor}는 구체석으로 보안과 유용성에 초점을 맞추고 있다. 그녀는 '핵심 멤버 안의 사람을 나타내는 토대'(Cranor, 2008)를 만들었다. 엘리슨의 세레모니 논문처럼 그녀의 논문은 쉽고 읽을 만한 가치가 있다. 이 부분에서는 그림 15-1에서 보여주는 논문의 토대를 간략하게 요약할 것이다.

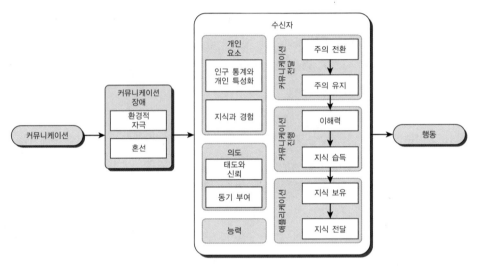

그림 15-1 크래너의 루프 안의 사람 프레임워크

엘리슨처럼 크래너의 모델은 행동에 영향을 미칠 수 있는 다양한 형태의 커뮤니케이션 모델 중심에 사람을 둔다. 그러나 "정확한 행동 정보 처리 모델을 의도한 것이 아니라 오히려 보안 시스템에서 사람의 역할을 체계적으로 평가하기 위한 체크리스트와 같은 개념적인 뼈대다." 그녀가 주장하는 모델의 요소는 다음과 같다.

■ **커뮤니케이션** 이 모델은 경고, 주의, 상태 표시자, 교육, 정책이라는 다섯 가지 종류의 커뮤니케이션을 고려한다. 이 모델들은 대략 커뮤니케이션이 능동적 혹은 수동적인지에 따라 구분되고, 일반적으로 별도의 설명이 필요 없다. 효율적인 교육이란 사람들이 배운 것을 실제 상황에 적용할 수 있도록 인지하게 만든 것이라는 크래너의 주장은 주목할 만하다. 리즌이 규범 악용에 대해 말한 것과 흥미로운 관계가 있다. 규범 악용은 교육이 정기적으로 보강되지 않거나 교육이 필요한 상황이 종종 필요할 때 자주 발생한다.

- **커뮤니케이션 장애** 커뮤니케이션이 수신인에게 전달되는 것을 방해하는 방해물과 수신한 커뮤니케이션에서 상대방이 다른 행동을 취하게 방해하는 환경적 자극을 모두 포함한다. 공격을 받았을 때와 받지 않았을 때 두 행동 모두 지켜보는 것이 중요하고, 커뮤니케이션은 오직 적절한 시간에 발생되도록 보장돼야 한다.
- **수신인** 수신인은 6개의 다른 요소를 갖고 있으며, '의도적으로 희미한 요소들 간의 관계'다. 그러나 왼쪽 열은 사람에게 연관이 돼 있는 반면, 오른쪽 열은 메시지를 전달하는 일련의 사건들에 영향을 미친다.
- **개인의 다양성** 메시지에 어떻게 반응할지 영향을 주는 배경, 교육, 통계, 지식과 경험 등을 포함한다.
- **주의** 태도, 신뢰, 그리고 동기 부여를 포함한다.
- **능력** 메시지에 어떻게 행동해야 할지 아는 사람이 메시지를 받았을 때 응답할 수 없는 상황일 수도 있다. 예를 들어 스마트카드를 갖고 있으나 스마트카드 리더기가 없는 상황이 있을 수도 있다.
- **커뮤니케이션 전달** 이는 사람의 대화로 전환되고 유지하려는 주의와 연관돼 있다.
- **커뮤니케이션 진행** 수신인이 메시지를 이해하고 어떻게 반응할 것인지 알고 있는지 여부에 따라 결정된다.
- **애플리케이션** 사람이 공식적이든 비공식적이든 상황에 어떻게 반응할지 알고 있는가? 그리고 애플리케이션이 이러한 지식을 재빨리 특정 사실로 변환할 수 있는가?

크래너는 그림 15-2를 통해 구조를 어떻게 이용할 것인지 설명하는 모델을 제공한다. 인식 작업, 자동화, 작업, 두 가지(구조와 사용자 연구)로 나눠지는 인식 실패, 그리고 그러한 실패에 대응하는 것(사용자 연구를 통해 대응 작업이 제대로 동작하는지 확인한다)으로 구성된다. 크래너는 질문과 각각의 모델을 이해하기 위한 사실을 제공한다.

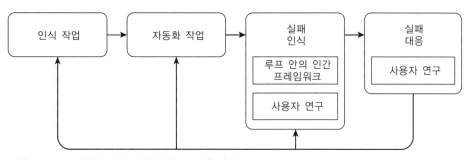

그림 15-2 크래너의 인간 위협 인식과 대응 진행

잣세 모델

UCL 교수인 안젤라 잣세^{Angela Sasse}는 조직적인 시스템에서 발생할 수 있는 관리와 정책, 전제 조건, 생산적인 활동과 의사결정자 주변에 있는 방해물(한 명의 경영진이 아닌 모든 사람을 의미)과 같은 실패 모델을 제안한다. 근본적으로 대부분의 사람들이 일반적으로 안전하고 싶어 하고, '상대방의 입장에서' 생각할 여유가 있다면 이해할 수 있는 실제 상황에서 발생하는 보안 편차를 동정하는 모델이다.

잣세를 폄하하는 가장 중요한 위협 모델링은 보안 전문가의 제안과 반대되는 결정을 내리는 사람들에 대한 접근이다. 종종 보안 전문가들은 "보안을 하는 것과 돼지를 춤추게 하는 것 중 고르라고 한다면 돼지를 춤추게 하겠다."고 하거나 "멍청한 사용자는 앞에 뜨는 모든 창들을 클릭할 것이다."라고 한탄한다. 대조적으로 잣세는 그러한 결정과 그런 한탄에 근거를 두는 논리를 이해하고자 한다. 그러한 이해는 유용한 인간 모델에 필수적이다.

인간에 대한 체험 모델

이 절에서 설명할 인간 모델은 특정한 한 명의 연구원이나 행동주의 심리학자나 인지 과학 인간 모델과 연관이 거의 없다. 그러나 시스템에 내장된 예상과 실제 관찰된 사람들의 행동이 어떻게 다른지 연구하는 데 효과적이다.

목표 지향

사람들은 빠르게 성과를 내고 싶어 한다. 보안 프로세스가 목표에 도달하지 못하고 있다면 사람들은 프로세스를 방해 요소로 보는 경향이 있다. 그 말은 "이 작업을 끝내 시겠습니까?"와 같은 경고 창을 보게 된다면 OK를 클릭할 것을 의미한다. 유용성 때문에 전문가들은 종종 "보안은 2 순위다."고 주장하곤 한다.

목표 지향에서 발견되는 문제를 해결하기 위한 방법은 2개로 나눌 수 있다. 첫 번째 는 명료한 보안 경로를 만드는 것이다. 가능하다면 가장 최선의 방법이다. 두 번째는 보안 정보가 세레모니 중에 제공될 때를 생각해보는 것이다. 여기에는 두 가지 옵션이 있다. 일찍 가거나 늦게 가는 것이다. 일찍 간다는 것은 사람들에게 사람들이 나아갈 길에 수용되기보다 무엇을 해야 할지 생각할 때 필요한 정보를 제공한다는 것을 의미 한다. 예를 들어 운영체제는 인터넷에서 다운로드할 애플리케이션을 클릭한 이후에 경고 창을 보여주기보다는 뾰족한 아이콘을 추가해서 위험성을 보여줄 수 있다. 늦게

간다는 것은 가능한 한 의사결정을 미루는 것을 의미하는데, 그로 인해 다시 돌아갈 수 있는 기회를 주는 것이다. 이 접근은 골드 바(금괴 모양) 패턴에서 사용될 수 있다. 보안 옵션이 기본적으로 적용되고 비보안 옵션은 윈도우 창 위의 골드바에서 가능하게 하는 것이다. 이는 문서를 검토할 때 효율적이지만 편집하거나 인쇄하기에는 적절하지 않다. 불특정 다수 공격은 사람들이 샌드박스를 종료하고 스스로 더 높은 위험에 노출시키도록 설득하기 어려워 보인다. 골드 바 패턴에 대해 더 많은 정보를 얻고 싶다면 15장 뒷부분의 '사용자 인터페이스 도구와 기술' 절을 참고 바란다.

확증 편향

확증 편향은 사람들이 기존 정신 모델을 확인할 수 있는 정보를 찾아보려고 하는 경향을 일컫는다. 예를 들어 점성술을 믿는 사람들은 무슨 일이 일어날지 점쳐진 단 한 번의 점괘를 기억하고, 나머지 364일 동안 점괘와 맞지 않은 날에 X 표를 쳐서 제외시키는 것과 같다. 유사하게 어떤 사람이 급하게 은행에 연락을 해야 한다고 믿는다면 은행 홈페이지의 로그인 페이지가 약간 이상하다는 것을 알아차리지 못할 것이다.

과학자들과 엔지니어들은 확인할 수 있는 증거를 찾는 것보다 아이디어를 반증하는 방법을 찾는 것이 훨씬 강력하다는 사실을 알게 됐다. 불행하게도 반대 증거를 찾는 것은 사람들의 경향과 상충하는 것처럼 보인다. 카너먼^{Kahneman}의 논문에서 다룬 시스템 1과 시스템 2에 대해 상기해보면 시스템 1의 요소와 시스템 2가 대적하고 있다. 시스템 1은 데이터 포인트를 보고 그것을 수집하거나(확증 편향에 힘을 주며) 이례적일 경우에는 제외해 문제를 보지 못하게 막아준다.

확증 편향을 다루는 것은 보통 까다로운데, 보안 환경에서는 더욱더 까다롭다. 사람들을 악마의 증거를 볼 수 있도록 길들이거나 확증 편향을 애초에 잘라버리도록 교육을 하면 가능할지도 모른다.

15장은 확증 편향에 가득 차 있는가?

좋은 설명이기보다는 쉽지는 않을까 걱정을 불러일으키는 이러한 경험의 예를 찾는 건 매우 쉽다. 더 안 좋은 사실은 여기에 그 상황을 접목하면 나 역시 확증 편향에 가까운 사람이 된다는 점이다. 현실 세계에서는 다른 요인이 작용을 하고, 그중 사용하는 것이 잘못된 결과를 초래할 수 있다. 이런 위험은 15장에 등장하는 많은 경험과 관련돼 있고 원인을 잘못 이해하는 곳은 잘못된 해결책

을 선택하게 만든다. 다른 요인들을 사용하는 것에 대해 논박을 할 필요는 없지만, 유용성 테스트를 사용하는 중요성에 대해 유의할 필요가 있다.

컴플라이언스 예산

컴플라이언스 예산compliance budget이란 단어는 (앞에서 설명했던) 영국 회사원들에 대해 인류학 연구를 한 안젤라 잣세Angela Sasse의 논문에서 등장한다. 그녀의 연구 팀은 동일한 보안 규정과 업무에 대해 반복적으로 알리게 되면 회사원들은 다르게 응답한다는 사실을 알게 됐다(Beautement, 2009). 보안 컴플라이언스에 대한 인터뷰 중에 그녀는 회사원에게 보안 업무를 수행하기 위해 효율적으로 '예산'을 할당했다는 사실을 알렸다. 그들이 업무에 대해 아는지 모르는지 그들은 예산이 소진될 때까지 업무에 시간과 에너지를 쏟아 부었고, 그리고 나서야 다른 업무에 착수했다. 보안에 대한 요구가 플라토닉과 같은 업무가 아니라 다른 업무와 마찬가지로 진짜 '일'이라 여겨진다면 직장인의 행동은 달라지는 것이다.

그러므로 시스템을 설계할 때 시나리오 흐름 중 얼마나 많은 보안 요구가 존재하는지 확인해보자. '적당한' 양이라는 것은 애매하지만 적을수록 좋다.

긍정적인 가정

많은 프로토콜은 인간 노드의 능력에 대해 긍정적인 가정을 유지하고 있다. 예를 들어 사람들은 종종 웹 브라우저의 자물쇠 아이콘이 어디에 있어야 하는지 예상하고 있다는 것이다(위, 아래, 왼쪽, 오른쪽? 당연히 주소 창 안에 있다). 자물쇠 모양은 교묘하게도 필요가 없을 경우에는 사라지는데, 우리의 긍정적인 추측이 이런 질문을 어렵게 만들지는 않는다.

위협 모델링에 어떻게 적용할 수 있을까? 경험을 통해 스스로 만든 가정 리스트를 간직해야 할 것이다(7장 참고). 각각의 가정들 중 약한 가정을 찾아내거나 특정 가정에 힘을 실어주자.

시각적 지각 모델

이 책이 완성되면서 출판 작업에서 데브다타 아크하이Devdatta Akhawe와 동료들은 UI 보안을 어렵게 만드는 인간 지각의 한계에 대해 논쟁한다. 불안정하게 만드는 지각, 주변 시야 공격, 두뇌의 운동 적응 공격, 빠르게 움직이는 사물로 위치 판단 오류, 그리고 시각적 신호의 남용과 같은 몇 개의 공격을 예로 들었다(Akhawe, 2013). 시각적 지각 모델에 대한 연구는 향후 몇 년 동안 보람 있는 연구 영역이 될 것이다.

소프트웨어 시나리오 모델

시나리오 모델에는 소프트웨어 중심 모델과 공격 중심 모델 같은 최소 두 가지 방법이 있다. 이 절에서는 인간 요소의 위협 모델링을 위해 두 가지 모델 모두 알아본다. 소프트웨어 중심 모델은 어떤 종류의 환경이 영향을 미치는지 아는 한 쉽다. 소프트웨어 모델은 경고, 인증 모델 시나리오와 환경설정, 그리고 소프트웨어를 대표하는 다이어그램을 사용하는 모델을 포함한다. 공격 중심 모델은 어떤 측면에서는 광범위하다. "공격자가 당신의 소프트웨어에 어떤 행위를 하고 싶다면 그들이 어디에 악성 행위를 할까"와 같은 것이다.

소프트웨어 모델링

소프트웨어의 지원성과 목표를 모델링할 수 있다(지원성은 사용자 인터페이스의 요소를 말한다). 상호작용하는 유용한 모델 중 하나는 경고, 인증, 확인을 포함하고 있다(Reeder, 2008b). 그 모델에서 경고는 위험한 행동을 감지하고 싶을 때 나타나며, 경고 문구와 알림 등을 포함한다. 인증은 직접 또는 네트워크상으로 컴퓨터에 인증하는 것과 원격으로 인증하는 것을 포함한다. 확인은 컴퓨터나 시스템의 확인에 대한 보안 의사결정을 내리는 모든 것을 포함한다.

실제로는 항상 명확하지 않다. 한 줄의 문구는 보통 경고이기도 하고 확인이나 동의로 쓰이기도 한다. 그것들을 구분해 고려하는 것이 각각의 개별적 특성에 초점을 맞출 수 있게 도와주며, 사람들이 필요로 하는 정보를 제공하고 있다는 확신을 준다. 게다가 동일한 조언은 앞선 동의에 상관없이 경고에 적용된다. 따라서 인증, 확인, 동의에 적용된다. 경고라는 것이 명확해야 한다는 점은 변하지 않는다.

경고

경고란 위험할 수 있는 특정 행동에 대해 한 곳에서 다른 곳으로 보내는 메시지다. 일반적으로 그런 종류의 메시지는 한 곳에서 다른 곳으로 전해진 위험 전달로 받아들이고, 실제 위험이 전달될 때 법적 혹은 도덕적인 효과의 정도를 다양하게 나타낸다. 좋은 경고 설계는 15장의 '명시적 경고' 절에서 다룬다.

좋은 경고 설계는 어떻게 보여야 할지, 그리고 그걸 피하기 위해 무엇을 해야 할지 같은 근본적인 문제를 명확하게 구분한다. 좋은 경고는 '늑대가 나타났다며 울부짖는 소년' 신드롬을 피한다.

인증

사람들은 놀랍게도 다른 사람들을 알아보는 것을 잘한다. 아마 그렇게 진화됐을 것이다. 그러나 기계가 사람을 인증하거나 사람이 기계를 인증하는 것은 매우 어려움이 있다. 인증은 당신이 충분한 자격이 있는 사람임을 증명하는 과정이다(당신이 미 주립대학 학생임을 증명하는 것은 당신이 엄청난 재산의 숨겨진 상속인이라는 것을 증명하는 것보다 덜 중요하다). 인증은 일반적으로 클라이언트가 서버에 자신을 인증하는 것과 같이 한쪽에서 다른 쪽으로 인증하는 것이다. 인증 시스템은 양방향일 때도 있고 각 방향의 시스템이 다를 수도 있다. 예를 들어 웹 브라우저는 은행 홈페이지에 접속하고 SSL을 시작하기 위해 디지털 인증서를 인증한다. PKI를 사용해 클라이언트를 인증하는 서버인 것이다. 클라이언트는 은행의 패스워드를 통해 인증을 할 것이다. 더 많은 곳과 연관된 인증 기법도 있다.

인증은 (양방향에서) 세레모니로 여기고 정보가 어디서 오는 것인지, 어떻게 위장이 될 수 있는지, 그리고 실제로 유효한 값인지 항상 주의를 기울여야 한다.

환경설정

환경설정에는 특정 행위를 허가하거나 거부하는 환경설정을 비롯해 다양한 그룹 환경 설정 방법이 있다. 사람의 정신 모델과 같이 테스트하기 어려운 환경을 고려하는 것이 도움이 된다. 유용한 기술은 '시스템의 상태를 어떻게 다른 사람들이 볼 것인지(X가 Y를 할 수 있다와 같은)' 묻는 것 혹은 '변경 사항에 대해 설명하는' 사람을 두는 것을 포함한다. 보안을 위한 시스템 환경설정은 어렵다. 환경설정을 수행하는 사람은 컴퓨터 교육을 정확하게 받을 필요가 있고, 올바르게 진행되고 있다는 확신을 갖기 위해 테스트를 수행해야 한다. 이는 기술자와 비기술자 모두에게 어려운 문제다.

- **환경설정**은 설정을 바꾸는 행위다.
- **동의**는 조건의 집합이다.
- **인증** 또는 권한 설정
- **검증**은 설정 방화벽 상태나 웹사이트 확인과 같은 요청
- **감사**는 시스템이 사람들이 보거나 행동할 수 있는 적절한 상태인지 조사하는 것

환경설정에 대해 생각할 때 누가, 무엇을, 왜, 언제, 어디서, 어떻게(6하 원칙 – 옮긴이)를 고려해야 한다.

- **누가** 환경설정을 수행할 수 있는가? 아무나 가능한가? 관리자만? 부모 서버가 존재하는가?
- **무엇을** 그들이 설정하거나 추가할 수 있는가? on인가 off인가? 변경될 요소들이 "방화벽이 IP 주소 혹은 포트를 막을 수 있다."와 같은 내부적인 세부 사항인가? 혹은 "이 사용자가 접속이 허용된 사용자인가?"와 같은 외부적인 사항인가? 각 접속 채널이 ACL을 확인해서 알아야 한다.
- **왜** 설정 값을 변경하고 싶어 하며, 사용자 인터페이스가 무엇을 할 것이며, 어떤 오류를 저지를 것인지 판단하는 시나리오를 사용하는가?
- **언제** 환경설정을 바꿀 것인지 선택하는가? 상호작용하는가? 아니면 반작용하는가? 적시에 일어나는가?
- **어디서** 변경을 할 것인가?(그리고 어떻게 인터페이스를 찾을 것인가?)
- **어떻게** 사용자가 그들의 의도를 시행할 것인가? '어떻게'는 어떻게 변화를 도모할 것인가 뿐만 아니라 어떻게 테스트할 것인가도 포함된다. 예를 들어 윈도우의 '효율적인 권한' 혹은 링크드인^{LinkedIn}의 "다른 애들이 이 프로파일을 어떻게 보는지 나에게 말해봐"와 같은 것이다. 전체적으로 사용자들이 어떻게 시스템의 환경설정을 볼 것인지 고려하라.

좋은 시스템 환경설정의 설계는 어렵다. 초창기에 결정된 의사결정이나 굉장히 비싼 의사결정이 변화를 가능하게 만들 수 있다. 예를 들어 리더^{Reeder}는 윈도우 파일의 권한 모델로 사람들이 어려워한다는 것을 보여줬다. 그리고 거부 우선권을 넘은 '특이 속성'의 변화는 사람들의 예상보다 더 나은 것으로 나타난다(Reeder, 2008a). 그러나 단 방향 접근 통제 규칙을 깨는 배치 변화는 100만 시스템을 설정 가능하게 만들었다. 그리고 각각의 규칙은 왜 그런 방식으로 설정하는지, 변경의 의미가 무엇인지, 어떤 것이 잘 고치는 것인지 이해하기 위해 매뉴얼의 도움이 필요하다.

소프트웨어 모델링 설계

인간 요소 분석에 유용한 다양한 설계의 종류가 있다. 예를 들어 수영 레인, 데이터 흐름 다이어그램, 상태 머신 등이 있다. 각각의 모델은 소프트웨어, 시스템 혹은 프로토

콜의 모델이다. 이 절에서는 루프 속의 인간을 찾도록 어떻게 각각의 모델이 수정될
수 있는지 알아본다.

수영 레인

2장에서 프로토콜을 위한 수영 레인 다이어그램을 배웠다. 이 다이어그램은 사람을
모델링할 때 적용된다. 세레모니 분석에서 그림 15-3에 나타나는 것처럼 각각의 참석
자들을 나타내는 수영 레인을 추가한다(세레모니에 대한 엘리슨[Ellison]의 논문에서 발췌했다.
Ellision, 2007). 각 레인 사이에는 명백한 경계가 있다. 이 다이어그램에서 S는 서버이고,
A1과 A2는 공격자, CC는 클라이언트, CA는 인증서다.

　이 다이어그램은 특히 A1과 A2가 공격자가 통제하는 기계라는 사실을 깨달았을 때
연구해볼 가치가 있다. 공격자 A는 알 수 없다고 적혀있다. 이 공격자가 아는 것은
C의 보안과 관련이 없고, 사람들은 속고 있는 것이다. 또한 컴퓨터가 사람에게 주는
메시지('S', 서버의 약자)와 사람이 컴퓨터에게 주는 메시지('클릭')는 프로토콜 메시지다.
컴퓨터와 사람 간의 메시지가 명확하게 보이고 각각의 내용이 모델링됐다는 것을 확실
하게 하는 것은 매우 중요하다. 이러한 모델링은 근거 없는 가정과 제공되지 않은 정보,
그리고 다른 커뮤니케이션 문제를 구분하게 도와준다.

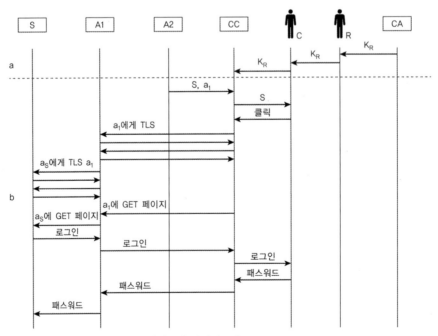

그림 15-3 엘리슨의 HTTPS 세레모니 다이어그램

상태 머신

상태 머신은 종종 무생물의 상태를 모델링할 때 사용된다. 기계의 상태는 사람의 상태에 비해 간단하다. 그러나 그렇다고 해서 당신의 소프트웨어를 사용하는 사람들의 상태를 알 수 있게 도와주지 못하다는 의미는 아니다. 예를 들어 웹사이트에 접속하려다 보안 경고로 실패한 사람의 가능한 상태에 대해 탐구하는 그림 15-4을 들 수 있다. 상태 머신은 존재하는 두 가지 상태가 있는데, 웹 페이지를 읽는 상태와 대안을 고려하는 상태다. 상태 주변에 있는 어두운 선이 판단 기준이 된다.

이 모델은 간략하게 다음과 같은 몇 가지 문제를 나타낸다.

- '무시하기' 버튼이 쉽게 보인다면 귀찮아하는 사람들이 쉽게 누를 것이다
- 보안 결정에 격하게 짜증이 난다면 그들은 경고 창을 무시할 가능성이 있다.
- "별들이 나란히 있어야만 한다."는 것은 차선책을 고려하는 상황으로 만들 것이다.

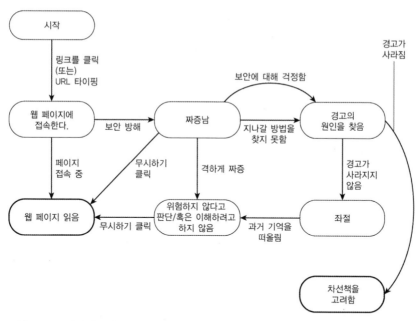

그림 15-4 인간에 대한 상태 머신

세레모니와 함께 상태 머신을 사용할 수 있다. 세레모니에서 노드는 비밀을 포함한 상태, 입/출력 가능한 상태 머신, 대역폭과 주의를 포함한 서비스 응답 시간, 그리고 다양한 종류의 오류 개연성으로 모델링될 수 있다(엘리슨은 같은 속성 집합에 더 나은 결과를 가져다 줄 더 긴 리스트를 제공한다. Ellision, 2007).

전자 사회공학 공격 모델링

마이크로소프트의 프로젝트는 전자 사회공학 공격을 설명할 수 있는 포괄적인 방법이 필요했다. 이 맥락에서 전자라는 의미는 사람 대 사람이나 전화를 통해 이뤄진 사회공학 공격을 제외한 모든 범위를 일컫는다.

표 15-1에서 나온 서술 모델에 유용한 채널과 속성을 떠올릴 수 있다. A열에서 하나를 고르고 B열에서 하나를 고르는 식의 중국어 메뉴처럼 사용된다고 생각하면 된다. 여기에 있는 설명은 대부분 온라인 사회공학 공격을 설명하는 데 효율적이다. 불행하게도 생생한 디테일은 사라진다(몇 개는 장황하다). 보통 '나이지리아 왕자가 보낸 스팸'부터 '당신이 모르는 어떤 사람에게 온 것처럼 위장하는 이메일' 혹은 '피싱'부터 '업무를 보기 위해 인증 정보를 입력해야 하는 기관의 홈페이지로 위장한 웹사이트'까지 일반화된다. 그러나 그에 따른 모델 설명은 그런 공격을 사람들이 잘 대처할 수 있도록 도와주는 기술 설계나 교육을 제공하는 방법으로 관련된 상세 내용을 잡아낼 수 있다.

표 15-1 전자 사회공학 공격의 속성

연락 채널	위장	인터넷 설득	익스플로잇 공격 피해자 행동	위장 기술
이메일	운영체제 혹은 인터페이스 제품(맥OS 경고 혹은 크롬 브라우저 팝업)	탐욕/보상의 가능성	문서 열기	시스템 문구나 경고
웹사이트	제품/서비스	위협/공포	링크 클릭	파일명(숨긴 확장자)
소셜 네트워크	당신이 아는 사람	관계 유지	단말기/USB 연결	파일 종류
IM	관련 기관	업무 관계 유지	프로그램 설치와 실행	아이콘
물리적*	관련 없는 기관	호기심	인증정보 입력	여러 언어로 된 파일명†
	모르는 사람	선정적인 관심	관계를 쌓는 것‡	
	권력 기관	─		

* 물리적은 온라인 속성을 가진 다른 것들과 대립하지만 종종 주차장에 남겨진 USB 드라이브와 같이 흥미롭게 겹치는 부분이 있다.

† 여러 언어로 된 위장은 같은 이름을 왼쪽에서 오른쪽으로, 그리고 오른쪽에서 왼쪽으로 써진 언어를 사용하는 것과 관련 있다. 모든 문화적 요구를 충족시킬 방법이 없다.

‡ 관계를 쌓는다는 것 또한 상당히 겹치는데, 모든 전자 사회공학인 악성코드를 설치하는 데 초점을 맞추고 있지는 않다.

기술적 위장 열은 종종 분명한 사항을 포함한다. 이 요소들은 위장 열 위에 '사용자 인터페이스 요소'의 특수 버전이다.

위협 도출 기술

이 책의 2부에서 다루는 위협 발견 기술은 사용자 경험에 적용될 수 있다. 특히 위장은 관련이 많다. 브레인스토밍 과정 중 어떤 것이든 가져올 수 있다. 세레모니 접근법은 위협을 찾는 정형화된 방법을 제공한다. 또한 '인간 상태 머신'이 무엇을 할 것인지 또는 수행한 테스트의 결과를 어떻게 설명할 것인지 생각할 때 앞서 설명한 인간 모델을 고려해볼 수 있다.

브레인스토밍

지금까지 설명한 사람과 시나리오 모델은 누구든 브레인스토밍을 통해 위협을 발견할 수 있게 돕는다. 보안 혹은 유용성 전문가의 참여로 더 생산적으로 변모할 수 있다. 두 전문가의 다른 목표는 충돌을 야기하지만 유용성 전문가는 근본적인 업무로 돌아가는 법을 더 쉽게 만드는 경향이 있고, 보안 전문가는 지금 현재 닥친 위협에 중점을 두는 경향이 있다. 그 중간 단계가 당신에게 도움이 될 것이다.

위협 모델링의 세레모니 접근법

이전에 언급한 적 있는 칼 엘리슨^{Carl Ellision}이 만든 위협 모델링에 대한 세레모니 접근법은 '고전적인' 위협 모델링과 같다. 컴퓨터와 인간 모두 연관 있는 네트워크 프로토콜의 관찰부터 시작된다. 그는 이 관찰을 보안 세레모니를 분석하는 접근법으로 발전시켰다. 「세레모니 설계와 분석」이라는 엘리슨의 논문에서 그의 모델은 이해하기 쉽고, 위협 모델의 인간 관점을 고려할 때 읽을 만한 가치가 있다. 그 논문에서는 세레모니를 다음과 같이 소개하고 있다.

> [세레모니는] 인간 노드와 컴퓨터 노드, UI 및 인간과 인간 의사소통을 비롯한 커뮤니케이션 연결, 그리고 정보를 전송하는 물리적 전달 매개체와 같은 네트워크 프로토콜 개념의 확장판이다. 대역 외 프로토콜은 대역 내 세레모니이고, 그러므로 다양한 기술을 사용한 주제에 대한 설계와 분석은 프로토콜 설계와 분석에 사용된다. 세레모니에는 프로토콜뿐만 아니라 모든 사용자 인터페이스에 사용되는 애플리케이션, 그리고 업무 흐름과

권한 설정 시나리오를 포함한다. 보안 세레모니는 일반적인 공격과 사회공학 공격으로부터 모두 인전하게 만든다. 그러나 몇 개의 보안 프로토콜은 안전할 수 있는 세레모니를 내포한다.

- 칼 엘리슨, 「세레모니 설계와 분석」(IACR Cryptology ePrint Archive 2007)

'일반적인' 프로토콜에는 두 개 이상의 노드가 있는데, 그중 하나는 현재 상태와 상태 머신(그 둘 사이에 전송되는 법칙과 상태의 집합), 그리고 보낼 수 있는 메시지의 집합이다. 엘리슨은 이것을 사람에게 확장했다. 사람은 상태와 송/수신된 메시지와 다른 상태를 전송하는 방법을 갖고 있기 때문에 모델링될 수 있다고 말했다. 그는 또한 메시지를 분석하는 데 오류를 범할 수도 있다고 말한다. 엘리슨은 세레모니에 대해 다음과 같은 3개의 중요한 포인트를 말했다.

- "세레모니 대역 외는 존재하지 않는다." 대역 외에 발생할 수 있다고 가정한다면 안전하지 않은 상태에서 모델링하거나 설계했을 것이다.
- 정보 흐름, 즉 연결은 인간과 인간, 인간과 컴퓨터, 컴퓨터와 컴퓨터, 물리적 행위 혹은 법적인 행위가 될 수 있다.
- 인간 노드는 컴퓨터 노드와 동등하지 않다. 인간이 실제로 어떻게 행동할지 잘못된 판단은 시스템의 보안을 파괴할 것이다.

세레모니의 발견 학습 분석

발견 학습으로 단순하고 쉽게 밝혀질 수 있는 위협들이 있다. 그리고 그 위협은 더 체계화된 업무에서 발견될 확률이 높다. 각각의 발견적 학습은 위협을 해결할 방법을 제시해준다. 처음 4개는 엘리슨의 '세레모니 설계와 분석'에서 제시한 발견적 학습법에서 추출할 수 있고, 마지막 두 개는 다른 발견적 학습법에서 발견할 수 있다.

잃어버린 정보

첫 번째로 살펴볼 것은 잃어버린 정보다. 각각의 노드는 그것들이 행동할 것이라고 예상한 정보를 갖고 있는가? 사소한 예를 들자면 HTTPS 시나리오에서 사람은 서버 이름(S)이 URL(A1)과 일치하지 않는다는 것을 알고 있다고 예상할 수 있다. 그러나 컴퓨터로부터 온 메시지는 오직 URL이 아닌 서버 이름만 갖고 있다. 그러므로 분석은 사소하다. 설계자는 고객에게 결정을 내리도록 요구를 하지만 결정을 내리기에 충분한 정보를 주지 않는다.

사람들이 내려야 할 결정에 대해 무슨 정보가 의사결정에 필요한지 명확하게 확인해주고, 다른 요소에 흔들리지 않게 충분히 빨리 그 정보를 제공하고, 다른 정보에 방해되지 않도록 더 이상 필요하지 않을 때 정보 제공을 중지하자.

방해 정보

당신이 제공한 정보에 의거해 행동하길 원한다면 각각 추가적인 정보의 조각은 방해물로 작용하며, 확증 편향의 요소가 된다는 사실을 명심하라. 암호로 서명된 이메일이 실제로 서명된 것인지 판별하는 인간 요소에 대해 이야기해보자면 엘리슨은 그림 15-5와 같은 스크린 샷을 보여주며, 사람들이 5가지 요소에 주목할 것이라고 주장한다. '발신 주소', '그림', '서명 주소', '메시지 내용', 그리고 '사람이 볼 수 있는 문맥적 정보'다. 프로토콜 설계자가 당신이 보길 원했던 요소는 '서명된' 주소 하나다. 윈도우 창 제목을 비롯한 다양한 GUI 요소 아래에 있는 '발신', '수신', '참조', '제목' 다음에 오는 5번째 요소다. 그 밖에 사진과 작은 아이콘도 있다(Ellsion 발췌, 2007).

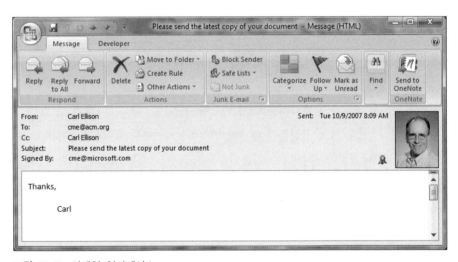

그림 15-5 이메일 인터페이스

방해의 가능성을 해결하기 위해, 세레모니의 키가 아닌 정보는 드러나거나 어떠한 방법으로 강조돼서는 안 된다. 특히 쉽게 대체될 수 있는 정보가 보이거나 세레모니에 사용되길 희망하는 정보가 혼란을 야기하지 않도록 주의를 기울여야 한다.

질 낮은 요소

세레모니는 모든 것을 포함하기 때문에 우리는 시스템 아키텍처가 속임수를 쓸 수 있는 곳을 알려주기 원한다. 예를 들어 시스템의 PKI 루트 키가 어떻게 숨기거나 컴퓨터의 소유주에게 메시지를 보내는 것을 인증할 수 있을까?(PKI 루트 키는 종종 경고 메시지와 초록색 URL 바 혹은 브라우저 안에 자물쇠와 같은 활성화된 메시지를 숨긴다). 이러한 질 낮은 요소를 다루기 위해 명시하자. 관련된 위험을 받아들이는 데 실용적인 요소가 될 것이다. 그러나 위험의 견고한 진술은 그것을 다루는 방법을 찾을 수 있게 해줄 것이다.

애매한 비교

사람들은 문자열을 비교하는 데 서툴다. 예를 들어 82d6937ae236019bde346f55bcc84d587bc51af2와 82d6937ae236019bde346f55bcc84d857b는 동일한 문자열인가? 확인해 보자. 사실 이건 중요하다. 이 책이 배치될 때 문자열들이 위아래로 배치되지 않기를 희망한다. 자, 확인했는가? 대부분 독자들이 이 기가 막힌 위협 모델의 일부분인 이 부분을 지나치지 못하고 문자 하나하나 비교하고 있을 거라고 예상한다. 정답이 중요한 것이 아니라 대부분 사람들이 우리가 고른 답이 충분히 좋았다고 만족하기를 원하기 때문일 것이다. 첫 번째 (혹은 마지막) 단어는 동일하기 때문에 나머지도 그럴 것이라고 추측할 것이다. 종종 공격자들은 사람들이 쉽게 지나치기 쉬운 애매한 시험에 들게 할 수 있다.

애매한 비교를 해결하기 위해서는 쉽게 비교할 수 있는 비트로 나타낼 수 있는 방법을 찾아야 한다. 예를 들어 사람들은 얼굴을 인식하는 데 매우 탁월하기 때문에 데이터를 대변하기 위해 얼굴을 사용할 수 있는가? 혹은 다른 그래픽 요소는 어떠한가? 그림 15-6인 데이터를 이미지로 변환하는 기술(시각적 해시)을 예로 들 수 있다(Levien, 1996; Dalek, 1996). 이런 것을 분석하는 것이 보안 유용성에 도움이 되는 것처럼 보이지 않더라도 말이다.

1개의 단어 인식 시스템을 활용하고 비교 가능성을 높여 단어를 숫자로 변환하는 것이 가능할지도 모른다. 결국 비교 작업을 수행할 때 모든 방법이 소용없다면 4개나 5개의 숫자 그룹을 만들어 최소한 사람들이 자연스러운 브레이크포인트를 찾을 수 있게 만들자.

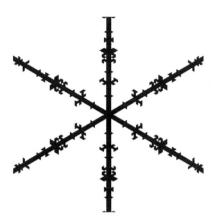

그림 15-6 눈 꽃송이 시각적 해시

카너먼, 리즌, 행동주의

'인간 모델'의 모든 부분은 발견적 학습법이나 검토 리스트로 사용될 수 있는 관점을 퍼뜨린다. 당신은 스스로에게 물을 것이다. "이걸 어떻게 적용한다는 거지?"

스타자노-윌슨 모델

프랭크 스타자노^{Frank Stajano}와 폴 윌슨^{Paul Wilson}은 사기 모델을 창조한 BBC '진정한 음모' TV 프로그램의 제작자와 함께 일했다(Stajano, 2011). 그들의 관점은 말 그대로 여기에 인용되고 위협 도출에 적용될 것이다.

1. **원칙 혼란** 관심을 사로잡는 어떤 것에 의해 집중력이 방해될 때 음모자들은 우리가 알지 못하는 사이에 무슨 짓이든 할 수 있다.
2. **사회 준수 원칙** 사회는 사람들을 권위에 질문하지 않도록 학습한다. 음모자들은 그들이 원하는 것을 우리가 하게 만들기 위해서 이러한 '의심스러움의 정직'을 활용한다.
3. **군집 원칙** 의심스러운 흔적에 대해 주변의 모든 사람이 동일한 위험을 공유할 때 방어를 철회한다. 다수가 안전한가? 그들이 모두 우리에게 음모를 꾸민다면 그렇지 않다.
4. **부정직 원칙** 내면의 나쁜 마음은 처음에 우리를 잡아끄는 것이다. 그 후에 우리가 저지른 불법 행위는 사기꾼들이 우리를 이용하는 데 약점으로 작용될 것이다.
5. **친절 원칙** 사람들은 근본적으로 착하고 기꺼이 도움을 준다. 음모자들은 부끄럽게도 그런 점을 이용한다.

6. **필요와 탐욕 원칙** 우리의 필요와 욕구는 우리를 무력하게 만든다. 음모자들이 우리가 무엇을 원하는지 알게 된다면 그들은 쉽게 우리를 지배할 수 있다.

7. **시간 원칙** 중요한 선택을 할 때 시간적 압박이 있다면 우리는 다른 의사결정 전략을 이용할 것이다. 그리고 음모자들은 비이성적인 행위로 우리를 조종할 것이다.

군집 원칙에 대한 논의는 얼마나 다양한 공격이 존재하는지 보여준다.

4단계 프레임워크에 유용성 통합

기술적 위협을 모델링하는 활동을 구분하는 것으로 유용성과 세레모니 문제를 바라본다. 또한 두 가지를 고려한 4단계 프레임워크에 유용성을 가져갈 수 있다. 즉, 대응책과 검증이다. '설계 변경, 표준 대응책을 사용, 사용자 정의 대응책을 사용, 위험을 감수'를 대응책으로 생각하는 일반적인 접근 방식이 '사람에게 요청해 위험을 전달'로 확장된다면 15장에서 설명한 기술에 대한 자연스러운 출발점이 된다. 비슷하게 검증에서 사용자 인터페이스가 보안과 프라이버시 보호를 결정하도록 사람에게 요청하는 경우 15장의 기술로 평가하는 것은 도움이 될 것이다. 그림 15-7에서 설명하고 있는이 접근 방식은 브라이언 론스베리[Brian Lounsberry], 에릭 더글라스[Eric Douglas], 롭 리더[Rob Reeder]와 내가 개발했다.

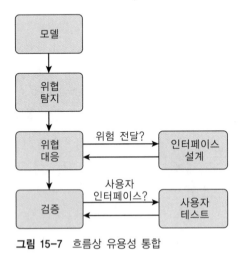

그림 15-7 흐름상 유용성 통합

인적 요인에 대응하기 위한 도구와 기술

위협을 찾는 방법을 설명하면서 지금은 어떻게 위협에 대응할 수 있는지 이야기할 시간이다. 이 절은 공동체로서 우리가 챙겨야 하는 사람에 대한 신화로 시작한다. 좋은 솔루션을 찾는 데 도움이 되는 설계 패턴을 계속 추진하고, 친절한 학습 환경에 대한 몇 가지 설계 패턴을 설명한다.

이상적인 세계에서 모두가 신중하게 그들이 직면한 보안 결정을 생각하고 트레이드 오프를 연구할 시간을 갖고 있고, 그들의 목표와 옵션이 갖는 위험을 받아들인다(또한 이상적인 세계에서 기술 생산자는 그들을 돕기 위해 필요한 노력을 들이면서 행복해 할 것이다). 실제 세계에서 사람들은 일반적으로 인지된 위험, 자신의 능력에 대한 자각, 가능한 시간과 다른 요인의 핵심에 대해 균형을 맞춘다. 설상가상으로 보안의 경우 가끔 '올바른' 결정을 하지 못한다. CEO와의 긴급회의에서 지금 무슨 일이 일어나고 있는지 프레젠테이션을 출력해 달라고 당신에게 요청하는 상사로부터 이메일을 받은 경우 진짜 상사로부터 온 것인지 확인하기 위해 호출할 수는 없다. 누군가 상사로부터 받은 당신의 이메일을 인계받아 위험을 감수하길 원할 것이다. 당신은 정하기 아주 어려운 결정을 사람들이 쉽게 내리길 원한다. 당신은 그들이 그렇게 하도록 요청하지 않고도 사람들이 가능한 한 더 깊게 파고들기를 원한다.

인적 요인을 금지하는 신화

보안에서 인적 요인에 위협적인 수많은 신화가 있다. 그것들 모두는 일반 사람들이 경멸하는 대상이다. 사람들은 도저히 손댈 수 없거나 거의 관련이 없다고 주장한다. 거의 관련이 없는 것은 거의 항상 인터넷에 연결된 코드 취약점이다. 사회는 일반 어른들이 술을 마시고, 자동차를 운전하고(이상적으로 같은 시간에는 아님), 아이들을 갖는 것을 믿는다. 컴퓨터를 안정하게 사용하는 것이 훨씬 더 어려운가? 그렇다면 누구의 잘못인가? 다음은 보안 용어상 사람들의 행동에 대한 일반적인 신화다.

- "보안과 춤추는 돼지 사이에 선택이 주어지면 사람들은 매번 춤추는 돼지를 선택한다." 그래서 왜 선택을 하는가? 더 진지하게 이것을 말하는 더 좋은 방법은 "명백한 질병의 영향이 없기 전에 그들이 수천 번 클릭한 경고를 무시하는 것과 즐거움이 없는 것 사이에 선택이 주어지면 사람들은 매번 경고를 지나칠 것이다."
- "사람들은 보안을 신경 쓰지 않는다." 또는 "사람들은 보안에 대해 생각하고 싶어

하지 않는다." 둘 중 하나 또는 둘 다 사실이다. 하지만 사람들은 바이러스에 걸린 시스템을 깨끗이 해야 하거나 체크카드의 부당 청구를 처리하는 것 같은 결과에 대해 예민하다.

■ "사람들은 듣지 않는다." 사람들은 듣는다. 이것은 때때로 기괴하고, 시간 낭비고, "물론, 여전히 위험이 있을 거야"라는 말이 따라오기 때문에 보안상 조언에 따라 행동하지 않는다. 당신의 말을 듣고 있는 사람들에게 알맞은 정교한 조언을 할 필요가 있다.

■ "나의 어머니는 그것을 이해하지 못한다." 당신의 어머니는 매우 스마트하다. 결국 그녀는 당신을 키웠고 당신은 이 책을 읽고 있다. 이상이 내가 증명하려는 내용이었다. 더 진지하게 당신의 고객이 이해할 수 있는 시스템을 설계해야 한다.

좋은 결정을 위한 디자인 패턴

사람들을 공격하는 위협을 완화하기 위한 디자인 패턴은 다른 범주의 위협과 유사하다. 이 절에서는 네 가지 높은 수준의 패턴인 사람에게 요구 최소화, 조건부의 안전 세레모니, 긴급 회피, 안전을 위한 경로 확인을 설명한다.

사람에게 요구 최소화

사람들이 상태 머신 학습 프로그램에 소질이 없다면 사람들에게 요구되는 것이 적을수록 세레모니는 불안 요소를 더 적게 가질 것 같다. 사람들은 다른 노드가 적절한 결정을 내리는 데 필요한 정보를 그들이 갖고 있을 때(또는 합리적으로 갖고 있을 것이라고 기대될 때) 반드시 참여한다. 예를 들어 윈도우 비스타^{Windows Vista}는 그들이 연결할 수 있는 네트워크의 종류를 사람들에게 묻는 대화상자를 소개했다. 이는 컴퓨터가 안정적 결정을 할 수 없는 정보(집, 직장, 커피숍처럼)를 도출하고 적절히 방화벽을 구성하는 데 사용됐다. 의미 있는 ID에 대한 결정을 내릴 때 사람 또한 반드시 참여해야 한다. 프로그램이 사람에게 반드시 요구하는 다른 데이터 포인트나 관점이 있을 수 있다. 사람들에게 물어보는 것을 최소화하기 위한 두 가지 특정 기술로, 그들이 알 필요가 있는 것 듣기와 일관성 구축이 있다.

■ **사람들이 알 필요가 있는 것 듣기** 보안 결정을 내리기 위해 단순히 사람들이 알 필요가 있는 것의 리스트를 만드는 것은 안젤라 잣세^{Angela Sasse}가 옹호하는 강력한 기술이다. 이 기술은 여러 가지 장점을 갖는다. 첫째, 이 책의 간단한 기술들 사이에

있다. 이것은 특별한 훈련이나 장비를 필요로 하지 않는다. 둘째, 리스트를 작성하는 행동은 현실적 확인을 내세우는 경향이 있다. 리스트가 하나의 단위(화이트보드, 페이지 등)보다 더 길어지면 아주 긍정적이더라도 사실 여부에 의문을 갖기 시작할 것이다. 마지막으로 리스트를 만드는 것은 체크리스트로 리스트를 사용할 수 있게 해주고, 고객이 리스트의 각 항목을 학습하는 방법을 요구하는 것이 다음의 쉬운 (그리고 아마 분명히) 단계다.

- **일관성 구축** 사람들은 심지어 패턴이 존재하지 않는 곳에서 패턴을 찾아낼 만큼 패턴을 찾는 데 뛰어나다. 일관성 있는 관찰을 기반으로 세계의 모델을 구축하는 데 이 역량을 사용한다. 당신의 소프트웨어가 자체적으로 또는 운영체제의 기대와 상반되는 결과로 사람들에게 더 많은 것을 요구한다. 그래서 가볍게 하지 말자. 나쁜 환경과 친절한 환경의 문제와 관련된 일관성은 야콥스Jacobs에 의해 제기됐다. 제품 내에서 보안 사용자 경험이 일관성 있는 것을 보장하는 것은 다른 제품에서 보여주는 인터페이스의 일관성을 보장하는 것처럼 매우 가치 있는 단계다. 이러한 일관성은 제품의 친절한 학습 환경을 만든다. 물론 기술 혁신과 실험 가치의 균형을 이뤄야 한다. 모든 것이 완벽하게 일치하는 경우 차이점으로부터 배울 수 있는 것이 없다. 하지만 우리는 무작위의 불일치를 방지하기 위해 노력할 수 있다.

조건부의 안전한 세레모니

일관성은 당신의 시스템을 사용하는 사람들에게 도움이 될 것이다. 하지만 조건부의 안전한 접근 방식이 더 나을 것이다. 조건부 안전 세레모니CSC의 개념은 두 가지 방법을 수행하는 훈련의 관찰로 만들어진다. 즉, 보안상 임의의 충격이나 중단을 기대하는 사람들을 훈련한다기보다는 안전하게 행동하도록 훈련하고 시험할 수 있다. 캘리포니아 버클리 대학의 크리스 카를로프Chris Karlof와 동료들은 아이디어를 소개하는 그들의 논문(Kalof, 2009)에서 조건부 안전 세레모니의 사용을 규제하는 다음과 같은 네 가지 규칙을 제안했다.

1. CSC는 안전 규칙만을 조건으로 한다. 공격자에 의해 제어되는 환경에서조차 안전하게 적용될 수 있는 것들이다.
2. CSC는 적어도 하나의 면역성 있는 규칙을 조건으로 해야 한다(즉, 공격을 실패하게 하는 규칙이다).
3. CSC는 규칙을 적용하는 데 사용자의 결정을 요구하는 규칙의 형성을 조건화하지

않는 것이 좋다.

4. CSC는 사람들이 확실히 자발적 행동을 하거나 매번 훈련/조정받지 않는다고 가정해서는 안 된다.

또한 기능을 강제하는 아이디어에 대해 토론했다. 이러한 맥락에서 기능을 강제하는 것은 '사람의 실수를 방지하는 제한적 설계의 행동 형태'다. 예를 들어 브레이크를 밟았을 때만 출발할 수 있는 자동차다. 사람들은 정기적으로 과정에서 생략 단계의 실수(가장 일반적인 유형의 실수 중 하나일 것이다)를 하고, 그들이 단계를 생략했을 때 거의 알아차리지 못한다. 기능을 강제하는 것은 사람들이 중요한 단계를 완수하는 것을 보장하는 데 도움이 된다. 기능 강제는 기능 강제를 비롯한 기능 모음의 사용을 피하는 회피를 생각했을 때 피하는 것보다 수행하는 것이 더 쉬울 때만 동작할 것이다. 그들은 강제 기능으로 윈도우 로그인 화면을 불러오기 위해 **Ctrl+Alt+Delete**의 예를 사용한다.

긴급 회피

현재 온라인 신용 사기와 가장 일치하는 요소 중 하나는 긴급이다. 긴급은 온라인 공격을 위한 가장 훌륭한 도구다. 그들은 경험의 통제를 유지, 그들 선택의 행동에 잠재적 피해자들을 보내는 것이다. 예를 들어 은행 신용 사기 피싱에서 사람이 이메일을 신경 쓰지 않은 경우 그들은 나중에 기관으로부터 진짜 이메일을 찾을 것이다. 그들은 책갈피를 사용하거나 카드 뒷면의 번호로 전화를 할 것이다. 가짜 웹사이트는 해체, 블랙리스트에 오르거나 사용할 수 없게 될 것이다. 따라서 긴급 회피는 고객 스스로 돕는 데 도움이 된다.

긴급 회피는 "우리는 당신이 우리 사이트를 방문해 **OK**를 클릭하는 일이 없이는 어떤 행동도 하지 않는다. 당신은 항상 책갈피나 우리 사이트를 찾기 위한 검색 엔진을 사용해 실제 보안 조치에 도달할 수 있다."는 말 같은 어떤 것을 포함한다. 당신의 고객이 당신에게 긴급을 기대하는 경우 긴급은 경고의 역할을 하기 어렵다. 고객에게 메시지를 보내 긴급한 상황을 피하는 것으로 공격자를 더욱 어렵게 만들자.

안전을 위한 쉬운 경로 확인

사람들이 사기를 당할 때 안전한 상태로 되돌아가기 위한 방법이 있는가? 안전을 위한 경로를 찾아(또는 기억) 쉽게 사용할 수 있는가? 예를 들어 당신의 홈페이지에서 언제나 당신이 보낸 메시지에 접근하기 위한 쉬운 방법이 있는가? 있다면 잠재적 피싱 피해자들은 경험의 제어를 받을 수 있다. 그들은 자신이 즐겨 찾는 웹사이트에 가서 메시지를 받는다. 중요한 새로운 메시지를 사람들에게 알리기 위해 골드 바(뒷부분의 '명시적 경고'에서 설명) 같은 패턴이나 이벤트 페이지를 사용할 수 있을 것이다. 그것을 항상 사용할 수 있다면 공격자는 시스템이 어떤 이유로 망가졌다고 사람들을 설득할 필요가 있다. 오늘날 '북 마크로 이동'이 혼란스럽고 의심스러운 보안 조언에 집중되기 때문에 그것은 쉽다(안전을 위한 경로 패턴은 롭 리더[Rob Reeder]에 의해 확인됐다).

친절한 학습 환경을 위한 디자인 패턴

친절한 학습 환경은 나쁜 것과 대조된다. 당신이 공격자라면 당신은 세상이 나쁘길 원한다. 당신이 원하는 것을 더 쉽게 얻을 수 있게 만들기 때문에 당신은 사람들이 혼란스러워 하길 원하고, 그들 스스로를 방어하는 방법을 불확실해 하길 원한다. 다음 절은 친절한 환경을 조성하는 방법에 대한 조언을 제공한다.

'Scamicry' 회피

Scamicry는 일반적인 사람을 위해 공격자의 행동을 구별하기 어려워하는 합법적인 기업(예를 들어 고객을 호출하고 올바른 사람에 접근해 콜백하기 위한 쉬운 방법 없이 인증 정보를 요구하는 은행)에 의한 행동이다. 어떻게 앨리스[Alice]는 그녀의 은행인지 사기꾼인지 결정할 수 있을까? 호출자의 ID를 믿고? 그것은 위장하기 간단하다. 마찬가지로 은행은 마케팅 캠페인에 대한 클릭 수를 추적할 수 있는 방법을 선택할 수 있다. 마케팅 회사의 도메인(example.com/bank/?campaign=123;emailid=345)을 사용하거나 자신의 도메인 내에 추적 URL(bank.com/marketing/?campaign=123;emailid=345)을 사용할 수 있다. 앨리스는 결정을 내리기 위한 도메인을 보고 싶어 할 것이다(그리고 많은 보안 담당자들은 그녀가 그렇게 하게 조언). 하지만 은행이 정기적으로 추적 도메인에 대한 링크와 함께 이메일 메시지를 보내는 경우 앨리스는 진짜 그녀의 은행인지 아닌지 URL을 보고 결정할 수 없다. Scamicry는 세상을 더 악한 환경으로 만들고, 사람들로부터 영향력을 빼앗고, 공격자에게 힘을 실어준다.

SCAMICRY는 무엇인가?

은행으로부터 온 것이라고 하는 음성 메일을 받은 후에 나의 팀은 scamicry라는 용어를 만들었

다. 발신자들은 그들의 웹사이트 문의 페이지에 없는 번호로 그날 콜백이 필요했다고 말했다. 나는 뭔가 큰 체크를 기록했고, 이 기록을 통해 그들의 사기 부서를 인지했다. 그러나 음성 메일의 요구 사항 '다음 4시간 내에 통화'에 대한 명확한 이유가 없었다. 은행은 아마도 웹사이트에 그들의 사기 팀의 번호를 저장하는 듯 했으나, 하루 정도 검사를 거쳤다(확인 과정의 규정으로 제약된 것일 수도 있지만). 경험을 논의하면서 우리는 일반적인 패턴이었다는 것과 아마도 이름을 지정하는 것이 이를 식별하고 극복하는 데 도움이 된다는 것을 깨달았다.

때때로 일반적인 조언을 지키기 매우 어렵고, 이 점은 우리에게 그 조언의 지혜에 의문을 일으켜야 한다(좋은 보안 조언에 대한 자세한 내용은 다음 절을 참조).

세레모니의 단계가 일반적인 보안 조언을 위반한 사람이나 그렇게 하도록 상대방을 자극하는 경우를 포함한다면 그것은 차선의 세레모니 설계다. 당신은 사용할 수 있는 보안 문제를 더 나쁘게 만드는 조직으로 scamicry를 생각할 수 있다.

사기에 대한 그들의 논문에서 프랭크 스타자노와 폴 윌슨은 다음과 같이 scamicry에 관한 밀접한 통찰력을 포함한다.

시스템 설계자는 시종일관 전체 시스템의 목표에 맞춰 인센티브와 책임을 조정해야 한다. 사용자가 맹목적으로 명령을 따르기보다 확인 사항의 분별을 수행하길 기대하는 경우 사회적 프로토콜은 '권한에 도전'을 허용해야 하고, 반대로 사용자가 의심 없이 권한을 준수하길 기대하는 경우 권한이 있는 사람들은 사기 당하는 경우에 대비해 그들의 책임을 낮춰야 한다. 이 원리를 이해하지 않는다면 피싱과 사회공학의 다른 모든 형태에 대한 싸움은 결코 이길 수 없다.

- 스타자노와 윌슨, 「사기 피해자의 이해」(Communications of the ACM, 2011)

더 나아가 이해가 불충분하다는 것을 말한다. '피싱 생태계'의 다양한 참가자 사이의 의도적 설계와 조정이 필요하다.

좋은 보안 조언의 특성

사람들이 온라인에서 어떻게 행동해야지에 대한 엄청난 양의 조언이 있다. 사람들의 '행동 모델'을 다룰 때 합리적으로 보안 조언을 무시하는 사람들에 대해 배웠다. 일부 문제점은 나쁜 환경을 만드는 그러한 사람들이 많다는 점이다. 합리적인 질문은 어떻게 좋은 조언을 만드는 가이다. 조언은 다음 다섯 가지 속성을 충족하는지 고려해보자 (Shostack, 2011b; Microsoft, 2011).

- **현실성** 지침은 일반적인 사람들이 불편함 없이 그들의 목표를 달성할 수 있게 해야 한다.
- **내구성** 지침은 관련 사실을 유지하며, 공격자가 사람에 대해 사용하기 쉽지 않아야 한다.
- **기억성** 지침은 사람과 함께해야 하며, 필요한 경우 기억하기 쉬워야 한다.
- **입증된 효과** 지침은 테스트돼야 하고, 실제 사회공학적 공격을 방지하는 데 도움이 되는 것을 보여줘야 한다.
- **간결성과 일관성** 간단히 말해 당신이 제공하는 지침의 양은 최소화해야 하고, 모든 문맥과 일치해야 한다.

사용자 인터페이스 도구와 기술

이상적으로는 사람들이 무엇인가를 할 필요가 없는 방법으로 위협을 해결해야 한다. 이는 심지어 가장 신뢰할 수 있는 사람보다, 그리고 경고를 통해 사람들이 클릭하지 않는 것보다 더 신뢰할 수 있다는 이점을 갖는다. 불행히도 이것은 항상 가능한 것은 아니다. 이 절에서의 방법은 8장의 내용과 강한 평행선을 이룬다. 당신은 환경설정과 명시적 경고를 설계하는 방법과, 사람을 강제로 집중하게 만드는 패턴을 배울 것이다. 이 절은 3장, 15장의 '인적 요인과 유용성', 그리고 14장에서 다룬 위장의 영향 아래 있는 시스템에 대한 위협으로 인증을 다루지 않는다.

환경설정

환경설정 작업은 프롬프트가 자신의 보안을 강화하거나 확인하게 장려하기 때문에 일반적으로 사람이 수행한다. 프롬프트는 뉴스나 친구, 정책 또는 알림 이메일, 보안을 줄이려고 하는 공격자가 말해준 이야기가 될 수 있다(아마도 더 재미있는 목표를 향한 단계로).
환경설정의 목표는 다음과 같다.

- 사용자가 보안적으로나 개인적으로 관련된 목표를 달성할 수 있음
- 사용자가 목표를 효율적으로 완료할 수 있음
- 사람들이 착수하고 있는 작업의 효과를 이해하도록 도움
- 바람직하지 않은 부작용 최소화
- 사람을 좌절시키지 않음

환경설정 인터페이스를 구축하는 것으로서 당신이 고려하거나 측정할 수 있는 몇 가지 통계는 다음과 같다.

- **검색 기능** 자신의 작업을 수행할 수 있는 적절한 인터페이스를 찾는 프롬프트를 얻는 것부터 할 수 있는 사람들의 부분은 무엇인가? 물론 사람들에게 이것을 어떻게 하는지 말해주지 않거나 환경설정 화면으로 시작하지 않는 것이 중요하다.
- **정확도** 사람들의 어떤 부분이 그들에게 주어진 작업을 정확하게 완료시키는가?
- **완료 시간** 작업을 완료하거나 포기하는 데 얼마나 시간이 걸리는가? 테스트 과제들은 사용자를 실험자와 같이 되게 하거나, 근면하거나 지능적임을 나타내려 하기 때문에 포기하는 시간이 더 높을 것이다.
- **부작용 소개** 사람들의 어떤 부분이 주요 작업을 달성하는 동안 실수로 다른 어떤 것을 하는가?
- **만족도** 사람들의 어떤 부분이 '만족'에서 '좌절'까지의 범위에서 만족으로 경험을 평가하는가?

앞의 두 리스트는 리더의 논문(Reeder, 2008b)으로부터 파생된 것이다.

명시적 경고

유용한 경고는 위험이 있다는 메시지로 구성된다. 위험과 관련된 영향을 평가하고 위험을 피하기 위한 단계를 가진다. 좋은 경고는 사다리에서 떨어지는 사람의 그림처럼 주의를 이끄는 장치의 일종을 포함할 수 있다. 그것은 유용한 경고의 아주 일반적인 정의다. 좀 더 구체적인 조언을 들자면 NEAT/SPRUCE 조합이나 골드 바 패턴을 고려해보자.

NEAT와 SPRUCE

NEAT와 SPRUCE는 효과적인 정보 보안 경고를 만들기 위한 암기법이다. 롭 리더[Rob Reeder]가 만든 지갑 카드 '자신에게 물어보자: 프라이버시 보호 UX(사용자 경험)나 보안'을 읽어보자.

- 필요한가? 사용자의 결정을 연기하거나 제거하기 위해 구조를 변경할 수 있는가?
- 설명했는가? 당신의 UX는 사용자가 결정을 내리기 위해 필요한 모든 정보를 나타내는가? SPRUCE를 따랐는가(다음을 보자).

- 실용적인가? 사용자가 현실적으로 정확한 결정을 내릴 수 있는 일련의 단계를 결정했는가?
- 테스트했는가? 당신의 UX는 양성과 악성 모두, 모든 시나리오에 대해 확인했는가? (우리 카드는 경고 테스트를 장려하는 효과를 여기서 변경한 NEAT인 UX를 참조)

SPRUCE는 효과적인 경고를 만들기 위한 체크리스트다.

- 출처: 사용자가 결정을 내리게 하는 요구하는 어떤 것이나 상태
- 프로세스: 좋은 결정을 하기 위해 수행하는 실행 가능한 단계를 사용자에게 제공
- 위험: 사용자가 잘못된 결정을 내리는 경우 나쁜 결과가 발생할 수 있는 것을 설명
- 사용자가 가진 고유 지식: 그들이 결정을 위해 갖고 가는 정보를 사용자에게 설명
- 선택 사항: 사용 가능한 옵션 리스트와 명확히 추천하는 한 가지
- 증거: 사용자가 감안해야 하거나 의사결정에서 제외해야 하는 정보를 강조

카드는 마이크로소프트(SDL 팀, 2012)에서 무료 PDF로 사용 가능하다. 왜 지갑 카드인가? 한마디로 유용성이다. 롭 리더는 효과적인 경고를 만드는 방법에서 그가 찾을 수 있는 모든 것을 검토했고 24페이지 문서로 요약했다. 그 문서는 68가지 조언을 담고 있다. 하지만 실제 프로그래머와 일하면서 그 방법이 너무 긴 것을 알았고, NEAT 지침을 만들었다. 경고는 필요성, 실용성, 설명, 테스트돼야 한다. SPRUCE 확장은 엘렌 츠람 코발치크[Ellen Cram Kowalczyk]와 공동 작업했다(Reeder, 2011a).

'골드 바' 패턴

골드 바 패턴은 경고, 환경설정, 그리고 프로그램의 메인 윈도우 하단이나 상단에 나타나는 비간섭 대화 바에 다른 안전 기능을 조합한다. 아마 마이크로소프트 오피스와 IE, 파이어폭스 같은 브라우저에서 그 패턴을 보았을 것이다.

인터페이스는 프로그램을 안전하게 할 수 있는 만큼 비형식적으로 나타난다. 예를 들어 인터넷에서 워드 문서를 읽을 수 있게 렌더링된다. 워드의 버전에 따라 안전하다는 정보를 담고 있는 바가 상단에 나타난다(아래, 워드는 샌드박스 상태에서 문서를 열고 공격 가능한 면과 기능을 줄이기 위해 프로그램의 버전을 제한한다. 이 중 하나를 클릭할 때 주의 깊게 보면 워드가 사라지고 다시 나타나는 것을 알 수 있다. 그것은 뷰어를 종료하고 풀 버전이 말호트라[Malhotra]를 시작하는 것이다. 2009).

이 패턴은 많은 중요한 보안 장점을 갖는다. 무엇보다도 사람들이 모든 결정을 내려야 하는 필요성을 제거할 수 있다. 두 번째로 더 많은 정보를 사용 가능한 그 시점에

보안 의사결정을 지연시킨다. 세 번째로 "인터넷상의 파일이 유용할 수 있지만 이 파일 형식은 잠재적으로 당신의 컴퓨터에 해를 끼칠 수 있다." 또는 "당신의 작업을 완료하시겠습니까?" 같은 것을 말하는 대화상자를 대체한다.

골드 바 패턴은 제한적이다. 바는 그것을 간과하게 만들 수 있는 교묘함이 있다. 이들의 크기는 바 내로 텍스트의 양을 제한한다. 또한 그것을 경험한 사람의 심리적 모델과 일치하지 않을 수 있다. 예를 들어 누군가 "왜 상사로부터 받은 이메일을 신뢰할 수 없다고 처리하고 왜 인쇄하기 위해 보호 모드를 종료해야 합니까?"라고 물어볼 것이다(상사의 컴퓨터가 감염되고 인쇄가 실질적인 공격 가능한 면을 노출하기 때문이다. 하지만 이것들은 인터페이스에서 명백하지 않고 설명이 있는 것도 아니다). 마지막으로 바가 교묘하기 때문에 강한 인터럽트를 걸 수 없고 앞에서 설명한 것처럼 시스템 2를 호출하지 못할 것이다. 직관적인 시스템인 시스템 1은 빠른 반면, 시스템 2는 복잡한 문제를 처리한다. 그들은 '사람에 대한 인지 과학 모델' 절에서 먼저 소개했다.

관심을 사로잡는 패턴

사람들이 후회할 어떤 것을 하기 전에 사람들을 강제적으로 천천히 하게끔 시도하려는 모든 패턴이 있다. 이 절은 이런 흥미로운 패턴들 중 일부를 검토한다. 시스템 2를 호출하는 방법으로 이것들을 개념화하는 데 도움이 될 수 있다. 이런 메커니즘의 목표는 시스템 2를 도입하는 대신 대답을 넘어가는 것을 방지하기 위해 사람들이 시스템 1을 사용하게 하는 것이다.

위험한 선택 숨기기

인터넷 익스플로러의 SmartScreen 필터는 사람들 앞에 있는 직접적으로 위험한 실행 버튼을 보여주지 않는다. 이를 위한 다양한 전략을 사용하고 있다. 예를 들어 그림 15-8에서 보여준 다운로드 후 대화상자는 삭제, 작업, 다운로드 보기 버튼이 있다. 이 경고를 보여줄 때 IE 사용자는 삭제를 선택하거나 95%의 악성코드를 실행하지 않는다. 이 인터페이스 디자인은 숨어있는 패턴이 덜 방해가 되는 매년 두 번 밖에(평균적으로) 대화상자를 보여주지 않는 다른 유용한 보안 승리와 조합됐다(Haber, 2011). 이것을 아주 효과적으로 만드는 정확한 요소를 구분하기 어렵지만, 이것의 대부분은 광범위한 테스트를 통해 정제된 요소의 조합에 의해 할 수 있다.

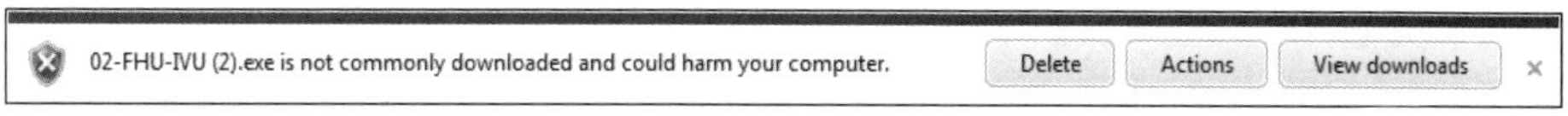

그림 15-8 IE SmartScreen 필터의 경고 대화 바

모달 대화상자

모달 대화상자는 시선을 끌어 사람이 대화상자에서 선택을 할 때까지 종료되지 않는다. 모달 대화상자는 여러 가지 이유로 총애를 잃었다. 예를 들어 떠 있는 모달 대화상자는 항상 인터페이스의 가장 앞 윈도우가 아니거나 가상 작업 환경이나 다른 모니터에 뜬다. 모달 대화상자는 작업의 흐름을 방해한다. Lightboxing은 오직 '불 켜'라는 모달 다이얼로그로, 어두운 인터페이스를 표시한다. 이것은 실수로 생긴 모달 대화상자의 문제를 해결하고 일반적인 웹사이트에서 사용된다.

가시 달린 버튼

케이스 랭[Keith Lang]은 가시가 달린 버튼 같은 덜 친근한 사용자 인터페이스 요소의 사용을 제안했다(Lang, 2009). 그림 15-9에서 샘플을 보여준다. 이에 대한 블로그의 논의에서 사람들이 얼마나 빠르게 이것에 익숙해질지에 대한 문제가 제기됐다. 다른 사람들은 더 표준화된 정지 이미지가 더 잘 작동할 것이라고 제안했다(37Signals, 2010). 가시 달린 버튼은 '주의' 메시지라기보다 "넘어가지 마세요" 메시지였지만 실험과 그것에 지속적으로 노출된 사람들 없이 말하기 어렵다. 내가 아는 한 이것은 사용되지 않았다.

그림 15-9 가시 달린 버튼

클릭 지연

파이어폭스의 추가 기능을 설치하려고 하면 파이어폭스는 4초의 지연을 준다. 그림 15-10에 나타난 바와 같이 설치 버튼이 회색으로 표시되고, 4초의 카운트다운을 보여준다. 이것이 영향을 미칠 수 있지만, 놀랍게도 이것은 실제로 당신을 멈추고 대화상자를 읽게 설계되지 않았다. 이것은 '전용'이라는 단어를 표시하는 보안 문자 같은 인터페이스를 사이트에 보여줘 공격자를 막기 위함이다. 사이트는 보안 대화상자를 여는

'n'을 입력할 때 소프트웨어를 설치하려고 한다. 당신이 'y'를 입력할 때 현재 활성화돼
있는 대화상자의 'yes'를 누른 것이다(Ruderman, 2004). 관련 기술 500ms 지연은 지리적
위치 프롬프트와 같은 다른 대화상자를 위해 사용된다(Zalewski, 2010).

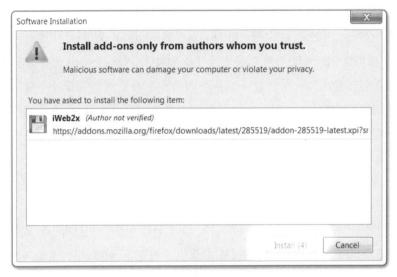

그림 15-10 파이어폭스는 당신이 이것을 읽는 것을 신경 쓰지 않는다.

인적 요인 테스트

위협을 해결할 수 있는 모든 방법과 마찬가지로 사람들을 포함한 위협에 대한 대응
방안을 테스트하는 것이 중요하다. 공격자가 누군가 어떤 행동을 취하게 설득하려고
하는 경우 그들의 정상적인 작업을 완료하는 동안 인터페이스는 잠재적 피해자가 보안
선택을 할 수 있게 도와주는가? 불행하게도 사람들은 놀란다. 그래서 진짜 사람들과
테스트하는 것은 유용하고 중요한 단계다.

　보안 관련 사용자 인터페이스의 테스트를 어렵게 만드는 몇 가지 문제가 있다. 이런
문제의 가장 좋은 요약은 보안 유용성 연구원인 스튜어트 셰터Stuart Schechter의 문서에
있다(Schechter, 2013). 문서는 유용한 보안 실험에 대한 기록(설계나 수행보다)에 초점을 두고
있다. 하지만 여전히 적용할 수 있는 아주 견고한 조언을 담고 있다. 또한 루빈Rubin의
『유용성 테스트 핸드북』 같은 책에서 유용성 테스트의 우수한 지침을 찾을 수 있다
(Wiley, 2008). 하지만 이 책에서는 보안 시나리오 테스트의 고유한 문제를 다루지 않는다.

양성과 악성 시나리오

일반 유용성 테스트는 "사람이 합리적인 노력으로 작업 X를 완료할 수 있는가?"라는 질문을 한다. 좋은 세레모니 테스트는 "사람이 작업 X를 완료하고 공격 받는 경우에만 올바른 예외 동작을 실행시킬 수 있는가?"라는 테스트를 필요로 한다. 그것은 훨씬 더 어려운 테스트 설계가 필요하다(당신의 공격자가 "이 파일이 진짜 악성이다! 어쨌든 이것을 클릭하세요"라고 시작하는 것을 기대하지 않더라도). 또한 두 배 이상 많은 테스트를 필요로 한다. 마지막으로 대부분의 사람들이 매우 드물게 테스트되는 사용자 경험만을 만난다고 믿을 이유가 없는 한 좋은 테스트는 그들에 대한 공격이 생겨나기 전에 새로운 사용자 경험에 익숙한 사람들의 몇 가지 요소를 포함할 필요가 있다.

생태 유효 기간

현대적 사용자 연구의 참가자들은 그들이 연구되고 있다는 것을 인식하는 경향이 있다. 배포 형태와 유리벽은 이것을 그만 두는 경향이 있다. 또한 사용자 연구에 참여하는 사람들은 그들에게 요구하는 작업이 안전하다는 것을 기대하는 경향이 있다. 그것을 기대하는 좋은 이유가 있다. 문제는 당신이 당신에게 요구되는 것이 안전인지, 또는 적어도 설계 경험인지 생각하고 있는가하는 것이다. 그러면 당신은 일반적으로 당신을 걱정하게 만드는 것들(작업, 표시, 경고 등)에 대해 걱정하지 않을 수 있다. 다른 방법으로, 연구되는 사람들이 종종 무엇이 연구되고 있는지 무슨 행동이 실험자를 기쁘게 하는지 알아내려고 시간을 보낸다. 연구원들은 이것을 생태학적 타당도 문제로 언급하기에 이것은 골치 아픈 문제점이다. 현재 생각의 가장 좋은 근원은 SOUPS^{Symposium On Usable Privacy and Security}와 **ACM SIGCHI** 회의의 보안 트랙이다(SIGCHI는 컴퓨터-인간의 상호작용에 관한 특별한 관심을 갖고 있는 그룹이다).

일반적 조언

다음 리스트는 단순한 체크리스트가 효과적인 유용성 테스트를 수행하는 방법을 설명하기에 충분하다고 정확히 지적한 로리 크래너^{Lorrie Cranor}와의 대화에서 도출됐다. 여기서의 오류는 크래너 박사의 것이 아니라 내 것이다.

- 사용자 연구 없이 사람들이 어떻게 행동하는지 예측하기 어렵기 때문에 사용자 연구는 중요하다.

- 컨설턴트나 동료 등 사용자 연구를 어떻게 하는지 아는 사람을 찾고 그 사람과 함께 작업하라.

- 당신과 함께 작업하는 사용자 연구 전문가는 위협 모델링을 많이 모르거나 유용성 보안 연구를 전에 해 본 적이 없을 수 있다. 당신은 그들이 보안과 위협 모델링에 대해 알기 위해 필요한 것을 이해하는 데 도움을 줄 수 있다.

- 사용자 연구를 설계하기 위해 유용성 전문가와 작업할 때 사람들이 공격을 받고 있는 상황에서 어떻게 행동하는지 연구할 수 있는 방법을 찾을 필요가 있음을 명심하자. 까다로운 부분은 실제로 누군가를 위험에 빠트리지 않고 실험 참가자를 모의 위험 상황에 넣는 방법을 알아내는 것이다(이전 절 '생태 유효 기간'을 참조).

- 보안 사용자 연구는 모의 보안 위협을 위해 자주 속임수를 사용한다. 예를 들어 웹 브라우저 피싱 경고에 대한 연구는 온라인 쇼핑에 대한 것으로 보여준다. 참가자들은 온라인 구매를 하고 환불을 위한 영수증을 받기 위해 이메일을 확인하도록 지시받았다. 이메일을 확인하면 구입한 쇼핑몰로부터 온 것처럼 보이지만, 실제 피싱 웹사이트인 웹사이트로 로그인하게 유도하는 메시지를 확인할 수 있다. 그 웹사이트로 로그인하려고 할 때 웹 브라우저에서 경고를 발생시키고, 참가자들이 경고에 어떻게 반응하는지 관찰할 수 있다. 연구 설계에 속임수를 쓰는 것은 윤리적 문제를 제기할 것이다.

- 일부 보안 사용자 연구는 롤플레잉이나 가상의 시나리오를 사용한다. 예를 들어 텍스트 암호에 대한 연구는 참가자들에게 그들의 이메일 계정 암호가 노출돼 새로운 암호를 만들 필요가 있다고 가정한다(Ur, 2012). PGP의 유용성에 관한 연구는 참가자가 정치 선거에서 선거 운동 자원 봉사자의 역할을 하게 하고 선거 운동 전략 정보가 잘못된 사람의 손에 떨어지지 않게 주의해 이메일을 주고받는다(Whitten, 1999).

유용성과 세레모니에 대한 관점

2011년, 윈도우 컴퓨터에서 실행되는 악성코드의 약 절반은 사람들이 의도치 않은 일로 속이는 기술을 사용해 설치됐다(Microsoft, 2011). 그들이 얼마나 많은 영향을 끼치는지 측정하기 어렵다 하더라도 피싱 공격은 계속해서 인터넷을 감염시킨다. 우리가 그들을 사용하는 사람들을 고려하지 않고 시스템을 설계할 수 있던 때는 아주 오래 전이다. 우리는 사람과 시스템 모두의 모델링과 모델을 통합하는 것을 더 잘할 수 있는 방법을 배울 필요가 있다. 하지만 우리는 일을 할 수 있는 방법이 있다. 그들은 내가 보고 싶은 것보다 덜 규범적이고, 그들과 맞물리게 한 사람에 대한 당신의 결정 사항, 그리고 그들에 대한 계획을 어떻게 세우고 있는지 알려줘야 한다. 많은 다른 보안 작업에 필요한 것보다 더 넓은 폭의 사람들이 필요할 것이다. 사회학, 인류학 또는 심리학 배경을 가진 사람들은 컴퓨터 과학이나 공학을 배경으로 하는 사람들과 다른 관점을 가질 것이다. 유용성 전문가는 사람에 초점을 둔 위협 모델링 세션과 설계 변경의 논의에서 유용성을 해결하기에 유용할 것이다. 또한 15장에서 세레모니 분석을 수행하거나 다른 기술을 사용하는 것이 다른 위협 모델링보다 더 오래 걸린다는 점을 염두에 두자. 그리고 훈련과 모든 사람이 분석의 목적과 범위에 동의하는 것 같은 보조 작업에 더 많은 시간이 필요할 것이다. 유일한 무엇을 분석하기보다 세레모니로 공급하는 요소에서 수렁에 빠질 위험이 있다.

세레모니는 사람을 위협 모델링으로 끌어들이는 흥미로운 프레임워크를 제공한다. 그들은 기존 분석 기술로 사람들을 통합하는 방법을 보여주고, 사람들을 무시하는 것을 더 이상 받아들일 수 없다는 주장을 지원한다. 동시에 그들은 엘리슨의 논문에서 많은 인정과 제한을 갖고 있다. 나는 두 가지를 해결하고 싶다.

- 기술과 사람 모두의 이해를 수반하기 때문에 효과적인 세레모니 분석은 다른 형태의 위협 모델링보다 더 많은 성숙함과 경험이 필요하다. 나는 이 분석 때문에 어느 누구도 이해하려는 노력을 그만두지 않길 희망하고, 다음 몇 년 동안 잘 수행하는 방법에 대한 많은 것을 배울 것이다.
- 다른 측면은 "아무것도 세레모니 밖에 있지 않다"는 생각이다. 이것은 규정되고 경계가 정해진 위협 모델링 활동을 위한 어려운 점이다. 영원히 실행되도록 설계된 프로젝트의 유령을 소환하고 기념한다. 그래서 세레모니 분석 과정을 실행했다고 언제 실제로 말할 수 있는가? 해답의 한 부분은 당신이 모든 데이터가 무엇을 위해 필요한지, 어디에 사용되는지, 세레모니가 신뢰 영역을 교차하는지 아는 것이다. 당신은 궁극적으로 어디에서 왔는지 알 필요가 없지만, 당신이 공급자들에게 얼마나 많은 신뢰가 있는지 알 필요가 있다. 마찬가지로 위협을 찾는 것에서 당신의 비즈니스 목적을 위해 '세레모니 분석 추론' 절을 통해 수행하는 것이 충분할 수 있다. 또는 유용성 테스트를 실행하는 것을 선호할 수 있다. 마찬가지로 프로젝트 예산의 25%를 필요로 하는 다음, 유용한 대응책 지점을 찾을 수 있고 특정 위험에 따라 받아들일 것을 결정하고 문서화한다.

리즌^{Reason}의 마지막 인용은 내가 할 수 있는 것보다 인적 요인과 유용성과 관련된 문제를 요약한다.

복잡하고 위험한 기술의 관리자는 매우 어려운 질문에 직면한다. 부적절한 절차를 인식하고 잘못된 제품을 피하기 위해 필요한 지능형 경고를 답답함 없이 안전하지 않은 위반의 가능성을 최소화하기 위해 어떻게 사람의 행동을 제어할 수 있는가? 정답은 확실히 그들이 인적 요소의 행동을 형성할 수 있는 시스템 제어의 다양한 배포를 선택하는 방법에 있다.

– 제임스 리즌, 「인간 기여」(Ashgate Publising, 2008)

그것은 어떤 복잡한 기술을 설계하거나 분석할지를 고려할 때 좋은 문제이며, 오늘날 모든 기술은 위험한 인터넷 세계에서 작동한다.

요약

당신은 안전하게 사용하도록 시스템을 사용하는 사람들을 위해 노력하지 않으면 그 사람들은 아마 실패할 것이다. 사람들을 포함하는 시스템 모델링은 다른 위협 모델링보다 어렵다. 소프트웨어 모델과 위협 모델 모두에 인간 모델을 추가해야 한다. 세 가지 모델로 작업하는 것이 두 가지로 하는 것보다 더 어렵고 인간 모델은 기술 모델보다 덜 명확하다.

행동주의자와 인지 과학자에게 인간 모델은 사람들이 다양한 환경에서 어떻게 행동하는지 이해하는 데 유용하다. 행동주의자들은 조건 반응과 좋고 나쁜 학습 환경을 포함해 모델화한다. 카너먼^{Kahneman}은 우리에게 당신이 보는 것이 존재하는 모든 것이라고 가르친다. 시스템 1과 2는 놀랍게 상호작용하지만 예측 가능한 방법은 아니다; 그리고 고정화와 만족화는 우리에게 있는 일반적이고 중요한 편견이다. 리즌, 크래너, 잣세처럼 다른 사람들은 중요한 교훈을 준다. 리즌은 많은 잘못된 모델을 갖고 있다. 크래너는 루프에서 사람과 보안에 대한 생각에 체계적인 접근 방식을 제공한다. 그리고 잣세는 보안이 사람들이 원하는 많은 것 중 하나에 불과하다는 것을 상기시켜준다.

목표 지향에서부터 성향 확정, 혹은 컴플라이언스 예산 범위에 이르는 사람들을 돕기 위한 작업을 할 때 당신이 사용 가능한 추론이 있다. 또한 시스템 설계자는 사람들에 대한 낙관적인 가정을 하는 경향이 있다고 봤다. 소프트웨어의 모델은 계정 인적 요인 문제를 고려하게 확장될 수 있다. 당신은 경고, 인증, 환경설정으로 시나리오 모델링을 할 수 있다. 그리고 다양한 다이어그램에 사람을 포함하거나 표시해 확장할 수 있다. 마지막으로, 전자적으로 사회공학 기법을 모델링할 수 있다.

인간 모델을 포함할 때 위협을 찾기 위한 모든 기술을 투입한다. 그들에 대한 브레인스토밍은 다른 브레인스토밍처럼 보안과 유용성 전문가가 함께 있을 때 더 잘 동작하는 도구다. 또한 세레모니 분석을 사용할 수 있고, 누락된 정보, 망가진 정보, 불분명한 요소, 헷갈리는 비교, 그리고 인지 과학자로부터 가져온 이론을 포함한 위협을 찾기 위한 다양한 특정 세레모니 추론을 사용할 수 있다.

위협을 해결하기 위한 수많은 빌딩 블록들이 있다. 이들의 대부분은 사람들에게 요구하는 것의 최소화, 안전한 세레모니 조건, 긴급 회피, 그리고 성공을 위한 쉬운 경로 보장 같은 설계 패턴이다. 또한 scamicry을 피하고 좋은 보안 조언을 만드는 좋은 학습 환경을 위한 패턴들이 있다. 골드 바, NEAT, SPRUCE, 그리고 사람들의 이목을 집중시키는 패턴 집합 같은 더욱 구체적인 기술들도 사용할 수 있다.

마지막으로, 위협에 대한 모든 솔루션처럼 당신은 인적 요인에 대한 테스트가 필요하다. 이런 테스트는 도전할 가치가 있다. 양성과 악성 시나리오 모두 테스트해야 하고, 당신의 테스트가 사람들을 다르게(즉, 그들은 생태 유효 기간을 확인) 행동하도록 하지 않고 인적 요소에 대한 테스트와 경험을 가진 사람이 함께 작업한다는 것을 보장할 필요가 있다.

16

암호화 체계에 대한 위협

암호화는 상대방(적)의 존재에도 안전하게 통신할 수 있는 기술이다. 암호화 혹은 (거의 모든 사람이 줄여서 말하는) 암호는 수많은 방어 체계를 갖고 있을 것이다. 그것은 위장 Spoofing, 변조, 거부, 정보 노출을 해결하는 방법의 일부로 사용할 수 있다. 암호화 도구를 이해하는 것은 보안 업무를 하는 사람들에게 매우 중요하다. 아마도 더 중요한 것은 그것을 사용하다가 발생한 일반적인 실수를 알아내는 것일 것이다. 이것을 알아내지 못하면 과신으로 이어질 수 있고, 과신으로 만들어진 실수들이 실제 문제들의 주요한 원인이 되기 때문이다.

암호 해독가cryptographers들은 아주 오랫동안 위협을 열거해왔다. 그들은 시스템 보안을 수량화하기 위해 대부분의 다른 보안 분야를 넘어선 일들을 해냈고, 그들이 걱정하는 공격의 의미인 위협 모델에 대한 생각을 오랜 시간 동안 발전시켜왔다. 그리고 솔직히 암호는 많은 재미를 얻을 수 있다. 암호화를 한 번 해보고자 하는 경우 시작하기 좋은 방법은 암호화 체계를 무너뜨리는 것이다(윤리 또는 법을 위반할 수 있는 다른 사람의 시스템에 시도하라는 것이 아니라 연구실에서 하라는 뜻이다. 이것을 꼭 이해하리라 믿는다). 시도할 수 있는 많은 대상이 있다. 가장 최악은 어떤 시스템도 무너뜨려 보지 않는 것이다. 반대로, 무너뜨리는 방법에 대한 지식의 개발 없이 암호화 체계를 구축하려 한다면 반드시 구축한 내용에 대해 헛된 자신감을 갖게 될 것이다. 그 체계는 만든 사람에게는 보이지 않는 결함을 가진 암호화 체계로 만들어지기 쉽다.

16장은 주로 참조를 위한 장이다. 16장에서는 암호화를 단지 좋은 글로만 표현하지 않으며, 자신만의 암호화 체계를 새로 구축하기보다는 실제 가용한 거대한 암호화 요소들을 사용하게 권장한다. 당신이 당신 스스로 암호화 관련 개발이 필요하다면 먼저 닐스 퍼거슨Niels Ferguson, 브루스 슈나이어Bruce Schneier, 요시 코노Yoshi Kohno의 『암호화 공학(Cryptography Engineering)』(Wiley, 2012)을 읽을 필요가 있다. 나는 어느 누구도 암호에 대해 두려워하게 할 생각도, 과신에 빠지게 할 생각도 없다.

16장에서 처음에는 암호화의 기본 요소에 대해 알아본다. 기본 요소는 누구나 사용하는 암호화의 가장 작은 단위다(이것들을 빌딩 블록이라고 부르는 경우가 많지만, 이 책에서는 4단계 모델에서의 빌딩 블록에 대해서만 '빌딩 블록building block'이라는 용어를 사용한다). 암호화의 기본 요소를 알아본 뒤에는 암호화 체계에 대한 고전적인 암호 공격자와 공격에 대해 알아볼 것이다. 이후에는 암호화를 사용해 구축하는 것에 대한 조언, 그리고 기타 기억해둘 만한 것들에 대해 알아본다. 16장은 케르크호프스Kerckhoffs의 맥락에서 시스템을 보호하기 위해 기밀에 과도하게 의존하는 데 대한 토의로 끝을 맺는다.

암호화의 기본 요소

기초적인 암호화의 기본 요소에는 대칭 및 비대칭 암호화, 해시 함수, 의사 난수 생성기 PRNG, Pseudo Random Number Generator가 있다. 이러한 기본 요소들을 이해하는 것은 암호화를 사용하면서 실수를 방지하는 데 도움이 된다. 이 절에서는 개인정보를 보존하는 데 유용한 기술들을 다룬다. 즉, 정보 노출 공격의 특정 유형들을 방지하는 것이다. 마지막으로, 반드시 익혀야 하는 몇 가지 중요한 최신 암호화 구조에 대해 알아본다.

기초 기본 요소

방금 언급한 기초 기본 요소는 바로 암호화의 핵심이다. 이것을 이해하지 못한다면 암호화에 대해 혼란을 야기하고, 이것은 자신 스스로 또는 고객들을 위험하게 할 것이다. 이 절에서는 다음과 같은 몇 가지 규칙과 용어를 사용한다.

"앨리스와 밥은 일반적으로 의사소통을 원하는 사람들이다."

"그들은 평문plaintext이라 불리는 메시지를 전달하기 위해 암호화를 사용한다."

"그들이 사용하기로 합의한 암호화 체계는 암호ciphers를 갖고 있으며, 가끔 키keys를 갖고 있는 경우도 있다."

"암호는 암호화^{encrypt} 및 복호화^{decrypt} 같은 다양한 함수를 사용한다."

다음 절에서는 반드시 알아야 하는 암호화 체계의 범주인 대칭 암호화 체계에 대해 알아본다. 표 16-1은 대칭 암호화 체계를 비롯한 다른 암호화 체계를 간략하게 설명하고 있다.

표 16-1 암호화의 기본 요소

기본 요소	목적	입력	출력
대칭 암호화	기밀 유지	평문(임의의 길이)	암호문(같은 길이)
비대칭 암호화	인증	평문(임의의 길이)	고정된 길이의 서명
비대칭 암호화	키 동의	상대방 정보	세션 키
해시 암호화	지문(Fingerprint)	평문(임의의 길이)	지문에 따른 고정된 길이의 메시지
PRNG	난수화	다양함	비트를 예측하기 어려움

대칭 암호화

대칭 암호화 체계는 개인 키나 비밀 키 시스템, 또는 그냥 암호라고 알려져 있다. 이 암호화 체계는 2명 이상의 인원이 서로에게 알려진 키를 사용한다. 따라서 이것은 대칭 암호화라는 이름을 갖게 됐다. 시저^{Caesar}의 암호는 (매우 간단한) 대칭 시스템의 사례다. 시저 암호는 편지의 글자를 알파벳 순서에서 3글자 뒤로 이동시킨 글자로 치환했는데, 예를 들어 A는 D로, B는 E로 치환했다. 누군가는 이 메시지를 읽기 위해 키를 추측하거나 암호화 체계를 무너뜨려서 키를 알아야 한다. 이를 통해 이상적으로 본다면 우리는 무너뜨리기 어려운 암호화 체계를 사용해야 한다.

앨리스와 밥이 키를 공유하고 있다고 가정하자. 앨리스가 밥에게 보내고자 하는 암호화되지 않은 원본 메시지는 평문으로 돼 있다. 이전에 그들은 대칭 암호화를 사용하기로 합의했다. 평문과 키는 암호문을 출력하는 암호화 함수에 입력 값으로 들어간다. 앨리스는 암호문을 볼 수도 있는 사람에 대한 걱정 없이 암호문을 밥에게 전송한다. 암호화 체계가 강한 경우 그 암호문은 키 없이 누구도 이해할 수 없기 때문이다. 키를 가진 사람은 평문을 출력해주는 복호화 함수에 키와 암호문을 넣는다. 대칭 암호화 체계는 양쪽에서 사용하고 있는 같은 키로 결과를 얻을 수 있다. 키가 안전할 때 대칭 암호화 체계는 정보 노출 공격으로부터 안전하다. 불행하게도 안전한 방법으로 키를 설정하는 것은 매우 어렵다. 몇 년 전에 정부는 배달원에 수갑을 채워 서류가방에 키를 넣어 보냈을 것이다. 이것은 비용이 많이 들고 느리다.

대칭 알고리즘은 크게 블록 암호block ciphers와 스트림 암호stream ciphers 두 가지 유형으로 나눌 수 있다. 블록 암호는 입력 블록(보통 128비트)을 받아 입력과 같은 크기의 출력 블록을 생성해 키와 함께 암호화한다. 블록 암호를 사용하는 많은 암호화 구조는 초기화 벡터IV, initialization vector를 사용한다. 초기화 벡터는 동일한 평문들이 같은 방법으로 암호화되지 않았다는 것을 보여주기 위해 키와 더불어 첫 번째 블록을 암호화하는 난수다.

스트림 암호는 키를 받아 키 스트림을 생성한다. 그리고 암호문을 생성하기 위해 평문 비트 스트림을 키 스트림과 XOR 연산한다. 동일한 키 스트림이 받는 쪽에서 생성되므로 받는 쪽에서는 평문을 얻기 위해 키 스트림과의 XOR 연산을 사용할 수 있다. 심지어 키 스트림을 새로 생성하지 않고 재사용하는 경우 암호문은 XOR 연산될 수 있으며, 이 연산 결과는 평문 XOR 정보다. 이는 매우 바람직하지 못하다. 가장 일반적인 스트림 암호인 RC4는 이러한 문제를 많이 갖고 있다. RC4를 사용하기 전에는 암호화 공학Cryptography Engineering에서의 조언을 꼭 검토하길 바란다(참고로 말하자면 RC4는 암호화 공학에서 언급되지 않는다. 안전하게 사용하기 매우 어렵기 때문이다. 하지만 조언을 검토하는 것과 같이 안전하게 사용할 수 있는 방법을 찾을 수 있을 것이다. 그래도 RC4는 쓰지 않는 게 낫다).

대칭 암호화의 간단한 규칙은 CBC나 CTR 모드에서 AES를 사용하는 것이다. AES는 미국에서 제정된 '고급 암호화 표준Advanced Encryption Standard'의 준말로 모드(CBC, CTR)는 비트를 관리하는 정확한 방법을 나타낸다(CBC는 '암호 블록 체인Cipher Block Chaining'의 준말이며, CTR은 '카운터CounTeR' 모드의 준말이다). 각각의 장점과 단점은 미묘해서 논쟁이 계속되고 있다. 그러나 둘 중 하나를 사용하는 것은 거의 항상 올바른 선택이 될 것이다. 명시적으로 말해 이것은 ECB 모드를 피해야 한다는 것을 의미한다. ECB를 사용하는 것은 극단적인 암호화 실수이기 때문에 '극단적인 암호화 실수Extreme Cryptographic Blunder' 준말로 생각할 수도 있다. 하지만 이것은 '전자 코드 책Electronic Code Book'의 준말이다.

비대칭 암호화

비대칭 암호 시스템에서 각 당사자는 수학 관련 키 집합을 갖고 있다. 이들은 정말 멋진 수학을 사용해 암호화, 키 합의, 디지털 서명을 비롯한 여러 가지 유용한 결과를 관리한다. 키들 중 하나는 공개돼 있기 때문에 비대칭 암호화 체계는 공개 키 암호화 체계라고도 한다.

이 절에서는 고등학교 대수 이상으로 사용하지 않는 수학의 단순화된 버전을 제시하고, 그 후에는 비대칭 암호화를 사용하는 방법을 설명한다.

앨리스와 밥은 각자 하나의 숫자를 선택한다. 앨리스가 a를, 밥은 b를 선택한다. 그런 다음 숫자 g를 사용한 것에 동의한다. 어쩌면 그들의 수는 전날 폐장한 다우존스 지수일지도 모른다. 이것은 공개가 가능하다. 그래서 숫자는 영향받는 상대방에게 어려울 필요가 있다.

앨리스 $A = g^a$를 계산하고, 밥은 $B = g^b$를 계산한다. 그런 다음 앨리스는 A를 전송하고, 밥은 B를 전송한다. 그리고 앨리스는 $s = B^a$를 통해 비밀 키를 구하고, 밥도 $s = A^b$를 통해 비밀 키를 구한다. 이제 곱셈은 교환 법칙이 성립하기 때문에 $A^b = B^a$가 성립한다(A, B 값을 치환하면 $g^{ab} = g^{ba}$이 될 것이다). g와 ga를 사용해 a를 구하는 것이 어려워진다면 사람들은 a나 b를 구하지 못해 비밀 키 s가 무엇인지 알아내기 어려워진다. 이제 앨리스와 밥은 비밀 키를 서로 전송하지 않고 비밀 키에 합의하게 된다. g^a의 n번째 루트를 구하는 것은 어렵지 않다. 그리고 거기서 근사치를 낼 수도 있지만, 여기서는 간단한 설명만 한다. 이제 더 안전하게 하기 위해 하나의 요소를 더 추가할 것이다. 앨리스와 밥은 나머지 연산(modulo p)을 할 것이다. 나머지 연산은 시간 계산과 비슷하다. 7시에서 12시간이 지나면 7시가 된다. 그래서 7과 12를 나머지 연산하면 7이 나온다. 그리고 19와 12를 나머지 연산하면 역시 7이 나온다. 여기서 12를 p라고 불리는 다른 숫자로 대체할 수 있다. a, b, g, p는 큰 숫자이고, 특정 수학적 특성을 만족하게 돼 g^a와 g^b에서 a나 b를 파악하기 어려워진다. 이러한 어려움 때문에 앨리스와 밥은 대칭 암호화 시스템의 키로 s를 사용할 수 있다. 그들은 대칭 암호화를 사용하길 원한다. 대칭 암호화는 빠른 반면 비대칭 암호화는 느리기 때문이다.

이것은 멋진 방법이다. 그리고 동작을 확인하기 위해 수학의 한 부분을 통해 작업하는 것은 충분히 시간을 낼 가치가 있다. 그러나 이미 발표된 이전 암호화 체계를 사용하는 경우 쉽게 공격 당할 것이다. 이 예제는 무엇이 가능하고 왜 가능한지 감을 잡을 수 있게 설계됐다. 수학적 암호화에서는 대학 수준의 과정을 요구하지 않는다. 흥미로운 실수를 하기 전에 수학적 암호화가 필요할 뿐이다.

수학을 통해 암호화 작업을 한 후 온라인 키 동의를 통해 다음 세 가지, 암호화, 오프라인 키 교환, 서명에 대한 비대칭 암호화 체계를 사용할 수 있다. 비대칭 체계의 암호화 함수는 어떤 한 사람이 공유 키를 사용해 메시지를 암호화해서 비밀 키를 가진 사람만 읽을 수 있게 한다. 메시지가 다른 사람에게 키가 된다면 그 키는 메시지를 암호화 또는 복호화하기 위해 사용될 수 있다(이에 대한 이유는 비대칭 암호화보다 대칭 암호화가 훨씬 빠르기 때문이다). 가장 중요한 것은 비대칭 서명 시스템이 메시지를 서명하는 데 사용될 수 있고, 공개 키를 가진 누구나 서명을 확인할 수 있다는 것이다. 빠른 수학적 처리를 하는 RSA는 첫 공개 키 암호화 체계 중 하나로, 서명은 암호화의 반대라는 주장을 갖고 지나친 일반화를 하는 많은 사람을 이끌고 있다.

효율적인 키 교환, 서명, 암호화에 관련된 위험은 실질적이고 미묘한 경우가 많다. 초창기부터 알려진 디피-헬만^{Diffie-Hellman}, RSA, 또는 DSA 같은 암호화를 사용하는 것은 바보짓이다.

해시

세 번째 중요한 요소는 해시다. 이것은 일방향 함수 또는 메시지 다이제스트라고도 불린다. 해시는 임의의 길이의 입력 값을 받아 입력 값의 고정 길이 다이제스트나 해시 값을 생성한다. 이론상으로 입력 값의 변경은 출력 값을 완전히 다른 형태로 변환한다. 이것은 다른 요소들이 항상 고정된 길이의 입력 값을 받는다고 가정할 수 있음을 의미한다. 예를 들어 서명 알고리즘은 항상 동일한 길이의 입력을 항상 사용함을 알 수 있는데, 이는 서명 알고리즘이 해시 함수를 통해 임의의 길이의 입력 값 문제를 해결하고 있음을 알 수 있다.

해시는 암호를 저장하기도 한다. 이는 보통 솔트^{salt}와 함께 사용된다. 솔트는 해시 함수에 추가로 입력돼 동일한 입력이 다른 출력을 생성하게 설계된다. 따라서 앨리스와 밥이 모두 암호 Secret1을 사용한다면 각자의 암호에 대해 해시만 저장하는 단순한 방법은 앨리스와 밥이 동일한 암호를 갖고 있다는 것을 노출시킬 것이다(그것이 무엇인지를 노출하는 것은 아니다). 솔트를 사용하면 정렬의 위협을 완화할 수 있다. 다른 위협들과 암호 저장에 대한 더 자세한 내용은 14장에서 확인할 수 있다.

해시는 또한 지문^{fingerprints}을 생성하는 데 사용할 수 있다. 여기서 지문은 (파일이나 메시지 같은) 긴 내용에 대한 동일한 복사본을 갖고 있다는 것을 증명하기 위해 사용하도록 설계된 좀 더 길어진 해시다. 해시는 디지털 서명보다 계산 속도가 빠르기 때문에 이러한 접근 방식은 유용하다. 예를 들어 웹 브라우저의 복사본을 서명하길(증명하길) 원하는 경우 사용자는 브라우저의 모든 수백만 바이트를 계산하거나 아니면 해시를 사용해 16~64바이트(128~512비트)를 계산할 수 있다. 지문이 유효한지 확인하는 것도 가능하다. 어떤 사람들은 공개 키의 인증이 유효한지 확인하기 위해 명함에 공개 키 지문을 인쇄할 것이다. 전체 키를 인쇄하는 것은 유용성이 떨어질 것이다.

마지막으로, 해시는 메시지 인증 코드MACs, Message Authentication Codes를 계산하는 데 사용할 수 있다. 메시지 인증 코드는 프로토콜의 각 측면에 알려진 키를 사용해 MAC을 생성하기 위해 키와 메시지를 함께 해시화한다. 메시지와 MAC이 전송되더라도 키는 각 엔드포인트에서 비밀로 유지된다.

이러한 해시 중에서 가장 유명한 MD5는 현재 효과적으로, 그리고 공개적으로 깨져버린 상태다. 때때로 상대방 때문에 그것을 사용할 필요가 있겠지만, MD5는 어떤 보안도 줄 것이라 기대하면 안 된다. 대신, NIST의 SHA 시리즈 중 가장 최근 것을 사용하는 것이 좋다.

난수

마지막으로 중요한 암호화의 중요한 기본 요소는 난수다. 이는 주사위로 구할 수 있는 경우가 많다. 그러나 물론 주사위는 암호화로 사용할 충분한 난수를 제공해주므로 너무 느리다. 그래서 난수는 보통 의사 난수 생성기PRNGs로 구한다. 간단한 예를 들어 앨리스가 좋지 못한 난수 소스(예를 들어 부팅 이후 시간(마이크로 초)을 난수로 사용)를 기반으로 공개 키를 선택하면 공격자는 대부분의 시스템이 켜져 있는 시간이 얼마나 되는지 계산할 수 있고, 그것의 중간 값 검색을 시작할 수 있다. 앨리스가 좋은 난수를 사용한다면 검색은 훨씬 어려워진다. 여기서 중요한 것은 약간의 엔트로피(공격자에게 알 수 없는 정보)를 갖고 있다는 것이고, 그 엔트로피를 가능한 한 최대로 사용하고 싶을 것이다.

엔트로피를 많이 생성하는 좋은 하드웨어 난수 소스에 접근할 수 있다면 그것을 사용하자. 그렇지 않으면 더 많은 의사 난수 비트를 제공하기 위해 PRNG를 사용해야 한다. 불행하게도 PRNGs는 제대로 구축하기가 매우 어렵고, 컴퓨터 시스템에서 무작위로 나타나는 많은 것들은 어느 정도 예측 가능한 것으로 판단된다. 그래서 존 폰 노이만John von Neumann은 "난수를 생성하는 산술 방법을 고려하는 사람들은 누구나 죄짓는 상태에 있다."(von Neumann, 1951)라고 말했다. 다행히 대부분의 운영체제는 이제 괜찮은 품질의 PRNGs를 포함한다. 난수가 필요한 모든 곳에서 그것을 사용하고 있는지 확인해야 한다.

난수는 사람이 변조 가능한 엔드포인트에서 더 얻기 쉽다는 점에 주목하자. 키보드 인터럽트, 마우스 움직임, 그리고 공격자가 관찰하기 어려운 다른 입력으로 난수를 얻어낼 수 있다. 데이터 센터의 시스템을 갖고 있다면 난수를 증가시킬 필요가 있다.

그러기 위한 하드웨어 장치들이 있는데, 주로 CPU에 포함돼 있는 경우가 많다.

> **노트** 이 책이 발행되는 시점에 난수 발생기에서 백도어들 통해 많은 논란이 발생했다. 여기서는 운영체제에 의존해야 한다는 조언을 남긴다. PRNGs를 대체하는 것과 관련된 위험은 라이브러리의 RNG가 악의적이라는 위험보다 크다. 데비안 유지 보수자가 OpenSSL에 도입했던 것과 같은 실수를 피하기를 원할 것이다(Debian, 2008). 운영체제를 구현하고 있다면 현재 FreeBSD에 의해 사용되는 혼합 접근법을 갖고 하드웨어 RNG를 사용하자(Goodin, 2013).

프라이버시 보호 기본 요소

정보 노출 문제를 해결하는 데 유용한 다음과 같은 몇 가지 기본 요소가 있다.

- **스테가노그래피(Steganography)** 이것은 메시지를 숨기는 기술이다. 예를 들어 사진과 같은 이미지 파일 최하위 비트에 메시지를 암호화한다. 효과적인 스테가노그래피는 메시지와 같은 의사소통의 존재를 은폐하기 위해 공격자로부터 메시지를 숨기는 데 유용하다. 또한 오디오와 비디오의 불법 복제 방지 정보('워터 마크')를 암호화하기 위해 사용한다. 스테가노그래피를 구현해야 하는 경우 정보 은닉 컨퍼런스[IHC, Information Hiding Conference]에서 최고의 스테가노그래피 작품이 발표되니 참고 바란다.
- **네트워크 혼합(Mixes and Mix networks)** 이것은 메시지들을 받아 함께 섞은 뒤 보낸 사람의 메시지 링크를 해제하는 방식으로 발송하는 도구다. 이것은 일반적으로 작업 대기 시간을 필요로 한다.
- **양파형 라우팅(Tor, The Onion Routing)** 네트워크 혼합처럼 보낸 사람의 메시지 링크를 해제하는 네트워크를 통해 메시지를 전송하는 기술이다. 각 메시지는 한 번에 하나씩 싸여지거나 벗겨지는 (양파처럼) 다중 암호화 계층으로 둘러싸여 있다. Tor은 오늘날 가장 잘 알려진 양파형 라우터의 구현체다.
- **블라인딩(Blinding)** 이 기술은 시스템이 메시지를 보지 않고도 메시지에 서명할 수 있게 한다. 블라인딩은 8장의 프라이버시 위협 완화를 다루는 절에서 설명한다.

현대의 암호화 기본 요소

이 기본 요소들은 앞서 소개된 기초 기본 요소보다 더 구체적이다. 이들 중 하나를 사용해 문제를 해결할 수 있다면 대충 꿰맞춘 것보다 훨씬 나을 것이다.

완전 순방향 비밀성

완전 순방향 비밀성^{PFS, Perfect Forward Secrecy}은 프로토콜에 관련된 (장기간 오래된) 키 중 하나가 나중에 손상되면 순방향 비밀성 방식에 따라 송신된 메시지를 해독할 수 없게 하는 속성을 말한다.

인증 키 교환

인증 키 교환^{AKE, Authenticated Key Exchange}은 암호 해독가들이 그것을 다루기 위해 현재 기본 요소들을 개발하는 중이므로, 바르게 동작한다고 보기에는 매우 힘들다. AKE는 상대방의 제어된 연결을 통해 만들어진 (기밀의, 인증된, 무결성 보호된) 채널에 중점을 두고 있다. 인증된, 그리고 기밀성이 유지되는 채널 설립^{ACCE, Authenticated and Confidential Channel Establishment}과 관련된 한 문제가 있는데, 이 문제 또한 다소 복잡하다. 이러한 상황에 처해 있다면 전문가들의 의견이나 그들의 업적을 따르자. 이 책이 집필되고 있는 현재 의 기술 상태에 대한 것은 「TLS 재조정의 보안에서」(Giesen, 2013)를 참고하라.

랜덤 오라클

오라클은 그곳에 들어온 질문에 답하는 구조로 돼 있다. 암호화에서 오라클이 제공하는 답변은 동일하다. 랜덤 오라클은 가능한 모든 응답에서 무작위로 선택된 응답을 갖고 어떤 쿼리에 응답하는 것이다. 주어진 어떤 쿼리에 대해 그것은 항상 동일한 응답을 반환한다. 랜덤 오라클은 해시 함수와 거의 동일한 방법으로 작동하지만, 수학적으로 간단하다. 오라클은 대부분 항상 공격자가 사용 가능하다.

랜덤 오라클을 갖고 무언가를 증명해야 한다면 현재의 해시 함수는 랜덤 오라클이 될 수 없다는 것을 알아야 한다.

검증된 암호화 체계

암호화 체계에 대해 읽을 때 가끔 그것은 수학적 증명을 동반한다. 그러한 증명 없이 좀 더 우수한 검증된 암호화 체계를 고려하는 것이 끌릴 수도 있을 것이다. 이를 위해 다음 세 가지에 대해 아는 것이 도움 될 것이다. 첫째, 증명은 (두 번째 역상의 개인적인 증오가 없는 한) 걱정하는 같은 일들을 다룰 수도 있고 다루지 않을 수도 있다. 둘째, 증명은 때때로 예외적으로 수학자들조차 따라가기 어려울 수 있는 복잡한 수학적 구조다. 시스템이 증명을 가능하게 변경됐다면 거기에는 상호 보완이 존재한다. 그것은 딱 맞는 상호 보완일 수 있으며, 요구에 대응하는 것에 대해 평가해야 한다. 마지막으로,

대부분의 증명은 암호 해독가들이 그들의 독자들이 이해할 것으로 예상한다는 암시적 가정에 기초한다(Koblitz, 2007).

인증서와 PKI

앨리스가 A라는 공개 키를 발행한다면 키 A의 개인적인 부분이 앨리스에 의해 유지 관리된다는 사실을 아는 누군가가 앨리스만 그 메시지를 읽을 수 있게 암호화할 수 있다. 이것은 그들의 이름을 가진 공개 우편함처럼 생각할 수 있다. 하나는 앨리스, 또 다른 하나는 밥이라는 이름이 붙어 있을 것이다. 누구나 해당 우편함에 걸어가서 앨리스나 밥에게 보내는 편지를 넣을 수 있다. 앨리스만이 앨리스의 우편함에 있는 메시지를 복호화할 수 있고, 또한 밥만이 밥의 우편함의 메시지를 복호화할 수 있다. 각 우편함은 해당하는 개인 키를 갖고 있기 때문이다. 누군가는 거기에 자신의 이름을 가진 우편함을 만들 수 있고, 누군가가 (가상으로) 걸어가서 해당 우편함에 메시지를 넣을 수 있다. 당연히 내가 당신의 이름을 가진 우편함을 만드는 것은 아무도 막을 수 없다. 이것은 당신이 읽게 의도한 메시지를 읽을 수 있는 키를 내가 갖고 있다는 걸 의미한다. 당신에게 보낼 메시지를 나에게 보내도록 어떤 송신자들을 속인다면 나는 그 메시지를 읽을 수 있을 것이다. 내가 영리하다면 나는 그 메시지를 읽고 나서 그것을 당신에게 전달할 것이고, 당신은 그 메시지를 다른 누군가가 읽었다는 사실을 절대 알 수 없을 것이다.

이론적으로 이러한 모든 공개 키를 디렉토리로 수집한다면 누군가는 한 사람에 해당하는 키를 찾기 위해 디렉토리를 사용할 수 있을 것이다. 실제 이것과 관련해서 많은 문제가 생기는데, 그중에는 앨리스라는 이름을 가진 사람들이 많다는 문제와 밥이 밥인지, 바비인지, 로버트인지 아니면 디렉토리에 있는 다른 누군가 인지를 파악하는 문제가 있다. 일부 기관은 공개 키와 일부 관련 식별 정보에 서명함으로써 다양한 형태의 인증서를 생성해 누구를 보증하려고 할지도 모른다. 이 기관은 인증기관이나 인증서 발급자라고 불린다. 비판적인 사람들은 그 기관에 권한을 준 사람이 누구인지 물어볼지도 모른다.

각 인증서는 계산 방법에 따라 두 개 또는 세 개의 부분으로 구성된다. 가장 일반적인 계산 방법을 사용한다면 인증서는 공용과 개인용, 두 부분으로 구성된다. 공용 부분은 공개 키와 그것의 서명이 포함돼 있다. 다른 계산 방법은 공용 부분, 개인용 부분, 인증서 파일을 식별한다. 인증서를 보낼 때 공용 부분이나 인증서 파일만 전송하는 것이 중요하다. 개인용 부분은 절대 공유하면 안 된다. 공용 부분과 인증서를 공유하는 것을 원한다면 그렇게 하거나 둘 중 하나의 지문을 공개하는 것이 좋다. 이상적으로 말하자면 개인 키는 앞으로 사용할 곳의 머신에서 생성하고, 절대 머신에 남겨서는 안 된다.

대표적인 위협 배우

프로토콜을 다루면서 암호 해독가들은 참여자의 이름을 사용한다. 이것은 변수의 의미로 사람을 추적할 수 있게 해준다. 이름의 첫 글자는 수학적 변수로 사용된다.

- 앨리스와 밥은 암호화 프로토콜에서 대표적인 배우들이다. 그들은 RSA의 첫 번째 논문에서 소개됐고, 그 이후로 서로의 상대방 앞에서 통신하면서 우리와 함께 해왔다. 때로는 캐롤^{Carol}, 척^{Chuck}, 데이브^{Dave}와 같이 알파벳 순서대로 추가된 참가자들도 있다. 추가 참가자는 보통 'E'로 시작하는 이름을 갖지 않는다. 이브^{Eve}라는 가장 오래된 공격자를 위해 예약돼 있기 때문이다. 일반적으로 '앨리스와 밥'을 참조한다는 것은 '당사자가 안전하게 통신하려고 한다는 것'을 의미한다.

- 이브는 도청을 말한다. 그녀는 앨리스와 밥 사이의 네트워크에 접근할 수 있지만, 그들의 통신을 수정할 생각이 없거나 할 수 없다. 이것이 의미하는 또 다른 것은 이브는 기밀성을 위반하기 위해 정보 노출 위협만 이용한다는 것이다. 당신이 영화 팬이라면 당신은 이브가 세 가지 얼굴을 갖고 있다는 것을 깨달을 것이다. 하지만 그녀는 항상 '이브'로 통해왔다. 반면 다른 배우의 이름은 더 많은 변화를 보여준다.

- 말로리^{Mallory} 또한 네트워크를 활용하지만, 통신의 내용을 생성, 파괴, 수정하려고 하고 할 수도 있다. 보통 말로리는 도청도 가능하다. 도청이 불가능한 경우에는 이유가 명확하고 납득이 가게 분명히 설명돼야 한다. 말로리는 때때로 몇몇 사람들에 의해 M이라는 이름으로 불리기도 한다. 말로리는 네트워크 위장, 변조, 정보 노출, 서비스 거부 위협을 이용한다. 말로리에 의해 만들어진 메시지는 거부 위협을 구현할 수도 있지만, 이것은 성공적인 위장이나 변조의 2차 효과로 구현된 경우가 많다.

- 앨리스나 밥이 배신자^{traitor}가 될 수도 있다. 때로 그 둘은 상대방 앞에서 통신만 하고 있지 않기 때문이다. 때로는 배신, 협박, 기타 위협이 생긴 후 밥은 적극적으로 앨리스에게서 (또는 앨리스가 밥에게서) 등을 돌린다. 이러한 공격은 일반적으로 공유한 비밀을 파괴하거나 메시지를 주의 깊게 구성해 앨리스가 그녀의 개인 키에 대한 정보를 노출하거나 그녀를 속이거나 개인 키를 가진 그녀의 소프트웨어가 그녀가 의도하지

않은 작업을 수행하게 한다. 이러한 위협들은 STRIDE 모델보다는 못하지만, 그것들은 일반적으로 (밥이 앨리스가 의도하지 않은 답을 얻고 있는 한) 정보 노출이나 권한 상승으로 볼 수 있다. 앨리스와 밥이 신뢰할 때에도 불충분한 인증은 동일한 효과를 초래할 수 있다.

- 트렌트^{Trent}는 상호 합의에 의해 모든 사람이 믿을 수 있는 작업을 수행할 수 있는, '신뢰할 수 있는 제 3자'다(신뢰에 대해 더 알고 싶다면 이 리스트 다음에 나오는 '관점'에 관련된 참고를 보기 바란다).

- 빅터^{Victor} 또한 신뢰할 수 있는 제 3자이지만, 검증 작업만 수행하는 사람이다.

> **노트** '신뢰'는 암호 해독가에 의해 다소 특이한 방식으로 사용된다. 신뢰할 수 있는 당사자는 그들을 신뢰하는 사람들을 배신할 수 있다. 이 용어는 신뢰할 수 있는 당사자가 무엇을 하게 기대하는 것이 아니라, 무엇을 할 수 있는지 설명하는 데 사용된다. 그러므로 "신뢰하는 사람이 아닌 신뢰할 수 있는 사람이 비밀을 판매하다 붙잡혔다."와 같은 '신뢰'의 사용은 많은 혼란을 일으킨다. '~에 의지하는'과 같은 용어는 더 명확하지만, 사용하기에 어색한 경우가 많다. 트렌트 또는 빅터에 대한 신뢰를 주장하는 시스템을 볼 때 스스로에게 물어보라. 신뢰할 수 있는 방식으로 행동하는 그들에게 의존하길 원하는가? 그리고 그들이 배반할 경우 불리한 점은 무엇인가? 또, 그 위협을 해결하게 해주는 대안이 있는가?

암호 체계 공격

성공적인 암호화 공격은 일반적으로 정보 노출을 발생시키거나 암호화가 방지되도록 변조한다. 다음 암호화 공격 리스트는 시스템에 잘못된 점들이 무엇인지 이해시켜주는 것과 암호화 전문이 아닌 사람들에게 명확하게 이해시켜주는 것 모두에 초점을 맞추고 있다.

> **노트** 선형 및 차등 암호 해독은 이 리스트에서 제외한다. 이것들은 암호 체계 설계에 대한 수학적 공격이다. 소프트웨어를 설계하고 있다면 이 공격들에 대한 추천 알고리즘은 이미 확인됐기 때문에 우연히라도 자신의 소프트웨어를 취약하게 할 수 없을 것이다. 제외된 공격들은 설명하기 복잡하고 잘못 설명하기 쉽다. 더 중요한 것은 잘 이해한 기본 요소를 사용해 전반적인 조언을 적용한다면 이러한 공격들이 관련될 가능성은 없다는 점이다.

- **알려진 암호문** 알려진 암호문 공격은 이브에게만(또는 암호문과 주소 정보) 적용되는 공격이다. 예를 들어 가로챈 암호문의 무선 내용에는 받는 사람을 나타내는 몇 가지 지표를 갖고 있을 것이다. 이상적으로는 이러한 메시지에 대한 최선의 공격은 (암호 체계 관련 지식을 갖고 있는) 이브가 메시지를 해독할 수 있는지 여부를 결정하기 위해 각각 가능한 키를 시도해야 하는 무차별 공격이다.

- **선택 암호문** 선택 암호문은 말로리가 선택한 암호문을 삽입할 수 있는 공격이다. 예를 들어 급여 대상자 데이터베이스가 (블록) 암호화된 급여 값들을 갖고 있는 경우 CEO의 연봉은 알지 못하겠지만, 자신의 데이터베이스 값에 그의 급여 암호문 값을 넣는 것은 흥미로운 일일 것이다. 선택 암호문을 삽입하는 것은 전체 평문보다 얻을 수 있는 정보는 적은 공격이지만, 이러한 정보 노출은 더 큰 공격에 활용되는 경우가 많다.

- **선택 평문** 상대의 평문을 선택하는 것은 좋은 공격이면서도 변덕스러워 보이는 경우가 많다. 그러나 2차 세계 대전 당시, 연합군의 암호 분석가cryptanalysts들은 일본군의 섬을 가리키는 코드명을 알아내기 위해 노력하고 있었다. 암호 분석가들은 물이 바닥나고 있다는 것을 무전을 통해 (평문으로) 미드웨이Midway 섬에 있는 베이스캠프에 알렸다. 바로 그 후 그들은 "AF는 물이 부족하다"라는 메시지를 가로채 AF는 바로 미드웨이라는 것을 알아냈다(아마도 가로챈 정보는 도청하고 있던 일본군들의 무전 통신이었을 것이다)(Kahn 1996). 보통 평문을 현대의 프로토콜에 적용하는 것은 매우 쉽다. 입력 값이 이상하다는 것을 알아차릴 능력이 없는 프로그램들에 의해 모든 것이 처리되기 때문이다.

- **적응형 선택** 이것은 상대편이 뭔가를 주입해 당신의 반응을 본 다음, 다른 뭔가를 또 주입할 수 있는 선택 암호문이나 평문의 변종이다.

- **중간자(MITM, Man-In-The-Middle)** 말로리가 이것을 실행하는데, 그는 네트워크에 머물면서 시간의 경과에 따라 트래픽을 변경하면서 밥이 앨리스의 실제 메시지를 보는 것을 방지한다. 어떤 비암호화 이유 때문에 말로리가 이렇게 할 수 없다고 가정하는 것은 거의 항상 잘못된 일이다. 심지어 매우 구체적이고 통제된 환경에서 구축할지라도 구현 기간 동안 환경은 예측할 수 없는 방식으로 변경될 수 있다. MITM 공격은 중계, 재생, 반사, 다운그레이드 공격을 포함한다(이에 제한되는 것은 아니다).

- **중계 또는 체스 마스터 공격** 당신이 아마추어 체스 선수라면 체스 마스터를 어떻게 이길 수 있을까? 그것은 간단하다! 메일을 통해 한 번에 두 명의 체스 마스터를 상대하면 된다. 한 체스 마스터에게 당신의 체스 기술을 인정받으려는 경우 이것은 흥미

로운 공격이 될 것이다. 물론 당신이 체스를 얼마나 잘하는지 모든 사람이 신경 쓰지 않지만, 이 공격은 일반화할 수 있다.

현대적인 접근 방식으로는 앨리스와 밥 사이에서의 MITM 공격이 될 것이다. 앨리스가 웹 브라우저이고, 밥은 웹 서버라면 말로리는 앨리스에게 웹 서버를 연결시켜줄 수 있고, 앨리스는 충실히 그녀의 패스워드를 입력할 것이다. 그리고 말로리는 밥에게 HTTPS를 통해 패스워드를 제출할 것이다.

- **재생** 재생 공격은 말로리가 메시지를 잡아내 이를 재전송하는 것이다. 예를 들어 스파이 우두머리인 앨리스가 그녀의 요원에게 메시지를 보내기 위해 특정 시간을 이용한다는 것을 말로리가 알고 있다고 해보자(즉, 밥은 8시에 수신, 찰리는 7시 30분에 수신한다). 앨리스가 암호화 인증된 메시지 "발각됐다! 도망쳐!"를 7시 30분에 전송하면 말로리가 흐뭇하게 몇 주 동안 30분마다 그것을 재전송하고 기차역 매표소 근처에서는 경찰이 기다리고 있을 것이다.

- **반사** 이 공격에서 말로리는 앨리스에게 앨리스의 메시지를 다시 되돌려준다. 이것은 재생, 반사, 여타 MITM 공격보다는 좀 더 미묘하다. 예를 들어 비밀 키 k에 의존하는 인증 프로토콜이 있고, 인증은 무작위 난수를 k와 함께 암호화한 것으로 이뤄져 있다고 해보자. 그러면 앨리스가 인사 메시지를 보내서 밥이 n을 보내주고, 앨리스는 n을 다시 비밀 키 k로 암호화해 전송할 것이다. 밥이 k로 암호화된 n을 수신할 때 그는 인증된 상태로 바뀐다. 말로리가 앨리스로 위장하려 한다면 밥이 n을 보내는 것을 확인한 후 밥에게 같은 n을 가지고 자신을 인증하라고 요청할 것이다. 밥이 말로리에게 암호화된 값을 보내주면 그 후 말로리는 앨리스인 척 암호화된 값을 전송한다.

- **다운그레이드 공격** 이것은 프로토콜에 대한 공격이며, MITM이 실행한다. 안전하지 못한 프로토콜 버전이 업데이트될 때 다운그레이드 공격이 발생할 수 있는데, 클라이언트나 서버는 상대편의 버전이 몇인지 확실히 알 수 없어서 발생한다. 말로리는 상대편을 가장해 중간에서 안전하지 못한 버전을 사용하게 강요할 것이다. 다운그레이드에 대한 세 가지 방어 클래스가 있다. 첫 번째는 이전의 모든 메시지를 나중 메시지로 해시하는 것이다. 두 번째는 한쪽 또는 다른 쪽 (또는 둘 다)의 상대방이 사용하는 버전을 기억해뒀다가 공격을 탐지해 경고하거나, 변경을 거부하기 위해 사용하는 것이다. 반면 세 번째이자 가장 안전한 방어는 이전 버전을 알려주지 않는 것이다.

- **생일 공격** 이 공격의 이름은 방에 단 23명이 있는 경우 그 중 둘은 50%의 확률로 생일이 같고, 57명이라면 99%의 확률로 같다는 놀라운 사실을 바탕으로 지어졌다.

관련 내용은 온라인상에서 좋은 설명을 많이 찾을 수 있는데, 이 공격에 대해 한번 논의해보자. 공격자는 문서들을 생성해서 동일한 값으로 해시될 수 있는 두 개의 문서들을 찾는다. 앞에서 언급한 생일과 같이 해시 값들은 고정된 동일한 값을 가질 가능성이 있다. 공격자가 동일한 해시를 갖는 두 개의 문서를 갖고 있다면 다른 하나를 대체할 수 있다. 예를 들어 하나의 문서는 "새벽에 공격하라", 다른 하나는 "7시 15분에 철수하라"라고 돼 있고, 그 둘이 같은 값으로 해시된다면 소프트웨어는 어떤 것이 대체된 것인지 잡아내기가 어렵다.

- **트래픽 분석** 이 공격은 메시지들을 찾아서 메시지를 실제로 이해하지 않고 패턴으로 알아내는 공격이다. 예를 들어 밥과 찰리가 주기적으로 앨리스의 메시지를 재전송한 다면 아마도 앨리스가 그들 조직의 상급자일 것이다. 마찬가지로 앨리스가 항상 밥보다 찰리의 메시지에 빠르게 응답한다면 아마도 앨리스는 찰리에게 보고하는 중일 것이다. 따라서 도청 중인 이브가 어떤 메시지 내용도 얻을 수 없는 경우에도 정보는 그녀에게 공개된다. 메시지 크기도 트래픽 분석에 있어 중요한 역할을 할 수 있다. 예를 들어 '구매' 버튼이 3,968바이트의 이미지로 이뤄져 있다면 HTTPS 트래픽을 감시하는 공격자는 해당 이미지에 대한 요청을 식별할 수 있다.

- **길이 확장 공격** 말렛이 'foo'의 해시를 알고 있다면 그가 'foobar'의 해시를 계산하는 것은 간단하다. 'foo'가 앨리스와 밥에게만 알려진 비밀을 포함하는 복잡한 데이터 구조인 경우에도 마찬가지다. 이 공격은 URL에서 인증을 위해 해시를 사용하는 많은 사람들에게 영향을 미쳤다. 공격자가 URL에 매개변수를 추가할 수 있었기 때문이다(Duong, 2009).

- **타이밍 공격** 암호화 작업을 수행하는 데 걸리는 시간의 미묘한 차이는 메시지 길이, 코드에서 동작이 실패하는 위치, 개인 키의 해밍 가중치 같은 정보를 노출할 수 있다 (해밍 가중치는 문자열에서 값이 1인 비트들의 합이다). 이러한 차이는 네트워크 연결을 통해 검출할 수 있다. 가장 간단한 공격 방지책은 항상 반환하기 전에 고정된 시간 길이를 지정하는 것이다.

- **사이드 채널 공격** 이것은 컴퓨터의 물리적인 상태로부터 정보를 추출하는 것에 초점을 맞추고 있다. 예를 들어 명령들을 실행하면서 컴퓨터의 전력 소비는 변화하고 CPU는 소량의 소음을 발생시킨다. 다양한 양자 암호 체계에서는 거울이 사용되며, 거울의 위치 및 움직임으로 정보를 알 수 있다. 『음향 암호 해독: 참견하는 사람과 시끄러운 기계(Acoustic Cryptanalysis: On Nosy People and Noisy Machines)』(Shamir, 2013)는 음향 암호 해독에 대한 명확한 소개를 하고 있다.

- **고무호스 암호 해독** 때때로 암호화 체계를 무너뜨릴 가장 쉬운 방법은 키를 받아낼 때까지 이를 사용하는 사람을 공격하는 것이다. 폭력의 정도는 장소와 공격자에 따라 다르다. 일부는 문자 그대로 고무호스를 사용할지 모르고, 다른 이들은 앨리스가 굴복할 때까지 그녀를 가둘지도 모른다.

암호화를 사용한 구축

이 절에서는 사용할 암호화 체계 선택, 업그레이드 계획, 가장 바깥쪽 계층에서의 인증, 키 관리를 위한 기술을 비롯한 암호화 공학의 몇 가지 요점들을 설명한다.

선택

암호화는 많은 노력이 필요할 정도로 어렵기 때문에 유연성과 협상을 비롯한 올바른 설계를 결정하기는 쉽다. 프로토콜을 설계하고 있다면, 그리고 CBC나 CTR 모드를 사용해야 하는지 확실하지 않다면 초반에 암호화에 대해 협상하는 게 어떨까? 이러한 협상은 공격 표면 분석 작업, 앞으로의 호환성 작업, 테스트 계획을 도출시켜 주기 때문이다. 그러나 이것은 MITM이나 공격자에게 자신을 심을 수 있는 모든 종류의 장소를 제공한다. 따라서 무엇을 구축할지 결정하되 간단하게 하자(이것은 토마스 파섹^{Thomas} ^{Ptacek}의 블로그 '응용 암호화 공학(Applied Cryptography Engineering)'(Ptacek, 2013)에서 참고했다). 다중 인증 옵션이 있다면 공격자는 공격에 가장 취약한 하나를 선택하려 할 것이다. 그들이 일단 인증을 공격할 수 있으면 다른 종류의 공격도 수행할 수 있다.

업그레이드 준비

자신의 프로토콜을 구축하고 있는 범위 내에서는 (보안) 실패가 있을 것을 생각해야 한다. 유용한 방어 패턴은 전송했던 모든 이전 메시지의 해시를 다음 메시지에 통합시키는 것이다. 그러나 연결을 종료하고도 데이터를 중계하는 MITM은 여전히 이를 우회할 수 있다. 업그레이드 계획과 테스트 셋이 없다면 대부분 안전하게 업그레이드할 수 없게 될 것이다.

키 관리

키 관리는 각자가 올바른 암호 키를 갖고 있음을 보장하는 것에 관한 것이다. 각 암호화 키와 시스템 내의 계정이나 역할 사이에는 몇 가지 매핑이 있다.

키 관리를 위한 암호화 방법은 (공유 키에 의존하는) 대칭 시스템과 비대칭 시스템으로 나눌 수 있다.

공유 키 시스템은 일반적으로 커버러스Kerberos를 의미한다. 공유 키 시스템을 사용해야 한다면 커버러스가 권장할 점을 많이 갖고 있다. 이러한 시스템은 위장 문제를 겪는다. 이에 키를 알고 있는 각 엔티티는 해당 키와 관련된 다른 당사자를 연루하는 방법으로 이 시스템을 사용한다.

비대칭 시스템은 비밀 유지 요소를 제거한 기밀 인증 방식으로 키를 분배하는 문제를 줄인다. 따라서 비대칭 시스템은 일반적으로 바람직한 시스템이다. 그래도 여전히 키를 인증해야 할 필요가 있고, 그렇게 하기 위한 방법에는 여러 가지가 있다.

- 아마도 가장 간단한 방법은 TOFU Trust On First Use 또는 지속성이라고 불리는 방법일 것이다. SSH에 의해 폭넓은 사용자에게 도입된 이 아이디어는 첫 연결에서 키를 얻어 키를 지속해서 키가 바뀌면 사용자에게 경고하는 것이었다. 키를 변경하는 두 개의 악의적인 시나리오와 하나의 선의의 시나리오가 있다. 악의적인 시나리오는 MITM 공격의 시작이나 끝부분이다(둘 다 키는 변경된다). 선의의 시나리오에서는 시스템 관리자가 키를 변경한다. 키 순환은 발견되지 않은 손상의 노출을 제한하기 때문에 일반적으로 바람직한 방법이다. 그러나 그것은 운영상 안전하고 원활한 방법으로 작업하기가 어려울 수 있다.

- 컨버전스Convergence 시스템은 여러 사용자가 볼 수 있는 키를 공유하는 메모리라는 아이디어에 기반을 두고 있다. 각각의 시각 차이는 일반적으로 공격을 나타낸다 (Marlinspike, 2011). 좋은 묘안은 '하나의 키, 하나의 서비스, 하나의 머신'이라는 공통 보안 목표를 두는 것이다. 예를 들어 은행의 100개 머신으로 이뤄진 '웹팜'은 머신 하나당 100개의 다른 키를 가질 것이고, 컨버전스 시스템은 경보를 많이 발생시킬 것이다.

- PGP는 신뢰의 웹web of trust이라는 시스템을 도입했다. 이 시스템의 아이디어는 각 사용자가 자신의 키 셋을 유지하고, 누구나 키에 서명할 수 있다는 것이다. 이러한 서명은 식별자(PGP의 경우 이메일 주소, 이름)에 대한 키 매핑을 보증한다는 것을 나타낸다. 어떤 부분에서는 유용성 때문에, 또 어떤 부분에서는 서명의 의미가 사람마다

다르기 때문에 신뢰의 웹은 특히 규모를 측정하지 못한다.

- 또 다른 옵션은 인증서를 발행함으로써 키를 보증하는 제한된 사용자들을 갖는 것이다. 여기에는 '공개 키 인프라' 또는 PKI의 기치 아래 수수료를 받고 암호화 키를 서명하는 기업이 있다. 또한 DNSSEC 같은 메커니즘도 있다. DNSSEC는 .COM과 같은 다양한 영역을 위임할(서명할) 책임이 있는 ICANN을 대신해 베리사인이 운영하는 루트 키를 기반으로 한다. 여기에는 다양한 시스템이 있는데, 신뢰하는 DNSSEC 루트에 다른 키를 삽입하기 위한 가장 잘 알려진 DANE이 있다. DNSSEC은 인터페이스가 다양한 미국에 본사를 두고 있는 도청 인프라 사업인 베리사인 넷디스커버리 합법 도청 서비스Verisign NetDiscovery Lawful Interception Service(Verisign, 2007)를 베리사인이 운영하는 것을 비판한다.

- PKI는 키를 보증할 수 있는 소수의 엔티티를 가진 제한된 신뢰의 웹으로 볼 수 있다. 인증서 고정Certificate Pinning은 소규모의 인증서 발급자들만 인증서 발행을 허용하게 하는 소프트웨어를 가지고 한 단계 더 높은 제한을 한다. 예를 들어 구글의 크롬 웹 브라우저는 지메일Gmail에 대한 인증서를 발급할 수 있는 사람을 제한한다.

복호화 전의 인증

관점 시스템Perspectives system을 만든 목시 말린스파이크Moxie Marlinspike는 모든 암호화 체계가 다른 작업을 수행하기 전에 메시지를 인증할 수 있게 해야 한다고 주장한다 (Marlinspike, 2011). 그는 '암호화의 비운의 원칙'을 위반함으로써 가능한 몇 개의 공격들을 설명한다. 물론 일정 시간에 메시지 인증 코드를 확인하는 것을 기억해야 한다(복호화 전의 인증 접근법은 '암호화 후 MAC'이라고도 한다).

암호화에 관해 기억해야 할 사항

이 조언들은 빌더를 위한 조언보다 덜 구체적이다. 그러나 암호를 사용한다는 점에서 꼭 기억해야 것들을 모았다.

전문가에 의해 설계된 암호 체계를 사용하라

새로운 암호화 체계의 설계와 분석은 수학의 전문 분야다. 그리고 암호 해독가들이 지난 40년에 걸쳐 개발한 도구는 아마추어 시스템에서 사용되고 있다. 이것은 정말 잘못됐다. 적응형 선택적 평문 공격이 무엇인지, 또는 그것에 대해 왜 걱정해야 하는지 모르겠다면 간단히 보안 요구 사항을 충족시켜주는 전문가들에 의해 설계된 최고 수준의 프로토콜이나 시스템을 사용하라고 말할 수 있다. 여기에는 단 하나의 예외가 있다. 국가 암호화 기관에서 일하고 있다면 자체 알고리즘을 갖고 있을지도 모른다. 사본을 보내주면 그것을 검토해서 허용 가능한지 알려주겠다. 그 외에는 사용하지 말라.

전문가에 의해 만들어지고 테스트된 암호화 코드를 사용하라

이것은 이전 내용을 다시 언급하는 것 같지만 그렇지 않다. 그보다는 운영체제에 내장된 암호화 라이브러리나 견고하고 테스트가 잘 된 구현 코드를 사용해야 한다는 것을 말하고자 한다. 자신만의 코드를 따로 구현하는 경우 미묘한 실수들이 많이 생길 수 있다. 간단히 말해 그것을 재구현하는 것보다 이미 있는 암호화 코드를 사용하는 것이 빠르고 저렴하고 더 신뢰할 수 있다.

> **노트**   16장에서 논의된 여러 가지 문제는 암호화 공학이나 연구계에서 치열한 논쟁의 대상이다. 사용할 블록 암호 모드가 어떤 것인지, 또는 어떻게 난수를 모으고 관리할지는 간단한 문제가 아니다. 그러한 논쟁에 관심이 있다면 이러한 문제들을 찾을 수 있을 것이다. 아니면 전문가들에게 그 문제들을 맡길 수도 있다.

암호화는 만병통치약이 아니다

암호화는 문제를 해결하기 위한 강력한 도구 모음을 제공한다. 그러나 가까이 있는 명확한 문제를 해결하기 위해서는 도구를 적절하게 적용해야 한다. 예를 들어 SSL 연결을 코딩하고 있다면(물론 표준 SSL 라이브러리를 사용해서) 실패 모드와 각 실패 위치에서 무엇을 구현하고 싶었는지, 그리고 에러 처리 코드를 구현해 본적이 있는지를 생각해봐야 한다.

모든 것은 세상에 다 알려질 것이라 생각하라

이것은 "시스템은 그것은 비밀이라는 것을 요구하지 않아야 하고, 적의 손에 넘어갈 수 있어야 한다."는 케르크호프스의 원리를 재진술한 것이다. 이것은 다음 두 가지 부분을 시스템이 항상 포함할 것이라는 결론을 가진다. 첫째, 시스템은 널리 알려져서 배포돼 있고, 둘째, 키는 정기적으로 쉽게 변경된다. 예를 들어 14장의 암호 관리 시스템은 보안 전문가들이 오랫동안 논의해왔기 때문에 많은 부분에서 가장 사용 방법을 잘 알고 있다고 볼 수 있다. 유일한 비밀은 암호 그 자체다. 그것은 (상대적으로) 쉽게 변경된다. 케르크호프스의 원리에 대한 자세한 내용은 16장 뒷부분에 있는 '비밀 시스템: 케르크호프스와 그의 원리' 절을 참고하자. 프로그래머들이 이 원리를 위반하는 경우는 여러 가지가 있지만, 코드에 대칭 키를 포함하는 것이 가장 일반적이다. 디버거를 가지고 그 키를 모두가 사용하게 할 수 있다. 하지만 그렇게 해서는 안 된다.

계속 키를 관리하라

키 관리는 어렵다. 앞의 논의는 모두 제외하고, 지역 코드를 가지고 키를 관리하거나, 일어난 일이 생각한 일이 일어난 것임을 수동적으로 확인하고 싶을 때가 있다. 예를 들어 OpenSSL은 별도의 계층이기 때문에 도메인 이름과 제공된 인증서가 일치하는지 여부를 확인할 수 없다. 이와 유사하게 윈도우 루트 인증서 저장소에 있는 100개 정도의 루트 기본 체인에서는 CertGetCertificateChain() 함수를 호출할 것이다. 관리하는 키가 무엇이든지 (충분한 엔트로피를 가지고) 그것을 만들고 안전하게 보관하며 취소하거나 적절하게 만료시켜야 한다.

비밀 시스템: 케르크호프스와 그의 원리

오귀스트 케르크호프스Auguste Kerckhoffs는 1883년에 암호화 체계에 대한 일련의 원칙을 제시했다. 보통 '케르크호프스의 원리'라고 불리는 것으로 두 가지가 있다. 그것들은 시스템은 판독할 수 없어야 한다는 그의 첫 번째 원리를 따른다. 오늘날 자주 언급되는 두 가지는 다음과 같다.

1. 암호화 체계는 비밀이 될 필요가 없고, 쉽게 적의 손에 넘어갈 수 있어야 한다.
2. 암호화 체계의 키는 기록의 도움 없이 전달되거나 유지할 수 있어야 하고, 보내는 사람의 뜻에 따라 변경이나 수정이 가능해야 한다.

이것으로부터 다양한 수정안을 얻을 수 있는데, 대부분 원래의 중요 세부 사항을 놓치고 있다(적어도 하나의 경우에는 번역이 흥미로운 중요 세부 사항을 추가하기도 한다)(Kerckhoffs, 1883; Petitcolas 2013). 핵심 개념은 암호화 체계는 비밀이 될 수 없다는 것이다. 이것은 사용자가 수정할 수 있는 무언가가 우리에게 필요하다는 것을 의미한다. 이는 무명의 잘 알려지지 않은 보안은 동작하지 않는다는 초안으로 해석할 수 있다. 어떤 수준에서 그것은 사실이지만, 보안은 몇 가지 비밀을 (키와 같은) 유지해야 한다. 발견하기 어려운 의미에서의 무명과 의도적으로 숨겨진 의미에서의 비밀의 차이를 생각해보는 것이 도움될 것이다.

케르크호프스의 원리는 중요한 많은 지혜를 많이 지니고 있기 때문에 계속 살아남아 있다. 예를 들어 케르크호프스의 세 번째 원리의 첫 번째 부분은 암호의 유용한 특성에 관한 것이다.

암호화 체계의 보안에 의존하는 모두가 충분한 보안 조사를 받은 것으로, 충분한 자신감을 갖고 있는 만큼 암호화 체계가 비밀이 되는 것에는 본질적으로 잘못된 것은 없다. 고객이나 잠재 고객이 비밀 소스의 보안에 대해 논쟁을 벌인다면 그들은 당연히 보안 조사와 조사받은 위협 모델링에서 충분한 자신감을 갖지 못한다.

비밀의 다른 측면은 물리적 세계와 컴퓨터 세계에서 다르게 작동한다는 것이다. 물리적 세계에서 콜로넬의 비밀 레시피를 훔치려는 공격자는 물리적으로 부엌에 들어가서 허브와 향신료가 혼합된 비밀을 훔쳐봐야 한다. 이렇게 하는 것은 위험을 초래한다. 그들은 노출의 위험에 있어서 어려움을 겪거나 불법 침입 혐의로 체포될 수 있다. 부엌 주변의 보안 대책을 조사하는 것도 어느 정도 위험을 안고 있다. 인기 프로그램의 보안을 무너뜨리는 것과 비교해보자. 이 프로그램은 인기가 있어서 누구나 사본을 얻을 수 있다. 컴퓨터에 설치해 마음껏 조사할 수 있고, 위험 요소가 없는 자신의 안락한 집에서 익스플로잇 코드를 디버깅할 수 있다.

이 차이는 보통 암시적이고, 다양한 지역 사회의 보안 대책에 있는 비밀의 가치에 대해 매우 다른 생각을 이끌어낸다. 본사의 brick-for-brick 모델을 출시했다면 보안 카메라의 위치를 보호하는 것은 아주 적절하지 못하다(Swire, 2004). 마찬가지로, 제품을 출시할 때보다 서비스를 동작시킬 때가 잘 알려지지 않은 상태로부터 더 많은 가치를 얻을 수 있을 것이다. 이는 조사하면서 계속 진행을 관찰할 수 있기 때문이다. 그러나 실제로 이러한 조사를 감지하고 그것을 분석해 적절한 시기에 대응할 수 있는 방법을 갖고 있다면 잘 알려지지 않은 상태에서만 그 가치를 얻을 수 있다.

요약

암호화는 보안 위협을 해결하기 위한 중요한 도구와 기술의 모음이다. 암호 해독가들의 도구상자에는 매우 날카로운 다양한 도구들이 있다. 그중 가장 중요한 것은 대칭 및 비대칭 암호화 체계, 해시, 난수다. 이것의 오용을 방지하기 위해 충분히 각각에 대해 잘 이해해야 한다. 프라이버시 보호를 위한 구체적인 기본 요소들과 전방향 안전성forward secrecy, 인증서certificates와 같은 더 구체적인 다양한 도구들이 있다. 암호 해독가들은 프로토콜에 이름을 짓는 것을 좋아한다. 이러한 이름들은 패턴을 갖고 있고, 때로는 암호화 문서 외에서도 그 패턴을 볼 수 있다.

암호화 체계에 대한 위협은 다양하다. 그러한 다양한 위협이 존재하는 곳은 위협과 완화에 대해 가장 오랫동안 연구한 지역일 것이다. 16장에서는 소규모의 공격 라이브러리를 제공했다. 좀 더 완벽한 것들은 책 전반 걸쳐 소개된다.

스스로 암호화를 적용해 구축한다면 무한한 옵션 리스트(그리고 테스트 케이스)를 제공하기보다는 선택하게 하는 것을 원할 것이다. 이러한 옵션 리스트는 업그레이드에 대한 계획을 어렵게 만들 것이다. 업그레이드는 시작점에서 바로 얻을 수 있는 대단히 중요한 일이다. 많은 문제가 키 관리를 안고 있다. 키 관리는 지속성부터 키를 보증하고 신뢰할 수 있는 제 3자까지의 범위를 갖고 있다. 보안에서 "신뢰할 수 있다"는 것은 상류 사회와 쓰임새가 반대된다는 점을 기억하자. 신뢰 당사자는 배반할 수 있는 사람이고, (배반할 수 있는 사람에 대한) 신뢰를 최소화하는 것은 좋은 엔지니어링의 목표가 된다.

항상 전문가들에 의해 설계, 구현, 테스트된 암호화 체계를 사용해야 한다. 운영체제에는 아마도 이러한 라이브러리가 함께 제공될 것이다. 암호화 체계는 결국 공개될 것이라고 생각해야 한다. 그리고 그것으로 인해 걱정할 필요도 없다.

걱정해야 할 것은, 암호화는 까다롭다는 점이다. 공격자가 암호를 공격하는 것보다 암호를 우회하는 것에 대해 충분히 잘 대처하는 것이 목표가 돼야 한다. 그것은 7장에서 배웠던 체스 게임과 "얼마나 깊이 가야 하는가?"에 대한 질문을 다시 생각하게 해준다.

5부
한 단계 더 나아가기

지금까지 위협 모델링에 대해 알려진 내용들을 배웠다. 이제부터는 미래에 초점을 맞춘다. 여기서 말하는 미래란 조직의 위협 모델링 미래이며, 위협 모델링 접근 방식의 미래다.

5부는 다음과 같은 세 가지 내용으로 구성돼 있다.

- **17장, 조직에 위협 모델링 적용**에서는 위협 모델링을 소개하는 방법, 누가 무엇을 하는지 알아보는 방법, 개발 프로세스에 통합시키는 방법, 역할과 책임에 통합시키는 방법, 위협 모델링에 대한 이의를 극복하는 방법 등을 알아본다.
- **18장, 실험적 접근**에서는 위협 모델링을 운영하기 위한 떠오르는 접근 방식, '브로드 스트리트' 분류 체계, 대립적 기계학습, 비즈니스 위협 모델링, 위협 모델링 방법에 대한 위협들과 효과적인 실험에 관한 몇 가지 생각들을 살펴본다.
- **19장, 성공을 위한 설계**에서는 앞으로의 모든 정신적 모델에 대한 몇 가지 마지막 조언, 현실 세계와 모델링의 접점, 위협 모델링을 하기 위해 새롭고 더 나은 방법을 개발하게 하는 프로세스 설계 조언, 위협 안의 예술성에 대한 몇 가지 마지막 말들을 남긴다.

17

조직에 위협 모델링 적용

17장에서는 조직이 위협 모델을 사용하고 있지 않다는 가정하에서 시작한다. 조직에서 위협 모델을 사용한 경우에도 17장은 조직에 고급 위협 모델링을 적용하는 데 도움을 줄 수 있고, 지금 수행하는 위협 모델링을 더 나은 구성으로 만드는 데 도움을 줄 수 있다. 여기서 배운 것은 조직의 지원 없이 개인에 의해 적용할 수 있다. 17장은 자신이 근무하는 조직에 영향력을 미치려는 사람에게 도움이 될 것이다(컨설턴트에게도 도움이 될 것이다).

조직에서 일하는 법을 소개하는 여러 가지 방법이 있다. 하나는 모든 사람의 앞에 서서 이렇게 말하는 것이다. "방금 정말 멋진 책을 읽었어, 우리는 이 내용에 전적으로 따라야만 해!" 또 다른 하나는 이렇게 말하는 것이다. "내가 방금 이렇게 해봤는데 내가 얼마나 많은 버그를 찾았는지 봐!" 또 다른 방법은 "이 멋진 카드 게임을 확인해보자!"라고 말하면서 권한 상승^{Elevation of Privilege} 게임의 사본으로 사람들의 흥미를 끄는 것이다. 이러한 각각은 전략을 나타낸다. 다른 다양한 전략들은 다양한 상황에서 통할 수도 있고, 그렇지 않을 수도 있다. 일하는 법을 조직에 적용하는 방법에 대한 좋은 책은 많다. 샘 라이트스톤^{Sam Lightstone}의 『프로그래머로 사는 법(Making It Big in Software)』은 소프트웨어 전문가에 대해 좀 더 포괄적인 내용을 담고 있는 책 중 하나다(Pearson, 2010). 물론 이 하나의 장으로 책 한 권에 해당하는 내용을 전부 전달해줄 수는 없다. 하지만 17장에서는 몇 가지 주요 전략과 어떻게 개인 기여자에게 각 전략을 적용할지 배울 수 있다. 경영진은 위협 모델링이 가치가 있음을 입증하기 위해 경영진을 설득하는 방법을 다루는 절도 있다. 그리고 그 증거로 개인 기여자의 경험을 확실히 포함할 것이다.

지금까지 위협 모델링 자체에 초점을 맞춘 위협 모델링의 작업과 과정에 대해 배웠다. 17장에서는 조직이 일하는 방법과 위협 모델링이 어떻게 연결될 수 있는지 알아본다. 개인 기여자를 설득하는 방법과 경영진을 설득하는 방법을 비롯한 조직에 위협 모델링을 소개하는 방법에 대한 설명으로 17장을 시작한다. 거기에는 전제 조건, 산출물, 역할과 책임, 의사결정 모델, 효과적인 회의와 같은 그룹 상호작용 문제를 비롯해 누가 무엇을 하는지 다룬다. 그런 다음, 애자일 위협 모델링, 테스트 및 위협 모델링이 어떻게 관련되는지, 그리고 교육, 연줄, 인터뷰 등의 인사 문제와 함께 위협 모델링을 평가하는 방법을 비롯해 소프트웨어 개발 프로세스에 위협 모델링을 통합하는 방법을 설명한다. 마지막으로, 반대 의견을 극복하는 방법에 대한 설명과 함께 17장을 마무리한다. 물론 반대를 극복하는 것은 사람들을 설득하는 것의 일부다. 하지만 누가 무엇을 하고, 어떻게 프로세스로 통합하는지에 대한 자세한 내용은 반대를 극복하는 방법을 알려줄 것이다. 예를 들어 위협 모델링을 애자일 개발 방법론에 연결하는 방법을 알 때까지 "우리는 애자일만 담당할 뿐이다."라는 반대 의견을 극복할 수 없다.

위협 모델링을 소개하는 방법

이 절에서는 일반적인 아이디어를 '판매'하는 방법을 설명한 후 개인 기여자와 경영진에게 그것을 판매하는 방법을 설명한다. 이는 책에서나 직장에서나 모두 따라야 할 방향이다. 또한 설득력 있는 사례를 만드는 방법을 알아보고, 앞으로 일을 할 사람들과 그들을 관리할 사람들의 경우를 적용해본다.

앞선 장들을 읽고 기술을 탐구한 후에는 조직이 위협 모델링을 시작하도록 권유하는 게 즐거울 것이다. 그러나 이 즐거움은 계속 이어지지 않을 수도 있다. 심지어 권한 상승 이후에도 위협 모델링은 가족과 함께 밤에 게임을 할 만큼 충분한 재미를 주지는 않는다. 위협 모델링은 목표에 도달할 수 있는 중대한 도구다. 더 명확하게 목표를 명시할수록 더 나은 목표를 달성할 수 있다. 목표가 현재 상태와 얼마나 다른지 명확하게 이해해야 둘 사이의 직선을 더 쉽게 그릴 수 있을 것이다. 예를 들어 조직이 위협 모델링을 하지 않고 아무도 그런 경험이 없다면 여기서 유용한 목표는 아마도 위협 모델링이 다음 배포 시 보안 버그를 수정하게 하는 것이다. 또한 보안 문제로 매출을 잃지 않는 더 큰 목표를 따라가는 이정표 같은 것을 고려해야 할 것이다.

조직에 위협 모델링을 소개하기 위해 그럴 가치가 있는 두 가지 유형의 사람들(위협 모델링에 관여하는 개인 기여자와 그들에게 보상을 주는 경영자들)을 설득해야 한다. 이사회에서 그 두 가지 유형의 사람들이 모이지 않으면 위협 모델링은 채택되지 않을 것이다. 그러므로 그들에게 '판매'를 해야 한다. 기술자들은 판매하는 것을 싫어하는 경우가 많지만, 유능한 기업의 영업 사원들은 많은 요령뿐만 아니라 아이디어를 구현하게 도와줄 수 있는 몇 가지 기술도 갖고 있다. 힘을 빌리고자 하는 영업 사원은 중고차를 판매하는 유형의 사람들이 아니다. 그들은 자신의 제품에 대한 대가를 받고 구현하기 위해 몇 주나 몇 달을 보내는 유형의 사람들이다. 영업 사원은 세계를 이해하는 방법과 자신의 뜻에 따르게 하는 방법을 알고 있다. 그들은 수표에 서명할 수 있는 사람과 효과적으로 '아니오'라고 말할 수 있는 사람을 아는 것에 대한 가치를 알고 있다. 수표에 서명해줄 누군가를 만나기 위해 '사회생활'을 하는 것처럼, 같이 일하는 사람들이 어떻게 '조직의 승리'와 '개인의 승리' 둘 다 얻어내는지 알아내는 것은 가치 있는 일이라고 그들은 알고 있다. 예를 들어 새 데이터베이스 시스템을 구입한다면 조직의 승리는 새로운 쿼리를 설계하는 더 많은 유연성이고, 개인의 승리는 이력서에 새로운 기술을 추가하는 것이라 할 수 있다. 영업 사원은 조직과 당신이 설득해야 할 다양한 의사결정자를 이해하는 데 도움을 주는 '챔피언'을 보유하는 것이 유용하다는 것을 알게 될 것이다. 더 큰 조직 내에서 의견을 말하고 교환할 수 있고, 전략을 세워줄 수 있는 챔피언을 보유하는 것은 기술적 논의에 좋은 보완이 될 수 있다.

위협 모델링에 이러한 판매의 교훈을 적용한다면 다음과 같은 질문을 가질 수 있다. 승인하는 사람은 누구인가? 아마도 위협 모델링 없이 출시돼서는 안 된다고 요구할 수 있는 연구개발 부사장 같은 사람일 것이다. 부사장이 승인할 수 있는 이유는? 버그가 더 줄어드는가? 더 안전한 제품이 되는가? 경쟁력이 높아지는가? 이후에 발생하는 보안 버그 수정 때문에 변경되는 스케줄은 줄어드는가? 무엇이 개인의 승리가 될 수 있을까? 그것은 예측하기 어렵다. 그것은 엔지니어들이 새로운 기술을 습득하게 혹은 버그에 관련된 보안 의사결정을 어렵게 만드는 데 소비되는 에너지를 줄이게 하는 것과 같다.

개인 기여자 설득

방에 있는 사람 중 팀이 뭔가를 하길 원하는 사람이 당신 혼자라면 서명해줄 관리자는 거의 없다. 위협 모델링은 그들의 시간을 가치 있게 사용할 수 있다고 개인 기여자를 설득해야 한다. 권한 상승 게임 등을 이용해 흥미를 유발하며 시작해야 한다. 전문적으로 생산된 마이크로소프트 또는 와일리 덱$^{Wiley\ deck}$(게임용 카드 팩 - 옮긴이)이 없다면 하나 또는 두 개의 복사본을 컬러로 인쇄하는 데 약간의 에너지를 소비할 것이다. 활동적인 재미가 사람들의 계속된 참여를 유지시키게 만드는 것은 과거의 좋지 못했던 경험을 극복하는 데 도움이 될 수 있다. 게다가 재미는 재미일 뿐이다. 피자와 맥주를 가져오는 것은 힘들지 않다.

그러나 재미로는 충분하지 않다. 어떤 시점에서 모든 사람에게 잘 되고 있다는 것을 계속 보여주기 위한 비즈니스적인 이유를 들어야 것이다. 아마도 괜찮은 다이어그램을 가진 소프트웨어를 모델링하는 것이, 사람들이 현재 만들어지고 있는 것과 함께하는 데 도움이 될 것이다. 또한 상당한 보안 버그가 발견되고 수정될 것이다. 어쩌면 경쟁 자들은 보안 문제 발생 후 뒤처리하는 데 모든 시간을 소비해 뒤로 처질지도 모른다. 팀이 받을 가치를 알아내는 것은 경영진을 설득하는 열쇠가 된다. 또한 노력으로 충분하지 않을 수 있다. 챔피언으로 존경받는 엔지니어를 보유하는 것이 엄청난 도움이 될 수 있다.

> **노트** 윈도우의 한 테스트 리더는 이렇게 말했다. "이 도구에 대한 래리의 지원이 개발 커뮤니티에서 우리가 신뢰를 얻게 얼마나 큰 도움을 줬는지 아무리 과장해도 지나치지 않다. 래리에게는 그 도움에 걸맞은 대우를 해야 한다. 그리고 그가 새로운 프로세스/도구를 전파하는 것에 열광적이게 만들어야 한다."

앞으로 직면할 수 있는 많은 이의가 있다. 이것은 17장 끝부분의 '위협 모델링에 대한 이의 극복' 절에서 심도 있게 다룬다. 어떤 이의는 매우 일반적이면서도 17장 전반을 꿰뚫을 정도로 중요하고 논의할 가치가 있는데, 그것은 YAGNI(YAGNI는 "당신은 그것이 필요하지 않을 것이다. 필요 없는 기능을 지금 추가하려 하지 마라."라는 애자일 개발 슬로건이다. - 옮긴이)를 들 수 있다. YAGNI는 개발이나 운영 과정에서 불필요한 요소들을 밀어내는 좋은 방법이기 때문에 진언이라 할 수 있다. 새로운 프로세스를 가져올 때 나타나는 정말 까다로운 문제는, 새로운 프로세스 없이도 조직은 망한 적이 없다는 사실이다. 그러면 투자해주는 사람들을 어떻게 설득해야 할까?

경영진 설득

관리의 핵심은 작업을 달성하기 위한 화합에 관한 것이다(Magretta, 2002). 한 사람이 혼자서 할 수 있는 것보다 큰일을 달성하기 위해서는 관리가 필요하다. 두 사람이 협력할 때 관리가 내재되고 공유될 수 있다. 그것은 위험한 상황으로 투입되는 일반적인 순서일 수도 있고, 그들 사이에 있는 온갖 종류의 것들일 수도 있다. 팀 페리스^{Tim Ferris}는 "의사결정이라는 단어는 '잘라내다'라는 의미에서 유래한 절개와 밀접하게 관련돼 있다. 효과적인 의사결정과 효과적인 학습에는 대규모 삭제와 옵션의 제거가 필요하다."고 말했다(Ferris, 2012).

경영진은 일부 좋은 아이디어를 거절할 수 있는 능력이 있기 때문에 중요하다고 볼 수 있다. 가혹한 얘기겠지만 당신과 당신의 동료들은 매달 수십 개의 아이디어를 짜낼 것이다. 그들 모두에게 '예'라고 말하는 관리자는 프로젝트에 결실을 가져다주지 못할 것이다. 따라서 경영진의 역할에서 중요한 부분은 충분한 비즈니스 가치를 가져다 줄 가능성이 높지 않은 작업을 제거하는 것이다. 기본적으로, 유행하는 것이 무엇인지는 필요하지 않으며 필요한 것은 위협 모델링이 적용되는 것이다.

따라서 경영진을 설득하기 위해서는 몇 가지 '입증 의견'을 가진 계획이 필요하다(이 용어를 싫어하지만 경영진들이 이것을 좋아하므로 일단 사용한다). 첫 번째 입증 의견 중 하나는 동료로부터의 낙찰일 것이다. 계획에서는 무엇을 할 것인지, 필요한 자원은 무엇인지, 그것이 가져다주는 가치가 무엇인지 설명할 필요가 있다. 제시하는 방법은 조직에 따라 다를 것이다. 제안이 경영진의 기대에 부합할수록 제안이 의미하는 바를 이해하는데 보내는 시간은 줄어들 것이고, 그 제안은 그들의 기대에 부합하게 내용 자체에 더 많은 시간을 할애했다는 의미일 것이다. 모든 사람을 교육시킬 것인가? 아니면 특정 그룹만 교육시킬 것인가? 위협 모델링의 모든 것을 완전히 이해시키기 위해 한 달 동안 개발을 중지할 것인가? 이와 관련된 더 많은 입증 의견이 필요할 것이다. 각 스프린트에 대해 공식적으로 문서화된 위협 모델링을 요구할 것인가? 어떤 자원이 필요할 것인가? 앞으로 컨설턴트나 회사 교육이 필요한가? 얼마나 많은 사람으로부터 얼마나 많은 시간을 원하는가? 이 투자가 가져올 영향은 무엇인가? 보안에서의 다른 노력들과 몇 가지 '자산' 혹은 기능 작업들과 어떻게 비교될 수 있는가? 그 영향이 나타날 것이라는 증거는 무엇인가?

더 작은 조직에 있다면 대규모 조직보다 형식적인 사항이 줄어들 것이다. 대규모 조직에서는 경영진, 심지어 고위 간부에게도 의견을 제시하는 자신을 발견할 수 있을 것이다. 엔지니어에게 의견을 제시하는 데 익숙해져 있다면 경영진에 의견을 제시하는 것은 매우 다를 수 있다. 낸시 두아르테^{Nancy Duarte}는 '고위 간부에게 제시하는 법'이라는 제목의 하버드 비즈니스 리뷰^{Harvard Business Review} 문서에서 그 작업을 수행하는 방법을 훌륭하고 간결하게 요약하고 있다(Duarte, 2012). 누구에게 의견을 제시하든지, 의견을 제시하는 데 전혀 익숙하지 않더라도 그것을 위협이 아닌 성장 기회로 생각하자.

누가 무엇을 하는가?

조직이 무언가를 시작하게 하고 싶다면 누가 무엇을 언제 하는지 정확히 알아낼 필요가 있다. 이번 절에서는 전제 조건, 산출물, 역할과 책임, 의사결정 모델, 효과적인 회의와 같은 그룹 상호작용 주제 등의 프로젝트 관리 문제들을 다룬다.

위협 모델링과 프로젝트 관리

프로젝트 관리는 책을 가득 채울 정도로 큰 분야다. 조직에 프로젝트 관리자가 있는 경우 위협 모델링이 그들의 접근 방식에 적합한지에 대해 그들과 이야기하자. 없는 경우 대답해줘야 할 몇 가지 기본 질문은 다음과 같다.

- **참여자** 누가 참여해야 하는가?
- **작업** 그들은 무엇을 해야 하는가?
- **교육** 어떻게 그것을 할 수 있도록 도울 수 있는가?
- **준비 작업** 시작하기 전에 수행해야 할 것들은 무엇인가?
- **도움말** 혼란스러운 경우 그들은 무엇을 해야 하는가?
- **갈등 관리** 다른 참여자와 동의나 합의를 할 수 없는 경우 누구를 불러야 하는가?
- **산출물** 사람들은 무엇을 산출해야 하는가?
- **이정표** 산출물은 언제까지인가?
- **상호작용** 어떻게 의사소통할 것인가?(대면 회의, 이메일, IRC, 위키 등)

또한 위협 모델링을 출시하면서 다음을 고려해 산출물에 대한 전술적 프로세스 요소를 정의해야 한다.

- 어떤 문서들이 작성돼야 하는가?
- 어떤 도구가 사용돼야 하고, 그것은 어디서 구할 수 있는가?

누가 그 문서들을 작성하고, 누가 그것을 승인하는가?

- 그 문서들은 언제 요구되며, 그 문서들이 완료될 때까지 어떤 일이 미뤄질 수 있는가?
- 그 문서들의 이름은 어떻게 짓는가?
- 누군가가 그 문서들을 찾으려면 어디로 가야 하는가?

두 목록의 대부분은 설명이 따로 필요 없다. '누군가'에게 대답해주는 것이 그 역할이다. 예를 들어 개발자는 소프트웨어 다이어그램을 작성하고, 개발 관리자는 그것에 서명한다. 이름 짓기는 어떤 규약이 설정됐는가의 문제다. 예를 들어 파일명은 TM-Featurename-owner.html, Featurename-threat-model.docx, Feature.tms, Feature/threatmodel.xml 중 어떤 규약을 따라 만들어지는가?

질문에 대한 답변이 끝난 뒤에는 위협 모델링을 하게 될 사람들에게 그것을 알려줘야 할 것이다. 그것은 교육 과정이나 이메일을 사용해 새로운 프로세스를 알려줌으로써 가능할 것이다. 또는 개발이나 운영 프로세스를 정의하는 위키로도 가능할 것이다. 그 접근 방식은 다른 프로세스가 출시되는 방법에 맞춰야 한다.

전제 조건

위협 모델링에 대해 생각할 때 위협 모델링 활동을 시작하기 위해 무엇이 필요하고 산출물이 무엇일지 정의해보는 것이 도움이 된다. 예를 들어 권한 상승을 얻는 것과 더불어 데이터 흐름도^{DFD} 같은 소프트웨어의 선행 모델을 작성하는 것과 방에 있는 프로젝트 관계자를 모으는 것도 전제 조건이 될 수 있다. 작업을 분할하는 방법은 당신에게 달려있다. 명시적 전제 조건과 산출물을 갖는 것은 다른 소프트웨어 엔지니어링에 위협 모델링을 통합하게 도와줄 수 있다. 조직에 대해 적당한 양의 프로세스를 갖는 것과 YAGNI$^{You Aint Gonna Need It}$(당신에게 필요한 작업인지)를 준수하는 것이 중요하다. 정기적으로 적용되는 조직이 아니더라도 가장 높은 가치의 작업에 집중하는 것이 좋다.

산출물

프로젝트와 산출물을 고려하고 있는 조직에 속해 있다면 위협 모델링을 그것만의 산출물을 가진 프로젝트로 고려하거나 개발의 다른 부분에 더 작은 활동을 통합할 수 있을 것이다.

위협 모델링을 프로젝트 자체로 다루고자 한다면 찾아볼 만한 여러 가지 산출물이 있다. 가장 중요한 것으로는 다이어그램, 보안 요구 사항과 비요구 사항, 그리고 버그가 있다. 이들은 소유권, 버전 컨트롤 등을 가진 프로젝트의 일환으로 만들어진 다른 발자취처럼 취급돼야 한다. 이 문서들은 그것을 만들면서 얻을 수 있는 보안 가치에 집중해야 한다. 어떤 접근 방식은 이 문서들이 특히 위협 모델링에 관여하는 보안 전문가를 위해 만들어진다거나 요구 사항 또는 설계 문서와 같은 다른 곳에서 가져온 도입부의 많은 부분을 포함해야 한다고 제시한다. 그것은 많은 가치를 부여해주지 않는다. 그리고 위협 목록이 산출물이 아니라는 것에 놀랄지도 모른다. 위협 목록은 개발의 다른 어떤 곳에서도 사용하지 않기 때문이다. 구조적 다이어그램, 요구 사항, 버그와는 달리 위협 목록은 쉽게 추가되지 않는다(버그는 좋은 중간 산출물이고, 위협 모델링 작업을 벗어나서 위협 목록을 가져올 수 있는 방법이다).

산출물은 무엇이고, 어디에 저장되며, 어떤 방법 또는 어떤 품질 검사를 준비할 것인지, 어디로 반영하는지 정의할 필요가 있을 것이다. 이러한 산출물은 전달될 것이고, 그것들은 프로젝트 소유자가 허용하는 품질이 돼야 한다. 보안 전문가에 의해 만들어지거나 사용되는 경우에도 산출물은 전달받는 사람들의 사용을 위해 설계돼야 한다. 갖고 있는 위협 모델링에 접근하는 방법을 어떻게 구조화하는지에 따라 과정의 일부로 생성된 다른 중간 문서가 있을 수 있다.

그러면 언제 이러한 산출물을 만들어야 할까? 다른 작업의 일부분으로 혹은 위협 모델링을 고려한다면 스프린트의 시작에서 일어나는 어떤 것으로 소프트웨어 모델을 유지하거나 업데이트하는 것을 볼 수 있다. 위협 찾기는 모델이나 테스트 계획의 일환이나 프로젝트가 의미를 갖는 또 다른 때에 일어날 수 있다. 위협을 해결하는 것은 버그 선별의 단계가 될 수 있다.

참여자들의 경험이 더 풍부해지고 조직에서 위협 모델링의 힘이 더 강해짐으로써 접근 방식은 더 융통성 있고 더 유연하고 더 자연스럽게 활동들 사이로 들어올 것이다. 이러한 과정은 그림 17-1에 나타나 있다.

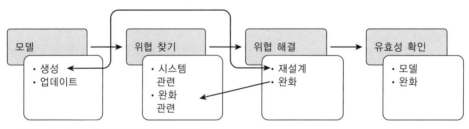

그림 17-1 피드백을 가진 4단계 접근 방식

또한 12장에서 설명한 바와 같이 요구 사항, 위협, 완화의 상호작용으로 조직의 역량을 발전시키는 게 가능하다. 그림 12-1에서 본 것과 같은 그림 17-2의 실제 위협은 요구 사항을 위반한 후 어떤 방법으로 완화될 수 있다.

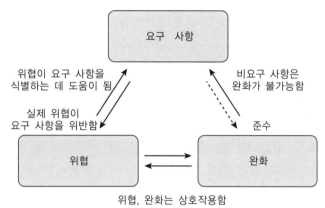

그림 17-2 위협, 요구 사항 및 완화의 상호작용

위협과 요구 사항 사이에서, 또는 위협과 완화 사이에서 둘 다 직접적인 상호작용이 발생한다. 위협과 요구 사항 사이의 상호작용은 위협 모델링 프로세스와 요구 사항 프로세스를 동시에 구현하게 할지 모른다. 이것은 어려운 작업이 될 것이므로 가볍게 그 일을 맡아서는 안 된다.

각자의 역할과 책임

조직이 작업을 수행하고자 할 때 조직은 사람들에게 그 일을 할당한다. 이 절에서는 그 방법을 설명한다.

할당 방법에는 대략 다음과 같은 세 가지 모델이 사용될 수 있다.

- 모든 사람이 위협 모델링을 한다.
- 기업 내 전문가들에게 상담받는다.
- (내부 또는 외부) 컨설턴트를 이용한다.

각각 장점과 그 대가를 지니고 있다. 모든 사람이 위협 모델링을 수행하면 기본적인 위협 모델링이 가능하면 전체 보안 의식이 향상된다. 그리고 그것의 대가는 다른 작업의 비용으로, 모두가 위협 모델링에서 어떤 기술을 개발해야 한다는 것이다. 두 번째 모델을 사용하는 경우 조직 내에 있는 전문가는 자신의 업무를 수행하는 것처럼 보고서를 작성하며, 제품 팀에 속한 것처럼 보안에 힘쓰게 된다. 그것의 장점은 한 사람이 운송과 관련된 위협 모델링과 그것이 제품에 어떻게 통합되는지를 담당한다는 점이다. 단점은 한 사람이 모든 회의에 참석해야 하는데, 항상 그렇게 하기는 어렵다는 점이다. 의미는 좋지만 회의에 참석한 사람들은 보안 의사결정을 내리는 회의인지 모를 수도 있다. 또는 다른 모든 사람이 회의에 참석 가능할 때 보안 담당자는 예약이 겹쳐서 참석 못할지도 모른다. 마지막 모델은 회사 내부나 외부에서 데리고 온 컨설턴트를 사용한다. 어느 쪽이든 컨설턴트는 위협 모델링에 전문화돼 있다는 장점이 있지만, 제품에 대한 전후 관계의 이해가 부족하다는 단점도 있다. 외부 컨설턴트는 경영진들이 임금을 무엇으로 지불하는가에 따라 가치를 판단하기 때문에 추가적으로 가치가 있다고 판단될 수 있고, 때때로 정치에 대한 많은 걱정 없이 나쁜 소식을 전달해줄 수 있다. 그러나 외부 컨설턴트는 노출될 수 있다는 측면에서 내부 컨설턴트보다 제약이 더 클 수 있다. 또한 외부 컨설턴트들은 정리된 보고서를 추가 조치 없이 제출한다. 산출물 중의 하나가 조직 내의 누군가가 제기할 수 있는 버그들의 목록이 될 때 위험을 완화할 수 있다.

추가적인 고려 사항은 필요할 때 사람들이 도움을 받을 수 있는 방법이다. 소규모 조직에서는 이것이 유기적일 수 있다. 큰 조직에서는 도움을 얻기 위한 방법을 정의하고 있는 것이 큰 도움이 될 수 있다.

다음으로 고려할 질문은 어떤 종류의 기술이나 역할이 위협 모델링 작업에 할당돼야 하는가이다. 대답은 물론 하나 이상의 방법이 있다는 것이다. 그리고 알맞은 방법은 조직에서 사용 가능한 방법이라는 것이다. 심지어 한 조직 내에서도 기술과 역할을 할당하기 위해 알맞은 방법과 업무 분담을 위해 알맞은 방법이 여러 가지 있을 수 있다.

예를 들어 마이크로소프트 내의 한 사업부는 프로그램 관리 작업의 일부만 위협 모델링한다. 또 다른 사업부는 소프트웨어 개발자들에 따라 움직인다. 그러나 또 다른 곳은 개발 담당이 다이어그램을 작성하는 것을 담당하고, 테스트 담당이 각 요소당 STRIDE을 사용해 시스템에 대한 위협을 찾는 것을 비롯한 적절한 테스트 계획을 확정하도록 하기 위해 업무 분담을 한다. 조직에서 일하는 것은 성공적으로 작업한 한 사람의 일이 될 수 없다. 오해하지 말았으면 한다. 그것은 필연적인 시작이다. 열정적인 사람이 작업에 성공하지 못하고 고칠 가치가 있는 버그를 발견하지 못한다면 시간 낭비하고 있는 다른 누구에게는 전혀 기대할 수 없다. 가혹해보일지도 모르지만 이 책을 읽고 있는 열정적인 당신이 자신의 가치를 발휘할 수 없다면 어떻게 다른 사람을 기대할 수 있을까?

그룹 상호작용

그룹 상호작용의 세 가지 중요한 요소들은 그룹에 속한 사람들, 그들이 결정을 내리는 방법, 효과적인 회의를 여는 방법이다.

그룹 구성

각 위협 모델링을 그룹 활동으로 옮긴다면 "어떤 사람들이 그룹을 형성하는가"라는 질문을 할 수 있을 것이다. 일반적으로 다음과 같은 사람들을 포함할 수 있다(괄호 안은 해당하는 역할의 예를 표시한다).

■ 시스템을 구축하는 사람(개발자, 설계자, 시스템 관리자, 개발 운영자)
■ 시스템을 테스트하는 사람(QA, 테스트 담당자)
■ 시스템의 업무 목표를 이해하는 사람(제품 관리자, 업계 대표, 프로그램 관리자)
■ 진행 사항을 추적, 관리하는 사람(프로젝트 관리자, 프로젝트 책임자, 프로그램 관리자)

의사결정 모델

어떤 그룹 활동에서든 충돌의 위험이 있으며, 조직은 이러한 갈등을 관리하고 의사결정에 도달하기 위한 다양한 접근 방식들을 사용한다. 의사결정을 하기 위해서는 조직에서 행하고 있는 어떤 것으로 결정한 위협 모델링 결정을 조정하는 것과 의사결정이 필요한 곳이 어디인지 고려하는 것이 중요하다. 논란이 될 가능성이 가장 높은 문제는 요구 사항과 버그다. 요구 사항의 문제는 "무엇이 요구 사항이냐?"이고, 버그의 문제는 "버그를 구성하는 것이 무엇이고 심각한 버그는 무엇을 갖고 있으며, 지연될 수 있거나 수정될 수 없는 버그는 무엇인지"이다. (9장에서 다뤘던) 버그 바[Bug Bar] 같은 도구가 도움이 될 수 있지만, 분쟁을 해결하기 위한 방법은 여전히 필요할 것이다.

여기에는 다양한 의사결정 매트릭스가 존재한다. 이는 다양한 방식으로 의사결정에 대한 책임감을 일으켜준다. 가장 일반적인 것 중 하나는 RACI(책임[Responsible], 승인자[Approver], 상담[Consulted], 정보[Informed])다. 책임은 작업과 산출물을 할당받는 사람들을 나타낸다. 승인자는 충돌을 여러 다른 방법으로 처리할 수 없을 때 결정을 내려준다. 상담해주는 이들은 다른 사람이 자신에게 의견을 요청할 것을 예상하지만, 그들은 결정을 내릴 수 있는 권한이 없다. 마지막 그룹은 진행 상황에 대한 정보를 유지한다. 공식적으로 알려지거나 컨설팅 받은 카테고리에 있는 다양한 실행이 누가 확대하거나 이의를 제기할 것으로 보이는지 정의할 것이다. 표 17-1은 위협 모델링을 포함한 보안 활동에 대한 RACI

매트릭스의 사례 일부를 보여준다(Meier, 2003). 설계 원칙으로 표시된 줄은 '요구 사항'
과 유사하다.

표 17-1 위협 모델링과 관련 작업에 대한 RACI 매트릭스 사례

작업	설계자	시스템 관리자	개발자	테스터	보안 전문가
위협 모델링	A		I	I	R
보안 설계 원칙	A	I	I		C
보안 아키텍처	A	C			R
아키텍처 설계 및 검토	R				A

마이크로소프트의 또 다른 대규모(제품) 팀은 위협 모델링 내부의 학문과 활동으로
위협 모델링을 시작했다. 이는 표 17-2에서와 같이 '담당(O, Own), 참여(P, Participate),
유효성 검사(V, Validate)'의 모델을 사용했다.

표 17-2 역할에 따른 위협 모델링 작업(세션)

세션	설계자	프로그램 관리자	소프트웨어 테스트	침투 테스트	개발자	보안 컨설턴트
요구 사항	O	O	V	P	V	
모델 (소프트웨어)	P	P	O	V	O	
위협 열거	P	P	V	O	V	
완화	P	P	O	V	O	
유효성 검사	O	O	P	P	P	V

효과적인 위협 모델링 회의

효과적인 회의를 운영하는 것은 어려운 문제이므로, 그동안 효과적인 회의를 실행하는
방법에 대해 많은 내용이 쓰여져 왔다. 일반적인 문제들로는 누락된 또는 불분명한
의제, 회의 목표에 대한 혼동과 시간 낭비 등이 있다. 이것은 열심히 일하는 많은 사람
들이 회의를 피하게 만든다. 나는 그 목적에 매우 공감한다. 위협 모델링은 복잡하고
논쟁이 될 만한 주제를 논의하는 서로 다른 관점을 가진 사람들을 포함한다. 이것은
하나 이상의 회의, 또는 오래 진행해야 하는 위협 모델링 프로젝트의 정기적인 회의를

여는 것을 적합하게 해줄 것이다. 또한 회의를 의사결정 회의, 업무 회의, 검토 회의 등으로 정의하는 것도 도움이 된다. 각 회의는 필수적이며, 회의 목표에 대한 명확성은 그것이 효과적일 것이라는 가능성을 높여준다.

위협 모델링 회의의 의제는 복잡할 수 있다. 다음을 포함한 다수의 작업을 처리해야 하기 때문이다.

■ 프로젝트 시작하기
■ 소프트웨어를 도식화하거나 모델링하기
■ 위협 발견
■ 버그 선별

이러한 다양한 작업은 다양한 회의 구조나 목표로 이어질 수 있다.

■ 다이어그램을 사용해 소프트웨어의 모델을 만드는 것은 명확한 산출물을 가진 협조적이고 행동 지향적 회의가 될 수 있다. 적절한 사람들이 회의실에 있다면 그들은 아마도 소프트웨어 모델의 완료 여부를 판단할 수 있을 것이다.
■ 위협 발견은 공동의 브레인스토밍 회의가 될 수 있다. 산출물은 분명하지만 완성도는 분명하지 않다.
■ 버그 선별은 확인된 의사결정 과정이나 의사결정자와 함께 의사결정 회의에서 수행될 수 있다.

이러한 다양한 목표는 하나의 '위협 모델링' 회의로 중첩되는 경우가 많다. 중첩되는 경우 세 개의 화이트보드나 칠판을 사용하는 것이 좋다. 이것은 다이어그램, 위협, 버그를 위해 하나씩 사용할 수 있다. 각각에 명확하게 이름을 붙여서 서로 다르고 다른 규칙을 갖고 있다고 설명해야 한다. 물리적으로 다음 화이트보드로 넘어가는 것은 회의의 일부를 위한 규칙을 수립하게 할 수 있다. 그러나 한 회의에서 협조적인 상태에서 권위적인 상태로 넘어갔다가 돌아오는 것은 어렵다. 일반적으로 이는 다이어그램이나 위협에 초점을 맞춘 회의에서 버그를 선별하는 것은 어려울 것이라는 의미다. 마찬가지로 문서를 작성하는 것이 목적인 위협 모델링 회의는 아마 모든 사람의 시간을 잘 사용하지 못할 것이다. 마지막으로, 지정된 회의록 작성자 없이 회의를 여는 것은 효과가 많이 떨어질 것이다.

좋은 위협 모델링 회의는 회의실에 참석해 있는 각각의 사람들이 요구하는 작업에 초점을 맞출 수 있게 해준다. 그 회의는 조직에서 각 분야의 (프로그래머와 테스터 같은)

사람들을 필요로 할 것이다. 잘못된 사람들과 위협 모델링을 검토하는 것은 단순한 시간 낭비가 아니라 조직을 헛된 자신감에 맡길 수 있는 위험이 된다. 적합한 설계자, 드라이버, 또는 조직적으로 적합한 다른 무언가를 갖고 있는지 확인해야 한다. 그들은 매우 바쁘기 때문에 그들이 회의로부터 가치를 얻을 수 있게 해주고, 이것은 전체적인 팀이 시스템의 정신적 모델을 공유하게 해준다. 그리고 개발과 운영은 더 원활하게 흘러가게 해줄 것이다.

회의에 대해 마지막으로 언급하고 싶은 것은 단어가 매우 중요하다는 것이다. 위협 모델링은 최고의 상황 아래에서 쟁점이 될 수 있다. 발견과 논의가 앨리스[Alice]의 코드나 밥[Bob]의 기능에 관한 것이라기보다는 단순하게 코드나 기능에 관한 것이라고 한다면 회의는 훨씬 더 효과적으로 될 가능성이 있다. 시스템을 대표하는 사람들이 개발하는 이유들보다 개발하고 있는 것에 초점을 맞춘다면 회의는 더 효과적일 것이다(나는 시스템을 뚫을 수 없었던 이유에 대해 두 번 걸러 계속 설명하던 한 회의를 기억한다. 뚫을 수 없었던 것은 시스템이 아니라 설명이었다). 마찬가지로 누군가를 흥분시킬 수 있는 단어는 피하려고 할 것이다. 예를 들어 공격을 논의하는 것이 범죄 행위를 옹호하는 내용을 내포한다고 사람들이 생각한다면 위협이나 취약점 같은 다른 단어를 사용하는 게 좋을 것이다. 또는 '위반'이라는 용어가 필수 보고를 내포하는 것으로 팀이 우려하는 경우 사건을 논의하는 것이 더 나을 수 있다. 마지막 대비책으로 '문제' 또는 '일'을 사용할 수 있다. 위협 모델링 회의가 논쟁을 초래할 경우 회의의 범위, 목표, 프로세스에 대한 회의 리더의 간략한 설명과 함께 회의를 시작하거나 중립적인 중재자가 참여하게 하는 것이 도움될 수 있다. 중재자에게 요구되는 역량은 논쟁되는 것에 따라 달라질 것이다.

위협 모델링 팀의 다양성

무엇을 위협 모델링하는지 관계없이 다양한 능력 및 시스템 분석과 관련된 관점을 가져오는 것이 유용하다. 소프트웨어를 구축하고 있다면 코드를 작성하고 테스트하는 사람들을 포함할 것이다. 반면에 운영 프로젝트라면 시스템 관리자와 설계자가 포함될 것이다. 그리고 작은 프로젝트가 아니라면 프로젝트 경영진도 포함될 것이다.

어느 정도까지 고객이나 고객의 지지자가 관여해야 하는지 파악해야 한다. 이러한 관점은 무엇이 중요하고 허용되는 위협이 무엇이며, 어디에 주의를 집중해야 할지에 대한 결정을 알려줄 것이다.

예를 들어 투표 시스템의 위협 모델링에 대해 논의하던 알렉 야니삭[Alec Yanisac]과 동료들은 투표 시스템 공급업체와 함께 데려온 기술자, 선거 관리원, 접근성 전문가들에게서 관찰했던 엄청난 가치를 언급했다. 그들은 그들의 큰 성공이 절충과 타당성을 논의하기 위해 같은 장소에서 다양한 구성원들을 데리고 온 덕분이라 여겼다(Yanisac 2012).

사람들이 '준비, 탐색, 형성, 수행'의 팀 형성 과정을 진행하면서 다양한 기술, 관점, 배경을 가져오는 것은 토론의 속도를 늦출 수 있다. 그룹에서 다양성이 커질수록 이러한 과정이 더욱 소요된다. 그러나 다양성이 더 큰 그룹은 더 광범위한 위협들을 찾을 수 있을 것이다.

개발 생명주기 안에서의 위협 모델링

이미 소프트웨어를 개발하고 있는 조직은 소프트웨어를 화이트보드에서 고객으로 넘어가게 도움을 주는 프로세스나 시스템을 갖고 있다. 영리한 조직은 어떤 방법으로 그 과정을 공식화하고, 괜찮은 부분을 주기마다 반복하려고 했다. 가끔 그것은 보안 활동도 포함한다.

> **노트** 개발 생명주기에 보안을 집어넣기 위한 방법에 대한 밀도 있는 논의는 이 책의 범위를 벗어난다. 그 방법 중 하나, 위협 모델링은 언제나 조직이 수행하는 첫 번째 보안 활동이어야 한다는 의미를 갖고 있다. 하지만 그러한 획일적 사고는 이 책이 멈추게 했으면 하는 사고 중 하나다. 퍼징 같은 다른 활동은 엔트리 비용을 더 절감해주고 더 빠르게 버그를 생성할 수 있을지 모른다. 다른 한편으로 화이트보드상에서 보내는 위협 모델링 시간이 그 퍼저에게 정확한 반향을 제시해줄 수 있을 것이다. 더 중요한 것은 개발과 배포를 통해 보급되는 것처럼 보안을 생각하는 것이 도움이 된다는 점이다. 이에 대해 생각해 볼 수 있는 좋은 자료로 보안 개발 생명주기 최적화 모델이 있다(http://www.microsoft.com/security/sdl/learn/assess.aspx).

개발 프로세스 문제

이 절에서는 폭포수 모델이나 애자일 개발 방법론에 위협 모델링을 끌어들이는 방법, 운영 계획에 위협 모델링을 통합하는 방법, 위협 모델링을 측정하는 방법에 대해 알아본다.

폭포수 모델과 게이트

폭포수 모델 같은 것을 사용하는 경우 위협 모델링은 요구 사항, 설계, 테스트 등의 여러 단계에서 처리된다(다른 팀과는 조금 다르게 개발 프로세스를 나누겠지만, 비슷한 단계는 갖고 있어야 한다). 요구 사항과 설계 과정에서는 소프트웨어의 모델을 만들고 위협을 찾을 수 있다. 물론 그 활동들은 서로에게 영향을 미칠 수 있다. 테스트하는 동안에는 구축한 소프트웨어가 구축하려 했던 소프트웨어의 모델과 일치하는지 확인하고, 제대로 버그를 해결하고 있는지도 확인한다.

프로세스가 "…때까지 설계 단계를 종료 할 수 없다."와 같은 게이트(때로는 기능 이정표라고 함)를 포함하고 있는 경우 그 게이트들은 위협 모델링 작업을 통합하는 데 도움이 될 수 있다. 관련된 몇 가지 예는 다음과 같다.

- DFD 같은 위협 식별 소프트웨어의 완료된 모델 없이 디자인을 종료할 수 없다.
- 위협 열거가 완료될 때까지 코딩을 시작할 수 없다.
- 위협 열거가 완료될 때까지 테스트 계획은 완료로 표시할 수 없다.
- 각각의 완화는 완화를 다루기 위한 기능 사양(또는 사양 섹션)이 있을 때 완료된다.

애자일에서의 위협 모델링

도식화, 식별, 위협을 해결하는 프로세스는 폭포수 모델일 필요가 없다. 이해하는 데 도움이 되게 하기 위해 그 방법을 제시했지만, 팀이나 조직에 적절한 작업들은 그 사이에서 앞뒤 이동이 가능하다. 애자일과 상충되는 위협 모델링에는 내재된 것이 없다(많은 과정이 필요한 위협 모델링에는 엄청나게 많은 쓰기 작업이 존재한다. 그것은 내재적으로 많은 프로세스가 필요한 위협 모델링과는 다르다). 어느 정도 적합한 곳에는 YAGNI을 적용해보는 것도 좋을 것이다.

현재 훌륭한 애자일 방법론을 갖고 있어서 이렇게 말할지도 모른다. "위협 모델링? 우리는 필요 없을 겁니다." 그건 사실일지도 모른다. 아마도 지금까지 위협 모델링 없이 많이 진행해왔고, 설명했던 위협 모델링이 애자일 방법론처럼 느껴지지 않을까 봐 걱정할 것이다(그렇다면 여기까지 읽어줘서 고맙다). 위협 모델링에 매우 밀접하게 관련된 것으로 보이는 애자일 실습의 예로 테스트 주도 설계가 있다. 테스트 주도 설계에서는 코드가 실제로 동작하게 될 행위에 대한 논의를 끌어내기 위한 테스트를 사용해, 코드 작성을 시작하기 전 테스트를 신중히 고려한다. 위협 모델링은 보안 위협을 충분히 생각하고, 테스트 케이스 세트를 얻어내기 위한 방법이다.

위협 모델링이 유용할 수 있다고 생각한다면 소프트웨어의 모델과 위협의 모델이 필요할 것이다. 그것은 위협의 논의를 끌어내기 위한 STRIDE나 권한 상승을 사용한 화이트보드상의 모델이 될 수 있다.

애자일 전문가가 아니더라도 YAGNI는 유용한 관점이 될 수 있다. 다이어그램에 무언가를 추가할 때 거기에 그것이 필요한가? 위협을 식별할 때 그것은 해결할 수 있는 위협인가? 누군가가 하드 드라이브를 가져가서 수정하는 것은 해결하기 어렵다. 그런 위협은 필요하지 않을 것이다.

YAGNI를 사용하는 쪽에 가깝다면 이렇게 말할지도 모른다. "지난 보안 문제는 일주일 중 정말 고통스러운 일이었어." 또는 이러한 논쟁거리를 찾아 물어볼지 모른다. "우리는 중요한 보안 위협을 가지고 있나요?" '이미 고통을 경험하고 있는' 시나리오상에 있다면 아마 더 이상 판매를 하지 않아도 될 것이다. 애자일 환경에서 동작하는 상호 보완적 세트를 찾기 위해 이 책에 있는 기술 중 하나를 고르자. 의심이 많은 편이라면 위협 모델링에서 적절한 규모의 투자를 위한 논의를 많이 살펴봤을 것이다. 즉, 소규모 애자일 방법론 실험의 투자 같은 것은 실제 시스템에서 직접 시도해보고 그 결과가 더 많은 일을 정당화하는지 확인한다.

운영 계획

개발 계획과 매우 유사하게 네트워크, 소프트웨어, 시스템의 신규 배포를 계획하는 하나 이상의 방법이 있다(단순하게 시스템이 배포하기 위한 계획을 짤 수 있는 기술을 포함하는 것으로 간주하자). 배포 프로세스에 위협 모델링을 통합하는 것은 시스템 모델의 유지 보수를 포함한다. 이 모델은 거의 우선순위를 매기지 않지만, 시스템에 대한 이해 없이 신규 배포에 대한 변화의 범위나 영향을 이해하는 것은 더욱 어렵다.

시스템에 대한 위협을 찾는 것은 시스템이 동작하거나 수정될 때 일어나는 변화를 이해하고, 변화가 발생하는 곳의 위협을 찾는 것을 보장하는 것의 문제다. 항상 그런 것은 아니지만, 새로운 위협은 (방화벽을 포함한) 연결에 대한 변경과 연관된다.

변경에 대한 (승인 또는 배포) 테스트는 그 대응책이 배포됐는지 확인하고, 계획된 것을 허용하는지 확인하며, 거부될 것으로 예상되는 것을 방지하는 계획된 대응책을 포함해야 한다. 거부 규칙을 확인하는 것은 어려운 단계가 될 수 있다. 한 가지의 경우를 발견해 그것이 거부되는지 확인하는 것은 쉽지만, 거부돼야 하는 전체 세트를 확인하는 것은 어려울 수 있다.

테스트와 위협 모델링

위협 모델링을 하면서 숙련된 테스터의 가치를 과소평가해서는 안 된다. "어떻게 이것이 보안을 무너뜨릴 수 있을까?" 같은 질문을 하는 테스트 사고방식은 위협 모델링과 일치한다. 각 위협은 그 질문에 대한 대답이다. 위협 대응책과 응답의 각 계층이 버그 변수가 된다. 가장 취약한 연결점을 찾는 것은 테스트 계획과 유사하다. 단위 테스트는 취약점 개념 증명 코드처럼 보일 수 있다. 따라서 (그들이 일하는 것의 이름이 무엇이든 간에) 테스터는 우리의 자연스러운 동맹국이다. 또한 위협 모델링은 테스터를 위해 다음과 같은 많은 문제를 해결할 수 있다.

- 테스트 작업은 저평가돼 있다.
- 승진이 제한된다.
- 회의로부터 배제된다.

테스트는 가끔 과소평가되고 테스터들은 자신들의 일이 제대로 평가받지 못한다고 느낄 때가 많다. 그들이 중요한 버그를 찾게 하는 것은 테스트의 중요성을 증대시킬 수 있고, 보안 실무자가 그러한 버그를 수정하게 할 수 있다.

저평가되고 있는 문제와 관련해서 말하자면 테스터는 그들의 진로가 개발자들보다 제한적이라고 느끼는 경우가 많다. 테스터가 효과적인 보안 테스트 수행이 가능하도록 그들과 일하는 것은 그들에게 새로운 진로를 열어주게 도와줄 수 있다.

마지막으로, 개발자와 설계자들은 설계와 관련된 선택이 테스트나 테스트 가능성에서 분리돼 있다고 생각하는 경우가 많다. 그리고 그 선택과 관련된 토론에 테스터를 포함시키지 않는다. 위협 모델링에서 보안 테스트 계획을 세울 때 초기에 소프트웨어 모델을 확인하는 것은 테스트 활동의 중요한 부분이 된다. 그리고 이것은 더 많은 것을 포함시킬지도 모른다.

이것은 품질 보증과 위협 모델링이 상호 강화되는 선순환이 될 수 있다.

위협 모델링 측정

어떤 조직에서는 제품의 품질을 측정할 수 있는 것이 도움이 된다. 소프트웨어 개발 측정이 까다로운 것과 마찬가지로 위협 모델링 측정은 복잡한 주제다. 다이어그램의 개수나 코드 라인의 수를 측정하는 것과 같이 언뜻 보는 접근 방식은 실제 올바른 것을 측정하지 못한다. 제대로 된 측정은 사용하고 있는 위협 모델링 기술과 해당 사업의 보안이나 품질 목표에 따라 달라질 것이다. 더 큰 사업이 위협 모델링을 얼마나 많이,

또는 얼마나 광범위하게 적용하고 있는지 측정할 수 있고, 위협 모델링 문서 자체를 측정할 수도 있을 것이다. 모델을 직접 측정할 때 통과/탈락pass or fail과 가산 점수additive scoring 두 가지 방법을 사용할 수 있다.

어떤 방법이든 체크리스트를 갖고 시작할 수 있다. 예를 들어 마이크로소프트 SDL 위협 모델링 도구에서는 위협 하나당 네 개의 요소로 된 체크리스트가 있다(위협이 본문을 갖고 있는가? 대응책이 본문을 갖고 있는가? 위협이 '완료'로 표시돼 있는가? 버그가 있는가?). 마지막에 각 위협은 0.4점의 점수나 (네 가지 요소에 대한) 통과 여부를 받는다. 데이터 흐름도에도 이와 유사한 논리를 적용할 수 있다. 적어도 하나의 프로세스와 하나의 외부 엔티티가 존재하는가? 신뢰 경계가 있는가? 이름이 표시돼 있는가? 모델에 대한 전체적인 평가가 가능하다. 보안 개발 생명주기Security Development Lifecycle에서 하워드Howard와 리프너Lipner는 표 17-3과 같은 채점 시스템을 제시한다(Microsoft Press, 2006).

표 17-3 위협 모델 측정하기

등급	설명
0 – 위협 모델이 없음	위협 모델이 없음, 부적격
1 – 허용 불가	설계 변경이나 문서 수명으로 표시된 유효 기간 만료
2 – OK	'자산'(프로세스, 데이터 저장소, 데이터 흐름), 사용자, 신뢰 경계를 가진 데이터 흐름도 존재 자산당 적어도 하나 이상의 위협이 존재 현재의 특정 위험 수준을 넘는 위협에 대한 완화가 존재
3 – 좋음	OK 등급 이상: 익명 또는 인증된 로컬 및 원격 사용자 존재 S, T, I, E 위협이 모두 허용되거나 완화됨
4 – 우수	좋음 등급 이상: 모든 STRIDE 위협이 확인, 완화됐고 외부 보안 노트와 종속성이 확인됨 모든 위협에 대한 완화 '외부 보안 노트'가 고객 대면 문서에 대한 계획을 포함함

더 섬세한 접근 방식은 다양한 빌딩 블록 점수를 별도로 올리는 것이다. 다이어그램 점수는 참가자가 매기는 품질 순위, 변경(또는 변경 요청한) 비율 추적, 적절한 외부 엔티티의 존재를 포함할 수 있다. 위협 점수는 (표 17-3에서와 같이) 식별된 위협의 측정이나 1차 및 2차 위협의 범위를 수반할 수 있다.

또한 통과/탈락과 가산 점수를 통합해서 사용할 수 있다. 예를 들어 각 위협이 일부 측정 항목에서 7점 만점에 5점이 필요하다면 50점이나 데이터 흐름도[DFD] 요소당 10점이 필요한 위협들을 합하면 된다. 또는 영향 받을 것으로 보이는 '좋음' 등급의 위협 모델로 시작하면 된다. 또한 이전 프로젝트를 통해 10% 또는 15% 더 높은 점수를 받게 개선해야 할 수도 있다. 이러한 접근은 무리한 투자 요구 없이 정해진 출시에 대한 개선을 더 잘할 수 있게 해준다.

잘못된 측정

사람들은 그들에게 보상을 주는 사람들이 측정하는 것에 그들의 에너지를 쏟는다. 사람들은 또한 뭔가를 측정하는 경우 무엇이 충분히 좋은 것인지 나타내는 패스 바가 있을 것이라 기대한다. 이러한 두 가지 행동은 모두 같은 이유로 위협 모델링에 위협을 초래한다. 조직은 소프트웨어 생산성의 척도로서 코드 수 또는 버그는 거의 측정하지 않는다. 그러한 측정은 잘못된 행동을 야기할 수 있다(딜버트(S.Adams의 신문 연재 만화 – 옮긴이)에서는 "나는 오늘 오후에 나한테 새로운 미니밴을 만들 거야!"와 같은 잘못된 행동의 예(개발 중인 소프트웨어에서 버그를 찾으면 한 건당 10달러를 주겠다고 하자 직원 한 명이 버그가 많은 소프트웨어를 만들겠다고 하는 내용 – 옮긴이)를 보여준다(Adams, 1995)).

따라서 위협 모델링을 측정하는 것은 역효과를 야기할 수도 있다. 측정은 사람들이 위협 모델링의 힘을 발전시키도록 도움을 주는 유용한 방법일지도 모른다. 위협 모델링 접근 방식에서 (좋은) 버그를 보고받기 위해 포인트를 주는 채점 시스템 같은 사람들의 '게임'에 대한 본능을 사용할 수 있을 것이다.

측정 범위와 더불어 또 다른 문제는 너무 일찍 중단될 가능성이 있다는 것이다. 앞에서 설명한 하워드-리프너의 채점 시스템은 '우수' 단계에서 중단해 그것을 넘어선 노력에 대한 인센티브를 줄인다. 그것이 '최고' 단계였다면 그것을 획득한 자의 재량에 맞는 보상은 어떤 것일까?

위협 모델링 활동의 완료 시기

이 절에서 설명하는 작업은 7장의 '반복' 절과 깊은 관련이 있다. 차이점은 위협 모델링이 개인 활동(7장에서 다뤘고 17장에서도 다룰 조직 내에 위치한 활동)에서 벗어날 때 조직은 어느 정도의 일관성을 원할지도 모른다는 점이다.

두 가지 조직적 요인이 위협 모델링 완료 시기에 영향을 미친다.

- 그것은 별개의 활동인가?
- 얼마나 깊이 들어가야 하는가?

위협 모델링은 별도의 활동이 될 수 있거나 다른 작업에 통합할 수 있다. 그것은 요구 사항과 설계가 아직 진행 중인 개발 주기 초기의 위협 모델에 많은 도움이 될 것이다. 이것은 요구 사항 분석, 위협 발견, 완화 설계의 의미에서 위협 모델링이다. 출시나 배포가 가까워질수록 완화가 다음이나 또는 백 로그에 무작정 밀리지 않았고, 테스트 버그가 해결됐는지 보면서 모델이 구축한 것과 일치하는지 확인하는 것도 도움이 된다.

얼마나 깊이 들어가야 하는가의 문제는 중요한 문제다. 많은 보안 실무자는 "당신은 위협 모델링을 절대 해내지 못한다."라고 말하고 싶어 한다. 또한 스티브 잡스는 "훌륭한 예술가는 작품을 발표한다."라고 말하고 싶어 한다(그가 레오나르도 다빈치의 경력을 잘 알고 있었는지 궁금할 것이다. 레오나르도 다빈치의 작품은 수백 년 동안 무명의 나날을 보냈다). 우선 폭넓게 시작해 대응책에 대한 위협 모델링을 통해 반복하는 것은 좋은 아이디어다. 얼마나 오래 계속해야 해야 하는지는 파악한 영역에서 알 수 있다. 보안이 완벽한 세계에서는 생산적으로 위협을 찾은 것만큼 계속한 다음 중지할 수 있다. 대응책을 위협 모델링하는 데 더 많은 시간이 필요하도록 정당화하는 좋은 방법은 몇 분간 생각하거나 유사한 대응책을 검토해 공격을 찾을 수 있는지 알아내는 것이다. 불행하게도 그것은 경험을 필요로 하며, 그 경험은 비용이 많이 든다.

사후 검토와 피드백 루프

위협 모델링 활동을 분석하기 위한 두 가지 중요한 시기가 있다. 바로 이정표에 도달한 직후와 위협 모델링되고 출시된 코드에서 문제를 찾은 후다. 가장 빠른 시기는 어떤 이정표 바로 이후다. 잠재적으로 더 가치가 있는 것은 위협을 외부인이 발견할 때다. 이정표 이후에 기억과 일은 새롭게 시작되고, 그동안 참여했던 참가자를 다시 사용할 수 있다. 그리고 다음과 같은 질문이 생길 수 있을 것이다.

- 효과가 있었는가?
- 더 나은 무엇을 할 수 있는가?
- 계속 수행하기 위해 어떤 작업을 보장해야 하는가?

개발이나 운영 중의 사후 분석 시 물어볼 수 있는 모든 일반적인 종류의 질문은 위협 모델링에 적용될 수 있다.

두 번째 종류의 분석은 문제가 발견된 이후의 분석이다. 그것이 위협 모델링이 방지해야 하는 것에 속하는지 고려하는 것이 좋을 것이다. 그렇다고 믿는 경우에는 방지되지 않았던 이유를 이해하려고 노력해야 한다. 예를 들어 그러한 위협에 대한 생각을 하지 않을 수도 있다. 위협을 찾거나 프로세스에 구조를 추가하는 데 시간을 더 많이 소모한다면 말이다. 적절한 모델링을 위해 더 많은 노력이 도움이 될 수 있는 경우에는 설계나 배포 시나리오를 오해할 수도 있다. 혹은 위협을 발견한 뒤 그것은 해결하거나 문서화할 가치가 없다고 판단할 수도 있다.

조직 문제

이러한 문제는 프로세스보다는 위협 모델링을 둘러싸고 있는 조직 구조에 더 관련이 있다. 이것은 (프로그래머, 테스터, 시스템 설계자 같은) 이끌어 나가는 사람들, 교육, 단계 수정, 위협 모델링 인터뷰 방법을 포함한다.

누가 이끌어 나가는가?

위협 모델링을 보장할 책임이 있는 사람의 문제는 조직에 따라 다르고, 관련된 사람과 그들의 능력과 적성에 크게 의존한다. 또한 그것은 프로세스나 협업 접근 방식을 갖는 것과 대비해 작업을 구동하는 개인이 조직을 이끌어 나가는 정도에 의존한다.

위협 모델링을 소프트웨어 모델링, 위협 열거, 완화 계획, 검증과 같은 하위 작업으로 나누는 것은 다른 사람들에게 작업을 할당할 수 있도록 더 많은 유연성을 제공할 수 있다. 다음과 같은 지침이 도움이 될 수 있을 것이다.

■ 개발자가 가장 강력한 기술자로서 참여하거나 다른 역할을 가진 사람보다 더 많은 의사결정 능력이 있을 때 위협 모델링 활동을 선도하는 개발자가 효과적일 수 있다. 개발자들은 구축하려는 소프트웨어 모델을 만들고 제공하기에 유리한 입장에 있다. 하지만 그들을 위협 모델링 활동으로 이끄는 것은 '작성자 맹점'의 위험(그들이 구축한 기능에 있는 위협을 확인하지 않거나 그 위협의 중요성을 확인하지 않는 위험)을 수반한다.

■ 이전의 '테스트과 위협 모델링' 절에서 설명했던 것처럼 테스터가 전문적이라면 프로세스를 구동하는 테스터는 효과적일 수 있다. 그것은 보안과 테스트 목표를 일치시키기 위한 강력한 방법이 될 수 있다. 테스터는 위협 열거에서 좋은 성과를 낼 수 있다.

■ 프로그램 관리자나 프로젝트 관리자가 선도할 수 있다. 위협 모델 다이어그램이나 위협 목록은 좋은 제품을 만들기 위한 일환으로 작성하는 또 다른 사양서다. 프로그램/프로젝트 관리자는 모든 하위 작업이 적절하게 실행되도록 할 수 있다.

- 보안 실무자는 효과적인 통합이 가능할 만큼 개발 프로세스나 배포 프로세스를 이해하기만 한다면 프로세스들을 소유할 수 있다. 실무자의 유형에 따라 위협 열거, 완화 계획, 검증에 크게 도움이 될 수 있다.

- 설계자(IT 설계자 또는 비즈니스 설계자)도 새로운 설계를 진행해 나가는 것과 같은 그들이 실행하는 단계를 보장하면서 자신의 위협 모델링을 소유할 수 있다. 많은 개발자처럼 설계자는 구축되고 있는 시스템의 모델을 제공하기에 유리한 입장에 있다. 하지만 작성자 맹점의 위험이 있을 수 있다.

소유하거나 선도 또는 구동하는 사람에 상관없이 위협 모델링 작업은 수반할 수 있는 모든 교묘한 방법과 더불어 학문들을 포괄하고 협업을 필요로 하는 경향이 있다.

교육

초창기부터 위협 모델링은 전문가로부터 인턴사원에게로 전수됐다. 농담이 아니라 사람들은 그들의 친구로부터 위협 모델링을 배웠다. 그것은 이 책이 선보이고 있는 여러 가지 체계가 없는 전형적인 체험 학습이다. 이러한 종류의 비공식적인 학습은 (알게 되면 깜짝 놀랄 만한) 장단점을 갖고 있다. 장점은 질문에 대답해줄 수 있는 사람이 있다는 점이다. 단점은 멘토가 때때로 '인턴사원' 주변을 흔들어 놓아도 그것을 잡아줄 어떤 체계도 없다는 점이다. 따라서 보안 실무자를 위한 요령은 지배하기보다는 진심으로 멘토링해주는 것이다. 그것은 주요 질문이나 작업 전후의 보고를 듣는 것을 포함한다.

조직이 위협 모델링을 시작하려면 참여자는 교육을 받아야 하고, 어떤 평가를 받았는지 확인해야 한다. 위협 모델링은 작업들의 커다란 군집을 포함하고, 그 작업이 수반하는 것과 성취해야 하는 방법에 대해 명확해야 한다. 이것은 작성된 프로세스 문서와 같은 접근 방식, 점심 도시락, 공식적인 교육 훈련, 컴퓨터 기반 교육, 그리고 내가 좋아하는 권한 상승Elevation of Privilege 등의 방법을 비롯해 각 조직에서 매우 다른 형태를 갖고 있다. 물론 권한 상승은 어떤 문서가 작성될 필요가 있는지와 같은 프로세스 요소를 포함하지 않기 때문에 교수教授 기술 부분에 통합할 수 있다.

계층 수정

직업 '계층'은 조직 내의 연공서열 수준을 구조화하고 차별화하는 일반적인 방법이다. 예를 들어 학교를 막 졸업한 누군가는 주니어 개발자로 시작할 것이고, 개발자, 수석 개발자 순으로 승진할 것이다. 그래서 이것을 한번 파헤쳐보자면 계층은 큰 회사의 일이다. 그것은 관료주의를 의인화한 것이며, 사람이 개인이 아닌 자원으로 다뤄질 때 무슨 일 벌어지는지 보여준다. 회사가 작은 규모인 경우 계층은 그것이 전형적으로 보여주는 장인의 접근 방식에 상반된다. 하지만 계층이 존재하는 회사에 위협 모델링을 소개하길 원한다면 그것은 기댓값을 설정하기 위해 짜깁기된 유용한 도구가 된다.

위협 모델링 접근 방식과 세부 사항이 조직을 위해 무슨 일을 하는지 생각해볼 때, 그리고 한 집단이 반복적으로 위협 모델링 작업을 수행하고 그 영향을 시연할 때는 경영진에게 그들이 보고 있는 것에 대해 얘기해야 한다. 모든 사람이 동일한 방식으로 동일한 작업을 수행하고 있는가? 그들은 동일한 품질을 제공하고 있고 비슷한 영향을 주고 있는가? 혹은 차이가 있는가? 차이가 있다면 그것이 현재 단계에 다른 수준에 있는 개인들 사이에서 표시되고 있는가? 그렇다면 훌륭하다. 그 차이들은 단계를 정의하는 핵심이나 선택 기술을 추가하게 해줄 것이다.

예를 들어 조직이 소프트웨어 공학 단계의 5단계 레벨을 갖고 있다면 (1은 이제 막 대학을 졸업한 레벨, 5는 위협 모델링에서 다이어그램 작성이나 요소당 STRIDE을 사용해 세부 역량의 일부 수준을 결정하는 최고 레벨), 레벨 2나 레벨 3에 더 추가가 가능할 것이고, 승진을 원하는 모든 사람은 그 기술들을 보여줘야 한다. 더 높은 레벨에서 보자면 아마도 리팩토링이나 운영 배포 변경은 전체에 영향을 주는 위협을 해결하기 위해 나왔을 것이다. 그것은 레벨 4나 레벨 5에서 볼 수 있는 기술이 될 것이다.

위협 모델링에 대한 인터뷰

위협 모델링이 고용이나 승진을 위한 기술이 될 때 그것은 약간의 인터뷰 기술을 갖는데 도움이 될 수 있다. 이 절은 시작하기 위한 단순히 몇 가지 질문과 기술을 제공한다. 같은 질문들이 소프트웨어와 그것을 운영하는 사람들에게 효과적으로 적용되지만, 대답은 매우 다를 것이다.

일반 지식

1. 위협 모델링에 대해 설명하라.
2. 위협 모델링에 데이터 흐름도를 사용할 경우 장점과 단점은 무엇인가?
3. 위협 모델링의 요소당 STRIDE을 설명하라.
4. X와 같은 위협을 어떻게 완화할 수 있는가?
5. X와 같은 위협을 완화하기 위해 어떻게 접근할 것인가?

질문 4와 5는 미묘하게 다르다. 후자는 면접 대상자가 자신의 판단을 입증하고 장단점을 논의할 수 있게 요청하는 반면, 전자는 목록을 요청한다. 상황에 따라서는 지원자가 문제 주변의 상황과 제약 조건을 이해하고 있는지 확인하기 위해 질문을 하는지 보는 것은 흥미로울 수 있다.

기술 테스트

1. 지원자가 면접관에게 설계 관련 질문을 하고, 다시 지원자가 답변에 맞는 데이터 흐름도를 그리게 한다.
2. 지원자에게 데이터 흐름도를 주고, 시스템에 대한 위협을 발견하도록 요청한다.
3. 지원자에게 하나 이상의 위협을 제시하고, 그것을 해결할 수 있는 방법을 설명하게 (또는 코드화 하게) 요청한다.

행동 기반 질문

행동 기반 인터뷰는 특정 과거의 상황에 대해 질문하는 면접 기법이다. "X와 같은 위협을 완화하기 위해 어떻게 접근할 것인가?" 같은 일반적인 질문에서 벗어나 "X와 같은 위협을 완화했던 일에 대해 말해보시오."와 같은 질문으로 가면서 면접 대상자는 상투적인 이야기에서 실제 상황으로 바뀌게 되고, 면접관은 지원자가 실제 무엇을 했는지 이해하기 위해 면밀한 질문을 할 수 있다고 통상적으로 믿고 있다. 물론 여기에서 제시된 질문들은 단순한 시작점일 뿐이며, 많은 가치는 다음과 같은 질문으로부터 나올 것이다.

1. 마지막 위협 모델링 경험에 대해 말해보시오.
2. 당신이 씨름했던 위협 모델링 버그에 대해 말해보시오.
3. 위협 모델 다이어그램에서 상당히 많은 내용이 누락된 것을 발견했던 상황에 대해 말해보시오.
4. 인터뷰 시에 위협 모델링을 했던 가장 최근 일에 대해 말해보시오.

학문으로서 위협 모델링

누가 무엇을 할 것인가에 관련된 가장 최근 의문은 "조직에서 위협 모델링을 학문에 넣을 수 있을까?"이다. 학문으로서 내가 말하고자 하는 것은, 소프트웨어 공학자나 품질 보증 공학이 경력이라는 측면에서 "위협 모델링도 경력으로 설명될 수 있음을 지지자들이 예상할 수 있을까?"라는 것이다.

오늘날 지지자들은 어떤 제품을 출시할 때 예측 가능한 수준의 품질을 달성하기 위한 전략이 없었던, 흔치 않은 공학 전공의 부사장과 위협이 발생하는지 확인하기 위해 배정된 사람이나 팀이 될 것이다. 지난 몇 년간 학문으로서 소프트웨어 품질 보증의 발전을 본 것은 우연이 아니다. 소프트웨어 품질에 대해 크게 신경 쓰는 사람들은 그들이 무엇을 하고 왜 하는지, 그리고 조직 내에서 그것을 어떻게 판매해 보상받을지에 대해 논의하면서 시간과 에너지를 소비했다.

그것을 따르는 이름이 무엇이든, 그리고 조직이 적용하고 있는 미묘한 뉘앙스나 접근 방식이 무엇이든 품질 보증은 조직의 학문으로 인정돼 왔다. 이와 같이 그것은 진로를 갖고 있다. 그리고 거기에는 일반적으로 단계 수준과 관련된 기술들이 있다. 또한 지역 편차와 테스트 코드를 작성하는 사람들 사이의 중요한 분할, 그리고 수동으로 소프트웨어를 테스트하기 위한 축소 설정도 존재한다. 그러나 전략, 계획, 예산, 멘토링, 주변에 있는 것들의 발전과 관련된 기술들과 함께 인식할 수 있는 영향과 리더십의 형태도 존재한다. 상급으로 올라가면서 이러한 모든 것이 예상 가능하다. 그 기대치는 (그리고 관련된 보상은) 조직에 그 가치를 입증하는 것을 배우고, 관련 활동의 동료들이나 활동 주최자와 그 교훈을 공유하면서 공동체를 형성한 테스터들의 결과다. 또한 학문은 조직에서 다양하게 걸쳐 존재한다. 한 회사에서 '테스트 소프트웨어 개발 공학자'가 되는 것에서 '테스트 소프트웨어 공학자'가 되는 것은 상대적으로 원활할 수 있다.

위협 모델러도 같은 것을 갈망해야 하는가? 위협 모델링은 진로와 관련이 있는가? 그것은 조직이 자체적으로 보상해주는 기술에 속하는가? 아니라면 위협 모델링은 파이썬으로 프로그래밍하는 것과 더 비슷한 것인가? 즉, 그것은 모든 개발자가 알 것이라고 기대하지 않는 기술을 제외한 많은 소프트웨어 개발자의 전문 도구 상자 안에 있는 기술들인가? 그것은 조직이 이미 하고 있는 것일 수 있다. 그리고 지원자가 파이썬이 아닌 펄을 알고 있다면 지원자가 파이썬을 선택하기를 기대할 수도 있을 것이다. 또는 위협 모델링은 조직의 버전 관리와 더 유사할 수 있다. 버전 관리, 브랜치^{branches}, 통합에 대해서 말할 수 있는 등급을 넘어서는 수준의 지원자를 기대하지만 그것은 그 사람을 고용하는 데 충분하지 않을 수 있다. 반대로 기본 기술 수준만 요구되며, 고용 관리자는 대부분의 사람들이 그 범위를 넘어서는 많은 것을 개발하기를 기대하지 않는다.

아마도 위협 모델링은 성능 전문 기술과 더 유사할 것이다. 프로파일러와 같은 도움을 주는 도구들이 있어서 그 기술을 시작하는 것은 쉬운 편이다. 또한 그 도구를 사용하는 방법에 대한 깊은 지식을 가진 사람들이 있고, 그 사람들은 도구가 무엇을 의미하는지에 대해 자세한 대화를 나눌 수 있다. 빠른 시스템을 만드는 전문 기술은 개발이나 운영을 하는 일부 엔지니어에게 진정한 차별화 요소가 될 수 있다.

이 절의 어떠한 것도 품질이 어느 정도까지 될 때까지 위협 모델링 개발이 불가능하다는 논의로는 볼 수 없다. 학문으로서 품질은 수십 년 동안 개발돼 오고 있고, 시간이 지남에 따라 보안, 개발, 운영 공동체들이 위협 모델링을 그 내부나 자체에서 학문으로 만들기 위한 방법이 가능해질 것이다. 한편 오늘날의 학문과 경력 단계 내에서 그것의 가치 제안을 발전시킬 필요가 있다.

조직에 맞게 프로세스 바꾸기

6장에서 설명하고 있는 바와 같이 인터넷 국제 표준화 기구[IETF]는 표준 조직으로서 그들의 요구에 초점을 맞춘 위협 모델링에 대한 접근 방식을 갖고 있다. 그것은 상황과 조직의 요구가 프로세스 설계에 어떻게 영향을 미치는지에 대한 흥미로운 연구 사례로 다룰 수 있다. 접근 방식은 '보안 고려 사항에 RFC 문서를 쓰기 위한 지침'에서 다루고 있다(Rescorla, 2003). 그 지침은 위협을 찾는 방법, 그것을 해결하는 방법, 다양한 청중에게 그것을 전달하는 방법을 다룬다. IETF가 고려하는 위협은 2013년 11월에 있었던 회의의 열정적인 토론 주제였다(Brewer, 2013). 이 책이 출판되면서 그 논의는 계속되겠지만, 지난 10년 동안 사용해왔던 이 접근 방식은 가치 있는 연구 사례로 남을 것이다.

레스콜라[Rescorla]가 작성한 문서는 세 가지 보안 속성(기밀성, 데이터 무결성, 상호 간 인증)에 초점을 맞추고 있다. 거기에는 또한 가용성에 대한 간결한 논의가 있다. 그 접근 방식은 명시적으로 '통신 채널을 완전히 제어하는' 공격자에 초점을 맞추고 있다. 이 문서는 네트워크 엔지니어가 1차, 2차 대응책과 그와 관련된 절충안을 제공할 수 있는 방법의 목록을 제공하면서 위협을 해결하는 방법을 설명한다. 위협 열거와 대응책의 설계는 '보안 고려 사항' 절을 작성하는 것에 선행된다. 모든 신규 RFC 문서는 '보안 고려 사항' 절이 필요하므로 이것은 위협 열거와 대응책 설계를 작성하도록 보장해주는 게이트 역할을 한다. 이러한 절들은 구현자의 요구에 초점을 맞춘 외부 보안 정보의 형태로 돼 있으며, 또한 비요구 사항의 형태로 나머지 위협을 드러낸다. 이러한 양식은 7장과 12장에 자세히 설명돼 있다.

그 위협들은 거부나 권한 상승이 없는 STRIDE의 하위 집합이라는 것을 알게 될 것이다. 이것은 종단점보다는 네트워크 프로토콜의 동작을 정의함으로써 IETF를 이해시켜준다. IETF의 환경은 그 점에서 다소 특이하다. 다른 조직들은 네트워크 프로토콜을 거의 정의하지 않는다. 그러나 많은 조직이 제품군에 속하는 제품을 출시하며, 그 제품은 학습 과정과 업무의 일부 재사용을 허용하면서 종종 비슷한 위협에 직면하게 될 것이다. IETF는 또한 많은 제품을 통해 그 업무를 분할할 수 있는 큰 조직이다.

그러나 일반적인 조직과 마찬가지로 IETF는 완화 기술에 대한 가르침을 모으고, 제품을 사용하는 사람들과의 대화에 대한 접근 방식을 발전시키기 위해 어떤 위협이 그들에게 가장 중요한지에 대한 결정을 내릴 수 있다. 이제 IETF가 하는 일들을 통해 배울 수 있을 것이다.

위협 모델링에 대한 반대 극복

이전 내용에서 계획은 무엇을 할 것인지, 어떤 자원이 필요한지, 어떤 가치를 얻을 것으로 예상하는지에 대한 설명이 필요하다고 배웠다. 반대 의견은 이러한 각각에 대해 제기될 수 있다. 그래서 그것을 다루는 데 대해 이야기할 필요가 있다. 계획을 발전시킴에 따라 많은 반대 의견이 제기될 것이다(심지어 유효하지 않은 반대 의견조차 다소 유효한 근거를 가진다. 누군가 변화를 좋아하지 않거나 논의를 좋아한다고만 해도 말이다). 이러한 반대의 일부는 피드백과 유사할 것이고, 계획을 향상시킬 수 있는 방법으로 표현될 것이다. 반대 의견이 가치를 제거하지 않는 범위 내에서 가능한 많은 의견을 통합하는 것은 의견을 듣고 그것을 '구매'하게 해 계획을 지원하도록 해주는 것을 실현하는 데 도움이 된다. 물론 제안이 역효과가 있다면 그것을 해결하고 싶을 것이다. 예를 들어 누군가가 "위협 모델링을 우리 자산으로 시작해야 할 필요가 있지 않을까?"라고 질문한다면 "글쎄요, 그것은 물론 일반적인 접근 방식이지만, 그것이 위협 모델에 무언가를 추가해주는 경우를 본적이 없었고 쥐구멍 같이 쓸데없어 보이기도 합니다. 그리고 앨리스가 이미 이러한 작업 비용에 대한 우려를 표명해왔기 때문에 아마도 우리는 먼저 자산 없이 시도해봐야 할 것입니다."라고 대답할 수 있을 것이다.

반대 의견을 들어보면 위협으로서 그 의견들을 계획의 하나 이상의 요소(자원, 가치, 계획 짜기)로 모델링하고, 필요에 따라 구체화한 전체 응답으로부터 시작하는 데 도움이 될지 모른다. (모든 모델이 잘못된 경우) 이것은 매우 빨리 함께 섞여 들고, (일부 모델은 쓸 만한 경우) 질문을 명확히 하도록 요구하는 것이 유용할 수 있다는 점을 유의하자. 예를 들어 누군가가 참여 인원수에 대해 반대하고 있다면 그것은 관여된 자원 조달에 대한 우려인가? 아니면 제안과 관련된 증거의 질에 대한 우려인가?

자원에 대한 반대 의견

이 집단의 반대 의견은 현재 상황에 대한 입력의 측면과 관련이 있다. 어떤 시점에서 심지어 가장 큰 조직임에도 보안을 위한 돈이 더 이상 없을 수 있고, 경영진은 절충안을 만들기 시작할 것이다. 하지만 거기 도달하기도 전에, 투자 규모에 대한 반대 의견에 부딪힐지도 모른다. 사람이 너무 많거나 사람마다 너무 많은 일이 생기는 경우를 예로 들 수 있다.

너무 많은 사람

얼마나 많은 사람을 위협 모델링에 참여시키도록 제안하고 있는가? 그 제안은 실제로 너무 많은 사람의 시간을 뺏는 것일지도 모른다. 이것은 자원에 대한 반대이거나, 아니면 값을 제시하는 방법에 대한 반대이거나(예상된 값에 너무 많은 사람들이 나오는 경우), 또는 증명에 대한 반대(즉, 조직이 투자하기에 증거가 불충분한 경우)일 수 있다.

한 사람당 너무 많은 작업

하루는 24시간이고, 그중 8시간이나 10시간이 근무 시간이다. 가장 높은 고위급 임원들에게 위협 모델링에 대해 하루에 1시간만 투자하게 제안하고 있다면 그 제안은 다른 많은 작업의 배제를 요구할 것이다. 특히 고위급 임원들인 경우 그 일은 중요한 일일 수 있으므로 그에 대해 그들의 시간이 필요할 것이다. 일반적인 소프트웨어 프로세스는 동작하는 기능뿐만 아니라, 보안, 프라이버시 보호, 가용성, 신뢰성, 프로그래밍 가능성, 접근성, 국제화 등과 같은 속성도 통합할 수 있다. 각각은 중요한 속성이며, 결국 가장 중요한 것은 실제 기능 작업을 압도할 수 있다는 것이다(Shostack, 2011b). 한 사람당 요구되는 시간을 제약하기 위해 제안을 정교하게 할 필요가 있을 것이다. 사람들의 작업으로부터 제거해야 하는 것을 제안하길 원할지도 모른다. 하지만 그렇게 하면 그 작업이 발생하는 것을 확인하기 위해 일했던 사람을 화나게 할 수 있다.

너무 많은 잡무/YAGNI

좀 더 오래된 위협 모델링 접근 방식과 관련된 많은 활동은 잡무와 같다. 또는 그것은 "당신은 그것이 필요 없을 것이다."와 같은 반대를 불러들인다. 프로젝트에 대한 설명을 위협 모델링 도구에 넣는 것(그것은 설명서에 이미 있다), 또는 모든 가정 사항에 대한 목록(그것으로 무엇을 할 것인가?)을 보여주는 것을 예로 들 수 있다. 이러한 반대가 생기는 경우 각각의 활동과 결과물들이 어떻게 사용되고, 나중에 사람들에게 어떻게 평가받는지 보여주고 싶을 것이다.

값에 대한 반대 의견

이 집단의 반대 의견은 현재 상황에 대한 출력의 측면과 관련이 있다. 누군가가 보안투자는 좋은 생각이라고 생각할 수 있지만, 이 특별한 제안은 목표에 도달하지 못한다.

위협 모델링을 시도해본 적이 있다…

많은 사람이 다양한 위협 모델링 접근 방식을 시도해본 적이 있고, 그러한 접근 방식의 대부분은 투자한 일에 대해 매우 낮은 가치를 나타냈다. 이러한 반대를 존중하고 반대자가 수행한 것을 정확히 이해하는 것이 대단히 중요하다. 잠시 동안 그들이 분통을 터뜨리는 것을 들어야만 할지도 모른다. 그들이 무엇을 했고 어디서 문제가 생겼는지 이해한 경우 그것이 어떻게 다른지 보여주면서 제안을 구별할 필요가 있을 것이다.

　과거의 경험을 바탕으로 한 현실적이면서 개인적인 반대가 있다. 현실적인 반대는 다른 곳에서 지지받은 복잡하고 비효율적인, 또는 효과적이지 못한 접근 방식에서 생겨난다. 그러한 반대는 이 책에 있는 접근 방식에 영향을 준다. 그러나 사람들을 싫증나게 하는 방식으로 그러한 비효율적 방법이 추진된 곳에서 나온 개인적인 반대도 있다. 꼭 피해야만 하는 몇 가지 실수들은 다음과 같다.

■ 사람들이 해야 할 일들로 교육시키지 않는 것
■ 사람들에게 모순되거나 혼란스러운 조언을 하는 것
■ 너무 늦어서 어떤 것도 수정이 불가능한 상태에서 위협 모델링을 하는 것
■ 사람들이 실수할 때 생색내는 것
■ 결과보다 과정에 집중하는 것

우리는 그 버그들을 수정하지 않는다

위협 모델링에 대한 접근 방식이 고치지 않음(WONTFIX)과 같은 조치 결과를 야기하는 많은 버그를 생산하는 경우 문제가 될 수 있다. 이 접근 방식이 문제가 되지 않는 버그를 발견할 수도 있고, 조직이 버그 문제를 결정하기 위한 기대치를 높게 설정했을 수도 있다. 둘 중 어느 경우라도 약간의 조정이 요구된다. 이러한 접근 방식이 있다면 문제되고 있는 버그를 분류할 수 있는가? 그것은 어떤 경계를 벗어난 개체인가? 그렇다면

거기서 분석을 중지해야 한다. 그것은 수정할 수 없는 버그로 분류되는가? 그렇다면 한 번 문서화한 후 버그는 따로 정리하지 않는다. 그것이 STRIDE 유형 중 하나라면 아마도 조직이 그 버그를 기꺼이 받아들일 때까지 우선순위를 낮추는 것이 다른 보안 관련 버그를 해결하는 데 도움이 될 것이다. 그것이 조직적인 반응이라면 한 개인이 호출하고 있는 것인가? 그렇다면 아마도 그 사람과 이야기하는 것이 그 버그들의 우선순위에 대한 근거를 이해하기 위해서 도움이 될 것이다.

아무도 그렇게 하지 않을 것이다

이 반대("어떤 사람이 무엇 때문에 그렇게 하겠는가?"와 유사하다)는 위협 모델링 자체에 대해 반대하기보다는 수정되고 있는 특정 버그에 대해 반대하고 있다. 일반적으로 이러한 문제를 해결하는 가장 좋은 방법은 부록 C에 있는 공격자의 카탈로그를 검토하는 것이다. 또는/그리고 그럴싸하게 '그것을 하는' 사람을 찾아서 가능한 대로 다른 제품에 대해 실행되고 있는 유사한 공격의 예제를 찾는 것이다. "예제를 찾아줄 수 있다면 그것을 고치기 위해 동의해 줄 것인가?"라고 대답한다면 어디서 반대자가 실제 아무도 그렇게 못할 것이라 생각하는지와, 어디서 그 반대가 수정을 어렵게 보이게 하거나 오래 간직해온 기능을 변화시키는지를 구별하게 해 줄 것이다.

계획에 대한 반대 의견

합리적인 수익을 생산하기 위한 합리적인 투자 금액을 갖고 있더라도 여전히 승인을 받지 못할 수 있다. 경영진은 좋은 아이디어에도 '아니오'라고 말할 수 있기 때문에 경영진은 경영진일 뿐이라는 점을 기억하자. 그러므로 위협 모델링 제안은 그 목표치를 극복하기에 매우 충분해야 할 뿐 아니라, 제안이 만들어질 때의 특정 상황에 따른 목표치도 극복해야 한다. 그 상황의 일부는 조직의 상태와 관련이 있으며, 다른 상황들 사이에서의 시기 선택과 최근의 변화와 같은 요인을 포함한다. 또한 그것들은 계획에 있는 다른 보안 활동이나 계획을 위해 제공된 근거의 자질 같은 특정한 일을 포함한다.

시기 선택

경영진은 이미 시범 사업의 몇 가지에 투자하고 있을지도 모른다. 또는 그중 한 가지가 그들을 당황하게 했을지도 모른다. 그것은 예산이 고정되고 난 후의 일일 수 있다. 세계적인 경기 불황이 바로 발생할 수도 있다. 이들은 극복하기가 어려운 반대 의견들의 내용이다. 가장 좋은 방법은 회복 시기가 언제인지 물어보는 것일지도 모른다.

변화

개인의 행동을 변화시키기는 어렵다. 조직의 행동을 변화시키기는 더욱 더 어렵다. 변화는 사람, 프로세스, 습관의 조정을 요구한다. 각각의 조정은 아무리 그것이 결국 도움이 될지라도 생산적인 작업의 시간과 에너지를 필요로 한다. 변화에 관여하는 각자는 그 조정이 어떤 영향을 줄지 궁금해 한다. 영향이 긍정적이지 않다면 그들은 그것을 반대하거나 지연시킬 것이다. 따라서 사람들은 변화를 두려워하는 경우가 많고, 경영진은 변화를 쫓아내는 것을 우려하는 경우가 많다. 조직이 큰 변화나 어려운 변화를 겪었던 경우에는 더 이상의 욕구가 결여될 것이다.

기타 보안 활동

괜찮은 투자 제안과 괜찮은 수익을 갖고 있지만, 또 다른 보안 투자의 수익이 더 높다는 문제가 있을지 모른다. 이를 극복하기 위한 방법은 투자의 조정이나 수익률을 개선할 수 있는 방법을 찾는 것 중 하나다. 그 전략의 핵심은 초기에 버그를 발견하는 것이 늦게 찾는 것보다 비용이 덜 든다는 점을 강조하고 있다. 일부 버그는 버그에 대한 종속성을 외면하기 때문에 발생한다. 하지만 많은 경우 구현되기 전에 차단되는 수정하기 가장 쉬운 버그들이다. 마찬가지로 계속해서 문제를 유발하는 버그들의 한 분류를 위협 모델링이 방지할 수 있었다는 것을 보여줄 수 있다면 충분히 정당화할 수 있을 것이다.

근거의 자질

계획에 대한 마지막 문제는 증명 요점의 질이 어떤 경우에서는 부족하다는 것이다. 그런 경우 앞에서 설명한 바와 같이 명확하게 밝힐 질문을 할 수도 있겠지만, 단순히 공식 결재를 받기 전에 위협 모델링에 대한 현장 경험이 더 필요하거나, 시범 사업이나 그와 비슷한 것을 통해 추가 자료를 수집해야 할 필요가 있을지 모른다.

요약

조직은 새로운 업무 관행을 채택하는 데 항상 어려움을 겪는다. 한편, 현재 직면하고 있는 문제는 위협 모델링을 소개해왔던 다른 이들이 직면한 문제들과 많은 공통점을 갖고 있을 것이다. 다른 한편으로 어떻게 직면하고 이겨낼 것인지는 조직에 따라 다른 측면을 갖고 있을 것이다. 우리 모두는 그런 경우를 개인 기부자와 경영진에게 '판매' 할 필요가 있을 것이다.

사람들을 설득하는 방법에 따라 프로젝트 관리, 역할, 책임과 관련된 다양한 질문에 답변하고, 그 답변들이 시스템을 구축하는 조직의 접근 방식에 맞는지 확인해야만 할 것이다. 일반적으로 그것은 다양한 작업에 대한 전제 조건을 이해하는 것과, 그러한 작업이 만들어 낸 산출물이 포함될 것이다. 필요한 작업을 실행함으로써 상호작용의 문제를 겪게 될 것이다. 그래서 결정들이 어떻게 이뤄졌는지 이해할 필요가 있다. 의사 결정 모델은 다른 위협 모델링 작업과는 다를 가능성이 있다. 이러한 작업 중 일부는 회의가 필요할 것이고, 효과적인 회의를 만드는 것은 까다로울 수 있다. 특히 의제, 회의 목표, 의사결정 모델에 과부하가 생긴다면 더 까다로울 것이다. 이러한 과부하는 위협 모델링에서 일반적이다.

조직은 기술을 제공하는 측면에서 다양하고 서로 다른 종류의 기술을 제공한다. 일부 조직에서는 폭포수 모델을 게이트나 체크 포인트와 함께 사용한다. 다른 조직들은 애자일을 더 많이 사용한다. 모든 조직은 시스템을 출시해야 하고, 그중 일부는 소프트웨어를 제공한다. 각 개발 및 배포 방식은 위협 모델링 작업을 통합할 수 있는 각자의 다른 공간을 갖고 있을 것이다. 대부분의 조직은 조직화된 테스트를 갖고 있고, 테스트는 위협 모델링에 좋은 보완이 될 수 있다. 또한 조직이 기술에 접근하는 방법은 교육, 경력 단계, 인터뷰와 같은 요소를 비롯해 사람들을 고용, 보상, 승진시키는 데 영향을 미친다.

조직에 위협 모델링을 가져오려는 시도를 할 때 해결해야 하는 다양한 반대 의견이 발생할 수 있을 것이다. 그 반대는 대략 자원에 대한 반대, 결과 값에 대한 반대, 계획에 대한 반대로 모델링할 수 있다. 각 반대는 17장에서 설명하는 여러 가지 방법으로 이해하고 접근할 수 있다.

18

실험적 접근

오늘날의 위협 모델링에 대한 접근 방식은 다양한 배경과 지식을 가진 폭넓고 다양한 사람들이 개발하고, 설계하며, 배포하는 시스템에 대한 위협을 찾는 데 충분하다. 그러나 현재의 접근 방식이 위협 모델링의 정점이라고 생각할 필요 없다. 프로그래밍과 작업을 다시 개념화하기 위한 새로운 방법을 찾고 있는 영리한 사람들이 위협 모델링에 접근하기 위한 새로운 방법을 찾을 것이다.

18장에서는 하나 이상의 인식 가능한 극복해야 할 문제를 갖고 몇 가지 유망한 접근 방식을 제시한다. 그러한 문제는 착안자나 지시 사항의 부족함 외에 그 문제가 사용되는 시기의 방법과 성공의 부족함을 포함할 수 있다. 이러한 접근 방식은 FlipIT 게임, 넓은 거리 분류 체계와 적대적 기계학습 같은 킬 체인을 포함하면서 운영상 위협 모델링 접근 방식을 찾는 것, 경계선 찾기 등을 포함한다. 또한 18장에서는 위협 모델링 접근 방식에 대한 위협과 자신의 기술이나 접근 방식을 만들 때 알고 있어야 하는 위험에 대해 설명하고 실험 방법에 대한 절로 마무리한다.

이러한 방법 중 일부는 레고 블록과 비슷해 데이터 흐름도나 STRIDE 모델링 방식과 함께 모델링 소프트웨어에 쉽게 연결할 수 있다. 반면에 다른 방법들은 한 문제에 대해 다른 접근 방식을 갖고 있어서 함께하기 더 어려워진다. 다른 시스템에 연결할 수 있는 접근 방식은 어떻게 그렇게 할 수 있는지에 대한 설명을 포함한다.

경계선 찾기

소프트웨어의 설계를 논의하는 팀의 연구를 기반으로 생성된 인수를 사용해 위협을 찾을 수 있다. 전제는 두 팀이 소프트웨어의 작동 방식에 대해 서로 다른 관점을 갖고 있다면 그 소프트웨어는 공격자가 활용할 수 있는 경계선을 갖고 있을 가능성이 있다는 점이다. 이 기술은 꽤 오랜 시간 동안 있어왔다. 그리고 정기적으로 전문가와의 대화에서 입증되고 있다(McGraw, 2011). 그것은 왜 실험으로 열거되고 있는가? 실제로 작동시키기 위해 해야 할 작업에 대한 제한된 가능한 조언이 있기 때문이다.

마이크로소프트의 한 팀은 시스템 간의 검토^{intersystem review}를 호출하는 방법을 만들었다(Marshall, 2013). 이 방법론은 데이터 흐름도와 STRIDE 모델을 구축할 수 있게 설계됐고, 같이 잘 작동하고 있다. (아래 나열된) 질문들은 아마도 다른 방식으로 적용될 수 있을 것이다. 다음은 좀 더 일반적으로 적용하기 위해 수정한 시스템 간 검토 프로세스의 한 버전이다. 이 절의 기초를 형성하는 작업을 공유하는 데 동의해준 마이크로소프트의 앤드류 마샬^{Andrew Marshall}에게 감사의 말을 전한다.

시스템 간 검토에서 참여 가능한 것들은 시스템의 양 측면이나 모든 측면에 대한 개발, 테스트, 프로그램 관리자 연락처 및 보안 전문가다. 직접 만나기 전에, 보안에 대한 책임이 있는 누군가가 각 팀에 대한 위협 모델이 문서화돼 있고, 외부 종속 목록에 세심한 주의를 하고 있는지 확인해야 한다. 별도의 언급이 없으면 그 책임자는 다음에 설명된 프로세스의 각 단계가 완료됐는지 확인해야 한다.

용어 산출물^{product}과 산출물 그룹^{product group}은 '서비스'와 상호교환이 가능하게 한다. 여기에서의 접근 방식은 회사, 기관 또는 다른 엔티티 사이에서조차 적용될지 모른다. 그들 자신이 그들의 시스템을 이해할 가능성이 가장 높으므로, 처음 두 단계는 산출물 그룹에 할당된다.

1. 각 시스템에서 산출물 그룹은 다른 산출물에서 얻은 데이터를 문서화해야 한다.
    a. 어떤 목적이나 목적들을 위해 데이터의 유효성을 검사하는가?
    b. 어떤 목적들/사용 사례/시나리오가 지원되지 않는 것으로 알려져 있는가?
    c. 특정 유효성 검사나 테스트가 받는 사람에 의해 수행될 것이라는 가정이 있는가?(그렇다면 그것은 개발자 문서와 샘플 코드 안에 있는가?)
    d. 인바운드 데이터가 그것과 연관된 특정 스토리지, 보안 또는 검증 문제가 있는가?
    e. 어떤 극단적인 경우를 개발자와 테스터가 우려하고 있는가?
2. 각 시스템에서 산출물 그룹은 다른 산출물로 보낸 데이터를 문서화해야 한다.

a. 산출물이 데이터의 내용, 형식, 완전성 또는 신뢰성에 대해 약속하는 것은 무엇인가?

b. 데이터는 어떤 목적에 적합한가?

c. 받는 쪽은 어떤 유효성 검사를 수행할 것으로 예상되는가? 그 요구 사항들은 어디에 문서화돼 있는가?

d. 받는 쪽이 수행하는 개인정보 또는 데이터 보호에 대해 어떤 예상을 하고 있는가?

e. 어떤 극단적인 경우를 개발자와 테스터가 우려하고 있는가?

3. 각 시스템과 신뢰의 경계를 포함하는 시스템 모델을 만들어라. 이 모델은 불완전할 수 있으며, 불완전함은 논쟁을 일으킬지 모른다.

4. 교차 시스템 그룹은 직접 만나게 하라. 의제에는 다음 사항이 포함돼야 한다.

a. 참여자가 내부 시스템 검토를 처음 사용하는 경우 프로세스와 회의의 목표를 설명한다.

b. 각 구성 요소가 지원하는 다이어그램과 시나리오에 대한 자세한 설명

c. 종속성에 의해 수신된 데이터에 있는 각 팀이 만든 설계, 코딩, 가정 사항의 테스트를 문서화하라. 그 가정 사항들은 회의장 밖에서 확인할 수 있다.

d. 극단적인 경우를, 특히 에러 처리와 복구 근처를 깊이 파고들어라.

e. 신뢰의 경계에 노출된 서비스나 인터페이스에 특수화된 이전의 보안 버그를 검토하라.

관련된 시스템들의 관계에 따라 회의 중 식별된 버그에 대한 의사결정 모델을 사전 정의하는 것이 도움 될지 모른다. 참여자들이 그들의 코드가 아닌 곳에 있는 기록이나 처리된 버그를 제시하거나 요구하는 경우, 그리고 그 외의 것이 발생하지 않는 경우 의사결정 모델이 특히 중요하다. 예를 들어 경계선이 두 조직 사이에 있다면 참여자는 그러한 능력이 없을 수 있다. 또한 회의 내용을 기록하는 사람이나 회의의 녹음이 도움 될 것이다.

운영상의 위협 모델

이 절에서 설명하는 모델, FlipIT과 킬 체인은 시스템을 운영하는 사람들에게 가치가 있게 설계됐다. 그 모델은 FlipIT의 깊은 이론적 접근부터 킬 체인의 심도 있는 실습까지를 전체적으로 포괄하고 있다.

FlipIT

FlipIT는 아리 쥬엘스$^{Ari\ Juels}$, 론 리베스트$^{Ron\ Rivest}$와 동료들에 의해 만들어진 게임이다 (아리는 RSA 사의 수석 과학자이며, 론은 RSA 암호 시스템 창시자 중 한 명이다). FlipIT는 두 명의 플레이어에 의해 진행되며, 각 플레이어는 IT 시스템을 가능한 한 오랫동안 제어하고자 한다. 각 플레이어는 언제든지 약간의 비용으로 그들이 시스템을 제어하고 있는지 확인할 수 있고, 그렇지 않다면 제어를 가져간다. 주어진 시간에 시스템을 제어하는 플레이어는 점수를 획득하지만, 점수는 게임이 끝날 때까지 공개되지 않는다(그렇지 않으면 누가 제어하고 있는지에 대한 정보가 노출된다). 게임의 목적은 게임이 끝날 때까지 상대방보다 점수를 많이 획득하는 것이다. 아마도 FlipIT는 모노 폴리보다는 죄수의 딜레마에 더 가까운 게임이다. 게임에 대한 이해를 위한 간단한 온라인 데모가 있으며(Bowers, 2012), 그것은 게임을 플레이하게 이끄는 어떤 매력과 능력이 있다.

FlipIT는 IT 시스템과 침입자의 모델이다. 각 모델은 최소한의 비용으로 시스템을 제어하고 싶어 한다. 그 모델의 제작자는 암호 변경이 더 낮은 비용으로 더 안전할 수 있는 방법을 보여주기 위한 모델로 FlipIT를 사용했다. 나는 FlipIT가 시스템 보안을 모델링하는 데 효과적으로 사용될 수 있다는 점에 낙관적이다. 지금까지 그 모델의 제작자만이 새로운 통찰력을 찾기 위해 사용했기 때문에 FlipIT는 실험적 방법으로 생각된다.

FlipIT는 운영 위협 모델링의 다른 형태들과 비교해 매우 다른 종류의 모델이며, 다른 접근 방식과 통합할 수 있더라도 그 방법은 아직 명확하지 않다.

킬 체인

'킬 체인$^{kill\ chain}$'의 개념은 미 공군의 분석 연구로부터 나온다. 운영 위협 모델링에 킬 체인 방식을 적용하는 여러 가지 시도가 있었다. 대부분의 공격이 단순히 컴퓨터를 지배하거나 피싱을 통해 사용자 이름과 패스워드를 수집하는 것 이상을 포함하는 것이 킬 체인의 핵심 아이디어다. 그러한 단계를 포함하는 사건들의 체인이 존재하지만, 기술 공격은 상업화, 무기화되고 있기 때문에 활동의 체인을 이해하는 것이 방어자가 기술 공격을 저지하는 데 도움이 된다. 이러한 킬 체인 모델은 방어자들의 정신적 모델에 맞추는 조정을 통해 이득을 얻을 것으로 보인다.

킬 체인 접근 방식에 있는 모델들은 공격자의 행동과 방어자의 반응 모두를 모델링한다. 이 아이디어는 록히드 마틴의 에릭 허친스$^{Eric\ Hutchins}$와 그 동료들이 작성한 '상대작전의 분석과 침입 킬 체인에서 알 수 있는 지능 기반 컴퓨터 네트워크 방어'라는 논문에서 소개됐다(Hutchins, 2011). 이 절에 있는 'LM 킬 체인'에서 이러한 내용이 언급 돼 있다. 또한 '위협 게놈'에서 마이크로소프트가 진행한 작업이 있다. 그것은 밀접한 관련이 있고 다음에서 설명한다.

킬 체인은 다른 위협 추출 방식과 상당히 다르다. STRIDE는 레고 블록과 비슷하지 만 이렉터 세트^{Erector Sets}(어린이용 조립 완구로, 우리나라에서는 '과학상자'라는 이름으로 출시 - 옮긴 이)와 같다. 다른 방어 기술이나 도구를 연결해 주는 다리로서 방어 기술을 사용할 수 있는 기회가 될 수도 있지만, 익숙하지 않을 수 있다.

LM 킬 체인

LM 킬 체인 논문은 방어 활동을 구동하기 위해서 킬 체인을 사용하는 아이디어다. 이 논문 저자의 접근 방식은 지표의 관점에서 공격자의 활동을 모델링하고 있다. 이러 한 지표들은 원자 지표, 계산된 지표, 행동 지표 중 하나다. 원자 지표는 의미를 유지하 면서 더 세분화할 수 없는 것이다. 또한 계산된 지표는 (풀이라기보다는) 사건의 데이터로 부터 유도되며, 정규표현식과 같은 형태를 가질 수 있다. 행동 지표는 원자 지표와 계 산된 지표를 결합해 생성되며, 읽고 생각하기 위한 사람을 위해 설계된 문장일 수 있다.

LM 킬 체인 모델은 공격자가 거치는 일곱 가지 단계를 설명한다.

- **정찰** 조사, 식별, 대상의 선택
- **무기화** 전달을 위한 패키지에 익스플로잇과 원격 접근 도구의 결합
- **전달** 대상에 패키지를 제공. LM은 이메일, 웹사이트, USB가 가장 일반적으로 관찰 됐다고 보고하고 있다.
- **공격** OS나 애플리케이션의 취약점을 이용한 침입자의 코드를 실행하는 행동(18장 뒷부분의 '넓은 거리 분류 체계' 절도 참조하라)
- **설치** 대상 시스템에 원격 접근 도구 설치
- **명령과 제어(C2, Command and Control)** 공격자의 통신 채널을 설정하고 사용
- **목적에 따른 활동** 위 모든 일에 동기 부여를 하는 실제 작업

또한 이 모델은 방어자가 취할 수 있는 방어 행동이 있다는 것을 가정하고 탐지, 거부, 중단, 저하, 속임, 파괴에 대한 정보 운영 정책을 나타내는 표를 포함하고 있다. 방어 정책은 미군에서 파생돼 IDS^{침입 탐지 시스템}, NIDS^{네트워크 IDS}, HIDS^{호스트 IDS}, NIPS^{네트 워크 침입 방지 시스템}, DEP^{데이터 실행 방지} 등의 용어가 사용됐다.

표 18-1 LM 방침을 나타내는 실행 계획

단계	탐지	거부	중단	저하	속임	파괴
정찰	웹 분석	방화벽 ACL				
무기화	NIDS	NIPS				
전달	사용자 경계	프록시 필터	인라인 안티바이러스	큐잉(Queuing)		
공격	HIDS	패치	DEP			
설치	HIDS	'chroot' Jail	안티 바이러스			
명령과 제어(C2)	NIDS	방화벽 ACL	NIPS	타르핏(Tarpit)	DNS 리다이렉트	
목적에 따른 활동	감사 로그			서비스의 질	허니팟	

출처: 허친스 등 2011

이 논문은 침입의 다른 측면을 찾기 위해 체인의 이전과 이후를 볼 수 있는 방법을 지표가 어떻게 제공할 수 있는지와, 여러 침입이 같은 공격자에 의한 것임을 보여줄 수 있는 공통 지표 방법을 보여준다. 공격의 지표를 찾기 위해 다른 단계에서 데이터를 갖고 오는 것은 모델링과 방어자 활동에 집중하기 위한 중요한 방법이다.

위협 게놈

또 다른 유망한 방법은 에스펜쉬드[Espenschied]와 건[Gunn]의 위협 게놈[genomics]이다(Espenschied, 2012). 이것은 공격자가 운영 시스템에 집어넣으려는 검출될 수 있는 변화를 모델링하고 있다. LM 모델과 다르게 위협 게놈 모델은 운영 단계보다 공격자가 진행해 나가는 검출 가능한 변화에 초점을 맞춘다. 그 접근 방식은 변화들로부터 공격 모델을 구축한 후 검출과 예측 능력을 향상시키기 위한 모델을 적용하는 것을 목적으로 한다. 위협 게놈 모델은 논문의 저자가 위협 시퀀스[threat sequences]라고 부르는 것들의 집합이다. 시퀀스는 시간에 따른 상태 전환의 집합이다. 상태들은 다음과 같다.

- 정찰
- 착수
- 출입

- 거점 확보
- 측면 이동
- 획득한 제어
- 획득한 대상
- 구현/실행
- 은폐/유지
- 철수

상태는 연속적이지 않고 전부 발생할 필요가 없다는 점에 유의하자. 예를 들어 원격 접근 도구를 설치하는 공격은 출입과 거점 확보를 동일한 행동으로 포함할 수 있다. 정찰이나 측면 이동과 같은 단계는 전혀 필요하지 않을 수 있다(이것은 LM 모델과 대조적이다). 시퀀스는 로그 항목과 같은 관찰할 수 있는 지표를 기준으로 한다. 이 모델은 OpenIOC, STIX 등과 같은 많은 '보안 지표' 시스템 "위에 앉아있다"는 점에 유의하자. 시퀀스는 분석가가 개별 지표나 상관관계를 해석하는 것보다 시퀀스 사이의 상관관계를 해석하게 한다.

공격 이후 연구원들이 시퀀스의 충분한 요소를 종합한다면 시퀀스 그리고/또는 그것의 세부 사항은 공격자의 도구, 기술, 절차에 대한 정보를 제공할 것이다. 이것을 그래프화한다면 각기 다른 그래프들은 공격자를 구별하는 데 도움이 될 것이다. 에스펜쉬드와 건의 논문에서 사용한 시퀀스 사례는 그림 18-1에서 볼 수 있다.

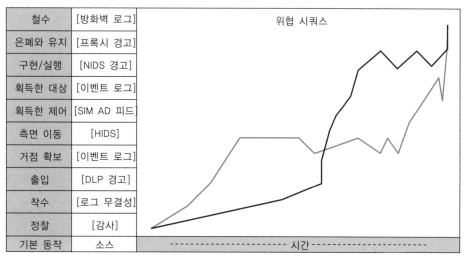

그림 18-1 위협 게놈의 사례

시퀀스 모델은 지표가 어디에 있어야 하는지를 연구원에게 알려준다. 예를 들어 대상이 획득되기 전에, 공격자는 대상에 들어가서 거점을 설정해야 한다.

또한 이 모델은 어떤 데이터 소스가 상태 전환을 검출하는지 고려할 수 있는 유용한 방법이다. 예를 들어 도메인 컨트롤러 변경 보고서는 제어 획득을 발견하는 데 도움이 될 수 있지만, 출입의 시작점을 찾는 데 직접적인 도움이 되지 않는다. 논문에서 가져온 그림 18-2는 전환에 대한 데이터 소스의 매핑 예제를 보여준다.

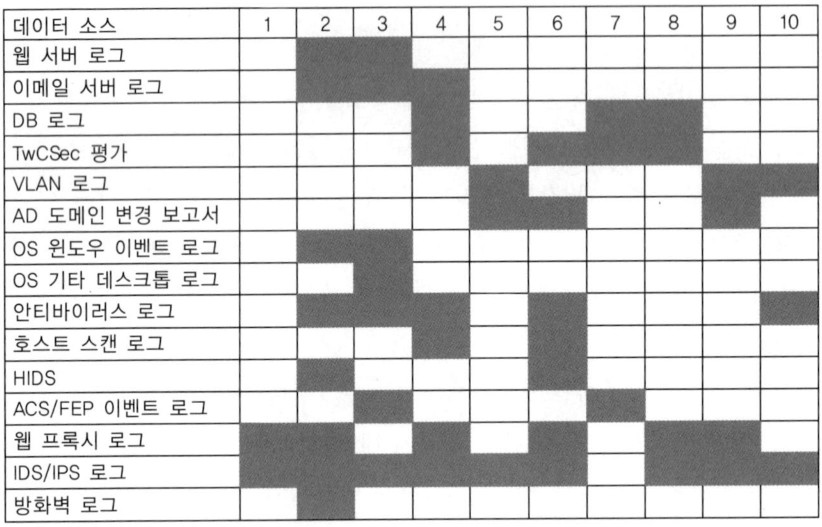

데이터 소스	1	2	3	4	5	6	7	8	9	10
웹 서버 로그		■		■						
이메일 서버 로그		■		■						
DB 로그				■			■	■		
TwCSec 평가						■	■			
VLAN 로그					■		■	■		■
AD 도메인 변경 보고서					■					
OS 윈도우 이벤트 로그		■	■							
OS 기타 데스크톱 로그		■	■							
안티바이러스 로그		■	■				■			■
호스트 스캔 로그				■			■			
HIDS		■								
ACS/FEP 이벤트 로그			■				■			
웹 프록시 로그		■	■			■		■	■	
IDS/IPS 로그		■	■							
방화벽 로그		■								

그림 18-2 전환에 대한 데이터 소스 매핑

비워져 있는 열의 경우 전환을 탐지하고자 하는지 고려할 필요가 있다. 사용 가능한 행의 목록은 길다. 방어 기술의 행이 어떤 열과도 일치하지 않는 경우 단순히 위협 게놈 방식과 잘 일치하지 않았기 때문일 수도 있지만, 그 기술이 무엇을 위한 것인지 생각할 가치는 있다. 표시된 방어 기술은 완전한 목록이 아닌 예제로만 이해해야 한다. 위협 게놈은 실험적 방법이다. 지금까지 (내가 아는 한) 그 논문의 저자들만 그것을 사용해왔기 때문이다.

'넓은 거리' 분류 체계

나는 '넓은 거리 분류 체계'를 개발했는데, 공중 보건 역사의 중대한 사건에서 그 이름을 지었다. 1854년 콜레라 발생 당시, 오염의 원인이 런던 거리에 있는 물 펌프임을 존 스노우^{John Snow} 박사가 발견했다. 그는 연관성을 증명했을 뿐만 아니라 물 펌프의 손잡이를 제거해 전염병의 흐름을 바꿨다. 해당 사건에 대한 자세한 내용은 스티븐 존슨의 『바이러스 도시(The Ghost Map)』를 참고하라(Penguin, 2006). 두 가지 모두 분류 체계, 즉 사물과 모델을 분류하기 위한 시스템이고, 그것은 이러한 사건들의 특정 측면에 주의를 집중하도록 해주기 위해 세부 사항을 생략한다. 나는 컴퓨터에 해를 끼치는 것이 무엇인지 이해하고자 하는 갈망에 주목해 넓은 거리라는 이름을 선택했고, 그것은 그 원인을 해결하기 위한 활동을 가능하게 한다. 또한 기능적인 이름보다 염원으로써 사용되는 이유는, 그 분류 체계가 다소 설명하기 까다로운 것들의 집합을 분류한다는 사실 때문이다. 설명하기 힘든 이유 중 하나는 그 분류 체계가 처음으로 그것들을 함께 분류했기 때문이다. 이와 비슷하게 린네가 생명의 나무를 구축하기 전에 개구리 척추는 척추동물의 종류가 아닌 척추로만 나타냈다. 살아있는 생물을 분류하면서 그는 그들을 보는 새로운 방법을 만들었다(내 염원의 넓이는 다소 줄어들게 됐다).

그렇다면 넓은 거리 모델은 무엇일까? 분류 체계는 컴퓨터가 악성코드 설치로 인해 실제로 어떻게 손상되는지('침입 당하는지')를 명확하게 하기 위해 설계되며, 이것은 사건의 근본 원인 분석에 사용될 수 있는 가능성을 보여줬다. 그것은 현장에서 반복적으로 기록된 문제에만 초점을 맞추고 있다. 분류 체계는 제품 설계와 개선이 가능한 한 효과적인 방식으로 손상을 이해하는 데 도움이 된다. 모델의 가치는 중요한 손상들에 대한 수단에 초점을 맞추고 있다. 그러나 넓은 거리 모델은 손상의 모델도, 악성코드가 시스템에 침투하는 방법의 모델도 아니다. 훔친 자격증명에서 시작한 손상들을 언급하지 않기 때문에 이것은 손상의 모델이 아니다. 또한 이것은 다른 악성코드에 의해 설치되는 악성코드를 제외하므로 악성코드가 시스템에 침투하는 방법의 완전한 모델도 아니다.

> **노트** 이 모델은 마이크로소프트에 큰 영향을 미쳤다. 그 결과는 윈도우 업데이트를 통해 제공되고 있는 자동 실행에 대한 업데이트로 나타났다. 그러나 그것의 사용은 (지금까지) 다른 곳에서 제한되고 있다.

분류 체계에 들어가기 전에 넓은 거리 모델은 소프트웨어 개발 위협 모델링과 잘 일치하지 않는다는 점에 주목해야 한다. 전 세계에 있는 이 모델은 너무 거칠어서 특정 기능을 고려하는 대부분의 개발자에게 쓸모가 없다. 따라서 장난감과 계속 비유하자면 넓은 거리 모델은 링컨 로그Lincoln Logs와 비슷하다.

분류 체계로 표현할 때 넓은 거리 모델은 방어자가 일관된 방법으로 공격을 분류할 수 있게 해주는 일련의 질문이 포함돼 있다. 그림 18-3과 같이 질문들은 순서도 형태로 순서에 맞춰 표현된다. 질문들은 손상과 관련된 단일 예제에 적용되게 만들어진다. 혹은 라벨을 갖고 있는 각 기술의 결과로서 각 기술을 연속적으로 걸쳐서 시스템을 손상시키는 여러 가지 다른 접근 방식을 사용하는 악성코드의 경우에 적용되도록 만들어진다. 질문들은 순서도 뒤에 설명돼 있다. 순서도에서 단순화된 표현은 사용하기에는 쉽지만 많은 노드가 짧은 라벨로는 포착하기 어려운 미묘한 차이를 갖고 있다. 공격 분류의 종료 조건은 공격이 라벨을 갖고 있어야 한다는 것이다. 그림 18-3에서 기호 상자들이 "불확실하다"와 "분류하기 어렵다" 같은 라벨을 갖고 있는 것을 주목하자. 이것은 저러한 문제점들을 기록하기 위해 분류 체계를 사용하고 있는 이들을 위한 것이다(그림 18-3은 버전 2.7의 분류 체계를 보여준다).

1. **사용자와 상호작용하는가?**

   분류 체계가 제기하는 첫 번째 질문은 "어떤 사람이 손상을 일으키는 작업을 수행해야만 하는가"이다. 다시 말해 아무도 컴퓨터에 로그인하지 않은 경우 공격이 동작하는지 물어보고 있다. 대답이 '예'라면 순서도는 질문 2로 넘어가고, '아니오'라면 질문 6으로 넘어간다.

2. **속임수를 쓰고 있는가?**

   두 번째 질문은 속임수를 쓰는 공격에 대한 것이다. 속임수는 여러 사회공학 기법들 중 하나를 사용해 누군가에게 어떤 행동을 하게 해서 이익을 얻거나, 그렇게 하지 않으면 불이익이 생길 것처럼 유도하는 것을 통칭하는 경우가 많다(표 15-1은 이러한 기술을 설명하고 있는 방법들을 제공한다). 속임수의 예로 비디오를 시청하기 위해 코덱을 설치해야 한다고 알려주는 웹사이트, 세무 기관에서 보낸 것이라 주장하는 이메일 메시지들이 있다. 잘 알려진 웹사이트를 방문하거나 로컬 파일 공유 같은 '일반적인 사람'이 안전하다고 믿고 있는 여러 행동도 속임수의 예에 포함된다(분류 체계 이전 변종 코드들은 "사용자는 몇몇 형태의 경고를 통해서 클릭하는가?"라는 질문으로 해결했다). 그것은 좋은 판단 기준이지만, 소프트웨어 경고를 삭제함으로써 분류 방법의 변경을 논의하기는 어렵다. 감염을 전파시키기 위해 피해자를 속이는 것이 필요한 경우 질문 3으로 넘어간다. 그렇지 않은 경우 질문 3은 생략하고 질문 5로 넘어간다.

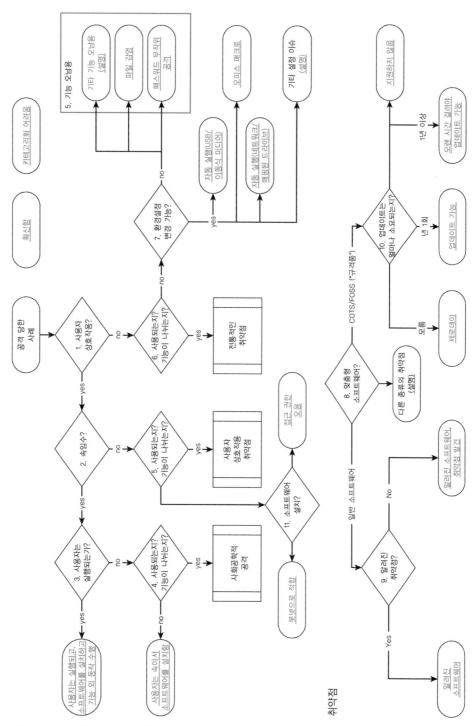

그림 18-3 넓은 거리 분류 체계

3. 사용자가 (소프트웨어를) 실행할 의도가 있는가?

상호작용이 필요한 경우 그것이 취하고 있는 행동이 소프트웨어를 실행하거나 설치하는 것임을 그 사람은 알고 있는가? 대답이 '예'라면 그 사건은 종료, '사용자가 (예기치 않은 기능을 가진) 소프트웨어를 실행하거나 설치'로 분류될 수 있다. 그 사람은 소프트웨어의 원래 의도한 기능에 추가적인 행동을 하거나 그것을 대신해 예기치 않은 악의적인 행동을 하는 소프트웨어를 실행하게 된다. 이것과 트로이 목마 소프트웨어의 전통적인 정의에는 상당한 중첩이 존재한다. 그리스 신화의 트로이 목마에 비유해보면 많은 악성코드가 무해한 무언가로 가장해 피해자의 컴퓨터에 접근하는 방법과 유사하다. 예를 들어 악성코드 프로그램은 합법적인 보안 프로그램을 위한 설치로 보이거나 일반적인 데스크톱 프로그램들의 문서들로 위장한다. 이 라벨은 두 가지 유형의 혼동을 일으킬 수 있다. 첫째, 동일한 라벨을 가진 다수의 종료를 만들어낸다. 둘째, 많은 보안 업체가 '트로이 목마'를 저절로 확산할 수 없는 프로그램으로 정의하게 한다.

4. 익스플로잇이 사용됐는가?/CVE에 등록될 자격이 있는가?

이러한 질문들은 같은 의도를 갖고 있다. 분류 체계에 각기 다르게 제시된 내용들은 특정 대상에게 더 유용할 수 있기 위해 선택된 이러한 질문을 다르게 제시해 사용한다. 이 질문은 순서도의 4, 5, 6번 노드에서 같은 의미를 갖고 있으며, 취약점으로 포함되는지 여부를 판단한다. '취약점'이라는 용어는 해석의 여지가 있기 때문에 이 질문은 소프트웨어를 설치하기 위해 사용된 방법이 CVE 목록에서 자주 문서화되는 것 중 하나인지 질문한다. CVE^{Common Vulnerabilities and Exposures}는 보안 취약점과 위험 노출 목록으로, cve.mitre.org에서 유지 관리되는 취약점 정보의 표준화된 저장소다("자격이 있다"는 그 방법이 CVE 기준을 만족하지만 이전에 공개되지 않은 취약점과 같이 아직 CVE 번호를 받지 못한 상황들을 다루는 데 사용된다. 그러나 CVE는 배포된 시스템에 초점을 맞추고 있다. 그래서 'CVE의 자격'은 '인기 있는 제품 내부에 존재한다면 CVE에 등록될 수 있을 것'으로 해석된다). 또한 이 질문은 "익스플로잇이 사용됐는가?"로 해석될 수 있다(익스플로잇은 소프트웨어의 취약점을 공격하기 위해 설계된 작은 소프트웨어를 의미한다. 'sploit'으로 표기하는 경우도 있다). 질문 4에 대한 답변이 '아니오'인 경우 그 사건은 '소프트웨어를 실행하게 사용자를 속임'으로 분류될 수 있다. 이 결과는 어도비 리더^{Adobe Reader}의 PDF 파일에서 사용되는 아이콘과 유사하거나 동일한 아이콘을 사용하는 document.pdf.exe라는 이름의 악성 실행 파일 같은 위조된 증표를 보여준다. 피해자는 정상적인 PDF 파일로 믿고 그 실행 파일을 실행해 그것이 악성코드를 설치하거나 다른 악성 행동들을 하게 한다. 질문 4에 '예'로 대답한 경우 '사회공학 취약점'으로 손상의 수단을 분류할 수 있을 것이고, 어쩌면 취약점 서브 프로세스(8, 9, 10번 노드)를 통해 더 세부적인 분류가 가능할 것이다.

5. CVE에 등록될 자격이 있는가?

질문 5에 '예'로 대답한 경우 '사용자 상호작용 취약점'으로 분류될 것이고, 아마 취약점 서브 프로세스를 통해 더 세부적인 분류가 가능할 것이다. 이 분류 체계는 요즘 자주 발견되는 '다운로드 실행^{drive-by-download}' 라벨을 사용하지 않는다. 이 용어는 여러 가지 방법으로 사용되기 때문이다. 그중 하나는 지금 이 범주에서 다루는 문제와 유사하다. 다른 방법들은 '사용자가 추가 기능이 있는 소프트웨어를 실행하거나 설치함', '소프트웨어를 실행하게 사용자를 속임'과 같은 라벨을 갖고 있다. CVE에 등록될 자격이 없는 경우 군터 올만^{Gunter Ollman}이 만든 용어인 '옵트인 봇넷^{Opt-in botnet}'을 종료점으로 참조할 수 있다(Ollman, 2010). 일부의 경우 사람들은 악성 행위를 수행하게 설계된 소프트웨어를 설치하도록 선택한다. 예를 들어 이 범주에서는 DoS 공격을 수행하게 설계된 오픈소스 네트워크 공격 도구인 LOIC^{Low Orbit Ion Cannon}를 포함하고 있다.

6. CVE에 등록될 자격이 있는가?

질문 6에 '예'로 대답한 경우 '구 취약점'으로 분류해야 하고, 취약점 서브프로세스를 통해 더 세부적인 분류가 가능할 것이다.

7. **설정으로 제거 가능한가?**

설정 변경을 통해 공격 벡터를 제거할 수 있는가? 혹은 그것은 설정을 통해 비활성화할 수 없는 고유한 제품 기능을 포함하고 있는가? 설정 옵션은 방화벽을 끄거나 자동 실행 기능을 해제하기 위해 레지스트리 변경을 사용하는 것을 포함한다. '예'로 대답한 경우 다시 말해 공격 벡터가 설정 변경을 통해 제거될 수 있다면 순서도는 다음 네 가지 종료점 중 하나에서 종료된다.

  a. **자동 실행(USB/이동식 미디어)** 공격은 USB 저장 장치 및 기타 이동식 볼륨에서 감염시키기 위해 윈도우의 자동 실행 기능을 이용했다.

  b. **자동 실행(네트워크/매핑된 드라이브)** 위협은 로컬 드라이브에 매핑된 네트워크 볼륨을 통해 감염시키기 위해 자동 실행 기능을 이용한다.

  c. **오피스 매크로** 피해자가 악성 매크로를 갖고 있는 마이크로소프트 오피스 문서를 열 때 위협은 새로운 컴퓨터를 감염시킨다.

d. **기타 설정 문제** 애매모호한 것들은 그것들을 더 잘 분류할 수 있을 때까지 시간이 지남에 따라 문제를 축적하게 했다.

'아니오'라고 대답한 경우, 즉 공격 벡터가 설정 옵션을 통해 끌 수 없는 제품 기능을 사용한다면 그 공격 벡터는 다음 세 가지 하위 범주를 포함하는 '기능 오남용'으로 분류한다.

a. **바이러스를 감염시키는 파일** 위협은 일부 코드 세그먼트를 재작성하거나 덮어쓰기 해서 주로 .exe나 .scr 확장자를 가진 파일을 수정함으로써 퍼져나간다. 컴퓨터 간에 확산시키기 위해 바이러스는 네트워크 드라이브나 이동식 드라이브에 파일을 작성한다.

b. **암호 무차별 대입 공격** 위협은 암호에 대해 무차별 대입 공격을 시도해 확산된다. 예를 들어 쓰기나 실행 권한을 얻기 위해서 SSH, rlogin, 가능한 SMB 볼륨에 대해 시도한다.

c. **기타 기능 오남용** 또 다른 애매모호한 것들은 그것들을 더 잘 분류할 수 있을 때까지 시간이 지남에 따라 문제를 축적하게 했다.

8. **맞춤형/사용자 정의 소프트웨어 프로젝트인가?**

   이 질문은 널리 사용되는 소프트웨어와 로컬용으로 개발한 소프트웨어를 구별하게 돼 있다. 취약점들은 상용(또는 오픈소스) 소프트웨어에 고정되지 않았고, 다른 익스플로잇 분석에서는 사용자 정의 소프트웨어에 존재하는 공격의 상당한 비율을 차지하는 웹사이트 코드 같은 취약점들을 발견했다(Verizon, 2013).

9. **취약점이 알려져 있는가?**

   이 질문은 소프트웨어의 소유자/운영자/제작자에 의해 발견된 문제들과 공격자에 의해 발견된 문제들을 구별하는 역할을 한다. 어떤 조직에 의해 발견된 취약점에 대해서 취약점을 재생해 코드가 수정되고 테스트되는 동안 발견된 것과 패치 사이에는 일정 기간이 있다. 종료점 중 하나인 '사용자 정의 소프트웨어, (소유자에게) 알려진 취약점'이 여기에 해당된다. 다른 종료점인 '사용자 정의 소프트웨어, (공격자가) 발견한 취약점'은 공격자에 의해 처음 발견된 취약점에 대한 것이다.

10. **업데이트가 얼마나 오랫동안 가능한가?**(텍스트 상자에 맞추기 위해 글자가 생략돼 있다. 전체 문장은 "설치할 수 있는 업데이트가 얼마나 오랫동안 가능한가?"이다).

    a. **제로 데이** 공격 당시에 소프트웨어 제작자로부터 패치가 불가능한 취약점을 말한다.

b. **설치 가능한 업데이트** 공격 후 최대 1년간 소프트웨어 제작자로부터 패치를 사용할 수 있는 취약점을 말한다.

c. **오랜 기간 설치 가능한 업데이트** 공격 후 1년 이상 소프트웨어 제작자로부터 패치를 사용할 수 있는 취약점을 말한다.

d. **지원되지 않음** 제작자가 폐업한 경우를 포함해 소프트웨어의 제작자가 더 이상 지원하지 않는 소프트웨어에 있는 취약점을 말한다.

넓은 거리 분류 체계는 달리 합칠 방법이 없는 중요한 집합을 분류하고 모델링하는 방법이다. 새로운 방법으로 그것을 모델링하는 것은 시스템의 보안을 개선하는 데 도움이 되고, 그 모델링 및 분류는 여타 영역에서 탐구할 가치가 있다.

적대적 기계학습

기계학습 방법은 다양한 문제를 해결할 수 있기 때문에 인증과 스팸이나 기타 공격이 검출되는 구역의 보안에 적용돼 왔다. 공격자가 이런 일을 알게 되면서 그들은 기계학습 시스템을 공격하기 시작했다. 그 결과, 학계와 방어자들은 적대적 기계학습adversarial machine learning이라는 보안의 한 하위 분야를 조사하기 시작했다. 그 논문에서 저자는 세 가지 속성을 가진 분류를 제안한다(Huang, 2011). 그 속성들은 영향력, 보안 목표, 공격자의 목표다. 영향력 속성은 훈련 데이터에 대한 공격, 운영 시스템에 대한 탐색 공격을 포함한다. 두 번째 속성은 침입을 탐지하는 탐지기 능력의 무결성, 정탐을 검출할 수 없을 정도로 문제가 되는 시스템을 의미하는 가용성을 비롯한 보안 목표를 위반하는 것에 대해 설명하고 있다. 또한 보안 목표는 프라이버시 보호에 대한 내용을 포함하고 있다. 그것은 시스템을 사용하는 사람들의 정보를 파괴하는 공격을 의미하며, 정보 노출 공격의 한 분야로 나타나고 있다. 세 번째 분류는 정해진 대상부터 무분별한 대상까지 분포돼 있는 공격자 목표의 스펙트럼이다.

이 논문은 많은 사례 연구를 통해 공격에 대한 더 상세한 설명을 비롯한 분류 체계를 배치하고 방어에 대해 설명한다(오탐은 본문이 아니라 가용성의 설명 문구에 포함돼 있다. 그 분류 체계는 오탐의 유도를 무결성 공격으로 취급하고 가용성 공격으로 오탐이 발생하는 경우에 더 명확할 것이다). 더 많은 사람들이 빅데이터와 기계학습이 보안 문제를 해결할 것이라 믿고 있기 때문에 이것은 향후 몇 년에 걸쳐 크게 뻗어나갈 가능성이 있는 분야다.

적대적 기계학습은 기계학습을 대응 기술로 사용하는 경우와 관련된 2차 위협으로 문맥화할 수 있다. 현재 기계학습이 어떻게 위협을 완화시켜주는지 보여주는 명확한 모델은 없다. 그래서 정확히 어디에서 적대적 기계학습이 도움을 주거나 해를 끼칠지 말하기 힘든 상황이다.

비즈니스 위협 모델링

소프트웨어의 어느 한 부분보다 좀 더 큰 부분이나 배포되고 있는 시스템을 어떻게 위협 모델링할 것인가는 아주 적절한 질문이다. 그것은 보안과 운영을 관리하는 사람들이 일관성 있고 높은 투자 수익을 내는 예측 가능한 방식으로 해결하고 싶어 하는 것이기도 하다.

그것은 조직에서 위협 모델링에 투자하기 위해 받는 범위와 가치 사이의 갈등으로 나타난다. 즉, 좀 더 구체적인 기술을 위협 모델링하는 것은 비즈니스만큼 크고 복잡한 무언가를 위협 모델링하는 것보다 쉽다. 아마도 어떤 수준에서 모든 조직이 비슷하지 않을까? 또 다른 수준에서 각 조직은 고유 자산과 그 자산에 대한 위협을 갖고 있다. 비즈니스 모델링을 하는 데 가장 완전한 시스템은 CERT-CC^{CERT Coordination Center}의 옥타브-알레그로^{OCTAVE-Allegro}다.

옥타브^{OCTAVE, Operationally Critical Threat, Asset, and Vulnerability Evaluation}는 위험 평가와 계획을 위한 운영상 치명적인 위협, 자산, 취약성을 평가하는 방법이다. 세 가지 상호 연결되는 방법이 있는데, 초기 버전의 방법, 작은 조직을 위한 옥타브-S 방법, 간소화된 방식으로 자리 잡고 있는 옥타브-알레그로 방법이 있다. 세 가지 모두 개발 시간보다는 운영상 위험 관리를 위해 설계됐으며, 운영상 위험에 초점을 맞추고 있다.

방법론은 CERT.org에서 무료로 사용할 수 있으며, 그것은 정의된 역할과 책임을 가진 단계와 활동의 집합으로 알기 쉽게 구성돼 있다. 무료로 제공하는 자료에는 작업 계획표, 예제, 장부도 있다. 또한 교육 과정도 제공된다. 그것은 더욱 완벽하게 개발된 방법 중 하나이고, 옥타브를 검토하고 각 요소가 존재하는 이유를 이해해야 하는 새로운 접근법을 만들기 위한 방법이기도 하다.

옥타브-알레그로는 8가지 과정을 다음과 같은 4가지 단계로 정리하고 있다.

1. 위험 측정 기준과 유기적인 드라이버를 개발한다.
2. 각 중요 정보 자산의 프로필을 만든다.
3. 각 정보 자산에 대한 위협을 확인한다.
4. 정보 자산에 대한 위협을 확인, 분석하고 완화 방법의 개발을 시작한다.

위험은 다음과 같은 여섯 가지 영역에서 자유롭게 논의될 수 있다(또는 제공된 위협 트리를 갖고 접근할 수 있다). 각 영역은 관련 작업 계획표를 갖고 있다.

- 평판과 고객 신뢰
- 재정
- 생산성
- 안전과 보건
- 벌금/법적 처벌
- 사용자 정의

작업 계획표에서는 "위협 시나리오를 식별하기 위해 위협 트리의 브랜치를 통해 작업하는 것은 지루한 작업이 될 수 있다."고 지적하고 있다. 이것은 그러한 모든 방법론에 대한 지속적인 도전이며, 누군가가 여기서 적절한 균형을 발견한다면 많은 조직을 도울 수 있는 진정한 기회를 제공하게 된다. 옥타브와 관련 방법들은 다른 방법들과 명확한 방식으로 연결돼 있지 않다. 아마도 이 방법들은 르벨Revel의 모형 비행기와 같을 것이다. 모형 비행기 키트가 꼭 필요한 것이라면 그것은 필요한 것이긴 하지만 모든 키트를 모으는 것은 좀 지루해질 수 있지 않을까?

위협 모델링 방법에 대한 위협

헨리 스펜서Henry Spencer는 "유닉스를 이해하지 못하는 사람들은 그것을 형편없이 재조명하게 된다."고 말했다. 같은 내용이 위협 모델링에도 적용된다. 전에 일어났던 것을 이해하지 못한다면 현재 하고 있는 일이 새로운 일인지 어떻게 알 수 있을까? 새로운 일을 하고 있다는 것은 알고 있지만, 교육, 작업, 기술이 무작위로 바뀐다면 결과가 더 좋을지 어떻게 예상할 수 있을까? 전에 일어났던 문제를 이해하지 않는다면 정상적인 일을 수정하고 있는지 어떻게 알 수 있을까?

위협 모델링에 실패하는 일반적인 방법은 많다. 첫 번째는 시도하지 않는 것이다. 이것은 따로 설명할 필요가 없을 것이다. 그 외의 몇 가지 중요한 방법들은 이 절에서 설명하는데, 위험한 산출물과 위험한 접근 방식으로 나뉜다.

위험한 산출물

이들은 실패로 이어지기 쉬운 두 가지 출력물이다. 첫 번째는 모든 가정 사항을 열거하는 것(이러한 목록을 갖고 시작함으로써 악화된다)이고, 두 번째는 위협 모델에 대한 보고서다.

모든 가정 사항을 열거

'모든 가정 사항을 열거'하게 조언하는 것은 위협 모델링 시스템 내에서 일반적이다. 그러나 그것은 실패로 가득하다. 실패로 가득차는 데에는 여러 가지 이유가 있다. 모든 가정 사항을 열거하는 것은 불가능하고, 그것이 가능하더라도 결국 끝이 없고 범위가 없는 활동이 될 것이다. 또한 그것은 매우 방해된다. 왜 모든 가정 사항을 열거하는 것이 불가능한지부터 시작해보자.

간단한 예로 "이 책의 독자들은 영어를 할 수 있다고 가정한다."고 썼다고 하자. 그 문장은 이 책은 읽혀질 것이고, 그것은 영어로 읽혀질 것이라는 여러 가지 가정 사항을 갖고 있다. 두 가정 사항은 부분적으로 잘못됐다. 오디오 북을 비롯해(저자는 글자를 읽어주는 방식이 향상되기를 기대할 수 있다) 그 책을 사용하고 있다는 의미에서 읽기를 가정할 수 있다. 또한 그 책은 번역되지 않는다는 가정 사항을 포함하고 있다. '영어'라는 단어에 내재된 것은 두 가지 가정 사항 모두 영어라는 언어로 정의할 수 있는 것이 존재하고, 사용되고 있는 각 용어는 저자가 의도한 대로 독자가 읽게 될 것이라는 이상한 믿음이다. 그러한 가정 사항들은 어리석고 우리 목표와 아무런 관련이 없음을 합리적으로 주장할 수 있다. 사용한 언어가 무엇인지를 통해 나오는 논의들에 빠지게 되더라도 그렇게 주장할 수 있다. 우리 목표는 위협 모델링을 논의하는 것이기 때문이다. 우리가 같은 실행 공동체 안에 있고 위협 모델링이 기술 분야로 고려되고 있다면 그 주장은 옳을 것이다. 그러나 위협 모델링은 단지 하나의 실행 공동체가 아니다. 서로 다른 일의 전문가들은 서로 다른 일의 전문가다. 그리고 다른 이들에게 문제가 되는 가정 사항들은 사전에 명확하지 않을 것이다. 이것은 그것들이 명시라기보다는 가정이 되는 이유가 된다. 따라서 가정 사항을 열거해 위협 모델링 프로세스를 시작하게 하는 것은 위협 모델링을 방해할 뿐이다.

모든 가정 사항을 열거하는 것은 불가능하다 하더라도 가정 사항을 추적하는 것은 가치 있는 활동이 될 수 있다. 이 작업은 몇 가지 주요 차이점이 있다. 첫째, 시작을 저해하는 행위로 작용하지 않는다. 둘째, 작업의 자연스러운 흐름을 통해 발견한 것을 문서화하는 데 의존한다. 셋째, 가정 사항은 무시되는 문제들에 대한 책임이 있는 경우가 많다. 그래서 가정 사항에 대한 조사와 검증이 자주 성과를 얻는다(대규모 시스템의 가정 사항을 알아내기 위한 조언을 위해 18장 초반의 '경계선 찾기' 절에 있는 시스템 간 검토에 대한 논의를 참조하라).

위협 모델 보고서

위협 모델링 프로젝트는 최종 산출물로 보고서를 작성하는 오래된 불행한 역사를 갖고 있다. 초기 위협 모델링은 컨설턴트에 의해 수행됐고, 컨설턴트는 보고서를 제공하기 때문이다. 고객은 보고서들을 버그 또는 더 일반적으로는 재고품으로 판명할 것이다. 보고서는 자체가 나쁜 것이 아니다. 좋은 위협 분석은 요구 사항에 대한 유용한 입력 정보가 될 수 있고, 소프트웨어 엔지니어가 문제에 대해 생각할 수 있게 해주며, 테스트 계획에 유용한 입력 정보가 될 수 있다. API 호출자나 비요구 사항에 좋은 문서는 작업들이 무시되지 않게 도움을 줄 수 있다. 좋은 분석은 위협을 이야기로 바꿔줄 것이다. 그래서 작성되거나 검토되고 있는 소프트웨어를 더 가까이 와닿게 해줄 것이다. 이것은 공격자 중심의 모델링이 도움이 될 수 있는 영역이다. 좋은 이야기는 충돌을 포함하고, 충돌은 편을 나누게 된다. 이 경우 당신이 어느 한편이라면 공격자가 다른 한편이 된다.

위험한 접근 방식

때때로 하지 말아야 할 것을 보는 것이 해야 할 것을 보는 것보다 더 유익할 수 있다. 이 절에서는 일반적인 특성을 공유하는 위협 모델링에 대한 몇 가지 접근 방식을 설명한다. 그것들은 모두 실패하는 방법들이다.

- **화물 숭배하기** 화물 숭배 과학cargo cult science이라는 용어는 리처드 파인만Rechard Feynman에 의해 사용됐다.

  남쪽 바다에서는 화물 숭배를 하는 사람들이 있다. 전쟁 중에 그들은 좋은 물건을 많이 실은 비행기들이 착륙하는 것을 봤고, 지금 그들은 같은 일이 발생하기를 원하고 있다. 그래서 그들은 활주로와 비슷한 것들을 만들어서 배치했다. 활주로의 양 측면에 불을 피우고 나무 오두막을 지어 나무로 만든 헤드폰과 안테나처럼 튀어나온 대나무 조각을 머리에 쓴 사람(아마 그 사람은 관제사일 것이다)을 앉혔다. 그리고 그들은 비행기가 땅에 착륙하기를 기다리고 있다. 그들은 모든 일을 올바르게 진행하고 있다. 형태도 완벽하다. 그것은 이전에 봤던 그대로인 것으로 보인다. 그러나 그것은 작동하지 않는다. 어떤 비행기도 착륙하지 않는다. 그래서 나는 이러한 것들을 화물 숭배 과학이라고 부른다. 그들은 모든 명백한 수칙과 과학적 탐구를 따르고 있기 때문이다. 하지만 그들은 중요한 무언가를 놓치고 있다. 비행기가 착륙하지 않기 때문이다.

출처: 『파인만 씨 농담도 잘하시네(Surely You're Joking, Mr. Feynman!)』(Feynman, 2010)

위협 모델링의 복잡성은 때때로 화물 숭배 위협 모델링을 초래하는 지도력에 의한 요구 사항과 결합될 것이다. 즉, 사람들은 마지못해 위협 모델링을 시도하지만, 그들은 단계에 대한 이해가 부족해 기계적으로 외워서 완성한다. 단계가 존재하는 이유를 이해하지 못하면 그것을 제거해야 하며, 남아있는 것이 가치 있는 것인지 확인해야 한다.

- **부엌 싱크대** 화물 숭배와 밀접하게 관련된 것으로, 위협 모델링 프로세스에 대한 '부엌 싱크대' 접근 방식이 있다. 때때로 이러한 시스템은 함께 작업할 필요가 있는 몇 가지 접근 방식의 지지자들에 의해 개발된다. 누구도 자신이 좋아하는 것을 조금이라도 무시 당하고 싶어 하지 않고, 누구도 결정하는 것을 원하지 않거나 결정을 내릴 권한을 부여받지 않는다. 부엌 싱크대 접근법의 문제점은 노력이 낭비되고 정착된 문제를 향한 의욕을 잃을 수도 있다는 점이다.

- **공격자처럼 생각하라** '공격자처럼 생각하라'와 같은 조언은 일반적이다. 그리고 생각 없이 그것을 반복하기 쉽다. 문제는 공격자처럼 생각하라고 대부분의 사람들에게 이야기하는 것은 전문 요리사처럼 생각하라고 말하는 것과 같다. 요리를 즐기는 내 친구들조차 요리사가 메뉴에 어떤 음식을 넣을지, 혹은 한 시간 안에 100명의 사람들에게 음식을 제공하기 위한 주방 관리 방법은 모른다. 따라서 공격자처럼 생각하라고 사람들에게 조언할 것이라면 그들에게 공격자 목표나 기법의 목록 같은 지원을 제공해야 할 필요가 있다. 그러한 목록에 익숙해지게 하는 노력은 구축되고 있는 시스템과 가능한 공격들을 공유해야 하는 '뇌의 공간'을 흡수한다(Shostack, 2008b). '공격자처럼 생각하라'는 위협 모델링의 분위기로 사람들을 이끌기 위한 권고로 유용할 수 있을 것이다(Kelsey, 2008).

- **당신은 위협 모델링을 해본 적이 없다.** 보안 전문가는 당신이 위협 모델링을 해본 적이 없다고 자주 이야기한다. 위협 모델링이 절대로 프로젝트 계획에 포함되지 않게 하기 위한 몇 가지 좋은 방법이 있다. 작업을 예약할 수 없는 경우, 그리고 배포 체크리스트에 적합한 산출물을 설명할 수 없는 경우 위협 모델링은 배포의 필수적인 측면이 되지 못할 수 있다.

- **이것은 위협 모델링을 위한 방법이다.** 위협 모델링에 해를 끼치는 또 하나는 그것을 하기 위한 하나의 올바른 방법이 있다는 믿음이다. 이것에 대한 결과물 중 하나로 위협 모델링에서 '스튜stew'라고 불리는 모델이 있다. 그것은 아마도 그냥 매력적인 것들을 아무거나 넣어서 해결할 것이다. 마찬가지로 현재 위협 모델링의 너무 많은 조언들은 명확하게 자리 잡고 있지 않거나 다른 조언과 관련돼 있다. 그래서 암묵적인 스튜 접근 방식이 자주 나타나게 된다. 인터넷의 임의의 조리법에 있는 재료를 선택한다면 맛있는 스튜를 만들 가능성이 거의 없다. 위협 모델링에 대한 임의의 접근 방식으로부터 재료를 선택한다고 한다면 괜찮은 무언가가 나오길 기대할 수 있을까? 위협 모델링에 대한 좋은 조언은 접근 방식, 방법론, 작업을 사용하게 의도된 상황을 포함한다. 또한 그것은 전제 조건과 기술에 대해 이야기한다. 산출물 목록으로 만들어졌지만 그 산출물이 어떻게 사용될 것인지 예상하는 것이 더 중요하다.

- **내가 위협 모델링 하는 방법은…** 이 책에서 비판 받아왔던 모든 접근 방식은 일반 지지자들뿐만 아니라 성공적으로 그 접근 방식을 적용했던 지지자들도 갖고 있다. 그들은 아마 그들의 접근 방식에 의문이 제기되고 있다는 것에 대해 분노할 것으로 보인다. 결국 그것은 그들을 위해 동작했다. 그러나 다른 사람을 위해 동작하지 말라는 보장은 없다. 이 책의 중요한 목적은 비용 효율적 방법으로 개발 또는 운영 방법론에 효과적으로 통합될 수 있는 위협 모델링에 구조화된 접근법을 제공하는 것이다. 위협 모델링에 유용한 접근 방식은 처음 구상한 사람을 넘어서서 확장될 것이다.

- **보안은 자산을 보호하는 것이 돼야 한다.** 이것은 명백히 자명한 이치이므로 의문을 제기할 수 없다. 자산을 보호하는 데 투자를 하고 있지 않다면 왜 투자를 하고 있는가? 자산의 가치는 무엇일까? 자산의 가치보다 더 많은 투자를 하고 있다면 이유는 무엇인가? 이 모든 것은 훌륭한 질문이며, 질문할 가치가 있다. 하나의 중요성을 갖고 논의하기는 어렵다. 보호할 자산이 없는 경우 위협 모델링에 투자하지 않는다. 동시에 이러한 질문들은 대답하기가 항상 쉽지 않다. 자산에 맞추는 모델링은 '포장된' 소프트웨어보다(소프트웨어 중심의 접근 방식이 운영 시스템에서 잘 동작하는 경향이 있음에도 불구하고) 운영 시스템과 함께하는 것이 더 용이하다. 그러나 질문의 중요성은 요청해야 할 때 또는 프로젝트와 가까이 있어야 할 때조차도 항상 제 위치에 있지 않다는 것이다. "당신의 인생에 의미를 부여하는 것은 무엇인가?"는 중요한 질문이지만, 모든 소프트웨어 프로젝트가 그 질문을 갖고 시작한다면 그들 중 많은 프로젝트는 잘 되지 못할 것이다.

실험 방법

위협 모델링이 잘못된 방향으로 갈 수 있는 모든 방법에 대해 살펴본 후에는 매우 어려운 것을 결정하는 것에 솔깃할 수 있다. 그것은 사실이다. 전문 위협 모델러가 아닌 사람들에게 도움을 주는 접근 방식을 만드는 것은 매우 어렵고, 전문가에게 도움을 주는 접근 방식을 만드는 것도 매우 어렵다. 그러나 불가능한 것은 아니다. 더 나은 것으로 만들고 싶어 하는 것에 대한 이해를 갖고 있는 경우, 그리고 실패했던 것에 대한 이해를 갖고 있는 경우 많은 사람은 새로운 방법으로 그들의 조직을 위해 동작하는 더 나은 것을 만들 것이다. 이를 위해 문제를 정의하고, 측정 가능한 문제의 측면을 찾고, 그것들을 측정해 변화를 도입하고, 재측정해 결과를 연구해야 할 것이다.

문제 정의

첫 번째 단계는 개선하기 위해 노력하고 있는 것이 무엇인지를 아는 것이다. 이 책에 나온 많은 시스템은 무엇에 대한 것이고, 요구를 만족시키지 못한 다른 것은 무엇인가? 그것들은 왜 동작하지 않는가? 목표를 정의하라. 예상한 것과 다른 문제를 해결해 끝낼 수 있으며, 확인할 수 있다. 하지만 어디로 가야 할지 모른다면 목표에 도달했는지 알기 어려울 것이다.

위협 모델링에 맞춘 적절한 실험을 개발하는 것은 도전이다. 아마도 더 다루기 쉬운 것은 개발자 인터뷰나 작업 후 조사일 것이다. 개선하려고 하는 것이 무엇인지 아는 것은 올바른 질문을 결정하는 데 도움을 준다. 위협 모델링을 진행하기 위해 노력하고 있는가? 그 경우 아마도 참여자에게 그것이 가치 있는 일이라고 생각하는지, 그리고 얼마나 많은 버그가 정리될 것인지에 대해 질문해야 할 것이다. 더 많은 위협을 찾기 위해 두 시스템을 비교하고 있는가? 프로세스를 좀 더 빠르게 실행시키기 위해 노력하고 있는가? 이를 위해 얼마나 많은 시간이 소비됐는지, 얼마나 많은 버그가 정리됐는지 확인하라. 달성하려고 하는 것이 무엇인지 아는 것은 지금 얻고 있는 것을 측정하는 데 중요한 부분이다.

측정할 측면 찾기와 측정

변화를 만들고 그것이 알맞은 결과를 가져오길 기대하는 것은 쉽다. 실험은 더 어려울 수 있지만, 경험했던 것을 이해하는 최고의 방법은 실험을 구성하는 것이다. 이러한 실험들은 STRIDE에 맞춘 더 나은 교육을 만드는 것처럼 더 좁게 구성되거나 4단계 모델로 대체하는 것처럼 더 넓게 구성될 수 있다. 실험의 핵심은 검증 가능한 가설이어야 한다. "X를 할 경우 Y를 갖고 한 것보다 더 좋은 결과를 얻을 것이다."와 같은 가설을 예로 들 수 있다.

좋은 실험을 설계하는 것은 그들 사이의 변화가 가능한 한 거의 작고 서로 밀접하게 관련된 여러 가지 테스트를 설정하는 것을 포함한다. 따라서 테스트에 사용된 시스템을 동일하게 유지하고 싶을 것이다. 같은 사람을 사용하고 싶겠지만 그들이 같은 시스템을 두 번 위협 모델링하는 경우 한 테스트에서 나온 데이터가 다른 테스트를 망칠 수 있을 것이다. 사람들에게 여러 가지 교육 과정을 받게 하는 것은 한 가지만 받게 하는 것과는 다른 결과가 나타날 것이다(사실, 그렇게 되길 바랄 것이다). 따라서 결국 다른 사람들을 데려올 것이다. 하지만 그들이 유사한 기술과 배경을 갖고 있는지 어떻게 확인할 것인가? 테스트하고 있는 것이 교육이 아닌 접근법인지 어떻게 확인할 것인가? 아마도 어떤 교육은 더 좋아 보이는 강사를 보유하고 있을 것이다. 아니면 접근 방식을 일대일로 다룰 때 더 열정적으로 보여야 한다. 또한 15장의 사용자 테스트를 실행하는 것에 대한 조언을 검토해야 한다.

결과 연구

더 나은 무언가를 수행했다면 그것은 얼마나 더 좋아졌는가? 그 이점은 무엇인가? 그것은 연구가 완료됐다고 생각하게 하는가? 아니면 실험해야 할 문제를 해결하기 위한 기회가 더 있는가? 관련 인구를 통해 그것을 출시하기 위한 비용은 얼마나 들 것인가? 새로운 방법은 이전과 공존할 수 있는가? 혹은 혼동되는가? 이러한 요인들은 조직의 크기 및 분포와 함께 새로운 출시의 속도와 주기에 영향을 미친다.

새롭고 유용한 무언가를 만들었을 때는 이름을 지어줘야 한다. 새로운 프로그래밍 언어를 '프로그래밍 언어'라고 부르지 않는 것처럼 새로 만든 것을 '위협 모델링'이라고 이름 지어선 안 된다. 고유한 이름을 지어주자.

요약

위협 모델링에 대한 유망한 접근 방식이 많다. 그리고 실험과 같은 많은 방법은 우리의 접근 방식을 향상시켜 줄 것이다. 무엇을 해냈고 무엇을 실패했는지 아는 것은 그러한 실험들에 유용한 입력 정보가 된다.

첫 번째 유망한 접근 방식은 시스템 간의 경계를 찾는 것이다. 그리고 18장에서는 그렇게 하기 위한 구조적인 접근 방식을 제공했다. 또한 FlipIT 게임과 두 가지의 킬 체인 모델과 같은 운영상 위협 모델링에 대한 몇 가지 다른 유망한 접근 방식을 살펴봤다. 또한 현실 세계에서의 나쁜 결과를 이해할 수 있게 설계된 넓은 거리 분류 체계가 있었다. 마지막으로, 적대적 기계학습을 연구하는 신생 연구 분야가 있었다. 적대적 기계학습은 기계학습 시스템이 위협을 완화하도록 도움을 줄 수 있을 때를 이해하는 데 중요한 부분이 될 것이다.

18장에서는 또한 위험 산출물(가정 사항의 열거와 위협 모델 보고서)과 위험한 접근 방식들을 비롯한 위협 모델링 접근 방식에 대한 위험 목록을 조사했다. 위험한 접근 방식들은 화물 숭배를 포함하고 부엌 싱크대를 제외한 모든 것을 덧붙여 포함한다. 또한 그것들은 "공격자처럼 생각하라"고 사람들에게 권고하는 것, "당신은 위협 모델링을 해본 적이 없다"고 그들(또는 자신에게) 이야기하는 것, "위협 모델링을 위한 방법은…" 또는 "내가 위협 모델링한 방법은…"이라고 말하는 것, 그리고 항상 인기 있는 방해물인 "보안은 자산에 대한 것이어야 한다."를 포함한다.

이 모든 것을 아는 것은 혁신과 실험을 설정하게 한다. 분명히 명확하게 설명할 수 있는 문제와 실험의 결과를 측정할 수 있는 문제에 대해서는 (가능한 도전적으로) 그렇게 해야 한다.

19

성공을 위한 설계

위협 모델링에 대한 완벽하거나 진정한 방법은 없다. 하지만 그것을 만든 사람을 제외하고는 누구도 작업한 적이 없는, 형편없는 문서화된 접근 방식이 없다고 말하는 것은 아니다. 그렇다고 접근 방식들을 비교해 어떤 것이 더 좋고 나쁘다고 결정할 수 없다고 말하는 것도 아니다. 한 가지 쉽게 관찰 가능한 지표는 제작자가 필요한 전문 지식, 입력, 출력 정도와 같은 조직적 요인들을 상세히 설명하고 있는지 여부를 알려주는 것이다. 또 다른 지표는 그 시스템이 자신의 작업에 그것을 활용하는 지지자(제작자 외에)가 있는지 여부를 알려주는 것이다.

19장에서는 위협 모델링 종사자의 접근 방식, 구성, 범위, 관련 문제들로 새로운 프로세스를 성공적으로 설계하거나 출시하게 할 수 있는 방법을 모색해보면서 이 책을 마무리할 것이다. 즉, 위협 모델링이 어떻게 잘못될 수 있는지에 집중하는 것에서부터 어떻게 효과적으로 동작하게 만들지에 대한 것으로 이동해 나갈 것이다.

18장은 흐름에 대한 토론과 참여자들의 지식 중요성으로 시작해 경계 대상과 어떻게 '최선이 선의의 적이 되는지'를 다룬다. 또한 '위협 모델링'이 어떻게 진화하고 있는지에 대한 토론과 위협 모델링의 예술성을 다룬다.

흐름 이해

흐름은 활동에서의 완전 몰입과 참여의 상태다. 이것은 당면한 과제에 흔들리지 않고 집중하는 상태를 반영하고, 여러 분야의 전문가들에 의한 효과적인 성능과 관련된다. 미할리 칙센트미하이^{Mihaly Csíkszentmihályi}의 책인 『흐름 찾기(Finding Flow)』에서 그는 '집중력을 높여주는 감정, 완전한 참여, 성공을 특징으로 하는 사람이 지금 하고 있는 것에 완벽하게 집중하는 방법'을 설명한다(Basic Books, 1997). 많은 구조화된 위협 모델링 접근 방식은 초보자와 전문가 모두의 흐름을 활발하게 억제하며, 위협 모델링이 알려지게 하는 방법은 많지 않다. 흐름의 문서화된 공통 요소는 다음과 같다.

1. 활동은 내적 보상이다.
2. 사람들은 활동에 심취하게 된다.*
3. 자의식에 대한 감정 손실*
4. 시간의 왜곡된 의미
5. 상황이나 활동을 통한 개인 통제의 의미*
6. 명확한 목표*
7. 집중하기와 초점 맞추기
8. 직접적이고 즉각적인 피드백*
9. 능력 수준과 도전 사이의 균형*

별표(*)가 있는 항목은 이 속성을 달성하기 위한 위협 모델링 시스템의 정기적인 실패, 또는 조직적인 실패를 개인적으로 목격해왔던 것들이다.

흐름은 위협 모델링에 대한 접근 방식, 방법론, 작업의 가장 중요한 테스트다. 접근 방식의 흐름을 찾을 수 있는 사람을 아는 것이 성공을 위한 설계의 핵심이다. 대상이 흐름을 찾을 수 없는 경우 위협을 찾을 수 있는 능력은 크게 저해될 것이다. 흐름이 없다면 위협 모델링은 잡다한 일에 불과하며, 엔지니어링 프로세스의 일부가 될 가능성이 더 줄어든다.

흐름이 언제나 보안 프로세스, 특히 위협 모델링 이상의 것들을 평가하기 위한 기준이라고 주장하는 것은 아니다. 하지만 어떤 한 분류의 문제를 해결하기 위한 모델을 제공한다. 예를 들어 많은 위협 모델링 접근 방식은 명확하게 언급된 적이 없고 달성할 수 있는 목표를 갖고 있지 않다. 목표는 '가능한 모든 보안 문제를 찾는 것'이라 하자. 이것은 특히나 광범위한 목표이고, 한 사람의 성과는 확장된 인수의 대상이 된다. 마찬가지로 많은 프로세스는 다이어그램이 필요하지만 '충분한' 다이어그램을 구성하는 것에 대한 기준을 제공하지 않는다. 이런 종류의 문제들은 사람들의 모델로 흐름을 사용해 예측하거나 해결할 수 있다.

흐름의 한 요소는 능력 수준과 도전의 균형이다. 때때로 그것은 흐름 채널로 표현된다(그림 19-1 참조). 그것은 어떤 한 사람이 상태 A1의 익숙하지 않은 작업을 시작한다는 아이디어를 갖고 있다. 거기에서 도전이 자신의 능력에 비해 너무 상대적으로 낮은 경우 그들은 권태(A2)로 이동한다. 도전이 자신의 능력에 대해 너무 높은 경우 불안(A3)으로 이동한다. 도전과 기술이 균형을 이룰 때 그들은 새로운 기술을 배울 수 있고, 더 큰 도전들을 떠안을 수 있으며, 흐름(A4)을 경험할 수 있게 된다.

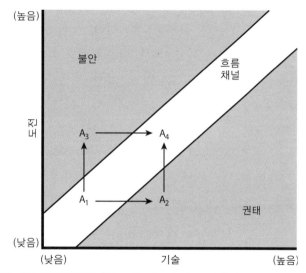

출처: 미할 칙센트미하이의 『Flow: The Psychology of Optimal Experience)』

그림 19-1 흐름 채널

현재 시스템을 개발하고 있고 참여자들이 지루해 하거나 불안해 하는 것을 발견한 경우 흐름 상태를 달성하게 도울 수 있는 더 좋은 방법들을 찾아야 한다.

흐름과 위협 모델링

너무 많은 사람에게 위협 모델링을 시도하는 것은 그들을 걱정시키거나 두려워하게 한다. 균형은 도전으로 왜곡되고 사람들은 자신의 능력을 개발하는 방법을 알지 못한다. 그들은 세부 사항과 요구 사항에 압도 당한다. 위협 모델링을 지지하는 자들은 여러 세부 사항과 가능성들로 사람들을 압도해 의도적으로 그들을 초조하게 만든다. 누군가에게 비교 또는 의사결정을 위한 토대가 없을 때 "이런 식이나 저런 식으로 그것을 할 수 있을 것이다."라는 이야기나 의사결정 피로감으로 인해 쉽게 압도 당하게 된다(80가지 종류의 치약 중 하나를 선택하는 것이 매우 어려운 이유는 대부분 사람들이 그 치약이 다른 치약보다 더 나은 것이 무엇인지 모르고, 또 그 차이가 그렇게 많이 중요하지 않기 때문이다).

위협 모델링을 흐름 찾기와 동조시키는 세 가지 주요 측면은 다음과 같다.

- **명확한 목표** 많은 위협 모델링 프로세스는 보고서에 초점을 맞추고 있거나 명확한 내부 절차를 갖고 있지 않다. 가능한 범위 내에서 이 책의 각 시스템은 명확한 목표, 종료 기준, 자체 검사를 갖고 있다.
- **직접적이고 즉각적인 피드백** 피드백이 중요한 다양한 레벨들이 있다. 이것은 좋은 위협인가? '충분히' 이 시스템을 조사했는가? 마이크로소프트의 SDL TM 도구는 다이어그램에 즉각적인 피드백을 제공하고, 시간에 따른 위협 모델의 다른 요소에 더 나은 피드백을 제공해주는 다른 도구들을 기대할 수 있다(혹은 그렇지 않은 경우 만든 이에게 그것을 고려하게 해준다). 이 도구는 11장에서 더 자세히 설명했다.
- **능력과 도전 사이의 균형** 이 책의 시스템 중 일부는 전문가를 위한 것이다. 다른 시스템들(특히, 권한 상승)은 초보자를 위한 것이다. 갖고 있는 기술에 적절한 시스템을 선택하는 것은 새로운 기술을 개발하는 데 도움이 될 것이다. 너무 어려운 것에 뛰어드는 것은 좌절감을 주고 너무 쉽게 포기하게 될 것이다.

관심 있는 어떤 작업에서 누군가를 위한 이상적인 상태는 흐름 채널에서 능력과 도전이 균형을 이루고 있는 것이다. 권한 상승의 구조는 유용하다. 사람들에게 위협적이지 않은 방법으로 그러한 균형을 갖게 해주기 때문이다. 하지만 도전은 계속 거기서 멈추지 않는다. 당신이 위협 모델링 전문가라면 위협 모델링 세션에서 개인적인 도전을 찾음으로써 흐름을 발견할 수 있다. 가장 우아한 위협은? 가장 영향력 있는 위협은? 요구 사항이나 비요구 사항을 수정화시킬 위협인가? 설계의 기술적 부담에 미치는 영향을 강조할 위협인가? 아마도 그것은 가장 최고의 위협은 아니지만 최고의 위협이나 특정 STRIDE 유형이 나타날 수 있는 최고의 방법일 것이다. 그것은 효과적인 코칭을 필요로 하는 초보자일 수도 있지 않을까?

개선할 무언가를 찾는 이 아이디어는 의도적 연습^{deliberate practice}을 하는 몸과 관련된 것이다. 의도적 연습은 정의한 주목된 영역에 할당된 연습을 의미하는 예술 용어다 (Ericson, 1993). 어떤 음악 교사가 두 명의 새로운 학생들에게 서로 매우 다른 연주 악보를 할당해 한 명은 리듬에 집중하고 다른 한 명은 자신의 손재주에 집중하게 할 수 있을 것이다. 각 악보는 교사가 볼 수 있는 약점을 통해 선택될 것이다(한 인기 작가는 이것을 "만 시간의 작업이 당신을 전문가로 만들 것이다."라고 왜곡했다). 이것은 전문 기술이 의도적 연습을 통해 더 빠르게 발전한다는 좋은 증거가 될 것이다. 그리고 사람들이 공통적인 실패를 통해 작업할 수 있도록 예제 시스템을 개발하기 시작할 때 위협 모델링은 향상될 것이다.

SDL TM 도구에서, 사람들은 위협 모델링의 시작 부분에서 소프트웨어를 모델링한다. 그들은 인지 부하를 최소화하기 위해 화이트보드에 다이어그램 같은 것을 모델링한다(19장 뒷부분의 '인지 부하를 주의하라' 절을 참조하라). 그것은 긍정적인 피드백 경험("당신은 성공적으로 다이어그램을 만들었다!")을 얻기 위해 초기에 발생한다. "시스템의 모든 자산 목록을 작성하라."와 같은 것으로 시작하는 다른 접근 방식들과 이것을 대조해보자. 자산 목록을 만드는 것은 대부분의 개발자가 하는 일은 아니다. 그래서 다이어그램으로 위협 모델링을 시작하는 것은 흐름의 경험으로 이어질 가능성이 높아 보이고, 그 경험을 억제할 가능성은 낮아 보일 수 있다.

자신이 만든 SDL 위협 모델링 도구의 가장 신랄한 비판은 그것이 지루한 것이 될 수 있다는 점이다. 도구에서 사용한 STRIDE 요소 접근 방식은 위협 모델에서 반복, 돌발적으로 일어날 경향이 있는 유사한 문제들 사이에서 문제가 많다고 볼 수 있다. 따라서 사람들이 그 도구를 사용할 때 반복적으로 같은 위협을 입력하거나 복사, 붙여넣기 또는 참조를 입력하는 자신을 발견하게 된다. 그것은 사람들의 소중한 시간을 제대로 사용하지 못한다. 나는 이러한 작업들을 수행하지 못하는 사람들에게 작업의 핵심 요소들을 실행하고, 심지어 지루하게 만드는 지점에 도달하게 해주는 도구를 만든 것에 대해 약간의 작은 자부심은 갖고 있다.

하지만 내 자부심이 중요한 게 아니다. 중요한 것은 위협 모델링을 더 잘 할 수 있게 해주는, 사람들에게 더 적절하게 도전 의식을 북돋아 줄 수 있는 도구다. 누군가 이전에 비디오 게임은 사용자 인터페이스로 된 프로그램이고 그것은 매우 흥미로워서 재미를 위해 계속 그것을 사용하게 된다고 말했다. 흥미로운 비디오 게임은 숙달하기 위한 도구와 탐험하기 위한 더 까다로운 환경, 그리고 싸워야 하는 더 큰 괴물들을 제공해 제시되는 도전 과제들을 계속 늘려나간다. 위협 모델링 도구는 동일한 기능을 수행할 수 있다.

사람들을 방해하는 것

흐름의 반대 중 하나는 사람들이 그들 앞에 있는 어떤 것으로부터 방해를 느낄 때다. 가끔 그것은 가까이 있는 문제가 어렵기 때문에 발생한다. 대부분은 그 사람이 어디서 시작해야 할지 모르고 문제가 너무 크거나 그들이 성공처럼 보이는 것이 무엇인지 모르기 때문에 발생한다. 성공처럼 보이는 것이 무엇인지 아무도 모를 때 극복할 수 있는 방법은 문제를 더 작은 덩어리로 쪼개는 방법이나 시작할 수 있는 다른 방법을 찾는 것이다("걷기 전에 기어갈 필요가 있다."는 비유는 이러한 상황에서 자주 나타난다).

이것의 변형된 의미로 위협 모델링은 흥미로운 것을 찾지 못한다는 주장이 있다 (Osterman, 2007). 때때로 위협 모델링은 흥미로운 위협을 거의 찾지 못하고 많은 가능성만 보여줄 수 있다. 이것은 좋은 일이 아니다. 하지만 위협 모델링을 수행하고 있으나 여전히 어떤 것도 찾지 못하는 숙련된 실무자라도 있다면 당신은 더 안심할 수 있다. 당신은 설계자들이 아마도 명시적으로나 묵시적으로 위협 모델링을 잘 해냈다는 확신을 갖게 된다.

인지 부하를 주의하라

인지 부하는 어느 한 시점에서 작업 메모리를 유지하기 위해 누군가에게 요구하는 정보의 양이다. 그 양이 너무 많을 때 사람들은 치트 시트cheat sheet로 눈을 돌리게 되고, 훨씬 더 느리게 작업하거나 요청 이메일을 다시 작성하게 된다. 인지 부하는 흐름의 또 다른 억제요소가 될 수 있다.

화이트보드 다이어그램은 소프트웨어 업무에서 거의 모든 사람에게 익숙하다. 데이터 흐름도와 수영 레인 다이어그램은 거의 유사하다. 그들의 인지 부하는 작다. UML 및 기타 다이어그램은 더 복잡하고 서로 다르다. 그래서 많은 경우 부하가 더 커진다. 따라서 일반적으로 데이터 흐름도와 수영 레인 다이어그램을 선호하는 게 좋다. 위협 모델링의 특정 보안 작업들에 에너지를 소비할 수 있기 때문이다. 팀의 모든 사람이 UML에 매우 익숙하다면 그것이 더 좋은 선택일 수 있다. UML은 데이터 흐름도보다 표현력이 더 좋기 때문이다. 19장 뒷부분의 '경계 대상' 절을 참조하라.

형식 시스템은 인지 부하의 흥미로운 예를 제공해준다. 사람들이 처음이나 오랜만에 새로운 표기 시스템과 마주치게 될 때 그들은 ∩(합집합 또는 교집합 기호)과 같은 것들이 무엇을 뜻하는지 또는 φ('파이')가 어떻게 발음되는지 생각해야 한다. 그러한 하위 작업에 소모되는 에너지는 명목상의 목표에서 멀어지게 한다. 물론 정밀도와 같은 표기법을 사용하는 것에는 타당한 이유가 있다. 표기법 같은 것과 관련된 보편적인 '좋은 결정'은 존재하지 않는다. 다른 상황에서 다른 가치를 가진 다양한 참여자를 제공해주는 단순한 결정이 있을 뿐이다. 그러한 가치 중 하나는 예상된 참여자가 위협을 발견하고 해결할 수 있는 것이다. 우리는 여기에 집중해야 한다.

작성자 맹점을 피하라

위협 모델링 세션에서 사람들을 이해하는 또 다른 중요한 측면은 작성자 맹점creator blindness이라 불리는 것들이다. 이것은 자신만의 작업을 교정하거나 진행 중인 예술적 가치가 있는 작업을 판단하는 데 어려움을 주는 인지 요소들의 집합이다. 만들고 있는 기술이 어떤 복잡도의 문제가 있을 때 명시되거나 명시되지 않은 모든 요구 사항을 충족시켜서 제대로 동작하게 만들려고 한다면 사용 가능한 모든 회의실을 차지할 정도로 문제를 크게 만들 것이다. 기술과 그것을 공격하는 방법에 대한 생각과 관련된 인지 부하는 거의 모든 이를 압도하기에 충분하다. 이것은 에릭 레이몬드Eric Raymond가 "충분한 눈들을 갖고 있다면 모든 버그는 금방 드러난다."라고 주장하는 이유의 일부다 (Raymond, 2001). 다른 사람들은 당신보다 더 빠르게 당신의 버그를 볼 수 있을 것이다. 보안 전문가들은 다른 사람보다 더 빠르게 보안 버그를 볼 수 있지만, 자신만의 창조물을 자신이 위협 모델링하려고 시도하는 것은 힘든 도전이다. 자신의 기술을 분석해야 하는 경우 새로운 시각에서 그것을 보도록 도와주기 위한 이 책의 2부에 있는 구조들을 사용하라.

자신의 시스템을 평가할 수 없는 문제는 위협 모델링 접근 방식의 설계에서도 나타난다. 새로운 위협 모델링 접근 방식을 설계하는 사람은 창조의 자부심을 갖고 감정적으로 작업에 임하는데, 그것은 자신의 작업을 평가하는 능력을 방해한다. 구조화된 실험의 사용은 18장의 마지막에서 설명했듯이 작성자 맹점의 이러한 변형에 도움이 될 수 있다.

자산과 공격자

이 책은 자산 중심의 모델링을 비판해왔고, 그것은 공격자 중심의 모델링에 있어 중요하다. 이 절에서는 흐름과 경계 대상과 같은 요소의 관점에서 다시 검토한다. 이것은 이미 끝난 일을 다시 거론하는 것이 아니다. 자산 중심의 접근 방식은 그들이 구축하고 있는 소프트웨어가 아닌 다른 무언가에 집중하는 개발자를 필요로 한다. 그것은 낯선 곳으로 그들을 끌어들인다. 전문 용어로 "다이어그램의 모든 것은 자산이다."라고 하는 것은 (컴퓨터와 같이) 흔한 것이 아닌 다른 단어(자산)를 사용해 또 다른 인지 부하로 이끈다.

또한 공격자 중심의 접근 방식은 흐름을 저해한다. 부록 C는 그 작업을 줄여주거나 대체할 수 있지만, 공격자들의 집합을 만들기 위한 초기 요구 사항은 하위 산출물에 에너지를 쏟는 것을 의미하게 된다. 흐름은 "공격자처럼 생각하라"고 하는 요구나 심지어 '그 공격자'에 의해 방해 받기도 한다. 18장에서 언급한 바와 같이 "공격자처럼 생각하라"고 요청하는 것은 ("전문 요리사처럼 생각하라"와 같이) 힘든 주문이 될 수 있다. 그리고 많은 사람이 방해를 받을 것이며, 그들은 어디서부터 시작해야 할지 모를 것이다.

참여자들에 대해 알기

위협 모델링을 하려는 사람들을 더 잘 이해할수록 그들을 위해 동작할 시스템을 더 잘 선택하거나 설계할 수 있고 시스템을 수행시키기 위한 방법을 더 잘 가르칠 수 있다. 초보자나 전문가를 위한 시스템을 설계하고 있는가? 위협 모델링에 처음인 사람들은 그 구조의 진가를 알아보는 반면에 전문가들은 그것이 못 견뎌내는 한계를 발견할 것이다. 특정 기술로 작업하는 사람들을 가르치고 있는가? 대상자가 마이크로소프트 윈도우 제품 그룹에 속한다면 유닉스 예제들이 반향을 일으키거나 중요한 세부 정보를 전달하는 데 실패하는 것을 발견할 것이다.

두 가지 주요 그룹은 위협 모델링의 깊은 전문 지식을 개발하고자 하는 사람들과 그렇지 않은 사람들로 참여자를 나눌 수 있다. 두 가지 모두 합리적이다. 많은 사람이 나보다 데이터베이스 설계에 훨씬 더 숙련돼 있지만, 난 내가 모르는 것이 무엇인지 충분히 알고 있고 내가 설계 회의에 앉아 있을 만큼 충분하다는 것을 알고 의자 낭비로 느끼지 않는다. 나는 위협 모델링에 전문가가 아닌 사람들을 지칭해 '비전문가'라고 불렀다. 그것이 내 세계관에 얼마나 깊게 위치해 그것이 얼마나 그들을 무시하는 소리인지 깨달을 때까지 말이다. (선택과 바람에 정중하게 영향을 주려 하는 것은 합리적이지만) 그들이 개발하길 원하는 기술과 관련된 바람을 존중하는 것이 중요하다. 나는 가끔 비전문가라는 용어를 쓰긴 하지만, '다른 일의 전문가'라는 용어를 쓰는 것을 더 선호한다.

위협 모델링 전문가가 되고 싶지 않은 사람들은 여전히 기본 친밀도를 개발하게 요청받을 수 있다. 17장에서 설명했던 것처럼 버전 관리와 매우 유사하게 숙련된 소프트웨어 엔지니어가 '브랜치에 코드 체크인하기'와 '브랜치 관리하기' 같은 개념에 약간의 친밀함을 갖도록 크게 예상할 수 있다. 마찬가지로 모든 숙련된 소프트웨어 엔지니어들이 위협 모델링에 조금이나마 친숙함을 갖고 그것이 가치 있는 이유를 알게 되는 세상을 기대할 수 있다. 그리고 위협 모델링을 하지 않는 곳은 일주일에 한 번 소스를 임의의 USB 드라이브로 복사해 서랍에 던져놓는 식의 버전 관리를 하는 곳만큼 무시를 받는 세상이 될 것이다.

위협 모델링 전문가는 그러한 세계에서 각자 다르게 관여해야 하고, 그것은 많은 사람에게 더 나은 세상을 만들어줄 것이다. 일반적인 관여는 훨씬 더 깊이 있는 질문을 받을 것이고, 위협 모델링 전문가에게 다른 부담을 주게 된다. 그러한 빈도가 줄어들게 되면 위협 전문가는 회의에 참석할 수 있고, 다이어그램을 간단히 본 뒤 유용한 내용을 말할 수 있을 것이다. '명백한' 위협이 발견될 것이고, 그것은 다른 일의 전문가들에 의해 더 자주 해결될 것이다.

다른 일의 전문가들이 항상 보안 전문가들에게 기대고 있지 않을 때 보안 전문가들은 다른 일의 전문가들로부터 가치를 얻을 것이다. 그들은 무언가를 만드는 대신 검토 작업을 할 수 있다. 그것은 더 까다롭고 도전적이며, 깊은 위협에 집중할 시간을 확보해준다. 동시에 당신이 사용하는 마술을 다른 일의 전문가들이 배우게 되는 것이 두려울 수 있다. 그것은 보안 전문가들의 자기 식별 방법과 그들 자신을 표현하는 방법을 위협한다. 일부 보안 전문가들은 변화를 두려워하고 그것이 진행되길 원하지 않는다. 자신의 조직에 변화를 일으키려는 사람들은 경영진과 미래의 고용주에 의해 자신들이 더욱더 가치 있다는 것을 알게 될 것이다.

참여자에 대한 이러한 의견들은 매우 일반적이다. 참여자들, 특히 기술 리더를 이해하는 것은 동작하는 프로세스를 만드는 것의 중요한 부분이 될 것이다. 참여자를 이해하지 않는 것은 확실한 실패 경로가 된다. 참여자들을 이해하고 환경의 두드러진 특성을 명시적으로 문서화하는 것은 조직 내에서와 그 외에서 위협 모델링을 통해 배우려고 시도할 때 모두 성공적인 위협 모델링 프로세스의 중요한 구성 요소가 된다.

경계 대상

경계 대상boundary object의 개념은 다양한 참여자를 위해 동작하는 위협 모델링 접근 방식을 설계할 때 나에게 매우 유용했다. 아마 다음 예를 통해 쉽게 이해할 수 있을 것이다. 어떤 전문가들이 박물관의 조류 전시회에서 일하고 있었다. 일부 전문가들은 학습 대상과 어떻게 전시회가 전체로 통합되는지에 집중했다. 다른 전문가들은 각 진열장에 집중했다. 조류 전문가는 가슴에 무늬가 있거나 다른 부리를 가진 새들을 비교하는데 집중하길 원했다. 진화 생물학자들은 적합한 환경에 사는 새들을 보여주면서 그들이 어떻게 그렇게 진화했는지 보여주고 싶어 했다. 전시회는 통합되지 않고 있었다. 각 그룹은 자신들의 전문 용어, 자신들의 관점, 전시돼 있는 새를 무엇이 흥미롭게 하는지, 또는 그렇지 않게 하는지에 대해 생각하는 자신들의 방법을 갖고 있었다. 한마디로 말해서 참여자들이 전부 함께 방에서 새에 대해 논의하고 두드러진 특징을 지적할 때외에는 도움이 되지 않았다. 조류는 그들의 논의에서 모두가 집중할 수 있는 것, 즉 경계 대상의 역할을 했다. 아이러니하고 불행하게도 이 분야에 대해 쉽게 소개돼 있는 것이 없다. 즉, 경계 대상이 부족하다.

다양한 참여자를 포함하는 위협 모델링 접근 방식을 공들여 만들 때 경계 대상이 도움이 될 수 있다. 마이크로소프트의 SDL TM 도구는 두 가지 설계별 경계 대상으로 다이어그램과 버그를 갖고 있다. 19장의 시작 부분에서는 프로세스의 시작 단계에서 다이어그램을 만드는 것이 어떻게 흐름 상태로 가기 위한 마찰을 줄이는지, 다이어그램 유형의 선택이 어떻게 인지 부하와 상호작용하는지를 배웠다. 다이어그램에 대한 또 다른 중요한 측면은 경계 대상의 역할을 한다는 것이다. 소프트웨어 개발자 및 보안 전문가 모두 다이어그램을 보면서 대화를 위한 초점으로 그것을 사용할 수 있다. 각자의 전문 용어, 관점, 생각하는 방법들은 누군가가 화이트보드로 가서 선을 가리키며 "바로 여기서 어떤 데이터가 foo에서 bar로 가는가?"와 같이 말할 때 모이게 된다. 그 데이터 흐름은 경계 대상이 된다.

SDL TM 도구에서 두 번째 경계 대상은 버그다. 버그는 개발자와 위협 모델링 전문가 모두가 문제를 논의할 때 들먹일 수 있는 대상의 역할을 한다. 이것은 SDL TM 도구가 클릭 한 번으로 버그를 정리하는 버튼을 포함하고, 버그가 정리되지 않았다면 위협을 아직 완료되지 않은 것으로 묘사하는 이유다. 프로세스의 시작과 끝에서 경계 대상을 사용하는 것이 각자 다른 기술을 가진 사람들 사이에서 오고 가는 어떤 시스템을 위해 좋은 설계 패턴이 된다. 다른 경계 대상이 더 있을지 모른다. 서로 다른 공동체와 작업하면서 그것을 찾는 것이 성공을 위한 설계의 훌륭한 방법이 될 것이다.

최선은 선의의 적

완벽한 보안에 대한 열망이 출하를 못하게 하거나 보안 없이 출하하게 초래하는 여러 가지 시나리오가 있다. 좋은 보안을 제공하는 것이 그랬듯이 최고의 보안에 대한 열망은 훌륭한 것이다. 선과 최선 사이의 정확한 균형을 찾는 것은 삶의 많은 영역에서 까다롭다. 잘못된 균형을 얻는 것은 갖가지 단점을 다 가질 수 있다.

주의해야 할 몇 가지 위험 모델링에 특정한 위험이 있다. 하나는 더 강력한 적에 대한 방어에 집중하는 노력은 다른 적들에 의한 공격을 방어하기 위한 노력을 분산시 킨다는 것이다. 예를 들어 메모리를 손상시켜서 취약점을 공격해 취약점을 악용하는 것을 어렵게 만드는 노력은 기술적으로 매우 어렵다. 더 일반적인 사회공학적 공격을 막는 작업은 흥미로운 기술적 도전에 집중하는 것을 방치하게 할지 모른다. 폴 시버슨Paul Syverson은 고지연과 저지연 혼합체의 프라이버시 보호 기술의 비교에서 몇 가지 간단한 공격은 더 높은 수준의 보안을 가진 고지연 혼합체에서 더 잘 동작하는 것을 보여줬다. 이러한 각각의 경우에서 상호 보완은 단순한 상호 보완이 아니다(Syverson, 2011).

또 다른 위험은 보안이 서로 다른 기능을 가진 다른 적들에 대해 다를 수 있다는 것이다. 항상 적들이 또 다른 적의 상위가 되는 경우는 없다. 예를 들어 두 공격자는 서로 다른 위험 저항력을 갖고 있을 수 있다. 기술적으로 약한 공격자, 말하자면 단순 히 악성코드를 실행하는 범죄자는 정보기관과 같은 기술적으로 더 강력한 공격자보다 위험을 더 기꺼이 받아들일 수 있다. 또한 위험이 방어자들의 마음에 고정되게 하는 위험이 있다. 즉, 그들은 지나치게 다른 사람들에게 배제된 위험에 집중하게 된다. 예를 들어 스마트 미터smart meters의 프라이버시 보호 위험은 방어하기 복잡하지만 쉽게 이해된다. 실행하기 더 쉽고 방어하기 더 쉬운 프라이버시 보호에 대한 위협들이 있지만, 더 감지하기 힘든 감시 위협이 더 많은 관심을 얻는다(Danezis, 2011). 이것의 실제 사례는 프레데터 드론 시스템Predator drone system에서 찾을 수 있다. 이것은 다음과 같은 <와이어드Wired> 기사에 잘 요약돼 있다.

불과 27피트 길이의 원형 프레데터는 85마력 엔진을 가진 대형 모형 비행기보다 조금 더 작았다. 그것은 연료, 카메라, 라디오 등 0.5톤에 해당하는 무게를 실을 수 있었다. 암호화 시스템은 무게가 꽤 나간다(예를 들어 육군의 미래 보편적인 라디오가 전투용으로는 너무 부피가 커지게 되는 주요 원인으로 큰 암호 상자들을 들 수 있다). 초기 프레데터 모델에서 공군은 암호화 시스템을 제외하기로 의도적인 결정을 내렸다. 공군은 위험을 잘 알고 있었다. 공군은 1996년에 다음과 같이 보고했다. "작전 구역과 적군의 전자 전투 시스템이 제공됨에 따라 무인 항공기에 대한 위협은 검출 목적의 신호 가로채기 가능성 같은 무시될 만한 것에서부터 운영되고 있는 암호화되지 않은 무인 항공기에 대한 능동적 전파방해까지의 범위를 가질 수 있다." "기본적인 프레데터 시스템의 연결 특성은 다운 링크 데이터의 손상 또는 악의적인 데이터 삽입에 취약해질 수 있다."

"대부분의 미국 드론들이 비밀 영상들을
공개적으로 내보내고 있다."(Shachtman, 2012)

위협은 STRIDE나 기타 위협 모델링을 통해 쉽게 발견된다. 그 위협은 신호 가로채기(위치 정보 노출), 능동적 전파방해(DoS), 손상된 다운링크(변조, 정보 노출), 악의적인 데이터 삽입(EoP)을 포함한다. 네트워크 위협을 완화하는 표준 방법은 암호화의 사용이다. 따라서 군용 항공기는 일반적으로 확산 스펙트럼이나 좁은 빔 통신을 사용하기 때문에 위치 추적의 예외를 통해 대응책을 또한 잘 이해할 수 있을 것이다.

그러나 기사에서는 대응책에 대한 설명이 약간 부정확하다. "NSA가 승인한 암호화 시스템은 무게가 꽤 나간다."와 같이 언급하는 것이 더 명확하다. NSA는 전자기 방출과 암호화 시스템 혹은 키 노출의 위협을 해결하기 위해 다양한 차폐와 자폭 장치를 원한다. 그러한 위협들은 NSA의 책에 나오는 대응하기 위한 합리적인 위협이다. 하지만 '일괄 거래' 같은 그러한 위협들을 요청한 결과로, 버전 1 시스템은 암호화를 사용하지 않았다. 애플리케이션 호환성 문제는 그 이후로 암호화를 유지해오고 있다. 이것은 최선이 선의의 적이 될 수 있는 좋은 예가 된다. 첫 번째 배포에서 추가 보호 계층 없이 공개 암호화 시스템을 배포하고 나중에 보호 기능들을 추가할 수 있었을 것이다(여기에는 키 관리에 대한 문제가 있다. 이것은 공개 키 암호화로 풀 수 있을 것이다. 또한 최선이 선에 대한 적이 된다면 결국 평문으로 채널들을 통제하게 될 것이다).

관점 마무리

이 책이 끝나기까지 앞으로 두 가지의 주제가 남아있다. 첫 번째는 "위협 모델은 달라졌다"는 주장과 "그러한 주장으로 무엇을 할 수 있는가"이다. 두 번째는 위협 모델링의 예술성 문제다. 아마도 내가 위협 모델링을 즐기고 예술성의 여지를 보는 것은 놀라운 일이 아닐 것이다.

위협 모델은 달라졌다

지난 몇 개월 동안 "위협 모델은 달라졌다"고 들을 때마다 1달러를 받았다면 나는 이 책의 독자들에게 어디에 그것을 보관하고 있는지 말하지 않을 것이다. 이 주장을 깨는 것과 그것이 무엇을 의미하는지 이해하는 것은 충분한 가치가 있다.

그러면 먼저 '위협 모델'은 무엇인가? 이 표현은 모두가 걱정해야 할 필요가 있는 몇 가지 위협의 집합들을 의미한다. 그리고 지난 50년 동안, 그것은 적어도 두 번은 변혁을 일으켰다. 처음 변혁은 개인용 컴퓨터의 등장이었다. 누구든지 그들의 통제하에 작업의 토대로 사용할 수 있는 컴퓨터를 가질 수 있었다. 두 번째는 상호 접속이 가능한 네트워크의 등장이었다. 가장 중요한 것은 인터넷이었지만, 일반적인 네트워크의 등장은 원격 공격자가 추적을 가능하게 했다. 인터넷의 확장과 세계의 가장 가난한 이들에게 저렴하게 공급되는 컴퓨터들은 변혁의 세 번째를 나타내는 좋은 경우다. 그것은 공격에 대한 우리의 가정을 산산조각 나게 했다.

그 밖에도 더 작긴 하지만 아직도 중요한 변화가 최근 일어나고 있다. 이것은 범죄 시장의 등장, 전쟁터 같은 인터넷의 표준화, 온라인 행동주의의 등장을 포함한다. 익스플로잇 개발, 피싱, 은행 계좌를 빼내는 기술 등을 가진 전문가들이 그들의 기술을 사고팔 수 있는 온라인 마켓 플레이스의 등장이 있었다. 공격자 자본이 얼마나 많이 변화하는지가 아직도 실현되고 있는 위협 모델을 변화시킬 것임에도 불구하고, 공격자들의 능률과 협동 능력의 상승은 분명 중요하다. 또 다른 중요한 변화는 '사이버'의 의미로 정치의 연속성에 투자할 정부의 명백한 의지다. 몇몇은 이것을 전쟁이라고 이름을 붙였고, 다른 이들은 스파이 행위라고 했다. 그것은 아마도 뭔가 새로운 것일 거라는 생각이 든다. 조직이 고용된 공격자들의 일관되고 집요한 공격 아래서 그들 자신을 찾을 수 있는 방법은 위협 모델의 변경이다. 세 번째 변화는 온라인 행동주의자들의 등장이다. '핵티비즘'이라는 용어는 1996년에 만들어졌음에도 불구하고, 공격 도구를 차지하고 그것을 사용하려는 전 세계 사람들의 열망은 새롭고 서로 다른 것 같다.

또 다른 의미로 "위협 모델은 달라졌다"는 문구가 사용될 수 있다. 그것은 요구 사항에 영향을 미칠 정도로 중요한 위협이 달라진 것을 의미한다. 이것은 인터넷 감시에 대한 에드워드 스노든 Edward Snowden의 폭로를 통해 얼마나 많은 사람이 위협을 사용하고 있는지를 의미한다. 우리는 인터넷은 심하게 모니터링되거나 그러한 모니터링에 매우 민감할 수 있고, 그걸 아는 것은 행동을 유발하기에 힘들었다는 것을 (일반적인 이야기로) 오랫동안 알고 있었다. 위협 모델은 달라졌다고 주장하는 많은 사람은 실제로는 유효한 요구 사항이 달라졌다고 주장하고 있다.

우리가 알았던 폭로는 모든 것이 아니다. 예를 들어 취약한 암호화 시스템들을 미국 규격에 표준화시키기 위한 미국 기관들의 노력은 새로운 위협으로 나타난다(이것은 예를 위해 단순화했다). 그럼에도 불구하고 폭로의 많은 부분은 새로운 위협을 공개하기보다는 위협 모델의 요구 사항을 변경하고 있다.

마지막으로, 두 가지 관점 사이에 갈등이 있다. 첫 번째는 "이 모든 것은 이전에 일어났던 것이고, 이것은 다시 일어날 것이다"라는 관점이다. 여러 가지 면에서 공격은 천천히 변화하고 새로운 위협은 이전의 위협에 비해 약간의 변화만 있는 경우가 많다. 다른 하나는 '공격은 항상 더 나아질 것'이라는 관점이다. 두 가지 모두 맞는 이야기다. 아마도 가장 중요한 것은 누군가가 위협 모델은 달라졌다고 말할 때 그것을 변화시킨 방법을 이해하고 더 나은 보안을 위해 필요한, 또는 그것을 가능하게 하는 것이 무엇인지 이해하는 것이다.

예술성에 관해

당신이 재즈가 무엇이냐고 물어야 한다면 당신은 절대 모를 것이다.

루이 암스트롱(Louis Armstrong)

많은 보안 전문가들은 블루스나 재즈 뮤지션이 연주를 배우는 방법, 즉 장인의 제자가 되는 방식으로 위협 모델링을 배웠다. 이것은 많은 장점과 하나의 커다란 단점이 있다. 먼저 단점으로는, 헤로인 중독이 배워야 하는 것의 일부인지 결정하기 어렵다는 것이다. 더 중요한 것은, 장인들은 그것이 최고의 방법이기 때문에, 또는 그들이 배운 방법이기 때문에 그들이 하는 방식대로 그것을 하고 있는지 알기 어렵다는 것이다.

초기의 한 평론가는 이 책은 위협 모델링을 기계적 활동으로 변화시키고 예술을 제외하고 있다고 비평했다. 이 책의 초기 부분에서 그것은 적절하고 의도적이고 필연적이다. 정말 뛰어난 위협 모델링은 모두가 달성할 수 있는 것이 아니다. 누구나 카메라를 선택하고 사진을 찍을 수 있다. 풍경에서 나오는 빛을 포착한 .jpg 파일을 생성하는 것은 쉬운 일이다. 기술의 이해와 신중한 연습, 그리고 비평을 통해 누군가는 정기적으로 괜찮은 사진을 만들 수 있다. 그 모든 것과 재능을 통해 그들은 멋진 사진을 만들 수 있다. 이 책은 기술들을 기술 종사자에게 소개하고 가이드와 구조를 제공한다. 하지만 세상의 모든 책은 연습하고 배워야 하는 필요성을 배제시키지 않는다. 위협 모델링 돼야 하는 시스템들은 풍부하다. 스승이나 동반자가 될 수 있는 학생을 찾아서 받아들여라. 역량에는 '도구'의 숙달이 필요하다. 그것은 도구를 사용해야만 생겨날 수 있다. 또한 비평과 더 잘 할 수 있는 방법에 대한 질문이 필요하다. 그리고 당신의 작업에서 부족한 곳이 어딘지 말해줄 사람이 필요하다. 괜찮은 도구와 피드백을 통해 누군가는 만족할 만한 수준이 될 수 있을 것이다.

그보다 높은 목표를 원하는 것은 매우 합리적일 수 있다. 그리고 위협 모델링에 관한

이 책의 마지막 장을 읽는 많은 사람은 더 높은 목표를 잡을 가능성이 높다. 그들에게 나는 기계적인 측면은 필요하지만 그것으로 충분하지 않다는 점을 말하고 싶다.

예술을 만드는 것은 연습과 경험을 필요로 한다. 아마 당신은 위협 모델링의 살바도르 달리가 될지도 모른다. 그것은 매우 멋진 일이다. 지금까지 실제로 달리의 그림을 연구했던 누구나 알고 있는 바와 같이 달리는 자신의 재능을 뒷받침하는 놀라운 기술을 갖고 있었다. 그는 단지 "이봐, 이건 재미있는 그림이 될 거야"라고 말하지 않았다. 그는 시계를 캔버스 위에 녹였다. 누군가는 방에 변기를 넣고 그것을 예술이라고 부를 수 있다. 위협 모델링을 잘하게 해주는 것에 대한 깊은 이해를 발전시키는 것과, 어떤 조직이 좋은 위협 모델링을 제공하는 데 도움이 되는 것은 중대한 부분이며, 예술성을 위해 필요한 기반을 제공하는 기술이다.

또 다른 흥미로운 질문은 조직이 프로세스나 예술성을 목표로 해야 하는가이다. <하버드 비즈니스 리뷰>의 매우 흥미로운 기사("언제 프로세스는 예술이 돼야 하는가?")에서 조셉 홀[Joseph Hall]과 에릭 존슨[M. Eric Johnson]은 이 질문을 겨냥하고 있다. 그들은 프로세스가 입력 변수를 갖고 있고, 고객이 독특한 출력을 가치 있게 여길 때 예술적 프로세스가 좋은 해답이 될 수 있다고 말한다. 그들의 모델에서 예술적 프로세스는 고도로 숙련된 전문가들이 판단을 결정하는 곳이다. 그들은 스타인웨이의 피아노를 예로 들었다. 그것은 각각 나무로 만들어졌고, 그 나무의 차이는 악기에 영향을 끼쳤다. 위협 모델링은 확실히 요구 사항과 소프트웨어의 다양한 입력을 가지며, 가장 도움될 만한 출력은 상이할 수 있다. 그래서 조직이 위협 모델링을 지원할 수 있다면 아마도 그것은 예술적 프로세스의 좋은 후보가 될 것이다. 가장 중요한 것은 예술성이 어디에서 적절한지 알아내는 것이고, 예술성 있는 작업을 지원하고 판단하기 위한 프로세스를 만드는 것이며, 정기적으로 예술과 과학의 균형을 재평가하는 것이다. 자세한 것은 그들의 기사를 참조하라(Hall, 2009).

요약

더 나은 프로세스를 설계하기 위해 사용할 수 있는 처방 도구 세트가 있다. 첫 번째는 두드러진 결과를 얻을 수 있는 전체 업무의 상태, 흐름에 주목하는 것이다. 흐름을 위한 조건들이 있는데, 각각은 시스템 설계자에 의해 고려될 수 있다. 이렇게 하기 위해서는 설계한 접근 방식을 사용해 작업을 실행하고 있는 사람이 누구인지 알아야 한다. 서로 다른 배경을 가진 사람들은 각자 다른 능력을 갖고 있고, 따라서 같은 도전에 대해 다르게 반응한다. 또한 그들은 대상을 다르게 볼 수 있다. 서로 다른 기술을 가진 사람들과 서로 다른 분야의 사람들이 공통점에 도달함으로써 다이어그램이나 버그 같은 결과물들은 경계 대상으로 작업이 가능하다.

이러한 도구들과 세상의 모든 멋진 열망들은 완벽한 보안을 목표로 갖도록 유혹할 수 있다. 완벽한 보안은 가치 있는 목표이지만, 출하 또한 그렇다. 불행하게도 때로 두 가지 목표는 서로 맞지 않고, 한 팀은 상호 절충이 필요할 수 있다. '최선' 혹은 시스템에서의 가장 높은 열망이 선의의 보안을 가진 출하의 적이 되지 않게 하는 것이 중요하다.

위협 모델링이 실용적이고 규범적인 것에서 예술성으로 이동하는 곳에서 이러한 모든 요소 사이의 균형을 찾는다. 실용적이고 규범적인 것이 부족했기 때문에 이 책은 그것들에 초점을 맞추고 있다. 위협 모델링과 관련된 작업들은 너무 힘든 경우가 많다. 최고의 위협, 가장 기발한 재설계, 가장 명쾌한 완화를 찾는 것에서 발견되는 많은 예술성이 존재한다.

지금부터의 위협 모델

이제 우리는 이 책의 끝이자 더 나은 것의 시작에 도달했다. 2013년이 마무리되는 시점에서 이 책은 위협 모델링의 상태를 제시했다. 나는 당신이 위협 모델링을 시작하거나 개선할 수 있는 형태로 함께하길 바란다. 2부와 3부에서는 충분한 규범적인 조언과 '레고 블록'으로 조직을 위해 작동하는 무언가를 편하게 조립하게 해주는 상세하고 실질적인 정보를 제공했다. 4부의 구체적인 내용들은 당신에게 그러한 멋진 것들을 경험하게 해줄 것이다. 마지막 장에서는 위협 모델링 접근 방식이 성공하거나 실패하게 만드는 것이 무엇인지 이해하게 해야 한다. 이제 당신이 얻은 지식을 잘 활용해 나가도록 용기를 주고 싶다. 위협 모델을 더 안전하게 만들기를 바란다.

A

유용한 도구

부록 A는 "당신의 위협 모델이 무엇인가?"와 "당신의 자산이 무엇인가?"라는 질문에 대한 일반적인 답변 리스트를 포함하고 있다.

"당신의 위협 모델이 무엇인가?"에 대한 일반적인 답변

"당신의 위협 모델이 무엇인가?"라는 질문은 여러분이 걱정하고 있는 사람과 사물을 신속하게 표현할 수 있도록 도와준다. 일반적인 답변은 다음과 같다.

■ 컴퓨터에 사용자 권한으로 접속할 수 있는 사람
■ 컴퓨터에 관리자 권한으로 접속할 수 있는 사람
■ 컴퓨터나 사이트에 물리적으로 접근할 수 있는 사람

네트워크 공격자

네트워크를 통해 쉽게 공격할 수 있는 공격자는 다음과 같다.

■ 이브^{Eve}(소극적 공격자)와 맬로리^{Mallory}(적극적 공격자)
  □ 기존 소프트웨어 사용
  □ 새로운 소프트웨어 개발

- 인터넷 서비스 제공자
- 클라우드 업체나 이를 해킹한 사람
- 카페나 호텔 네트워크
- 무하바라트^{Mukhbarat}나 NSA
- 해킹 당한 스위치나 라우터
- 네트워크 연결 반대편 노드
- 신뢰하는 노드가 해킹된 경우

물리적 공격자

이 절은 사람이 아니라 기술 시스템을 물리적으로 공격하는 경우를 다룬다. 여기에는 다음과 같은 사례가 포함된다.

- 컴퓨터를 시간제한 없이 소유
  - □ 컴퓨터를 훔친 도둑
  - □ 컴퓨터를 압류한 경찰이나 국경 감시원
- 시간제한이 있지만 물리적으로 완전히 접근 가능
  - □ 5분간 접근
  - □ 1시간 동안 접근
  - □ 건물 관리인*
  - □ 호텔 청소부*
- 물리적으로 제한된 접근이 가능
  - □ USB 메모리 삽입 가능("휴대전화 충전을 위해서 연결할 수 있는가?")
  - □ 하드웨어 키로깅 장비
  - □ 블루투스 등 무선 프로토콜을 이용해 접속
- 닌자
  - □ 해적(총기 소유)

*는 두 경우 모두 유니폼을 입은 컴퓨터 전문가일 가능성이 있다.

이와 비슷하게 네트워크의 무결성과 기밀성을 위협하는 사례도 있다.

- 네트워크에 (사실상) 시간제한 없이 접근 가능(와이파이, 마이크로파, 위성 통신 등 무선 네트워크를 통해 쉽게 가능)

- Pwnie Express 사에서 개발한 'leave behind' 박스에 접근해 제한된 시간 동안 접속 가능
- 게스트가 회의실 네트워크에 연결하는 것과 같이 물리적이거나 시간적으로 제한된 접근

사람에 대한 공격

사람을 공격할 수 있는 다양한 방법이 있다. 암호학자는 '고무호스' 암호해독(키를 알고 있는 사람이 말할 때까지 고문하는 방법)에 대해 이야기하고 싶어 한다. 시스템에서 각각의 사람(또는 sysadmins 같은 무리의 사람)이 어려움에 빠졌을 경우 어떻게 될지 생각하는 것은 흥미로울 수 있지만, 이러한 공격을 막기 위해서는 많은 비용이 필요하다.

예를 들어 비밀요원은 다른 사람을 스파이로 만들기 위해서 다음과 같은 4가지 방법을 사용한다(Shane, 2008).

- 돈
- 이념
- 강압
- 자존심

이 모델에서 강압에는 고무호스 암호해독과 사파타 카르텔이 가족을 납치하는 것과 같은 방식도 포함된다. 마찬가지로 자존심에는 섹스를 미끼로 사용하는 방법 등이 포함된다. 완화할 수 있는 위협에 집중해야 한다는 사실을 명심하라.

공급 체인 공격자

당신에게 기술 제품을 배송하는 공급 체인을 통해 공격할 수 있는 공격자도 있다. 이 공격자에 대해 걱정은 하지만 방어하기는 어렵다. 하드웨어, 소프트웨어, 펌웨어, 문서에 대한 공격이 가능하다. 검색 엔진을 활용해 모든 기술적 문제를 해결하는 시대이기 때문에 공격자는 정교하게 만들어진 신뢰할 수 없는 해결책을 임의의 웹사이트에 올려둬서 사람들이 그 방식대로 행동하게 함으로써 공격의 효과를 증가시킬 수 있다. 공급 체인 공격자에는 다음과 같은 사람들이 포함된다.

- 시스템 설계자
  - □ 당신의 시스템
  - □ 당신이 의존하고 있는 구성 요소
- 시스템 개발자
  - □ 위젯을 개발하는 중국 공장
  - □ 그 공장으로 부품을 배송하는 공급자
  - □ 그 공장으로 컴퓨터를 배송하는 공급자
- 공급 체인

프라이버시 공격자

다음과 같이 사람의 프라이버시를 침해하는 공격자도 있다.

- 마케팅 종사자
  - □ 광고 모델에 의지하는 시스템 설계자
  - □ 마케팅 종사자에게 판매되는 구성 요소 라이브러리
- 데이터 브로커
- 스토커
- 신원 도용자
- NSA나 다른 국가 정보기관
- 경찰
  - □ 민주주의가 기대하는 방식으로 법의 통제를 받음
  - □ 법의 통제를 받지 않거나 적게 받음
- 데이터베이스를 링크하는 사람

자각하지 못하는 '공격자'

자각하지 못하는 공격자는 다음과 같이 시스템의 기밀성과 무결성을 공격하지는 않지만, 가용성에는 막대한 영향을 미친다.

- 자연 재해(지역에 따라 다름)
- 공중위생 재해

인터넷 위협 모델

17장에서 설명한 바와 같이 IETF는 새로운 인터넷 프로토콜 설계에 활용할 수 있는 표준 위협 모델을 채택했다. 그 문서는 보안 전문가가 조직 자체적인 위협 모델링 방식을 어떻게 설계하는지 보여주는 우수한 사례다. 2013년 말, 에드워드 스노든[Edward Snowden]의 폭로 사건 후에 이 모델은 수정될 수 있다.

> 인터넷 환경은 위협 모델을 상당히 잘 이해하고 있다. 일반적으로 프로토콜에 관여하는 종단 시스템이 해킹됐다고 가정하지 않는다. 종단 시스템이 해킹 당한 경우 공격을 막는 것은 매우 어렵다. 그러나 이러한 상황에서 피해를 최소한으로 줄일 수 있도록 프로토콜을 설계할 수 있다.
>
> 반면, 공격자가 종단 시스템이 전송하는 커뮤니케이션 채널을 거의 완전히 통제할 수 있다고 가정한다. 이는 공격자가 원하는 PDU(Protocol Data Unit)를 읽을 수 있고, 들키지 않고 제거할 수 있으며, 위조된 패킷을 전송할 수도 있다는 것을 의미한다. 여기에는 신뢰하는 컴퓨터로부터 전송된 것처럼 보이는 패킷을 생성할 수 있는 상황도 포함된다. 다시 말해 당신이 통신하려고 하는 종단 시스템 자체가 안전하더라도 인터넷 환경은 실제로 그 시스템에서 전송된 패킷인지 보장해주지 않는다.

레스코라(Rescorla)와 코버(Korver)의
'Security Considerations Guidelines'(RFC 3552)

또한 IETF는 2가지 유형의 제한된 위협 모델을 고려하고 있다. 하나는 네트워크에서 읽기만 하고 쓰지는 않는 수동적 공격자이고, 다른 하나는 쓰기도 하고 읽을 수도 있는 적극적 공격자다.

자산

2장과 19장에서 설명한 자산 중심 모델링의 위험과 어려움에 대해 검토한 후 이 절의 내용을 활용하라.

자산으로서 컴퓨터

다음과 같이 다양한 유형의 자산으로서 컴퓨터에 제목을 붙일 수 있다.

- 개인이 사용하는 컴퓨터
  - □ 이 컴퓨터
  - □ 노트북
  - □ 스마트폰
  - □ 태블릿, 전자책
  - □ 기타
- 서버
  - □ 웹 서버
  - □ 이메일 서버
  - □ 데이터베이스 서버
  - □ 기타
- 보안 시스템
  - □ 방화벽
  - □ VPN 장비
  - □ 로그 서버
- 기능적 구분
  - □ 개발 시스템
  - □ 재무 시스템
  - □ 생산 시스템

자산으로서 사람

사람도 공격을 받을 수 있는 자산이라고 생각할 수 있다(물론 사람을 자원이라고 생각하는 것이 더 정확하다). 고려해야 하는 그룹은 다음과 같다.

- 경영진
  - □ 경영진 비서
- 시스템 관리자
- 세일즈 인력
- 청소부
- 식당 직원
- 다양한 유형의 계약업체

- 모든 임직원
- 시민
- 이민자
- 소수자
- 장애인

자산으로서 프로세스

다음과 같은 프로세스를 자산으로 생각할 수 있다.

- 수표 발행/현금 이체(환불 포함)
- 제품(또는 제품 키) 배송
- 소프트웨어나 제품 개발
  - 적용
- 생산
  - 제품 무결성
  - 노동자 안전
- 채용

무형 자산

무형 자산을 포함한 이유는 대차대조표에 기재되고 위협 모델이 포함될 필요가 있기 때문이다. 그러나 무형 자산과 완화할 수 있는 위협 사이에는 큰 차이가 있다. 다음은 무형 자산의 사례다.

- 평판이나 호감도
- 지적 재산
- 주식 가격
- 경영진의 관심
- 운영 직원의 관심
- 임직원의 사기

중간 단계의 자산

가장 좁은 의미이지만, 때로는 사용되는 자산이다.

- 인증 데이터
  - □ 사용자명/패스워드
  - □ 물리적 접속 토큰
  - □ 접속 토큰으로 보이는 휴대전화
- 네트워크 접속
- 특정 컴퓨터에 접속

B
위협 트리

위협 트리는 모델과 리소스로 활용할 수 있는 전체적인 분석이다. 각각의 트리는 2번 등장하는데, 첫 번째는 그래픽 형태로 등장하고, 그 후에는 텍스트 형태로 등장한다. 두 버전은 동일한 데이터를 포함하고 있지만 어떤 형태가 더 유용하다고 느끼는지는 사람에 따라 다르다. 트리에 표시된 레이블은 필요에 따라 공격에 대한 설명의 약자로 표시한다. 레이블은 트리에 대한 경험을 상기시키기 위한 목적이다. 이를 위해 일부 노드는 레이블과 함께 '피싱' 등의 태그가 표시된다. 모든 노드를 단어나 약자를 이용 해 태그하는 것은 어렵다. 부록 B의 트리는 한 노드의 성공이 목적 트리의 성공으로 이어지는 OR 트리다. 예외적인 사항은 그림에 텍스트로 표시한다.

    부록 B는 3개의 절로 구성돼 있다. 가장 중요한 부분은 15개의 STRIDE 위협 트리다. 그 다음에 공격자의 일반적인 대상인 서버, 클라이언트, 모바일 기기에서 실행되는 코드 에 대한 3가지 트리를 설명한다. 마지막으로 설명하는 트리는 '사회공학적 프로그램 해킹'으로 이메일이나 메신저 프로그램 등의 시스템을 공격하는 방법을 설명한다. 끝으로, 사람을 속이는 특정 유형의 공격에서 활용되는 교묘한 파일명에 대해 설명한다.

STRIDE 위협 트리

STRIDE의 개별 요소에 따라서 트리가 구성된다. 각 트리에는 위협 행위가 현실화되는 루트 노드가 존재한다. 이 STRIDE 트리는 보안 개발 생명주기(Security Development

Lifecycle, 2006)을 기반으로 하고 있다. 트리는 1차 위협에 초점을 맞추고 있다. 루트 권한을 획득할 경우 시스템의 많은 파일을 변조(또는 다른 나쁜 행동)할 수 있지만, 이러한 행위를 트리에 표시하지 않았다. 이를 추가하면 모든 트리가 미로처럼 꼬일 것이다.

각 트리 다음에는 노드와 완화 방법을 설명하는 표가 나오는데, 시스템을 개발하거나 도입('운영')하면서 더 강한 보안이 필요할 경우 모두에 활용할 수 있다. 완화 부분에 나오는 '적음'이라는 용어는 당연하거나 간단한 방법이 없다는 의미로 이해해야 한다. 위협을 해결하는 각각의 방법에는 트레이드오프가 있다. 공간적인 제약과 위협 모델링에 집중하기 위해 부록 B에서 트레이드오프는 설명하지 않는다. 실제로는 트레이드오프를 고려하기 시작하는 시점에 위협 모델링은 자신의 임무를 완수한 상태다. 위협을 발견하는 것을 도왔다는 의미다. 위협 모델링으로 하는 일, 위협에서 도출한 버그를 분류하고 해결하는 방법은 엔지니어링의 문제다.

이 절에서 설명하는 트리는 표 B-0에서 보여준다. 부록 B의 번호는 일반적인 출판사의 스타일과는 다르게 표시되는데, 특정 정보를 더 쉽게 전달하기 위한 목적이다.

- 표의 번호를 그림의 번호와 동일하게 붙여서 찾아보기 편하게 했다. 즉, 그림 B-1은 표 B-1a, B-1b, B-1c, B-1d, B-1e와 관련돼 있으며, 그림 B-2는 표 B-2와 관련돼 있다.
- 많은 표가 작은 논리적 부분으로 분해돼 있다. 표의 길이를 적당하게 유지할 수 있다.
- 트리에 대해 다수의 표가 있을 경우 서브트리로 표시된다. 각 서브트리는 유형('위장' 등)과 서브노드('자격증명 획득을 통해')의 조합으로 표시한다.
- 표의 번호는 0에서 시작하는데, 프로그래머들이 이 방식을 선호하기 때문이다(혹은 그림 B-1로 시작하고 싶은데, 이 표에 번호를 붙이기 어렵기 때문이다).

표 B-0과 관련된 그림은 없다.

표 B-0 STRIDE의 개별 요소

위협 유형	완화	DFD 적용성			
		외부 엔티티	프로세스	데이터 흐름	데이터 스토어
S – 위장	인증	B-1*	B-2	B-3*	
T – 변조	무결성		B-4	B-5	B-6
R – 부인	부인 방지	B-7	B-7		B-8*

(이어짐)

위협 유형	완화	DFD 적용성			
		외부 엔티티	프로세스	데이터 흐름	데이터 스토어
I - 정보 노출	기밀성		B-9	B-10	B-11
D - 서비스 거부	가용성		B-12	B-13	B-14
E - 권한 상승	권한 관리		B-15		

*(B-1) 외부 엔티티 위장은 다음 표에 클라이언트 위장으로 표현한다.

*(B-3) 데이터 흐름 위장은 STRIDE의 개별 요소에 대해 배운 내용과 맞지 않는다.

*(B-8) 부인 위협은 저장된 데이터가 로그일 때만 문제가 된다.

> **노트** 데이터 흐름 위장은 STRIDE의 개별 요소를 일반적으로 설명하는 방식과는 모순되지만, 일부 사람들이 위장에 대해 자연스럽게 생각하고 있는 방식과 일치한다. 검증이 충분한 내용은 아니지만, 경험을 쌓으면 데이터 흐름 위장 위협의 결과가 클라이언트 위장이나 데이터 흐름 변조 위협과 많은 부분이 일치한다는 것을 발견할 것이다.

각 트리의 마지막에는 '기타' 노드가 있다. 이 노드에는 추가적인 설명이 없는데, 예상하기 힘든 특성과 추가될 내용이 불명확하기 때문이다. '기타' 노드가 모든 것을 포함하기 때문에 트리가 기술적으로 완성된다. 다른 말로, 각 트리는 발생할 가능성이 더 큰 위협에 집중한다. 예를 들어 백업 테이프 데이터 저장소는 변조와 정보 노출 위협 모두에 노출돼 있지만, 정보 노출 위협이 현실로 나타날 가능성이 훨씬 크다. 따라서 백업에 대한 위협은 데이터 스토어의 변조 위협으로 언급하지 않는다. 일반적으로 전문 지식을 갈망하거나 높은 수준의 목적을 가진 보안 전문가만이 '기타'를 찾기 위해 시간을 할애한다. 예를 들어 프로세스 변조에 대한 문서를 작성할 때 이러한 위협이 "덜 심각하다"고 발표하고 싶은 수도 있다. 그러나 이 위협은 요구 사항의 문제로서 의미가 있다.

공동체로서 우리는 어떤 위협이 실제 상황에서 출현하는지 잘 알지 못한다(Shostack, 2009). 어떤 위협이 자주 발생하는지 알 수 있다면 발생 가능성이나 완성도를 기반으로 최적화된 트리를 작성할 수 있다. 완성도를 위해서는 세세함과 사용성 간의 균형이 중요하다. 이 균형은 트리의 구성이나 표현 방법으로 얻을 수 있다. 예를 들어 트리를 포함하는 소프트웨어 시스템은 다양한 서브셋을 표시할 수 있다.

외부 엔티티(클라이언트/사람/계정) 위장

그림 B-1은 외부 엔티티에 의한 위장에 대한 공격 트리를 보여준다. 위장 위협은 3장과 8장, 14장에서 설명했다.

- 목표: 클라이언트 위장
- 기존 자격증명 획득
    - 전송
    - 연합^{Federation} 발행
    - 변경 관리
    - 저장
        - 서버에 저장
        - 클라이언트에 저장
        - KDC에 저장
        - 제 3자가 저장
- 백업 인증
    - 지식 기반 인증^{KBA, Knowledge-Based Authentication}
    - 정보 노출(이메일)
    - 연쇄 인증
- 인증 UI
    - 로컬 로그인 트로이 목마('CAD')
    - 권한 접속 트로이 목마(./sudo)
    - 원격 위장(피싱)
- 충분하지 않은 인증
    - Null 자격증명
    - 게스트/익명 자격증명
    - 예측 가능한 자격증명
    - 기본 설정된 자격증명
    - 인증 다운그레이드
- 인증 없음
- 기타 인증 공격

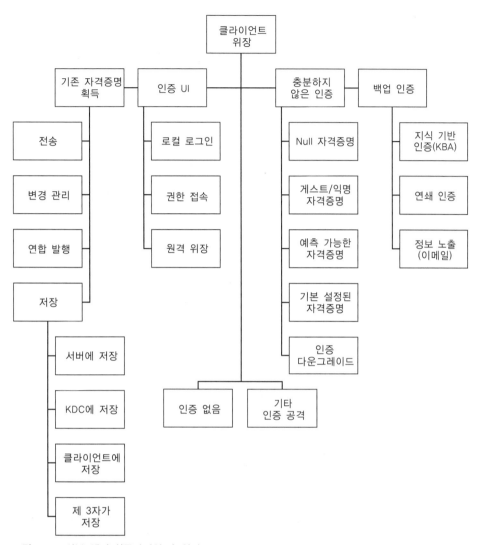

그림 B-1 외부 엔티티(클라이언트) 위장

또한 인증 프로세스에 대한 변조 위협이 시스템의 범위에 포함되는지 검토해야
한다.

표 B-1a 기존 자격증명 획득을 통한 위장 서브트리

트리 노드	설명	개발자 완화 대책	운영 완화 대책
전송	인증 정보를 전송하는 채널의 암호화, 인증이 부족한 경우 공격자가 고정된 인증 정보를 복사하거나 연결을 수정, 실제 인증 과정을 피기백할 수 있다.	독자적인 프로토콜을 개발하기보다는 표준 인증 프로토콜을 사용하라. 강력한 암호화 기법과 인증 옵션을 사용하고 있는지 확인하라.	SSL, IPsec, SSH 터널링 같은 도구를 이용해 전송 구간을 보호할 수 있다.
연합(federation) 발행	인증에 연합을 사용할 경우 신뢰하는 상대방의 침해에 영향을 받는다.	요구 사항을 변경하라.	어떤 일이 발생하는지 확인할 수 있게 로깅 네트워크 보안 개선을 위한 터널링(그러나 취약한 암호화를 사용하는 연합 시스템에는 다른 이슈가 존재함)
변경 관리	인증에 대한 변경 관리가 주 인증에 비해 취약할 경우 공격 수단으로 활용될 수 있다. 백업 인증 이슈와 밀접한 관계가 있다.	변경 관리에 강력한 인증을 적용한다.	로깅과 감사

표 B-1b 기존 자격증명 획득을 통한 위장: 저장 장소 공격 서브트리

트리 노드	설명	개발자 완화 대책	운영 완화 대책
서버에 저장	서버에 저장된 인증 정보는 정보 노출이나 변조에 취약하다. 패스워드 같은 정적인 방식이 비대칭 인증과 같은 방식에 비해 정보 노출이 발생할 경우 더욱 심각한 결과를 초래한다.	인증 정보를 안전하게 보관하라. 비대칭 방식을 적용하라. 패스워드를 사용한다면 14장을 참고하라.	다양한 파일에 대한 권한 조정(과 그 영향력)을 검토하라.

(이어짐)

트리 노드	설명	개발자 완화 대책	운영 완화 대책
클라이언트에 저장	클라이언트가 인증 정보를 저장할 경우 공격자가 훔쳐 갈 수 있다.	사용성과 자격증명의 신속성 간 균형을 잡기가 어렵다. 시스템의 다른 계정이 자격증명을 읽을 수 없는지 확인하라. 보안이 중요한 시스템을 설계할 경우 보안 강화를 위한 하드웨어 기술을 검토하라(TPM, 스마트카드, 하드웨어 보안 모듈 등).	인증을 확률적인 결정 사항으로 간주하고 IP나 컴퓨터의 특성을 인증 여부 결정을 강화하기 위한 요소로 활용하라.
키 분배 센터(KDC)에 저장	키 분배 센터가 대칭키 인증 방식의 일부일 경우 평문 인증 정보를 저장해야 할 수도 있다.	공격 표면을 최소화하기 위해 KDC가 가능한 한 최소의 기능만을 수행하도록 설계하라.\n초기에 보안 운영 매뉴얼을 작성하라.	무조건 방화벽, IDS 또는 적절한 기술을 활용해 컴퓨터를 보호하라.
제 3자가 저장	사람들이 패스워드를 재사용하거나 다른 누군가가 여러분의 고객이 사용하는 패스워드를 유출할 수 있다.	고정된 패스워드를 사용하지 마라. 사용자명이 이메일 주소가 아니라면 유출 내용을 악용하기 더욱 어렵다. 예를 들어 Acme 사에서 Alice@example.com의 패스워드가 foobar1이라는 사실이 유출됐다면 공격자는 Alice@example.com을 사용자명으로 접속을 시도해볼 수 있다. 그러나 유출된 사용자명이 Alice라면 다른 사이트에서는 다른 사람이 그 사용자명을 사용하고 있을 가능성이 있다.	브루트포스 시도나 새로운 위치 또는 IP에서 로그인 성공이 증가하는 경우를 탐지할 수 있는 코드를 작성하라.

표 B-1c 백업 인증 위장 서브트리

트리 노드	설명	개발자 완화 대책	운영 완화 대책
지식 기반 인증	KBA 방식은 기억 용이성과 비밀성 등 많은 문제가 있다. 14장을 참고하라.	KBA 대신에 SNS 인증 등 다른 방식을 사용하라.	패스워드 관리 도구를 사용하고 각 KBA 필드를 패스워드로 간주하라.
정보 노출	공격자는 인증에 활용될 수 있는 비밀이 포함된 백업 인증 메시지를 읽을 수 있다. 이메일에서 자주 발생하지만 다른 경우도 존재한다.	SNS 인증을 활용하라. 불가능할 경우 패스워드를 전송할 수 있는 형태로 저장하는 대신에 임의로 패스워드를 생성하고 사용자가 변경하거나 일회용 URL를 전송하라.	사용 중인 제품이 이러한 문제가 있다면 다른 제품과 함께 사용하는 것은 중대한 문제다.
연쇄 인증	이메일 계정을 해킹한 공격자가 이메일을 공개하거나 이메일의 정보를 악용할 수 있다. '애플과 아마존 보안 취약점이 엄청난 해킹을 유발한 방법(How Apple and Amazon Security Flaws Led to My Epic Hacking)'을 참고하라(Honan, 2012).	SNS 인증을 활용하고 인증을 확률적인 방식으로 간주하라. 불가능할 경우 다른 기관이 노출할 수 있는 인증 정보에 의존해서는 안 된다(쉽지는 않을 것이다).*	이 이슈는 개발 단계에서 수정하기 어렵지만, 운영 단계에서는 더 어렵다.

* 다른 사이트가 인증을 위해 사용하는 데이터를 표시하지 않게끔 제안하고 싶을 수도 있다. 이 제안은 대답보다 질문을 유발하는 '함정'이다. 예를 들어 SSN의 마지막 4자리를 인증에 활용하는 기관이 있다고 가정하자. 마지막 4자리를 표시하지 않는다면 인증을 위해 이 기관에게 다른 숫자를 표시하거나 공개해야 되는가? 그렇게 한다면 공격자가 전체 SSN을 알 수 있게 도와주게 된다. 다른 기관이 잘못된 결정을 하는 것에 대해 걱정할 필요가 없다고 말할 수도 있다. 그러나 백업 인증은 어려운 문제이고, 잘못된 결정을 확인하는 것은 매우 쉽다.

표 B-1d 인증 UI 위장 서브트리

트리 노드	설명	개발자 완화 대책	운영 완화 대책
로컬 로그인 트로이 목마('CAD')	공격자가 사용자 로그인 인터페이스로 가장한다.	OS에 로그인할 때 Ctrl+Alt+Delete(CAD)를 사용하라.	로그인 정보를 안전하게 관리하기 위해 항상 Ctrl+Alt+Delete(CAD)을 사용하라

(이어짐)

트리 노드	설명	개발자 완화 대책	운영 완화 대책
권한 접속 트로이 목마 (./sudo)	공격자가 PATH 변수를 수정해 변조된 프로그램이 먼저 실행되게 한다.	환경 변수의 변경이 가능하다면 방어하기 어렵다.	관리자 권한 작업을 할 때 다른 사람의 터미널 세션을 사용하자 마라.
원격 위장('피싱')	웹사이트*가 로그인 페이지를 포함한 다른 사이트로 위장한다.	IE 스마트스크린이나 구글의 세이프 브라우징 같은 평판 기반 서비스를 활용한다.	당신의 브랜드나 상표가 불법 사용되는지 확인할 수 있는 평판 기반 서비스를 활용한다.

* 피싱은 현재 일반적으로 웹사이트를 통해 발생하지만, 다른 형태로도 가능하다. 예를 들어 앱스토어에 Acme 은행 앱이라고 주장하는 위장 앱이 올라올 수 있다.

표 B-1e 인증이 충분하지 않은 곳에서의 위장 서브트리

트리 노드	설명	개발자 완화 대책	운영 완화 대책
Null 자격증명	자격증명 없이 접속을 허용한다. 웹사이트 같은 경우에는 문제가 되지 않을 수도 있다.	인증을 추가한다.	해당 계정을 삭제한다.
게스트/익명 자격증명	시스템에 게스트 로그인이 가능하다. 마찬가지로 문제가 되지 않을 수도 있다.	게스트 계정을 삭제한다.	해당 계정을 삭제한다.
예측 가능한 자격증명	시스템에 예측 가능한 사용자명이나 패스워드를 취약한 난수 발생기로 생성한다.	패스워드를 생성해 제공할 때 강력한 난수를 활용한다. 사용자명이 쉽게 드러나지 않는다면 임의의 사용자명이 도움이 된다.	패스워드를 재설정하고 사용자명을 변경한다.
기본 설정된 패스워드	시스템이 동일한 자격증명이나 이더넷 ID 같이 추측할 수 있는 자격증명으로 설정된 상태로 출시된다.	최초 로그인 시 강제로 패스워드를 변경하게 하거나 각 제품/문서에 유일한 패스워드를 인쇄해 출시한다.	패스워드를 변경한다.
다운그레이드 인증	공격자가 사용하는 인증 방식을 선택할 수 있다.	구형/취약한 인증 방식을 제거하고, 기본 설정으로 비활성화시키거나 각 클라이언트가 사용하는 방식을 추적한다.	취약한 방식을 제거한다.

인증 없음(당연할 것이다. 요구 사항이 타당하다면 변경하라)과 그 외의 인증에 대한 표는 없다.

프로세스 위장

그림 B-2는 프로세스 위장에 대한 공격 트리를 보여준다. 3장과 8장에서 위장 위협을 설명했다. 공격자가 루트 권한을 획득해야 한다면 커널을 수정하거나 프로세스 위장과 관련된 높은 권한 레벨을 사용한다. 일반적으로 이러한 공격은 해결하는 것은 어렵거나 불가능하고, 이를 해결하라는 요구는 엄밀히 말해 잘못된 요구 사항이다.

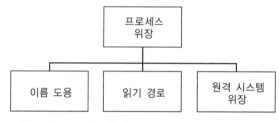

그림 B-2 프로세스 위장

목표 프로세스 위장

- 이름 도용
- 읽기 경로
- 원격 시스템 위장

표 B-2 프로세스 위장

트리 노드	설명	개발자 완화 대책	운영 완화 대책
이름 도용	공격자가 파일, 네임드 파이프(named pipe), 소켓, RPC 레지스트리 같은 커뮤니케이션 대상에 접속해 다른 엔티티인 것처럼 위장한다.	OS의 네이밍 기능과 동기화 지점에 대한 권한을 사용하라.	권한으로 가능할 수 있다.

(이어짐)

트리 노드	설명	개발자 완화 대책	운영 완화 대책
읽기 경로	공격자가 저장해둔 라이브러리, 확장 등 구성 요소를 프로세스가 다음에 읽어야 하는 것으로 신뢰하게 만든다.	전체 경로를 이용해 파일의 이름을 지정하라 (winsock.dll, .login 대신에 %windir%\winsock.dll, ~/.login를 사용하라).	파일의 권한을 확인하라.
원격 시스템 위장	데이터 흐름을 변조(또는 '위장')해 프로세스가 원격 프로세스를 혼동하게 만든다.	데이터 흐름 변조, 위장 트리(B-5, B-3)를 참고하라.	데이터 흐름 변조, 위장 트리를 참고하라.

데이터 흐름 위장

그림 B-3은 프로세스 위장에 대한 공격 트리를 보여준다. 위장 위협은 3장과 8장에서 설명했고, 해결 방법의 다수가 16장에서 설명한 암호화 방식이다. 데이터 흐름 위장은 데이터 흐름 변조와 클라이언트 위장이 결합된 위협으로, 일부 위협 모델러는 네트워크 데이터 흐름에 대한 공격이라고 생각한다. STRIDE의 개별 요소에서 고려되지는 않지만, 이 책에서는 실험적인 목적으로 포함시켰다.

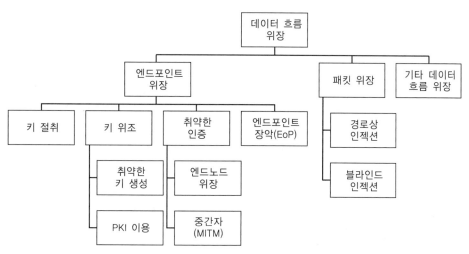

그림 B-3 데이터 흐름 위장

목적 데이터 흐름 위장

- 엔드포인트 위장
    - 키 절취
    - 키 위조
        - 취약한 키 생성
        - PKI 이용
    - 취약한 인증
        - 엔드노드 위장
        - 중간자^{MITM}
    - 엔드포인트 장악
- 패킷 위장
    - 블라인드 인젝션
    - 경로상 인젝션
- 기타 데이터 흐름 위장

표 B-3a 키 절취/위조 서브트리

트리 노드	설명	개발자 완화 대책	운영 완화 대책
키 절취	유출된 데이터가 암호화 키인 정보 노출이다. 정보 노출 트리(B-11, B-9, B-10)를 참고하라.	안전한 키 저장을 위한 OS 도구	하드웨어 보안 모듈(HSM)

표 B-3b 키 위조 서브트리

트리 노드	설명	개발자 완화 대책	운영 완화 대책
취약한 키 생성	시스템이 취약한 방식으로 키를 생성할 경우, 공격자가 키를 위조할 수 있다.*	시작할 때 키를 생성하지 마라. 특히 데이터센터의 컴퓨터나 하드웨어 난수 발생기가 없는 경우에는 특히 그렇다.	키를 다시 생성
PKI 이용	거짓 진술, 법적 요구 사항, 상업적 거래, 단순 중단 등 PKI를 공격하는 다양한 방법이 존재한다.†	키 지속성, 관점, 융합 유사 시스템	적음

* 취약한 키 생성의 사례로 (Debian, 2008)과 (Heninger, 2012)가 있다.

† 거짓 진술의 사례에는 베리사인(Verisign)이 마이크로소프트의 인증서를 발행한 경우가 포함된다(Fontana, 2001). 법적 요구 사항은 Lavabit에 발급된 사례를 들 수 있다(Masnick, 2013). 상업적 거래에는 베리사인이 '합법적 도청' 서비스를 운영한 사례를 들 수 있다(Verisign, 2007).

표 B-3c 취약한 인증 서브트리

트리 노드	설명	개발자 완화 대책	운영 완화 대책
엔드노드 위장	MAC, IP 주소, DNS 네임 등 호스트를 지정하는 모든 암호화되지 않은 수단	인증 과정에서 암호화를 적절히 사용하라.	터널링
중간자	중간자 공격	적절한 암호화를 이용한 강력한 인증	터널링

표 B-3d 패킷 위장 서브트리

트리 노드	설명	개발자 완화 대책	운영 완화 대책
경로상 인젝션	네트워크 공격자가 정상 패킷 흐름을 읽고 공격 패킷을 삽입할 수 있다.	암호화 채널 인증 및/또는 메시지 인증	터널링
블라인드 인젝션	공격자는 네트워크 패킷을 읽거나 일련번호, 응답 등을 알 수 없는 상황에서 패킷을 삽입한다.	암호화 채널 인증 및/또는 메시지 인증	터널링

'엔드포인트 장악' 노드는 다른 설명이 필요 없을 것이다.

프로세스 변조

그림 B-4는 프로세스 변조에 대한 공격 트리다. 변조 위협은 3장과 8장에서 설명했으며, 16장에서도 다뤘다.

목적 프로세스 변조

- 상태 오류
  - □ 입력 검증 실패
  - □ 메모리 접근
    - □ 로컬 사용자/프로그램
    - □ 로컬 관리자
- 호출 체인
  - □ 호출자
  - □ 피호출자

□ 외부 엔티티 위장

■ 서브프로세스 또는 의존성

■ 기타 프로세스 변조

또한 이 위협이 서브프로세스에 적용되는지 검토하고, 호출자 또는 피호출자가 위장됐을 경우 어떻게 되는지 고려해야 한다.

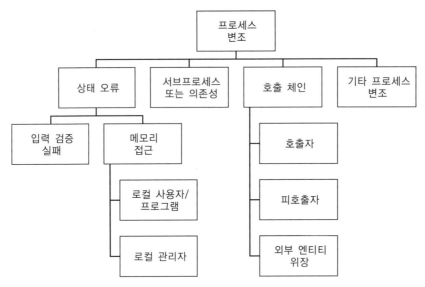

그림 B-4 프로세스 변조

표 B-4a 상태 오류 서브트리

트리 노드	설명	개발자 완화 대책	운영 완화 대책
입력 검증 실패	입력 값을 적절히 검증하지 않은 경우 메모리 오염으로 EoP나 DoS가 발생한다.	모든 입력 값이 목적에 맞는지 철저히 검증한다.	위협과 무관하게 샌드박스를 통해 영향도를 억제할 수 있다.
메모리 접근 (로컬 사용자/ 프로그램)	메모리 쓰기 권한을 가진 사용자가 프로세스를 무단으로 변조할 수 있다. 많은 운영체제에서 사용자가 실행하는 모든 프로그램이 여기에 해당한다는 점을 명심해야 한다(디버거를 사용할 수 있는가? 그렇다면 당신이 실행하는 프로그램도 마찬가지다).	새로운 계정을 생성한다. 공유 메모리 권한을 검토한다.	적음

(이어짐)

트리 노드	설명	개발자 완화 대책	운영 완화 대책
메모리 접근 (로컬 관리자)	디버거를 사용하는 로컬 관리자가 위협이 될 수 있다(예를 들어 DRM 사용을 검토할 수 있음).	DRM 프로그램이나 악성 코드 등이 사용하는 메모리 보호와 안티 디버깅 기술	컴퓨터를 격리하라.

표 B-4b 호출 체인 서브트리

트리 노드	설명	개발자 완화 대책	운영 완화 대책
호출자	신뢰할 수 없는 코드가 당신의 코드를 호출하고, 악의적인 파라미터를 전달한다.	입력 값 검증	신뢰 수준이 낮은 코드가 신뢰할 수 없는 애플리케이션을 실행하지 못하게 권한을 사용한다.
피호출자	피호출자가 메모리를 변조할 수 있다(확장 포인트 등을 활용해).	API를 좀 더 제약적으로 설계하라.	신뢰할 수 있는 피호출자만을 호출하고, 신뢰할 수 있는 플러그인만 설치하라.
서브프로세스 또는 의존성	앞의 2가지와 동일하다. 주의 환기 목적으로 다른 방식으로 표현했다.		

데이터 흐름 변조

그림 B-5는 데이터 흐름 변조의 공격 트리를 보여준다. 3장과 8장에서 변조 위협을 설명했다. 16장에서 설명한 암호화 방식으로 변조 위협에 일부 대응할 수 있다.

일반적으로 데이터 흐름 위장을 방지하지 않았다면 변조와 정보 노출 문제가 존재한다.

데이터 흐름 위협은 채널이나 메시지 두 가지 모두에 적용될 수 있다. 사례를 살펴보는 것이 이해하는 가장 쉬운 방법이다. 이메일 메시지는 SMTP 채널을 통해 전달되는 반면, HTML(또는 다른 포맷) 메시지는 HTTP를 통해 전달된다. 무엇이 필요한지(어느 하나, 둘 다, 둘 다 아님)에 대한 질문은 요구 사항에 대한 질문이다.

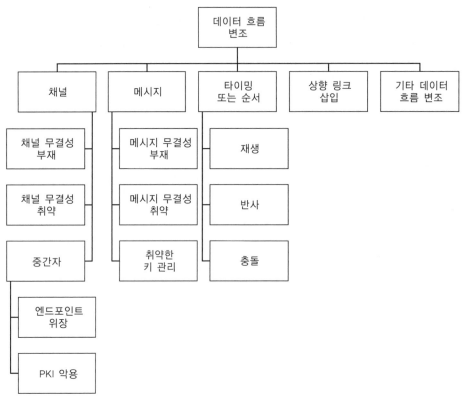

그림 B-5 데이터 흐름 변조

목적 데이터 흐름 변조

- 메시지
  - 메시지 무결성 부재
  - 메시지 무결성 취약
  - 취약한 키 관리
- 채널
  - 채널 무결성 부재
  - 채널 무결성 취약
  - 취약한 키 관리
  - 중간자
    - 엔드노드(또는 엔드포인트) 위장
    - PKI 악용

- 타이밍 또는 순서
  - 재생^{replay}
  - 반사^{reflection}
  - 충돌^{collisions}
- 상향 링크 삽입
- 기타 데이터 흐름 변조

표 B-5a 메시지 변조 서브트리

트리 노드	설명	개발자 완화 대책	운영 완화 대책
메시지 무결성 부재	변조로부터 메시지 무결성을 보호하는 수단이 없다.	무결성 통제를 추가하라.	데이터 흐름에 따라 다르다. 일부 위협은 터널링으로 해결할 수 있지만, 터널링은 채널 무결성을 제공하는 기술이다.
메시지 무결성 취약	MD5 같은 위약한 알고리즘	개선된 알고리즘을 적용하라.	위와 같음
취약한 키 관리	취약한 키 관리로 인해 메시지에 문제가 발생한다.	개선된 키 관리를 적용하라.	위와 같음

표 B-5b 채널 변조 서브트리

트리 노드	설명	개발자 완화 대책	운영 완화 대책
채널 무결성 부재	채널 무결성을 보호하는 수단이 없다.	무결성 통제를 추가하라.	무결성이 보호되는 전송 채널 터널링을 활용하라.
채널 무결성 취약	MD5 같은 취약한 알고리즘	개선된 알고리즘을 사용하라.	위와 같음
취약한 키 관리	취약한 키 관리가 채널과 메시지 모두에 나쁜 영향을 유발할 수 있다.	개선된 키 관리를 사용하라.	위와 같음
중간자	중간자 공격으로 데이터 변조가 가능하다.	강력한 인증	터널링
엔드포인트 위장	트리 B-3을 참고하라.		
PKI 해킹	PKI 시스템을 공격한다.	키 피닝(pinning)	컨버전스, 퍼시스턴스

표 B-5c 타이밍 또는 순서 변조 서브트리

트리 노드	설명	개발자 완화 대책	운영 완화 대책
재생(replay)	공격자가 시스템이 실제로 전송한 메시지를 다시 전송한다.	메시지 식별자를 관리하고 전송된 메시지를 기록한다.	터널링이 도움이 될 수 있다.
반사(reflection)	공격자가 메시지를 수신해 발신자에게 다시 전송한다.	주의 깊은 프로토콜 설계	터널링이 도움이 될 수 있다.
충돌(collisions)	공격자가 (아마도 변조된) 일련번호가 붙은 메시지를 전송해 실제 메시지가 무시되도록 유도한다.	메시지 식별자를 검증하고 관리한다.	적음

표 B-5d 상향 링크 삽입을 통한 변조 서브트리

트리 노드	설명	개발자 완화 대책	운영 완화 대책
상향 링크 삽입	데이터 흐름을 직접 변조하지 않고, 엔드노드가 원하는 데이터를 삽입하게 유도한다.	메시지가 삽입될 때 입력 값을 검증하고, 메시지를 전송할 때 출력 값을 검증한다.	방화벽으로 가능할 수 있다.

데이터 스토어 변조

그림 B-6은 데이터 스토어 변조의 공격 트리를 보여준다. 3장과 8장에서 변조 위협을 설명했다.

목적 데이터 스토어 변조

- 보호하지 않음
- 요청 혼동
- 방어 룰 우회
  - □ 취약한 룰
  - □ 방어 부재
- 방어 시스템 우회
  - □ 모니터 우회
  - □ 무결성 확인 우회

□ 다른 프로그램으로 쓰기

□ 물리적 접근

■ 용량 실패

□ 폐기

□ 순환

■ 기타

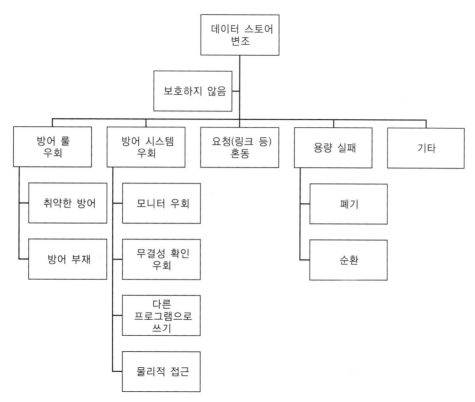

그림 B-6 데이터 스토어 변조

변조를 모니터나 권한 상승과 함께 고려할 수도 있다. 그러나 공격자가 관리자인 상황이라면 모든 계획이 좀 더 복잡해진다. 용량 실패는 변조와 서비스 거부 양쪽에 포함될 수 있지만, 확실히 공격자가 원하는 변조 효과를 유발한다.

표 B-6a 데이터 스토어 변조 서브트리

트리 노드	설명	개발자 완화 대책	운영 완화 대책
보호하지 않음	데이터에 대한 보호가 전혀 없다. 예를 들어 권한이 적용되지 않은 파일 시스템이나 누구에게든 쓰기 권한이 있는 wiki 등이 있다.	적절한 보호 조치를 추가하라.	물리적 접근 통제
요청 혼동	링크 또는 인클루전(inclusion)을 통해 데이터 요소가 여러 개의 이름을 가질 수 있는가?	(이름을 정규화한 후) 객체에 대한 권한을 확인한다.	합리적인 노력으로 해결할 수 있는 방법은 없다.

표 B-6b 방어 룰 우회를 통한 변조 서브트리

트리 노드	설명	개발자 완화 대책	운영 완화 대책
취약한 방어	룰(ACL, 권한, 정책)이 데이터를 변경할 정당성이 의문시되는 사람에게 변경을 허용한다.	프로그램이 적절한 권한을 가진 데이터를 생성하는지 확인한다.	권한을 변경하라.
방어 부재	누구나 데이터 스토어에 쓰기 권한이 있다.	위와 같음	위와 같음

표 B-6c 방어 시스템 우회를 통한 변조 서브트리

트리 노드	설명	개발자 완화 대책	운영 완화 대책
모니터 우회	모든 접속 요청이 통과하는 '참조 모니터'가 없다는 점이나 버그를 악용한다.	우수한 설계, 광범위한 테스팅	더 좋은 시스템을 활용하라.
무결성 확인 우회	무결성 확인 코드나 그 데이터베이스(때로는 범위 밖임)를 공격한다.	없음	읽기 전용 데이터베이스, 별도 OS를 통한 부팅
다른 프로그램으로 쓰기	데이터 스토어에 쓰기가 불가능할 경우 다른 프로그램을 대신 활용해 쓸 수 있는가? 다른 곳에 프로그램을 저장할 수 있는가?	다른 프로세스를 대신해 쓰고 있는 데이터를 확실히 이해하라.	프락시 프로그램을 제거/차단하라.
물리적 접근	다른 OS로 시스템을 재부팅한다.	파일 시스템 암호화나 다른 장소에 저장된 암호화 키를 이용한 무결성 체크	파일 시스템 암호화, 물리적 보호

표 B-6d 용량 실패를 통한 변조 서브트리

트리 노드	설명	개발자 완화 대책	운영 완화 대책
폐기	새로운 데이터를 기록하지 않게 하라.	셧다운 또는 순환으로 전환	저장 공간 추가
순환	오래된 데이터를 삭제해 여유 공간을 만들어라.	셧다운이나 폐기로 전환	저장 공간 추가

표 B-6d의 개발자 완화 대책은 약간 농담조로 느껴질 수 있지만 그렇지 않다. 결국 저장 공간이 없다면 저장 공간이 없는 것이다. 그 시점에서 시스템 중단을 허용하거나 어떤 방식으로든 공간을 만들어야 한다. 표에 표시되지 않는 방법으로는 압축과 다른 스토어로 데이터 이전이 있다. 두 방법 모두 적절한 접근이다.

프로세스에 대한 부인(또는 외부 엔티티에 의한 부인)

그림 B-7은 프로세스에 대한 부인이나 외부 엔티티에 의한 부인 공격 트리를 보여준다. 부인 위협은 3장과 8장, 14장에서 설명했다.

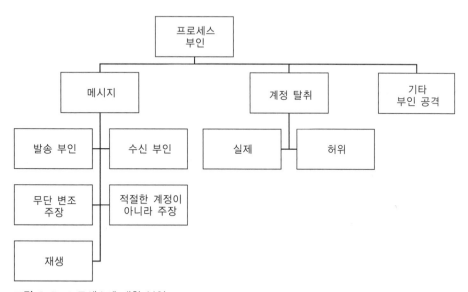

그림 B-7 프로세스에 대한 부인

목적 부인

- 계정 탈취
  - 실제
  - 허위
- 메시지
  - 발신 부인
  - 수신 부인
  - 변조 주장
  - 적절한 계정이 아니라 주장
  - 재생^{replay}
- 기타

표 B-7a 계정 탈취에 의한 부인 서브트리

트리 노드	설명	개발자 완화 대책	운영 완화 대책
실제	계정이 실제로 해킹 당했다.	강력한 인증	추가 인증 도구
허위	누군가가 계정을 탈취 당했다고 주장한다.	강력한 로깅	강력한 로깅, 페널티*

* 페널티를 도입할 경우 필연적으로 무고한 고객에게도 영향을 미칠 수 있다. 신중해야 한다.

표 B-7b 메시지 부인 서브트리

트리 노드	설명	개발자 완화 대책	운영 완화 대책
발신 부인	메시지를 보내지 않았다고 주장한다.	디지털 서명	로깅
수신 부인	메시지를 받지 않았다고 주장한다.	웹 버그, 로그	로깅, 방화벽으로 웹 버그를 차단하는 것도 가능
변조 주장	메시지가 변조됐다고 주장한다.	디지털 서명	메시지의 해시를 신뢰할 수 있는 방법으로 저장한다.
적절한 계정이 아니라 주장	barack.obama37@example.com에서 온 이메일은 미국 대통령에게서 온 메일이 아닐 것이다.	의미 있는 ID, 닉네임 사용(15장을 참고하라)	프로세스?

(이어짐)

트리 노드	설명	개발자 완화 대책	운영 완화 대책
재생(replay)	메시지가 '즉시 1,000주 매도'의 형태라면 공격자가 당신이 추가로 1,000주를 매도한 것이 오류였다고 주장할 수 있다.	프로토콜을 더 정교하게 설계하라.	로깅

데이터 스토어 부인

그림 B-8은 로그와 관련된 부인에 대한 공격 트리를 보여준다. 부인 위협은 3장과 8장에서 설명했다.

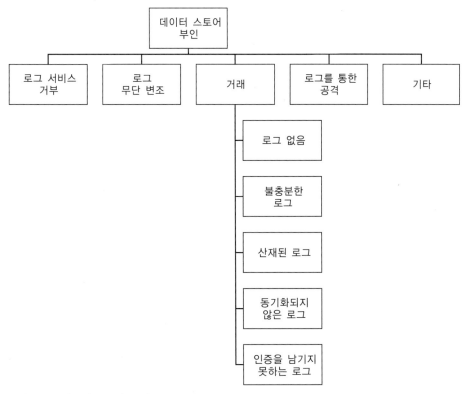

그림 B-8 데이터 스토어 부인

목표 데이터 스토어 부인

■ 거래

　　□ 로그 없음

- □ 불충분한 로그
- □ 산재된 로그
- □ 동기화되지 않은 로그
- □ 인증을 남기지 못하는 로그
- ■ 로그 변조
- ■ 로그 서비스 거부
- ■ 로그를 통한 공격
- ■ 기타

표 B-8a 거래 부인 서브트리

트리 노드	설명	개발자 완화 대책	운영 완화 대책
로그 없음	로그가 없다.	로그	로그(잘못된 것보다는 낫다. 괜찮다!)
불충분한 로그	로그를 통해 필요한 사실을 알 수 없다.	시나리오 분석	아마도 로깅 프락시
산재된 로그	로그가 여러 곳에 나눠 저장돼 있어 부인 주장에 대응하기가 너무 어렵다.	시나리오 분석	로그 통합
동기화되지 않은 로그	시스템들의 시간이 다르게 설정돼 있어서 로그 간의 상관관계를 파악하기 어렵다.	적음	모든 시스템의 시간을 UTC로 설정하고, 로컬 타임 서버를 사용한다.
인증을 남기지 못하는 로그	로그가 IP 위치나 지문 정보 같은 인증 판단에 활용되는 입력을 남기지 않는다.*	로그 대상 확대	적음

* 프라이버시 이슈와 로그를 통해서 인증 정보가 공개될 수 있는 정보 노출 위험도 함께 고려해야 한다.

표 B-8b 로그를 통한 부인 공격 서브트리

트리 노드	설명	개발자 완화 대책	운영 완화 대책
로그를 통한 공격	로그는 종종 '신뢰할 수 있다'고 여겨지지만, 일반적으로 신뢰 수준이 다양한 정보를 포함하고 있다.	가정에 대해 주의하고, 로그가 포함하는 내용에 대해 문서화하라.	적음

서비스 거부(그림과 표 B-14)와 데이터 스토어 변조(그림과 표 B-6)를 함께 살펴보라.

프로세스 정보 노출

그림 B-9는 프로세스 정보 노출에 대한 공격 트리를 보여준다. 정보 노출 위협은 3장과 8장에서 설명했다.

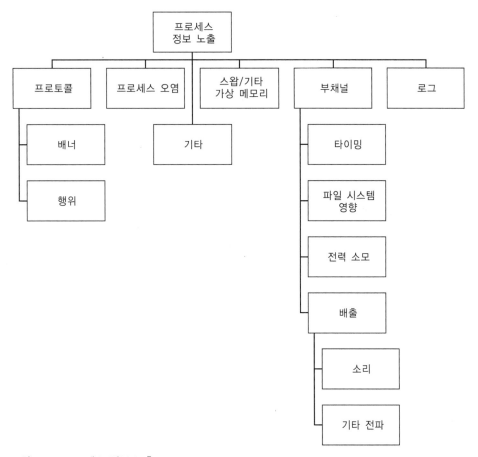

그림 B-9 프로세스 정보 노출

목적 프로세스로부터 정보 노출

- 부채널
  - □ 타이밍
  - □ 전략 소모
  - □ 파일 시스템 영향
  - □ 배출

□ 소리

□ 기타 전파

■ 프로토콜

□ 배너

□ 행위

■ 로그

■ 프로세스 오염

■ 기타

■ 스왑/가상 메모리

부채널은 전반적으로 메타데이터와 유사하다. 연산의 의도치 않은 부가적인 효과인데, 때로는 놀라울 정도로 흥미로운 사실을 보여준다.

표 B-9a 부채널을 통한 정보 노출 서브트리

트리 노드	설명	개발자 완화 대책	운영 완화 대책
타이밍	코드의 실행이 완료되는 시간이 암호학적인 비밀에 대한 정보를 노출할 수 있다.	일정한 시간이 소요되는 암호화 방식을 설계한다. 귀찮은 일이다.	없음
전력 소모	전력 소모를 통해 운영과 관련된 사실이 노출될 수 있다.	암호학적인 숨김이 유용하다.	전력 소모를 모니터하는 전력 공급장치를 사용할 경우 장비의 로그를 안전하게 보관하라.
파일 시스템 영향	코드가 디스크에 관련된 정보를 쓰는 경우가 있다.	특정한 디렉토리를 만들어서 그 곳에 정보를 저장하라.	가상 메모리 분리
배출			
소리	놀랍게도 프로세서가 암호화 키를 파악하는 데 도움이 되는 소리를 낸다(Shamir, 2013).	신뢰할 수 없는 당사자를 중요한 키를 소유한 시스템과 (멀리) 격리시키도록 설계하라.	마이크를 제거하라.
기타 전파	반 에크('TEMPEST'라고도 함)와 같은 다른 전파 형태와 빛이 정보를 노출할 수 있다.	반 에크 공격을 어렵게 만들도록 고안된 폰트가 존재한다. 접근성과 관련된 규칙을 위반해야 될 수도 있다.	쉴드 처리

트리 노드	설명	개발자 완화 대책	운영 완화 대책
배너	프로세스가 자신이 무엇인지 알리고 있다면(예, 'HELO sendmail 5.5.1') 공격자에게 유용하게 활용될 수 있다.	배너의 위험 트레이드오프를 검토하라. 버전 정보를 노출해 어떤 이익을 얻는가?	때로는 배너가 변경할 수 있다. 효과는 있을 수도 있고, 없을 수도 있다.
행위	새로운 버전의 프로그램이 다른 방식으로 동작해 공격자가 이를 알아챌 수 있는 경우가 있다.	코드를 보안 목적으로 업데이트할 때 미묘한 행동 변화를 피하는 것은 어려울 수 있다.	은밀하게 운영되는 버전에 의존하지 않도록 보안 수준을 유지해야 한다.

표 B-9c 추가적인 정보 노출 위협 서브트리

트리 노드	설명	개발자 완화 대책	운영 완화 대책
로그	로그에 중요한 프로세스 데이터가 포함될 수 있다. 적절한 데이터를 적절한 로그에 기록하는지 확인하라(예를 들어 로그인 실패를 로그에 기록할 경우 관리자만 읽을 수 있어야 하고 패스워드를 기록하면 안 된다).	로그를 통제할 수 있을 경우(예를 들어 자체 로그를 보유한 데이터베이스 시스템) 정보 노출을 고려해 로그를 설계하라. 시스템 로그를 사용하고 있다면 로그의 권한을 변경하지 마라.	로그의 권한이 적절히 설정됐는지 확인하라.
스왑/가상 메모리	암호화 키 같은 중요한 정보는 스왑되지 않아야 한다.	이를 보호할 수 있는 적절한 시스템 호출을 사용하라.	그 외의 활동은 없음
프로세스 오염	프로세스를 변조하거나 권한을 상승할 수 있다면 정보 노출에 활용할 수 있다.	이를 방지하기 위한 보안 개발 생명주기를 활용하라.	없음

데이터 흐름 정보 노출

그림 B-10은 데이터 흐름으로부터의 정보 노출 공격 트리를 보여준다. 정보 노출 위협은 3장과 8장, 16장에서 설명했다.

일반적으로 데이터 흐름 위장을 차단하지 않았다면 변조와 정보 노출 문제가 발생한다.

데이터 흐름 위협은 채널이나 메시지 두 가지 모두에 적용될 수 있다. 사례를 살펴보

는 것이 이해하는 가장 쉬운 방법이다. 이메일 메시지는 SMTP 채널을 통해 전달되는 반면, HTML(또는 다른 포맷) 메시지는 HTTP를 통해 전달된다. 무엇이 필요한지(어느 하나, 둘 다, 둘 다 아님)에 대한 질문은 요구 사항에 대한 질문이다.

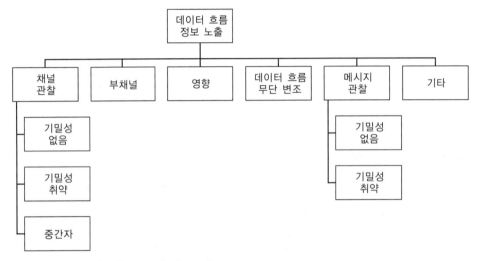

그림 B-10 데이터 흐름으로부터 정보 노출

목적 데이터 흐름으로부터 정보 노출

- 메시지 관찰
  - □ 기밀성 없음
  - □ 기밀성 취약
- 채널 관찰
  - □ 기밀성 없음
  - □ 기밀성 취약
  - □ 중간자(표 B-3 데이터 흐름 위장을 참고하라)
- 부채널
- 영향
- 기타와 위장

데이터 위조 변조(그림과 표 B-3, B-5)를 참고하라. 많은 경우 정보 노출을 유발할 수 있다.

표 B-10a 메시지 관찰을 통한 정보 노출 서브트리

트리 노드	설명	개발자 완화 대책	운영 완화 대책
기밀성 없음	메시지 내용을 보호하는 대책이 없다.	암호화(또는 시스템 내 흐름에 대한 권한)	PCP 등 메시지 보호 애드온을 사용할 수 있다. 또는 채널 보호를 위한 터널링이 효과적일 수 있다.
기밀성 취약	메시지의 기밀성이 취약하게 보호된다.	위와 동일	위와 동일

표 B-10b 채널 관찰을 통한 정보 노출 서브트리

트리 노드	설명	개발자 완화 대책	운영 완화 대책
기밀성 없음	채널의 내용을 보호하는 대책이 없다. 메시지 보호를 잘 하더라도 메시지에 관한 데이터(발신자와 수신자)가 노출될 수 있다.	전체 채널을 암호화하라. 발신자와 수신자 노출이 우려된다면 B-10c를 참고하라.	터널링
기밀성 취약	채널의 내용이 취약하게 보호된다.	암호화를 개선하라.	터널링
중간자	B-3, 데이터 흐름 위장을 참고하라.		

표 B-10c 기타 정보 노출 위협 서브트리

트리 노드	설명	개발자 완화 대책	운영 완화 대책
부채널	발신자와 송신자에 대한 데이터가 유용한 경우가 있다. 3장의 트래픽 분석에 대한 내용을 참고하라.	3장을 참고하라.	사설 네트워크 연결이 유용할 수 있다.
영향	데이터 흐름을 잘 보호하고 있더라도 때로는 액션을 수행해야 하고, 그 액션이 노출될 수 있다.	없음	운영 규정

데이터 스토어 정보 노출

그림 B-11은 데이터 스토어로부터 정보 노출 공격 트리를 보여준다. 정보 노출 위협은 3장과 8장, 16장에서 설명했다.

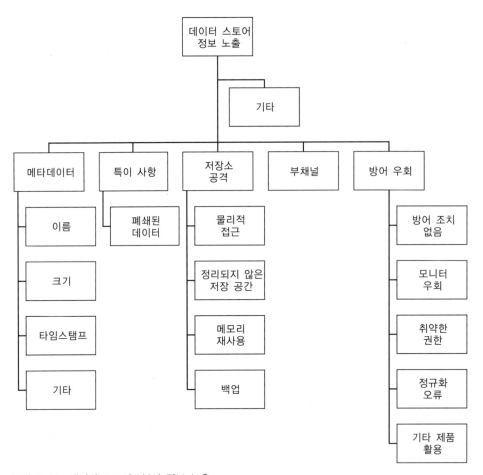

그림 B-11 데이터 스토어로부터 정보 노출

목적 데이터 스토어에서 읽기

■ 방어 우회

  □ 정규화 오류

  □ 방어 조치 없음

  □ 모니터 우회

  □ 취약한 권한

  □ 기타 제품 활용

■ 메타데이터

  □ 이름

  □ 크기

- □ 타임스탬프
- □ 기타
- ■ 특이 사항
  - □ 폐쇄된 데이터
- ■ 부채널
- ■ 저장소 공격
  - □ 물리적 접근
  - □ 정리되지 않은 저장 공간
  - □ 메모리 재사용
  - □ 백업
- ■ 기타

표 B-11a 방어 우회를 통한 정보 노출 서브트리

트리 노드	설명	개발자 완화 대책	운영 완화 대책
정규화 오류	링크나 인클루전(inclusion)을 통해 데이터 요소가 여러 개의 이름을 가질 수 있는가? 그렇다면 각각의 이름이 다르게 처리될 수도 있다.	(이름을 정규화한 후에) 이름이 가리키는 객체에 대한 권한을 확인하라.	합리적인 노력으로 해결할 수 있는 방법은 없다.
방어 조치 없음	시스템이 설계를 통해 제공하는 방어 조치가 없다.	다른 시스템을 사용하거나 방어 조치를 추가한다.	물리적인 방어
모니터 우회	모든 접속 요청이 통과하는 '참조 모니터'가 없다는 사실이나 버그를 악용한다.	모든 버그를 찾기 위해 많은 테스트를 하는 것보다 재설계가 더 쉬울 것이다.	개선된 시스템을 사용하라.
취약한 권한	권한이 과도하게 관대하다.	권한 강화	권한 강화
기타 제품 활용	데이터를 읽을 수 있는 다른 프로그램을 찾아서 이를 활용해 데이터를 읽는다.	임의의 파일을 개봉해 내용을 전달하지 마라.	해당 프로그램을 제거하거나 권한을 이용해 차단하라.

표 B-11b 메타데이터와 부채널을 통한 정보 노출 서브트리

트리 노드	설명	개발자 완화 대책	운영 완화 대책
이름	'엘리스 해고 계획.docx' 같은 파일명이 정보를 노출할 수 있다.	개인 디렉토리를 사용하고 어디에 데이터를 저장할지 선택할 수 있게 하라.	권한
크기	파일의 크기가 정보를 노출할 수 있다.	표준 파일 크기를 활용하라(필요한 경우가 많지는 않지만, 데이터 유형에 따라 필요할 수도 있다).	권한
타임스탬프	파일이 작성된 시점이 흥미로운 정보를 노출할 수 있다.	개인 디렉토리를 사용하고 어디에 데이터를 저장할지 선택할 수 있게 하라.	타임스탬프를 숨기는 보안 운영
부채널	디스크 용량 부족이나 시스템 속도 저하 등의 행동이 정보를 노출할 수 있다.	용량 제한, 실제 사용량을 숨기기 위한 사전 할당	부채널을 줄이기 위해서는 많은 투자가 필요하다.
기타	앞의 이슈를 우려하고 있다면 많은 영리한 방법이 있다.	스테가노그래피, 암호화	격리

표 B-11c 특이 사항에 의한 정보 노출 서브트리

트리 노드	설명	개발자 완화 대책	운영 완화 대책
폐쇄된 데이터	변화 관리 등 목적의 데이터가 정보를 노출할 수 있다.	이러한 데이터를 조회, 검사, 제거할 수 있는 도구	절차와 교육

표 B-11d 저장소 공격을 통한 정보 노출 서브트리

트리 노드	설명	개발자 완화 대책	운영 완화 대책
물리적 접근	운영체제가 당신을 보호하고 있다고 믿고 있을 경우 물리적 접근은 엄청난 파급 효과를 가진다.	암호화	물리 보안

(이어짐)

트리 노드	설명	개발자 완화 대책	운영 완화 대책
정리되지 않은 저장 공간	저장 공간을 반환할 때 OS가 공간을 완전히 지우는가?	민감한 데이터를 수작업으로, 반복적으로 덮어써라. 이 방식은 플래시 메모리 기반 저장 장치에서는 잘 동작하지 않는다.	디스크를 판매하기보다는 파기하라. 하드디스크는 덮어쓰기 할 수 있지만, 플래시 기반 저장 장치에서는 웨어 레벨링(wear leveling)으로 인해 정보 노출 위협을 관리하기 어렵다.
메모리 재사용	저장 공간을 반환할 때 OS가 공간을 완전히 지우는가?	위와 같음	없음
백업	원격지에 있는 백업 테이프의 경우에는 어떠한가?*	암호학적 방법	암호학적 방법

* 백업에 대한 위협에는 변조도 있다. 그러나 백업 테이프에 대한 변조 공격은 정보 노출 공격에 비해 매우 복잡하다.

프로세스 서비스 거부

그림 B-12는 프로세스에 대한 서비스 거부 공격 트리를 보여준다. 서비스 거부 위협은 3장과 8장에서 설명했다.

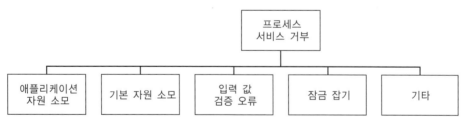

그림 B-12 프로세스를 대상으로 한 서비스 거부

목적 프로세스를 대상으로 한 서비스 거부

- 애플리케이션 자원 소모
- 기본 자원 소모
- 입력 값 검증 오류
- 잠금^{lock} 잡기
- 기타

표 B-12 프로세스에 대한 서비스 거부

트리 노드	설명	개발자 완화 대책	운영 완화 대책
애플리케이션 자원 소모	애플리케이션 자원에는 연결, 버퍼, 비즈니스 로직 구조 등이 포함된다.	동적 자원 할당	가상머신이나 로드 밸런싱
기본 자원 소모	기본 자원에는 디스크, 메모리, 네트워크 대역 등이 포함된다.	OS의 한도 기능을 활용하라.	가상머신이나 로드 밸런싱
입력 값 검증 오류	잘못된 입력 값이 애플리케이션을 중단시킬 수 있다.	철저한 입력 값 검증	프로세스 재시작(서비스 거부가 공격자가 필요한 많은 기회를 주는 권한 상승으로 변하지 않게 주의하라).
잠금(lock) 잡기	애플리케이션이 잠금(lock)를 잡을 수 있다면 다른 서비스를 막을 수도 있다.	잠금(lock)을 신속히 풀어라.	애플리케이션당 하나의 가상머신 사용

데이터 흐름 서비스 거부

그림 B-13은 데이터 흐름 서비스 거부 공격 트리를 보여준다. 서비스 거부 위협은 3장과 8장에서 설명했다.

목적 데이터 흐름에 대한 서비스 거부

- 선점^{preplay}
- 메시지 오염
  - 무결성 없음
  - 무결성 취약
- 채널 무력화
  - 기본 자원 소모
  - 애플리케이션 자원 소모
  - 엔드포인트 무력화
    - 무단 점유
    - 프로세스 서비스 거부
- 기타

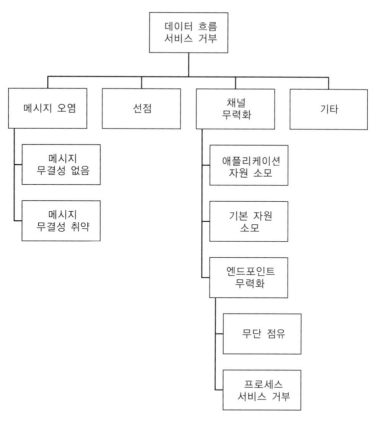

그림 B-13 데이터 흐름에 대한 서비스 거부

표 B-13a 선점에 의한 서비스 거부 서브트리

트리 노드	설명	개발자 완화 대책	운영 완화 대책
선점(preplay)	공격자가 사용자보다 먼저 연결을 맺거나 동작을 시작, 반복한다.	작업 증명(proof of work)이 동작하지 않는다. 시스템이 느려졌을 경우 연결을 끊는 것을 고려하라.	용량

표 B-13b 메시지 오염에 의한 서비스 거부 서브트리

트리 노드	설명	개발자 완화 대책	운영 완화 대책
무결성 없음	채널의 무결성이 없다면 경로에 속하거나 인접한 공격자가 메시지를 오염시킬 수 있다.	무결성 체크를 추가하라.	용량을 추가하고 가능하면 터널링을 사용하라.

(이어짐)

트리 노드	설명	개발자 완화 대책	운영 완화 대책
무결성 취약	무결성이 없는 경우와 비슷하지만, 키가 없는 체크섬이나 암호학적인 방식이 아닌 체크섬을 사용한다.	암호학적으로 강력하고 키를 활용하는 체크섬을 사용하라.	용량을 추가하고 가능하면 터널링을 사용하라.

표 B-13c 채널 무력화를 통한 서비스 거부 서브트리

트리 노드	설명	개발자 완화 대책	운영 완화 대책
기본 자원 소모	일반적으로 네트워크 대역이 여기에 해당하지만, CPU일 수도 있다.	UDP 대신에 TCP를 사용하라. 엔드 포인트의 응답을 요구할 수 있다.	네트워크 대역
애플리케이션 자원 소모	애플리케이션이 제공하는 모든 것이 소모될 수 있다. 예를 들어 정적인 데이터로 구성된 정적인 테이블을 사용하는 상태 기반 방화벽을 운영할 경우 테이블이 가득 찰 수도 있다.	고정 할당을 하지 마라.	가상머신과 부하 분산 장치
엔드포인트 무력화	엔드포인트를 중단시키는 어떤 작업을 할 수 있다.	엔드포인트가 무력화 되지 않게 하라.	장애 극복 (fail-over)
무단 점유	실제 애플리케이션이 포트나 네임드 파이프를 요청하기 전에 등장한다.	없음	권한
프로세스 서비스 거부	프로세스를 혼란스럽게 만들어 채널을 사용할 수 없게 한다.	위와 같음	가상머신과 부하 분산 장치

데이터 스토어 서비스 거부

그림 B-14는 데이터 스토어를 대상으로 한 서비스 거부 공격 트리를 보여준다. 서비스 거부 위협은 3장과 8장에서 설명했다.

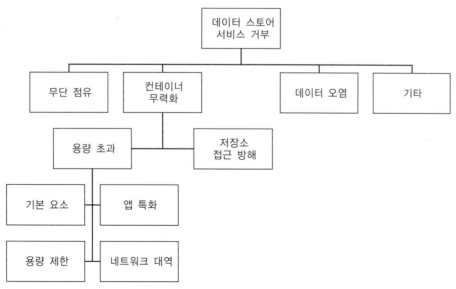

그림 B-14 데이터 스토어에 대한 서비스 거부

목적 데이터 스토어에 대한 서비스 거부

- 무단 점유
- 데이터 오염(그림 B-6의 데이터 스토어 변조를 참고하라)
- 컨테이너 무력화
  - 저장소 접근 방해
  - 용량 초과
    - 기본 요소
    - 앱 특화
    - 용량 제한
    - 네트워크 대역
- 기타

    용량 초과와 네트워크 대역은 초당 입출력 작업을 의미한다. 지속될 경우 입출력 큐와 같은 연쇄 효과가 발생할 수 있다.

표 B-14a 무단 점유에 의한 서비스 거부 서브트리

트리 노드	설명	개발자 완화 대책	운영 완화 대책
무단 점유	실제 애플리케이션이 포트나 네임드 파이프를 요청하기 전에 선점한다.	문제의 대상에 권한을 설정하라.	문제의 대상에 권한을 설정하라.

표 B-14b 컨테이너 무력화에 의한 서비스 거부 서브트리

트리 노드	설명	개발자 완화 대책	운영 완화 대책
저장소 접근 방해	공격자가 ACL을 추가하거나 잠금(lock)를 걸어서 저장소 접근을 방해한다.	저장소를 공격자가 ACL이나 잠금(lock)을 추가할 수 없는 곳에 둔다. 접근이 가능한지 테스트한다. 불가능할 경우 이유를 설명한다.	공격자가 권한을 변경할 수 없는 곳으로 저장소를 이전한다. 링크나 리다이렉션을 이용할 수 있다.
용량 초과	데이터 스토어의 용량을 어떤 방식으로든 가득 차게 만든다. 여기에는 기본 요소, 앱 특화, 용량 제한, 네트워크 대역폭이 포함된다.		
기본 요소	디스크 공간 같은 기본 요소를 소모한다.	오류 발생 이유를 설명하라.	저장 공간 추가
앱 특화	애플리케이션에 자원 제한이 있을 경우 이를 모두 사용한다. US-CERT, 2002를 참고하라.	고정적인 할당을 하지 마라.	없음
용량 제한	용량 제한은 기본 자원 제약과 유사한 방식으로 작동한다. 시스템에 대한 공격보다는 개별 애플리케이션이나 계정에 대한 DoS를 억제한다.	적절한 트레이드오프에 대해 선택해 설계한다.	적절한 트레이드오프를 선택해 적용한다.
네트워크 대역	데이터 스토어에 더 많은 데이터를 보관할 수 있는 상황에서도 네트워크 대역이나 연결 버퍼가 가득 찰 수 있다.	동적 버퍼를 통해 문제 발생을 미룰 수 있다.	대역폭 확대나 (특히 클라우드/데이터 센터에서는) 데이터를 쓰는 프로세스를 시스템에 가까운 곳으로 옮겨라.

프로세스 권한 상승

그림 B-15는 프로세스 권한 상승 공격 트리를 보여준다. 권한 상승 위협은 3장과 8장에서 설명했다.

목적 프로세스 권한 상승

- 동적 오염
  - 입력 값 검증 오류
  - 메모리 접근
- 정적 오염(그림 B-6의 데이터 스토어 변조를 참고하라)
- 충분하지 않은 인증
  - 크로스도메인 이슈
  - 호출 체인 이슈
  - 설계 이슈
    - 사용성

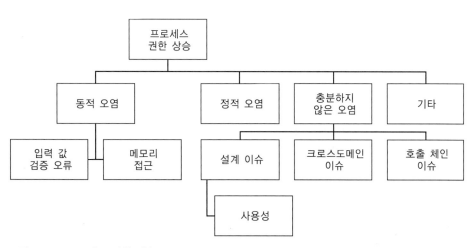

그림 B-15 프로세스 권한 상승

표 B-15a 동적 오염에 의한 권한 상승 서브트리

트리 노드	설명	개발자 완화 대책	운영 완화 대책
입력 값 검증 오류	입력 값으로 인해 제어 흐름이 바뀔 수 있다(예를 들어 스택 스매싱이나 힙 오버플로우를 통해서).	신중하게 설계하고 목적에 맞는 입력 값 검증, 퍼징을 실시하라.	샌드박스를 통해 영향을 일부 줄일 수 있다.
메모리 접근	프로그램이 관리자나 다른 로컬 계정의 공격을 방어하려는 경우가 있다.	'프로세스 변조'를 참고하라.	OS 기능을 사용하라.

표 B-15b 충분하지 않은 인증에 의한 권한 상승 서브트리

트리 노드	설명	개발자 완화 대책	운영 완화 대책
크로스도메인 이슈	'동일한 출처' 정책이나 '크로스도메인 없음' 정책을 사용하는 애플리케이션이 보안 모델의 실패의 영향을 받을 수 있다. 이 모델은 웹 애플리케이션에서 자주 사용된다.	보안 체크가 이름을 정규화한 후 점검을 수행하는 참조 모니터로 집중되게 하라. 로드 밸런싱이나 클라우드 서비스에서 발생하는 일반적인 도메인과 DNS 이슈에 주의하라(예를 들어 아마존 S3나 아카마이가 그들의 다른 고객들과 마찬가지로 신뢰 경계 내부에 존재하는가?).*	자체 도메인이 도움이 될 수 있다.
호출 체인 이슈	앞서 설명한 '프로세스 변조(그림 B-4)'를 참고하라.		
설계 이슈 (사용성)	인증 시스템을 사용하기 어렵다면 사람들이 잘 사용할 가능성이 적다.	인적 요소 테스트를 설계 초기에 실시하라.	권한 분석 도구를 사용하라.

* 아마존과 아카마이는 주의를 환기하는 목적으로 언급된 것으로, 서비스를 폄하하려는 의도는 없다.

기타 위협 트리

트리들은 일반적인 공격 방식에 대한 템플릿으로 활용할 수 있다. 트리 작성과 관련된 약간의 갈등이 있다. 첫 번째는 깊이에 대한 질문이다. 더 깊고 세부적인 트리는 보안이 아닌 분야의 전문가에게 더 유용할 것이다. 그러나 불행히도 세부적인 트리는 멘탈 모델의 형성을 약화시키고 관련 위협을 떠올리기 어렵게 한다. 두 번째는 외양의 완성도와 운영체제 특수성 사이의 갈등이다. 예를 들어 도메인 신뢰를 공격하는 것은 윈도우에 특화된 것으로, 관점에 따라 '기능 남용'이나 '관리자 해킹(인증)' 또는 둘 모두로부

터 파생될 수 있다. 그러므로 트리와 트리를 사용할 대상을 고려해 트리를 그대로 사용할지, 추가적인 계층을 작성할지 결정해야 한다.

앞서 살펴본 STRIDE 트리와 달리 여기서 다룰 트리들에는 위협에 대응하는 방법을 제공하지 않는다. 대응 방법이 너무 다양하고 운영체제의 세부 사항에 따라 서로 다르기 때문이다.

코드 실행

코드를 실행하는 목적은 시스템에서의 권한 상승일 것이다. 즉, 공격자는 (시스템에서) 코드를 실행할 수 없는 상태에서 (시스템에서) 코드를 실행할 수 있는 새로운 권한을 얻게 된다. 이 트리는 다음에 나올 소셜 프로그램 해킹의 목적과도 관련이 있다. 중요한 차이는, 이 절의 트리는 '코드 실행'에 초점을 맞춘다는 점이다. 공격자의 목적이 항상 코드 실행인 것은 아니다. 이 트리에 '기타' 노드는 없지만, 넓은 범주를 포함하도록 설계됐다.

서버에서 실행

여기서 서버는 단순히 사용하는 사람이 없고 네트워크 요청에 응답하는 하나 이상의 프로세스가 실행되는 컴퓨터를 의미한다. 목적은 '침입'이 아니라 '코드 실행'이다. '침입'은 대부분의 경우 중간 과정이지 최종 목적이 아니다. 공격자는 거의 항상 침입한 후에 컴퓨터에서 어떤 프로그램을 실행한다. 그림 B-16의 트리는 공격자가 코드를 실행하는 권한 수준의 차이를 구분하지 않는다.

목적 서버에서 코드 실행

- 코드 취약점 해킹
  - □ 인젝션 취약점
    - □ 스크립트 인젝션
    - □ 코드 인젝션(SQL 등 포함)
  - □ 기타 코드 취약점
- 기능 남용
- 인증 해킹
- 물리적 접근

- 공급 체인
  - 하드웨어 변조
  - 소프트웨어 변조
    - 출시 시점
    - 업데이트를 통한 변조
- 관리자 행동
  - 의도적
  - 사고/오도

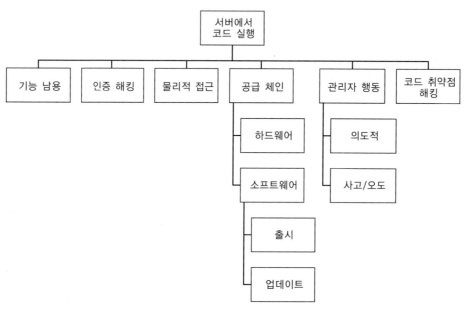

그림 B-16 서버에서 코드 실행

업데이트를 통한 소프트웨어 변조는 특정 대상만 노릴 수도 있다. 인젝션 취약점은 코드/데이터 혼동으로 인해서 공격자가 코드나 스크립트를 삽입할 수 있는 넓은 범위의 이슈다.

클라이언트에서 실행

클라이언트의 경우 네트워크 공격 표면이 서버에 비해 적지만, '서버'에 침입하기 위해 사용되는 모든 방법이 클라이언트에서도 작동한다. 그림 B-17과 같이 침입을 위한 새로운 방법으로 추가적이거나 예상 밖의 기능으로 코드를 실행하게 유도하거나 시스템에서 작동 중인 프로그램에 위험한 파일을 입력하게 유도하는 방식이 있다. 또한 사람들이 코드를 실행한다는 사실은 알지만 어떤 결과가 벌어지는지는 모르는 상태로 실행을 유도할 수도 있다. PDF 아이콘으로 위장한 실행 파일처럼 혼동을 유발하는 방식도 있다(다음의 '교묘한 파일명을 이용한 공격' 절을 참고하라). 실행 중인 프로그램에 위험한 파일을 입력하게 유도하는 경우 입력 내용은 문서, 이미지, URL 등이 될 수 있다(해킹 코드가 파일에 포함되는 경우보다는 추가적인 해킹 코드를 읽어오는 경우가 많다).

사람을 대상으로 한 이러한 공격은 이메일, 인스턴트 메시지, 파일 공유 애플리케이션, 웹사이트, 전화 등 다양한 곳에서 발생한다.

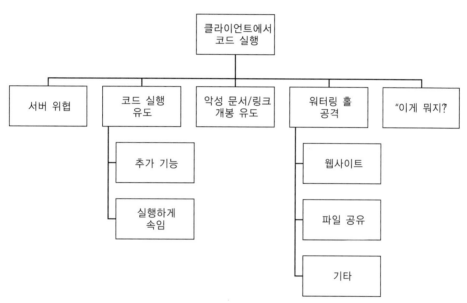

그림 B-17 클라이언트에서 코드 실행

목적 클라이언트에서 코드 실행

- 서버 위협
- 코드 실행을 유도
  □ 추가 기능
  □ 웹사이트로부터
  □ 실행하게 속임
- 악성 문서를 개봉하도록 유도(문서, 이미지, URL 등)
- 워터링 홀 공격

- □ 웹사이트
- □ 파일 공유
- □ 기타
- ■ '이게 뭐지?'

주의 깊은 독자는 18장에서 설명한 브로드 스트리트 분류법을 따른 것이라는 사실을 발견했을 것이다. 워터링 홀^{watering hole} 공격은 '악성 문서를 개봉하도록 유도'하는 것과 유사하지만, 많은 사람을 대상으로 한다. 공격 대상은 잘 알려지지 않는 정부 웹사이트에 관심이 있는 사람에서부터 프로그래밍 사이트에 접속하는 사람에까지 다양하다(대상 IP, 도메인 및 다른 요소로 인해 공격 코드가 저장되는 장소는 달라질 수 있다). 워터링 홀 공격은 파일 공유 서비스 등을 통해 파일을 다운로드하는 사람을 노릴 수도 있다. 마지막 유형('이게 뭐지?')은 호기심이 많은 사용자가 실행 파일이나 파일 공유, USB 메모리나 다른 기기에 저장된 파일이 무엇인지 궁금해서 실행하도록 유도하는 방식이다.

모바일 장치에서 실행

모바일 장치에는 노트북, 태블릿, 스마트폰 등이 포함된다. 모바일 장치를 대상으로 한 공격에는 모든 클라이언트 공격이 포함된다. 냉장고만한 크기의 서버보다는 모바일 장치를 잃어버리는 경우가 많기 때문에 물리적 접근을 추가했다. 그림 B-18에 추가 공격이 나와 있다.

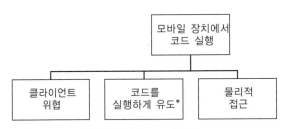

그림 B-18 모바일 장치에서 코드 실행

목적 모바일 장치에서 코드 실행

- ■ 클라이언트 위협
- ■ 코드를 실행하게 유도*(앱스토어에서 수정될 수 있음)
- ■ 물리적 접근의 심각성이 더욱 커졌다.

별표(*)는 코드를 실행하게 유도하는 공격은 앱 스토어의 존재(또는 통제)에 따라 달라진다. 이러한 통제는 추가 기능 사용을 위한 탈옥의 위험으로 이어진다.

'소셜' 프로그램을 통한 공격

인터넷이 대중화되기 전에도 멀리 떨어진 곳으로부터 공격을 받는 경우가 있었다. 대부분 국가는 어떤 형태의 우편 경찰을 통해 사람들을 속이는 사기꾼들을 막고 있다. 인터넷의 놀랍고도 저렴한 연결 채널로 인해 많은 사기꾼이 온라인으로 이동해 취약점을 해킹해 컴퓨터를 장악하는 것처럼 사람들을 속여 이익을 얻는 새로운 방식이 등장했다.

그림 B-19의 위협 트리는 두 가지 방식으로 활용될 수 있다. 첫 번째로 이메일, 인스턴트 메시지 프로그램 등에 대한 공격 패턴을 고려하기 위한 위협 모델로 활용될 수 있다. 두 번째로 트리의 각 부분에 표시된 공격을 방어하고 있는지 확인하기 위한 설계 단계 모델로 활용할 수 있다.

목적 '소셜' 프로그램을 통한 공격

- 코드 실행
  - 무인 해킹
  - 문서를 통한 취약점 해킹
    - 행동의 이유 + 안전하다는 믿음
    - 안전하다는 믿음
- 사람의 행동
  - 웹사이트 방문
    - 피싱
    - 취약점 해킹*
    - 광고 수익
    - 기타
- 기타 행동 유도

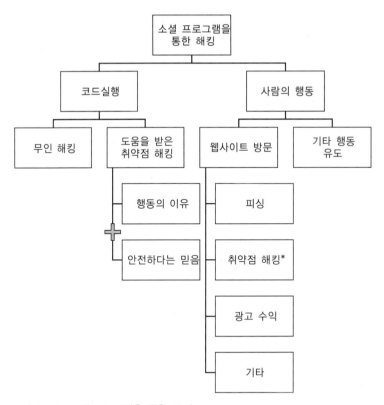

그림 B-19 소셜 프로그램을 통한 공격

별표(*)가 붙은 '취약점 해킹'은 공격자가 어떤 방법을 통해서 사람들이 악성코드가 저장돼 있는 웹사이트에 방문하게 유도한다는 의미다. '도움을 받은 취약점 해킹'과 중복되지만, 두 곳에 모두 포함할 만큼 일반적인 공격이다(다른 방식으로 공격자가 웹사이트에 방문하면 보이는 광고에 악성코드를 삽입해 놓을 수도 있다).

이 트리에 관리자나 로그인한 계정에 의한 공격은 포함돼 있지 않다. 여기서 '로그인한 계정'은 사람에 의한 동작과 특정 계정의 권한으로 실행되는 코드에 의한 동작 모두를 포함한다. 코드가 신뢰 경계 내부로 한 번 들어오면 더 높은 권한으로 작동하는 코드에 의해 아주 효과적으로(그리고 아마 유일하게) 통제될 수 있다. 소셜 프로그램의 범위는 아니라고 거의 단언할 수 있다. 특정 작업에 대한 참조 모니터 등의 높은 권한으로 동작하는 관리 모듈이 있을 수도 있다. 그러나 로그인된 계정으로 동작하는 코드는 여전히 사용자 인터페이스를 바꾸거나 동작을 수행할 수 있다.

교묘한 파일명을 이용한 공격

사람의 행동을 유도하기 위해서는 그 행동을 하는 이유와 그 행동이 안전하거나 걱정을 무시할 만큼 충분히 안전하다는 믿음이 있어야 한다. 공격자가 사람들의 행동을 유도하기 위해 자주 활용하는 방법이 15장의 표 15-1에 나와 있다. 안전하다는 믿음은 프로그램을 실행하는 것이 아니라 문서(이미지, 웹페이지 등)를 개봉한다는 생각에서 기인한다. 그 믿음이 사실일 수도 있지만, 문서에 취약점 해킹 내용이 포함돼 있을 수도 있다. 문서가 실제로는 프로그램이지만 사용자 인터페이스에서는 파일명의 일부가 감춰졌을 수도 있다. 이름의 일부를 감춰서 맥 OS, 윈도우 등의 환경에서 확장자를 숨길 수 있다. 텍스트 방향(왼쪽에서 오른쪽으로 읽거나 오른쪽에서 왼쪽으로 읽는)이 다른 표시 언어를 혼용해 복잡한 이슈가 발생하는 경우도 있다. 예를 들어 Abdul's Resume를 쓰는 정확한 방법은 무엇인가? resume عبد이라고 써야 하는가? 이 이력서가 .doc 파일이 아니라 .exe 파일이라면 .exe는 عبد의 어느 쪽에 표시돼야 하는가? 아랍어에서 عبد는 가장 오른쪽에 표시돼야 하지만, 확장자가 위치하는 곳이라고 예상하는 사람에게는 혼동을 초래한다. 확장자가 가장 오른쪽에 있다면 아랍어를 잘못 표시한 것이다. 실제 확장자가 무엇인지 혼동하게 될 가능성이 크다.

재미있게도 마이크로소프트 워드에서는 입력된 텍스트를 'Abdul(아랍어에서) Resume'로 받아들인 후 "R" "e" "s" "u" "m" "e" "L/lam" etc. Abdul으로 다시 표현했다. 그 후 파일명 뒤에 표시된 물음표를 단어 가운데로 재배치했다(이 이슈가 복잡하다는 것을 보여줄 목적이므로, 명확한 정답은 없다).

C

공격자 목록

2장에서 논의한 바와 같이 공격자에 초점을 맞추는 것은 위협이 실제가 되는 매력적인 방법이다. 이 부록은 상세하고 다양한 수준으로 공격자의 이해를 돕는다. 첫 번째 절은 각각에 대한 상세한 공격자의 네 가지 목록이다. 그것은 '인물'에 대한 논의 다음으로 완전히 시스템 위협을 벗어난다.

이러한 모델을 만들어내는 것은 대단히 도전적이기 때문에 많은 프로젝트에서 어려움을 겪었다. 이 부록은 당신을 도울 것이라는 희망을 보여준다. 그리고 당신이 '빠르게 실패'하게 함으로써 당신을 도울 수 있다는 (냉소적) 기대가 있다. 즉, 이 목록을 제공함으로써 그들을 밖으로 꺼내는 시도는 당신의 수고로움을 덜고 다양한 공격자 모델을 실험할 수 있다. 빨리 실패하면 오히려 접근하며 수렁에 빠지기보다 교훈을 배우며 함께 움직일 수 있다.

생각해볼 만한 가치가 있는 하나의 다른 공격자가 있고 그들은 전문가라는 점이다. 당신의 제품(또는 증거)이 법정에서 사용된다면 어떻게 제품, 프로세스 또는 시스템의 각 요소가 의욕이 있고 호기심 많은 사람에 의해 공격 당할지 생각해보자. 예를 들어 로스 앤더슨[Ross Anderson](Anderson, 2013)에 의한 '범죄자 태그'를 살펴보자.

공격자 목록

이 절에서는 다양한 수준으로 개발된 네 가지 공격자 집합을 설명한다.

바너드의 목록

공격자의 한 집합은 침입 탐지 시스템에서 로버트 바너드[Robert Barnard]에 의해 개발됐고 (Barnard, 1988), 로스 앤더슨의 『보안 엔지니어링 2판』(Wiley, 2008, pp. 367-68)에서 다뤄진다. 이는 네 가지 공격자로 구성된다. 19세 중독자 드레이크[Derek]는 마약 값을 낼 방법을 생각하고 있었다. 찰리[Charlie]는 전과 7범의 고양이 도둑이다. 브루노[Bruno]는 예술품이나 가치 있는 물건을 훔치는 '범죄자'다. 압둘라흐만[Abdurrahman]은 작은 정부의 군사 무기 훈련과 기술 지원을 하는 무장 세력의 우두머리다.

버라이즌의 목록

공격자의 또 다른 집합은 버라이즌[Verizon] 데이터 유출 정보 보고서에 나타나고, 그들 데이터의 관찰로 이어진다. 일반적으로 나타나는 세 가지 유형의 배우인 조직범죄, 가입 상태, 운동가로 구성된다. 각각은 그들이 공격한 피해자의 산업, 그들이 운영하는 지역, 일반적인 행동, 그리고 그들이 운용하는 자산이라는 특징이 있다(Verizon, 2013).

> **노트** 버라이즌은 '메일 서버'와 같은 장비 유형이나 공격자가 원하는 데이터를 말할 때 '자산'이라는 단어를 사용한다. 이것은 2장에서 논의된 바와 같이 추가한다기보다 어떻게 단어가 명확함을 줄일 수 있는지 보여주는 또 다른 예다.

이 공격자 집합은 위협 모델링 운영상 가장 잘 갖춰져 있다. 이것은 보안 회사 시큐로시스[Securosis]에 의해 '경쟁자'를 추가하고 '활동가'를 '복잡하지 않은'으로 대체하는 약간의 변형으로 사용된다(Securosis, 2013).

버라이즌의 RISK 팀도 'A4 위협 모델'이라 부르는 것이 있다. A4는 배우[Actors], 행동[Actions], 자산[Assets], 속성[Attributes]이다(Verizon, 2013). 생성자의 대화를 기초로 모델은 사건을 예측하는 것보다 분류하는 것이 더 낫다.

OWASP

OWASP[Open Web Application Security Project]에는 공격자의 집합이 있다(OWASP, 2012). OWASP 위협 에이전트의 나열을 그대로 인용하면 다음과 같다.

- **비특정 대상** 비특정 대상 위협 에이전트는 컴퓨터 바이러스, 웜, 트로이 목마, 논리 폭탄이다.
- **직원** 회사에 짜증나있는 스태프, 계약자, 운영/유지 보수 인력이나 보안 경비원이다.
- **조직범죄와 범죄자** 범죄자는 은행 계좌, 신용카드, 돈으로 변환할 수 있는 지적재산 같이 그들에게 가치 있는 정보를 대상으로 한다. 범죄자는 종종 그들을 돕는 내부자를 이용한다.
- **기업** 공격 정보 전쟁이나 경쟁 정보에 종사하는 기업으로, 파트너와 경쟁자가 이 범주에 속한다.
- **의도하지 않은 사람** 사고, 부주의
- **의도한 사람** 내부자, 외부인
- **자연** 홍수, 화재, 번개, 유성, 지진

인텔 TARA

인텔은 위협 에이전트 라이브러리와 함수, 그리고 객체 라이브러리를 갖고 있는 위협 에이전트 위기 평가TARA라 불리는 시스템이 있다. 그 시스템은 인텔 백서에서 설명하지만, 전체 라이브러리는 기밀이다(Rosenquist, 2009). 인텔 TAL은 22개의 위협 에이전트로 구성된다. 그리고 16 에이전트 유도체는 미국 국토 안보부의 'IT 업종 기준 위험 평가'에 포함된다. '위협 에이전트 프로파일' 목록은 TARA의 그림 4에 있고 다음과 같은 에이전트를 포함한다.

- 경쟁자
- 데이터 수집가
- 급진적 활동가
- 사이버 폭력
- 선정주의자
- 시민운동가
- 불합리한 개인주의
- 정부의 사이버 부대
- 조직범죄
- 부패 공무원
- 법률적 적

- 내부 스파이
- 정부 스파이
- 공격자 목록
- 무모한 직원
- 훈련 받지 않은 직원
- 정보 파트너
- 불만인 직원

인물과 전형

앞 절에서 보여준 것과 같이 공격자 전형의 간단한 목록에서 시작하는 것이 가능하다. 그렇게 하면 전형과 같은 자원이나 능력에 대한 논쟁과 이를 구체화할 필요를 스스로 찾기 쉽다. 예를 들어 테러리스트가 후원 받는 상황이고 정부 연구소에 접근할 수 있다면 어떨까? 이런 질문은 공격자 중심의 접근이 휴먼 인터페이스 문제에 대한 생각에 도움을 주는 '인물'의 생각과 비슷해진다. 접근 방식을 알리기 위해 커뮤니티에서 교육할 수 있다. 그 단어를 발명하지 않았지만 유용성의 선구자 알란 쿠퍼^{Alan Cooper}는 1998년, 그의 책 『정신병원을 운영하는 수감자』에서 인물의 개념을 개발했다(SAMS, 1999). 더 최근의 연구 『3면 소개: 상호작용 디자인의 핵심』(Wiley, 2012)에서 쿠퍼와 동료들은 더 깊이 있는 과정에 인물의 연구를 기반으로 한 인물 강조를 통합했다. 쿠퍼는 인물을 만들기 위한 일곱 단계의 프로세스를 정의한다.

1. 행동 변수를 확인
2. 지도 인터뷰는 행동 변수를 지배
3. 중요한 행동 패턴을 확인
4. 특성과 관련된 목표를 합성
5. 완전함과 중복 확인
6. 속성과 행동의 설명을 확장
7. 지정 인물 유형

덜 구조화된 접근 방식과 경험은 효과적인 제품 설계로 연결되지 않기 때문에 이 과정을 정의했다. 인물 개발은 강한 데이터와 연구 중심 프로세스여야 한다고 강조한다. 공격자 집합을 위한 프로세스의 종류를 통해 진행하고자 한다면 공격자 중심의 위협 모델링으로 더 많은 성공을 찾을 것이다. 2단계의 경우 각 유형의 여러 공격자를 찾아 인터뷰를 유도할 수 있을 것이다. 그런 인물 집합으로 유용한 시나리오와 요구 사항을 만들 수 있다.

시나리오와 요구 사항에서 쿠퍼의 접근 방식의 핵심은 사람들이 목표를 달성하기 위해 제품을 사용하는 것이다. 그리고 인물에 대한 이유는 목표를 지원하기 위해 기능이 생성되는지 보장하는 것이다. '나에게 관리자 권한을 부여' 버튼을 포함하지 않는 한 공격자는 자신의 목표를 달성하기 위해 당신이 하려는 방식으로 생성 기능을 사용하지 않을 수 있다.

인물의 설명과 함께 공격자 인물의 완전한 집합으로 진행하자.

옥스미스의 공격자 인물

이 부록의 나머지 부분은 마이크로소프트의 데이브 옥스미스[Dave Aucsmith], 브렌단 딕슨[Brendan Dixon], 로빈 마틴 에머슨[Robin Martin-Emerson]에 의해 1999년과 2003년 사이에 만들어진 '위협 인물' 문서의 재포맷과 매우 부드럽게 편집된 버전이다(Aucsmith, 2003). 그리고 마이크로소프트의 종류 권한으로 여기에 나타낸다. 목록 요소의 일부가 원본에서 빠진 채 남겨졌고 여기도 빈칸으로 둔다.

잘 작동하고 인물 중심의 위협 모델링에 대한 경험적 접근 방법이기 때문에 포함됐다. 이 같은 방법으로 실험을 가속화함으로써 당신을 도울 수 있다. 하지만 이런 인물을 사용하기 전에 2장의 주의 사항을 보는 것이 좋다.

배경과 정의

모든 컴퓨터 시스템은 사용자와 어떤 의미에서 안티 사용자를 모두 갖고 있다. 하나 이상의 이유로 컴퓨터 시스템과 데이터를 침입, 제어하거나 오용하는 이런 시도가 있다. 안티 사용자는 컴퓨터 사용자처럼 '위협 시나리오'에 속한 '위협 인물'을 설명하는 몇 가지 패턴을 보인다.

FBI의 사이버 공격 데이터 분석에 기초한 안티 사용자의 분류는 두 가지 중요한 축인 동기 부여와 스킬을 사용할 때 가장 잘 모인다. 안티 사용자를 만드는 다음과 같은 네 가지 다른 동기 부여가 있다.

- **호기심** '거기 있었기 때문에'는 억지로 일부를 안티 사용자로 만든다. 그들은 실험과 테스트를 원하고 방법에 따라 약간의 파괴를 행한다. 그들은 무엇을 얻거나 유명해지는 데 동기를 얻지 않지만, 자신의 즐거움을 위해 시간을 보낸다. 일반적인 물리적 비유는 특별한 이유 없이 동네 공원을 망가뜨리는 아이들이다.

- **개인 명성** 일부 안티 사용자는 명성을 원한다. 그들은 그들의 이름이 '명예의 전당'에 오르길 원하거나 친구나 동료들 사이에 알려지길 원한다. 금전적 이익이 목표가 아니다. 이런 안티 사용자들은 자신의 명성을 쌓기 위해 다른 사람들이 볼 수 있게 표식을 남긴다. 물리적 비유는 세계 무역 기구^{WTO}에 반대하기 위해 거리를 차단한 사람들이다.

- **개인적 이익** 개인적 이익을 위해 그들의 기술을 사용하는 안티 사용자의 수가 증가, 스패머(스팸 메일을 보내는 것으로 사용하기 위해 무고한 시스템을 끌어들이는 사람)에서 금융사기(예: 신용카드 번호를 도용하는 등)를 저지르는 것까지 다양하다. 이것을 분리해 설정하는 것은 개인의 금전적 이익을 위한 바람이다. 실제 은행 강도와 동일한 동기를 가진다.

- **국가의 이익** 정치적 이해관계는 안티 사용자를 만든다. 그들에게 '해킹'은 단지 정치적 결말을 보기 위한 또 다른 도구일 뿐이다. 국가의 국제적 이익을 보호하는 합법적인 안티 사용자들이 있고, 동일한 이익을 훼손하는 것을 추구하는 불법적 안티 사용자가 있다. 예를 들어 합법적인 안티 사용자는 테러리스트의 컴퓨터를 공격해 임박한 공격을 알아낸다. 반면 불법적 안티 사용자는 항공 예약 시스템을 공격해 승객의 상세 정보를 알아낸다. 표준 정의로 그들이 섬기는 나라는 존재하거나 존재하지 않는다(알-카에다처럼). 물리적 비유는 풍부하고 전 세계에 걸쳐있다. 미국의 **NSA**^{National Security Agency}, 영국의 **GCHQ**, 그리고 알려진(또는 알려지지 않은) 기관들이 있다.

안티 사용자는 다음과 같은 다양한 수준의 기술로 구분한다.

- **스크립트 키디** 한 번 만들어진 프로그램은 누군가에 의해 사용되기 때문에 모든 안티 사용자가 프로그래머는 아니다. 일부는 단지 다른 사람이 개발한 도구나 프로그램을 사용한다. 이런 스크립트 키디는 어떤 실제 시스템 지식을 갖고 있지는 않다. 그들이 가진 유일한 이해는 어떻게 다음 명령을 수행하고 사용 가능한 다른 도구를 사용하는지 아는 것이다.

- **대학생** 얕은 지식으로 어려운 해킹을 할 수는 없다. 일부 안티 사용자들은 약간의 학부 경험을 갖고 있다. 대학생들은 다른 사람이 개발한 툴이나 애플리케이션을 사용하며 스크립트 키디처럼 행동한다. 그들 대부분은 따로 만든 도구나 프로그램을

사용한다. 그들은 공격에 맞춰 약간의 수정을 하거나 사용되는 데이터를 약간 변조한다. 하지만 더 복잡한 어떤 것을 하거나 설정을 변경할 능력은 부족하다.

- **전문가** 전문가는 도구나 애플리케이션을 제작한다. 그들은 웜과 바이러스를 수정하며, 심지어 웜과 바이러스 생성기를 만들 수도 있다. 그들은 네트워크 취약점을 이용한 애플리케이션을 만들 수 있고, 자신이 좋아하는 운영체제의 커널이나 프로토콜의 문제점 추출을 편안하게 한다. 고급 안티 사용자들은 언더그라운드 해커들이다.

- **스페셜리스트** 거의 모든 기술을 갖고 있는 사람이며, '해킹' 기술은 어떤 것에 상당한 가치를 지닌다. 몇 명의 안티 사용자들은 아주 특별한 훈련(예: 박사 과정)과 중요한 자원(중요한 통화 기금과 소스 목록)에 접근해 매우 전문적인 능력을 계발할 수 있다. 이런 스페셜리스트들은 그들의 작업에 흔적을 남기지 않는다. 그들은 신중하고 체계적으로 작업한다. 컴퓨터 시스템을 파괴하고 훔치는 일은 그저 그들의 취미가 아니라 직업일 뿐이다.

FBI 데이터를 적용할 때 이런 동기와 기술 분류는 여덟 가지로 산출하고, 다음 그림에 나타난 것처럼 다섯 가지 다른 '행동'으로 위협 인물을 구분한다(동기와 기술 사이의 양방향 상호작용). 다음 절은 각 인물에 대해 상세히 다룬다.

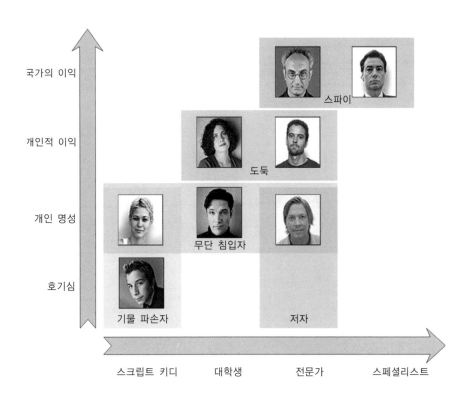

인물

David 'Ne0phyate' Bradley: 기물 파손자

개요

동기	❖ 호기심
	❖ 실험
기술과 교육	❖ 전형적인 스크립트 키디
	❖컴퓨터 학부 신입생
영향의 파장	❖ 없음
공동 작업	❖ '공개적으로' 사용할 수 있는 도구와 프로그램에 따라 다름
	❖ 다른 사람에게 기여하지 않음
도구와 기술	
IT 경험	❖ 없음

핵심 프로필

최고의 동기 부여

■ 호기심

배경, 경험, 교육

■ 가장 전형적인 유형의 공격자. 주로 분산 서비스 거부 공격에 참여

■ 수년간 컴퓨터를 다룸, 그의 가족과 친구에게 컴퓨터 '전문가'로 알려짐

- 종종 컴퓨터 게임을 즐김
- 아주 약간의 컴퓨터 프로그래밍 경험이 있음, 웹사이트 스크립트에 제한적임
- 그가 시작하는 공격의 세부 사항과 관련된 '단서 없음', 하지만 그는 지속적으로 시간을 가지고 진행한다. 그는 결과에 관계없이 새로운 것을 시도(예: 리눅스 시스템에 대한 윈도우 공격을 수행)한다.
- 결코 이른 아침에 공격하지 않음, (자고 있기 때문에) 공격은 항상 늦은 저녁이나 주말에 실행
- 현재 컴퓨터 학부 신입생

고용주

- 없음, 풀타임 학생

이전 성과

- 비영리 조직에 3일간 TCP/IP 'SYNC flood' 서비스 거부 공격 실행, ICMP 'ping of death' 공격 사용 시도(실패)
- 최근 DoS(서비스 거부) 스크립트를 사용해 모든 친구의 IRC(인터넷 채팅) 세션을 끊음
- 컴퓨터 학부 컴퓨터 실습실의 관리자 권한(root) 획득 시도 후 실패
- 잘 알려진 사이트에 두 번의 큰 DDoS 공격에 참여(예: 야후)
- 지난 주 몇 번 수업에 참석

영향의 파장

- 없음, 다른 사람에 매우 의존

공격의 범위

- 유명한 웹사이트
- 그의 학교 네트워크
- 친구의 컴퓨터
- 그의 케이블 모뎀 네트워크상에 있는 컴퓨터(예: 그의 이웃)

JoLynn 'NightLily' Dobney: 무단 침입자

개요

동기	❖ 개인적 명성, 자랑
	❖ 실험
기술과 교육	❖ 기본적인 프로그래밍과 네트워크 지식
	❖ 독학
	❖ 그룹 뉴스를 많이 읽음
영향의 파장	❖ 없음
공동 작업	❖ '공개적으로' 사용할 수 있는 도구와 프로그램에 따라 다름
	❖ 다른 사람에게 기여하지 않음
도구와 기술	
IT 경험	❖ 제한적, 전형적인 시스템 초보

핵심 프로필

최고의 동기 부여

■ 개인적 명성

배경, 경험, 교육

■ 수년간 컴퓨터를 다룸, 그의 가족과 친구에게 컴퓨터 '전문가'로 알려짐
■ 종종 컴퓨터 게임을 즐김

- 스크립트 키디보다 약간의 지식과 경험이 더 있지만, 새로운 것을 시도하고 실험할 만큼은 아님
- 아주 약간의 컴퓨터 프로그래밍 경험이 있음, 약간의 시스템 스크립트를 작성할 수 있고 표준 환경 설정을 할 수 있음(예: 네트워크 라우터)
- 대부분 독학, 컴퓨터 기술 학위

고용주

- 중간 규모 제조 시설의 컴퓨터 기술자

이전 성과

- 정기적으로 IRC 기반의 DDoS(분산 서비스 거부) 공격을 통해 지역 도서관 웹사이트를 공격
- 케이블 모뎀 네트워크상 열려있는 컴퓨터를 찾기 위해 야간에 스크립트를 실행
- 열린 컴퓨터에 트로이 목마 프로그램(컴퓨터에 지속적으로 접속할 수 있게 해주는 '백도어')을 심어둠
- 연체료 0.25달러에 이의를 제기하기 위해 지속적인 DoS 공격으로 지역 사회 도서관을 공격
- 그녀가 심은 트로이 목마는 중간 규모의 웹사이트에 실수로 망가진 데이터를 사용해 웹 서버의 오류를 발생

영향의 파장

- 없음, 다른 사람에 매우 의존

공격의 범위

-

Sean 'Keech' Purcell: 변조자

개요

동기	❖ 여론을 변경, 개인의 분노를 표출
	❖ 양심, 도덕적 동기 부여의 정치적 목표
	❖ 개인적 명성
기술과 교육	❖ 컴퓨터과학 프로그램에서 MS에 등록
	❖ 블랙햇 참석('해커' 대회)
영향의 파장	
도구와 기술	
IT 경험	

핵심 프로필

최고의 동기 부여

■ 정치적 목적

배경, 경험, 교육

■ 대부분의 애플리케이션에서 보통의 프로그래밍과 네트워크 경험

■ 컴퓨터 학부 졸업

■ 컴퓨터과학 프로그램에서 MS에 등록

■ 상대적으로 정교하고 합리적인 기술(그는 새로운 공격 코드를 작성하지 않지만 공격 코드가
 동작하는 방식을 수정하거나 새로 조합해 사용할 수 있다)

- 최근 지역 밍크 농장에 '가둔' 10,000마리의 밍크를 풀어준 '동물 해방 전선[ALF]'의 정회원
- 오직 문제의 정도에 따라 테러리스트를 구분한다. 그는 같은 필수 동기를 갖고 유사한(하지만 덜 복잡한) 방법을 사용한다.

고용주

- 현재 풀타임 학생

이전 성과

- 최근 목재 제품 회사의 홈 페이지 프레임 세트 URL 변경, 그는 회사의 이름을 손대지 않고 남겨뒀지만 내용을 그들의 나무 수확 기술에 대한 정치적 비난의 내용으로 바꿈
- IIS 취약점을 이용해 목재 제품 회사의 홈페이지를 환경 옹호 단체의 홈페이지를 가리키게 변경
- 성공적으로 같은 목재 제품 회사에 대한 DDoS 공격 시작

영향의 파장

-

공격의 범위

-

Bryan 'CrossFyre' Walton: 저자

개요

동기	❖ 그의 작은 '저자' 서클 사이에 개인적 명성
기술과 교육	❖ 컴퓨터과학 석사 학위
영향의 파장	
공동 작업	❖ 다른 사람이 사용하는 '공개된' 도구 배포
도구와 기술	
IT 경험	

핵심 프로필

최고의 동기 부여

- 동료 '저자'들 사이의 개인적 명성

배경, 경험, 교육

- 수년간 컴퓨터를 다룸, 그의 가족과 친구에게 컴퓨터 '전문가'로 알려짐
- 애플리케이션과 시스템 모두에서 광범위한 경험
- 컴퓨터과학 분야의 석사 학위를 받음
- 뉴스 그룹을 읽고 기여, 한 명의 '전문가'로 보여짐
- 추적하기 어렵고 그에 대해 약간의 구체적인 정보만 알려져 있음, 소문과 풍자에 의해 알려짐
- 그는 아마도 공격의 핵심이 되는 공격 코드만을 작성, 그는 다른 것(툴킷을 사용)으로 실제 웜이나 바이러스를 실행
- 종종 제공되는 패치나 수정 사항을 검토해 취약점을 알아냄(예: 그는 패치 전후의 코드를 비교)

고용주

- 중간 규모의 네트워크 관리 회사

이전 성과

- 슬래머(아주 복잡한 웜)를 작성하고 실행, 그가 자신이 작성하고 웜을 실행하기로 결정한 것이 특이 사항

- MSBlaster의 코드를 작성, 다른 사람들은 그의 공격 코드를 담아 웜을 실행
- IIS와 아파치에 대해 몇 가지 덜 성공적인 공격 코드를 작성
- 전파 기술을 테스트하기 위해 시간제한 웜 시리즈를 작성
- 최근 서로 다른 운영체제에 대해 같은 웜을 실행하기 쉽게 만드는 새로운 웜 도구를 제공

영향의 파장

- 높은 영향력

공격의 범위

-

Lorrin Smith-Bates: 내부자

개요

동기	❖ 개인적 이익
	❖ 그녀의 고용주에 대한 강렬한 혐오
기술과 교육	❖ 컴퓨터과학 학사 학위
	❖ 데이터베이스 관리자로서 3년간 경험
영향의 파장	❖ 아주 제한적
	❖ 언더그라운드 커뮤니티에 활동적으로 참여하지 않음
공동 작업	❖ 없음
도구와 기술	

IT 경험	❖ 데이터베이스 관리자로서 3년간 경험
	❖ 그녀의 학사 학위를 마치는 동안 두 개의 여름 인턴십을 진행(전화 지원 기술자 하나, 초보 네트워크 기술자 하나)

핵심 프로필

최고의 동기 부여

- 개인적 이익

배경, 경험, 교육

- 정기적으로 컴퓨터를 사용하지만 열렬한 사용자는 아님(예를 들어, 게이머는 아님)
- 약간의 프로그래밍 경험, 대부분 애플리케이션 수준, 일부 시스템 레벨
- 전화 지원 기술자와 초보 네트워크 기술자로 인턴십
- 회계 데이터베이스에 대한 데이터베이스 관리자로 지난 3년 동안 업무, 높은 조직 신뢰, 일반적으로 부기 기능이나 시스템에 접근

고용주

- 중간 규모의 소매 업체

이전 성과

- 최근 구매 데이터베이스의 접근 권한을 수정함, 공급 업체를 자신으로 설정하고 소모품을 회사에 청구, 심도 있는 감사 중 심한 불일치가 발견돼 붙잡힘
- 큰 뉴욕 은행의 그녀의 직업에서 그녀는 공범의 런던 계좌로 가짜 은행 간 전송^{SWIFT}을 시작

영향의 파장

- 매우 제한적
- 언더그라운드 커뮤니티에 활동적으로 참여하지 않음

공격의 범위

- 그녀의 현재 고용주에 제한

Douglas Hite: 도둑

개요

동기	❖ 개인적 이익
	❖ 성공의 기쁨
기술과 교육	❖ 컴퓨터과학 학사 학위
	❖ 8년 이상 시스템 레벨의 프로그래밍 경험
영향의 파장	
공동 작업	
도구와 기술	
IT 경험	❖ 다년간의 시스템 레벨의 프로그래머 경험

핵심 프로필

최고의 동기 부여

■ 개인적 이익

배경, 경험, 교육

■ 수년간 컴퓨터를 다룸, 그의 가족과 친구에게 컴퓨터 '전문가'로 알려짐

■ 종종 컴퓨터 게임을 즐김

■ 애플리케이션, 특히 시스템에서 많은 프로그래밍 경험

■ 컴퓨터과학 분야의 학사 학위

■ 8년 이상 시스템 레벨의 원격 제어 장치를 위한 드라이버 프로그래밍 작성 경험

- 그는 효율적으로 컴퓨터 세계로 이동하는 조직범죄의 일원임. 컴퓨터 범죄의 가장 빠르게 성장하는 분야(예를 들어, 러시아 마피아가 아주 잘한다)

고용주

- 범죄 기반 조직
- 하루 작업을 보류할 수 있는가?

이전 성과

- 24바이트 SQL 인젝션 공격을 통해 CDNow에서 얻은 신용카드 번호, 그 후 그가 훔친 번호 중 하나를 사용해 구입했을 때 이베이에서 상품을 배송
- 자신의 계정(들)에 대한 모든 직접 입금 정보를 전용, 월급 전날 중간 규모의 의사 사무실을 공격, 그리고 자신의 흔적을 덮고 다시 올바른 항복에 직접 입금 정보를 전용
- 티켓 기관의 컴퓨터에 대한 DNS 항목 수정, 가짜 정보 센터에 티켓을 구입하는 양식을 전용해 실제 티켓을 구입하고, 다른 공항에서는 액면 가격의 현금으로 바꿈

영향의 파장

-

공격의 범위

-

Mr. Smith: 테러리스트

개요

동기	❖ 국가의 이익
	❖ 이념에 따른 높은 동기
기술과 교육	❖ 컴퓨터과학 석사 학위
	❖ 시스템 레벨 프로그래밍에 7년 이상의 경험
영향의 파장	❖ 자신의 이념적 조직에 제한
	❖ 조용하고 '외부인'에 영향을 주는 것을 추구하지 않음
공동 작업	❖ 이념 조직의 회원
	❖ '팀' 멤버들에 할당된 작업
도구와 기술	
IT 경험	❖ 다년간의 시스템 레벨의 프로그래머 경험

핵심 프로필

최고의 동기 부여

■ 국가의 이익(이념에 따른 동기 부여)

배경, 경험, 교육

■ 컴퓨터과학 분야의 석사 학위
■ 시스템 레벨 프로그래밍에 7년 이상의 경험
■ 무기와 폭발물 훈련
■ 조직의 이념적 원칙에 깊이 헌신

고용주

■

이전 성과

■ 쿠웨이트 항공 예약 시스템 해킹을 해킹해 쿠웨이트 왕실 가족의 항공편을 획득, 그 후 이 정보를 동료에 전달해 비행기를 폭파
■ 화학 무기 제조를 지원하기 위해 에어로졸 물리학 정보를 훔침

- 영국에서 유기 인산 화합물(신경가스로 사용) 배송 트럭의 위치를 확인, 그 트럭을 납치하는 것을 지원

영향의 파장

- 자신의 이념적 조직으로 제한
- 조용하고 '외부인'에 영향을 주는 것을 추구하지 않음

공격의 범위

- 전 세계

Mr. Jones: 스파이

개요

동기	❖ 국가적 이익
기술과 교육	❖ 컴퓨터과학 박사 학위
	❖ 연속되고 지속적인 교육과 훈련
영향의 파장	
공동 작업	
도구와 기술	
IT 경험	

핵심 프로필

최고의 동기 부여

- 국가적 이익

배경, 경험, 교육

- 컴퓨터과학 분야의 박사 학위(논문으로 '암호화 프로토콜에 오류 주입')
- 적극적으로 지속적인 교육과 훈련에 종사
- 대부분의 소스코드에 접근할 수 있음(합법적 또는 불법적으로 획득)

고용주

- 정부 기관

이전 성과

- 이중 홈(두 개의 네트워크 카드) 노트북을 통해 동시에 인터넷과 VPN에 모두 연결, 그 후 수정한 네트워크 드라이버를 사용해 안전한 수집 장소에 모든 패킷을 송수신
- LFSR의 복잡성을 줄인 OEM 소프트웨어 이미지의 수정된 난수 생성기와 출력된 공개 키를 암호화

영향의 파장

-

공격의 범위

- 전 세계

D

권한 상승: 카드

부록 D는 권한 상승 카드 게임의 위협에 대해 설명한다. 게임은 더 도움이 되도록 만드는 것을 목표로 게임에 속한 내용을 넘어선다. 다목록의 각 항목은 그것을 해결하는 방법에 대한 카드, 위협, 간략한 설명, 그리고 기준이나 의견이 포함돼 있다.

에이스는 '이전에 본 적 없는 당신이 발명한 새로운 유형의 공격'의 모든 형태다. '명확히 덮는'을 해석하는 방법은 그룹의 규칙에 달려있다. 보안 전문가가 아닌 사람들에 의해 에이스의 사용을 자유롭게 장려할 수 있다. 보안 전문가의 기준을 높고 강하게 설정할 수 있다. 이것은 당신의 게임 플레이 방식에 따라 달라진다. 당신이 그것을 해석하기로 결정했다 하더라도 위협을 기록하고 설명해야 함을 명심하라. 에이스의 어떤 위협 유형 논의도 없다.

권한 상승의 동기 부여, 설계와 개발에 대한 자세한 내용은 「권한 상승: 위협 모델링에 개발자 그리기」 논문을 보자(Shostack, 2012).

위장

여기 개념의 대부분은 14장에서 상세히 설명한다.

위장의 2 공격자는 서버가 일반적으로 사용하는 임의의 포트나 소켓에 잠복한다. 잠복이라는 말은 프로그램이 시작되기 전에 리소스를 차지하는 프로그램에 대한 예술적 용어다. 임의의 포트를 사용하는 경우 클라이언트가 어떻게 바로 이곳에 연결하는 것을 보장할 수 있을까? 명명된 객체나 /tmp 디렉토리에 있는 파일을 사용하는 경우 같은 종류의 문제가 적용된다. 명명된 객체가 코드에 제한적인지 확인해주는 ACL을 사용해 이 문제를 해결할 수 있고, 일시적이지도 않다(즉, 코드가 실행되는 것과 관계없이 존재). 또한 /tmp 디렉토리보다 개인 디렉토리에서 객체를 사용할 수 있다. 포트를 사용하는 경우 다른 프로그램이 해당 포트에 수신을 시작하기 위해 접속 후 인증을 필요로 할 것이다. 유닉스 시스템은 루트만 수신할 수 있는 포트가 정해져 있지만, 그것을 사용하기 위해서는 루트나 SUID 루트로 실행해야 한다. 또는 권한 있는 수신부의 코드를 깨거나 루트 구성 요소와 몇 가지 메커니즘을 통해 동기화되는 더 큰 권한 없는 프로세스는 잠복하는 것에 취약할 수 있다.

위장의 3 공격자는 또 다른 시도 이후 하나의 자격증명을 시도할 수 있고 속도를 느리게 할 수 없다. (온라인 또는 오프라인) 이것은 무차별 대입 공격을 의미한다. 여기서 예술적 용어로서 온라인이라는 의미는 당신이 작성한 어떤 코드가 중재할 수 있는 기회를 가진 모든 공격을 의미한다. 오프라인은 공격자가 인증 코드의 데이터 저장소 사본을 갖고 있는 것을 의미하고, 공격자는 원하는 공격 도구가 무엇이든 사용할 수 있다. 오프라인 공격에 저항하는 것이 솔트와 해시를 반복하는 것을 포함하면서 온라인 공격에 저항하는 것은 백오프와 가능한 잠금을 포함한다(14장에서 논의).

위장의 4 우리가 인증을 높은 수준에서 실행할 것으로 예상하기 때문에 공격자는 익명으로 접속할 수 있다. 합리적인 가정이지만 확인한 적이 있는가?

위장의 5 서버를 식별하는 너무 많은 방법이 있기 때문에 공격자는 클라이언트를 헷갈리게 할 수 있다. 이 클라이언트는 사람이 될 수도 있고 소프트웨어 클라이언트가 될 수도 있다. 당신의 시스템이 여러 이름(예를 들어 WINS 네임, DNS 네임, 상표 이름)을 갖고 있는 경우 클라이언트가 항상 같은 것을 바라보는 것을 보장하는가?

위장의 6 공격자는 식별자가 클라이언트에 저장되지 않고 재연결 시 일관성을 확인하지 않기 때문에 서버를 위장할 수 있다. 이것은 SSH와 다른 프로토콜에 의해 수행되는 '처음 사용을 위한 신뢰^{TOFU}'를 말한다.

위장의 7 공격자는 서버에 연결하거나 인증되지 않는 링크를 통해 연결할 수 있다(암호화). 이것은 서버, 피어 또는 클라이언트가 위장될 수 있다.

위장의 8 공격자가 서버에 저장된 인증 정보를 도용하고 재사용할 수 있다(예를 들어 읽을 수 있는 파일에 키를 저장). 또한 키는 오직 몇 가지를 읽을 수 있도록 저장되지만 도난에 취약할 수 있다. 파일 시스템에 키를 저장하기보다 아주 중요한 키를 저장하게 설계된 하드웨어를 사용하고 싶을 것이다.

위장의 9 패스워드를 획득한 공격자는 재사용할 수 있다(더 강력한 인증자 사용). 요구 사항에 복잡한 상호작용이 있을 수 있지만, 패스워드를 시스템에서 제거할 수 있는지 묻는 것은 언제나 가치가 있다(14장에서 그것의 트레이드오프에 관한 논의가 있다).

위장의 10 공격자는 약한 인증이나 인증이 없는 것을 선택할 수 있다. 대부분의 시스템은 때때로 인증이 없거나 약한 인증을 사용한다. 이것을 가능하게 하기 위해 당신이 원하거나 필요로 하는 옵션을 고려하자.

위장의 잭 공격자는 클라이언트에 저장된 자격증명을 훔쳐 다시 사용할 수 있다. 클라이언트에 자격증명이 저장되는 방법은 여러 가지가 있지만, 그들 중 어떤 것도 예방할 수 없다. 이런 메커니즘은 주로 쿠키와 암호를 포함한다. IP 주소나 지문 인식 장치 같은 추가 인증 메커니즘을 생각해보고, 사람의 정신 모델을 깨지 않게 주의하자. 또한 많은 사람이 쿠키를 삭제하는 것을 기억하자.

위장의 퀸 자격증명 방식을 추구할 수 있는 공격자는 업데이트되거나 복원될 수 있다(계정 복구는 이전의 암호를 공개적으로 요구하지 않는다). 백업 인증은 어렵다. 그래서 14장의 위협에 대한 논의를 놓치지 말자.

위장의 킹 시스템은 기본 관리자 암호로 배송되고 강제로 변경을 요구하지 않는다. 당신의 시스템 모두 동일한 기본 관리자 암호가 있는 경우 결국 웹상에서 실력 없는 공격자도 사용할 수 있을 것이다. 미디어 접근 제어^{MAC} 주소나 주소의 해시같은 것을 결정하기 위해 알고리즘을 사용하는 경우 너무 알려질 가능성이 있다.

변조

변조 위협에 의해 제기되는 대부분의 문제는 16장에서 자세히 다룬 암호화로 해결된다.

변조의 2 우리는 우리가 카드라고 할 만큼 일반적 생각의 변조 위협을 찾을 수 없기 때문에 변조 카드의 2는 없다. 저자의 제안은 다양한 소셜 미디어를 통하거나 게시자의 관리다(플랫폼을 명명하는 것은 고전 텍스트를 작성하는 데 대한 나의 열망과 가능성에 매력적이다).

변조의 3 공격자는 당신이 표준 암호화를 사용하는 대신 사용하는 사용자 정의 키 교환이나 무결성 제어의 장점을 사용할 수 있다. 자신의 암호 체계를 만드는 행위는 재미있는 일이지만, 운영 시스템으로 활용하기에는 적합하지 않다.

변조의 4 코드는 보안 커널보다는 모든 장소에 접근 제어 결정을 한다. 보안 커널(때때로 참조 모니터라고 부름)은 모든 접근 제어 결정을 내릴 수 있는 단독 장소다. 하나를 생성하는 이점은 일관성이고, API가 지원하는 강제 기능은 각 인증에 적절한 매개변수를 생각할 필요가 있음을 의미한다.

변조의 5 코드가 타임스탬프나 시퀀스 번호를 제공하지 않기 때문에 공격자는 탐지 없이 데이터를 재생할 수 있다. 일반적으로 타임스탬프는 시간 동기화를 필요로 하기 때문에 잘 사용하기 어렵다. 또한 타임스탬프는 당신의 목적으로만 사용되는 시퀀스 번호보다 더 큰 공격 가능한 면을 갖고 있을 것이다(또한 누군가 관련 없는 이유로 당신의 클록을 공격할 수 있다. 따라서 타임스탬프는 더 위험하다).

변조의 6 공격자는 코드가 의존하는 데이터 저장소에 쓸 수 있다. 원한다면 저장소에 ACL을 넣는 것이 좋다.

변조의 7 공격자는 접근 권한 확인 전에 규범대로 이름을 만들 수 없기 때문에 우회 권한을 사용한다. 코드가 ./rules에 대한 사용 권한을 확인하고 공격자가 ./rules에 링크를 만들 수 있다면 그들은 원하는 어떤 권한이든 추가할 수 있다. 전체 경로와 정식 경로로 확장한다.

변조의 8 네트워크에 있는 데이터에 대한 무결성을 보호할 수 없기 때문에 공격자가 데이터를 변조할 수 있다. 일반적으로 이 문제를 해결하는 방법은 SSL, SSH, 또는 IPSec이다.

변조의 9 공격자는 상태 정보를 제공하거나 제어할 수 있다. 인증을 위한 URL 매개변수(=true 또는 username=admin) 같이 공격자가 변경할 수 있는 무언가에 시스템이 의존하는 경우 재설계가 필요할 것이다.

변조의 10 약한 ACL이나 모든 사용자에게 동일한 권한을 부여한 그룹을 포함하기 때문에 공격자는 데이터 저장소의 정보를 변경할 수 있다('모든 라이브 ID 보유자'). 이 두 가지 예(약한 ACL과 모든 사용자 그룹)는 정확히 같지는 않지만, 그 둘 모두를 얻고 싶었다. 그중 하나를 고치는 것은 권한을 바꾸는 것을 의미한다.

변조의 잭 권한이 모든 사람에게 부여되거나 ACL이 없기 때문에 공격자는 일부 자원에 쓸 수 있다. 이것은 변조의 10을 약간 더 확장한 버전이다.

변조의 퀸 공격자는 신뢰 영역과 검증을 거친 후 매개변수를 바꿀 수 있다(예를 들어 HTML의 숨겨진 필드에 중요한 매개변수나 결정적인 메모리에 대한 포인터 전달). 일반적으로 참조에 의한 전달보다는 값에 의한 전달로 해결한다. 전달하는 값을 확인하고 사용한다.

변조의 킹 공격자는 확장 포인트를 통해 프로세스 내에 코드를 불러올 수 있다.

확장 포인트는 훌륭하다. 보안(과 신뢰성) 위험에 자신을 노출시키지 않고 다른 사람의 라이브러리 코드를 불러오는 시스템을 구축하는 것은 매우 어렵다.

부인

로깅은 부인 방지의 필수적인 부분이기 때문에 많은 위협이 로깅에 존재한다. 부인 위협은 종종 요구 사항의 흥미로운 부분이지만 권한 상승에서 조금 덜 다룬다.

부인의 2 공격자는 로그를 읽는 사람을 공격하기 위해 로그를 통해 데이터를 흘려보낼 수 있지만 어떤 종류의 검증을 해야 하는지 관련된 문서는 없다. 공격자는 어떤 데이터 요소를 삽입할 수 있는지에 따라 구분될 수 있다. 어떤 웹 사용자는 요청으로 HTTP 로그에 URL을 삽입할 수 있다. 타임스탬프 필드는 웹 서버 제어(전복 가능한) 아래에 있다. 당신의 로그는 어떤 것을 작성할 수 있는 사람을 구별할 수 있어야 한다.

부인의 3 권한이 낮은 공격자는 흥미로운 보안 정보를 로그에서 읽을 수 있다. 로그에 저장된 흥미로운 보안 정보가 보호되는지 확인하는 것이 좋다.

부인의 4 구현한 전자 서명 시스템이 약하거나 서명을 사용해야 하는 MAC을 사용하기 때문에 공격자는 전자 서명을 대체할 수 있다. 이 공격은 인증이나 부인 방지를 제공하는 것 중 하나에 암호의 사용에 대한 자세한 정보를 로그에 충분히 기록하지 않는다. MAC(메시지 인증 코드)를 사용하는 경우 일반적으로 대칭 암호화를 기반으로 하고 무결성만 제공하는 것처럼 다른 연결의 끝에 대해 부인 방지하지 않는다.

부인의 5 강력한 무결성 제어가 부족하기 때문에 공격자는 네트워크에 로그 메시지를 변경할 수 있다. 신뢰할 수 없는 기관에서 네트워크로 접속하는 위협을 포함하는 네트워크를 넘어 MAC은 부인 방지를 제공하기 위해 무결성을 제공할 수 있다. 이 위협은 부인의 4와 다르게 양쪽 끝단을 신뢰할 수 있다고 가정한다.

부인의 6 공격자는 타임스탬프가 없는 로그 항목을 만들 수 있다(로그 항목은 시간이 적히지 않음). 타임스탬프를 제공하는 연결의 다른 쪽 끝을 신뢰하는 경우 그들이 제공하지 않으면 어떻게 될까?

부인의 7 공격자는 로그를 자기 마음대로 주무르고 데이터를 손실시킬 수 있다. 로그의 과제는 로그가 엄청나게 많이 있을 때 그것을 갖고 무엇을 할 수 있을 것인가이다. 데이터를 잃거나 가용성을 잃을 수 있다(로깅을 할 수 없어 종료된 경우). 시스템에 적합한 기준으로 결정해야 한다.

부인의 8 공격자는 로그를 지우거나 보안 정보에 혼란을 줄 수 있다. 예를 들어 로그(이전 메시지를 아주 많이 반복)를 압축하는 시스템이 있는 경우 단지 동일한 메시지로 그 작업을 진행하는가?

부인의 9 공격자는 로그 정보를 혼란스럽게 하는 서로 다른 사람을 인증하기 위해 공유 키를 사용할 수 있다. 부인의 4에 관련된 것으로 공유 키와 비대칭 암호의 가치를 비교하는 것이다.

부인의 10 공격자는 검증 없이 인증 받지 않은 (또는 약한 인증) 외부인으로부터 로그 내 임의의 데이터를 얻을 수 있다. 중앙 집중식 로깅 지점이 있는 경우 데이터가 어디에서 오는지, 어떻게 시스템을 인증하는지 기록하는가?

부인의 잭 공격자가 로그를 편집할 수 있으나 말할 수 있는 방법은 없다(아마도 로깅 시스템에 대한 heartbeat가 없기 때문). 로그가 작동하는 것을 가리키는 것을 위해 heartbeat를 사용할 수 있고, 암호화를 사용한 더욱 견고한 시스템이 있다(종종 해시 체인이나 트리 형태로 존재).

부인의 퀸 공격자가 "나는 그렇게 하지 않았다"라고 말할 수 있고 당신은 그들의 잘못을 입증할 방법이 없다. 이것은 비즈니스 요구 사항의 위협이고, 로그는 고객의 행동을 거부할 수 있는 종류를 캡처해야 한다.

부인의 킹 시스템에 로그가 없다(이것은 자명한 것이라고 말하고 싶지만 권한 상승은 위협 모델링에 개발자를 그릴 수 있게 설계됐다). 로그는 디버깅과 운영에 유용할 뿐 아니라 공격 탐지나 재건에 유용하고 분쟁을 해결하는 데 도움이 된다. 당신의 로그는 이런 각각의 시나리오를 처리하게 설계돼야 한다.

정보 노출

많은 정보 노출 위협은 암호화로 가장 잘 해결할 수 있다.

정보 노출의 2 공격자는 방어 수단이 없기 때문에 파일 암호화에 무차별 대입 공격을 할 수 있다(방어 예: 패스워드 스트레칭). 패스워드 스트레칭은 문서를 암호화하는 데 사용되는 더 나은 암호화 키를 만들기 위해 수천 번 암호화를 반복하는 것을 의미한다(패스워드를 직접 사용하는 것보다는).

정보 노출의 3 공격자는 보안에 민감한 내용의 오류 메시지를 볼 수 있다. 예를 들어 웹 오류 페이지는 "패스워드 foobar1로 데이터베이스에 연결할 수 없습니다."라고 말한다. 오른쪽 패턴은 고유의 오류 코드이고, 아마 관련 로그를 가리키는 것이다. 이것은 또한 부인의 3에 관련될 수 있다(낮은 권한의 공격자는 로그에서 흥미로운 보안 정보를 읽을 수 있다).

정보 노출의 4 채널이 암호화되더라도 메시지(예를 들어 이메일이나 HTTP 쿠키)는 암호화되지 않기 때문에 공격자는 내용을 읽을 수 있다. 채널과 메시지 암호화 사이의 구분은 중요하다. 채널은 SMTP 연결 같은 것이다. 암호화돼 있는 경우에도 엔드포인트에서 데이터는 암호화돼 있지 않다.

정보 노출의 5 비표준 알고리즘으로 암호화돼 있기 때문에 공격자는 문서나 데이터를 읽을 수 있다. 표준 암호화 알고리즘을 사용하자.

정보 노출의 6 숨겨지거나 가려지고(취소나 변경 추적을 위한) 사용자가 존재를 잊기 때문에 공격자는 데이터를 읽을 수 있다. 변경 내용 추적은 사랑스러운 기능이고, 현대 마이크로소프트 제품은 '공유를 위한 준비' 기능을 갖는 경향이 있다. 데이터 형식에 비슷한 문제가 있는 경우 유사한 기능을 원할 것이다.

정보 노출의 7 네트워크 연결의 엔드포인트를 인증하지 않기 때문에 공격자는 '중간자'로서 공격할 수 있다. 인증의 실패는 기밀의 실패로 이어진다. 일반적으로 둘 다 필요하다.

정보 노출의 8 공격자는 검색 인덱서, 기록 장치 또는 다른 메커니즘을 통해 정보에 접근할 수 있다. 이것은 맥 OS의 spotlight같은 로컬 검색 인덱서나 구글같은 웹 인덱서를 말한다.

정보 노출의 9 공격자는 나쁜 ACL이 걸린 파일에 있는 민감한 정보를 읽을 수 있다. 나쁜 ACL! 비스킷이 아니다! '나쁜'이라기보단 '취약한'이라고 읽는 게 좋다 그리고 더 고치자면 제한된 ACL이나 권한이다.

정보 노출의 10 공격자는 ACL이 없는 파일의 정보를 읽을 수 있다. 따라서 일부를 추가하자.

정보 노출의 잭 공격자는 암호화하는 데 사용되는 고정된 키를 발견할 수 있다. 열 수 있는 권한이 있는 모든 문을 열기 위해 같은 물리적 키를 사용하지 않는다. 그래서 왜 동일한 암호화 키를 사용하는가?

정보 노출의 퀸 채널(예를 들어 HTTP나 SMTP)이 암호화되지 않았기 때문에 공격자는 전체 채널을 읽을 수 있다. 더 많은 데이터가 신뢰할 수 없는 네트워크를 통과해 암호화에 대한 요구가 계속 증가할 것이다.

정보 노출의 킹 사용되는 암호화가 없기 때문에 공격자는 네트워크 정보를 읽을 수 있다.

서비스 거부

위협 3-10은 텍스트 설명 후 괄호 안의 세 가지 속성으로 구성된다.

- **클라이언트나 서버에 대한 위협인가?** 서버에 대한 위협이 더 많은 사람에게 영향을 미친다.
- **공격자는 인증되는가 또는 익명인가?** 공격자가 자격증명을 필요로 하는 위협은 공격자 수가 많지 않다(또는 인증 정보를 취득하는 예비 단계). 그리고 방어벽의 역할을 하는 어떤 방식으로 보복하는 것이 가능할 것이다.
- **공격자가 공격을 수행할 때(지속 대 임시) 영향이 사라지는가?** 직접적인 중재를 필요로 하거나 데이터를 파괴하는 문제는 공격자가 떠났을 때 사라지는 위협보다 더 안 좋다.

카드에 이런 위협에 대한 논의는 없지만, 카드는 에이스를 확인해 사용하거나 참조하기 위해 나열된다.

서비스 거부의 2 공격자는 사용자의 인증 시스템을 사용할 수 없게 만들 수 있다. 이것은 무차별 공격을 방지하기 위한 백오프 또는 계정 잠금을 사용하는 인증 시스템을 말한다. 변조의 3에 의해 제기된 문제를 해결하는 것이 여기에 있다.

서비스 거부의 3 공격자는 클라이언트를 사용할 수 없게 만들 수 있지만 공격자가 멈추면 문제는 사라진다(클라이언트, 인증, 임시).

서비스 거부의 4 공격자는 서버를 사용할 수 없게 만들 수 있지만 공격자가 멈추면 문제는 사라진다(서버, 인증, 임시).

서비스 거부의 5 공격자는 클라이언트를 어떤 인증도 없이 사용 불가능하게 만들 수 있지만 공격자가 멈추면 문제는 사라진다(클라이언트, 익명, 임시).

서비스 거부의 6 공격자는 어떤 인증도 없이 서버를 사용 불가능하게 만들 수 있지만 공격자가 멈추면 문제는 사라진다(서버, 익명, 임시).

서비스 거부의 7 공격자는 클라이언트를 사용할 수 없게 만들 수 있고, 공격자가 사라진 후에도 문제는 존재한다(클라이언트, 인증, 지속).

서비스 거부의 8 공격자는 서버를 사용할 수 없게 만들 수 있고, 공격자가 사라진 후에도 문제는 존재한다(서버, 인증, 지속).

서비스 거부의 9 공격자는 어떤 인증도 없이 클라이언트를 사용 불가능하게 만들수 있고, 공격자가 사라진 후에도 문제는 존재한다(클라이언트, 익명, 지속).

서비스 거부의 10 공격자는 어떤 인증도 없이 서버를 사용 불가능하게 만들 수 있고, 공격자가 사라진 후에도 문제는 존재한다(서버, 익명, 지속).

서비스 거부의 잭 공격자는 로깅 하위 시스템의 작동을 중지시킬 수 있다. 로깅을 멈출 수 있는 공격자는 이해하기 어렵고 재조정하기 어려운 공격을 실행할 수 있다.

서비스 거부의 퀸 공격자는 10:1 정도로 증폭해 구성 요소를 통해 서비스 거부 공격을 증폭한다. 증폭은 방어자의 자원 소비 대 공격자의 자원 소비를 의미한다. 당신에게 많은 데이터를 전송하는 공격자는 대역폭을 1:1의 비율로 소비한다. 공개 키에 대한 DNS 요청을 보내는 공격자는 12 바이트를 보내고 수백 바이트를 받는다. 그래서 10:1의 증폭이 있는 것이다.

서비스 거부의 킹 공격자는 100:1 정도의 증폭으로 구성 요소를 통해 서비스 거부 공격을 증폭한다. 퀸에 따라 배로 악화된다.

권한 상승(EoP)

권한 상승의 2-4 우리는 카드라고 할 만큼 충분한 권한 상승 위협을 찾을 수 없기 때문에 권한 상승의 2, 3, 4를 위한 카드는 없다. 제안을 환영한다.

권한 상승의 5 공격자는 다른 결과를 주는 다른 유효성 검사 경로를 통해 데이터를 강제할 수 있다. 비슷한 유효성 검사를 수행하는 다른 코드가 있는 경우 무엇이 체크되는지 알기 어렵다. 리펙토링을 할 수 있는 좋은 기회다.

권한 상승의 6 공격자는 요청하고 사용하지 않은 .NET 권한을 활용할 수 있다. .NET 프레임워크는 예다. 게임이 생성된 후 데스크톱 운영체제와 많은 모바일에 표시되는 권한이 있는 프레임워크는 아주 유행이 되고 있다. 필요하지 않은 권한을 요청하는 것은 이런 프레임워크의 보안적 가치를 줄일 수 있다.

권한 상승의 7 공격자는 오히려 검증될 수 있는 데이터보다 신뢰 영역을 넘어서는 포인터를 제공할 수 있다. 이것은 다시 참조에 의한 전달/값에 의한 전달 문제다. 당신이 신뢰의 결정을 내리려고 하는 경우 자원이 잠재적 공격자의 제어 밖에 있는 것인지 확인할 필요가 있다. 이 문제는 포인터가 커널/사용자 영역을 만드는 데 사용되거나더 빠른 상호 간 통신을 만들 때 자주 나타난다.

권한 상승의 8 공격자는 공격자의 통제 아래에 있는 동안 확인되고 신뢰 영역 반대편에서 나중에 사용될 수 있는 데이터를 입력할 수 있다. 이것은 포인터라기보다 모든 데이터를 사용하는 7의 개방된 변종이다.

권한 상승의 9 호출자가 당신에게 데이터를 전달하기 전에 당신이 실행한 오염된 데이터의 유효성을 파악하는 합리적인 방법은 없다. 필드는 '신뢰할 수 있는'의 여부로 표시되고, API 설계나 사람들이 읽지 않았을 문서로 해결될 수 있다.

권한 상승의 10 호출자가 당신의 어떤 보안 가정이 있는지 파악하는 합리적인 방법은 없다. 아마도 이 카드는 '당신이 그들에게 부과하는 어떤 보안 요구 사항'을 읽어야 하지만 그때는 이미 늦었다. 이 카드는 문제의 프레임을 위한 9의 변형이다. 문제를 찾기 위한 여분의 기회가 자주 있는 것이 좋다.

권한 상승의 잭 공격자는 크로스사이트 스크립팅으로 사용자에게 입력 값을 반영할 수 있다. 이 카드는 신뢰 영역과 일부 전문 용어에 포함시키는 9와 10의 결합이다. 공격자는 당신에 대한 신뢰를 활용해 당신이 나타낸 것에서 데이터를 만들 수 있는 방법을 찾는다. 입력과 출력 검증을 수행하는 것은 도움이 된다.

권한 상승의 퀸 당신은 아마도 임의의 URL의 내용을 포함해 페이지 내에 사용자 정의 콘텐츠를 포함하고 있을 것이다. 이것은 단순한 웹 페이지보다 더 넓게 읽어야 한다(비록 많은 재미가 있었다 하더라도). 앨리스로부터 온 것이라고 당신이 생각하는 것이 밥으로부터 왔다면 앨리스에게 응답을 보내는 것은 보안 구현상 무엇이 문제인가?

권한 상승의 킹 공격자는 시스템보다 높은 권한 수준으로 명령을 주입할 수 있다. 명령 주입 공격은 생략부호나 세미콜론 같은 제어 문자의 사용을 포함한다. 동적 코드가 올바른 방법으로 삽입됐을 때 자신이 선택한 코드를 공격자가 실행시킬 수 있게 한다. 표준 형태로 입력을 변환해야 한다. 입력할 때까지 루프는 더 이상 변환되지 않고 확인한다.

사례 연구

부록 E는 네 가지 예제로 위협 모델을 설명한다. 처음 세 가지는 완전히 해결된 예제를 보여준다. 네 번째는 탐구를 장려하기 위해서 정답이 없는 학습자용 연습문제를 제시한다. 각 예제는 가상 시스템의 위협 모델이다. 이는 어떠한 실제 위협이나 요구 사항이 특정 제품을 위한 것인지에 대한 논의 중에 수렁에 빠지지 않고 위협을 식별하는 데 도움을 주기 위한 것이다.

부록의 모델은 다음과 같다.

- Acme 데이터베이스
- Acme 운영 네트워크
- 전화 네트워크를 통해 로그인 코드 전송하기
- 인테그리티iNTegrity에 대한 학습자용 연습문제

구성하기 위한 하나 이상의 방법이 존재하기 때문에 각 모델은 다르게 구성된다. 예를 들어 Acme 데이터베이스는 요소에 의해 요소를 모델링한다. 이것은 주 고객이 그들의 해석을 구성 요소에 초점을 맞추고 싶어 하는 구성 요소의 소유자인 경우 적절하다. 반면에 시스템 관리자가 비즈니스를 오가는 위협들을 관리할 수 있게 하기 위해서 Acme 네트워크는 위협에 따라 분류된다. 로그인 코드 모델은 특정 요구 사항에 초점을 맞추고, 그것에 대한 위협을 고려하는 방법을 보여준다.

Acme 데이터베이스

Acme 데이터베이스는 모든 조직의 내부에서 실행되도록 설계된 소프트웨어 제품이다. 현재 출시 버전은 3.1이며, 이것은 팀의 첫 번째 위협 모델이다. 그들은 자신들이 갖고 있는 것을 모델링해 성능과 신뢰성 분석을 하는 동일한 프로세스의 일부로서 각 새로운 기능이 이 모델과 상호작용하는 방법을 결정하기로 했다. 이 모델은 회사 수익에 영향을 줬던 최근 일련의 설계 결함에서 영감을 받았다. 이 모델의 출력은 버그와 조치 항목의 분명한 목록이 될 것이다. 이 부록에서 가져갈 중요한 내용은 소프트웨어나 시스템에서 버그나 조치 항목을 찾는 방법이지, 버그나 조치 항목이 아니기 때문에 버그 목록은 제공하지 않는다.

보안 요구 사항

처음에 Acme는 보안 요구 사항을 공식화했다. 그 요구 사항들은 다음과 같다.

- 제품은 일반적인 경쟁 제품 못지않게 안전하다(Acme 소프트웨어는 현재 매우 안전하지 못하고, 이러한 더 강한 목표는 다음 출시로 연기된다).
- 제품은 미국 정부로부터 판매 인증을 받을 수 있다.
- 제품은 보안 운영 매뉴얼을 포함해 출시될 것이다. 보안 구성 분석 도구가 계획돼 있지만 다음 개정판 이후에 출시될 것이다.
- 비요구 사항: DBA에 대한 보호
- 제품은 임의의 데이터를 소유할 것이기 때문에 팀은 개인정보 보호 문제를 찾는 것에 적극적이지 않을뿐더러 의도적으로 못 본척할 것이다.
- 추가 요구 사항은 특정 구성 요소에 적용될 것이다.

소프트웨어 모델

데비(설계), 마이크(문서), 티나(테스트)가 참석하고 폴(프로젝트 관리 리딩)이 주관하는 일주일에 걸친 일련의 설계 회의 후 팀은 그림 E-1의 모델에 동의한다. 이 회의는 예상보다 길어졌다. 위협 모델과 관련된 알려진 세부 내용들이 처음에 분명하지 않아서 "이것은 신뢰 경계를 추가하는가?", "이것은 신뢰 경계를 지나는 연결을 허용하는가?" 같은 질문들의 논의로 이어졌기 때문이다.

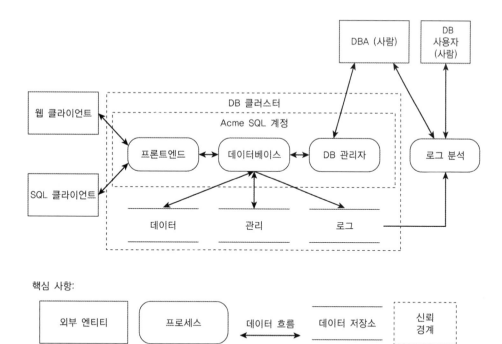

핵심 사항:

| 외부 엔티티 | 프로세스 | 데이터 흐름 | 데이터 저장소 | 신뢰 경계 |

그림 E-1 Acme 데이터베이스

위협과 완화

시스템에 확인된 위협은 모듈 소유자 검토를 용이하게 하기 위해 모듈로 구성돼 있다. 위협은 다음과 같은 세 가지 방법으로 확인됐다.

- 부록 B, '위협 트리'에 있는 위협 트리를 통한 방법
- 12장, '요구 사항 문서'에 나열된 요구 사항을 통한 방법
- 그림 E-1의 다이어그램에 STRIDE당 요소를 적용

　Acme는 버그 막대로 위협의 순위를 매긴다. 그러나 막대나 순위의 결과 모두 이 예제에서 중요하지 않기 때문에 보이지 않는다. 일부 위협은 STRIDE에 의해 나열되고, 그 외의 위협은 하나의 완화가 여러 위협을 해결하는 구조화되지 않은 문서를 통해 해결된다. 위협은 훑어보기 쉽게 이탤릭체로 표시된다.

　팀이 구성 요소와 해당 데이터 흐름을 조사하는 동안, 이른 아침 하루 1시간 동안의 위협 식별 회의를 통해 이러한 위협을 찾는 데 대략 2주가 소요됐다. 조사는 부록 B의 위협 트리를 통한 방법, 12장의 요구 사항 체크리스트를 통한 방법, STRIDE의 다른 측면이 하나의 구성 요소(그리고 데이터 흐름)에 적용될 수 있는지를 고려하는 것으로 구성

됐다. 각 회의의 일부는 이전 회의들의 후속 조치를 위해 남겨됐다. 하루 중 남은 시간은 가정 사항을 확인하고 적절하게 버그를 정리하고, 구성 요소의 소유자가 발견한 내용을 알게 하기 위한 후속 조치를 위해 사용됐다. 이러한 2주는 "위협 모델 말고는 한 것이 없다."라고 요약될 수 있지만, 팀은 그들에게 의존하는 다른 작업을 방해하지 않고 새로운 기술과 작업이 '퍼뜨려지는' 시간, 즉 반영될 시간, 팀이 교육받은 내용을 고려하는 시간을 얻기 위해 더 긴 기간을 선택했다.

프론트엔드

프론트엔드^{front ends}는 웹사이트에서부터 SQL 쿼리를 만드는 복잡한 프로그램에 이르기까지 데이터베이스와 다양한 클라이언트 사이의 인터페이스다. 프론트엔드는 핵심 데이터베이스를 최대한 빠르게 하기 위해 인증과 로드 밸런싱 및 관련 기능을 처리하게 돼 있다.

다음은 12장의 프론트엔드에 대한 추가 요구 사항이다.

- 인증된 사용자만이 데이터베이스 설계자와 관리자가 설정한 정책에 따라 생성/읽기/수정/삭제 권한을 가질 것이다(이것은 인증 및 기밀성 요구 사항을 합친 것이다).
- 단일 요소 인증은 프론트엔드 사용자들에게 충분할 것이다.
- 계정은 Acme DB 소프트웨어를 배포하는 고객이 설계한 프로세스에 의해 생성될 것이다.
- 데이터는 열거된 권한이 있는 사용자만이 변경할 수 있고, 그러한 행위들은 고객의 구성에 따라 기록에 남는다(이러한 구성은 보안 운영 가이드에 추가될 필요가 있을 것이다).

확인된 위협은 다음과 같다.

- **위장** 웹 및 SQL 클라이언트의 인증 모두 팀이 원하는 것보다 약하다. 그러나 웹 브라우저와 타사 SQL 클라이언트를 지원하기 위한 요구 사항은 요청될 수 있는 것에 대해 제한을 부과한다. 제품 관리는 현재 고객들이 갖춰야 할 것을 결정하도록 요청받았고, 설명은 제품 보안 운영 가이드에 추가될 것이다.
- **변조** 인증을 포함하고 있는 여러 모듈이 보안 속성에 대해 제대로 심사받지 않았다. 모듈 중 적어도 하나는 분석을 필요로 하는 보안 속성과 영향이 있는 자동 업데이트 기능을 갖고 있는 것으로 보인다.

- **거부** 프론트엔드에는 로깅이 거의 존재하지 않지만 존재하는 로그는 프론트엔드에 저장돼 있고 백엔드로 전송해야 할 것이다.
- **정보 노출** 디버깅 인터페이스와 오류 메시지 모두 데이터베이스 연결 매개변수에 대한 정보를 공개하고 있다.
- **서비스 거부** 신뢰성 엔지니어링은 이미 애플리케이션별 정적 한계의 대부분을 제거했지만, 몇 가지 구성 방법은 운영 가이드에 추가될 것이다.
- **권한 상승** 별도의 보안 엔지니어링 단계는 다양한 입력 검증 테스트를 수행할 것이다. 또한 프론트엔드 팀은 데이터를 수행하는 제한된 유효성을 기록하고, 핵심 데이터베이스가 보호에 대해 만든 가정을 검토할 것이다.

프론트엔드에 연결

웹 프론트엔드는 항상 변조tampering와 정보 노출information disclosure 문제를 해결해주는 SSL을 통해 작동된다. SQL 클라이언트와 클라이언트 라이브러리는 SSL를 사용하지 않는 연결은 특별한 옵션(그러한 연결을 허용하는 서버에서 하나, 대비책을 허용하는 클라이언트에서 하나)을 설정하도록 업그레이드될 것이다. "보안으로 귀찮게 하지 마시오."라는 두 번째 옵션이 설정돼 있지 않는 한 Acme 클라이언트와 라이브러리는 항상 처음에 SSL을 통한 연결을 시도할 것이다.

서비스 거부Denial-of-Service 위협은 일반적으로 이미 수행된 신뢰성과 성능 엔지니어링에 의해 다시 잘 해결된다. 보안 팀은 신뢰성 팀에게 축하의 도넛 한 상자를 보낼 것이다.

핵심 데이터베이스

요구 사항

- 모든 데이터베이스 권한 규칙은 기밀성, 무결성, 인증 정책을 시행하는 하나의 인증 엔진에 집중될 것이다.

위협

- **위장** 핵심 데이터베이스는 전용 시스템에서 실행되도록 설계한다. 그렇게 하면 위장 공격을 받을 가능성이 적다. 상세 분석이 필요한 예외 사항은 프론트엔드가 임의의 사용자 계정으로 가장해 작업을 수행할 수 있는 능력을 갖고 있다는 것이다.
- **변조** 입력 값 검증은 SQL 인젝션과 관련된 의문을 일으키고, 그것은 가정이 프론트

엔드에 대해 만들어 내고 있는 것으로 질문을 유도한다. 시스템 간 검토는 18장에 설명돼 있는 접근 방법에 따라 계획된다.

- **거부** 검토에서 데이터베이스는 세션이 어떻게 인증됐는지 기록하는 데 실패한 몇 가지 주요 세션 설정 API를 제외하고는 프론트엔드에서 발생하는 거의 모든 것을 기록하는 것을 발견했다.
- **정보 노출** 데이터베이스에 대한 SQL 인젝션 공격은 온갖 다양한 방법으로 정보를 노출시킬 수 있다. 팀은 SQL 인젝션 공격을 구조적으로 제한할 수 있는 방법을 조사할 계획이다.
- **서비스 거부** 다양하고 복잡한 교차 테이블 요청은 성능에 영향을 줄 수 있다. 작지만 비용이 드는 쿼리를 수행하는 영리한 방법을 조사하기 위해 테스터를 할당한다.
- **권한 상승** 검토는 어떤 호출자가 시스템에서 임의의 코드를 의도적으로 실행할 수 있게 하는 두 가지 루틴을 찾는다. 팀은 그 루틴들에 ACL을 추가하고 가능한 한 기본적으로 그 루틴들을 해제할 계획이다.

데이터(주요 데이터 저장소)

변조, 정보 노출, 서비스 거부의 방지는 운영체제 권한에 의해 제어되는 제한된 연결에 의존한다. 데이터 저장소가 원격에 있고 네트워크 결합 스토리지^{NAS}에서 실행되는 경우 스토리지 컨트롤러는 데이터에 대한 모든 컨트롤을 우회할 수 있다. 네트워크 연결 또한 취약할 것이다. 팀은 이를 문서화하고 신뢰할 수 없는 데이터 저장소를 가진 위협을 해결해 향후 배포에 부가적인 암호화 기능을 추가할 것이다. 그 결정은 비즈니스 요구 사항이 얼마나 중요한지와 구현에 관련된 노력, 가능한 성능 영향에 달려 있을 것이다.

관리(데이터 저장소)

관리 데이터 저장소가 원격 스토리지에 있는 경우 동일한 문제가 데이터 저장소에 영향을 미칠 수 있다. 팀은 데이터베이스 같이 동일한 장치에 관리 데이터를 이동시키고 그것의 보안 효과를 문서화할 계획이다.

핵심 데이터베이스에 연결

팀은 프론트엔드, 데이터베이스, DB 관리 포털은 신뢰할 수 있는 네트워크에 있을 것이라는 가정들을 통해 이 연결들이 보안 경계 내에 있다고 추측하고 있었다. 이 가정이 허용하는 모든 위협을 해결하고 성능을 보장하기 위한 작업을 감안할 때 그 가정은 패킷 필터를 가진 위협으로 인해 격리된 네트워크로 갱신된다. 그 가정은 운영 가이드에 추가된다. 구성 요소 사이의 암호화와 인증에 대한 버그는 향후 버전을 위해 보관된다.

DB 관리 모듈

요구 사항은 다음과 같다.

- **인증 강도** 필수 인증 강도가 논의되고 버그는 합의한 요구 사항을 간결하게 하기 위해 공개된다.
- **계정 생성** 새로운 DBA 계정을 만드는 것은 두 명의 관리자가 필요하고, 모든 관리자에게 통보될 것이다(이것은 새로운 기능이 될 것이다).
- **민감한 데이터** DBA로부터 정보를 보호하기 위한 요구 사항이 있을 수 있다. 예를 들어 사회보장번호 열이다. 이것은 다음 두 가지 방법으로 지원될 것이다. 첫 번째는 개체에 거부 ACL을 생성하는 옵션이고, 두 번째는 전달된 키를 갖고 데이터를 암호화하는 옵션이다(데이터를 암호화하는 호출자를 위한 세 번째 옵션이 있지만, 그것은 언제나 묵시적으로 제시됐다). 키 관리의 중요성에 대한 논의와 1억 개의 사회보장번호 중 일부를 단순 암호화한 것에 대해 알려진 평문 공격과 함께 세 가지 옵션 모두 문서화돼야 한다.
- **위장** DBA는 두 가지 방법인 웹 포털과 SSH를 통해 연결할 수 있다. 웹 포털은 SSL을 사용한다. 그것은 브라우저에 있는 모든 수백 개의 SSL 인증서를 참조하는 것을 포함한다. 그러므로 포털로 위장할 수 있다. 그것은 허용될 수 있는 위험일 수도 아닐 수도 있다. 그래서 현재 그것은 운영 가이드에 문서화돼 있다. DBA는 현재 단일 요소 인증으로 연결한다. 그러므로 더 강력한 인증에 대한 지원이 의미가 있을지도 모른다.
- **변조** DBA는 변조할 수 있으며, 어떤 의미에서는 자기 일이기도 하다.
- **거부** 관리자는 로그를 변경할 수 있다. 이것은 위험으로 기록되며, 로그인한 상태에서 위험은 재귀적이다.
- **정보 노출** 이전에 DBA 로그인 페이지는 많은 양의 '대시 보드'와 개요 정보를 위한 사전 로그인을 편리한 기능으로 제공했다. 그것은 현재 구성될 수 있고 기본 상태는 논의 중이다. 또한 DBA와 STRIDE당 요소를 적용할 때 팀(그리고 작성자)이 놓쳤던 요구 사항과 요구 사항을 검사할 때 발견했던 것에 대해 보호할 필요가 있다.

- **서비스 거부** DBA 모듈은 데이터베이스를 끄고, 저장 공간을 재할당하고, 작업의 우선순위를 매기거나 우선순위의 레벨을 감소시킬 수 있다. 또한 기록에 남지 않는 부수적인 서비스 거부 공격도 가능할지 모른다.
- **권한 상승** DBA는 한 유형이다. 따라서 여러 레이어를 추가하기에 민감할 수 있으며, 고객의 요구 사항을 명확히 하는 것은 그러한 작업에 선행돼야 한다.

로그(데이터 저장소)

주요 데이터 저장소와 달리 의도적으로 신뢰 경계 밖에 있는 로그 분석 도구가 로그를 읽는다.

- **변조** 분석 도구에서 로그는 읽기 전용으로 표시한다.
- **거부** 로그는 거부 시도 분석의 핵심이다. 하지만 모든 로그가 중앙 로그 저장소로 전달되는 것은 아닌 것으로 나타난다. 일부 로그는 버그들이 추적되는 다른 위치에 존재한다.
- **정보 노출** 로그 분석 코드가 신뢰 경계를 벗어나 있기 때문에 로그는 공개하면 안 되는 정보를 포함하지 않아야 하고, 특히 개인 정보에 초점을 맞춰 로그의 검토가 필요할 것이다.
- **서비스 거부** 로그 분석 코드는 수많은 요청을 할 수 있는 기능이 있다. 로그가 주 데이터베이스와 동일한 시스템에 저장돼 있는 경우 로그 요청을 관리하는 것은 컨트롤러 대역폭, 디스크 운영, 기타 작업 등에 필요한 자원을 소비함으로써 데이터베이스 성능을 제한할 수 있다. 이 문제는 별도의 시스템에 로그를 보내게 하는 제안과 함께 운영 가이드에 추가된다.

로그 분석

위협은 다음과 같다.

- **위장** 모든 일반적인 위장 위협이 존재한다(거의 모든 것을 부록 B의 그림과 표 B-1에서 다루고 있다). 데이터베이스 사용자 수는 일반적으로 적기 때문에 팀은 인증 과정을 돕기 위해 로그인 정보의 영구 추적을 추가하기로 결정한다.
- **변조** 로그 분석 모듈은 변조 위협을 보여줄 수 있는 유명한 계정 관리 도구들에 연결하기 위한 여러 가지 플러그인을 갖고 있다. 로그는 이미 로그 분석 도구에서 읽기 전용이므로, 변조 위협은 덜 중요한 편이다.

- **거부** 로그 분석 도구는 반박하기 힘든 거부에 가담하는 방법을 공격자에게 알려주는 데 도움이 될지도 모른다.
- **정보 노출** 로그 분석 도구는 의도적으로 많은 양의 정보를 노출한다. 그리고 그러한 정보를 통제하기 위해서 버그는 '로그(데이터 저장소)' 아래의 정보 노출 항목을 기반으로 정리된다(실제 위협 모델에서는 단지 버그 개수만 언급할 것이다).
- **서비스 거부** 로그 분석의 복잡한 질의는 많은 처리 시간과 입출력 대역폭을 차지할 수 있다.
- **권한 상승** 아마도 로그 분석 모듈이 신뢰 경계가 명시적으로 만들어지기 전에 설계된 시스템의 다른 영역을 호출하는 데 기초한 여러 가지 확대 경로가 있을 것이다.

요약하면 Acme의 개발 팀은 많은 것을 배웠고, 그들 앞에는 많은 작업이 있다. 일련의 당황스런 보안 사고들 후에 이 작업이 시작됐기 때문에 경영진은 조심스럽게 낙관하고 있다. 공을 들여야 하는 일련의 문제들이 있다. 더 많은 사건이 발생할 경우 그들은 위협 모델링이 위협을 발견했는지 알기 위해 그러한 사건들을 사용할 수 있고, 해결책의 우선순위를 지정할 수 있다. 그들은 그러한 뜻밖의 일들이 위협 모델링을 시작하기 전보다 훨씬 적을 것이라 믿는다.

Acme 운영 네트워크

Acme 사는 우수한 데이터베이스 소프트웨어 업체다. LBO(차입금에 의한 기업 인수)가 그것을 더 전통적인 운영 네트워크를 포함한 더 전통적인 사업 형태로 몰아가기 전에는 제트 장치를 가진 포고, 토네이도 씨즈, 여타 상품들을 생산했었다. 자사의 소프트웨어를 위협 모델링한 프로젝트에서 유용하고 실용적인 버그를 산출해 좋은 결과가 나온 뒤 자사 내부 네트워크의 모델링에도 시도해보기로 한다.

보안 요구 사항

이 요구 사항들은 요구 사항 쿡북에 있는 것을 기반으로 만들어졌다(12장 참조).

1. 운영상의 취약점 관리는 공격 표면에 배포된 모든 제품을 추적할 것이다.
   a. 이제부터 모든 새로 배포된 소프트웨어는 취약점 공지 정책을 갖고 있는지 검토될 것이다.

b. 프로젝트 조정자인 폴은 사용 제품별 취약점 공지 정책을 찾아내 모든 정책에
　　　동의하게 하는 업무를 맡았다.

2. 운영은 방화벽이 다이어그램에 표시된 신뢰 경계에 맞게 조정되도록 보장할 것
　이다.

3. 네트워크의 판매 관련 부분은 PCI Compliant 기준을 준수할 필요가 있을 것이다.

4. 전체 비즈니스 요구 사항은 "나쁜 일이 발생하지 않게 합시다." 같은 형태로 분명하
　게 정의하기가 다소 어렵다. 12장에 있는 그림 12-1의 위험, 완화, 요구 사항들 사
　이의 피드백 프로세스를 사용해 위협 완화 방법의 질문들이 분석되면서 그것은 더
　정확해질 것이다.

　　Acme 사는 그들의 소프트웨어 위협 모델링에 이상적으로 잘 동작했던 STRIDE 위
협 중심의 접근 방법에 집중하기로 결정했다. 그들은 방어, 탐지, 대응 사이의 균형
또한 중요하다는 것을 알고 있었지만, 소프트웨어 모델링으로 성공을 만들어 내길 원했
다. 그러므로 나중에는 그 요구 사항들을 고려해야 할 것이다.

운영 네트워크

Acme의 운영 네트워크는 이전에 2장에서 살펴봤고, 여기서는 그림 E-2로 재현하고
있다. 이 절의 나머지는 팀의 입장에서 요약의 형태로 기술된다. 여기서 놓친 중요한
것으로 버그 번호가 있다. 가짜 버그 번호를 추가하는 것은 예제들을 더 알아보기 어렵
게 할 것이기 때문이다.

　　팀은 이 다이어그램이 결제 과정을 보여주지 않는다는 사실을 비롯한 여러 가지 명
백한 버그가 있음에도 불구하고 시작하는 데 충분할 것이라고 결정했다. 그 문제는
최우선으로 고려되는 로켓이 달린 포고나 건조 바위에 대한 계획을 아무도 훔치지 않
는다는 것을 확인하면서 차후 고려돼야 할 것이다.

　　운영 네트워크를 구성하는 시스템은 다음과 같다.

- **데스크톱과 모바일**　회사에 있는 모두가 사용하는 최종 사용자 시스템이다.
- **이메일과 인트라넷**　익스체인지^{Exchange} 서버와 내부 위키 및 블로그 서버의 집합이다.
- **개발 서버**　버그 추적, 빌드, 테스트 서버와 함께 로컬 소스 제어 저장소를 포함한다.
- **생산**　적시 생산 방식^{JIT}을 사용해 만들어진 상품들이 있는 곳이다. 이곳은 운영 유지
　가 어렵고 세심한 주의가 필요한 기계 도구와 기타 장비들로 가득 찬 운영 네트워크

를 포함하고 있다. 여기는 보안에 대해 신경 쓰지 않는다.

- **디렉토리** 이것은 액티브 디렉토리[AD] 서버다. 이것은 Acme 대부분의 시스템에 걸쳐 있는 계정 관리를 위해 사용된다.
- **인사 관리** 이것은 인사 데이터베이스와 시간제 직원을 위한 시간 기록 카드 시스템과 기타 관련 서비스를 담고 있다.
- **웹사이트/영업/CRM** 이것은 주문들이 거쳐 가는 웹사이트다. 웹사이트는 IaaS 클라우드 제공업체에서 운영한다. 이것은 생산 지점에 직접 연결된다. 웹사이트는 현지에서 개발되며, 다양한 종속성을 갖고 관리된다.
- **급여** 이것은 외주 인력 회사다.

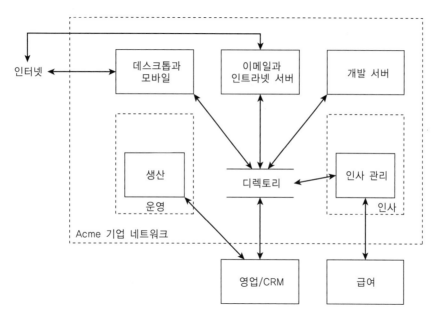

그림 E-2 Acme의 운영 비즈니스 네트워크

네트워크에 대한 위협

시스템을 지켜보는 것은 위협 평가를 좀 더 어렵게 하므로(그리고 이전 예제와 같은 위협 모델을 초래할 것이므로) 팀은 시스템에 의한 것이 아닌 위협에 의한 운영 위협을 지켜보기로 초기에 결정을 내렸다. 다소 간단한 예를 제시하기 위해서 추가 요구 사항만 가끔 호출된다.

위장

팀은 피해자에 의한 위장 위협을 지켜보기로 결정했다. 즉, 누군가가 각 시스템의 연결이나 다이어그램 내에 있는 시스템의 설정을 훔치면 어떻게 되는지 확인해보기로 했다.

Acme 네트워크에 대한 요구 사항은 다음과 같다.

- 기업 시스템에는 익명 접근을 할 수 없다.
- 내부 고발자 익명성에 대한 요구가 있을 수 있다. 문제는 법적으로 전송된다.
- 단일 요소 인증은 모든 시스템에 충분하다.
- 모든 시스템은 디렉토리 시스템에 대한 권한을 기본적으로 가질 수 있어야 한다.
- 계정 생성은 단일 관리자에 의해 수행된다.

웹사이트에 대한 요구 사항은 다음과 같다.

- 페이스북 로그인이 허용된다.
- 검증된 이메일 계정을 가진 사람은 누구든지 계정을 만들 수 있다.

운영 네트워크의 특정 영역에 대한 위장 위협은 다음과 같다.

- **데스크톱과 모바일** 여러 개발자들은 "아무도 그것을 찾을 수 없을 것이다."가 충분한 보안이라 믿으면서 자신들만의 원격 접근 소프트웨어를 설치해왔다. 그러한 주제에 대한 토론을 하기보다 팀은 더 좋은 대안이 없다는 것을 깨닫고 VPN 프로젝트로 더 빨리 가기 위한 정당화 차원으로 이 주제를 추가했다.
- **이메일과 인트라넷 서비스** 이 서비스들은 인터넷에 노출돼 있다. 그들 중 일부는 공유된 사용자명/패스워드를 갖고 배포된 반면, 다른 일부는 "방화벽 뒤에 있다."는 가정에 의해 배포됐기 때문에 인트라넷 서버의 패스워드 보호는 불규칙적이다. 그러나 다른 서버들은 모바일 작업자들을 위해 인터넷에 노출될 필요가 있다. 마지막 필요성은 아직 배포되지 않은 VPN을 통해 해결될 것이다.
- **개발 서버** 이러한 위장된 서버들은 소스나 개발 문서에 대한 무결성(변조) 위협으로 넘어가게 된다.
- **생산** 가장 분명한 것은 누군가가 여분의 제품 생성을 구동해 그 제품들을 창고에 쌓아두거나 심하면 가짜 고객에게 전달할 수 있다는 것이다. 더 교묘하게는 교활한 공격자가 가짜 제품 계획을 제공할 수 있다. 그것은 제품의 고장, 불만 고객, 회사와

제품에 대한 부정적인 언론을 초래한다.

- **디렉토리** 가장 큰 문제는 인사 관리의 위장일 것이다. 누군가가 인사 관련 사람인척 할 수 있다면 그들은 많은 권한을 갖게 될 것이다.
- **인사 관리** 디지털 데이터 흐름은 대부분 외부를 향하고 있다. 내부로 들어오는 데이터에 대한 처리는 아직도 얼굴을 맞댄 논의와 서류 양식을 많이 포함하고 있다.
- **영업/CRM** 이 시스템은 주문을 전송하는 생산 쪽과 직접 연결돼 있다. 생산 쪽에 있는 서버는 IP 주소에 의해서만 인증되는 항목을 취하며, 그 주소를 가진 사람이라면 누구든지 주문을 할 수 있는 것으로 나타났다.
- **급여** 급여 시스템에 대한 위장 위협은, 특히 인사 팀이 매주 급여 데이터를 이메일로 보내고 있기 때문에 모든 이들이 우려하고 있다. 불행하게도 급여 회사는 사용자명과 암호보다 더 강한 것을 사용하기 위한 옵션이 없다. 소란스러운 논쟁 후 팀은 (이메일과 관련된 정보 노출이나 변조 위협을 지적하면서) 버그를 정리하기로 결정하고 다른 위협으로 넘어간다.
- **기타 위장** 하나의 디렉토리 서버는 위장 보안에 대한 단일 장애 지점 역할을 한다. 이것은 일부 팀원들을 불안하게 만들지만 두 번째 디렉토리 시스템을 추가하는 것과 같은 '해결책'은 도움이 되지 않는다. 시스템들의 동기화를 유지시키는 많은 작업 후 대부분의 위장 공격들은 두 가지 잠재적인 목표를 갖게 될 것이기 때문이다.

변조

현재 변조 공격을 방어하기 위한 방화벽에 많은 의존을 하고 있다. 내부 데이터 흐름의 극히 일부분만 무결성 보호를 받는다. 다음의 많은 위협은 엔드포인트 또는 네트워크 데이터 흐름에서 구현될 수 있다.

- **데스크톱과 모바일** 회사 전체의 데스크톱에서 실행되는 어떤 소프트웨어에 대한 통제가 거의 없다. 이메일과 개발 시스템에서 개발자는 높은 권한을 가진 계정을 실행한다. 무결성 검증이나 사용 중인 화이트리스트 소프트웨어도 없다.
- **이메일과 인트라넷** 인트라넷 서버가 오합지졸인 반면에 이메일 서버는 상당히 잘 보호돼 있다. 어떤 위키에서는 대부분의 개발자에게 알려진 일반적인 계정을 유출시키고 있다.
- **개발 서버** 소스 제어 서버는 모든 변경 사항을 기록하기 위해 구현된 것으로 보이는

제한된 접근을 통해 많이 차단돼 있다. 테스트 서버는 변경할 수 있는 누군가에 의해 엉망이 될 수 있는 것으로 알려졌다. 언제 어디서 변경됐는지에 대한 추적은 수동으로 이뤄지고 있다.

- **생산** 이 부서는 매우 다양한 장비를 갖고 있다. 일부 장비는 사람이 관여하지 않고도 서로 통신을 한다. 변조 위협은 원자재를 변조하는 것부터 미묘하게 또는 매우 잘못된 출력을 생성하기 위해 컴퓨터 제어 장치를 변조하는 것, 그리고 납품 지시를 변조하는 것까지 매우 많다.

- **디렉토리** 이것은 제한된 수의 관리 계정을 통해 많이 차단돼 있다. 그 계정들 모두 의도적으로 변조가 가능하다. 그러나 여기에 침입하거나 나쁜 짓을 하려는 누군가가 네트워크의 다른 어딘가에서 변조를 위한 전체 자격증명을 얻을 가능성이 있다.

- **인사 관리** 이 시스템은 누군가가 원하는 만큼 차단돼 있지 않다. 이것을 변경했던 직원은 기술로는 발견되지 않을 가능성이 높다. 변경은 사람에 의해 발견해야 할 것이다. 너무 많은 급여가 지급되는 것은 회계 부서에 의해 발견되는 반면에 급여 미지급과 같은 변경은 직원들에 의해 발견될 것이다. (연금, 휴가, 기타 혜택에 영향을 미치는) 직책, 고용 날짜에 대한 변경 사항은 발견되지 않을 가능성이 크다.

- **영업/CRM** 여기에는 여러 가지 문제가 있다. 아마도 가장 중요한 것은 사이트의 데이터를 변경할 수 있는 누군가가 가격을 미묘하게 또는 과감하게 변경할 수 있다는 것일 것이다. 또한 누군가는 새로운 고객이 오랜 사용 경력을 갖고 있는 것처럼 보이게 하거나 그 반대로 보이게 만들고, 그들에 대한 고객 서비스나 사기 방지 방식을 변경하면서 고객 기록을 변경할 수 있다.

- **급여** 변조 공격은 직원을 추가하거나 급여를 변경하는 것과 같이 명백히 나쁜 것에부터 동시에 원천 징수나 공제액을 변경하는 것("죄송하지만 스미스 씨, 우리는 당신에게서 보험료를 받지 못했습니다.") 같이 대단히 미묘한 것에 이르기까지 다양하다.

거부

팀은 거부 취약점에 대한 것은 판매 주문에 대부분 집중하기로 결정했고, 판매 서버의 로그 검토를 계획했다. 개발 서버로의 체크인 거부, 인사 변경의 거부, 혹은 생산 변경의 거부 등을 비롯해 그들이 점검할 수 있는 다른 거부 문제도 확실히 존재한다. 그러나 위협 모델링의 첫 단계를 위해 다른 위협들에게 우선권이 부여된다.

정보 노출

Acme는 제품 제작에 관한 영업 비밀에 매우 방어적이어서 고객 지원 데이터베이스 내용에 대해 매우 걱정했다. 소수의 고객들은 정기적으로 제품 신뢰성 문제와 부딪히는 것으로 보인다. 고객 지원은 이러한 고객들의 대부분이 시간을 내어 지침을 읽지 않는 등의 단지 성급한 행동을 하는 것으로 믿고 있다. 위협은 다음과 같은 것들에 적용된다.

- **데스크톱과 모바일 시스템** 불행하게도 이들은 대부분의 데이터에 접근할 수 있어야 한다. 데이터 암호화 소프트웨어는 컴퓨터가 도난 당한 경우 정보 노출을 방지하기 위해 중요한 보탬이 될 수 있다. 이러한 완화는 회사 대부분의 시스템에 걸쳐 적용되고 부서마다 반복되지 않는다.
- **이메일 서버** 이메일은 엄청난 양의 기밀 정보를 포함하고 있다. 팀은 이메일 암호화를 위한 파일럿 프로젝트를 고려하고 있다.
- **인트라넷 서버** 이러한 서버들은 또 다른 난관이다. (전체 디스크 암호화와 달리) 특정 판독 장치만 키를 갖고 있는 애플리케이션 데이터에 대한 암호화를 추가하는 것은 쉽지 않다. 더 잘 고려된 권한 집합을 사용하는 것으로 가능할 것이다. 또한 이러한 서버들 대부분에 SSL을 추가하는 것으로도 가능하다.
- **개발 서버** 애플리케이션 데이터에 대해 암호화를 사용하는 것은 마찬가지로 쉽지 않다.
- **생산 서버** 이들은 주로 신뢰성의 이유로 차단돼 있다. 그것은 보안을 위해 좋은 부작용을 가진다.
- **인사 관리** 이들은 급여에 대한 정보, 성능 평가, 신원 도용을 저지를 수 있는 충분한 개인 정보뿐만 아니라 입후보 예상자에 대한 다수의 정보를 포함한다.
- **영업/CRM** 이 시스템들은 할인 행사 정보, 쿠폰 코드, 고객 이름과 주소, 뜻하지 않게 신용카드 번호까지도 포함한다. 영업에서 생산까지의 데이터 흐름은 암호화를 추가할 필요가 있다.

서비스 거부

거부와 다소 유사한 서비스 거부 위협은 위장, 변조, 정보 노출보다 낮은 우선순위로 처리된다. 팀은 생산이 확장성 없는 기계들과 기계 숙련자들에 의존한다고 지적한다. 그래서 매출의 급증은 결국 휴가의 거부가 될 것이다.

권한 상승

외부인은 인터넷에 노출된 데스크톱(이메일, 인스턴스 메시지, 웹 브라우징을 통해 공격)과 영업/CRM이나 급여를 공격해 내부자 권한 상승을 시도할 수 있다. 데스크톱 권한 상승 공격을 해결하기 위해서 팀은 취약점 관리와 샌드박스를 고려해보고 있다. 영업과 CRM에 배포된 웹 애플리케이션은 SQL 인젝션과 커맨드 인젝션, 크로스사이트 스크립팅^{XSS}, 크로스사이트 요청 위조^{CSRF}, 기타 웹 공격 등을 포함한 여러 가지 공격에 노출돼 있다. 그러한 공격에 대한 테스트는 QA 팀에 의해 관리될 것이다. QA 팀은 추가 보안 교육이 필요할 것이다. 팀은 외부 공급업체에게 급여 회사의 패치와 보안 개발에 대한 몇 가지 질문하기로 결심한다. Acme는 단기적으로 완료해야 할 일들이 많아서 당분간은 내부자에 의한 위협과 관련된 일은 뒤로 미루기로 결정했다.

요약하면 Acme는 많은 위협을 식별하기 위해 STRIDE 위협 모델링과 그들의 운영 네트워크 모델을 사용했다. 다시 말해 그들은 막연한 불안감에서 문제를 잘 정당화한 시킨 집합들로 옮겨갔다. 그들은 이러한 집합을 통해 작업이 가능할 것이다. 여기서 그들은 그 문제에 대한 우선순위 방식을 결정하거나 그들의 특별한 요구에 따른 추가 보안 요구 사항을 고려할 필요가 있었다.

전화와 일회용 토큰 인증자

9장에서는 한 위협 모델(그림 E-3 참조)을 설명하고 있는데, 그것은 어떻게 위협 모델이 아키텍처의 진화를 일으키는 데 사용될 수 있는지를 보여준다. 또한 이 모델은 초점화된 위협 모델의 유용한 예제다. 이것은 많은 중요 메커니즘은 생략하고 신뢰 경계와 요구 사항들이 빠르게 위협을 식별하는 방법을 보여준다. 이것은 어떤 특정 상업 시스템에 대한 논의로 간주돼서는 안 된다. 일부 상업 시스템은 여기에 표시된 위협을 완화할지도 모른다. 또한 이러한 시스템의 대부분은 구식 전화를 사용하는 사람에게 문자 음성 변환을 지원한다. 다음 자료에서 제시한 대안에는 그 기능이 없다.

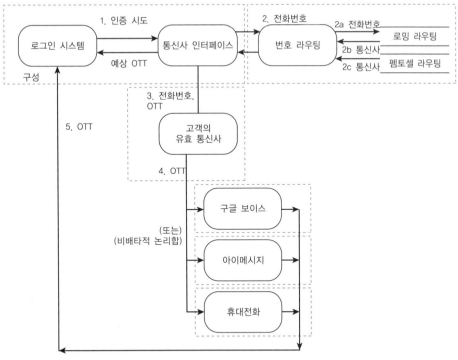

그림 E-3 일회용 토큰 인증 시스템

시나리오

다양한 시스템들이 보조 암호, 즉 일회용 토큰OTT, one-time tokens을 전화 네트워크를 통해 다른 사람의 휴대전화에 전송하게 설계돼 있다. 등록 단계에서 사용자는 전화번호 제공을 요청하고, 그 후 전화번호는 계정과 연관된다. 그림 E-3에서 보이는 시나리오는 누군가가 '로그인 시스템'에 전화와 연관된 계정으로 로그인을 시도할 때 시작한다. 모델의 작동 방법은 다음과 같다.

1. 로그인 시도는 일부 전화 회사('통신사') 인터페이스에 메시지를 발생시키는데, 그 메시지는 전화번호와 그 전화번호로 송신될 메시지다.
2. 통신사 인터페이스는 메시지를 라우팅하는 방법을 알아내기 위해 어떤 형태의 검색을 한다. 그것은 별도의 신뢰 영역에서 '번호 라우팅' 프로세스로 모델링된다. 로밍과 펨토셀femtocells을 포함해 휴대전화가 다른 통신업체와 연결되는 여러 가지 방법이 있다. 이와 유사하지만 미국 전화번호 이동성 제도, 지역 코드에 의한 단순한 라우팅, 일반 전화를 위해서조차도 더 이상 작동하지 않는 교환은 나타나지 않는다.

번호 라우팅 시스템은 '고객에게 유효한 통신사'로 가는 지점을 반환한다.

3. 다음으로 통신사 인터페이스는 고객의 유효한 통신사에 전화번호와 일회용 토큰을 전송한다.

4. 일회용 토큰은 메시지가 전달될 수 있는 하나 이상의 시스템에 전송된다. 그것은 단순히 해당 전화일 수도 있지만, 구글 보이스 또는 애플 아이메시지^{iMessage} 같은 인터페이스일 수도 있다(모든 제품은 설명 목적으로만 표시한다).

5. 사람은 로그인 페이지에 일회용 토큰을 입력하고 그것은 예상 값과 비교된다.

보안 요구 사항은 일회용 토큰이 공격자에게 유출되지 않아야 한다는 것이다. 적용할 수 있는 세 가지 요구 사항이 있다. 첫째, 일회용 토큰은 온전하게, 즉 변조 없이 전달돼야 한다. 둘째, 시스템은 계속 운영돼야 한다. 두 가지 요구 사항 모두 이 시스템의 거의 모든 변형에 적용된다. 따라서 이 요구 사항들은 비교되는 위협 모델에서 얻는 가치를 향상 시키지 않는다. 관련될 수 있는 세 번째 요구 사항은 개인정보 보호다. 사람들은 자신들의 전화번호를 보내고 싶어 하지 않을지도 모르고, 판매 전화나 다른 목적으로 남용될 위험을 감수하고 싶어 하지 않을지도 모른다. 이것은 인증을 향상시키기 위해 일회용 토큰을 사용하는 능력에 대한 위협이다. 개인정보 보호 문제는 모바일 장치에서 애플리케이션 사용을 찬성하는 데 힘이 될 수 있다.

위협

이 모델은 일회용 토큰의 기밀성에 대한 위협에 초점을 맞추고 있다. 그중 일부는 직접적인 위협이고, 나머지는 위장과 변조 같은 1차 위협의 영향이다.

1. 로그인 시스템과 통신사 인터페이스는 신뢰 경계 내부에서 통신하고 있어서 이 모델에서는 그곳의 위협을 무시할 수 있다.

2. 신뢰 경계 외부에 있는 라우팅 서비스로 전송되는 전화번호는 여러 위협을 나타낸다. 응답이 정확하지 않은 경우 세 번째 단계는 일회용 토큰을 노출한다. 응답은 다음에 제한되지 않는 다양한 이유로 부정확할 수 있다.

- 로밍 데이터베이스의 거짓 정보(데이터베이스에 의해 의도적, 우발적으로 발생한 것이든 또는 데이터베이스를 해킹한 사람에 의해 의도적으로 발생한 것이든 관계없이 부정확하거나 잘못된 데이터)

- 펨토셀 데이터베이스의 거짓 정보

- 라우팅 서비스에 대한 공격(권한 상승, 변조, 위장)
- 반환 데이터 흐름에 대한 공격(변조, 위장)

3. '고객에 유효한 통신사'는 일회용 토큰을 볼 수 있다.

4. 텍스트 메시지 처리를 개선하게 설계된 시스템은 일회용 토큰을 볼 수 있다.

가능한 재설계

정보 노출 위협은 암호화 기능을 추가함으로써 해결할 수 있다. 가능한 방법들의 단순화된 버전은 다음과 같다.

- 인증 서버에 스마트폰이 보유한 키로 암호화한 임시 값과 복호화한 임시 값을 전송한다(message 1 = $e_{phone}(nonce_n)$, message 2 = $nonce_n$). 서버는 $nonce_n$이 스마트폰에서 암호화한 것인지 확인하고, 맞으면 트랜잭션을 승인한다.

- 스마트폰에 임시 값(nonce)을 전송하고 서버에 서명된 버전의 임시 값을 전송한다(message 1 = $nonce_{phone}$, message 2 = $sign_{key(phone)}$). 서버는 $nonce_{phone}$의 서명이 예상한 스마트폰의 키로부터 나온 것이고, 예상한 임시 값의 정상 서명임을 확인한다. 두 검사가 통과되면 서버는 트랜잭션을 승인한다.

- 스마트폰에 임시 값을 전송한다. 스마트폰은 보유한 비밀 값과 함께 임시 값을 해시화하고 해시 값을 되돌려 보낸다.

이들 각각에 대해 적절하게 키를 관리하는 것이 중요하며, 그것은 시스템의 완전한 보안을 만들어줄 타임스탬프와 메시지 어드레싱, 그리고 여타 요소를 포함시키는 데 유용할 것이다. 이 설명에서는 암호화 빌딩 블록이 어떻게 적용될 수 있는지를 이해하기 어렵게 만드는 것을 포함한다.

모든 설계 변경에서 중요한 것은 변화에 의해 도입된 차이와 그 변화가 전체적으로 소프트웨어 요구 사항과 어떻게 상호작용하는지를 이해하는 것이다.

컴퓨터 프로세서 같은 전화를 사용하는 것에 초점을 맞춘 재설계는 구식 전화 또는 (최종 사용자가 쉽게 소프트웨어를 설치할 수 없는 종류의) 휴대전화의 사용을 배제한다. 이러한 전화들은 여전히 존재하기 때문에 그 전화들에서도 허용 가능한 위험이나 기존 암호의 개선 사항으로 앞에서 열거된 위협들을 고려할지도 모른다.

모델링 예제

앞에 제시된 모델을 해답을 가진 교육용 모델로 사용할 수 있다(즉, 그림 E-1의 소프트웨어 모델과 그림 E-2의 운영 모델을 사용해 스스로 거기에 있는 위협을 찾는 것이다. 제시된 위협 예제들을 해답으로 볼 수 있지만, 그럴 경우에는 그것으로 인한 제한이나 제약을 받지 말아야 한다. 다른 위협 예제들도 있을 수 있다). 반면 이 절에서는 해답이 없는 모델을 제시한다. 이것은 마이클 하워드가 작성해 마이크로소프트에서 수년간 사용된 강의용 연습문제를 약간 수정한 버전이다. 이것은 그들의 허가를 받아 수정됐다. 나는 개인적으로 이 모델을 사용해 많은 강의를 진행했고, 이 모델은 많은 위협을 찾기 위해 위협 모델링을 하는 초보자에게 충분히 자세하게 설명돼 있다.

배경

인테그리티^{iNTegrity}라는 이름의 이 도구는 파일 시스템의 파일 같은 리소스를 읽는 간단한 파일 무결성 검사 도구다. 이것은 파일이나 레지스트리 키가 마지막 검사 이후 변경됐는지 여부를 결정해준다. 이것은 다음을 지켜보면서 수행된다.

- 파일이나 키 이름
- 파일 크기나 레지스트리 데이터
- 최종 업데이트 날짜와 시간
- 데이터의 체크섬(MD5 그리고/또는 SHA1 해시)

구조적으로 이 도구는 호스트 구성 요소와 관리 콘솔, 두 부분으로 나눠진다. 그림 E-4에서 보는 바와 같이 각 컴퓨터에서 도구를 로컬로 실행하는 것이 아니라 하나의 클라이언트가 다수의 서버와 통신할 수 있게 돼 있다.

또 다른 운영 환경에서는 장비가 손상돼 더 이상 신뢰할 수 없지만, 서버와 클라이언트 소프트웨어, 말하자면 부팅 가능한 CD나 USB 드라이브가 실행될 수 있음을 알 수 있다. 이 경우 무결성 검사 코드는 신뢰할 수 있는 읽기 전용의 윈도우 환경에서 실행되고, 호스트와 관리 구성 요소 모두 손상된 장비지만 잠재적으로 손상된 OS를 사용하고 있지 않은 장비의 데이터를 읽는다. 호스트 프로세스는 이 모드에서 윈도우 서비스로 실행되지 않지만, 독립된 콘솔 애플리케이션으로 실행된다.

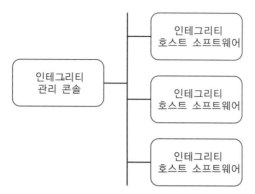

그림 E-4 인테그리티 도구의 네트워크화된 호스트와 관리 콘솔 유형

호스트 구성 요소

이 작은 호스트 구성 요소는 C++로 작성됐고, 윈도우 서버에서 서비스로 실행된다. 그것은 관리 콘솔의 요청을 받아 그 요청에 응답하는 역할을 한다. 유효한 요청은 호스트 구성 요소 버전과 재귀 및 비재귀 파일 속성에 대한 정보를 얻는 것을 포함한다. 호스트 소프트웨어는 분석을 수행하지 않는다는 점에 주목하자. 그것은 핵심 분석을 수행하는 관리 콘솔에 원시 무결성 데이터(파일명, 사이트, 해시, ACL 등)를 전송한다.

관리 콘솔

관리 콘솔 코드는 하나 이상의 호스트 프로세스에서 오는 자원(파일, 레지스트리) 버전 정보를 저장하고 분석한다. 사용자는 어떤 것이 변경됐는지 알기 위해 인테그리티 호스트 소프트웨어를 실행하는 호스트에 접속해 자원 정보를 얻고, 그 데이터를 과거 자원 정보의 신뢰할 수 있는 데이터 저장소인 로컬과 비교하도록 관리 콘솔에 지시할 수 있다.

인테그리티 데이터 흐름 다이어그램

인테그리티 데이터 흐름 다이어그램은 그림 E-5와 그림 E-6에서 볼 수 있다.

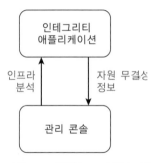

그림 E-5 컨텍스트 다이어그램

> **노트** 인테그리티 예제는 컨텍스트 다이어그램(context diagram)을 만드는 것이 일반적인 조언일 때 나온 것이다. 이 다이어그램은 위협 모델의 범위와 경계를 고려하게 하는 강제 기능 역할을 함으로써 외부 위협 모델링 컨설턴트가 사용될 때 유용할 수 있다.

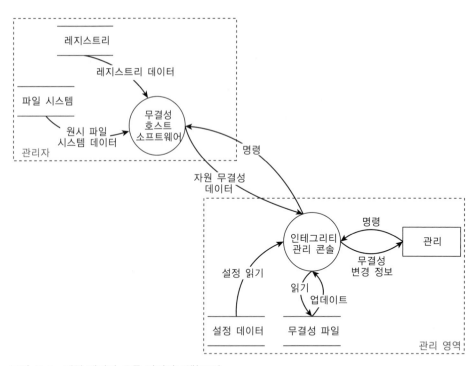

그림 E-6 메인 데이터 흐름 다이어그램(DFD)

연습문제

다음 연습문제는 학습자가 위협을 찾기 위해 수행하는 데 필요한 활동을 보여주기 위해 설계됐다. 독자들은 이것을 수정 없이 사용할 수 있다.

1. 데이터 흐름 다이어그램의 모든 요소를 식별하라(사람들은 데이터 흐름을 놓치는 경우가 많다).
2. 각 요소에 대한 모든 위협 유형을 식별하라.
3. 세 가지 이상의 위협, 즉 데이터 흐름, 데이터 저장소, 프로세스 등에 대한 위협을 식별하라.
4. 각 위협에 대한 1차 완화를 식별하라.

추가 문제 문제 1의 다이어그램은 완벽하지 않다. 무엇을 변경, 추가, 제거할 것인가?

용어집

이 용어집은 용어들이 위협 모델링과 이 책에서 어떻게 사용됐는지 이해하는 데 도움을 주기 위해서 용어의 실질적인 정의를 제공한다. 이것은 명확성, 일관성, 간결성을 주목적으로 작성됐다.

문맥상 명확하게 하려고 노력했지만, 한 가지 의미 이상을 선언하거나 다른 것보다 뛰어난 의미를 선언하려는 시도는 하지 않았다.

ACL(Access Control List, 접근 제어 목록) 파일에 대한 접근을 허용하거나 거부한다. 윈도우나 기타 운영체제의 ACL들이 유닉스 권한과 일부 기술적으로 중요한 차이가 있음에도 불구하고 ACL은 권한과 같은 의미로 사용되는 경우가 많다. 특히 허가된 바이트의 고정 세트라기보다는 규칙 목록의 의미론적 융통성이라 볼 수 있다.

Administrator(관리자) 시스템의 가장 많은 권한을 가진 계정으로, 윈도우 시스템에서 가장 많은 권한을 가진 계정의 이름이다. 어떤 문제가 윈도우의 설계 요소나 기능에 특정한 경우 관리자는 글자 그대로 문맥상 분명하다. 유닉스 시스템의 가장 많은 권한을 가진 계정인 'root'와 같은 의미로 사용되는 경우도 많다.

AINCAA STRIDE 위협에 의해 위반될 수 있는 속성으로, 해당 속성은 인증^{Authentication}, 무결성^{Integrity}, 부인 방지$^{Non-repudiation}$, 기밀성^{Confidentiality}, 가용성^{Availability}, 권한 부여^{Authorization}다.

AJAX(Asynchronous JavaScript and XML, 비동기 자바스크립트와 XML) 일반적으로 AJAX은 웹사이트 프로그래밍 스타일과 백엔드 관련 디자인을 의미한다. 이것은 제출 버튼을 누르는 것보다 더 유동적이고 상호적인 경험을 가져다준다.

Alice and Bob(앨리스와 밥) 먼 옛날, 혹은 리베스트[Riverst], 샤미르[Shamir], 아들만[Adieman]이 RSA 암호 시스템을 소개할 때부터 사용한 암호화 프로토콜의 주인공들이다.

API(Application Programming Interface, 응용 프로그래밍 인터페이스) 프로그래머들이 하나의 기술을 제어하기 위한 방법이다.

Archetype(원형) 성격이나 행동 패턴 모델의 한 종류다.

ASLR(Address Space Layout Randomization, 주소 공간 무작위 배치) 프로세스의 주소 공간을 무작위화하는 것은 효과적인 스택 스매싱 공격을 더 어렵게 만든다. ASLR은 특정한 기술이지만, 일반적으로 메모리 손상이나 제어 흐름 공격을 방지하는 목적을 가진 방어 기술들의 모범으로 이 책에서 사용된다.

ASN(Autonomous System Number, 자율 시스템 번호) 인터넷 라우팅에서 사용되는 ASN은 같은 장소에 전달돼야 하는 인터넷 주소의 전체 집합을 의미한다.

Asset(자산) 가치 있는 물건이나 영업권은 회사의 회계 장부에 실려 있는 자산이라는 의미에서 무형의 자산을 말한다. 위협 모델링에서는 두 가지 특별한 의미가 있다. 첫 번째는 공격자가 추적하는 것 또는 누군가 보호하길 원하는 것 아니면 둘 중 하나로 가기 위한 디딤돌을 의미한다. 두 번째는 자산이 더 일반적인 단어의 의미를 갖는 컴퓨터 혹은 기술의 다른 부분을 의미할 수 있다.

Attack surface(공격 표면) 의도적이든 우연이든 신뢰 경계가 가로지를 수 있는 장소를 말한다.

Authentication(인증) 식별에서 또 다른 사람의 신뢰를 증가시키는 방법이다. "앨리스 스미스는 그녀의 회사 배지를 보여줌으로써 자신을 인증했다."

AuthN, AuthZ Authentication and Authorization의 축약형이다. 둘 다 쓰기에 더 짧고 쉽게 훑어볼 수 있으므로 자주 사용된다.

Authorization(권한) 식별된 개체가 어떤 작업의 수행이 허용되는지 여부를 확인하는 방법이다. 개체는 사람이나 어떤 형태의 기술적인 시스템이 될 수 있다. "앨리스는 정리 해고 디렉토리의 내용을 볼 수 있는 권한이 없다."

Availability(가용성) 구성 서비스에서 사용할 수 있는 속성이다. 서비스 거부 공격은 가용성을 감소, 악화시키거나 제거시킨다.

Bell-LaPadula(벨-라파듈라) 군사 분류 체계를 기반으로 만들어진 기밀성에 대한 고전 모델이다. 벨-라파듈라의 모델에서 더 높은 권한을 가진 시스템은 좀 더 낮은 권한의 시스템을 읽을 수 있지만 쓰기는 할 수 없다('비밀'리에 실행되는 시스템을 떠올리자. 그 시스템은 분류되지 않은 시스템을 읽을 수 있지만 쓰기는 불가능하다. 비밀 정보를 노출할 수 있기 때문이다).

Belt and Suspenders(벨트와 멜빵) 제자리에 놓기 위해 여러 가지 제어를 하는 방법이다. 예를 들어 바지를 올려주기 위해 벨트와 멜빵을 모두 사용한다.

Best Practice(최선의 방법) 논의를 억제하기 위한 수단이나 염원으로 사용되는 용어로, 염원으로 사용할 때는 "우리는 이 시스템을 보호하기 위해 최선의 방법을 사용해야 한다."와 같은 형태로 사용된다. 논의를 억제하는 형태는 "암호 변경을 적용할 필요가 있다. 그것은 우리의 최선의 방법의 목록에 있다."와 같다. 이야기했던 어떤 것이 최선의 방법일 때 '5가지 이유'를 적용하는 것이 최선의 방법이다. '5가지 이유'는 근본 원인을 이해하기 위한 도요타에서 유래한 방법이다. 그것의 핵심은 근본 원인을 찾기 위해서 이유를 묻고, 그 대답에 대한 이유를 또 물어보는 것을 5번 반복하는 것이다.

Biba(비바) 또 하나의 고전 보안 모델로, 무결성에 기반을 두고 있다. 무결성에 대해 낮은 수준을 가진 시스템은 무결성이 더 높은 수준의 시스템에 쓰기가 불가능하다.

Bob(밥) 'Alice and Bob(앨리스와 밥)'을 참조하라.

CAPTCHA(Completely Automated Public Turing test to tell Computers and Humans Apart, 컴퓨터와 사람을 구분하기 위한 완전 자동화된 공공 튜링 테스트) 어떤 것을 제출하기 전에 온라인에서 제시되는 이러한 짜증나고 읽기 힘든 문자열과 숫자의 조합은 인간에게는 쉽고 컴퓨터에게는 어렵게 설계돼 있다. 하지만 결국 컴퓨터에게는 쉬워지고, 1, 2달러를 받고 하루 종일 앉아서 그것을 풀어내는 사람들을 제외하고는 사람에게는 어려워지는 처지에 놓여 있다. 긍정적으로 보면 적어도 그것을 풀고 있는 불쌍한 사람들은 직업을 갖게 된다.

Ceremony(양식) 프로토콜에 관련된 사람들을 포함하도록 정의된 프로토콜에 대한 용어로, 유용성과 인적 요소 문제를 분석하기 위한 유용한 방법이다. 이것은 15장에서 상세히 다룬다.

Ciphertext(암호문) 메시지의 암호화된 버전으로, e가 암호화를 의미한다면 k는 키이고, p는 평문이며, 암호문 메시지는 ek(p)다.

Ciphertext, known(알려진 암호문) 'known ciphertext(알려진 암호문)'을 참조하라.

Confidentiality(기밀성) 권한을 부여 받은 사람들에게 한정된 정보를 언급하는 보안 속성으로, 정보는 그들에게만 공개된다.

Control-flow Attack(제어 흐름 공격) 프로그램에 대해 제어 흐름을 변경하는 공격이다. 공격자에 의해 제공된 데이터가 프로그램의 스택을 덮어쓰는 스택 스매싱 공격이 제어 흐름 공격의 예라고 볼 수 있다.

CSA(Cloud Security Alliance, 클라우드 보안 협회) "클라우드 보안 협회^{CSA}는 클라우드 컴퓨팅에서 보안 보증을 제공하는 최선의 방법의 사용을 장려하고, 클라우드 컴퓨팅에 대한 모든 다른 형태의 보안을 위해 클라우드 컴퓨팅 사용에 대한 교육을 제공하기 위한 사명을 가진 비영리 단체다."(웹사이트에서 인용)

CSC(Conditioned-safe ceremony, 조건부 안전 양식) 기계적 암기를 통해 해당 단계에 종사하도록 설계된 단계를 포함하는 양식이다. 'Ceremony(양식)'을 참조하라.

CSRF(Cross-site request forgery, 사이트 간 요청 위조) 공격자의 참여 없이 대상자의 브라우저가 대상자의 쿠키를 사용해 1개 이상의 웹 페이지를 요청하도록 하는 웹 공격의 유형이다.

DBA(Database administrator, 데이터베이스 관리자) 권한 있는 사람들이나 데이터베이스에 대한 관리 권한을 가진 사람들의 집합이다.

DDoS(Distributed Denial of Service, 분산 서비스 거부 공격) 하나 이상의 컴퓨터에 의해 수행되는 서비스 거부 공격이다.

DFD(Data Flow Diagram, 데이터 흐름도) 시스템의 데이터 흐름을 보여주는 다이어그램이다. 위협 모델링에서 매우 유용하게 쓰이므로 위협 모델 다이어그램이라고 불리기도 한다.

DoS(Denial of Service, 서비스 거부) 가용성을 위반하는 공격의 한 분류다.

DREAD(Damage, Reproducibility, Exploitability, Affected Users, Discoverability, **손상, 재현성, 악용성, 영향받는 사용자, 검색 가능성**) 마이크로소프트에서 개발 후 폐기됐다. 9장에 설명돼 있다.

DRM(Digital Rights Management, **디지털 저작권 관리**) 디지털 객체의 구매자를 위협으로 취급해 특정 프로그램을 사용하는 것을 제외하고 파일에 액세스하지 못하게 하는 제도다. 디지털 제한 관리라고도 불린다.

EAL(Evaluation Assurance Level, **평가 보증 등급**) 평가 보증 등급은 주요 서방 정부와 일본에 의해 발표된 정보 보안의 평가를 위한 공통 평가 기준의 한 요소다.

EoP(Elevation of Privilege, **권한 상승**) 위협의 한 종류이고 위협 모델링 게임의 (대문자로 표기된) 이름이다. 위협으로서 권한 상승은 사람들이 자신의 특권(또는 권한)을 초과할 수 있는 방법을 의미한다. 이것은 (침입한) 컴퓨터에서 코드를 실행할 수 있는 능력을 얻거나 제한된 계정에서 더 큰 권한을 가진 계정으로 이동하는 것을 포함한다.

escalation of privilege 권한 상승^{Elevation of Privilege}과 동의어

Exploit(**익스플로잇**) 전통적인 의미에서 익스플로잇은 다른 사람의 작업을 이용하거나 그것으로부터 이익을 얻는 것을 의미한다. 기술적인 의미에서는 공격자가 일부 이득을 취할 수 있는 프로그램의 결함을 활용하는 것을 의미한다. 예를 들면 "이 문서는 익스플로잇을 포함하고 있다."라는 것은 프로그램에서 결함이 확인됐고, 그 문서는 결함을 활용할 수 있도록 조심스럽게 구성돼 있다는 것을 의미한다.

Femtocell(**펨토셀**) 휴대전화 서비스를 보강하기 위해 설계된 통합형 라디오로, 네트워크를 가진 작은 컴퓨터다. 펨토셀은 중간자 공격을 실행할 수 있는 최적의 장소다.

formal(**공식**) (보통 사전 조건이나 사후 조건을 갖고) 접근하는 구조적 방법이나 수학적 구조다. 이 책에서는 두 가지 모두 사용한다.

FQDN(Fully Qualified Domain Name, **전체 주소 도메인 이름**) (.com과 같은) 공인된 최상위 도메인으로 끝나는, 혹은 더 정확하게는 도메인 트러스트의 루트인 '.'으로 끝나는 도메인 이름이다(microsoft.com.은 FQDN이다).

friendly fraud(**친화적 사기**) 가족 구성원, 룸메이트 혹은 다른 사람이 신용카드를 사용했으나 카드의 소유자가 해당 요금에 대해 아는 바가 없는 경우를 참조하기 위해 지불 프로세스에서 사용되는 용어다.

GEMS(Generic Error Modeling System, 일반 오류 모델링 시스템) 사람들이 어떻게 실수하는지를 설명하는 제임스 리즌^{James Reason}의 모델이다.

Global passive adversary(세계적인 수동 공격자) 세계 전역에서 도청이 가능한 개체로, 설계의 보안을 판단하는 정확한 기능을 지정하기 위해, 또는 특정 나라의 스파이의 이름을 정하는 것에서 발생할 수 있는 정치적 토론을 피하기 위해 사용된다. 2013년 여름에 있었던 NSA 관행에 대한 폭로는 완곡한 변형을 넘어서 회의론으로 이어져야 한다.

GOMS(Goals, Operators, Methods, and Selection, 목표, 연산자, 방법, 선택) 사람들이 정보를 처리하는 방법에 대한 초기 모델 규칙이다.

Heap overflow(힙 오버플로우) 프로그램의 정상 동작에 영향을 끼치거나 동작을 바꿔버리는 것을 허용하는 방법으로, 공격자에 의해 동적 할당 힙에 데이터의 쓰기가 가능해 공격 당할 수 있는 상태를 말한다.

IaaS(Infrastructure as a Service, 서비스로서의 인프라) 고객이 전원, 네트워크, CPU를 구입해 그 위에서 완전한 가상머신의 형태로 자신들의 시스템을 실행하는 것을 제공하는 클라우드 서비스다. PaaS와 SaaS도 참조하라.

IC(Individual Contributor, 개인 기부자) 그들의 일에는 다른 사람들을 관리하는 것은 포함돼 있지 않다.

IETF(Internet Engineering Task Force, 인터넷 국제표준화 기구) 인터넷에서 컴퓨터들이 서로 어떻게 통신할지 정의하는 기구다.

IETF threat modeling(위협 모델링) 위협 모델링에 대한 접근 방법으로서 RFC 3552의 저자 개인적인 해석에 대한 약칭이다. 내가 아는 한 IETF는 위협 모델링에 대한 방법론이나 구조적 접근 방법을 보증하지 않는다.

information disclosure(정보 노출) 기밀성을 위반하는 위협이다.

IOI(Item Of Interest, 관심 항목) 개인 정보 보호 위협 모델링에서 관심 항목은 공격자가 관심 있는 시스템의 양상이다. 개인정보 보호 용어에 대한 훌륭한 자료로 '데이터 최소화에 의한 개인 정보 보호 이야기를 위한 전문 용어'(Pfitzman, 2010)를 참조하라.

integrity(무결성) 객체가 온전하고 분할되지 않는 속성으로, 객체의 작성자가 의도하고 객체에 의존하는 당사자가 기대하는 형태의 속성이다. 또한 변조에 의해 위반되는 속성이다.

known ciphertext(알려진 암호문) 메시지의 암호화된 버전을 공격자가 사용할 수 있을 때 동작하는 공격이다.

meaningful ID(의미 있는 ID) 그것을 사용하는 사람에게 의미 있는 식별자로, 한 개체를 정확히 상기시켜준다. 14장, 15장을 참조하라.

MITM(Man In The Middle, 중간자) 누군가가 (밥이 다른 누군가를 앨리스로 생각하게) 밥에게는 앨리스로 위장하고, (마찬가지로 앨리스가 다른 누군가를 밥으로 생각하게) 앨리스에게는 밥으로 위장해 프로토콜의 참여자들 사이에서 중재할 수 있는 공격이다. 암호 해독가들 사이에서는 이것을 '맬러리' MITM이라고 부른다. 밥은 맬러리를 앨리스라 생각하고 앨리스는 맬러리를 밥이라 생각한다. 소위 말하는 하이 징크스^{Hi Jinks}(신이 나서 하는 행동)가 계속 일어날 경향이 있다.

model(모델) 어떤 사물, 시스템, 프로세스를 단순화하거나 추상화해 설명하는 명사다. 동사로서는 추상화되거나 단순화된 설명을 창안, 창작, 사용하는 행동을 뜻한다.

Mukhabarat(무카바라트) 정보 또는 국가 보안 기관을 뜻하는 아랍어 용어로, 아랍의 봄이 적극적인 공격에 참여하려는 의지를 드러냈음에도 불구하고, 미국 국가 안보국이나 다른 수동 공격자에 대해 이야기할 때 대안으로 쓰인다.

NIST(The United States National Institutes of Standards and Technology) 미국 국립 표준기술연구소다.

non-repudiation(부인 방지) 사람들이 자신의 행동을 거짓으로 부인(거부)할 수 없는 보안 속성이다.

NSA(National Security Agency, 미국 국가 안보국) 광범위한 트래픽을 다루는 강력한 기능 또는 암호화 알고리즘을 만들거나 부수는 기술 때문에 자주 사용된다. 일반적으로 NSA는 세계적인 수동 공격자의 예로 사용된다.

OECD 경제 협력 개발 기구의 약자다.

Paas(Platform as a Service, 서비스로서 플랫폼) 고객이 특정 OS의 웹 서비스 같은 시스템을 구입해 그 위에서 자신들의 애플리케이션을 실행하는 것을 제공하는 클라우드 서비스다. 예를 들어 구글 앱 엔진은 서비스로서 플랫폼이다.

permissions(권한) 'ACL'을 참조하라.

persistence(지속성) 암호화 키를 계속 파악해 변경 내용의 검출을 수신받는다. 'TOFU'라고도 불린다.

PKI(Public Key Infrastructure, 공개 키 기반 구조) 제 3의 신뢰 기관이 키를 인증하는 키 인증 접근 방법이다. 다양한 위협을 받고 있다.

PM 프로그램 관리자 또는 프로그램 관리를 말한다. 마이크로소프트에서 프로그램 관리자는 비전, 사양, 타임라인, 제품의 납품을 비롯한 모든 비코드, 비테스트 산출물에 대한 책임감을 가진 엔지니어다. 이 역할은 커다란 암묵적 의미와 기대를 수반한다. 내가 알고 있는 가장 좋은 설명은 『프로그램 관리의 선』(Microsoft, 2007)에서 찾을 수 있다.

race conditions(경쟁 조건) (심볼릭 링크의 대상과 같은) 조건 검사와 그 검사 결과의 사용 사이에 지연과 변경의 가능성이 있는 보안 사고의 한 분류다. TOCTOU^{Time Of Check,} Time Of Use, 검사 시간, 사용 시간라고도 불린다.

reference monitor(참조 모니터) 개체에 대한 접근과 같은 보안 정책을 적용하는 소프트웨어다. 운영체제 객체에 대해 참조 모니터 역할을 하는 것은 OS 커널이 제공하는 하나의 기능이다.

repudiation(거부, 부인) 행동에 대한 책임을 부정하는 행위를 말한다.

RFC(Request for Comments, 의견 제시 요구) IETF^{국제 인터넷 기술 위원회}에 의해 발행된 표준 문서다.

Root(루트) 유닉스 시스템에서 가장 강력한 권한을 가진 계정이다. 리눅스의 설계 요소나 기능에 특정할 때에 문맥상 명백하다. '관리자'와 같은 의미로 사용되기도 한다.

SaaS(Software as a Service, 서비스로서 소프트웨어) 고객이 CRM과 같이 어떤 형태의 비즈니스 패키지를 구입하면 그 CRM이 Salesforce.com과 같은 회사에 의해 운영되도록 하는 것을 제공하는 클라우드 서비스다. PaaS나 IaaS와 대조적이다.

Scamicry(스캐미크리) 사기꾼의 행동인지 구별하기 어려운 행동을 말한다. 예를 들어 이메일 클릭을 통해 동의하기 위한 모호한 도메인의 사용은 (URL 확인에 대해 조언을 야기하는) 공격자들과 (덜 가치 있는 조언을 유발하고 사람들을 혼란스럽게 하는) 합법적 조직에 의해 사용된다. 스캐미크리는 사람들의 정상적인 패턴 인식이 정보 보안에서 적용되는 것을 방해한다.

SDL(Security Development Lifecycle, 보안 개발 생명주기) 소프트웨어 개발에서 보안 문제의 도입을 막기 위해 조직에 의해 착수된 행위들의 집합이다.

SIPRNet(Secret Internet Protocol Router Network, 비밀 인터넷 프로토콜 라우터 네트워크) 미국 국방부가 운영하는 에어 갭 IP 네트워크다.

social proof(사회적 증거) 사람들이 다른 사람들이 허용할 수 있는 (혹은 안전한) 행동을 하고 있다고 생각하는 현상이다. 때때로 공격자들에 의해 악용된다. 그들의 협력자들은 그들이 당신에게 원하는 방식대로 행동한다.

Sockpuppet(다중 계정) 다중 계정 공격에 사용된 계정이다.

sockpuppet attack(다중 계정 공격) 누군가가 자신의 위치에서 갖고 있는 것과 다르게 더 많은 지원을 받고 있다는 인상을 주는 계정들의 집합을 만드는 공격을 말한다. 다양한 커뮤니티에서 시빌^{Sybils} 또는 촉수^{tentacles}라고도 불린다. 오프라인 버전에서는 사회적 증거와 정치계, 꾸며낸 시민운동 등을 포함하고 있다.

Spoofing(위장) 어떤 사람이나 다른 무언가인 것처럼 보이게 해 인증을 위반하는 위협의 일종이다.

SQL injection(SQL 주입 공격) SQL 명령이 공격자에 의해 쿼리에 '주입'되는 공격의 일종이다.

SSDL(Secure Software Development Lifecycle, 보안 소프트웨어 개발 생명 주기) SDL의 동의어다.

SSN(Social Security Number, 사회보장번호) 14장의 설명을 참조하라.

Stack Smashing(스택 스매싱) 공격자가 제어 흐름에 변화를 줘서 프로그램의 스택을 덮어쓰기 하는 버퍼 오버플로우의 하위 집합이다.

Steganography(스테가노그래피) 비밀을 기록한 그림이다. 메시지를 전달하기 위해 이미지의 최하위 비트를 변경하는 것처럼 보이지 않는 잉크는 스테가노그래피 기술의 한 예다.

Stepping-stone Asset(디딤돌 자산) 대상에 좀 더 접근하기 위해 공격자가 차지하고자 하는 어떤 것이다. 공격자가 원하는 자산은 당신이 보호하는 자산임을 알아야 한다.

STRIDE 위장^{Spoofing}, 변조^{Tampering}, 부인^{Repudiation}, 정보 노출^{Information Disclosure}, 서비스 거부^{Denial of Service}, 권한 상승^{Elevation of Privilege} 위협들을 찾기 위한 약칭이다. 간혹 분류법이나 분류 체계로 잘못 불리기도 한다.

Sybil, Sybil attack(시빌, 시빌 공격) 'Sockpuppet(다중 계정)'과 'sockpuppet attack(다중 계정 공격)'을 참조하라.

System 1, System 2 빠른 자동화 시스템과 더 느리고 더 신중한 시스템을 만드는 생각과 결정에 대한 두 가지 방법을 설명하는 심리학 용어다. System 1은 응답이 빠르고 의식적으로 생각할 필요가 거의 없다. 대조적으로 System 2는 더 느리고 더 신중하다. 자세한 내용은 15장이나 『생각에 관한 생각』(Kahneman, 2011)을 참조하라.

Tampering(변조) 시스템, 파일이나 데이터 흐름의 무결성을 위반하는 공격이다.

Tentacles(촉수) 'sockpuppet attack(다중 계정 공격)'을 참조하라.

things attackers want asset(공격자가 원하는 자산) 공격자가 복사, 삭제, 변조 또는 기타 이익을 위해 공격하고자 하는 속성을 가진 자산으로, 디딤돌 자산과 대조된다.

things you protect asset(당신이 보호하는 자산) 공격자가 찾아 나설 것을 예상하기 때문이라기보다는 당신에게 중요하기 때문에 보호하고 있는 속성을 가진 자산이다.

Threat Discovery(위협 발견) 위협 열거의 동의어다.

Threat Elicitation(위협 추출) 위협 열거의 동의어다.

Threat Modeling(위협 모델링) 위험에 대해 고려할 때 도움이 되는 추상화의 사용이다. 이 용어가 사용되는 다양한 경우의 명시적인 설명을 위해 '들어가며' 부분을 참조하라.

Time Of Check/Time Of Use issue(검사 시점과 사용 시점 문제) TOCTOU으로 줄여 쓰기도 한다. 'race condition(경쟁 조건)'을 참조하라.

TM(Threat Modeling, 위협 모델링) 혼란을 줄이기 위한 브랜드 보호 법적 절차인 상표^{Trademark}나 ^{TM}과 혼동하지 말자.

TMA(Threat Model Analysis, 위협 모델 분석) 위협을 찾는 활동이나 그러한 활동에 대한 결과를 기록하는 것이다. 마이크로 소프트에서 위협 모델링 초창기에 사용했지만, 가끔 다른 곳에서 나타난다.

TOFU(Trust On First Use, 초기 사용에 대한 신뢰) 암호화 키를 계속 기억해 사람들이 그 키의 신뢰에 대한 질문을 반복해서 받지 않게 하는 것을 봤을 것이다. 지속성이 라고도 불린다.

Transitive Asset(이행 자산) 디딤돌 자산이라고 불리는 것을 언급하기 위해 스와이더 스키^{Swiderski}와 스나이더^{Snyder}의 『위협 모델링(Threat Modeling)』(Microsoft Press, 2004)에 서 사용하는 문구다.

Trust Boundary(신뢰 경계) 하나 이상의 주요 상호작용이 발생하는, 즉 위협을 가장 명확하게 볼 수 있는 장소다. 위협은 신뢰 경계에 제한되지 않지만, 거의 대부분 신뢰 경계 전체에 걸쳐있는 행동을 포함한다.

Trust Levels(신뢰 수준) 한 개체가 동작하는 곳의 보안 상황에 대한 설명이다. 같은 수준에 있는 것들은 동일 구조다. 또 다른 것으로 가봤자 아무 소용이 없다. 일부 코드가 서로 다른 권한(허가 등)을 갖고 있다면 그 코드는 다른 신뢰 수준에 있다.

Trusted(신뢰) 보안 규칙을 위반할 수 있지만 그렇게 하지 못하게 해서 신뢰되는 개체 를 설명하는 방법이다.

Trusted Third Party(제 3의 신뢰 기관) 상호 합의에 의해 다른 참여자들을 압박할 수 있는 기관이다. 이것은 대단히 신뢰할 수 있는 방법으로, 이것으로부터 안정적인 수행을 예상할 수 있다. 그렇지 않다면 운이 없는 것이다.

TOCTOU(Time Of Check/Time Of Use, 검사 시점/사용 시점) 'race condition(경쟁 조 간)'을 참조하라.

Tunneling(터널링) 어떤 이점을 얻기 위해 하나의 프로토콜이 다른 프로토콜에 캡슐 화되는 네트워크를 만드는 방법이다. 일반적인 예로 SSH와 SSL이 있다.

TTL(Time To Live, 유지 시간) 각 네트워크 홉의 값을 감소시키는 네트워크 프로토콜 설정 값이다. 패킷이 이동함에 따라 모든 터널링 시스템이 TTL 값을 줄이지는 않을 것이다.

UX(User Experience, 사용자 경험) 사람이 사용자 인터페이스를 통해 경험한 것과 기술, 경험, 그 사람이 받을 교육에 대한 기대를 비롯한 사용자 인터페이스 요소들의 상위 집합이다.

Vendor(벤더) 소프트웨어를 만드는 사람이나 사람들을 말한다. '당신의 소프트웨어를 만드는 사람들'보다는 덜 장황해서 사용했지만, 오픈소스나 프리 소프트웨어를 만드는 사람들에게 무례를 범하지 않는 의미로 사용했다.

WYSIATI(What You See Is All There Is, 보이는 것이 전부다) 인간의 인지도와 기억력이 우리가 희망하는 것을 벗어나는 방법을 언급하기 위해 대니얼 카너먼^{Daniel} ^{Kahneman}(Farrar, Straus and Giroux, 2011)이 만든 용어다.

WYTM(What's Your Threat Model?) 당신의 위협 모델은 무엇인가? 이 질문은 위험에 대한 이해를 명확히 요구했다. 여기에 대한 대답은 일반적으로 '세계적인 수동 공격자' 또는 '컴퓨터에서 다른 계정으로 코드를 실행할 수 있는 사람'과 같은 짧은 몇 마디다.

YAGNI(You Ain't Gonna Need It, 당신은 그것이 필요하지 않을 것이다) 이 말은 극단적인 프로그래밍^{XP, eXtreme Programming} 운동에서 유래됐다. 이것은 출하를 잘해 낼 수 있는 만큼 최소한으로 출하하려는 제품만 개발할 것을 강조한다. 보안 요구 사항과 위협 모델은 잘못된 경우가 많아서 필요하지 않은 것으로 간주되는 경우가 많다.

참고 문헌

37 Signals. "Aggressive, spiky button vs. rounded corner button," Signal vs. Noise, April 5, 2010, https://37signals.com/svn/posts/2255-aggressive-spiky-button-vs-rounded-corner-button.

Abi-Antoun, Marwan, and Jonathan Aldrich. "Static Extraction and Conformance Analysis of Hierarchical Runtime Architectural Structure Using Annotations." In ACM SIGPLAN Notices, vol. 44, no. 10, pp. 321-40 (ACM, 2009).

Abi-Antoun, Marwan, and Jeffrey M. Barnes. "Analyzing Security Architectures," Proceedings of the IEEE/ACM International Conference on Automated Software Engineering, pp. 3-12 (ACM, 2010).

Acquisti, Alessandro, Ralph Gross, and Fred Stutzman. "Faces of Facebook: Or, How the Largest Real ID Database in the World Came to Be." BlackHat USA, August, 2011. Draft available online at http://www.heinz.cmu.edu/~acquisti/face-recognition-study-FAQ/acquisti-faces-BLACKHAT-draft.pdf.

Adams, A. A., and S. A. Williams, "What's Yours Is Mine and What's Mine's My Own," unpublished draft, May 8, 2012, http://opendepot.org/id/eprint/1096.

Adams, Scott, Dilbert cartoon, published November 13, 1995, http://thedilbertstore.com/comic_strips/1995/11/13.

Adida, Ben, et al. "CALEA II: Risks of Wiretap Modifications to Endpoints," Center for Democracy and Technology, May 17 2013, https://www.cdt.org/files/pdfs/CALEAIItechreport.pdf.

Adler, Andy. "Images Can Be Regenerated from Quantized Biometric Match Score Data," Electrical and Computer Engineering, Canadian Conference on, vol. 1, pp. 469‑72 (IEEE, 2004).

Akhawe, Devdatta, Warren He, Zhiwei Li, Reza Moazzezi, and Dawn Song. "Clickjacking Revisited: A Perceptual View of UI Security," BlackHat USA, August, 2013, http://www.cs.berkeley.edu/~devdatta/clickjacking.pdf.

Alexander, Christopher, Sara Ishikawa, and Murray Silverstein. A Pattern Language (New York: Oxford University Press, 1977).

Anderson, Ross. Security Engineering: A Guide to Building Dependable Distributed Systems (Indianapolis: Wiley, 2008).

———. "Offender Tagging," Light Blue Touchpaper blog, last modified September 2, 2013, http://www.lightbluetouchpaper.org/2013/09/02/offender-tagging/.

———. "Security and Human Behavior 2013," Light Blue Touchpaper blog, last modified June 6, 2013,
http://www.lightbluetouchpaper.org/2013/06/03/security-and-human-behaviour-2013/.

ANSI Z535. "Brief Description of all Six Standards and Safety Color Chart," accessed October 15, 2013, http://www.nema.org/Standards/z535/Pages/ANSI-Z535-Brief-Description-of-all-Six-Standards-and-Safety-Color-Chart.aspx.

Asadollahi, Yahya, Vahid Rafe, Samaneh Asadollahi, and Somayeh Asadollahi. "A Formal Framework to Model and Validate Event-Based Software Architecture," Procedia Computer Science 3 (2011): 961‑66 and http://asmeta.sourceforge.net/.

Asadollahi, Yahya, Vahid Rafe, Samaneh Asadollahi, and Somayeh Asadollahi. "A Formal Framework to Model and Validate Event-Based Software Architecture," Procedia Computer Science 3 (2011): 961‑66 and http://asmeta.sourceforge.net/.

Aucsmith, David, Brendon Dixon and Robin Martin-Emerson, "Threat Personas", Microsoft internal document, version 0.9, 2003.

Barnard, R.L. IntrusionDetection Systems (Buttersworth, 1988) as cited in Anderson (2008), supra.

Beautement, Adam, M. Angela Sasse, and Mike Wonham. "The compliance budget: managing security behaviour in organisations," In Proceedings of the 2008 workshop on New security paradigms, pp. 47‑58. ACM, 2009.

Beckert, Bernhard, and Gerd Beuster. "A Method for Formalizing, Analyzing, and Verifying

Secure User Interfaces." In Formal Methods and Software Engineering, pp. 55-73 (Berlin: Springer, 2006).

Bell, D. Elliott, and Leonard J. LaPadula. "Secure Computer Systems: Mathematical Foundations," MTR-2547 (Bedford: The MITRE Corporation, 1973).

Bella, Giampaolo, and Lizzie Coles-Kemp. "Seeing the Full Picture: The Case for Extending Security Ceremony Analysis," Proceedings of the 9th Australian Information Security Management Conference, Edith Cowan University, Perth Western Australia, 5-7 December, 2011.

Biba, K. J. "Integrity Considerations for Secure Computer Systems." MTR-3153. (Bedford: The MITRE Corporation, 1977).

Biham, Eli, Alex Biryukov, and Adi Shamir. "Cryptanalysis of Skipjack reduced to 31 rounds using impossible differentials." In Advances in Cryptology - Eurocrypt'99, pp. 12-23 (Berlin Heidelberg: Springer, 1999).

Bonneau, Joseph. "Authentication Is Machine Learning," Light Blue Touchpaper blog, December 14, 2012 (see in particular comment 2 by Bonneau), http://www.lightbluetouchpaper.org/2012/12/14/authentication-is-machine-learning/.

———. "Authenticating Humans to Computers: What I Expect for the Next Ten Years," streamed live on November 29, 2012, https://www.youtube.com/watch?v=_bnj5Qa_9iU&feature=plcp.

Bonneau, Joseph, Cormac Herley, Paul C. Van Oorschot, and Frank Stajano. "The Quest to Replace Passwords: A Framework for Comparative Evaluation of Web Authentication Schemes." In Security and Privacy (SP), 2012 IEEE Symposium on, pp. 553-67 (IEEE, 2012).

Bonneau, Joseph, Mike Just, and Greg Matthews. "What's in a Name?" In Financial Cryptography and Data Security, pp. 98-113 (Berlin, Heidelberg: Springer, 2010).

Bovbjerg, Barbara D. "Federal and State Laws Restrict Use of SSNs, Yet Gaps Remain," U.S. GAO, GAO-05-1016T, September 15, 2005, http://www.gao.gov/new.items/d051016t.pdf.

Bowers, Kevin D., Marten van Dijk, Robert Griffin, Ari Juels, Alina Oprea, Ronald L. Rivest, and Nikos Triandopoulos. "Defending Against the Unknown Enemy: Applying FLIPIT to System Security." In Decision and Game Theory for Security, pp. 248-63 (Berlin: Springer, 2012), http://www.emc.com/emc-plus/rsa-labs/presentations/flipit-gamesec.pdf.

Bowker, Geoffrey C., and Susan Leigh Star. Sorting things out: Classification and its consequences, (Cambridge: The MIT Press, 2000).

Boyd, Colin, and Anish Mathuria. Protocols for Authentication and Key Establishment (Berlin: Springer, 2003).

Brainard, John, Ari Juels, Ronald L. Rivest, Michael Szydlo, and Moti Yung. "Fourth-Factor Authentication: Somebody You Know," In 2006 ACM Conference on Computer and Communications Security, pp. 168-78.

Brenner Center for Justice. "Voter ID," last updated October 15, 2012, http://www.brennancenter.org/content/section/category/voter_id.

Brewer & Darrenougue. "Minutes of the IETF 88 Plenary," November 6, 2013, http://www.ietf.org/proceedings/88/minutes/minutes-88-iab-techplenary.

Buley, Taylor. "Netflix settles privacy lawsuit, cancels prize sequel," Forbes Firewall blog, March 12, 2010, http://www.forbes.com/sites/firewall/2010/03/12/netflix-settles-privacy-suit-cancels-netflix-prize-two-sequel/.

Cameron, Kim. "The Laws of Identity," last revised May, 2005, http://www.identityblog.com/?p=352.

Campanile, Carl. "Dem Pol's Son Was 'Hacker'," New York Post, September 19, 2008.

Celis, David. "Stop Validating E-mail Addresses with Complicated Regular Expressions," September 12, 2006, http://davidcel.is/blog/2012/09/06/stop-validating-email-addresses-with-regex/.

Chandler, Raymond. Trouble Is My Business: A Novel. Random House Digital, Inc., 2002, http://books.google.com/books?id=TrGxX4kZNLIC

Chen, Raymond. "It rather involved being on the other side of this airtight hatchway…" The Old New Thing blog, May 8, 2006, http://blogs.msdn.com/b/oldnewthing/archive/2006/05/08/592350.aspx.

Chosunilbo. "Real-Name Online Registration to Be Scrapped," The Chosunilbo, last revised December 30, 2011, http://english.chosun.com/site/data/html_dir/2011/12/30/2011123001526.html.

Clarke, Roger. "An Evaluation of Privacy Impact Assessment Guidance Documents," International Data Privacy Law 1, no. 2 (2011): 111-20, http://idpl.oxfordjournals.org/content/early/2011/02/15/idpl.ipr002.full.pdf, http://idpl.oxfordjournals.org/content/1/2/111.abstract.

———. "Privacy Impact Assessment," May 26, 2003, http://www.rogerclarke.com/

DV/PIA.html.

———. "Privacy Impact Assessment: Its Origins and Development," April 2009,
http://www.rogerclarke.com/DV/PIAHist-08.html.

———. "Cloud Controls Matrix," Version 3, September 26, 2013,
https://cloudsecurityalliance.org/research/ccm/.

Cloud Security Alliance (CSA). "Security Guidance," Version 3, November 14, 2011,
https://cloudsecurityalliance.org/research/security-guidance/peer-review/.

Convery, S., D. Cook, and M. Franz. "An Attack Tree for the Border Gateway Protocol
(Draft 1), Routing Protocol Security, expired March 17, 2004, http://web.eecs.umich.
edu/~zmao/eecs589/papers/draft-convery-bgpattack-01.txt.

Cooper, Alan, and Paul Saffo. The Inmates Are Running the Asylum (Indianapolis: SAMS,
1999).

Cooper, A., H. Tschofenig, B. Aboda, J. Peterson, J. Morris, M. Hansen, R. Smith.
"Privacy Considerations for Internet Protocols," RFC 6973, July 2013, http://www.
rfc-editor.org/rfc/rfc6973.txt.

Cooper, Alan, Robert Reimann, and David Cronin. About Face 3: The Essentials of
Interaction Design (Indianapolis: John Wiley & Sons, 2012).

Cranor, Lorrie Faith. "A Framework for Reasoning About the Human in the Loop," UPSEC
8 (2008): 1-15.

Csikszentmihalyi, Mihaly. Finding flow: The psychology of engagement with everyday life.
(New York: Basic Books, 1997).

———. Flow: The psychology of optimal experience. (New York: Harpercollins, 1990).

Culp, Scott, and Angela Gunn. "Ten Immutable Laws of Security (Version 2.0)," accessed
October 16, 2013, http://technet.microsoft.com/en-us/library/hh278941.aspx.

CyberSource. "2012 Online Fraud Report," CyberSource, Fourteenth Annual Industry
Report, accessed October 16, 2013, http://forms.cybersource.com/forms/
NAFRDQ12012whitepaperFraudReport2012CYBSwww2012.

Dalek, Calum T, "Fingerprinting,"Wired, vol. 4, no. 9, page 47, September 1996,
http://www.wired.com/wired/archive/4.09/eword.html.

———. "Covert Communications Despite Traffic Data Retention." In Security Protocols XVI,
pp. 198-214 (Berlin: Springer, 2011).

Danezis, George. Personal communication, 2011.

Debian Project. "Debian Security Advisory DSA-1571-1 openssl – Predictable Random Number Generator," published May 13, 2008, http://www.debian.org/security/2008/dsa-1571., https://wiki.debian.org/SSLkeys#Technical_Summary

Deng, Mina. "Privacy preserving content protection," Ph.D diss., Ph. D. thesis, Katholieke Universiteit Leuven–Faculty of Engineering, 2010.

Disquss. "Pseudonyms Drive Community," Disquss corporate blog, accessed October 16, 2013, http://disqus.com/research/pseudonyms/.

Duarte, Nancy. "How to Present to Senior Executives," Harvard Business Review, October 4, 2012, http://blogs.hbr.org/cs/2012/10/how_to_present_to_senior_execu.html.

Duong, Thai, and Juliano Rizzo. "Flickr's API Signature Forgery Vulnerability," September 2009, http://netifera.com/research/flickr_api_signature_forgery.pdf.

EAC Advisory Board. "Elections Operations Assessment: Threat Trees and Matrices and Threat Instance Risk Analyzer," Elections Assistance Commission, December 23, 2009, submitted by University of South Alabama, http://www.eac.gov/assets/1/Page/Election%20Operations%20Assessment%20Threat%20Trees%20and%20Matrices%20and%20Threat%20Instance%20Risk%20Analyzer%20%28TIRA%29.pdf.

Ellison, Carl M. "Ceremony Design and Analysis," IACR Cryptology ePrint Archive (2007): 399. https://eprint.iacr.org/2007/399.pdf.

Ericsson, K. Anders, Ralf T. Krampe, and Clemens Tesch-Römer. "The role of deliberate practice in the acquisition of expert performance." Psychological review 100, no. 3 (1993): 363.

Espenschied, Jonathan, and Angela Gunn. "Threat Genomics," MetriCon 7, August 7, 2012, http://www.securitymetrics.org/blog/2012/08/19/metricon-7/?page=Metricon7.0.

Essers, Loek. "German Privacy Regulator Orders Facebook to End Its Real Name Policy," ITworld, December 17, 2012, http://www.itworld.com/print/328387.

Ferguson, Niels, Bruce Schneier, and Tadayoshi Kohno. Cryptography Engineering (Indianapolis: Wiley, 2012).

Ferriss, Timothy. The 4-Hour Chef: The Simple Path to Cooking Like a Pro, Learning Anything, and Living the Good Life, as cited in "Cheat Sheets for Everything." Boing Boing, November 21, 2012, http://boingboing.net/2012/11/21/timothy-ferriss-cheat-sheets.html.

Feynman, Richard P. "Surely You're Joking, Mr. Feynman!": Adventures of a Curious Character (New York: W.W. Norton & Company, 2010).

FIPS. "Data Encryption Standard," Federal Information Processing Standards Publication 46-2, supersedes FPS PUB 46-1, January 22, 1988, http://www.itl.nist.gov/fipspubs/fip46-2.htm.

Fisher, Dennis. "Inside Facebook's Social Authentication System," ThreatPost blog, March 8, 2012, http://threatpost.com/inside-facebooks-social-authentication-system-030812/76300.

Fontana, John. "VeriSign Issues Fraudulent Microsoft Code-Signing Certificates," Network World Fusion, March 22, 2001, http://www.networkworld.com/news/2001/0322vsign.html.

Friedberg, Jeffrey, et al. "Privacy Guidelines for Developing Software Products and Services," version 3.1, September, 2008.

Garfinkel, Simson, personal communication, November 2012.

Gawande, Atul. The Checklist Manifesto (Penguin Books: 2010).

Gellman, Robert. "Fair Information Practices: A basic History," version 2.02 of November 11, 2013, http://bobgellman.com/rg-docs/rg-FIPShistory.pdf.

Green, Robert Lane. You AreWhat You Speak (New York: Random House, 2011).

Giesen, Florian, Florian Kohlar, and Douglas Stebila. "On the Security of TLS Renegotiation," 2013, http://eprint.iacr.org/2012/630.pdf.

Goldberg, Ian Avrum. "A Pseudonymous Communications Infrastructure for the Internet." Ph.D diss., University of California, 2000.

Goldberg, Ian A., Matthew D. Van Gundy, Berkant Ustaoglu, and Hao Chen. "Multi-Party Off-the-Record Messaging," 2008, http://www.cypherpunks.ca/~iang/pubs/mpotr.pdf.

Goodin, Dan "'We cannot trust' Intel and Via's chip-based crypto, FreeBSD developers say" December 10, 2013 http://arstechnica.com/security/2013/12/we-cannot-trust-intel-and-vias-chip-bas\ edcrypto-freebsd-developers-say/

Gordon, Lawrence A., and Martin P. Loeb. "The Economics of Information Security Investment," ACM Transactions on Information and System Security (TISSEC) 5, no. 4 (2002): 438-57.

——. Managing Cybersecurity Resources: A Cost-Benefit Analysis (New York: McGraw-Hill, 2006).

Gürses, Seda, Carmela Troncoso, and Claudia Diaz. "Engineering Privacy By Design," COSIC 2011, last accessed October 16, 2013, http://www.cosic.esat.kuleuven.be/publications/article-1542.pdf.

Haber, Jeb. "SmartScreen® Application Reputation in IE9," IEBlog, May 17, 2011, http://blogs.msdn.com/b/ie/archive/2011/05/17/smartscreen-174-application-reputation-in-ie9.aspx.

Hall, Joseph M., and M. Eric Johnson. "When Should a Process Be Art," Harvard Business Review, March 2009.

Hashcat, Hashcat advanced password recovery product page, http://hashcat.net/oclhashcat/, visited December 7, 2013.

Hazen, John. "Delivering Reliable and Trustworthy Metro Style Apps," Building Windows 8, May 17, 2012, http://blogs.msdn.com/b/b8/archive/2012/05/17/delivering-reliable-and-trustworthy-metrostyle-apps.aspx.

Heckman, Rocky. "Application Threat Modeling v2," TechRepublic /U.S., March 7, 2006, http://www.techrepublic.com/article/application-threat-modeling-v2/6310491.

Heitgerd, Janet L., et al. "Community Health Status Indicators: Adding a Geospatial Component," accessed October 15, 2013, Preventing Chronic Disease 2008;5(3). http://www.cdc.gov/pcd/issues/2008/jul/07_0077.htm.

Heninger, Nadia, Zakir Durumeric, Eric Wustrow, and J. Alex Halderman. "Mining Your Ps and Qs: Detection of Widespread Weak Keys in Network Devices," In Proceedings of the 21st USENIX Security Symposium, August 2012.

Herley, Cormac. "So Long, and No Thanks for the Externalities: The Rational Rejection of Security Advice By Users," In Proceedings of the 2009 Workshop on New Security Paradigms Workshop, pp. 133-44 (ACM, 2009).

Hill, Sad. "Caution Sign Has Sharp Edges Do Not Touch," Sad Hill News, November 9, 2010, http://sadhillnews.com/2010/11/09/us-bans-toner-travel-and-font-usage-unknown-missile-launches/caution-sign-has-sharp-edges-do-not-touch-sad-hill-news.

Hillebrand, Gail. "Social Security Number Protection Legislation for States," Consumers Union, June 2008, http://www.consumersunion.org/pub/core_financial_services/004801.html.

Hoffman L. Personal communication. See also the Burroughs tribute page, available at http://www.ianjoyner.name/Burroughs.html.

Honan, Mat. "How Apple and Amazon Security Flaws Led to My Epic Hacking," Wired, August 6, 2012, http://www.wired.com/gadgetlab/2012/08/apple-amazon-mat-honan-hacking/.

Howard, Michael. "Secure Coding Secrets," Microsoft Security Development Lifecycle blog, November 18, 2008, http://blogs.msdn.com/b/sdl/archive/2008/11/18/secure-coding-secrets.aspx.

Howard, Michael, and David LeBlanc. Writing Secure Code (Redmond: Microsoft Press, 2002) and also 2nd edition, 2009.

Howard, Michael, and Steve Lipner, The Security Development Lifecycle, (Redmond: Microsoft Press, 2006)

Huang, Ling, Anthony D. Joseph, Blaine Nelson, Benjamin I.P. Rubinstein, and J. D. Tygar. "Adversarial Machine Learning," In Proceedings of the 4th ACMWorkshop on Security and Artificial Intelligence, pp. 43–58. ACM, 2011, http://blaine-nelson.com/research/pubs/Huang-Joseph-AISec-2011.

Hutchins, Eric M., Michael J. Cloppert, and Rohan M. Amin. "Intelligence-Driven Computer Network Defense Informed By Analysis of Adversary Campaigns and Intrusion Kill Chains," Leading Issues in Information Warfare and Security Research 1 (2011): 80; http://www.lockheedmartin.com/content/dam/lockheed/data/corporate/documents/LM-White-Paper-Intel-Driven-Defense.pdf.

Identity Theft Resource Center. "Identity Theft: The Aftermath 2008," May 28, 2009, http://www.idtriskmgtgroup.com/documents/Aftermath_2008_Highlight.pdf.

Ingoldsby, Terrance R. "Attack Tree-Based Threat Risk Analysis," Amenaza Technologies Ltd. Copyright 2009, 2010; http://www.amenaza.com/downloads/docs/AttackTreeThreatRiskAnalysis.pdf and http://www.screencast.com/users/Amenaza/folders/Default/media/a18cb16a-f88f-4161-b1a4-124e5f06376d.

Jacobs, Jay. "A Call to Arms: It Is Time to Learn Like Experts," ISSA Journal, November 2011, http://beechplane.files.wordpress.com/2011/11/a-call-to-arms_issa1111.pdf.

Jakobsson, Markus, Erik Stolterman, Susanne Wetzel, and Liu Yang. "Love and Authentication," Proceedings of the SIGCHI Conference on Human Factors in Computing Systems, pp. 197–200 (ACM, 2008).

Johnson, Steven. The GhostMap: The Story of London'sMost Terrifying Epidemic and How It Changed Science, Cities, and theModern World (New York: Penguin, 2006).

Jones, J. "An introduction to factor analysis of information risk (fair)," Norwich Journal of Information Assurance 2, no. 1 (2006): 67, riskmanagementinsight.com/media/documents/FAIR_Introduction.pdf.

Just, Mike. "Designing and Evaluating Challenge-Question Systems," Security and Privacy,

IEEE 2, no. 5 (2004): 32–39.

Kahn, David. The Codebreakers (New York: Scribner, 1996).

Kahneman, Daniel. Thinking, Fast and Slow (New York: Farrar, Straus and Giroux, 2011).

Kahney, Leander, "Twist a pen, open a lock," Wired.com, Sep 17 2004, http://www.wired.com/culture/lifestyle/news/2004/09/64987.

Karlof, Chris, J. Doug Tygar, and David Wagner. "Conditioned-Safe Ceremonies and a User Study of an Application to Web Authentication," SOUPS, 2009.

Kelsey, John. Comment on "Think Like an Attacker?" Emergent Chaos blog, September 19, 2008, http://emergentchaos.com/archives/2008/09/think-like-an-attacker.html.

Kent, Jonathan. "Malaysia Car Thieves Steal Finger," BBC News online, March 31 2005, http://news.bbc.co.uk/2/hi/asia-pacific/4396831.stm.

Kerckhoffs, Auguste. "La cryptographie militaire," Journal des sciences militaires, vol. IX, pp. 5–38, Jan. 1883, pp. 161–191, Feb. 1883.

Kim, Gene, Kurt Milne, and Dan Phelps. "Prioritizing IT Controls for Effective Measurable Security," IT Process Institute (2006).

Kim, Gene H., and Eugene H. Spafford. "The Design and Implementation of Tripwire: A File System Integrity Checker," In Proceedings of the Second ACMConference on Computer and Communications Security, pp. 18–29. ACM, 1994, http://dl.acm.org/citation.cfm?id=191183.

Klien, Gary, Sources of Power (Cambridge: MIT Press, 1999).

Koblitz, Neal, and Alfred J. Menezes. "Another look at 'provable security'," Journal of Cryptology 20, no. 1 (2007): 3–37. And generally, http://anotherlook.ca.

Kocher, Paul, "Surviving Moore's Law: Security, AI, and Last Mover Advantage," Usenix Security 2006, https://www.usenix.org/conference/15th-usenix-security-symposium/surviving-moores-law-security-ai-and-last-mover-advantage.

Kohnfelder, Loren, and Praerit Garg, The threats to our products, Microsoft Interface, April 1, 1999. Available at http://blogs.msdn.com/sdl/attachment/9887486.ashx.

Komanduri, Saranga, Richard Shay, Patrick Gage Kelley, Michelle L. Mazurek, Lujo Bauer, Nicolas Christin, Lorrie Faith Cranor, and Serge Egelman. "Of Passwords and People: Measuring the Effect of Password-Composition Policies," In Proceedings of the SIGCHI Conference on Human Factors in Computing Systems, pp. 2595–2604. ACM, 2011, http://www.pdl.cmu.edu/PDL-FTP/Storage/mazurek-chi11_abs.shtml.

Krebs, Brian, "Data Broker Giants Hacked by ID Theft Service," September 25, 2013, http://krebsonsecurity.com/2013/09/data-broker-giants-hacked-by-id-theft-service/.

Lang, Keith. "The Science of Aesthetics," UXAustralia 2009, http://vimeo.com/6527897, and comments https://twitter.com/songcarver/status/283070446990151681.

Laser Software. http://laser.cs.umass.edu/release/.

Laurie, Ben, and Richard Clayton. "Proof-of-Work Proves Not to Work, version 0.2," Workshop on Economics and Information Security, 2004.

LeBlanc, David, "Practical Windows Sandboxing" blog series, July 27, 2007, http://blogs.msdn.com/b/david_leblanc/archive/2007/07/27/practical-windows-sandboxing-part-1.aspx.

Levien, Raph. "Snowflakes As Visual Hashes," post to "Best of Security" mailing list, May 17, 1996, http://marc.info/?l=best-of-security&m=96843702220490&w=2.

Lightstone, Sam. Making It Big in Software: Get the Job. Work the Org. Become Great (Boston: Pearson, 2010).

Lindstrom, Peter. "A Modest Proposal to Eliminate the SSN Façade," Spire Security Viewpoint blog, April 11, 2006, http://spiresecurity.typepad.com/spire_security_viewpoint/2006/04/a_modest_propos.html.

Lipner, Steve. Personal communication, 2008.

Lyn, Tan Ee. "Cancer Patient Held at Airport for Missing Fingerprint," Reuters, May 27, 2009, http://www.reuters.com/article/2009/05/27/us-fingerprints-idUSTRE54Q42P20090527?feedType=RSS&feedName=oddlyEnoughNews&rpc=22&sp=true.

Magretta, Joan. What Management Is (New York: Simon and Schuster, 2002).

Malhotra, Vikas. "Protected View in Office 2010," Microsoft Office 2010 Engineering blog, August 13, 2009, http://blogs.technet.com/b/office2010/archive/2009/08/13/protected-view-in-office-2010.aspx.

Marlinspike, Moxie. "The Cryptographic Doom Principle," Thought Crime blog, December 13, 2011, http://www.thoughtcrime.org/blog/the-cryptographic-doom-principle/.

———. "The Convergence System: SSL and The Future of Authenticity," a talk given at BlackHat, July 2011, http://www.blackhat.com/html/bh-us-11/bh-us-11-briefings.html#Marlinspike.

Marshall, Andrew. "Intersystem Review: Tearing at the Seams Between Dependent Threat Models," Microsoft internal document, January 2013.

Martina, Jean Everson, and Marcelo Carlomagno Carlos. "Why Should We Analyze Security

Ceremonies?," First CryptoForma Workshop, May 2010, http://www.
marcelocarlomagno.com/downloads/pdf/martina2010.pdf.

Masnick, Mike. "Lavabit Details Unsealed: Refused to Hand Over Private SSL Key Despite Court Order and Daily Fines," TechDirt, October 2, 2013, http://www.techdirt.com/articles/20131002/14500424732/lavabit-details-unsealed-refused-to-hand-over-private-ssl-keydespite-court-order-daily-fines.shtml.

Margosis, Aaron, "Problems of Privilege, Find and Fix LUA Bugs," Technet Magazine, August 2006, http://technet.microsoft.com/en-us/magazine/cc160944.aspx.

Matsumoto, Tsutomu, Hiroyuki Matsumoto, Koji Yamada, and Satoshi Hoshino. "Impact of Artificial 'Gummy' Fingers on Fingerprint Systems," Proceedings of SPIE Vol. #4677, Optical Security and Counterfeit Deterrence Techniques IV, Thursday–Friday 24–25 January 2002, http://cryptome.org/gummy.htm.

McCullagh, Declan, "AOL's disturbing glimpse into users' lives", August 7, 2006 CNet, http://news.cnet.com/2100-1030_3-6103098.html.

McGraw, Gary, and John Steven. "An Interview with John Steven," Silver Bullet Security Podcast, Show 068, November 30, 2011, http://www.cigital.com/silver-bullet/show-068/.

McKenzie, Partick, "Falsehoods Programmers Believe About Names," June 17, 2010 http://www.kalzumeus.com/2010/06/17/falsehoods-programmers-believe-about-names/

McMillan, Robert. "CSO says Cisco security is growing up," Infoworld, August 6, 2008, http://www.infoworld.com/d/security-central/cso-says-cisco-security-growing-705.

———. "Google Attack Part of Widespread Spying Ef fort," Computerworld, January 13, 2010, http://www.computerworld.com/s/article/9144221/Google_attack_part_of_widespread_spying_effort.

McRee, Russ, "IT Infrastructure Threat Modeling Guide" June 22, 2009 http://blogs.technet.com/b/secguide/archive/2009/06/22/itinfrastructure-threat-modeling-guide.aspx

McWhorter, John. The Power of Babel: A Natural History of Language (New York: HarperCollins, 2003).

Meier, J. D. Improving Web Application Security: Threats and Countermeasures (Redmond: Microsoft Press, 2003) or http://msdn.microsoft.com/en-us/library/ms994812.aspx.

Microsoft. "Assess Your Security," Microsoft Security Development Lifecycle (SDL) Optimization Model, last accessed October 16, 2013, http://www.microsoft.com/security/sdl/learn/assess.aspx.

Microsoft. SIR, vol. 11, Microsoft Security Intelligence Report, 2011, Last accessed October 16, 2013, http://www.microsoft.com/security/sir/default.aspx.

————. "The Zen of Program Management," Microsoft JobsBlog, February 14, 2007, http://microsoftjobsblog.com/zen-of-pm.

Microsoft SDL Team. "Appendix N: SDL Security Bug Bar (Sample)," 2012, http://msdn.microsoft.com/en-us/library/windows/desktop/cc307404.aspx.

Miller, George A. "The magical number seven, plus or minus two: some limits on our capacity for processing information," Psychological review 63, no. 2 (1956): 81.

Miller, Robert B., Stephen Heiman, and Tad Tuleja. The New Strategic Selling: The Unique Sales System Proven Successful by the World's Best Companies (New York: Business Plus, 2005).

MITRE. "Attack Patterns: Knowing Your Enemies in Order to Defeat Them," BlackHat, Washington, D.C., 2007, http://capec.mitre.org/documents/Attack_Patterns-Knowing_Your_Enemies_in_Order_to_Defeat_Them-Paper.pdf.

————. "CAPEC-89: Pharming," last updated June 21, 2013, http://capec.mitre.org/data/definitions/89.html.

————. "CAPEC-1000, Mechanism of Attack," last updated June 21, 2013, http://capec.mitre.org/data/definitions/1000.html.

Moore, Andrew P., Robert J. Ellison, and Richard C. Linger. "Attack Modeling for Information Security and Survivability," No. CMU-SEI-2001-TN-001. Carnegie-Mellon University, Pittsburgh, PA, Software Engineering Institute, 2001, http://www.sei.cmu.edu/library/abstracts/reports/01tn001.cfm.

Muffett, Alec. "Regulators, Password Hashing & Crypto Considered As a Branding Exercise: #bcrypt #security /cc @schneierblog @glynwintle," dropsafe blog, June 15, 2012, http://dropsafe.crypticide.com/article/9439/comment-page-1#comment-47595.

Murray, Mike. Forget the Parachute, Let Me Fly The Plane (Seattle: Amazon Digital Services, 2011) http://www.amazon.com/Forget-Parachute-Let-Fly-Plane-ebook/dp/B004ULVMKC.

Nagar, Abhishek. "Biometric Template Security," Ph.D diss., Michigan State University, 2012.

Narayanan, Arvind, and Vitaly Shmatikov. "Robust de-anonymization of large sparse datasets," In Security and Privacy, 2008. SP 2008. IEEE Symposium on, pp. 111-125. IEEE, 2008.

Nather, Wendy. "All about 'cheeseburger risk'," 415 Security Blog, January 15, 2013, http://informationsecurity.451research.com/?p=4851.

National Bureau of Standards. "Guidelines for Automatic Data Processing Physical Security and Risk Management," FIPS Pub 31, 1974, pp. 12-14.

Neighly, Madeline, and Maruice Emsellem. "Wanted: Accurate FBI Background Checks for Employment," National Employment Law Project, July 2013, http://www.nelp.org/page/-/SCLP/2013/Report-Wanted-Accurate-FBI-Background-Checks-Employment.pdf.

Neilsen Hayden, Patrick. "Please Enter a Valid Last Name," Making Light blog, December 11, 2012, http://nielsenhayden.com/makinglight/archives/014624.html.

Netflix. "Lessons Netflix Learned from the AWS Outage," Netflix, April 29, 2011, http://techblog.netflix.com/2011/04/lessons-netflix-learned-from-aws-outage.html.

Nguyen, Duc. "Your Face Is Not your password," BlackHat DC 2009, http://www.blackhat.com/presentations/bh-dc-09/Nguyen/BlackHat-DC-09-Nguyen-Face-not-your-password.pdf.

Nguyen, Joe. "Cookie Deletion: Why It Should Matter to Advertisers and Publishers," ClickZ.com, March 2, 2011, http://www.clickz.com/clickz/column/2281571/cookie-deletion-why-it-should-matterto-advertisers-and-publishers.

Nissenbaum, Helen. Privacy in context: Technology, policy, and the integrity of social life (Palo Alto: Stanford University Press, 2009).

NIST. "Minimum Security Requirements for Federal Information and Information Security," FIPS Pub 200, March 2006, http://csrc.nist.gov/publications/fips/fips200/FIPS-200-final-march.pdf.

OECD. "OECD Guidelines on the Protection of Privacy and Transborder Flows of Personal Data, updated 2013, http://www.oecd.org/document/18/0,3746,en_2649_34223_1815186_1_1_1_1,00.html.

Office of the Victorian Privacy Commissioner. "A Guide to Completing Parts 3 to 5 of Your Privacy Impact Assessment Report," Office of the Victorian Privacy Commissioner, Australia, 2009, https://www.privacy.vic.gov.au/privacy/web2.nsf/files/privacy-impactassessments-report-accompanying-guide/$file/guideline_05_09_no2.pdf.

———. "Privacy Impact Assessment: A Guide for the Victorian Public Sector," Office of the Victorian Privacy Commissioner, Australia, April 2009, https://www.privacy.vic.gov.au/privacy/web2.nsf/files/privacy-impact-assessments-guide/$file/guideline_05_09_no1.pdf.

Ollman, Gunter. "The Opt-In Botnet Generation: Social Networks, Hacktivism, and Centrally-Controlled Protesting," Damballa, Inc. white paper, retrieved 2010.

Openwall. "ASIC/FPGA Attacks on Modern Hashes," pg. 45, last accessed October 16, 2013, http://www.openwall.com/presentations/Passwords12-The-Future-Of-Hashing/mgp00045.html.

———. "GPU Attacks on Modern Hashes," pg. 46, last accessed October 16, 2013, http://www.openwall.com/presentations/Passwords12-The-Future-Of-Hashing/mgp000 46.html.

Osterman, Larry. "Threat Modeling Again, Presenting the PlaySound Threat Model," Larry Osterman's Weblog, September 17, 2007, http://blogs.msdn.com/b/larryosterman/archive/2007/09/17/threat-modelingagain-presenting-the-playsound-threat-model.aspx.

OWASP. "2013 Top 10 List," OWASP.org, last modified June 23, 2013, https://www.owasp.org/index.php/Top_10_2013-Top_10.

———. "Attack Template," OWASP.org, last modified May 6, 2008, https://www.owasp.org/index.php/Attack_template.

———. "Cache Poisoning," last revised April 23, 2009, https://www.owasp.org/index.php/Cache_Poisoning.

———. "Category: Attack," OWASP.org, last modified on August 10, 2012, https://www.owasp.org/index.php/Category:Attack.

———. "XSS Filter Evasion Cheat Sheet", last revised September 17, 2013 https://www.owasp.org/index.php/XSS_Filter_Evasion_Cheat_Sheet

PCI Security Standards. "PCI DSS Quick Reference Guide: Understanding the Payment Card Industry Data Security Standard Version 2.0," 2010, https://www.pcisecuritystandards.org/documents/PCI%20SSC%20Quick%20Reference%20Guide.pdf.

Percival, Colin. "SCrypt: A Key Derivation Function," December 4, 2012, http://www.daemonology.net/papers/scrypt-2012-slides.pdf.

Perlow, Jon. "New in Labs: Stop Sending Mail You Later Regret," Official Gmail Blog, October 6, 2008, http://gmailblog.blogspot.com/2008/10/new-in-labs-stop-sending-mail-you-later.html.

Peterson, Gunnar, personal communication 2009.

Petitcolas, Fabien A. (translator) "La Cryptographie Militaire: Journal des Sciences Militaires," Janvier 1883, last updated May 29, 2013, http://www.petitcolas.net/fabien/kerckhoffs/crypto_militaire_1.pdf and http://www.petitcolas.net/fabien/

kerckhoffs/.

Pfitzmann, Andreas, and Marit Hansen. "A Terminology for Talking About Privacy by Data Minimization: Anonymity, Unlinkability, Undetectability, Unobservability, Pseudonymity, and Identity Management." Version 0.34, Aug 10 (2010), https://kantarainitiative.org/confluence/download/attachments/45059055/terminology+for+talking+about+privacy.pdf.

Pilgrim, Mark. "Avoid Common Pitfalls in Greasemonkey. How the History of Greasemonkey Security Affects You Now," O'Reilly Network, November 11, 2005, http://www.oreillynet.com/lpt/a/6257.

Power, Richard. "There Is an Elephant in the Room; and Everyone's Social Security Numbers Are Written on Its Hide," CyBlog, July 6, 2009, http://www.cyblog.cylab.cmu.edu/2009/07/there-is-elephant-in-room-everyones.html.

Provos, Niels, and David Mazieres. "A Future-Adaptable Password Scheme," In USENIX Annual Technical Conference, FREENIX Track, pp. 81-91. 1999.

Ptacek, Thomas. "Applied Cryptography Engineering," Sockpuppet. org blog, July 22, 2013, http://sockpuppet.org/blog/2013/07/22/applied-practical-cryptography/.

Ptacek, Thomas H., and Timothy N. Newsham. "Insertion, evasion, and denial of service: Eluding network intrusion detection," Secure Networks Inc., Calgary, Alberta Canada, 1998.

Rabkin, Ariel. "Personal Knowledge Questions for Fallback Authentication: Security Questions in the Era of Facebook," In Proceedings of the Fourth Symposium on Usable Privacy and Security, pp. 13-23. ACM, SOUPS, July 23-25, 2008, Pittsburgh, PA.

Radke, Kenneth, Colin Boyd, Juan Gonzalez Nieto, and Margot Brereton. "Ceremony Analysis: Strengths and Weaknesses," In Future Challenges in Security and Privacy for Academia and Industry, pp. 104-15 (Berlin: Springer, 2011).

Rains, Tim. "Software Vulnerability Management at Microsoft," post to Microsoft Security Blog, June 30, 2013, http://blogs.technet.com/b/security/archive/2013/07/01/software-vulnerability-managementat-microsoft.aspx and linked white paper of the same name, July 2010.

Raymond, Eric S. The Cathedral and the Bazaar: Musings on Linux and Open Source by an Accidental Revolutionary (Sebastopol: O'Reilly, 2001).

Reason, James T. The Human Contribution: Unsafe Acts, Accidents and Heroic Recoveries (Burlington: Ashgate Publishing, 2008).

Reeder, R. W. "Expandable Grids: A User Interface Visualization Technique and a Policy

Semantics to Support Fast, Accurate Security and Privacy Policy Authoring." Ph.D thesis, Carnegie–Mellon University Computer Science Department. CMU tech report number CMU-CS-08-143 (July 2008).

Reeder, Rob, E. Kowalczyk, and Adam Shostack. "Helping engineers design NEAT security warnings," In Proceedings of the Symposium On Usable Privacy and Security (SOUPS), Pittsburgh, PA. 2011.

Reeder, Robert W. "Measuring Trust User Experiences," Microsoft internal document, March 10, 2008.

Reeder, Robert W., Lujo Bauer, Lorrie F. Cranor, Michael K. Reiter, and Kami Vaniea. "More Than Skin Deep: Measuring Effects of the Underlying Model on Access-Control System Usability," In Proceedings of the SIGCHI Conference on Human Factors in Computing Systems, pp. 2065-74. ACM, 2011, http://www.ece.cmu.edu/~lbauer/papers/2011/chi2011-semantics.pdf.

Reiger, Frank, "Chaos Computer Club breaks Apple TouchID," Blog post 21 September, 2013, http://www.ccc.de/en/updates/2013/ccc-breaks-apple-touchid.

Reiner, Rob. The Princess Bride. Buttercup Films, Ltd. 1987. (DVD)

Remes, Wim. "wow. . . Hotwire removes stored CC information from account upon password reset. That's actually awesome," Twitter, July 20, 2013, https://twitter.com/wimremes/status/358709749585416193.

Rescorla, Eric, and Brian Korver. "Guidelines for Writing RFC Text on Security Considerations," BCP 72, RFC 3552, July 2003, http://www.ietf.org/rfc/rfc3552.txt.

Revuru, Anil. "Threat Analysis and Modeling (TAM) v3.0—Learn about the New Features," http://blogs.msdn.com/b/threatmodeling/archive/2009/07/20/threat-analysis-and-modeling-tam-v3-0-learn-about-the-new-features.aspx.

Rice, Alex. "A Continued Commitment to Security," January 26, 2011, https://blog.facebook.com/blog.php?blog_id=company&blogger=503683099 and https://www.facebook.com/notes/486790652130.

——. "Social Authentication," Microsoft Blue Hat, December 14, 2012, https://channel9.msdn.com/Events/Blue-Hat-Security-Briefings/BlueHat-Security-Briefings-Fall-2012-Sessions/BH1202, and personal communication.

Ristic`, Ivan, SSL Threat Model, September 9, 2009 http://blog.ivanristic.com/2009/09/ssl-threat-model.html

Roberts, Paul F. "Leaky Web Sites Provide Trail of Clues About Corporate Executives,"

IT World, August 13, 2012, http://www.itworld.com/it-managementstrategy/289519/leaky-web-sites-provide-trail-clues-about-corporate-executives.

Rosenquist, Matt, "Prioritizing Information Security Risks With Threat Agent Risk Assessment," Intel Corporation White Paper, December 2009.

Ross, Arun A., Jidnya Shah, and Anil K. Jain. "Toward Reconstructing Fingerprints from Minutiae Points," In SPIE Proceedings Vol. 5779, pp. 68–80. International Society for Optics and Photonics, 2005.

Rubin, Jeffrey, and Dana Chisnell. Handbook of Usability Testing: How to Plan, Design, and Conduct Effective Tests, 2nd Edition (Indianapolis: Wiley, 2008).

Ruderman, Jesse. "Race Conditions in Security Dialogs," SquareFree.com, July 1, 2004, http://www.squarefree.com/2004/07/01/race-conditions-in-security-dialogs/.

Ruiz, Guifré, Elisa Heymann, Eduardo César, and Barton P. Miller. "Automating Threat Modeling Through the Software Development Life-Cycle," XXIII Jornadas de Paralelismo (JP2012), Elche, Spain, September 2012. http://www.jornadassarteco.org/js2012/papers/paper_92.pdf.

———. "Detecting Cognitive Causes of Confidentiality Leaks," Electronic Notes in Theoretical Computer Science 183 (2007): 21–38.

Rukšenas, Rimvydas, Paul Curzon, and Ann Blandford. "Modelling and Analysing Cognitive Causes of Security Breaches," Innovations in Systems and Software Engineering 4, no. 2 (2008): 143–60, http://www.eecs.qmul.ac.uk/~pc/publications/2008/rrpcabISSE2008preprint.pdf.

Ryan, Peter. Modeling and Analysis of Security Protocols (Boston: Addison Wesley, 2000).

Saitta, Paul, Brenda Larcom, and Michael Eddington. "Trike v. 1 methodology document [draft]," July 13, 2005, http://dymaxion.org/trike/Trike_v1_Methodology_Documentdraft.pdf.

Salter, Chris, O. Sami Saydjari, Bruce Schneier, and Jim Wallner. "Toward a Secure System Engineering Methodology," In Proceedings of the 1998 workshop on New Security Paradigms, pp. 2–10 (ACM, 1998), http://www.schneier.com/paper-secure-methodology.html.

Sassaman, Len, Meredith L. Patterson, Sergey Bratus, and Michael E. Locasto. "Security Applications of Formal Language Theory," IEEE Systems Journal 7(3): 489–500 (2013).

Sasse, Angela. Personal communication, 2012.

SC Magazine. "Amenaza Technologies Ltd. SecurITree" review, February 1, 2007, http://www.scmagazine.com/amenaza-technologies-ltd-securitree/review/1105/.

Schechter, Stuart. "Common Pitfalls in Writing About Security and Privacy Human Subjects Experiments, and How to Avoid Them," Microsoft Research, January 15, 2013, MSR-TR-2013-5, http://research.microsoft.com/apps/pubs/default.aspx?id=179980.

Schechter, Stuart, A. J. Bernheim Brush, and Serge Egleman. "It's No Secret: Measuring the Security and Reliability of Authentication via 'Secret' Questions," Microsoft Research, May 17, 2009, http://research.microsoft.com/apps/pubs/default.aspx?id=79594.

Schechter, Stuart, Serge Egelman, and Robert W. Reeder. "It's Not What You Know, But Who You Know: A Social Approach to Last-Resort Authentication," In Proceedings of the SIGCHI Conference on Human Factors in Computing Systems, pp. 1983-92 (ACM, 2009), http://research.microsoft.com/apps/pubs/default.aspx?id=79349.

Schmid, Joachim. "AsmGofer," last updated 2009, http://www.tydo.de/doktorarbeit.html.

Schnieier, Bruce. "Announcing: Movie Plot Threat Contest," Blog post, April 1, 2006, https://www.schneier.com/blog/archives/2006/04/announcing_movi.html.

———. "Attack Trees," Dr. Dobb's Journal, December 1999, Schneier blog, http://www.schneier.com/paper-attacktrees-ddj-ft.html.

SDL Team. "Necessary, Explained, Actionable, and Tested (NEAT) Cards" SDL blog, October 9, 2012, http://blogs.msdn.com/b/sdl/archive/2012/10/09/necessary-explained-actionable-and-tested-neat-cards.aspx.

SeaMonster. "Security Modeling Software," SourceForge, last updated May 7, 2013, http://sourceforge.net/projects/seamonster/.

Securosis, Mike Rothman. "The CISO's Guide to Advanced Attackers: Sizing Up the Adversary [New Series]," Securosis blog, April 16, 2013, https://securosis.com/blog/the-cisos-guide-to-advanced-attackers-sizing-up-the-adversary.

Shachtman, Noah. "Insiders Doubt 2008 Pentagon Hack Was Foreign Spy Attack," Wired online, August 25, 2010, http://www.wired.com/dangerroom/2010/08/insiders-doubt-2008-pentagon-hack-was-foreign-spy-attack/.

Shachtman, Noah, and David Axe. "Most U.S. Drones Openly Broadcast Secret Video Feeds," Wired online, October 29, 2012, http://www.wired.com/dangerroom/2012/10/hack-proof-drone/.

Shamir, Adi, and Eran Tromer. "Acoustic Cryptanalysis: On Nosy People and Noisy Machines," last accessed on October 16, 2013, http://tau.ac.il/~tromer/acoustic/.

Shane, Scott. "A Spy's Motivation: For Love of Another Country," The New York Times, April 20, 2008, http://www.nytimes.com/2008/04/20/weekinreview/20shane.html.

Shostack, Adam. "Adding Usable Security to the SDL," 2011, Microsoft Developer Network, http://blogs.msdn.com/b/sdl/archive/2011/05/04/adding-usable-security-to-the-sdl.aspx and http://blogs.msdn.com/b/sdl/archive/2012/10/09/necessary-explained-actionable-and-tested-neat-cards.aspx.

——. "Buffer Overflows and History: A Request" (including comments), Emergent Chaos, October 20, 2008, http://emergentchaos.com/archives/2008/10/buffer-overflows-and-history-a-request.html.

——. "Elevation of Privilege," Microsoft Security Development Lifecycle, February 7, 2013, http://www.microsoft.com/security/sdl/adopt/eop.aspx and http://www.homeport.org/~adam/Elevation-of-Privilege-BlackHat2010ShostackFinal.pptx.

——. "Elevation of Privilege: Drawing Developers into Threat Modeling," white paper, December, 2012, http://blogs.msdn.com/b/sdl/archive/2012/12/18/elevation-of-privilege-drawingdevelopers-into-threat-modeling.aspx.

——. "Engineers Are People, Too." Keynote at Software and Usable Security Aligned for Good Engineering (SAUSAGE) Workshop, reported in "DRAFT Report on the NIST Workshop – I3P" August 2011, http://www.thei3p.org/docs/publications/436.pdf (pg. 24); slides available at http://www.homeport.org/~adam/Engineers-are-people-too-SAUSAGE.pptx.

——. "Google+ Failed Because of Real Names," Emergent Chaos, January 25, 2012, http://emergentchaos.com/archives/2012/01/google-failed-because-of-real-names.html.

——. "Helping Engineers Design NEAT Security Warnings," Microsoft Security Development Lifecycle, May 4, 2011, http://blogs.msdn.com/bsdl/archive/2011/05/04/adding-usable-security-to-the-sdl.aspx and http://www.microsoft.com/en-us/download/details.aspx?id=34958.

——. "Think Like an Attacker?" Emergent Chaos, September 17, 2008, http://emergentchaos.com/archives/2008/09/think-like-an-attacker.html.

——. "The Discipline of 'Think Like an Attacker'," Emergent Chaos, September 22, 2008, http://emergentchaos.com/archives/2008/09/the-discipline-of-think-like-an-attacker.html.

Shostack, Adam, and Danny Dhillon. "Threat Modeling: Lessons Learned and Practical Ways to Improve Your Software," RSA, March 4, 2010.

Shostack, Adam, and Andrew Stewart. The new school of information security. (Boston: Addison Wesley, 2009).

Shostack, Adam, and Paul Syverson. "What Price Privacy?" (2003), http://citeseerx.ist. psu.edu/viewdoc/download?rep=rep1&type=pdf&doi=10.1.1.144.8657.

Simidchieva, Borislava. "Yolo County Election Process Model and Fault Tree Analysis," Laser Library, June 9, 2010, https://collab.cs.umass.edu/wiki/pages/T2i15688y/Yolo_County_Election_Process_Model_and_Fault_Tree_Analysis.html.

Simidchieva, B. I., Engle, S. J., Clifford, M., Jones, A. C., Allen, B., Peisert, S., Bishop, M., et al. (2010). "Modeling and Analyzing Faults to Improve Election Process Robustness," 2010 Electronic Voting Technology Workshop/Workshop on Trustworthy Elections, Washington, D.C. Retrieved from http://www.usenix.org/events/evtwote10/tech/full_papers/Simidchieva.pdf.

Social Security Administration. "Hearing on Identity Theft and Tax Fraud," May 8, 2012, http://oig.ssa.gov/newsroom/congressional-testimony/hearing-identity-theft-and-tax-fraud.

——. "New Numbers for Domestic Violence Victims," SSA Publication 05-10093, ICN 468615, August 2011, http://www.ssa.gov/pubs/10093.html.

Solove, Daniel J. Understanding Privacy, (Cambridge: Harvard University Press, 2008).

Sportsman, Nathan. "Threat Modeling," Praetorian presentation, 2011, http://www.praetorian.com/downloads/presentations/Praetorian_Threat_Modeling_Presentation.pdf.

Stack Overflow. "Using a regular expression to validate an email address," Stack Overflow, last accessed June 21, 2013, http://stackoverflow.com/questions/201323/using-a-regular-expression-to-validate-an-emailaddress.

Stajano, Frank, and Paul Wilson. "Understanding Scam Victims: Seven Principles for Systems Security," Communications of the ACM, March 2011, vol. 54, no. 3.

Star, Susan Leigh, and James R. Griesemer. "Institutional Ecology, Translations and Boundary Objects: Amateurs and Professionals in Berkeley's Museum of Vertebrate Zoology, 1907–39." Social Studies of Science 19, no. 3 (1989): 387–420.

Stevens, James F., Richard A. Caralli, and Bradford J. Willke. "Information Asset Profiling," Technical Note CMU/SEI-2005-TN-021. Carnegie-Mellon University, Pittsburgh, PA Software Engineering, 2005.

Sweeney, Latanya. "k-anonymity: A model for protecting privacy," International Journal of Uncertainty, Fuzziness and Knowledge-Based Systems 10, no. 05 (2002): 557–570.

Swiderski, Frank. "Threat Modeling Tool Revealed," Channel 9, July 9, 2004, last accessed October 17, 2013, http://channel9.msdn.com/Blogs/TheChannel9Team/Frank-widerski-hreat-Modeling-Tool-revealed.

Swiderski, Frank, and Window Snyder. Threat Modeling (Redmond: Microsoft Press, 2004).

Swire, Peter. "A model for When Disclosure Helps Security: What Is Different About Computer and Network Security?" Journal on Telecommunications and High Technology Law 2 (2004).

Swire, Peter, and Casandra Q. Butts. "Addressing the Challenges of Identification and Authentication in American Society," Center for American Progress, June 2, 2008, http://www.americanprogress.org/issues/civil-liberties/report/2008/06/02/4520/the-id-ivide/.

Sydney Morning Herald. "Woman Fools Japan's Airport Security Fingerprint System," The Sydney Morning Herald, January 2, 2009, http://www.smh.com.au/travel/woman-ools-japans-airport-security-fingerprintsystem-20090102-78rv.html.

Syverson, Paul. "Sleeping Dogs Lie in a Bed of Onions But Wake When Mixed," Fourth Hot Topics in Privacy Enhancing Technologies (HotPETs 2011), http://petsymposium.rg/2011/program.php.

TASM Toolset. "Specification, Simulation, and Formal Verification of Real-Time Systems," ACM Digital Library, 2007, http://dl.acm.org/citation.cfm?id=1770371.

Thorsheim, Per. "Why History May Be Bad for You," Security Nirvana, November 26, 2009, http://securitynirvana.blogspot.com/2009/11/why-history-may-be-bad-for-you.html.

ThreatModeler. "Getting Started with ThreatModeler," "Quick Start Guide," and "Data Sheet," MyAppSecurity, 2013, http://myappsecurity.com/threatmodeler/hreatmodeler-resources/.

Torr, Peter. "Guerrilla Threat Modelling (or 'Threat Modeling' if you're American)," Microsoft Developer Network, February 22, 2005, http://blogs.msdn.com/b/torr/rchive/2005/02/22/guerillathreatmodelling.aspx.

Towle, Holly K. "Personal Data as Toxic Waste: A Data Protection Conundrum." Privacy and Data Security Law Journal, June, 2009

Trike. "Trike Tools," Octotrike, last accessed October 17, 2013, http://octotrike.org/tools.shtml.

Ur, B. P.G. Kelley, S. Komanduri, J. Lee, M. Maass, M. Mazurek, T. Passaro, R. Shay, T. Vidas, L. Bauer, N. Christin, and L.F. Cranor. "How does your password measure up? The effect of strength meters on password creation." USENIX Security 2012.

US-CERT. "Risks of Using the Intelligent Platform Management Interface," US-CERT
Alert TA13-207A, July 26, 2013, http://www.us-cert.gov/ncas/alerts/TA13-207A.

———. "State-Based Firewalls Fail to Effectively Manage Session Table Resource
Exhaustion," CERT Vulnerability Note VU#539363, October 15, 2002, last revised
January 6, 2003, http://www.kb.cert.org/vuls/id/539363.

Van Dijk, Marten, Ari Juels, Alina Oprea, and Ronald L. Rivest. "FlipIt: The Game of
'Stealthy Takeover'," Journal of Cryptology (2012): 1-59.

Van Duyne, Douglas K., James A. Landay, and Jason I. Hong. The Design of Sites: Patterns
for Creating Winning Web Sites (Boston: Pearson, 2007).

VeriSign. "VeriSign® NetDiscovery Lawful Intercept Compliance Solutions," White paper
00017651, November 28, 2007, http://www.verisign.com/static/001927.pdf.

Verizon. "2013 Data Breach Investigations Report," Verizon, 2013, http://www.
erizonenterprise.com/DBIR/2013/.

Visual Paradigm. "Data Flow Diagram," VisualParadigm.com, December 4, 2006,
http://www.visual-paradigm.com/highlight/highlightdfd.jsp.

Von Neumann, John. "Various techniques used in connection with random digits," Applied
Math Series 12, no. 36-38 (1951): 1.

Ware, Willis H. "Records, Computers and the Rights of Citizens," No. P-5077. Rand, 1973.
http://epic.org/privacy/hew1973report/.

Wells, Joseph, Corporate Fraud Handbook. 3rd Edition (Indianapolis: Wiley, 2011).

White, Dominic. "Corporate Threat Modeler," SensePost, update 2010, http://www.
ensepost.com/labs/tools/management/ctm/.

———. "Threat Modeling Workshop," SensePost, update 2010, http://www.sensepost.
om/cms/resources/labs/tools/management/ctm/ThreatModelingWorkshop-
TWebSummit2010.zip.

Whitehouse, Ollie. "Real World Application Threat Modeling By Example," 44Con 2013.

Whitten, Alma, and J. Doug Tygar. "Why Johnny Can't Encrypt: A Usability Evaluation
of PGP 5.0," In Proceedings of the 8th USENIX Security Symposium, 1999.

Wikipedia. "Battle of Midway: Allied Code-Breaking," Wikipedia.com, last modified
October 7, 2013, http://en.wikipedia.org/wiki/Battle_of_Midway#Allied_code-breaking.

————. "Birthday Problem," Wikipedia.com, last modified October 1, 2013, http://en.wikipedia.org/wiki/Birthday_problem.

————. "Data Encryption Standard," Wikipedia.com, last modified October 5, 2013, http://en.wikipedia.org/wiki/Data_Encryption_Standard.

————. "Evaluation Assurance Level," Wikipedia.com, October 11, 2013, http://en.wikipedia.org/wiki/Evaluation_Assurance_Level.

————. "GOMS (Goals, Operators, Methods, and Selection rules)," Wikipedia.com, last updated August 7, 2013, http://en.wikipedia.org/wiki/GOMS.

————. "Kerkhoffs Principle," Wikipedia.com, last update October 12, 2013, http://en.wikipedia.org/wiki/Kerckhoffs%27s_principle.

————. "Responsibility Assignment Matrix (RAM)," Wikipedia.com, last modified October 15, 2013, http://en.wikipedia.org/wiki/Responsibility_assignment_matrix.

————. "Syn Flood," Wikipedia.com, last modified September 16, 2013, http://en.wikipedia.org/wiki/SYN_flood.

Williams, Laurie, Michael Gegick, and Andrew Meneely. "Protection Poker: Structuring Software Security Risk Assessment and Knowledge Transfer," In Engineering Secure Software and Systems, pp. 122–34. (Berlin: Springer, 2009).

"Windows 8 Integration," Mozilla Wiki, last modified on July 29, 2012, https://wiki.mozilla.org/Windows_8_Integration.

Yanisac, Alex, Harold Purdue, and Jeff Landry. Personal communication, 2012.

Young, Rupert. "How Often Do Users Reset or Delete Their Cookies?"; comment on thread, http://www.quora.com/How-often-do-users-reset-or-delete-their-cookies, Jan 26, 2011.

Yu, Persis S., and Shanon M. Dietrich. "Broken Records: How errors by criminal background checking companies harm workers and businesses," April 2012, available at http://www.nclc.org/issues/broken-records.html.

Zalewski, Michal. "Add a Security Delay to the Main Action of Popup Notifications (Bug #583175)," Bug report and discussion, July 29, 2010, https://bugzilla.mozilla.org/show_bug.cgi?id=583175.

————. The Tangled Web: A Guide to Securing Modern Web Applications (San Francisco: No Starch Press, 2011).

Zhang, Yinqian, Fabian Monrose, and Michael K. Reiter. "The Security of Modern Password Expiration: An Algorithmic Framework and Empirical Analysis," Proceedings of the

Seventeenth ACM Conference on Computer and communications security, pp. 176–86 (ACM, 2010).

Zooko. "Names: Decentralized, Secure, Human–Meaningful: Choose Two," Zooko.com, last updated January 30, 2006, http://web.archive.org/web/20120125033658/ http://zooko.com/distnames.html.

찾아보기

ㅈ

보안 위협 모델링 Threat Modeling
위협 식별과 대응을 위한 소프트웨어 설계

인 쇄 | 2016년 4월 7일
발 행 | 2016년 4월 15일

지은이 | 아담 쇼스탁
옮긴이 | 양해용 · 권기훈 · 김영민 · 서성혁
감 수 | 삼성SDS 정보보안연구회

펴낸이 | 권 성 준
편집장 | 황 영 주
편 집 | 전 진 태
　　　 오 원 영
디자인 | 이 승 미

에이콘출판주식회사
서울특별시 양천구 국회대로 287 (목동 802-7) 2층 (07967)
전화 02-2653-7600, 팩스 02-2653-0433
www.acornpub.co.kr / editor@acornpub.co.kr

Copyright ⓒ 에이콘출판주식회사, 2016, Printed in Korea.
ISBN 978-89-6077-841-2
ISBN 978-89-6077-104-8 (세트)
http://www.acornpub.co.kr/book/threat-modeling

이 도서의 국립중앙도서관 출판시도서목록(CIP)은 서지정보유통지원시스템 홈페이지(http://seoji.nl.go.kr)와
국가자료공동목록시스템(http://www.nl.go.kr/kolisnet)에서 이용하실 수 있습니다.(CIP제어번호: CIP2016007642)

책값은 뒤표지에 있습니다.